2008
总第3卷

Yearbook of Western Legal Philosophers Study
西方法律哲学家研究年刊

邓正来 主编

北京大学出版社
PEKING UNIVERSITY PRESS

图书在版编目(CIP)数据

西方法律哲学家研究年刊(2008年总第3卷)/邓正来主编.—北京:北京大学出版社,2009.6

ISBN 978-7-301-15233-1

Ⅰ.西… Ⅱ.邓… Ⅲ.法哲学-研究-西方国家-年刊 Ⅳ.D90-54

中国版本图书馆 CIP 数据核字(2009)第 075460 号

书　　　名:西方法律哲学家研究年刊(2008年总第3卷)
著作责任者:邓正来　主编
责 任 编 辑:白丽丽
标 准 书 号:ISBN 978-7-301-15233-1/D·2305
出 版 发 行:北京大学出版社
地　　　址:北京市海淀区成府路205号　100871
网　　　址:http://www.pup.cn
电　　　话:邮购部 62752015　发行部 62750672　编辑部 62752027　出版部 62754962
电 子 邮 箱:law@pup.pku.edu.cn
印　刷　者:北京大学印刷厂
经　销　者:新华书店
　　　　　　787 毫米×1092 毫米　16 开本　34.25 印张　710 千字
　　　　　　2009 年 6 月第 1 版　2009 年 6 月第 1 次印刷
定　　　价:52.00 元

未经许可,不得以任何方式复制或抄袭本书之部分或全部内容。
版权所有,侵权必究
举报电话:010-62752024　电子邮箱:fd@pup.pku.edu.cn

《西方法律哲学家研究年刊》学术委员会

主　　编	邓正来
学术委员	邓正来　季卫东　陈弘毅
	陈维纲　於兴中　刘小平
	曹卫东　姚建宗　赵　明
	郑　戈　杨纯福　黄文艺
	汪习根　程志敏　凌　斌
	朱　振　柯　岚　邹立君
	蔡宏伟　张　琪　周红阳
	张书友
学术助理	邹益民　陈　昉　毕竞悦
	杨晓畅

《西方法律哲学家研究年刊》(2008年总第3卷)

目 录

邓正来　回归经典　个别阅读
　　　　——《西方法律哲学家研究年刊》总序　　　　　　　　　　1

研究专论
(一)国外论文
〔德〕尼克拉斯·卢曼　影响到每个人的事务
　　　　——评于尔根·哈贝马斯的法律理论/王小钢译　　　　　　3
〔美〕霍姆斯　评波洛克的《法律与命令》/姚远译　　　　　　　　18
〔美〕托马斯·C.格雷　兰代尔的正统观念/樊安译　　　　　　　　22
〔美〕罗尔斯　两种规则观/张涛译　　　　　　　　　　　　　　　72
〔委〕V.洛狄格斯-布兰可　彼得·温奇与H.L.A.哈特:内在观点的两种
　　　　概念/沈映涵译　　　　　　　　　　　　　　　　　　　92

(二)国内论文
张延祥　法律的生成
　　　　——对边沁法律定义的解释性研究　　　　　　　　　　113
曾誉铭　卢梭的意图:德性与自由之间　　　　　　　　　　　　127
邹益民　价值多元与哈贝马斯关于法律和民主法治国的商谈论　　139
高景柱　西方学界关于德沃金平等理论研究:回顾与展望　　　　163

书评与评论

杨国庆	自由主义法理学的新篇章	
	——评罗纳德·德沃金《法律帝国》	181
汤善鹏	"社会—法律"研究中的实用主义	
	——简评Brian Z. Tamanaha《现实主义的社会—法律理论：实用主义以及一种法律的社会理论》	193
陈　庆	论"尤息弗罗难题"与"自然法第一原则"	
	——评约翰·菲尼斯《自然法与自然权利》	198
王福生	洛克《政府论》研究的两个教条	
	——评彼得·拉斯莱特的《洛克〈政府论〉导论》	223

大师纪念

韩永初	论刑罚人道主义与刑罚功利主义逻辑一致性	
	——纪念贝卡里亚诞辰270周年	237
李燕涛	人民是我的凯撒	
	——纪念边沁诞辰260周年	247
刘小平	何种信仰：法律信仰的中国问题	
	——纪念哈罗德·J.伯尔曼诞辰90周年	262
王　峰	马克思的思想方程式	273
王虹霞	为权利而斗争	
	——纪念耶林诞辰190周年	281
王庆明	法律和道德失范的诊断：涂尔干法律社会学的基本进路	
	——纪念涂尔干诞辰150周年	293
吴　彦	自然状态、个人权利、国家与政治真理	
	——纪念霍布斯诞辰420周年	317
张翠梅	走进诺齐克的哲学世界	
	——纪念诺齐克诞辰70周年	347
赵大千	一本译著的声望研究	
	——博登海默百年诞辰纪念	360

学术简评

丁　轶	纠缠不清的德沃金与哈特	
	——简评《德沃金与法律实证主义》	375

杨清望	"祛魅"的限度和"纠偏"的可能性	
	——简评约瑟夫·加斯菲尔德《权力、正义和社会学犬儒主义》	381
于晓艺	作为基点的案件事实	
	——简评 A. H. 坎贝尔对弗兰克《初审法院》一书的评论	386
周国兴	认真对待全球化:迈向一般法理学	
	——简评卡利尔对特维宁《全球化与法律理论》一书的评论	390
朱 振	常规证成论与权威证成的可能性	
	——简评 Himma《合法权威与常规证成论》	396

旧文重刊

李 猛　除魔的世界与禁欲者的守护神:韦伯社会理论中的"英国法"问题　　407

研究文献

西方法律哲学家研究文献(2007 年)/4W 小组编辑　　493

《西方法律哲学家研究年刊》稿约　　531

《西方法律哲学家研究年刊》(2007 年总第 2 卷)目录　　533

回归经典 个别阅读
——《西方法律哲学家研究年刊》总序

《西方法律哲学家研究年刊》，顾名思义，是一套专门研究西方法律哲学家理论的长期的大型学术辑刊。创办这套辑刊，不仅是为了否弃与批判中国学术界在当下盛行的那种"知识消费主义"的取向，而且也是为了倡导与弘扬一种回归经典、进行研究性阅读与批判的新的学术取向，亦即知识生产和再生产过程中的一种"个殊化"取向或"个殊化"思潮。我愿意把它称为中国学术研究向纵深发展的一种转向。

然而，这种转向何以必要呢？简言之，在我看来，中国学术在后冷战时代之世界结构中所担负的使命，乃是实现这样一种根本性的转换：即从"思想中国"向对"思想中国的根据"进行思想层面的转换。作为这个时代的学术人，我们必须根据我们对这种世界结构中的中国本身的分析和解释，对中国的"身份"和未来命运予以智识性的关注和思考，而这需要我们以一种认真且平实的态度去面对任何理论资源。

但是，我们必须坦率地承认，中国法学界甚或整个中国人文社会科学界，在一定的程度上乃是在违背知识场域之逻辑的情形下对待我们必须直面的各种理论资源的。仅就西方理论资源而言，在中国的学术界，尽管当下已有蔚为大观的西方学术思想的译介与"研究"，尽管已有相当规模的西方知识生产和生产者，但是我们却不得不承认，在一般意义上讲，除了国人对自己在不反思和不批判的前提下大量移植西方观点的做法仍处于"集体性"不思的状况这一点以外，我们的研究还流于这样两个层面：一是对不同的西方论者就某个问题的相关观点做"非语境化"的处理，误以为不同西方论者的思想可以不受特定时空以及各种物理性或主观性因素的影响；二是即使对个别西方论者极为繁复的理论而言，我们所知道的也不过是他的姓名、某些论著的名称、某些关键词和一些"大而化之"的说法而已。显而易见，这种把知识误作为消费品，对理论做"脸谱化"和平面化处理的做法以及对不同论者的思想做"非语境化"处理的做法，已经导致了一个我们无从回避的结果：我们至今还没有切实地、比较深刻地把握绝大多数西方论者的理论——而这些论者的理论乃是我们进行学术研究所必不可缺的思想资源之一；我们至今还没有能力就我们关心的问题与西方学术论者进行实质性的学术对话，更是没有能力建构起我们自己的关于人类未来"美好生活"的理想图景——而这一理想图景的缺失则导致了我们定义自身"身份"能力的丧失。

正是为了回应这样一种知识生产的现状，我们创办了《西方法律哲学家研究年刊》，其目的就在于以一种平实的态度去实践一种阅读经典与批判经典的方式。当然，在践履一种研究性阅读与研究性批判的同时，这也是在试图建构一种进入大师思想和开放出问题束的方式或者方法，亦即那种语境化的"个殊化"研究方式。其中，依凭每个西方论者的文本，关注其知识生产的特定时空，尤其是严格遵循其知识增量的具体的内在逻辑或理论脉络，乃是这种方式或者方法的关键所在。

具体而言，我所主张的这样一种对每个西方论者的思想进行"个殊化"研究的学术取向，在根本上讲，乃是以明确反对如下几项既有的或流行的误识为其前提的：第一，明确反对那种要求在阅读或研究西方论著的时候以西方自身所"固有"的问题脉络为前提甚或为判准的观点。因为这种观点误设了这样一个前设，即西方有着一个本质主义的问题脉络，由于它是客观存在的，因而是可以被复制或还原的，而且是能够被我们完全认识的。需要强调指出的是，这种试图以西方"固有"的问题脉络为依据的"还原式"阅读设想或努力，乃是以阅读主体可以完全不带前见地进行研读这一更深层的误识为其基本假定的。第二，明确反对大而化之的"印象式"言说西方思想。因为我们知道，这种整体的西方思想并不存在，所存在的只是以各自特定时空为背景而出发的每个个体西方论者的思想。第三，与之紧密相关的是，明确反对以笼而统之的方式谈论所谓的一般"问题"，因为不同的西方论者在不同时代和不同空间中对于"相同"的理论问题可能持有极为不同的、甚至相互紧张的观点，更是因为这些所谓"相同"的一般问题在不同时空的论者那里实际上已然变成了不同的问题。第四，明确反对那种所谓人有能力不带前见、进而可以不以中国作为思想根据的阅读西方的方式。由此可见，我在这里所主张的乃是一种明确承认以"中国"作为思想根据的"个殊化"研究方式，亦即一种以研究者对于"中国"当下情势的"问题化"处理为根据而对西方法律哲学家的思想进行逐个分析与批判的研究路径——尽管这种思想根据在绝大多数情况下是以一种隐微的方式发挥作用的。

中国学术发展进程中这项新的"知识拓深"事业，在学界同仁的共同努力下，已然发展为今日之三绪：一是《法律科学》杂志设立的"西方法律哲学书评"之专栏，复为《河北法学》"西方法律哲学论著书评"之专栏的建立，三是北京大学出版社《西方法律哲学家研究年刊》的出版。基于此，我们有理由期待，这种以中国作为思想根据的"个殊化"西学研究之成果将汇流成为一种新的结构性的研究思潮，一种能使中国学术真正意识到自身之存在、认清自身之存在、并自觉建构自身之存在的重要路径。

　　无论如何,《西方法律哲学家研究年刊》这套学术辑刊,毕竟还只是一种探索性的和试验性的学术实践。因此,一方面,我们真诚地邀请读者能够从这样一些基本问题的思考及思考方式出发进入"真实"的知识场域;另一方面,我们也真诚地邀请学术界同仁以一种批判性的方式参与到我们的这一实践当中来,为中国法学或中国学术的发展作出我们的贡献。

邓正来
二〇〇六年中秋
北京北郊未名斋

Yearbook of Western Legal Philosophers Study

西方法律哲学家
研究年刊

[1—178]

研 究 专 论

（一）国外论文

影响到每个人的事务[*]
——评于尔根·哈贝马斯的法律理论

〔德〕尼克拉斯·卢曼[**] 著　　王小钢[***] 译

I

Quod Omnes Tangit, omnibus tractari et approbari debet.[1] 中世纪的人在罗马法中发现这一规则。这条规则处理复数监护人共同监护同一个被监护人的情形。典型的情形是，一个监护人的同意在合法交易中构成法律上的充分授权。由于所有其他规则已经严重地损害商业交易，商业伙伴的信赖必须得到保护。然而，这种考虑因素——一个监护人的同意在合法交易中构成法律上的充分授权——不可能导致被监护人脱离控制的全面实现。它也不能

---

[*] 卢曼为1992年9月20日至21日在卡多佐法学院（Benjamin N. Cardozo School of Law）举行的一场讨论哈贝马斯《在事实与规范之间》一书的研讨会而撰写了该文。这场讨论会的主题是"哈贝马斯论法律和民主：批判性交流"，卢曼在第三单元"法律的程序化：沟通模式、系统和秩序"中发表了《影响到每个人的事务》一文。该文英文版由霍恩斯坦（Mike Robert Horenstein）翻译而成。Niklas Luhmann, *Quod Omnes Tangit*: Remarks on Jurgen Habermas' Legal Theory, in 17 *Cardozo L. Rev.* 883, (March 1996). 该文后来也收入 Michael Rosenfeld and Andrew Arato (eds): *Habermas on Law and Democracy: Critical Exchanges*, University of California Press, 1998。

[**] 尼克拉斯·卢曼（Niklas Luhmann），德国比尔菲尔德大学社会学教授。

[***] 王小钢，吉林大学法学院讲师，法学博士。译者特别感谢邹益民和孙国东耐心阅读译文初稿后给出的评论意见。

[1] 这个格言的字面翻译是："影响到每个人的事务应当得到所有受影响者的倾听和同意。"

导致所有监护人共同监护权的解除。就监护人之间的关系来说,规则是:**影响到每个人的事务**(*Quod Omnes Tangit*),要求获得受到影响的所有人的同意。

这看起来是一项合理的规则。根据传统的罗马法,无论如何都会运用一般推理或记忆术(*parömien*)对案件作出这种类型的判决。这种做法符合持续的口头教学传统,这种口头传统也获得一些书面文本的支持。这些书面文本提到了使记住规则本身变得更为容易的符号规则(*Merkregeln*)。由于中世纪新建立大学的教学和新出现法律文化的系统化,不知不觉需要从上述文本中提取这样一些重要的规则。人们比较近似的段落之间的异同,将具体的案件与此类文本相对照,并使其一般化,因此通过法律教义彻底地满足了当时不同的需要。在"社团"(*universitas*)的题目下,社团法(*ausgebildetes, Körperschafstrecht*)——这种社团法涵盖教会以及其他各种社团——成为尤其新颖的内容。不同于独裁的家庭组织,社团是一种能够在法律上阐明各种纠纷的内部组织架构。**影响到每个人的事务**以这种方式成为社团法的一个格言,当社团中的社会名流成员想要宣布并实现他们的参与时,这个**影响到每个人的事务**的格言在那时总被那些出身更好的(*melior*)或者善于理性辩论的(*sanior*)当事方所引证。[2] 这样一来的政治后果是可以估量的。人们不禁由此忆起产生《自由宪章》(*Magna Charta*)的各种冲突或围绕天主教会中教士会运动(the Council movement)的争论。

复数监护人的情形长久以来已被遗忘。今天对代表的规制并不包含任何——根据在每一纠纷发生之前已经既定的家庭出身和理性辩论能力(the quality of *melior et sanior pars*)进行的——社会分层的意蕴。尽管如此,**影响到每个人的事务**的格言在今天看来似乎仍然极其有效。有人说,密涅瓦猫头鹰(Owl of Minerva)只有在黄昏到来时才起飞。但是它能飞多高?

换一种方式追问,是司法论辩合理性(the rationality of juristic argumentation)与那些有助于获得洞见的格言(*Einsichtshilfen*)之间的距离远呢,还是实际的案例与这种司法论辩合理性之间的距离远呢?如果某人仅仅在哲学意义上反思**影响到每个人事务**的格言,那么他为什么不根据实际案例反思司法论辩合理性呢?

可以肯定的是,哈贝马斯的生活世界概念给了密涅瓦猫头鹰飞得高的可能,他从这一点开始继续宣称不仅诸如**影响到每个人的事务**的律令在当下是有效的,而且经由一些适当的修改,这一律令可以延伸至作为法律合理性的格言(maxims of legal rationality)。当然,得到所有受到影响的人(包括未出生的后代)的倾听和同意,是不可能的。因此,决定不可能以一种合法的(legitimate)方式作出。当上述情况成为不可能的时候,人们至少应该尝试去寻求这种结果,仿佛这种情况是可能的。然而,这就是从罗马监护制度到中世纪社团法的巨大跳跃,从现代代议制宪政到商谈理论(the discourse theory)的巨大跳

---

　　[2] See Harold J. Berman, *Recht und Revolution: Die Bildung der westlichen Rechtstradition* 336 n.54 (1991). 该书讨论了**影响到每个人的事务**(*quod omnes tangit*)的语境变迁。

跃。理性经得住这种跳跃吗？理性会承认失败吗？

II

因此，我们的问题是这种参与论述(the participation formula)如何涵盖所有受到影响的人(all those involved)？如何在所有情况下保持它的可信性？答案是不能以某种可行的方式涵盖所有受到影响的人，因为参与以决定为主要议题，因此参与并不能在商谈之前就确定下来。即使这一论辩理由不适用，绝不是所有受到影响的人都会接受参加商谈的邀请。命令他们去商谈将会和商谈理论中"受适当尊重的原则"相冲突。因此，上述问题必须重构以便首先不会出现这种质疑。

由于哈贝马斯没有将问题定位在实际中出现的沟通的层面，他逃避了这种可能的进路。相反，他运用了这样一种理论，即关于如果可以确信能够使所有受影响的人自由达成一致(agreement)，那么行动的合理协调如何可能发生的理论。然而，这一假定不应被立即作为乌托邦和经验上难以实现的东西而不予理睬。当人们能够令人信服地这样做的时候，不予理睬可能导致人们洞察不到这样一些重要因素，即那些为这种概念的话题重要性以及它和自我指涉系统理论的平行发展之间的被遮蔽的密切关系作正当性证明的因素。

哈贝马斯在理论自我想象的水平上以及在一般合理性规划(a general rationality program)的脉络中将他的语言理论进路与主体理论的实践理智(practical intelligence)概念区别开来。这涉及一系列重要的但也是否定性的临时性判断。人们必须(1)避免假设在所有思维主体之间存在先验的预先协同(fore-coordination)。如果作出这样的假设，那么康德关于经验和先验之间的区分就消失了。反过来，这就进一步质疑一个假定——所有主体都能够以某种(经验的)方式思考或欲求同一东西——的基础。在这种情形下，协同不再产生于意识这一事实，这种意识可为每个主体经由自我反思而获得。相反，它开始作为在特定的条件下发生的语言沟通的结果出现。这意味着(2)这种语言学商谈不再以自然法则的方式受原初出现的认识性或规范性条件的束缚。相反，这种语言学商谈在其自身的实质性前提基础上决定它自身。这种自我约束的效果(*Selbstbindungseffekt*)产生于语言使用的各种特殊情形。最后，人们也必须(3)避免假定偶在道德原则(contingent moral principles)〔3〕或某种伦理法则(a ethical law)的存在。此外，在商谈中可以发现这些前设，如果有的话，这些前设仅仅能够在由商谈决定的形式中得到理解。

---

〔3〕 哈贝马斯本人并不总是贯彻始终地如此使用。例如，当他对年轻人袭击庇护寻求者和其他外国人的事件给予直接道德谴责的时候，他默然地以 demo-critical 的视角取代了 demo-cratic 的视角。当人们全心全意赞同他的时候，那对他的理论来说是一个灾难。严肃地讲，那些感觉他们在程序上受到延迟颁发庇护许可影响的人应当被邀请参加商谈。

不管在实现这种商谈方面存在何种问题,这些假设都值得获得全面的支持。这些假设为某种系统生产其自身不确定性提供了一种选择。采取这个选择的任何人切断了与过去的所有联系,并且将他自己以及讨论中所有受影响的人置于一种未知的未来的支配之下。未来的不确定性是商谈理论中唯一真正不变的东西。与它们在法院中或政治民主选举程序中所做的一样,所有程序性措施都用来支持上述前提。决定直到被作出之前必须被视为开放的。恰恰鉴于此种情况,商谈理论所接受的各种假设是从受法律调整的程序模式衍生出来的。

通过上述强化(Zusptizung)的方式,商谈理论完全与时代一致了。从一个不同的视角看,不确定性的独立生产已经理解为"后现代"法律理论的特征。[4] 语言理论——强调所有的语言学陈述都能够拥有"一个是或不是的形式"(a yes or no form)并且因而都能够在语言上得到很好的理解和拒绝——肯定可以得出同样的结论。决策理论(the decision theory)发挥了作用,因为决策理论强调决定并不产生于各种可选项(the choosables),决定只是一个序列的原初开始(ein originärer Anfang von Sequenzen),这种序列的原初开始反过来又能够由各种决定构成。[5] 流行于政党规划层面以及(德国)联邦宪法法院的司法实施过程中的各种极端价值命令(the raging value dictates)也拥有同样的效果,因为它们根据赋予每一单个案件的权重来对价值冲突作出决定——受这些决定影响的所有人一起对价值冲突作出决定。所有的价值清单都是候补清单,就这一点而言,所有的价值清单也谴责那些正在寻求正义并等待着一直没有出现的法官的人。的确存在各种决定,但是作出决定的人,也就是已经建构起替代可能性的人,作为一个被排除的(中立的)第三方,作为不值得考虑的不在场者(absentee),作为未知未来的一个匿名符号,消失在这些决定之中。这种未知未来首先必须在沟通中被生产出来,沟通恰恰旨在如此作为。最后,也是很重要的一点是,在系统理论中,它是一个隐藏在诸如自我参照、运作上的闭合、自创生、认识上的建构主义、打破对称性、非线性、悖论和非悖论(Entparadoxierungen)以及许多其他此类概念之中的一个关于同样基本条件的问题。

对于运用系统理论的种种异质性来说明这种理论的现代性,人们并不满意,无论现代性作为一个共同特征如何显著。坚持这种共同性实际上是重要的,并且有利于警告国内外的信徒不要误解这个理论。被驱逐到不确定未来的痛苦问题只能通过求助于传统术语——也就是民主、理性、理解、共识,甚至是生活世界(Lebenswelt)——来予以解决。少数派政治批评的偶然性同样具有启示性。理论的架构仍然需要经受现实的检测——问题是如何作这种检测。

---

[4] See Karl-Henz Ladeur, *Postmoderne Rechtstheorie*: *Selbstrefenz-Selbstorganisation-Prozeduralisterung* (1992). 在这个语境下是否精心挑选"后现代"的表达的问题,并没有得到回答。

[5] See G. L. S. Shackle, Imagination, Formalism and Choice, in Mario J. Rizzo(ed.), *Time, Uncertainty and Disequilibrium*: *Expectations of Austrian Themes* 19—31, 1979. 可以与因袭激进主观主义的经济理论的客观性宣称相对照。经济理论因此被移转给经济科学中的外部立场。

III

就本文所讨论的法律商谈理论而言,关键的问题是哈贝马斯撇开在法律之中经常使用的事实(facts)与规范(norms)的区分,转而使用他自己的事实性(facticity)和有效性(validity)的概念。这两者是同一个区分么?不管怎么说,事实性和规范性之间的关系并不是诸如事实和规范之间的那种直接的对立关系(straight-forward opposition)。在直接对立关系中,两个概念相互排除对方,一个概念的界线之外就是另一个概念的界线之内。事实性和规范性之间的关系也不是辩证矛盾关系(a dialectical contradiction)。在辩证矛盾关系中,两个概念都注定要被这两个概念所最初排除的第三个概念排除掉。如果事实性和规范性之间的关系不属于上面两种关系的任何一种,那么这两个概念之间究竟存在什么关系呢?

哈贝马斯满足于将事实性和有效性这一区分描述为一种紧张的关系(*Spannungsverhältnis*)。尽管这不过是一个混乱的论述,当哈贝马斯描述各种商谈的自我超越性(self-transcending)时,这一论述就变得有些扣人心弦(*spannend*)。商谈不仅是运作过程(operations),而且是实然的东西(are what they are);商谈产生它们所造成的效果(effect what they effect)。由于这样使用语言,这些商谈超越了它们自身。哈贝马斯将必须接受以使这种用法成为可能的相关诸有效条件描述为诸理想化条件(idealizations)或诸反事实性假设(contrafactual assumptions)。

乍一看,这似乎是自明的。心理上个体化的并因此有些任性的各个主体必须能够假定他们正在指称同样的事情,尽管在他们的内心可能以各种混乱经历的形式发生着什么。哈贝马斯在这方面依赖语言理论。但这一点同样也适用于知觉(perception)。甚至当鹅群咯吱咯吱地跨出大门时,它们也必须有同样的知觉。[6] 对于语言理论的整体建构来说,更为重要的事情是这样一个事实,即在这一点上,哈贝马斯集中于社会维度(the social dimension),时间静止不动(*time stands still*)。诸理想化条件继续被运用于沟通行动的序列之中,似乎诸理想化条件一直如此。以德里达的术语来说,这是一个重复(*répétition*)的问题,而不是一个重述可能性(*itérabilité*)的问题。但是在现实中,整个情境发生了变化——延异(*différance*)——特别是在从这一刻到另一刻的语言沟通过程中。已经说过的事物变成了过去;离我们远去的事物因此更靠近我们;人们表示遗憾并且只能进行改进。沟通所必需的诸理想化条件的相对重要性和面貌一直发生着变化。每种身份认同——每一个人——都是经由一种对过去的各种事件复合体(event-complexes)的

---

[6] 玛图拉纳(Humerto Maturana)也提出了一种探讨这个方面的理论,将语言仅看做行为的协调方式。See Humerto Maturana, *Erkennen*: *Die Organisation und Verkörperung von Wirklichkeit*: *Ausgewählte Arbeiten zur Biologischen Epistemologie* (German trans. Braunschweig 1982).

选择性(selective)评价而产生的,并且在这种选择性中被不断地重构。换言之,各种身份认同凝结下来,在各种新的情境下被重申(reaffirmed)并且必定因此被一般化(generalized)。这种情况能够变动不居地发生,它也是行动不断协同的一个先决条件。在一些场合,哈贝马斯非常接近这种对诸理想化条件之时间维度的消解[7],但是最后仍然没有意识到具体的司法论辩过程本来就恰恰关联到诸理想化条件的时间维度:使各种新的情形符合规范性结构,并且因此再生或者修改这个规范性结构。[8]

另一个脱离困境的实践(Lockerungsübung)开始于规范性期待的反事实性有效性模式。哈贝马斯预设,人们的期待事实上是能够反事实的,并且这一点不能争辩。这一点也归功于语言(理论),然而这不是有一点古怪吗?期待不仅不能被实现,而且相当令人失望,人们事实上还能期待,并且可能继续期待。这一点不仅在假象中而且在实际的具体情形中确实如此:"你不应该一直做那件事!"但是,当他做了那件事时,为什么还说不应该呢?

显而易见,这背后隐藏着实在的两重性,这与在其他领域一样,例如,在态度中有游戏/严肃,在语言中有能指/所指,在宗教中有内在性/先验性,在艺术中有虚拟的世界/真实的世界,在演绎性结论(统计学)中有一般性期待/个别性期待。由于这种两重性的复制(duplication),因此存在一个真实的世界和一个想象的世界,更为精准的说法是,一个真实的实在和一个同样真实的想象。在所有这些情形中,这种复制可以用来使真实的实在之僵硬性变得可以承受,例如在宗教中有命运,在艺术中有平凡。但是在复制模式中,这种情况以极其不同的方式发生。这种不同的方式可能与进化,也就是与系统的分化有关。然而,在这种情形中,关于实在的规范性复制的具体实在观是什么呢(在人们将其与宗教、艺术、游戏和统计学等相比较的情况下)?哈贝马斯相当正确地意识到关于超越事实性的各种有效性宣称的问题。[9]

---

[7] See, e.g., Jürgen Harbermas, *Faktizität und Geltung*: *Beirtäge zur Diskurstheotie des Rechts und des Demokraatischen Rechtsstaats* 37 (1992).参见关于各种有效性宣称的雅努斯之脸(Janus Face)部分。

[8] 这种理性论证方法可以在大陆欧洲法系和普通法系中发现,尽管两者具有极少的区别。然而,它在讨论普通法系的文献中获得更为清晰的解释说明。See, e.g. Edward H. Levi, An Introduction to Legal Reasoning, 15 *Chi. L. Rev.* 501, 501—574(1948); Neil MacCormick, Why Cases Have Rationes and What These Are, in *Precedent in Law* 155—182 (Laurence Goldstein ed., 1987). Joses Esser 曾经悲叹,法律哲学家们更为关注理性论证(reasoning)而不是论证过程(argumentation),他们"长久以来并不从事法律实务工作,一直在盘点存货"。See Joses Esser, Juristisches Argumentieren, *im Wandel Des Rechtsfindungskonzepts unseres Jahrhunderts* 12(1979).

[9] See Harbermas, supra note 7, p.396.在值得注意的一段文章中,哈贝马斯亲口将"诸理想化条件"(idealizations)说成是"方法上的拟制,这种方法上的虚拟将揭示关于社会复杂性的各种不可避免的惰性因素,即沟通社会化的反面因素",或称将"诸理想化条件"说成是与"差异性地组织起来的"世界相对应的另一种世界。Id. p.395.这和上文所表述的这样一种想法相符合,即真实的想象副本不仅允许人们享受到想象力的发挥,而且允许人们注意到实在所具有的极其僵硬性(hardness)。但是,哈贝马斯仅仅为了沟通社会化的理想模式而允许发生上述两种情况,并且认为他能够通过考虑法律和政治的事实性而脱离这种理想模式。然而,当且仅当哈贝马斯在这个方面避免合法化诸条件的理想化时,哈贝马斯的上述观点才能适用。

然而，尽管哈贝马斯洞见到这一问题并且强调这一问题，但他一直以来都不认为这种对事实性的超越真的会发生。但是，如果复制实在的问题已经使人们感到惊异，那么人们将被诱导去询问，是什么构成了——事实的实在和反事实的实在——这一区分的一致性(unity)？如此问之，人们接着会遇见这样一个悖论，即过去一直被区分开来的东西现在却具有相似性。过去一直被建构起来的各种确定性也曾有利于解决这一悖论。在遮蔽这一悖论和提供与现存相关社会关系共谋的秘密协定方面，理性把提供稳定并且可辨别的身份认同看做意识和沟通的首要功能。

哈贝马斯始终如一地如此辩称。他在合法化理论中关注合法化的必要性。为此目的，他满足于依赖语言研究的各种结论。但是这些结论实际上并没有其看起来的那样坚固稳定。这些结论至少提供了一种关于诸可能性的缩图。这并不是质疑或驳斥哈贝马斯在这个问题上取得的洞见。然而，哈贝马斯欣然地、想当然地坚持这一洞见却逼迫其建立在这一洞见基础之上的理论上层建筑为此付出一定的代价。

IV

因此，我们在上文一直所关注的"考古学"意义上的各种探讨在很大程度上关系到这样一个领域——哈贝马斯试图提出的理论，但是这些"考古学"上的探讨并没有考虑到理论野心本身。这些探讨并没有以理论上一致的方式进行，也没有建立在一个——作为批判基础的——"更好的"理论之上。我们一直试图打破前提预设，以传播不确定性。这不是一个由可能的怀疑构成的永久循环问题，这种可能的怀疑只能用来解构；相反，它涉及时间的主题化和观察者悖论的主题化，这些观察者悖论反过来又能够依靠各种详细阐述的问题论述(question-formulations)。人们可能提到诸如德里达(Jacques Derrida)或布朗(George Spencer Brown)之类的名字，但是这种探讨、这种时间化(temporalising)和重新悖论化(re-paradoxising)又能实现什么呢？

为了追寻这一点，让我们回到**影响到每个人的事务**的问题上。所有受到法律决定影响的人都应得到倾听并被允许参与法律商谈(legal discourses)，直到他们都以一种理性的方式达成一致；如果他们没有达成一致，那么他们应当被评价为不理性的。这种最终把人性(humanity)分解为经由理性而包括人性或排除人性的做法，就其自身而言可能是一个恐怖的幻象，在这种幻象中，人们只能合理地(悖论性地)投票赞同非合理性。但是这个"最终判断"暂时还不是我们的问题。对于法律系统而言，最重要的基础性问题是，人们如何能够在司法上以不会招致反对的方式实现这种理想状态。

在一个关于旧自由主义的主观权利和主观权利的较新教义的批判性探讨中，哈贝马斯警告道，在沟通上就各种有效性宣称达成一致的问题没有得到充分的考虑。因此，一个以主观权利为形式的自由宣言并不能支持法律的合法性。[10] 这肯定是正确的,但是问题于是就变为,如何以一种不同的方式——这种方式会以一种技术上合法的形式发挥作用——做到这一点。毕竟,主观权利不仅保障自由,它们也限制卷入相关法律的机会(也就是限制接近法律系统的各种过程的机会)。如果没有了这一道栅栏,任何人都可能突然来到法院并要求法院建立合理性的社会整合。

哈贝马斯自然知道,所有受影响者参与商谈在任何一个法律过程中都是不可能的。因此,他并不要求人们延迟作出决定,直到最后一个受影响者出生、长大和得到倾听。结果是,主要论述可以被陈述为:"如果一个理性商谈过程中的实际参加者都同意某些行动规范,那么所有可能受影响的人也**可能**(could)同意这些行动规范,因此这些行动规范是有效的。"[11] 除了"可能"一词以外,这个论述的每个概念都得到了仔细的解释;哈贝马斯通过这个词遮蔽了问题。这个词是一个情态动词;再则,它在这个论述中还表示"都"(同意)。自从康德以来,人们都知道,在此类情形中必须通过给出诸可能性条件来详细阐明这个论述。然而,(哈贝马斯)并没有给出诸可能性条件。控制者和看不见的手不会被替换掉。然而,谁来决定合理性的一致?他又如何决定合理性的一致?什么原因导致**可能**找到合理性的一致?这种决定的运作过程——后形而上时代的一切事务都依赖于这种运作过程——又如何司法化?结果,仍然也不清楚的是,在论证的各个层面,这个连接(the conjuctive)如何变成一个陈述(indicative)?潜在可能如何变为一种实在?或者,例如,从自由讨论的市民社会中——这种自由讨论的市民社会并不当然存在——又如何"涌现"权力?[12]

哈贝马斯看出这一问题,或者他不会以这样一种仔细考虑的态度来阐明这一问题。明显地,哈贝马斯预料到,批评者会强调商谈原则不能直接适用于法律过程。[13] 当需要具备**将会**(would)在适合作出决定的各种条件的一个过程,并且需要所有受影响者都**可能**(could)同意的一个决定时,哈贝马斯又采取了一条迂回的进路。一个以双重情态动词"将会—可能"(would-could, könnten-könnten)的形式的问题再一次出现了。并非所有受影响者都能参与到法律过程之中——明显地存在这样一些条件,即一些可以详细说明这种不可能性的条件——哈贝马斯却令人十分惊讶地将信心寄托在法律过程中。在当前

---

[10] See id. p.117.
[11] Id. p.138.
[12] See, e.g., id. p.216.
[13] See, id. p.195. 然而,如果这一点是正确的话,那么"媒介"(mediation)只不过是根据在各种构想的具体条件下同一个原则的各种类型进行的分类。

正在进行的讨论中,哈贝马斯谈到了实质性法律的"程序化"问题。[14] 为了调整法律过程,应该确保当事人本着达成一致的精神同意某个沟通。或者至少应该确保这个沟通在这种情况可能出现的设想下进行。然而,这只是一个法律虚构,因为达成一致的结果并不能真正发生,冲突只能由一个法庭中的法官来解决,并且,立法只能根据多数票来进行。因此,以前看不见的被压制的悖论最后在另一种区分的背景下显现了出来。合法律性(legality)和合法性(legitimacy)的二元区分被临摹成了一元的合法律性。合法性就是以经由这种区分所决定的形式所呈现的合法律性。

通过各种不同的补遗(suppléments)——根据德里达——这能够被"重新打包"(re-packed)并且能够再次被"去悖论化"(de-paradoxised)。首先,在每一种过程中,不仅自然的无知之幕[15]产生某种效果,而且由这种过程自身所导致的结果的不确定性也产生某种效果。这不仅促进了对某种决定的一般立场的认可,而且或多或少地提高了通过参与来赢得某些东西的希望幻觉。[16] 哈贝马斯自己肯定拒绝这种解释,他非常相似地以同样的方式一直拒绝相应的提议。[17] 然而,如果不确定性代替了优势(dominance),那么考虑人们可能的得失将会是相当值得的。在这种情境下,例如,可能会丧失统治者洞见理性的可能性。

哈贝马斯没有真正利用时间和未来的论证理由来处理合法律性/合法性悖论的事实,可能与他更喜欢以一种不同的方案来处理这个悖论的事实有关。他通过政治民主方向的外部化来处理合法律性/合法性悖论。这导致了特别强调立法的传统倾向,因而也低估了司法造法(judicial law-making)。这种对立法的强调使得哈贝马斯看起来是梅克尔/凯尔森(Merkl/Kelsen)法律秩序梯级结构理论的当代追随者。在一个以达成一致为导向的实现正义(administration of justice)方面,立法者与法官相比在论证目标上多了一种不作出决定的选择。没有达成一致,就没有决定。不同于立法者,这条迂回进路并不适用于法官。法官受制于不得拒绝实现正义的原则。在传统上,依法裁判的理念(the idea of being bound by the law)一直为这一点提供了正当理由;这种正当理由既限制又解

---

[14] 需要进行更为仔细的考察,才能对这在多大程度上是马克斯·韦伯的遗产作出判断。追随韦伯在形式理性和实质理性之间作出区分是很常见的。See, e. g., Patrick S. Atiyah & Robert S. Summers, *Form and Substance in Anglo-American Law: A Comparative Study of Legal Reasoning*, *Legal Theory and Legal Institutions* (1987). 形式理性和实质理性在本文中是一个以系统理论的语言来阐述的问题;是法律论证需要考虑的主要事项;是一个关于自我参照和外部参照这一区分的问题。值得注意的是,这一重要的区分和与"程序化"有关的希望没有关系。这个问题可能是由不够熟悉法律实践导致的。然而,仍然不清楚的是,人们将会如何设想能够以程序性安排的形式来解决实质性问题(在实践中是法律所认可的各种利益之间的冲突)。

[15] See also John Rawls, *Eine Thorie der Gerechtigkeit* 159 (1975). But cf. Aristotle, *Rhetoric I*(提供了同样的论证,这种论证一般化了立法者对未来的无知能力)。

[16] 人们如何能够偶然地熟悉通过获得权限的程序规则(*Geschägtsordnungskompetenzen*)来达致的解放,对任何没有经历20世纪60年代的学生叛乱并存活下来的人仍然是一个谜。

[17] 例如卢曼的提议,see Niklas Luhmann, *Legitimation durch Verfahren* (2d ed., 1983)。

救了法官。但是在今天，在普通法和欧洲大陆法律秩序中盛行的观念是，上述理念最多是部分真理。此外，在一个社会学家看来，值得注意的是，大多数法律上的不一致并不取决于规范解释问题上的不一致，而是取决于事实和证据问题上的不一致。

V

在商谈理论的基础之处，有一种最好被描述为"不在场者的理想化"的态度。[18] 这种态度给予商谈理论似乎不可抵抗的乌托邦魔力。乌托邦——哪里都没有的地方——本身的确就是最著名的悖论之一。在政治上，这相当于一直用来清除各种悲剧的社会和解（sociolytic）治疗建议。因此，哈贝马斯使用了道德的概念，这个概念同时暗示这是善的。法就被分派去以这种形式来运用道德的概念，法并不从道德中推导出来，而是被各种更为具体的条件所修正。此外，法与道德保持了某种联系，道德没有为法提供足够的正当理由，但道德与法律的关系是十分和谐的。

法官运用道德原则的情况更为频繁地出现在紧急情况（疑难案件）中，以及出现在法官希望用来为其判决提供正当理由的情形中。再则，法官几乎不能辨认或重现他们的判决过程。恰恰是这一点，而不是其他东西，应受到严肃的反对。在法律事务方面，有大量有说服力的论证和建设性的观点来支持某个特定的案件解决方案。然而，因为当事人双方都拥有很好的论证理由，所以相反的判决也有同样的正当理由。因此值得追问的是，商谈理论——论辩在商谈理论中占据了如此重心的地位——又如何能够脱离单个法官的特殊性这一基础。[19]

这明显是成功司法论证规模小（Kleinformatigkeit）导致的结果。为了使论证具有决断性，法官需要两个协同操作的背景：案例和文本。一方面，案例的特殊性催生了对文本的寻求。另一方面，实际情形只有根据特定的法律文本才能呈现为案例。文本与案例是具有高度选择性的沟通限制（limitations of communication），而这种沟通限制是分化过程在法律系统中释放出来的。实际上，哈贝马斯在这种意义上谈到被释放出来的沟通，这种沟通在法律中寻求支持。一方面，因为这涉及一种循环的构成性关系，所以通过分开这两种前提，控制的空间拓宽了。另一方面，它被提供了关于新的限制的各种可能性，在这些可能性中被找到并被认可为一个有说服力的论证理由的那个东西就严格地建构了其

---

[18] See W. Edgar Gregory, The Idealization of the Absent, 50 *Am. J. Soc.* 53, 53—54 (1944). 该文研讨了忙于战争的士兵的祖国情怀。

[19] 哈贝马斯在谈到这一点时注意到，一个"好的理由"（good reason）的品格仅仅在一个"论证游戏"（argument game）中揭示其自身。See Habermas, *supra* note 7, p.249. 然而，他将这一点看做为体现了"合理性鸿沟"（rationality gap），他试图通过理想化和普遍化各种论证来关闭这个"理合性鸿沟"。See id. 悬而未决的逻辑问题是，这是否提高了理由的有效性，抑或它仅仅在一个次等重要的观察背景中作为一个理论上的要求。

自身。因此,它是一种涉及经由减少复杂性来增加复杂性的复杂关系。

甚至在法律教学的教义方法中,司法合理性的这种严格地方化的性质在极大程度上也没有被充分认识到。一个好的论证不能并且不应被理解为一种正确方法的正确适用。此外,法院在陈述其判决的理由时并不采取宣布方法的做法,这主要是因为这种宣布将影响未来判决的方向。[20] 然而,方法必须能够获得,这些方法如何使用则取决于从特定案例和特定文本中发展出来的论证目的。

如果某个社会的法律系统的彻底分化——或者一如哈贝马斯所说,事实性和规范性之间的神圣统一的瓦解——导致法律系统内部沟通各种可能性的释放和大量增多,那么这种结果不会令我们惊讶。在这些条件下,处理各种具体沟通的法律实践又是如何作出一个接一个的判决呢?此外,人们也可以在经济系统中——在金钱经济的适当运行条件下——发现一个类似的情势。社会主义计划经济的崩溃表明,经济理性仅仅且特别是在企业和特殊市场——受到替换障碍的限制——达致平衡的基础上是可能的,或者在预算制或偏好很难转换(hard-to-shift)的基础上是可能的。或者,换言之,只有在较小规模、地方化的情境中——与经济系统的规模相比——才是可能的。这可能是不太令人满意的,并且可能大规模减少关于"市场经济"的各种希望。但是经济理论也开始认识到这一点,并在某种程度上开始从均衡模式转换到关注信息处理过程中的各种问题。[21]

这个考虑因素不必阻止系统合理性的诸概念的提出。例如,人们可能将一个系统——这个系统成功地在内部消除了这个系统所不断再生产出来的系统和环境之间的差异——描述为合理的;例如,将一个社会——这个社会没有生态环境的问题,也没有个体的问题,因为所有一切都已经被纳入考虑之中——描述为合理的。但是,这明显是一个悖论的情形,就像每一种涉及将一个区分"重新引入"(re-entry)已经被其识别出来之事物的情形。[22] 人们能够将这一点理解为关于人类迫切需要之物(desiderata)或以生态为本位的社会伦理的无穷无尽名单的一个出发点。但是,归根结底是,这样一个概念的想象空间归因于实在的复制,它的具体效果只能使真实的实在(real reality)的僵硬性变得显而易见。只有受更多限制的各种宣称才能分别地运作。但是此处所谓的各种可能性原本能够得到更好的运用。无论如何,一边面临着过多的宣称,另一边面临着放弃,人们应该避免放弃原本可以达致的目标。

---

[20] 关于一个工作小组提出的方法类型学的讨论,see D. Neil MacCormick & Robert S. Summers, *Interpreting Statutes: A Comparative Study* (1991)。在关于这本书的讨论中,一些法官曾运用一些案例来表明这样一个事实,即在实践中,论证并不由各种范畴作出,因为那样对司法方法的类型化重构将会是有意义的。See id.

[21] 在社会学界中也已经达致了一些类似的结论,社会学界发现科学理性也只有在地方化的条件下以一种在沟通中有说服力的形式才是可能的。See Karin K. Cetina, Zur Unterkomplexität der Differenzierungstheorie: Expirische Angragen an die Systemthorie, 21 *Zeitsciirift für Soziolgie* 406, 406—419(192). 该文讨论了"科学的社会研究"。

[22] See George Spencer Brown, *Laws of Form* (1979).

在复数监护人情形下的决定看来似乎是相当理性的。人们是否能够因此说**影响到每个人的事务**在源头上（for the parömie）衍生于它，则相当地不确定。

VI

这种对有关民主宪政国家合法化的诸可能性的分析是否仍然属于被主张者自己描述为"批判理论"的传统？对于这个问题的判断当然取决于一个人想在多大程度上拓展"批判"的概念。哈贝马斯在易于达成一致的意义上运用商谈理论，旨在重述经典的自由主义理论。这是一个关于所有人自由平等参与各种过程的问题，这些过程如此地进行建构，以致这些过程能够体现一个合理的经验——无论这是一个一致同意，还是一个基于妥协的理解（再一次涉及自由和平等）。根本的改革和彻底的革命都不是目标。批判的因素仅仅源自于一种关于追切需要之物（desiderata）的诸理想化条件，正如哈贝马斯不停地强调的那样，这些理想化条件实际上仅仅总是近似地得以实现。这符合德国理想主义的理念，并且也符合浪漫主义诗歌的批判概念。然而不幸的是，缺乏的东西是反讽因素，以及与规划（the project）保持距离。

但是，在一个与此相当不同的批判传统中，显而易见的是，通过使自由和平等（freedom and equality）绝对化，也就是通过使世界充满中等阶级的政治理念，一些事物被排除在外。因此，这就排除了在概念自身中符合预期地容纳相反的东西；排除了尽管起点平等但结果却不平等的情况，或者将对自由（liberty）的一些限制作为合理的自由（freedom）的一些条件。相反，在坚持这些权利的形式中存在着黑暗的、未被照亮的另一面；这种黑暗的另一面以坚持这些权利的形式来显示自己；它是一种不同的实在，这种实在不能参与建构这个社会的正面。当下不必根据阶级分析来理解这一点，阶级分析在很大程度上建立在拷贝19世纪工厂组织的基础之上。但是这种论述的另一面，也即关于"自由和平等"的问题，如同在过去一样在当下依然存在。如果所有人都能以一种自由和平等的方式行事，那么看来似乎不再有任何排除——不再有合法的奴隶制，不再有受社会结构决定的不能言说，不再有许多人没有工作和收入的系统性效果。此类排除性效果——批评者反复地运用一种意识形态批评来提及这些排除性效果——以巨大规模存在着，不可能被忽略掉。当人们希望寻找导致这些排除性效果的原因时（除其他外，当然包括人口增长），他们看来似乎追溯到自由和平等的实现上。人们只需想想，（平等和自由）这些原则依赖于参与者的自我选择，并且在过去同等地吸引了所有人，似乎（这些原则）建立在深深嵌入人类学之中的基础上。但是，那些不想要（这些原则）的许多人在哪呢？那些不能要的人在哪呢？那些对此感到沮丧的人在哪呢？那些对其前景持否定性评价的人在哪呢？那些想一个人待着不受干涉的人在哪呢？那些不得不如此地努力争取保持其身体存活以致没有时间或精力考虑其他任何事情的人在哪呢？这反映了关于被概念化的价值的反面的批评，不论这种反面被看做一个治疗学上的问题，还是作为一个需要外部援助的问题。那些已经见证了南美大都市贫民区的人,或者了解居住在自己社区的许多孤独的人们的人,将很快达致一个不同的结论。

那些讨论这些事情的明智人士可能感到沮丧,可能安排一些救济措施,可能——除了安排救济的努力以外——还会达致一个理性的共识。但是理性也仅仅是一种形式,这个形式也有另一面。它也排除没有辨别力的人和失去理性的人,或者至少排除了从他们的立场必须如此理解的东西。但是,这些明智人士——过去正以其名义着手合理性的运作——不可能被排除吗?坚持强硬路线的社会批评者将要求进行革命,并且试图引起革命的发生。但是今天这种想法已经成为一种过时的传统;这是因为人们知道,现在还不存在其他的社会,将来也不会有其他的社会,除非社会中的每一种结构都发生了变化。归根结底是,走出当下的辩证道路被封锁住了,这也包括对启蒙辩证法的反思。当某人大体上像哈贝马斯那样后形而上地思考时,他也在后辩证地思考。在其中一切事物的反面都能得以调和的统一体是不存在的。仅仅存在一种或另一种形式的区分。

通过将系统的否定引入系统自身(就像前卫派在艺术中否定艺术一样)来将社会系统的自主性纳入考虑范围,是可能的。为此目的,政治思想提供了乌托邦的传统形式。这在今天容易误解为一种理想描绘。但是,乌托邦在严格的意义上也是悖论。它们在如下陈述中达到顶点:肯定就是否定——以差异的形式显现出来,这些差异能够在悖论并不消失的情况下发生变化。这种想法可能符合一种始终如一的形而上思想体系。但是商谈理论缺乏一种悲剧选择和反讽的意识。

VII

前面所述的评论在很大程度上一直是批判性的,包括批判姿态和批判理论两个方面。但是,哈贝马斯用来处理现代社会的一个基本问题的智力完整性和激进性值得认可。即使一个不能把自己包含在那些受制于商谈理论中商谈所需要的很难处理的诸条件的人,最终也能同意这一点。仍然值得认可的是,本文讨论了一种理论上的观点,并且因此能够评估这种观点的诸可能性和后果。

出发点是,现代社会不再能够"形而上地"或"宗教地"以外因说明其自身的各种问题。现代社会必须在其自身内部找到解决方案。换言之,现代社会必须依赖于其自身的各种运作过程,并且能够反身性地回溯到这些过程。与可观察到的情形一样,这符合涉及与下述这种运行有关的理论努力的集中化:各种结构据以生产和再生产、临时有效和无效的运行。人们可以在认识论、美学和治疗学的可运作的建构主义中,在(诸如 Roland Barthes)不受参照影响的符号使用的记号语言中,以及在自创生系统理论中发现这一点。与这种背景不同,哈贝马斯采取了一种坚决的立场反对以自然法和古典理性法的形式证明法律的正当性,并且反对给出一个道德上的正当理由。人们从系统理论的立场将会对这个问题达致一个与哈贝马斯相同的判断。然而,如果这是这两种理论的共同点,那么它们的差异是什么？哈贝马斯的特别旨趣在确切意义上又是什么呢？

我的印象是,哈贝马斯的理论努力固定于并且坚持了一种理性的规范性概念;这一点使哈贝马斯的理论努力与众不同。如果某人不再以理念世界的形式来理解这一点,而将其与实际中可以实现的运作过程联系起来,那么理论会发现其自身被迫变得具体化。这是因为,如果它是一个规范的问题,那么它必须表明哪些运作过程能够被判断为不一致的或偏离的,以及通过哪些运作过程可以实现这一点。因此,具体来讲,在一个以沟通方式运作的社会中,在未来和普适方面[23],具有乡土特点的社会和解商谈能够在何处发生呢?

此类沟通可能发生,并不是一个令人满意的答案。如果"事实性和规范性"的主题要保持其内涵,那么在某种程度上它们也必须在实际中发生。哈贝马斯列出了一系列的场合,在这些场合下——诸如"在政治上公众形成非正式意见",诸如参与政党内外的政治,诸如参与大选和参与议会机构的磋商与决策等等一类的[24]——"隐喻性的事件"(metaphorical event)[25]能够拥有一种具体的形式。哈贝马斯自己在这类天真烂漫面前明显地犹豫着,尽管哈贝马斯已开始比以前更为好意地评价大众媒体。[26] 那些实际参与的人在自由处理方面拥有大量的相互矛盾的经历。因此,他们也有一个撤退的立场。人民主权——这种人民主权在商谈理论中表现自身——"撤退到由各种论坛和社团组成的各种同等无主体的沟通循环中"。[27] 但是,仍然不清楚的是,这些沟通循环如何在制度上实现。如何选择参与者,什么使得他们能够表达意见(opinions),其他政党,甚或所有政党就这种意见"都能达成一致"吗? 当下的移情风潮——这种移情风潮可以导致在趋向伦理的、民族的、种族的和宗教的等各种心胸狭窄之间达致在同等尊重的基础上的平衡——可能导致人们怀疑,哈贝马斯在思考一种循环。这种循环雄辩地表达了它对受害者困境的关心,不论这些受害者是受到饥饿煎熬还是受到环境损害,是受到社会压迫还是受到种族歧视,是在职场上处于劣势的妇女还是暴力的受害者或被忽视的受害者。如下事实支持了这一点:哈贝马斯将"对道德的拥护(即最高优先事项)体现在商谈中"接受为一项规则。[28] 本文的观点并不否认此类问题的重要性。相反,此类问题具有如此之大的规模,以致对商谈的讨论可能被看做一件不合适的事物(相比较而言)。

---

[23] See Habermas, supra note 7, p.158.的确,这种表述仅仅指称对暴力的垄断,但它也适用于总是在某个地方以呈现其自身的形式发生的每个正在出现的沟通。

[24] See id. p.170.

[25] Id. p.166.

[26] See Jurgen Habermas, *Strukturwandel der Offentlichkeit*: *Untersuchungen zu einer Kategorie der Burgerlichen Gesellschaft* (1990).

[27] Habermas, supra note 7, p.170. 哈贝马斯对"无主体的沟通"(subjectless communication)的反复使用表明,这不仅是一个表述上的偶然错误。See id. pp.362,365.然而,必须追问的是,是否每一个沟通都不是无主体的,如果不是,这种差异是如何出现的。

[28] Id. p.224.

我并不肯定的是,考虑到 20 世纪末期的世界状况,坚持对理性的规范性理解不得不以这样一种不能令人满意的形式终结。但是如果情形确实如此,那么将会有很多理由来放弃这种理解并且(与之对照)在马克思的传统中[29]研究实然的、实际运作的社会以发现可能的各种变化——这种做法也许可能导致一个有着更少痛苦的世界。这是**可能**的!

---

[29] See id. p.66.哈贝马斯已经表达了这一点。

评波洛克的《法律与命令》[*]

〔美〕霍姆斯 著　姚远[**] 译

在引人入胜的这一期的第三篇文章中,弗雷德里克·波洛克(Frederick Pollock)先生讨论了奥斯丁(Austin)对法律的界定。由于他的各种结论或多或少与该文付梓同时在哈佛学院(Harvard College)讲授的一门法理学系列课程伊始所详尽表达的各种意见相符,简明地陈述由该讲授者所阐释的某些要点可能是有意思的,我们希望在将来某时对之加以更详尽的论述。

奥斯丁的界定从一种哲学观点来看并不令人满意,这个一般性意见已经在我们的书卷中得到了表达。依他之见,严格意义上所指称的法律被界定为某一明确的政治的上位者或主权者(political superior, or sovereign)的一项命令,该命令通过在遇到违抗时施加一项惩罚(a penalty)来迫使政治的下位者或从属者(political inferiors or subjects)采取某种行为或某种克制;并且所有主张这样做的主权性命令都是法律。现在每个人都承认,"谁是主权者"是等同于"谁掌握着一个国家的全部政治权力"这一问题的事实问题。就是说,主权是一种权力的形式,并且主权者的意志就是法律,仅仅因为他有权力去强迫服从或惩罚违抗而已。于是,他的意志在其中作为法律的那些界限便是这样

---

[*] 原文无具体篇名和落款,该篇名为译者所加。波洛克原文 Law and Command 出自 *The Law Magazine and Review*, New Series. No. 3, April 1, 1872。霍姆斯文章首次发表于 *American Law Review*, Vol. 6, 1872, pp. 723—725;重刊于 *Harvard Law Review*, Vol. 44, 1931, pp. 788—791。感谢在海德堡就读的挚友梁亦斌帮忙译出文中让我头疼的拉丁法谚。本文翻译过程中参阅了明辉的译本,收于明辉编译:《法律的生命在于经验——霍姆斯法学文集》,清华大学出版社 2007 年版,第 254—258 页。

[**] 姚远,吉林大学理论法学研究中心 2007 级硕士研究生。

一些界限,在其中他有权力或被认为有权力去强迫或惩罚。许多事例已表明,主权者的这一权力不仅受到外部限制,即战争责任(这被表明可能是一种真实的制裁),也受到内部限制,诸如相冲突的主权原则(领土的和部族的)、未分享主权权力的人们的各种组织以及无组织的公共意见。如下情况已被证明:无主权时可能存在法律,而在有严格意义上所指称的主权者的地方,其他并非主权者的各种团体,甚至意见,都可能产生一种哲学意义上的、对抗主权者意志的法律。须谨记,在大部分国家有大量的男子并且在许多国家有数量上占多数的男子,他们并未分享政治权力,然而同时他们的身体力量以及由此他们的欲求,却不应当被忽视,且在某些情况下不应当被违逆。

在前面提及的系列讲授中存在着疑思,即在律师们赋予法律一词的相对限定了的意义上,除经由各法院的程序强制实施并因而对律师们具有实际意义的属性之外,法律是否包含其他共有属性。如下情况已被证明:以那种方式强制实施的种种规则并不总是依赖各个法院来获得它们在统管行为方面的实效(efficacy),并且无论从哲学上看抑或从法律上看,认为它们必定源自**作为法律的**主权者的意志,这纯属虚构。

遵循海纳修斯(Johann Gottlieb Heineccius, *Recitationes*,§72)的观点,奥斯丁认为仅通过由得到各个法院采纳所显示的主权者的默示同意,习惯才转变为法律;在被采纳之前习惯不过是判决的一个动机(a motive for decision),正如一种政治经济学的学说,或者法官的政治抱负或其痛风病,或者王妃的蜜语甜言。但显然,在许多情况下习惯与商事惯例有着与法律所能有的等量的强制力,尽管有种种禁止性制定法;并且就它们直到被采纳为止仅仅作为判决的动机而言,采纳它们的那个判决对于任何未来的判决而言还能是什么别的吗?制定法还能是什么别的吗?并且,我们相信我们认为法律提供给法官们的动机将占据支配地位并诱导他们以某一方式判决某一案件因而借由那种预期(anticipation)塑造我们的行为,此外还有什么别的意义上的法律吗?一则先例可能不被遵循;一项制定法可能经由解释而被抽空了内容,或者在我们已经据其行为之后被废除而未设保留条款;但我们期待着(expect)相反的情形,并且倘若我们的期待成真,那么我们认为我们在所处理的事项上服从了法律。务必谨记,对英格兰的种种制定法和本国的种种宪法的大量司法解释事例表明,在一个文明化的国家里,创设律师们的法律的并不是主权者的意志,而是一群强制实施法律的从属者即法官们**声称**为其意志的事物,即便主权者的意志乃是法律的渊源(source)。撇开(outside)他们自己的专断意志不谈,法官们除了(beside)主权者的各种命令外尚有其他的判决动机。并且如果那些其他的动机足可能居主导地位以提供一种预测的根据,则它们是否有同等的强制力并不重要。对律师而言唯一的问题是,法官们将会如何行动。他们行动的可能在大多数(the generality of)案例中起主导作用的任何动机,无论是宪法、制定法、习惯抑或先例,都值得在一部法理学论著中作为法律的诸多渊源之一来考量。像王妃的蜜语甜言那样的各种异常(singular)动机,并不是预测的根据,因此不予考虑。

就奥斯丁的界定在明确"什么主权者的命令应当被称为法律"方面的充分性而言,前面提到的讲授认为,奥斯丁所似乎默示地设想为终极判断标准的定量的(specific)罚金或制裁,并不总是可靠。

义务观包含的内容不限于对某一行为方式施加税收负担(tax)。一种对钢铁的保护性关税并未创设一项不得将钢铁输入国内的义务。义务一词表示存在着由权力所作出的(on the part of the power)一项绝对欲求(a absolute wish),即施加义务以造成某一行为方式并阻止相反的行为方式。如果法律打算允许被设定为服从法律的个人以一定的代价进行一种选择,那么就不能认为存在一项法律义务。一项法律义务的判断标准乃是命令的绝对性(the absolute nature of the command)。如果一项制定法规定一旦某个人从事特定行为他要面临一起罚金之诉,但此种行为在所有其他关联(connections)中——在其中此种行为可能被卷入诉讼——受到保护且被视为合法,那么这实际上就允许了一个选择。我们将在著名的 Creole 案(2 Wall. Jr. 485)中发现一个十分引人注目的例证,其中一项制定法规定某些船舶应当"被迫"雇佣一名领航员,否则就"被没收和缴纳"被称为"一项罚金"的一笔款项,该制定法被认为使得雇佣成为选择性的,即受制于一种税收负担(tax)——这是否正当并不重要。因此施加一项罚金仅仅是倾向于表明打算发布某一绝对命令的证据(only evidence tending to show that an absolute command was intended)(一项解释规则)。然而不论有无惩罚,一项绝对命令并不存在,除非剥夺对违反行为的法律保护,这被在一般性界定中并不能准确决定的(accurately determinable)若干后果所证明,比如从事被禁止行为的合同无效;——依双方皆违法时有利于被告(in pari delicto potior est conditio defendentis)的规则,——当原告也有不法行为时拒绝提供救济金,等等。

更加毋庸置疑的是(a fortiori),在没有直接附着于某一给定行为的罚金的那些情况中,须由这些附随后果(collateral consequences)来确定是否存在一项去避免或履行该行为的义务。给付某一享受的公平价格或价值,或者被迫返还或交出属于他人的财产,这一金钱责任(liability)并不是一项罚金;而且这乃是普通法上民事诉讼的普通金钱责任的范围。在某一此类情况下,其中未附着附随结果(这可能对于某些合同,比如给付金钱的合同,乃是事实),很难说存在一项严格意义上的义务,并且,该义务由各个法院所适用并因此必须被职业人士获知,这一规则由于上面论及的经验性理由被插进各种法律书籍之中。

由于民事诉讼的金钱责任并不是一种本身创设一项义务的罚金或制裁,因而,另一方面,它并不像太过从刑事律师的角度看待法律的奥斯丁想的那样,必然暗示着应受责难性(culpability)或者一种对义务的违反。法律的目标是去实现一种外在的结果(external result)。当它通过作用于人们的意志能最大程度实现那个结果时,或者当它在缺失蓄意或疏失时确保实现它所欲求的事物时,那么它可能非常适当地使蓄意或疏失(wilfulness or negligence)成为诉讼要点,——金钱责任的构成要件之一。但在其他情况下,有人可能认为这是一种过于狭隘的限定;认为应当保护所有权免受即便是不带恶意的侵犯;认为人们因源于各种重大危险的各种损害无论如何应当得到赔偿,此时疏失不是一项元素。公共政策(public policy)必须确定应在哪里划界。要求牛的主人自担风险地将牛圈养在自己的土地上,这一普通法规则已在西部某些州非常适当地被抛弃,在那里圈围他们广袤的大草原必定在很长时间内都是不可能的。

兰代尔的正统观念[*]

〔美〕托马斯·C.格雷[**] 著　　樊　安[***] 译

把1870年作为现代美国法律思想史的开端似乎是合情合理的。在那一年，小霍姆斯（Oliver Wendell Holmes, Jr.）在他的首篇重要论文的开篇便写道，"普通法的优长就在于它先判决案件后确定原则"[1]。同年，兰代尔（Christopher Columbus Langdell）加盟了哈佛法学院并成为其第一任院长。在他的第一堂合同法课上，他并没有以那种通行的介绍性的讲座方式来开始自己的教学，而是首先便提问，"福克斯（Fox）先生，你能否陈述一下佩恩（Payne）诉卡夫（Cave）一案的案情？"[2]

通过发现依凭直觉的个案裁判的优长，霍姆斯的话否弃了正统观念并且预见了法律现实主义。然而具有院长和教师双重身份的兰代尔的两度登场

---

[*] 译自 Thomas C. Grey, Langdell's Orthodoxy, 45 *U. Pitt. L. Rev.* 1。英文原文来自 LexisNexis 数据库，其中有个别打印错误已经过格雷教授更正。

[**] 托马斯·C.格雷，美国斯坦福大学法学教授。译者在此感谢格雷教授对此文翻译的授权以及对译者的一些阅读疑惑的解答。

[***] 樊安，吉林大学理论法学研究中心2008级博士研究生。译者在此感谢在翻译过程中邹益民、王宏霞和曲波等同学给予的帮助。当然，译文如有错误还当由译者本人来负责。

[1] Holmes, Codes, and the Arrangement of the Law, 5 *AM. L. REV.* 1, reprinted in 44 *Harv. L. Rev.* 725, 1931.

[2] 兰代尔于1870年1月被任命为德恩教授（Dane Professor——由杰出的律师、法律论著作者、政治家德恩先生捐资1万美元于1829年设立——译者注）。在那年的春季，他教授可流通票据法和合伙法，显然是采用传统的讲座教学法。See, 2 C. Warren, *History of the Harvard Law School* 359, 363 (1908). 他于9月被任命为第一任院长，同上书，第370—371页；并且于同年秋天上了第一堂案例教学课，同上书，第372—373页。

同现代法律思想的开端又有什么干系呢？有两点联系是相当显而易见的。首先，兰代尔在其首堂合同法课中通过把法律教学的关注点从抽象原则转向案例而提出的教学方法最后竟然意外地推广了霍姆斯曾讲过的相同的以案件为中心的现代审判理念。[3] 其次，在他担任院长期间，兰代尔在哈佛创立了标准的美国三年制研究生法学院的模式，在这种法学院中充当职员的是致力于研究的职业教员。从那时起，这种法学院成为了现代法律思想发展的制度基础。[4]

兰代尔的登场和现代时期的开端之间的第三点联系则更加模糊。在兰代尔教授合同法期间，并且在后来他和他的许多同事和追随者继续他们的教学和写作的过程中[5]，他们传播了一种特别的法律思想体系，我称其为古典正统观念(classical orthodoxy)。[6] 但是这

---

[3] 后来的那些把法律现实主义者的"直觉法理学"(jurisprudence of the hunch)追溯到案例教学法的评论者都认识到了这一点。参见，比如，Dickinson, Legal Rules: Their Function in the Process of Decision, 79 *U. PA. L. REV.* 833, 846 (1931); Lucey, Natural Law and American Legal Realism, 30 *GEO. L. J.* 493, 526 n. 67, 1942。虽然斯毕塞欧(Marcia Speziale)彻底扭转了这一视角，他富于想象地扩充了前人的观点，他在论文中视兰代尔为第一位杰出的现实主义者，见 Speziale, Langdell's Concept of Law as Science: The Beginnings of Anti-Formalism in American Legal Theory, 5 *VT. L. REV.* 1 (1980)。但是，我们千万不要把将兰代尔在教学法上的创新等同于他的法理学；这两者是相互独立的，这是在此种意义上讲的，即那些明确地批评他的法理学的人同时也是他在教学法上的创新的辩护者和实践者。See, O. Holmes, *Collected Legal Papers*, 1920, pp. 42—43; Gray, Methods of Legal Education, 1 *YALE L. J.* 159, 1891，以及见后文相关注释[83]。

[4] 关于兰代尔模式在哈佛的建立，参见 2 C. Warren, supra note [2], pp. 354—418, pp. 428—53。Chase 在 The Birth of the Modern Law School, 23 *Am. J. Legal Hist.* 329, 1979 一文中强调兰代尔的支持者，哈佛大学校长查尔斯·艾略特(Charles Eliot)，在此过程中的重要作用，参见 Eliot, Langdell and the Law School, 33 *Harv. L. Rev.* 518, 1920。

关于兰代尔主义的法学院模式在哈佛以外的传播，一般性叙述，参见，Stevens, Two Cheers for 1870: The American Law School, in 5 *Perspectives In American History* 405, pp. 426—435 (D. Fleming & B. Bailyn eds. 1971); 具体案例分析，参见 J. Goebel, Foundation for Research, in *Legal History*, *A History of The School of Law*, *Columbia University*, pp. 131—158 (1955), and W. Johnson, *Schooled Lawyers*, 1978。

[5] 三位兰代尔在哈佛的晚辈和同事詹姆斯巴尔·艾梅斯(James Barr Ames)，约瑟夫·比尔(Joseph Beale)和塞缪尔·威利斯通(Samuel Williston)是其古典正统观念的最重要的信徒。

[6] "正统观念"大体上指法律人一直以来或多或少以不同方式所持有的这种观点，即法律判决是通过把事先存在的法律适用于事实而作出的。我从肯尼迪(D. Kennedy)的 *The Rise and Fall of Classical Legal Thought*, 1850—1940, 1975(未刊稿)的文章中借来"古典的"这个术语(我从他那里得到的不仅仅是这一术语，见后注[176])。也请参见 Kennedy, Toward an Historical Understanding of Legal Consciousness: The Case of Classical Legal Thought in America, 1850—1940, 3 *Research in Law and Sociology* 3, 1980; and Kennedy, Form and Substance in Private Law Adjudication, 89 *Harv. L. Rev.* 1685, pp. 1728—1731, 1976。肯尼迪对于"古典"和"前古典"法律思想的划分和人们所熟悉的卢埃林对"形式"和"宏大"风格的区分大致相符，见 K. Llewellyn, *The Common Law Tradition—Deciding Appeals*, 1960, pp. 35—45; 我把"形式的"这一术语留作描述古典法律思想的特征之一，见下文及相关注释[26]。

Gordon 对古典思想作了特别有助益的论述，见 Gordon, Legal Thought and Legal Practice in the Age of American Enterprise, 1870—1920 in *Professions and Professional Ideologies in America*, 1730—1940 (L. Stone & G. Geison eds. 1983)。其他有用的讨论是 W. Twining, *Karl Llewellyn and the Realist Movement*, 1973, pp. 10—25 和 White, The Impact of Legal Science on Tort Law, 1880—1910, 78 *Colum. L. Rev.* 213, 1978, pp. 214—232。

个古典正统体系的现代之处在哪里？它不是恰恰跟法律思想中的现代性相对立吗？

毋宁说,古典正统观念是正题,现代美国法律思想是针对它的反题。它们之间的关系很早就表露了出来。刚好在他们共同登台亮相的十年之后,兰代尔的最典型兰代尔主义著作致使评论它的霍姆斯提出了法律现代主义的核心口号："法律的生命始终不是逻辑,而是经验。"[7]从此以后,正如兰代尔的著作与霍姆斯的格言相对立一样,通常上古典正统观念也和现代法律思想相对立:[它成为现代法律思想]不可或缺的陪衬,即,就像父辈般型构着那些后来的桀骜不驯的子孙们朝着非正统的方向成长的教义。

兰代尔主要是一位关注法律原则的论者(doctrinal writer)而非一位哲学家,理解他的法律理论最好从检视他对关于法律原则的问题的处理入手。当某人收到了一个邮寄过来的合同要约,那么是一旦承诺函被寄出合同就有了约束力,还是要约人收到承诺函合同才有约束力？争论者各自基于同一问题的两个方面中的一者提出了有力的论辩,然而大多数现代论者都认为便利这一强势因素(the balance of convenience)支持所谓的"邮箱规则",即承诺函一旦寄出就具有约束力。并且,现代的论者们认为解决问题要比无尽地担心问题是否被妥善解决更为重要,他们一致地把邮箱规则视作正式法律。[8]

当兰代尔遇到这一问题时,它依旧没有得到解决。英格兰和纽约的法院采纳了邮箱规则,而马萨诸塞州的那些法院拒绝接受它。[9] 依兰代尔之见,这两种选择间的问题并非仅仅是一个关于实用性的问题。在他看来,基本原则规定必须在收到承诺函之后合同才能够成立。此观点遵循这一原则,即,在没有得到对价(consideration)的支持的情形下,允诺不可能有约束力。要约的对价就是受要约人回复要约人的允诺。但是允诺的本质决定了它只有在[当事人之间]被交流之后才能够完成;没有对象的"允诺"根本就不是允诺。在承诺函被收到并阅读以前,由于没有允诺,所以就不可能有对价,也就不可能有

---

[7] Holmes, Book Review, 14 *Am. L. Rev.* 233, p.234, 1880. 兰代尔的书是 *Summary of the Law of Contracts*, 1880 [此后简称 *Summary*]。此书的前一版本作为附录附在兰代尔1879年的第二版合同法案例教科书里;它源自于兰代尔的第一版合同法案例教科书附录中的一个更加简短的法律原则概述,见 C. Langdell, *Cases on Contracts* (1st ed. 1871; 2d ed. 1879)(此后从案例教科书中的引文都来自于第二版)。

霍姆斯于1880年底在 the Lowell Institute 举办了他的普通法系列讲座的第一堂讲座,他重复了逻辑和经验的界分,当时兰代尔可能也在场。见 M. Howe, *Justice Oliver Wendell Holmes*: *The Proving Years*, 1870—1882 157 (1963). 对逻辑和经验的界分随后出现在依据这些讲座而成的著作的第三句话中,见 O. Holmes, *The Common Law* 5 (M. Howe ed. 1963; orig. 1881),并且从此以后成为了英语世界法律人的惯用语。

(对霍姆斯那句名言的翻译我采用了邓正来先生的译文,见[美]博登海默:《法理学:法律哲学与法律方法》,邓正来译,中国政法大学出版社1999年版,第151页。在此表示感谢。——译者注)

[8] 1 Corbin on Contracts ? 78, 1963.（原文如此——译者注）对诸种实用性的更为广泛的讨论,见 Llewellyn, On Our Case-Law of Contract: Offer and Acceptance, II, 48 *YALE L. J.* 779, 1939。

[9] Adams v. Lindsell, 1 B. and Ald. 681 (England, 1818); Mactier's Admin. v. Frith, 6 Wend. 101 (New York, 1830); McCulloch v. Eagle Ins. Co., 18 Mass. (1 Pick.) 278, 1822.

合同。邮箱规则不可能是好的法律。[10]

兰代尔注意到这样一种主张,即邮箱规则可以最好地服务于"实质正义的诸种目标,以及合同当事人自己所理解的利益"。于是,他回应道,这"是不相干的"[11]——从此他的这一论断便被用来表述他的那种法律思想的可恶的基本特质。正是对这一说法的极度失望,霍姆斯称兰代尔为"法律神学者"(legal theologian)且写下了"法律不是逻辑而是经验"这一名言。[12]

尽管霍姆斯拒斥[兰代尔]的那种观念,但他自己清楚地知道认为法律主要是"逻辑"这种观点是什么意思。作为古典正统观念的首位重要批评者,他完全抓住了该理论的前提,他还认同该前提的许多部分。[13] 与此相反,将近一个世纪的激烈争论遮蔽了我们的视线,使得我们对这一古老的理论体系看得不再那么清楚,这些争论反对"机械法理学"、"比尔主义"(Bealism)、"先验的胡说八道"("transcendental nonsense")以及类似的为了方便攻击而设定的标靶。[14] 然而,正如我们将从对古典正统观念的持续不断的强烈反对和攻击中推测的那般,总体来说,它是一套具有说服力和吸引力的法律理论,并非那些批评者们通过拙劣模仿而刻画出来的不堪一击的教条。

---

[10] Langdell, *Summary*, supra note [7], pp. 1—2, 12—15. 值得注意的是,依据首次所引用的那一段话,兰代尔的论辩是直接立基于对价原则,而非"承诺的本质"。比如,他认为,一旦受赠人有任何同意接受礼物的意思表示,而不论他有没有同赠与人进行沟通,礼物的接受就是有效的。然而一个承诺在双方沟通之前不可能成为一个答复性的允诺。

[11] Ibid., pp. 20—21. 这一表述是一种刻意的法理学的修辞;兰代尔继续讲到"然而,假定它是相关的……"并且找了一些关于实用性和政策的理由草草地为自己辩护。

[12] See Holmes, Book Review, supra note [7]。

[13] 近来学者有一种倾向,即去发现霍姆斯的关于法律原则的著述中的形式主义因素和他的著名现实主义法理学格言之间的矛盾。See Gordon, Holmes' Common Law as Legal and Social Science, 10 *Hofstra L. Rev.* 719, p. 727, n. 60, 1982. 我对此一主题的观点请见后注[162]—[163]和相关正文。

霍姆斯对兰代尔著作的矛盾感情表现于他对《合同法要义》(*Summary*)的书评中,supra note [7]。霍姆斯的确讲过法律不是逻辑而是经验,并且称兰代尔为"在世的最伟大的法律神学者",同上书,第234页,但是霍姆斯同时又称赞兰代尔的才华:"在美国的法律著述中再也找不出这样的[能够]从乱糟糟的细节中构建出原创性理论的绝佳耐心和渊博智慧了……"同上书,第233—234页。霍姆斯后来在给波洛克的一封信中关于《合同法要义》的讨论中也表达了同样的矛盾心情:

> 我从来没有读过这样一本如此浪费非凡才智的著作,然而它极具启发性和教育性。我在处理合同问题时曾几次三番提到兰代尔,这是由于在我心目中他代表了黑暗的力量。他完全认同逻辑且拒绝诉诸任何逻辑之外的东西,并且他对那些案件所作的因果解释和调和会使那些曾经判决它们的法官感到惊讶。但是他是一位高贵的有名望的老者,我对他的学识、才能和对工作的完全投入既敬畏又爱戴。

1 *Holmes-Pollock Letters* 17 (M. Howe ed. 1941)(letter of April 10, 1881)[此后引用时缩略为 *Holmes-Pollock Letters*]。比较霍姆斯后来的信件,同上书,第140页。

[14] J. Frank, *Law and the Modern Mind*, pp. 53—61 (2d ed. 1949); Cohen, Transcendental Nonsense and the Functional Approach, 35 *Colum. L. Rev.* 809 (1935); Pound, Mechanical Jurisprudence, 8 *Colum. L. Rev.* 605, 1908.

这一理论的核心观点是,法学(law)是一门科学。兰代尔认为通过科学的方法,法律人可以从一些基本原则和概念——发现它们乃是像他自己这样的学者型科学家的任务——推出正确的法律判决。[15] 这一观点在很大程度上是对英美法律人在过去曾经所讲的法律科学的那种热切渴望的延续。[16] 然而兰代尔和其追随者严肃认真地对待了法学就是科学这一观点,并且以一种在此前的普通法世界所未曾有过的方式有计划地实施这一理念。[17] 他们创立了一种松散而无核心的宏大结构,这一结构后来主导着法律教育,还对律师和法官的实践工作产生了巨大的影响。我旨在通过本文重构这个古典正统思想体系的前提;阐释其核心概念,即,法律科学,以及解释它作为一种主流法律意识形态的兴起和衰亡。

I

古典正统观念是一种特殊类型的法律理论———一套被那些法律制度的操作者从内部使其生效的理念,而非一套反映外部视角的关于那些制度的理念,无论这些外部视角是对法律现象的社会的、历史的解释还是经济的解释。内部和外部的区别和我们所熟悉的规范性理论和描述性理论之间的区别不太一样。从内部视角出发的理论和从外部视角出发的理论都声称要精确地描述法律制度,而且许多从外部视角出发的理论既有规范性力量也有描述性力量。

一个理想的内部理论可能既要包括对各种法律制度的精准描述、运作这些制度的方法和法律职业的信条,还要向不懂法律的人证明这些制度的正当性,并且所有这些阐述和证明要被组合成一套充分全面且连贯一致的表述。在意识形态一词的此种意义上,即,排除那种旨在为坏制度进行的混淆视听的辩护这一贬义之后,内部理论就是一种意

---

[15] 参见下文以及相关注释[42]。作为参照,参见 Holmes, supra note [1], p. 728:"法学并非一门科学,但是它在本质上是经验的。因此,尽管一般性整理应该是哲学,即使会有一些负面的损害作代价,因实际便利而让步也是非常正确的。"

[16] 关于英美人关于法律科学理想的更早期表述,请分别参见 Blackstone 和 Story 的就职讲座,Blackstone, *Vinerian Professor at Oxford in 1758*,及 Story, *Dane Professor at Harvard in 1829*. 1 W. Blackstone, Commentaries * 3—37; J. Story, *Miscellaneous Writings*, pp. 440—476, 1835. 关于内战前美国人的法律科学观念,见 M. Horwitz, *The Transformation of American Law 1780—1860*, pp. 253—266, 1977; P. Miller, *The Life of the Mind in America*, pp. 117—185, 1965. 更加久远的讨论,见 Shapiro, Law and Science in Seventeenth Century England, 21 *Stan. L. Rev.* 727, 1969。

[17] 自19世纪初,同英美古典正统观念紧密相关的一种"法律科学"就一直占据欧陆法学界的主流,并且持续至今。代表作品是 F. Von. Savigny, *Possession* (E. Perry trans. 1st ed. 1848; German orig., 1806);从方法论方面讨论的作品是 K. Gareis, *The Science of Law* (A. Kocourek trans. 1911)。针对英美读者所作的论述是,参见 M. Cappelletti, J. Merryman, J. Perillo, *The Italian Legal System*, pp. 164—196, 1967; Schmidt, The German Abstract Approach to Law, *Scandinavian Studies In Law* 131, 1965。从历史方面论述的是 A. Watson, *The Making of the Civil Law*, 1981 和 J. Dawson, *The Oracles of the Law*, 1968。

识形态。[18] 甚至可构想到的最好的那套法律制度也需要意识形态,而且一个好的意识形态会切实地描绘它所源自的制度。

下面的分析框架旨在使我们可以得出一个比常见的对兰代尔古典正统观念的描述更为清晰精准的描述,它可以使我们拿兰代尔古典正统观念同其他的法律理论相比较。依据这一框架,不同法律理论可以通过它们与法律体系的五个可能目标之间的关系被界分,这些目标是全面性(comprehensiveness)、完整性(completeness)、形式性(formality)、概念序列(conceptual order)、可接受性(acceptability)。[19]

全面性:如果某个法律体系提供了一套固定的制度设置,可以给其管辖范围内的每个案件得出唯一的判决,那它就是绝对全面的。由于程序间隙(procedural gaps)和程序交叠(procedural overlaps)[的存在],体系可能会不全面。如果法庭因为发现实体法没有提供清楚正确的答案就可以拒绝作出判决,那么这里就可能存在程序间隙。[20] 如果两个法庭对同一个争端都有管辖权,都有权力签署相互冲突的司法救济令,而没有任何固定的制度设置可解决这种冲突,那么这里就可能存在程序交叠。[21] 几乎所有的法律体系都声称要达到绝对的全面性,并且法律理论一般会把这一要求当成是既定的——它本身就是一个重要的事实,该事实凸显了法律的定纷止争这种功能的核心重要性(centrality)。[22]

完整性:如果某个法律体系中的实体规范为可以据其提起诉讼的每个案件都提供了唯一正确的判决——一个"正确答案",那么它就是完整的。体系可能是不完整的,因为在其中可能既会有事实间隙(substantive gap)——没有现存规范可以适用的现实情形,也

---

[18] 关于"意识形态"一词的不同的含义,参见 R. Geuss, *The Idea of a Critical Theory*, 1981, pp. 1—26; G. Lichtheim, *The Concept of Ideology*, 1967, pp. 3—46。

[19] 以下的资料使我得以建立这个框架,它们包括 C. Alchourron & E. Bulygin, *Normative Systems*, 1971, pp. 61—64 及该书各处; A. Kronman, *Max Weber*, pp. 72—95, 1983; R. Unger, *Law in Modern Society*, pp. 48—58, 1976; M. Weber, *On Law In Economy And Society*(M. Rheinstein ed., E. Shils & M. Rheinstein trans. 1969); Friedman, On Legalistic Reasoning—A Footnote to Weber, 1966 *Wisc. L. Rev.* 148; and Kennedy, *Form and Substance in Private Law Adjudication*, supra note 6, pp. 1687—1701。

[20] 由 1790 年 8 月 16 日颁布的法国革命组织法(the French revolutionary organic act)所建立的著名(之所以著名是因为它在法律史上异常罕见)的提交制度(refer),允许法院在现存法规定不明的情况下把案件提交给立法机关。这一程序受到了《拿破仑法典》第 4 条(Article 4 of the Napoleonic Code)的否决,全面性又复归法国法。该条法律规定:"任何以法律没有规定,规定不清楚或不充分为托词,而拒绝判案的法官可能会遭到以拒绝正义的罪名的起诉。"参见 F. Geny, *Method of Interpretation and Sources in Positive Private Law*, J. Mayda trans. 1954, pp. 49—59 的讨论。

[21] 比如,在詹姆斯一世依据衡平法来解决科克和艾利斯密尔之间的争端之前,普通法法院和衡平法法院作出了相互冲突的判决。1 W. Holdsworth, *History of English Law*, 1903, pp. 248—251。

[22] 依我的表述,如果在某一法律体系中每个案件都有程序上的唯一解决方法,那该体系就是完整的。那种把案件界定为法律所管辖的争端的更加严格的表述会要求每个争端都要有唯一的解决。通过以有利于现时状态的方法对那些法律没有管辖权的争端加以处理,这两种版本的表述就会部分一致,尽管在何为现时状态并不清楚的这一程度上,这种一致无从持续。

可能会有存在于相互交叠的规范之间的矛盾。[23] 现代法律理论家大多认为即使有可能实现全面性,也不可能达到完整性;如果每个案件都要得出判决,那么将不可避免地存在一些这样的案件,体系中的规范没有为它们提供答案,或者提供了不止一种的相互矛盾的答案。在这些案件中,现代理论认为法官必须行使自由裁量权,或者创造出新规范或者在相互冲突的规范中作出选择。[24] 近来以德沃金为首的许多理论家一直反对这一点;比如,在主张即使疑难案件也有"正确答案"时,德沃金所持的就是我们的法律体系是完整的这一正统观点。[25]

形式性:在某个法律体系的判决结果是由令人信服(具有理性说服力的)推理所决定的这种程度上,该体系就是形式性的。一个体系的完全形式性(universal formality)是保证其完整性的充分条件;如果每个案件都能够通过无可争议的推理来判定,那么每个案件也就必然有一个正确答案。通过形式性来实现完整性正是古典正统观念的一个核心目标。但是,完全形式性并非达致完整性的必要条件;比如,德沃金就主张我们的没有完全形式性的法律体系也是具有完整性的。在他看来,每个案件都有一个正确答案,然而疑难案件的解决没有令人信服的推理可依据。[26]

概念序列:某个法律体系在概念上被排序是在此种程度上来说的,即其最低等级的实体规则可以从少数相对抽象的原则和概念——它们自己形成了一个逻辑一致的体

---

[23] 阿尔朝伦(Alchourron)和布莱金(Bulygin)分析了不同间隙和交叠并对它们进一步归类。Alchourron & Bulygin, supra note [19], pp. 31—34, 61—64, 145—148, 170—175。他们把"一致性"(没有矛盾)和"完整性"(没有间隙)之间的区别看的极为重要。我相信这一区别在法律中的重要性并不像在理论性更强的领域(more theoretical domains)那样,那些领域——不像在法律领域——并不要求全面性。任何法律上的不一致都可以被视为一个间隙,即一个存在于这一体系——由被提出来以解决相互矛盾的下级规范间的冲突的原规范(meta-norm)所组成——中的间隙。

[24] 许多后古典主义民法典规定了关于如何作出此种审判的一般性指示,最为著名的是瑞士民法典的第一条:"在没有可适用的法律规定的情形下,法官依据习惯法加以裁判,在没有习惯法的情形下,法官依照他在不得不立法的情形下可能会确立的规则作出判决。" A. Watson, supra note [17], p. 169。见 J. Mayda, Francois Geny and Modern Jurisprudence, pp. 31—64, 1978 中对于瑞士法院在民法典第一条下的经历的分析。惹尼(Geny)对"自由客观的探寻"(libre recherche scientifique)的关注——在 F. Geny,前注[20],第 352—431 页中得到详细阐释——对现代民法对这种"间隙"问题的处理独具影响。

[25] R. Dworkin, Taking Rights Seriously (paperback ed. 1978)[此后引文中简称为 Taking Rights Seriously];也请参见 R. Sartorius, Individual Conduct and Social Norms, pp. 181—210, 1975. 奥朝伦和布莱金在关于完整性的理想和关于完整性的假定(the Ideal and the Postulate of Completeness)之间作了如下区分:前者把完整性当成目标,而后者声称在法律体系内已经实现了完整性。他们认为德沃金混淆了此二者并将这种混淆叫做"唯理主义者的幻觉(rationalist illusion)"。C. Alchourron & E. Bulygin, supra note [19], pp. 175—180.

[26] R. Dworkin, supra note [25];还请参见 R. Sartorius, supra note [25]。德沃金和萨陶刘斯(Sartorius)都认为疑难案件的"正确答案"来源于对判决标准——它们有"重量"(weight)且因此使自己保持"平衡"(balanced)——的适用。关于对在不存在程序——通过它人们既可以测量正在被讨论的特性也可以连续地组织行动或者关于这些行动的事件状态——的情形下运用权衡或平衡(weighing or balancing)的隐喻的这种做法的批评,见 A. Donagan, The Theory of Mortality, 1977, pp. 23—24。一套关于"平衡"(balancing)有意思的阐释见 Nozick, Moral Complications and Moral Structures, in 13 NAT. L. FOR. 1, 1968。

系——推演而来。在从体系中的更一般的原则和概念中得出用于裁判案件的规则*(the decisive rules)的这种推演过程是令人信服的这一点上,概念的排序是形式性的;这种推演也可以采取某种不那么严格的形式,产生出非形式性却有序的体系。[27] 在有序的法律体系的诸种概念中,人们可以将界定各种法律体的分类范畴(比如,侵权法、契约法和刑法)和被用于那些原则——从其中推演出裁判性规则——中的[在推理过程中]起作用的概念(比如,对价、近因和故意)相区别。[28]

完整性、形式性和概念序列这些概念——我们可以将它们统合为合法律性的诸价值(the values of legality)——使我们可以把相对清晰的意思赋予一些经常用于有关法律理论的辩论之中的各种含糊不清的术语。于是,某个有关判决的"发现"或"宣告"理论("discovery" or "declaratory")主张追求法律体系的完整性(或者宣称该目标已经实现);正确的答案是存在的,有待于被发现被宣告。"形式主义"(Formalism)所描述的那些法

---

* 此后称为裁判性规则。——译者注

[27] 因此,一种法律理论可能会追求概念序列,而无需假定通过形式推理一般性原则也能够作出判决。这样的一种进路是内战前美国法官所采用的典型进路,它配合着卢埃林(Llewellyn)所谓的"宏大风格"(the Grand Style),参见 K. Llewellyn, supra note [6], p.38;他们向一般性原则寻求指导(guidance),而非指令(dictation)。一次经典的表述是大法官肖(Shaw)作出的:

> 普通法最大的优点和优势之一就在于组成它的是一些宽泛且具有包容性的原则——它们立基于理性、自然正义和被改进而适合于所有个殊案件所发生的那些情形的开明的公共政策,而非一系列细节性的实际规则——它们通过肯定性条款而确立,适用于个殊案件的精确的情形,并且关于它们所适用于的那种精确情形一旦停止或改变,它们就成了陈旧无用的废物。

See Norway Plains Co. v. Boston & Maine R. R. Co., 67 Mass. 263, 267, 1854.

想要了解当代自然法哲学家关于非形式性(不令人信服的)推理——从最一般性道德原则推出的中间性的道德规则——这一理念的表述,参见 A. Donagan, supra note [26], pp.66—74。德沃金也对非形式性的概念主义(informal conceptualism)进行了阐释,这体现在他对从"概念/观念"(concepts)到更加具体的"概念/观念"(conceptions)间的推理的论述上,见 R. Dworkin, supra note [25], pp.101—105, 134—137。然而,德沃金认为我所称的"概念排序"(conceptual ordering)并不重要。Ibid., pp.44,344. 他显然相信原则和一般性观念在法律推理中扮演了重要的角色,然而他认为不值得对它们加以组织使其具有系统性。最后[提一点],霍姆斯是法律概念排序的专家和热情支持者,但是他认为这一做法并不能够对法律的形式性(这是他所追求的一个目标,只是通过其他手段而已)有巨大贡献;见以下注释[162]—[163]以及相关正文。

[28] 这一区别,尽管并不明显,但还是有助益的。在大多情形下,这些起作用的概念将被现代法律人视为对结果有决定性作用;通常它会对结果产生影响而不论存在不存在"承诺"(acceptance)"自担风险"(assumption of the risk)或者"占有"(possession)(再给原文中的那些例子添加三个例子)。

与此相反,除过极少数案件(比如那些涉及时效法的适用的案件),把某个案件归为侵权法、契约法、财产法、商业规制法等等中的某一类并不会直接影响该案件的判决。

提倡分类者和法律学者都忽视了分类的间接作用和关于法律分类框架的意识形态上的重要性。关于一个罕见的全面的研究,参见 Kennedy, The Structure of Blackstone's Categories, in 28 *Buffalo L. Rev.* 205, 1979。关于对此一进路的运用,参见 Rabin, The Historical Development of the Fault Principle: A Reinterpretation, in 15 *Ga. L. Rev.* 925, pp.948—954, 1981。

律理论强调法律审判中逻辑一致的推理的重要性,而不论推理是从非常具体的规则开始还是从相当抽象的原则出发。[29] "概念主义"(Conceptualism)所描述的那些法律理论高度评价在某一体系的核心中的一些基本原则和概念的创造(或发现),而不论从这些原则和概念出发的推理是形式性的还是非形式性的。[30] 通过把"机械法理学"(mechanical jurisprudence)这一术语适用于这样一个体系——该体系借助于一个确保在每个案件中都产生一个正确判决的明确的裁判程序达到了其全面性和完整性——人们可以给该术语一个纯粹描述性的含义。[31]

可接受性:一个法律体系在此种程度上是可接受的,即它能够满足那些受其管辖者的理想和欲求。[32] 换一种方式来说就是:我们热望我们的法律体系会实现一些法律价值以外的价值(extra-legal values)。但是后一种表达避开了法律哲学上一些有争议的问题;在这两类人——那些认为"可接受性"所涵盖的那些价值应该被视作一些法律因素以外的因素(extra-legal considerations)的人和那些把"可接受性"所涵盖的那些价值本身看做法律的一部分的人——之间有一个古老的争论。[33]

关于可接受性这个目标必须要进一步指出一点。一些社会价值已经暗含于法律体系的内在目标——即合法律性的那些目标——之中。具体而言,对通过形式性[达致]完整性的这种热望部分地立基于此一实际社会需求,即官方行为应该是可以合理预测的,

---

[29] 那种不注重概念的形式主义观念是法律人的共识;他们要求明确的规则,但是并不看重那种以更为抽象的方式表述的法律原则。霍姆斯就把他的形式主义从概念主义中分离了出来;参见后注[162]—[163]以及相关正文。

[30] 见前注[27]。

[31] 以下是对这一有些晦涩的表述进一步的阐释:只要一个体系中存在可以裁决每个案件的一套明确有序的制度,它就是全面的;如果一个体系中存在为裁决每个案件的实质上正确的答案,它就是完整的。显而易见,已确立的程序可能不会产生正确的答案(假设许多案件中需要高度的道德敏感[moral sensitivity]才能得出正确答案,然而有权处理这些案件的法官却是一帮蠢蛋)。这种不一致(incongruence)可以被避免,这种正确的答案是此种答案,即通过把基本上机械般的判决程序适用于案件就可以得到的那种答案。

于是,通过与关于形式性体系的这种理论相类比,这一体系可能不仅仅具有一致性和完整性,而且也具有逻辑学家所指的那种"决定性"。在此种体系中,所有的案件(只要得到适当的记录)都可以用计算机来裁判,这样做会使"机械法理学"这一术语显得十分确切。

[32] 我旨在用理想和欲求(ideals and desires)来区别"精神利益"(ideal interests)和"物质利益"(material interests),而这两者又都不同于理念(ideas)。("直接支配人行为的是物质和精神利益,而非理念。")M. Weber, The Social Psychology of the World Religions, from Max Weber: Essays in Sociology 267, 280 (H. GERTH & C. MILLS eds. 1946). 这一区别在社会理论中表现为不同的外观(guises);例如,哈贝马斯把合法化的主要渊源非区分为两类,即"价值"(实质性的)与"意义"(理想上的),见 J. Habermas, Legitimation Crisis, T. McCarthy trans. 1973, p.93。

[33] 比较哈特和富勒的两篇文章,H. L. A. Hart, Positivism and the Separation of Law and Morals, 71 Harv. L. Rev. 593, pp. 627—629, 1958; Fuller, Positivism and Fidelity to Law: A Reply to Professor Hart, 71 Harv. L. Rev. 630, 1958. 再将这两篇文章同卡多佐的著作相比较,B. Cardozo, The Nature Of The Judicial Process, 1921, p.133(那种把政策因素视为法律的一部分的主张和那种把政策因素视为法官所造之法的合法渊源的主张之间的分歧只是"言辞冲突","我对此并不太感兴趣")。

这样人民才可以规划他们的生活。同时"法治而非人治"这一口号经常把形式性和个人自由这一理想目标勾连起来。合法律性也可能在本质上涉及比这些价值更多的价值。因此,当我提到可接受性,为了区别于各种法律体系的其他目标,我指的是除那些已经隐含在合法律性的这些目标之外的一些价值。[34]

II

用刚刚勾勒的分析框架中的术语来讲,古典理论的核心就在于它强烈希望能构建出这样一种法律体系,该体系的构建过程如下,先通过概念序列达致其完全形式性再通过完全形式性实现其完整性。一些基本的最高等级的范畴和原则在众多最低等级规则之上形成一个有着概念序列的体系。这些规则本身就是关于既定先例的法庭裁决,通过分析可以看出它们是从那些原则推演而来的。[35] 当一个新的案件出现而又没有现存的规则可以适用于它,此案件可能会被分类,而且针对它的正确规则可能会通过运用一般概念和原则被推断出来;此规则可能又会被适用于该案件的事实以给出关于它的唯一正确判决。

在两层意义上来讲,此种体系是形式性的。首先,借助这种一旦被适用于简单事实就会得出毫无争议的判决的术语来表述明确的规则。以此一方式,古典正统观念寻求客观判准,避免模糊标准或者需要由心理状态作决定的规则。[36] 其次,在下一个层面上人们就可以从原则中自己分析出规则。[37]

---

[34] 富勒的"法律的内在道德性"的理念可能与内在于合法律性的那些目标的可接受性的那些方面相对应。见 L. Fuller, *The Morality of Law*, pp. 33—94, 1964。

[35] 兰代尔关于法律原则的论述最显著的特征之一就是在作为外在表象的司法裁决的那些判词和作为法官所认为的那些案件的判决结果的正当化证明的那些"真正规则"之间不相一致。关于他的风格一个好例子就是在 Langdell, *Summary*, supra note [7], pp. 16—18 的那一段话,在其中他成功地把所有关于邮箱规则的司法意见,有一个例外,还原为各种格言,接着他谴责了这场大屠杀的唯一生还者,理由是它是立基于一位被杀的先辈的权威之上的。参见霍姆斯在他给波洛克的信中对此一做法的评论, *Holmes-Pollock Letters*, supra note [13], p. 140。格雷(J. C. Gray)的批评见下面的注释[70]的引文。万鲍夫(E. Wambaugh)向我们清晰地叙述了关于判例法的一种更加温和的古典进路,见 E. Wambaugh, *The Study of Cases*, 1894, pp. 8—29, 及其各处。出人意料的是,兰代尔的这一做法竟然催生此种后来被法律现实主义者所接受的理论,依据此一理论司法意见,唯一具有权威性的两个部分就是案件事实(刺激)(the stimulus)和判决结果(回应)(the response)。

[36] 古典理论的此一方面的最佳例证是在威利斯通的著作之中;参见 G. Gilmore, *The Death of Contract*, 1974, pp. 35—44。霍姆斯是客观形式判准的极力倡导者,但我以为他并不是从古典的前提中得出自己的见解的。参见后注[163]。在古典论者中,艾梅斯是最不在乎客观性和形式性的一位;参见后注[102]。在这一点上,兰代尔介于威利斯通和艾梅斯之间;他保留了一些关于契约成立的前古典的"合意"观点,然而他总是会在意思表示不可被明确地展示时以假定的方式替换掉客观判准。见 Langdell, *Summary*, supra note [7], pp. 193—194, 243—244。

[37] "Analytically"一词要比"deductively"更加适合此处,因为它避免了后者所含有的那种纯粹形式性的推断的含义。如果不能通过"概念分析"从较一般原则中得出较具体规则的内容,也不能从运用于较一般原则中的术语的"含义"中得出较具体规则的内容,这一规则就是经"分析"(analytically)从该原则处得到的。语言哲学的爱好者可以认识到由这些缺乏例证的术语引起的麻烦;见 Moore, The Semantics of Judging, 54 *S. Cal. L. Rev.* 151, pp. 180—246, 1981。

例如，我们从基于权威的最高等级原则出发[38]，来重构兰代尔反对的邮箱规则的论辩。该原则乃是，在不存在协定对价(bargained-for consideration)(定义)——它既是允诺也是履行——以前，合同不能成立。在一个双方契约(bilateral contract)的案件中，不存在履行，并且唯一的允诺也是包含于受要约人的承诺(定义)之内。但是允诺需要[允诺人]就其内容同受允诺人沟通。(由分析得出的真实情形)并且当允诺是以信件的方式发出，在[要约人]收到并阅读该信件之前，允诺的内容就没有被沟通。(由分析得出的真实情形)因此，在[要约人]收到并阅读该信件之前，合同就没有成立。此一从最高等级原则到最低等级规则——它本身就是用那些旨在可形式性地适用于可客观查明的事实的术语来表述的——的推理一直是形式性的。于是我们来举个例子，假如最低等级的规则是承诺函必须要被收到、被阅读并被理解，那么规则的形式性这一要件就可能没有被达到。

该体系应该在概念上被排序且该体系的基本原则和构成这些原则的概念应该足够抽象以覆盖到可能发生的案件的全部范围，这对体系的完整性至关紧要。最低等级规则，虽然详细而精确，却不能预先处理任何新出现的事实情形；如果法律只是由一些具体规则组成，它就不可能完整。[39] 但是，尽管那些概念应该是抽象的，它们却不能是含糊的或不明确的。除非它们既抽象又精确，否则从它们出发的对规则的推导就不可能是形式性的，法官还有可能会拥有专断的权力。规范可能会既抽象又精确吗？[要回答这一问题，]请先思考一些几何学公理和假设。

所有这些都是热望(aspiration)；普通法的现状就这样留给法律科学家很大发挥余地。法官通常并不明确地陈述他们所据以断案的规则。[40] 此外，那些基本原则也并没有得到妥当的表述和组织。法律是由一大堆杂乱无章的案例组成的："有着详尽索引的无序"(chaos with a full index)。[41] 在一段振奋人心的乐观的言词中，兰代尔自己简明扼要地说明了古典法律科学的这一计划：法律/法学(law)，被认为是一门科学，是由一些原则(principles)或学说(doctrines)组成的。精通这些原则以便能够永远轻松而又有把握地把它们适用于充斥着无尽纠纷的人际事务(human affairs)，达到这一点才能成为真正的法律人……基本的法律原则要比人们通常想象的少得多；同一原则不断地以不同的方式被加以表述，并且法律著述在很大程度上彼此重复，这都是导致许多误解的原因。如果

---

[38] 兰代尔关于对价原则(the consideration doctrine)之基础的观点，参见后注[81]—[87]以及相关正文。

[39] 此一观点暗含于兰代尔关于法律科学的著名描述中，见下文及相关注释[42]。威利斯通在晚年将它明确地表述了出来，这是在法律现实主义者将其作为他们的计划——把法律划分为"更具体的门类"——的一部分之后，见后注[177]。也请参见，Williston, *Life and Law*, 1940, pp. 208—209, 213—214。还请参见肯尼迪关于"一般性"的讨论，Kennedy, Form and Substance in Private Law Adjudication, supra note [6], pp. 1689—1690。

[40] 见前注[35]。

[41] 霍兰(T. E. Holland)这样写道："那些旧式法律人对于令人满意的法律体的观念就是有着详尽索引的无序(a chaos with a full index)。"引自 Holmes, Book Review, 5 *Am. L. Rev.* 114, 1870。

这些原则能够得到分类和整理,使其各归其所,而不是散见于各处,那么它们的数量就不会大得惊人了。[42]

现在我们来看看这个被忽略的因素:可接受性在古典正统体系中扮演着何种角色?人们很容易受到兰代尔这一臭名昭著的论断——实质性正义和合同当事人的利益与邮箱规则的合理性互不相干——的误导。[43] 这是否意味着,在法律原则的推理过程中,各种关于可接受性的因素并没有被加以考虑?对兰代尔著作的详细阅读表明他并不持有此种观点。

兰代尔对关于正义或政策的各种因素的诉诸在其著作中随处可见。[44] 他这样写道:"实体法……不足以实现正义的目的之处",衡平法上的保护手段(equitable defenses)就会被启用。[45] 他声称法律采用[法律]拟制"只是……为了促进正义,也就是,为了防止一些不正义或者不如此这般就会产生的不便利"[46]。在那种契约的缔结行为在同日完成的情形中,法律通过"假定……这些行为是同时同步完成的""达至完美的正义"。这种契约得以成立的依据"是立基于平等,平等就是正义"并且因此"而受到法律的推崇"[47]。法律依据允诺的物理行为来假定合意[的存在];但是这种假定"只是旨在追求正义和便利";因此,正如在要约人死亡或者精神失常的情形中,当合意不可能达成,此种假定也就不会作出且要约也不再有效。[48] 普通法没有赋予发明人任何针对其发明的财产权,因为这些结果可能会"令人无法忍受",然而却保护作者的作品,因为此种权利"只与一类人——即那些想不劳而获者——的利益产生冲突"[49]。

可以说,这些关于正义和政策的主张并非兰代尔主义主要著述的最重要的部分。[50] 在讨论法律原则时,兰代尔最常用的方式就是简单地提出教条。当他作进一步的论述时,他较常用的办法就是诉诸权威或者"原则"(即原则的一致性)。然而,至少在一些场合中,他又明确地认为对"正义或便利"(可接受性)的诉诸是正当的。但是为什么他坚

---

[42] C. Langdell, *Cases on Contracts*, supra note [7], pp. viii—ix.

[43] 见前文以及相关注释[11]。

[44] 在他的一篇著名法理学论文中,兰代尔对"责任"(obligations)和"义务"(duties)加以界分。前者由个人的行为所引发并由国家强制履行,国家彻底地强制履行它们的唯一目标乃是"以确保在其管辖内的所有人都正确地对待其他人"。与此相反,义务"来源于国家的需要",这些需要基于"政策动机"。于是,在理论上,对他而言,正义和政策是法律的整个基础。C. Langdell, *A Brief Survey Of Equity Jurisdiction*, 224, 1908.

[45] Langdell, Ibid., p.253.

[46] Langdell, *Summary*, supra note [7], p.8.

[47] Ibid., p.170.

[48] Ibid., p.224.

[49] Langdell, Patent Rights and Copy Rights, 12 *Harv. L. Rev.* 553, p.554, 1899.

[50] 其他诉诸正义或政策的例子,参见 Langdell, *Summary*, supra note [7], p.11,177,202—203, 209—210; Langdell, supra note [44], pp.16,46,101. 兰代尔更加倾向于在工具主义立场上——而非依据实体法(substantive law)原则——对关于诉状和程序的规则进行解释并加以证明,此一判断的例证遍及 C. Langdell, *Summary of Equity Pleading* (2d ed. 1883). 作为一位古典法律科学家他把程序视为执行实体性的经过科学地确证的权利的工具;因此程序就是一种服务于法律科学的技术。比较下文及相关注释[173]。

持认为此种诉诸与邮箱规则的合理性——权威对此问题意见不一——"不相关"?

在我们分析兰代尔的另一番话——在支持另一为人们所反感而臭名昭著的法律原则的立场时,他曾经拒绝考虑可接受性——之后,此一问题的答案就会显得更加明确。在单方契约(unilateral contract)案件中,要约人允诺了某物旨在交换受要约人的履行而非为了要一个答复性的允诺(return promise)(悬赏契约的要约(offers of rewards)就是一例),兰代尔主张由于不存在对价/约因,因此在实际履行完成之前契约并没成立。在契约成立之前,要约一直是可以撤销的。[51] 于是,在一个为不同年代的法律专业学生所熟知的假想案件中,A 向 B 发出此一要约,即只要 B 触摸到旗杆的顶部 A 就会给他 100 美元;接下来 B 奋力攀爬旗杆,并且在他即将触摸到旗杆的顶部之时,A 喊道,"我撤回要约"。依据兰代尔式的原则,A 不欠 B 任何东西。

正如兰代尔坦率地承认的那样,此一原则"可能造成巨大的苦难和实际不正义",因此"人们已经作出了适当的努力去表明,对价的履行一旦开始,要约就变得不可撤销"[52]。然而在他看来,尽管此类主张是善意的,它们却不可能盛行,因为"没有支持它们的原则"[53]。

兰代尔的这一主张凸显了他对可接受性在法律原则中的地位的看法。只有当有关正义和便利的考虑因素被包含于大写的原则——那些与体系中的其他的基本原则相一致的既抽象而又精准的规范——中,这些因素才是相关的。直接运用可接受性因素来证明某一最低等级规则或者个体判决的正当性会违反概念序列这一要件——体系的完全形式性和完整性依赖于此种要件。在古典正统思想中,只有在服从完全形式性的概念序列的约束下,可接受性才将会影响判决。[54]

如何解释在古典理论中形式性的概念序列的绝对首要地位?简单说来就是,此种绝对首要地位对论证法律/法学是科学这一主张是必需的。要搞清楚这一点,我们必须要理解所涉及的关于科学的观念。然后我们就可以更清楚地看到为何古典理论家认为法律是那样的一种科学是那么的重要。

III

乍看上去,兰代尔及其追随者所持的那种"法律科学"的观念令人费解。没有人不知道法律制度的经验科学研究这一观念。在某种意义上已经有了两种被公认为是科学的研究法律的标准进路:一条进路为边沁式功利主义法律政策科学,另一条相反的进路是

---

[51] Langdell, *Summary*, supra note [7], p.3. 出于相同的理由,旨在达成一个双方契约——尽管通过其条款保证要约会持续一段时间——的要约(不可撤销之要约)却是可以依据要约人的意愿而撤销的。Ibid., p.240.

[52] Ibid., p.4.

[53] Ibid.

[54] 参见前注[39]及相关正文。

基于不证自明的道德公理的演绎的自然法体系。然而兰代尔的那种理论与这两种模式中的任何一个都不相符。该理论宣称是经验主义的但其实际操作却是高度概念性的；它既主张合乎规范的判决（normative judgments），又公然承认法律的实证自主性（positivist autonomy of law）来自于道德规范。这好似既把演绎和归纳相混淆，又把规范和事实相混淆，令人难以理解。[55]

在这一表面混淆的背后，这一理论是可以被理解的，即使它最终不能令我们满意。我们可以通过将古典法律科学和19世纪晚期意义上的那种几何学相类比来把握它的核心理念。当试图将几何学类比更好地适用于法学时，在下面两种情形中，这一类比是有限度的，第一次是在考虑法律先例的地位时，第二次是在考虑到古典法律思想的关于历史和进步的主张时。请允许我首先进一步阐述类比的主体部分，然后再说明限度为何。

几何学

古典正统观念对一个有着概念序列和完全形式性的法律体系的热望清楚地表明该观念同欧几里德几何学在结构上的相似性（structural analogy）。欧几里德几何学中公理和基本原理对定理的支撑就如同古典法律科学中原则对规则的支撑。于是，在案件判决中，把法律规则适用于个体事实情形就好像把几何学定理适用于实际测量问题一样。

当然，并不是我首创了法律科学和几何学之间的类比。这种几何学理想盛行于旨在开创精密的伦理科学、政治科学和法律科学的理性主义运动——从格老秀斯（Grotius）到康德，它一直处于主流地位，并且在当下的欧洲法学界仍然保持着强劲的势头——整个期间的著述中。[56] 在英格兰，以及在欧洲大陆，这一运动同一种具有政治影响力的前启蒙时代的普通法传统相互争斗。布莱克斯通的《英国法释义》对理性主义原则和哥特传统（Gothic tradition）——这两者分别被 Daniel Boorstin 称为"科学"和"神话"（mystery）——的结合就例证了此种典型的英国式妥协。[57] 但是一些对几何学理想持强硬立场的严肃的英国论著也呼吁纯粹的启蒙和科学。于是，洛克提到了用道德几何学家来替代修辞学家和普通法律人（common lawyer）[58]，并且在后来，英国法律科学的创始人约

---

[55] 关于这种权威性批评的清晰阐述，参见 Dickinson, The Law Behind Law, I & II, 29 Colum. L. Rev. 113, pp. 141—146, 285—296, 1929。

[56] 这种几何学方法的主要代表人物是斯宾诺莎（Spinoza），莱布尼茨（Leibniz），普芬道夫（Pufendorf）和沃尔夫（Wolff）；关于他们将几何学方法在法学上的适用的概述见 C. Friedrich, The Philosophy Of Law In Historical Perspective, 1958, pp. 110—121。在后注[62]中引自笛卡儿（Descartes）的一段话是这一理性主义信念——几何学方法有可能征服所有人类知识的整个领域——的经典表述。参见前注[17]关于欧洲法律科学的讨论。

[57] D. Boorstin, The Mysterious Science of the Law, 1941, pp. 11—30.

[58] "如果人们以与他们探索数学真理那样的方法相同的方法，与他们探索数学真理那样的中立立场相同的立场，探寻道德准则，他们会发现那些道德准则彼此间有密切的**关系**，会发现它们是源自于我们清晰独特的各种观念的必然**结果**，还会发现它们得到了比通常所想象的还要近乎完美的证明。" J. Locke, An Essay Concerning Human Understanding 552, P. Nidditch ed., 1975.

翰·奥斯丁也敦促其追随者去"模仿那种被几何学家成功运用的方法"。[59] 几何学理想依旧存活于当下的道德理论和政治理论之中,尽管其野心已大大地收敛,这一点可见诸罗尔斯的这段文字中:"我们应当向一种有几何学全部严密性的道德几何学努力。不幸的是,我将做的推理离此还差很远……但是在心里抱有这样一个欲达到的理想还是重要的。"[60]

要发现古典法律科学和几何学之间的相似性,我们必须把这种现代学校所教授的观点搁置起来,这种观点认为欧几里德几何学,同其他数学理论一样,只是关于术语和推理法则的未曾得到解释的(uninterpreted)形式性体系。我们必须回到两千多年以来一直为人们所坚持,并且为所有那些既非相对论专家也非数学哲学家的人们仍然凭着直觉所接受着的另一观点。我们相信欧几里德几何学的公理不仅仅是人为建构之物,而且也是关于空间结构的显而易见且不容置疑的自然(physical)真理,从它们那里出发通过一系列的清楚明了的推演步骤可以证明一些非显而易见(nonobvious)的真理。[61] 正是此一运动——通过纯粹的思想从公理中得出关于这个世界的新知识——的这一非凡的性质使得欧几里德几何学成为整个西方历史上理性力量的最佳范式。[62]

几何学的类比如何就能体现古典法律科学说自己是经验的和归纳的科学这一主张?为了搞清楚这一点,我们必须就这种既不主张传统的理性主义(traditional rationalism)也

---

[59] J. Austin, *The Province of Jurisprudence Determined*, H. L. A. Hart, ed. 1954; orig. 1832, pp. 77—78.

[60] J. Rawls, *A Theory Of Justice*, 1971, p.121.(本段话的译文采用了〔美〕罗尔斯:《正义论》,何怀宏等译,中国社会科学出版社 1988 年版,第 121 页。在此向译者表示感谢。——译者注)

[61] 传统的观点和现代的观点都被概述于 P. Davis & R. Hersh, *The Mathematical Experience*, 1981, pp.322—330,339—344。在 20 世纪,相对论已经联合数学形式体系(mathematical formalism)一起通过表明"空间乃是黎曼几何学"以求推翻欧几里德几何学。

[62] 关于用几何学方法进行的论证的神奇之处的经典例子是在柏拉图的著作中苏格拉底同奴隶的对话,见 Plato's *Meno*, *The Dialogues Of Plato*, 82b—85b。一个关于欧几里德证明方法的吸引力的精彩的例子可见于约翰·奥布里(John Aubrey)关于霍布斯的传记中:

在 40 岁时,他在一次偶然的情形下注意到了几何学。当时他正在一个为有身份的人设立的图书馆(Gentleman's Library)中,他打开了欧几里德的《几何原本》(Elements),翻到了 47 El. libri I [该部分是欧几里德对毕达哥拉斯定理的论证]。他阅读了这一命题。"通过几何学",他讲到(他表示强调的方式时常是断然咒骂)"这不可能"。于是他阅读了对该命题的证明,该证明又让他返回到他阅读过的一个此类命题。那个命题又把他引到另一个他也已经阅读过的命题,如此这般直到他心甘情愿地信服了那一真理。这使他爱上了几何学。

1 J. Aubrey, *Brief Lives*, p.332 (1A. Clark, 1898).

请比较笛卡儿在 *The Discourse on Method* 中对几何学理想的表述:

那些由极度简易的推理构成的长链——几何学家习惯于依据它们去完成他们最大难度的论证——曾经使我幻想任何可以被归入人类知识这一范畴的事物会形成相似的序列;并且[还使我以为]只要我们避免把错误的当成真实的,而且总是维持着从一事物推出另一事物的正确的顺序,那么就没有什么是遥远得以至于不能最终达到的,也就没有什么是隐藏的深得以至于是不能被发现的。

没主张现代的因袭主义(modern conventionalism)的几何学作进一步的假设。对于这些几何学公理,我们千万不能把它们视为理性上不证自明的直觉,也千万不能把它们视为被规定的形式性定义,而必须视它们为得到极好证实的对物理世界的归纳的一般化。这是19世纪晚期关于几何学的标准观点,它表现于作为维多利亚时代科学哲学权威著作的穆勒(J. S. Mill)的《逻辑的体系》(System of Logic)一书中关于此一主题的论述中。[63]

在穆勒看来,我们是通过反复的观察——比如,两条直线从来没有形成一个空间——习得这些几何学公理的。[64] 如果我们观察到了明显不符合这一一般性法则的现象,我们就会知道我们的感觉或测量方法曾经欺骗了我们。虽然此一公理并非逻辑真理(truth of logic),但是此前的经验非常好地证实了它,以至于与此前经验相矛盾的观察结果不可能从理性上推翻它,正如,在休谟(Hume)那里,不可思议的主张不可能在理性上被接受一样。[65]

作为最伟大的经验主义者,穆勒本人极其强调演绎性的体系化(deductive systematization)在自然科学中的重要性。正如他指出的那样,以归纳的方式支撑某一一般化结论的观察结果(observations inductively supporting a generalization)将它们的证实力毫无损耗地传递给任何从逻辑上源自于那一一般化结论的命题。同时,由于这一逻辑推理过程已然表明推理所得命题是在那一一般化结论的范围之内,故而这一所得命题自己也就可以转而以归纳的方式去支撑那一一般化结论。通过冗长而又艰涩的演绎推理链(long and difficult chains of deductive inference)毫无损耗地传递观察结果的证实力,将归纳得来的一般化结论变为一个演绎性体系的这种过程大大地拓展了我们对经验资源的使用。几

---

[63] "这一点依旧被追问,即我们信奉公理的理据何在?——这些公理是基于哪些证据之上的?我答道,它们是经验性真理(experimental truths);从观察结果中得出的一般化。此一命题,两条直线不能构成一个空间……是从我们的感官证据(the evidence of our senses)归纳出来的。" J. Mill, *A System Of Logic*, People's Edition, 1889, pp. 151—152. 参见穆勒关于数学知识的讨论,同上书,第 141—164 页,以及他此前关于演绎推理的讨论,同上书,第 119—141 页。另外一种在古典正统观念时期有文化的英美人中所流行的几何学观点是康德的立场,即几何学公理是一些人为演绎的真理——它们构成了人类关于空间的经验的必要外形。这一点在 1 W. Whewell, *Philosophy Of The Inductive Sciences*, London, 1840, pp. 19—21, 91—111 一书中的详细阐述中体现的尤为明显。

尽管新欧几里德几何学在 19 世纪早期就已经被发现了,然而把欧几里德几何视为传统的或纯粹的形式性的那种现代观念在 19 世纪晚期还没有普遍流行。以至于,在 1883 年,顶级的英国几何学家亚瑟·卡雷(Arthur Cayley)仍然会声称欧几里德的平行公理(新欧几里德几何学对其予以摒弃)"无需论证,它只是我们关于空间的观念的一部分"。引自 M. Kline, *Mathematics: The Loss Of Certainty*, 1980, p. 95。

[64] J. Mill, supra note [63], pp. 151—152.

[65] 穆勒对几何学真理的不证自明这一幻象的解释,见 Ibid., pp. 153—155。他对休谟的主张的讨论,见同上书,第 407—418 页。穆勒认为数学知识是以经验为基础,他的这一观点长期以来受到了彻底的拒绝,在当下又为人们所重新接受。See Lakatos, A Renaissance of Empiricism in the Recent Philosophy of Mathematics? in *Problems in The Philosophy of Mathematics* 199, I. Lakatos ed., 1967.

何学是这一方法的最佳典范,并且古典物理学也是关于此种方法的一个典型。[66]

一旦把这种结构——"公理的归纳,定理的演绎"(induction of axioms, deduction of theorems)——适用于法学,就有助于我们详细说明出现在兰代尔主义著作——在他们关于法律原则的研究中,这些法律科学家广泛地致力于纯粹的概念推理——中关于观察、实验等的讨论,否则这些讨论会让我们感到困惑。[67] 对于他们而言,普通法的基本原则是通过归纳的方法从已决案件中被发现的;接着法律规则通过概念推理从原则中得来;最后待判案件的判决还是通过概念推理从规则中得出。

法律科学并非是从所有关于物理世界的感觉经验中获得数据的,而是从那套有限的被汇编的普通法判例中获取数据——于是才有了兰代尔的这一经常受到批评的言论,即法律科学的所有材料都存在于印刷的书籍中。[68] 法律科学家通过归纳从判例中一般化出法律原则。就像穆勒对归纳性证据(inductive evidence)的处理那样,现存的判例法越是能够证实某一原则,任何同此一原则不符的单个的司法判决就更加可能被当成错误[判决]。[69]

再讲得清楚一些:在几何学中,一旦毕达哥拉斯定理(the Pythagorean theorem)——对于它,我们并没有任何直接的归纳性证实——被表明是从欧几里德几何学公理中逻辑推导出来的,它就把大部分支撑这些公理的经验引至[支持]它自身。与此相似,在法律科学中,以邮件形式作出的承诺函必须被收到才能有效这一规则——一种在普通法上并不具有权威的说法——获得了所有那些支持对价原则的先例的支持,一旦兰代尔"证明"此一规则是从对价这一一般性原则那里经逻辑推理而得到的。只要兰代尔的这一重要推理被认为是符合逻辑的,那么他对纽约和英国的那些认可邮箱规则的判决的置之不理就没有什么不科学的地方,就如同认为发现直角三角形的各边长分别为 3,4 和 6 的一种观察记录是明显错误的并没有什么不科学之处一样。[70]

---

[66] J. Mill, *System of Logic*, supra note [63], pp.141—143,209—211.
[67] 参见后注[104]。
[68] Langdell, Speech (Nov. 5, 1886), 3 *Law Q. Rev.* 123, p.124, 1887.
[69] 在其罕见的关于古典法律科学方法的深奥微妙的表述中,波洛克爵士(Sir Frederick Pollock)直接拿不符合原则的先例和难以控制的观察结果相类比,见 Pollock, The Science of Case Law, *Essays in Jurisprudence and Ethics* 237, pp.246—249, 1882.
[70] 关于由于这个原因批评兰代尔不科学的例子,请见其同事格雷(John Chipman Gray)致艾略特校长的信:

> 就法律而言,法官和律师关于法律是什么的意见就是法律,因为它们是"低级的和不科学的"就轻蔑地否弃它们,就像兰代尔先生那样,那才是法律一词真正的不科学的意义之所在,就像一位科学工作者由于氧气或地球引力是低级或不科学的就拒绝承认它们一样。

Letter from John Chipman Gray to President Eliot (January 8, 1883), quoted in M. Howe, *Justice Oliver Wendell Holmes: the Proving Years*, 1870—1882, p.158, 1963.

循环论证

法律科学和穆勒的几何学观念之间的类比在一个关键的地方似乎并不成功。我们的观察结果——（在穆勒看来）它们支撑着那些几何学公理——自己从我们对我们的直接感觉证据的普遍信任那里汲取它们的力量。于是它们就有了独立于其所支撑的理论的权威。在古典法律科学中，与此相反，并不存在和感觉明显相类似之物作为司法判决的证实依据（validating basis）。在古典法律理论中，判决之所以被认为是权威的，是由于它们是源自于构成法律的那些规则和原则；但是在古典法律科学观中，构成普通法的这些规则和原则自身又是归纳自于这些案例。[71] 于是乎，这一方案就有一点穆勒的几何学观所没有的循环论证[问题]。

法律科学家在回应这一点时可能会采取两种一般性方法（general lines）。一种方法会承认法律科学是循环论证的，同时坚称在自然科学中同样也存在循环论证且并无大碍。另一种方法会通过为司法判决寻找一个独立于这些规则和原则的有效性渊源来摆脱这个循环。

从历史的角度来讲，尽管第一种方法或"承认和回避"进路（"confession and avoidance" approach）并没有被古典法律科学家发现，我们可以本着理性重构的精神来勾勒此一论辩。当代科学哲学和认识论的论者们主张科学并非像实证主义理论所坚称的那样理应稳固地立基于感觉证据之上；自然科学本身在许多重要的方面都是循环论证的。正如库恩（Kuhn）和其他论者所业已表明的那样，每一成功的科学理论都是与相当数量的相反例证和异常相共存的。一套得到认可的理论不会被一些观察结果甚或被一次单独的"关键性的实验"推翻，能终止它的只能是一套相匹敌的理论（rival theory），即一套被当下的科学共同体发现[比原来的理论]更具吸引力和启发性的理论。[72] 更进一步，以前的清晰是从观察到的事实和理论之间的这种绝对区分——传统经验主义立基于其上——中得来的。不止是科学哲学，经验主义心理学现在也告诉我们——不存在纯粹的先于理论（pre-theoretical）的感觉经验，即[不存在]单纯的眼睛；所有的数据都是"理论负载的

---

[71] 在重构古典正统理论时规定这些案件必然确定了唯一的一套原则可能是错误的。这样说会拒绝可接受性因素在原则的发现中所具有的角色，但是正如我们所看到的，前注[43]—[54]以及相关原文，即使兰代尔也勉强承认只要可接受性只是被用于原则层面它在原则中就还是有一席之地的。

[72] T. Kuhn, *The Structure Of Scientific Revolutions* 77—91 及全书各处（2d ed. 1970）。也请参见 N. Hanson, *Patterns of Discovery*, 1958; T. Kuhn, *The Essential Tension*, 1977, pp. 266—292, 320—339; L. Laudan, *Progress and its Problems*, 1977; M. Polanyi, *Personal Knowledge*, 1958, pp. 18—48. 比较 Lakatos, Falsification and the Methodology of Scientific Research Programmes, in I. Lakatos & A. Musgrave (eds.), *Criticism and the Growth of Knowledge*, 1970, pp. 91—196。

(theory laden)"[73]。正如爱因斯坦(Einstein)所言,"正是理论决定了我们能够观察"[74];哲学家纳尔逊·古德曼(Nelson Goodman)在此之后又讲到:"事实就是小理论,而真正的理论就是大事实。"[75]奎因(Quine)告诉我们,我们的信仰体系(belief-system)——作为一个"共同体"——面临着"经验的裁判",而且并非自然而然地分成一些可以被一一加以测验到底是否和零散事实相符的零散命题。[76] 努力从整体上对它们加以思索,这些观点就能够使自然科学中的数据和理论的关系显得同古典法律理论中的案件和原则的关系一样是循环论证的。当代"新正统理论(neo-orthodox)"法律理论家们已经看到并运用了这一点。[77]

然而这些现代观点并不为古典法律科学家所处的世界所知。他们对关于循环论证的指责的自然反应不会是承认并证明其正当性,而是否认循环论证问题的存在。他们采取的方法是找出一种可与自然科学中的感觉相媲美的司法判决的非理论的有效性的渊源(extra-theoretical source of validation for judicial decisions)[78]。人们想到两种备选物都可作为有效性渊源以供选择:直觉和先例原则。

首先来看直觉。就像自然科学的数据可以得到感觉的证实那样,个体司法判决也可以被认为得到了一种"第六感"(sixth sense)——它使得无需一般性规范的介入而直接依据事实审判案件成为可能——的证实。我们可以区分此种第六感的三种形式:首先,可能会有一种"道德感",即一种在具体情形中直接产生出关于对错的直觉性假定的人类共同本能;接下来,可能会有一种"常识"(common sense),即通常为人们所共同拥有的关于某一特定社会的传统道德的默会知识(tacit knowledge);最后,可能会有一种"习得直觉"(trained intuition),即一种法律人在其学徒和从业实践过程中所得到的特殊的职业技能,

---

[73] 见 E. Gombrich, *Art and Illusion*, 291—329; N. Hanson, supra note [72], Chapter 1; J. Hochberg, *Perception*, 1977, pp. 105—157; T. Kuhn, supra note [72], pp. 111—135。

[74] 大概是黑森伯格(Heisenberg)在许多年以后的一本回忆录中提到他曾经这样讲过,见 W. Heisenberg, *Physics and Beyond* 63 (1971)。黑森伯格回忆道正是对爱因斯坦这句话的思索使得他提出了他的测不准原理(Uncertainty Principle)。Ibid., pp. 77—78.

[75] N. Goodman, *Ways of World Making*, 1978, p. 97. See also N. Goodman *Languages of Art* 68 (2d ed. 1976) ("Is a metaphor, then, simply a juvenile fact, and a fact a senile metaphor?").

[76] W. Quine, Two Dogmas of Empiricism, *From A Logical Point of View* 20, 41 (2d ed., 1961).

[77] 参见,例如,Fried, The Laws of Change: The Cunning of Reason in Moral and Legal History, 9 *J. Legal Stud.* 335, pp. 343—344, 1980. 拿它和德沃金的更为复杂的讨论——在承认法律推理和自然科学推理的相似点的同时却把它们相区分——相比较,见 Dworkin, supra note [25], pp. 159—168。

[78] 维多利亚时代的实证经验主义者(positivist-empiricist)的科学观得到了穆勒的经典表述,见 J. Mill, supra note [63];更加现代一些的科学观可见于 W. Whewell, supra note [63]。

这一技能使得他们能够作出他们自己的团体所特有的法律判断。[79]

反证法这一常见的法律辩论技巧就假定了一种第六感理论。反证法是指通过从假定的法律原则中得出关于某一具体的真实或假想的案件的判决——该判决从直觉上来看是不能接受的——来驳斥该假定的法律原则。正式法律辩论对此类直觉的依据就必然承认了它们具有法律权威。"苏格拉底"式教学法也同样运用这种反证法。学生所提出的假定的规则受到了老师所陈述的假想案件——在其中这一规则会产生出所有人都看得出的无法接受的结果——的检验,并且在此处甚至连法律专业新生的共同直觉也被当成是决定性的。由于初学者不可能已经获得了[法律职业团体]特有的法律"习得直觉",所以在初级教育阶段对反证法的信赖似乎预设了一种潜在于外行人心中的法律"常识",其内容可以通过提供一些适当的供裁决的案件被获致。[80]

然而古典科学家们——尽管他们是案例教学法的倡导者——却没有提到过案件裁决的"第六感"这种观点而且他们有自己的理由。任何认可关于个案具体判决的可接受性的直觉的此种进路都把这些直觉视为法律原则的合理组成成分。然而此种"衡平法上的个案判决方式"(khadi justice)[所体现]的直觉论会违反此一核心的古典原则,即正确的法律判决必须是原则性的,也就是说,正确的法律判决必须是形式性地源出于一般性原则。[81] 在古典理论的演绎推理(the classical synthesis)中,就如我所主张的,可接受性的诸种因素只有在一般性原则的层面上才会被适当地加以考虑。[82] 于是案例教学法就

---

[79] 关于"道德感"和"道德情操"的这些理念占据着 18 世纪英国道德哲学的主流;参见 A. Macintyre, *A Short History of Ethics*, pp. 157—177, 1966 对它们的概述,并参见 Broad, Some Reflections on Moral Sense Theories in Ethics, *Readings in Ethical Theory*, p. 363 (W. Sellars & J. Hospers eds., 1952)对它们的详细分析和论述。

我在此所用的关于"常识"的观点着重强调共享团体道德中的普通法的缘由。对此一观点的表述,见 J. Redlich, *The Common Law and the Case Method*, 1914, p. 37:

> 在普通法国家,在国民的思想中,对人和把人联系在一起的那些关系来说,法律就像[具有]一种品质,它在一定程度上源自于法律自身;就好似某种始终存在的东西并且因此就好似某种为这一民族的每个成员所知晓所理解的东西。

这一观点——有经验的法官具有一种经常无法言说的引导他们得出正确判决的"习得直觉"(trained intuition)——在判例法理论家中司空见惯;参见,例如,R. Pound, *Introduction to the Philosophy of Law*, 1922, p. 54。

当然一种"第六感"理论也可以以不同的方式把直觉的这三种形式混在一起去证明案件判决的正当性,而不论这些判决是否符合原则。没有任何"第六感"理论宣称直觉,无论习得的还是其他的,是永远正确的;即使这些最极端的直觉主义法律理论也依然会主张个体判决应该受到规则和原则的检验。见,例如,J. Frank, *Law and the Modern Mind*, 1949, pp. 140—141。

[80] 正如语言学家通过诉诸为他的每个同族人所拥有的关于其民族语语法的默会知识去获致一些关于"语法性(grammaticality)"的判断。关于这种语言学类比的发展,见后注[98]。

[81] 见上文及相关注释[36]—[37]。

[82] 见上文及相关注释[54]。

与古典正统理论相矛盾，这一矛盾被此一历史性悖论——兰代尔自己的教育革新恰恰有助于对其法律原则进路的消解——明确表露于现实之中。[83]

除了在理论上不能接受的"第六感"之外，另一案件判决的独立权威渊源——并且它也被古典法律理论在不情愿的情形下所采用以打破逻辑循环——乃是遵循先例原则。我们再来回顾一下此一有缺陷的循环：普通法原则的渊源乃是判例，正确的案件判决的标准又要同这些原则相一致。打破此一循环需要一种独立于这些原则的案件的法律有效性渊源——它类似于那种支撑那些为自然科学提供数据的观测报告（observation-statements）的可能有错却独立的感觉权威。

请允许我以一种稍微有点迂回的方法来着手处理作为一种法律有效性的独立权威的遵循先例原则的运用。古典科学家认为一个法律体系必须既要具有完整性、形式性和概念序列这些逻辑上的优点，又要具有全面性。要回顾他们的意思，请思考这一点：对于古典科学家而言，一个不同于某个律师或学者假想的法律裁决的司法判决可能在两种维度上分别被加以评价。首先，人们可能会问这一判决在实体法上是否正确，即它是不是依据正确的法律规则和原则逻辑地得出的。其次，人们可能会问某一司法判决在管辖权上和程序上是否正确；也就是说，它是否是由指定的法院依据规定的规范得出的。如果每个判决都满足第二个评价维度，此一法律体系就达致了全面性。[84]

在自然科学实践中，不存在类似于法律体系的全面性的那种要求。科学家，不同于法官，没有裁判每个在其"管辖权"之内的"案件"的专业职责。他们可以承认存在着科学不能解释的事物，这丝毫不悖离科学的前提。于是乎，科学通过大量的科学理论为所涉及的领域设定了权限。[85] 实际上，宣扬缺乏必要的理论上的科学手段支撑的"解决方案"是"科学的"那种做法被人们认为是伪科学，即，对科学伦理的最大违反之一。

与[自然科学家]相反，法官必须对由他管辖的案件作出裁决，无论他对自己的判决在科学上正确与否是否满意。[86] 假如依照司法程序而定的终审法院"错误地"作出裁决，它仍然会产生终止这一案件的判决。依据一事不再理原则（the principle of res judicata），法律体系赋予了此种判决以约束各方当事人的权威；因为，对他们而言，它就是法律最后的定论。

接下来，终于到了正题，普通法的遵循先例原则赋予了已决案件针对其他后来案件的权威性力量，而不论此已决案件在后来是否会被认为在判决过程中没有适当地依据原则。证明先例力量的正当性的传统方法主要是基于这一点，即人们在安排他们的事务时

---

［83］ 见前注〔3〕及相关原文。
［84］ 见前注〔20〕—〔22〕及相关原文，又见前注〔31〕。
［85］ 科学家通常持这一信念（或者关于方法的运作规则），即所有事件"在大体上"会受到科学解释的影响。这与遵从为对各种事件作出科学解释的专业职责是大相径庭的。这种专业职责是经由那些和实体性科学理论相分离的关于"管辖权的"规则（"jurisdictional" rules）而被界定的。
［86］ 参见前注〔20〕—〔22〕，后注〔153〕和相关正文。

将会信赖甚至是"不科学的"("scientifically incorrect")的官方先例。[87] 根据古典先例观,和"原则"不相一致的那么一两个判决可能会被当成"不好的权威"而被搁置起来,在其被推翻以前却从来不会完全不被考虑。然而一系列既定先例(an established line of precedent),尽管起初与"原则"并不相一致,却成为了具有约束力的法律,并且这个无缝的原则之网也必须被重新布置以容纳此一系列先例。[88]

由此,遵循先例原则为已决案件提供了足以使古典法律科学摆脱有缺陷的循环论证的有效性的外部渊源。但是它能够如此的必需的代价是减弱古典正统理论对完全形式性的概念序列的热望。对判决的——甚至是"错误的"判决的——权威的这种偏好意味着,在没有任何形式上更高级的原则可依据的情况下,遵循先例和威利斯通所谓的遵循原则之间相互冲突、相互竞争。[89] 在法律中,不同于科学,错误如果得到坚持,到某一程度就会变成真理;而这个度处于何处又只有依据永远无法被完美地形式化的那些可接受性因素去决定。[90]

兰代尔本人勉强接受了原则、先例和可接受性之间的这一不能形式化的紧张;这一点在他关于对价原则的讨论中得到了很好的证实。兰代尔并不认为此原则是理性的契约法体系的核心。他认识到,例如,欧洲民法强制遵守缺乏对价的允诺,并且普通法自身对于盖印允诺(promises under seal)也不要求对价。[91] 他也认识到从对价原则得出的令人不快的结果;正是在旗杆问题这一祸根上,兰代尔承认它导致了"苦难和不正义"[92]。此外,他认为对这一原则的最初的采纳并不曾在逻辑上被此前的法律所要求——实际上,走另外一条路或许才是"更加理性的做法"[93]。"然而",兰代尔继续讲到,"在起初无论这一问题的功过为何,它在从前是以有利于对价原则的方式而被最终确定的"[94]

---

〔87〕 支撑遵循先例原则的其他理由还包括有——依靠前人智慧的便利,相同案件不同对待的不公平(除通告因素之外)——然而支持把先例力量赋予"错误的"过去判决的是关于信赖这一理据。

〔88〕 见 Pollock, supra note〔69〕。请参见兰代尔对邮箱规则先例的论述,前注〔9〕及相关正文,同他对对价原则本身的论述,下文注释〔91〕—〔97〕及相关正文。

〔89〕 见 S. Williston, supra note〔39〕, p.205。"Stare decisis,即遵循先例,乃是古老的法律公理。为了使其有效,兰代尔的追随者们[用它]替代了 stare principiis,即遵循原则,即便是推翻一些判决。"同上。一些——但是古典理论没有决定是多少——形式性方法。

在古典时期,英美法律科学之间的一个分歧——在理论上比实践中更明显——就是英国法官主张彻底地遵循先例;对整个法庭的裁决(holding)和个体法官的意见(dictum)之间的区别的处理把这种分歧变得模糊不清了。参见万鲍夫(Wambaugh)对美国学说的评价,E. Wambaugh, supra note〔35〕, p.108:"我们生活于一个遵循先例的体系中,该体系受到了否决权的些许调整。"

〔90〕 当被运用于原则层面时,见前注〔43〕—〔54〕及相关正文,可接受性因素被假定为不是形式性的;然而只有在原则的层面上才可以诉诸它们的缘由之一乃是防止体系的正常运转受到它们的影响,以此来保持体系的一般形式性(general formality)。遵循先例意味着一旦在"原则"和"权威"之间产生冲突,形式性就不再有效了;因此古典科学家奋力对明显相冲突的判例加以协调,见前注〔35〕。

〔91〕 Langdell, *Summary*, supra note〔7〕, pp.58, 100.

〔92〕 See supra note〔52〕.

〔93〕 Langdell, *Summary*, supra note〔7〕, pp.60—61.

〔94〕 Ibid., p.61.

故而,法庭的本分使其不能摈弃此一原则;并且它必须在合理范围内彻底严格地对它加以遵守,正如在旗杆问题上一样。

　　同时,兰代尔又主张,一些法院对这一原则的适用——将其适用于由商法所规制的各种合同——已经超出了其逻辑上适当的(logically proper)区域;在他看来,不适宜用对价原则来要求那些订立契约的商人,这一点"在原则上是非常明显的"[95]。然而,"不容否认的是,……法律人一般却并不这么认为"[96]。这些法律科学家如何利用一系列现存的判决——它们遵循了公认观点,却与原则(principle)相抵触,并且还使从来没有被承认为是首要原则的某个原则得到更好的发展?兰代尔对先例(冲突的一方)与原则和可接受性(冲突的另一方)之间的冲突(conflict of precedent with principle and acceptability)是通过此一他并不常用的模棱两可之言来回应的,即这些判决,"如果不能说它们是错误的,那么也必须认为它们是反常的"[97]。于是法律的完全形式性概念序列这一几何学结构被牵扯进了这些无尽纠缠的人际事务之中。[98]

---

　　[95]　Ibid., p.63.

　　[96]　Ibid.

　　[97]　Ibid.兰代尔的更加擅长哲学的同事比尔后来讲到,"某一特定时代的法律必须要得到为法律职业所接受的原则体的支持,而无论那一职业可能……"J. Beale, *Treatise on the Conflict of Laws*, 1916, p.150(emphasis added).这并没有解决这一兰代尔主义两难困境;只有那些公认的适合某一"原则体"的职业观点才构成比尔所指的法律。比较后注[109]。

　　对兰代尔关于原则和先例的相对重要性的观点的最佳表述可能就是在他对曼斯菲尔德(Mansfield)勋爵的这一观点讨论中。勋爵的观点是,一个做该允诺人在既存的道德责任(moral obligation)下要去做的事情的允诺是具约束力的。他指出可能会用两套理论来支持此种观点:(1)道德责任就是充分的对价,并且(2)在此种情形中,对价并没有被要求。在这些理论中,后者本该会更加站得住脚,且其理论倾向本该也更好一些。它的确本该被以涉及司法立法为由而严正驳斥,然而,至少从科学的观点来看,道德对价理论却面临一个更重大的异议,即它得以成立的代价是使一个基本法律原则陷入无尽的混淆之中。

Langdell, *Summary*, supra note [7], p.89.

　　[98]　兰代尔的两难困境类似于此类规定语法学家(prescriptive grammarian)的下面这种处境。他们在不得不勉强承认(necessarily conceding)一种语言的语法只能从说本族语的人的使用中获取其渊源的同时,试图使人们接受"错误却常见"的用法在何时就已经变成了"正确的"。一个民族的法律和其语言之间的类比是古老的类比;实际上它曾是历史法学派的基础性隐喻,见 F. Von Savigny, *The Vocation of Our Age for Legislation and Jurisprudence*, pp.24—31 (1st ed. London, A. Hayward trans. 1831. German orig. 1814)。

　　然而自从现代科学语言学兴起以来这一类比就不再被使用了。它似乎是一个格外具有启发性的类比,无论是其可成立之处还是其不足之处;或许,在"结构主义"这一术语的一种还算明确的含义上,关于此一类比的全面阐释会被认为是一种"结构主义"法律理论。例如,索绪尔对 langue(被当成一种抽象物体的语言)和 parole(语言的运用)的区别;和对语言的历时的(有关历史的)研究和共时的(现时的时间片断)研究的区别。这两种区别都曾给了"法律科学"有用的启发。见 F. De Saussure, *Course in General Linguistics*, pp.13—14, 80—85 (W. Baskin trans. 1974)。

　　乔姆斯基(Chomsky)对"语言能力"(competence)和"语言运用"(performance)的区分以及他对直觉的"合乎语法"的使用对在与注释[79]和[80]相关的上文所勾勒的那类有关判例法的直觉主义理论的思考具有启发性。N. Chomsky, *Aspects of the Theory of Syntax*, Chapter 1, 1965.总之,法律和语言都具有"习俗"的某些方面,这是在"习俗"一词的严格意思上来讲的,对该意思的阐发见 D. Lewis, *Convention* (1969), T. Schelling 追随了 lewis 的观点,见 T. Schelling, *The Strategy of Conflict*, 1960;对法律和语言之间联系的探究,见 Johnson, On Deciding and Setting Precedent for the Reasonable Man, 62 *Archiv Fur Rechts-Und-Sozialphilosophie* 161, 1976。

进步

从更宽泛的角度来看,关于先例在古典正统观念中的位置这一问题就成为在法律理论中给予历史和变化什么位置的问题。法律的基本原则是否会变化?如果会,那么如何变化?在与几何学的类比中,法律原则是普适的和永恒的;历史只是对它们的逐渐发现的记录。此一观点的确为自然法理论家所持有。[99] 但是古典法律科学家所坚决反对的正是此种立场。他们接受了19世纪的进化论观点,即法律,即使在其基础部分,也并非是固定不变的,而是在稳固持续地进化;就像梅因爵士曾主张的,即法律体系从原始阶段到高级阶段的成长,即从基于身份的体系到基于契约的体系的成长。[100]

于是乎,兰代尔在其《合同法案例》的序言中写到,每一基本法律原则"一步一步慢慢地达到其当前状态;换句话说,它是一种延续于世世代代的众多判例之中的成长"[101]。他的弟子,艾梅斯(Ames),论述了法律规范从原始法的形式性和道德不涉的规则向法律原则和道德原则间的更为契合的关系的逐步进化。[102] 还有比尔(Beale),这位最具哲学自觉的古典正统观念的阐释者写道,"普通法是变化着的……当下的法律当然要比7世纪前的法律要好,与正义的一般原则更为一致,与现时代的需要更为协调,更人道,更灵

---

[99] 这一观点的当代阐释由查尔斯·弗里德(Charles Fried)作出,前注[77],第349—350页,在其中弗里德精彩而冷静地拿法律思想的历史跟逻辑学或数学的历史相类比。弗里德在更近期,并且以看似严肃的态度,宣布对自己此前观点的"质疑"。他的理据是,"对于权利的预先的道德反思不足以必然得出我们完备的法律体系",于是或许法学学终究不能被完全化约为"道德哲学的一个分支"。See, Fried, The Artifical Reason of the Law or: What Lawyers Know, 60 *Tex. L. Rev.* 35, p.37, 1981.
古典法律科学家们一致地拒绝自然法法理学——其中的一些以一种温和的语气,就像兰代尔那样,见前注[49],或者像比尔那样,见后注[108]以及相关原文。同时,波洛克(Frederick Pollock)爵士在读完一个对自然法理论的阐述之后写下了这样的话:
> 很早以前就听说了德国人的著述中的自然法,但是我从来没有认真地对待过它……我们必须感谢洛里默(Lorimer)教授以能够表达这一主体的本质的最佳的英语揭开了[自然法]神秘的面纱。当我翻到最后一页的时候,我心里激动异常,气喘吁吁地颤抖着,自言自语道"啊唷——啊唷——现在我知道什么是自然法了。"

F. Pollock, *The Nature of Jurisprudence*, supra note [69], pp.1,20.

[100] H. Maine, *Ancient Law* 170 (9th ed. 1883); P. Stein, *Legal Evolution*, 1980.

[101] C. Langdell, *Cases on Contracts*, supra note [7], p.viii.

[102] J. Ames, Law and Morals, in *Lectures on Legal History*, 1913. 艾梅斯是古典正统学者中最像历史学家的一位学者;他意图通过一种内在理路去发现朝着渐进的趋势进化的各种原则。他比兰代尔更具道德主义(moralism)和改革精神。例如,与形式主义精神相反,他在回答在他的论文 How Far an Act May Be a Tort Because of the Wrongful Motive of the Actor? Ibid., p.399 中提起的这一问题时讲到:非常遥远。在另一场合中,他的著作反映了这种纯粹的形式主义精神,例证就存在于他的论文 The Nature of Ownership, Ibid., p.192 和 Can a Murderer Acquire Title by his Crime and Keep It? Ibid., p.310。

活复杂"[103]。

兰代尔对法律原则的"历经世世代代的成长"的提及还指出了古典法律科学和进化论生物学（evolutionary biology）之间的相似性——人们把法律范畴视为种和属，而把案件视为样本。[104] 在生物分类学涉及有序的概念层级的扩展（development of an ordered conceptual hierarchy）这一方面来说，生物学的类比和几何学的类比并不相冲突。而且，就生物学提出了一个变化而非静态的对象（static subject）的问题这一方面来说，再加上它还被科学家视为是缓慢进化的各种自然现象的合理分类者，它的确要比几何学更加接近法律科学的古典正统观念。但是生物学的隐喻并不能代替几何学的隐喻，因为法学，和几何学是一样的，而不同于只顾分类的生物学，不仅用其有序的智识体系去分类还要用它去解决问题。[105]

兰代尔的进化主义言论同样指出了古典法律科学与历史法学派的关系。后者的核心命题乃是一个国家的法律必然植根于其民族自身的偶然性的不断进化的传统和习俗（contingent and evolving traditions and customary practices）之中。[106] 它在美国的代表人物是跟兰代尔同一时代的卡特（James Coolidge Carter）。[107] 但是倘若把古典正统观念同历史法学派的关系看得太近，那也是错误的。比起先例和习俗来，兰代尔及其追随者比卡特更为强调原则和理性；古典理念就这样同时跨越了自然法学派和历史法学派。

在古典法律科学那里，历史的确提供了在提炼法律原则的过程中理性所处理的那些必要的原始材料，即案件。因此古典论者把缺乏这种实证基础的传统的自然法理论视作

---

[103] J. Beale, supra note [97], p.149. 比尔是位持古典正统观念的哲人；在这一被征引的著作（他的 *Treatise on the Conflict of Laws*(1935)一书的早期出版的一部分）第114—189页中，包括了他表述其法理学观点所发表的全部著作。See also, Notes by Robert Lee Hale from Jurisprudence Lectures given by Joseph Henry Beale, Harvard Law School, 1909, *U. Miami L. Rev.*, vol.29, pp.281—333, 1975(此后简称为 Jurisprudence Lectures)。

[104] 比较兰代尔："我们也已经反复讲过此一观点，即图书馆既是教授也是学生适当的研习场所；它之于我们的在座所有人就如同大学的实验室之于化学家和物理学家的意义，自然历史博物馆之于动物学家，植物园之于植物学家。"事实上，如同兰代尔在这段话中那样，在古典正统论者频繁地拿法律科学和经验科学相类比时，他们好像乱七八糟地提到过各种各样的自然科学。见例如，Keener, The Inductive Study of Law, 28 *Am. L. Rev.* 713, 1894(物理学)；W. Keener, *Cases On Quasi-Contract*, 序言部分, 1888(几何学)；*Lieber's Hermeneutics*, p.329 (W. Hammond ed. 1880)(天文学)。

[105] 也就是说，生物分类学是关于种类的体系；法律体系，就像几何学，把种类和功能性的概念（operative concepts）结合到了一起。参见前注[28]。

[106] See, e.g., F. Von Savigny, supra note [98].

[107] J. Carter, *The Provinces of the Written and the Unwritten Law*, 1889; J. Carter, *Law, Its Origin, Growth and Function*, 1907.

哲学思索而非法律科学。[108] 然而,古典科学家并不将法律原则等同于习俗;因此比尔写到,"从一开始普通法就已经立基于原则之上,而非习俗之上"[109]。

如果法律并非永恒不变的真理而是一套不断进化的原则,并且这些原则还不同于习俗,那么在古典理论中什么是促成法律变化的媒介呢?当然,立法可以回答这个问题,但是这些古典论者把制定法视为是对普通法自身的杂乱无章的和反常的毁损,并不适于科学研究。[110] 先例也能够导致法律变化;一个起初不被现存原则支持的判决,如果被坚持和遵守,最终会使它自己为权威性的原则。[111] 然而,从古典主义视角来看,此一判决起初曾是一个错误(判决)。倘若那种成功地坚持了自己的错误(判决)乃是法律变化的唯一机制,那么法律如何会进步?

重新回顾生物学的隐喻,人们可以设想一种达尔文式的解释。[112] 然而古典正统观念却提出了一种关于普通法的进步的唯心主义解释,它把核心角色的扮演者留给了法律科学家。[113] 一旦学者(或者伟大的法官或律师)发现了一条此前未被认可的原则——它既为现存的判决提供了更为简洁且令人满意的解释,同时还反映了缓慢变化中的社会需求和社会情势——进步就发生了。这样一条原则,由于内在于已决案件之中,故而已然是法律,所以对它的明确表述就是一种发现,而非不合法的立法。而且,一旦被发现,它就会产出比那一科学性较低的旧有原则的外在表述所产出的判决更好的不同判决,并因此会对法律的进步作出贡献。

此类古典法律改革的著名范例就是布兰代斯(Brandeis)和沃伦(Warren)从几个以前被认为毫不相干的零星的旧案件中总结出隐私权。[114] 精通兰代尔式手法的布兰代斯巧

---

[108] J. Beale, supra note [97], p.143. 他以同样的方式更加尖刻地谴责边沁式的法典编撰计划,见 Beale, The Development of Jurisprudence During the Past Century, 18 *Harv. L. Rev.* 271, pp.282—283, 1905. 在该文的后面,比尔称赞了萨维尼和其他历史法学派的学者,因为他们在纠正边沁式功利主义和被他古怪地称作"中世纪主观推演哲学(the subjective and deductive philosophy of the middle ages)"的抽象错误过程中作出了"伟大的工作"。Ibid., p.283。

[109] Beale, Book Review, 20 *Harv. L. Rev.* 164, 1906 (signed "J. H. B."); See also Jurisprudence Lectures, supra note [103], pp.291—292. 在另一处,比尔曾坚决主张"法律的一个最为重要的特征"就是"它并非是一些专断规则(arbitrary rules)的简单堆积物,而是科学的原则体"。

[110] 见后注[171]及相关原文。

[111] 见,例如,兰代尔关于对价原则的讨论,前注[91]—[97],以及相关原文。

[112] 也就是说,可能存在着一种关于司法偶尔从根本上背离既定法的过程,并且那些最终对社会有益的司法"错误"会留存下来而其余的则被遗忘。关于此种论辩见 Priest, The Common Law and the Selection of Efficient Rules, 6 *J. Legal Stud.* 65 (1977)。

[113] 关于法律科学家的角色的这一观点可能暗含于兰代尔把科学家式法律教师(the scientific law teacher)同"罗马法学家"所作的类比中,见 Langdell, supra note [67], p.124. 它更为明了地表露于 Ames, *The Vocation of the Law Professor*, pp.354, 364—367。J. Beale, supra note [97], p.150,肯定地宣称了这一点,他讲到法律教师对法律的成长的影响"在程度上比得上"法官的此种影响并且"在今后很可能以比法官的此种影响的增长速度更快的速度进行增长"。

[114] Brandeis & Warren, The Right to Privacy, 4 *HARV. L. REV.* 193, 1890。

妙地主张依据隐私权保护的一般性原则对这些案件进行解释要好过依据审判它的法官所给出的理据。[115] 然而在他把隐私权的渊源置于一条简单明了地协调了这些案件的原则的同时,他却又明显地以一些高瞻远瞩的政策理据来为这一新权利进行论证,主张它为一些可能伴随着更高的一般性教育标准的业已变化的社会情势——比如大众文化素养、通俗出版物的兴起、现代生活拥挤的情形以及更高的个人敏感度——所需要。[116]

由于布兰代斯对这些政策因素的关注在一般原则层面上支持了他提出的原则,这与古典正统观念的宗旨相一致。[117] 从他在论辩理据方面,相对于逻辑,对政策的强调来看,他正在侵损正统理论的精神并预示了后古典法律理论的趋势。布兰代斯的论辩表明了兰代尔技术可以为刻意的法律改革提供理由。然而古典体系最终不可能在不打破其确定的几何序列这一承诺的情况下而从体系的弹性中获益良多。

IV

在19世纪末的美国,古典正统观念的特殊吸引力是什么?回答此一问题自然要从其完全形式性——"每个案件都是简单案件"——这一承诺入手。法律体系将会被如此安排以使其能够通过确定无疑的(即使是复杂的)推理解决疑难争端,就如同欧几里德几何学难以凭直觉来处理空间问题那样。体系是可预测的;人们会知道在何种情形下他们会受到国家权力的支援,在何种情形下会遭到其反对。更进一步,人们会免于遭受公共权力保管者出于其专断的私人目的而行使的公共权力。在其他方面都相同的情况下,这些对每个人都会有好处。然而,商人,这一在19世纪末的美国处于优势地位的团体,对法律可预测性有着特别的需求,并且尤其为"法治"(rule of law)这一与此相关联的自由观念所吸引。[118]

尽管法律现实主义者在后来对它进行了质疑,概念序列和形式性这一古典主义勾连在1900年似乎还清晰明了。[119] 就连韦伯(Max Weber)这样一位具有现代思想的观察者也认为古典法律科学——他关注的是其德国版本,即德国的罗马法编纂学派(German Pandectist),而非其美国兰代尔版——提高了这种为商人所关心的实际的法律可预测性。[120] 他对古典[理论]的前提假设的接受甚至到了这一地步,即他对资本主义在英格兰——由于其普通法令状体系和其大学法律学术的缺失,它缺少一种适当的概念性形式

---

[115] Ibid., pp. 198—214.
[116] Ibid., pp. 195—196.
[117] 见上面原文及相关注释[54]。
[118] See Trubek, Max Weber on Law and the Rise of Capitalism, 1972 *Wis. L. Rev.* 720, 739—746.
[119] 关于现实主义者的挑战,见后注[162]—[169]以及相关原文。
[120] 关于韦伯对"形式法律合理性"和潘德克顿法律科学的勾连,见 M. Weber, supra note [19], p. 64。

体系——的发展和繁荣感到不解。[121]

除了可预测性这一承诺之外,对古典法律科学的吸引力的更加直接的政治性解释乃是,通过把经济权力关系(economic power relations)视作是中立的且由私法权利科学地推演而来的,它为商业提供了意识形态上的支持。社会立法的进步主义倡导者肯定看到了这一意识形态上的关联;所有早期的对于法律古典主义的批评都将其与政治保守主义相联系。[122]

这种观点并不仅仅只限于对古典法律科学的批评。奥斯丁在更早的时候就曾经以一种极其少见的直率称赞法学和伦理学中的几何学方法,其理据是几何学方法所具有的非人格化的确定性(impersonal certainty)可以加固现存制度以防止人们的不安。[123] 并且,大约在奥斯丁之后的一个世纪,美国法学会及其[法律]重述计划的发起者们还做着这样的承诺,即合理的法律科学会通过使人们相信当前私法的司法保护是中立且科学的而非政治的来平息民众的不满。[124]

古典法律科学是否的确将司法审判导向了有利于商业的方向,这更值得怀疑。在1870至1940年这一段时期,法律体系中最重要的政治议题是一些关于公法的问题:民粹主义者的进步主义新政(Populist-Progressive-New Deal)的立法计划将如何被法律职业团体接受。[125] 保守主义者认为这些重要的普通法私权受到宪法的保护以防止集体干预(collective interference),除非能够表明立法与健康、安全或道德的这些公认的警察权力的目标密切相关。[126] 对于保守主义法官而言,越过这一宪法防线(constitutional hurdle)的立法依旧面临着这一标准,即毁损普通法的制定法将会被加以严格解释。[127]

这些保守主义信条没有一个是只适合于古典正统观念的。古典主义者毫不认为公法,包括宪法,是可以加以科学研究的。因此,兰代尔的哈佛同事和弟子比尔和艾梅斯威胁要撤销他们帮助芝加哥大学法学院建院的提议,因为其组织者计划教授许多公法课程,这样就违反了哈佛的课程[设置]的信条,即学生必须只被要求接触科学的"纯粹法"课程。[128] 宪法是不科学的,因为它不可救药地含混不清,正如治安权原则(police power doctrine)就是其典型;一部制定法是否"与安全、健康或道德有着合理的关联"这一问题无法从形式上予以解决。对法律科学家(the legal science mentality)而言,此类开放的问

---

[121] Ibid., p.353;韦伯关于"英格兰问题"的各种相互矛盾的观点被收集于 Trubek, supra note〔118〕, pp.746—748。

[122] See, e.g., Holmes, supra note〔3〕; R. Pound, supra note〔14〕.

[123] J. Austin, supra note〔59〕, p.79; cf. id. pp.67—70.

[124] 1 *A.L.I. Proc.* 8, 1923(法律的不确定性和复杂性导致了对法律的不敬以及随之而来的动荡不安);同上书,第 10 页("法律人就普通法的基本原则缺乏一致意见是导致不确定性的罪魁祸首")。

[125] 与内战前期——可以从该时期中找出证明私法更为重要的有力理据——相比较;这是霍维茨(M. Horwitz)一书的核心论点,见前注〔16〕。

[126] C. Tiedeman, *Limitations of Police Power*, 1886.

[127] Pound, Common Law and Legislation, 21 *Harv. L. Rev.* 383, 1908.

[128] F. Ellsworth, *Law on the Midway*, 1977, p.67.

题是政治的,而非法律的,并且法庭在试图回答它们时完成的不再是科学任务。于是,在讨论到宪法性问题的极少数场合中,古典主义者们倾向于遵循萨耶尔(James Bradley Thayer)(他本人并非古典主义者)所提出的方法[129]——只要不存在对积极的宪法性命令(positive constitutional command)的违反就遵从立法机关。[130]

古典法律科学家对制定法解释的问题也同样不感兴趣;他们认为存在于制定法文件中的杂乱无章的法律对概念的排序毫无助益。[131] 一旦他们真的碰上制定法问题,他们并不倾向依据这些有损普通法的制定法的法规。相反,他们的形式主义把他们导向避免限缩的或扩张的目的性解释的文义解释(literal reading)。[132]

如果古典科学家曾经是19世纪晚期大型企业的热心的支持者,那会令人感到惊讶。他们是有着学究倾向的人,通常来自于被新兴的工业和运输业的大亨从权力金字塔的塔尖推下来的古老的商业阶层和职员阶层。他们这类人持中立的政治立场,比如中立派(the Mugwumps)以及后来的进步主义运动的右翼。他们信奉科学、传统美德和政治无涉的专业知识,偏爱坚挺的货币、自由贸易、文官制改革以及公正的市镇政府。[133]

就这样,古典法律思想在它所处时代的政治斗争中始终保持了一种温和的保守主义姿态。一方面,古典科学家在中立的法律和有党派之见的政治之间划了一条醒目的分界线,把关于市场和私有财产体系的那些基本原则和许多细节都划到了法律而非政治的这一边。反过来,他们又赞同,尽管是勉勉强强地赞同,在追求一些太过模糊以至于无法由

---

[129] Thayer, The Origin and Scope of the American Doctrine of Constitutional Law, 7 *Harv. L. Rev.* 129 (1893). 萨耶尔的一般实用主义和非古典的法学进路,参见其论文 The Present and Future of the Law of Evidence, 12 *Harv. L. Rev.* 71, 1898。

[130] 参见,例如,Langdell, The Status of Our New Territories, 12 *Harv. L. Rev.* 365, 1898(宪法并没有对从西班牙那里并吞过来的领土的管理加以规制);Williston, Freedom of Contract, 6 *Cornell L. Rev.* 365, pp. 375—380, 1921(强制遵守"契约自由"的宪法性决定持相反的观点)。

[131] 见 *Jurisprudence Lectures*, supra note [103], pp. 297—301. 比尔区别了罕见的成功的制定法——它"可以被改良并且能被普通法吸收",Ibid., p. 298(此类制定法"数量非常有限",Ibid., p. 300)——和典型的制定法——它是"一个并非主要依据才智择选的立法机关的随意立法所致",往往是由于这样一种法律人的坚持。这种法律人在败诉之后起草了一部旨在纠正这一不正义的制定法,然而,"除了关注这一具体的不正义,他并没有聪明到可以预见此法案的后果"。Ibid., pp. 300—301.

在评论戴雪(Dicey)的 *Law And Public Opinion In England* 时,兰代尔抱怨它的标题具有误导性;戴雪用的是"法律"这一语词,写的却是"立法"。显而易见,在兰代尔心中这二者是截然分开的。Langdell, Dominant Opinions in England During the Nineteenth Century in Relation to Legislation as Illustrated by English Legislation, or the Absence of It, During that Period, 19 *Harv. L. Rev.* 151, 1906.

[132] 一个恰当的例子就是艾梅斯在 Can a Murderer Acquire Title by his Crime and Keep It? 一文中对 Riggs v. Palmer 这一著名案件的讨论,见 J. Ames, supra note [102], p.320。纽约的遗嘱法令并没有关于该类案件——受遗赠者为了获得立遗嘱者的财产而将其谋杀——的规定。法庭将该制定法解释为应剥夺谋杀者以不正当手段所得之物,艾梅斯发现此一观点"不可能被证明为正当",原因在于它同该制定法的字面词语不相符。Ibid., p. 312. 又见,Langdell, The Northern Securities Case and the Sherman Anti-trust Act, 16 *Harv. L. Rev.* 538, p. 551, 1903.

[133] 一般可见于 G. Blodgett, *The Gentle Reformers*, 1966, pp. 19—47;R. Hofstadter, *The Age Of Reform*, 1955, pp. 131—173, 尤其是 pp. 157—158。

法律加以科学地界定的目标时,立法中的多数派有合法的权力去越过这条分界线。[134]

以上就是古典正统观念同美国人的物质利益之间的关联;它同美国人的精神利益(ideal interests)——他们对发现生活的意义的迫切要求——的关联会是怎样? 在内战以后的一段时期里,许多美国人一下子经历了他们的世界的复杂化和觉醒过程。这种安全——在一种简单有序且清晰明了的世界(Robert Wiebe 所说的"孤立的社会")中过一种简单有序且清晰明了的生活——被毁坏了,因为,对许多人来说,通信和交通革命使人们的生活被一种遥远且无形的力量以一种崭新的方式所控制。[135] 同时,意味着"人类和物理自然(physical nature)一样完全可以依据盲目且毫无目的的物理过程来解释"的达尔文主义对传统宗教和自由人文主义的自尊心(liberal humanist self-esteem)的冲击使得它们不再能够安抚人们的心灵。[136]

与这一大背景相反,古典法律理论的中立且不加修饰的几何学对受过教育的精英分子有一种有些类似于宗教的(quasi-religious)荒谬的吸引力。在一个日渐让人感到茫然的世界里,法律科学先允诺了一个完整的具有完全形式性的规范体系,然后又给出一些明确的回答。正当传统宗教不再能够为一些精英分子的道德和政治生活提供一个潜在秩序之时,法律正统观念以普通法的"极少量的原则"的这种形式建立了这样的一个秩序。通过这些极少量的简单的原则,个人可以理解整个法律的基础,并且,这个曾经似乎大得难以置信、复

---

[134] 在此处,我反对邓肯·肯尼迪(Duncan Kennedy)的这种主张,即诸如 Lochner v. New York, 198 U. S. 45 (1905)的这类判决是古典模式的典型。Kennedy, Toward an Historical Understanding of Legal Consciousness: The Case of Classical Legal Thought in America, 1850—1940, supra note [6]。Lochner 一案的判决代表的毋宁是那种前古典的相当具有政治关怀的宪政主义——梯德曼在一篇著名的序言中对它的阐发是最具吸引力的,见 C. Tiedeman, supra note [126], pp. vi—viii。也请见狄龙的激烈论辩, J. Dillon, *The Laws Of England And America*, 1894, pp. 203—215。真正的古典进路,见前注[130]及相关原文。狄龙和梯德曼回顾了斯托雷(Story),韦伯斯特(Webster),鲁弗斯·乔特(Rufus Choate)以及辉格党宪政主义精神,在这种精神下这些法官们被认为是保护秩序、美德和财产免遭暴民的狂热的侵袭的保卫者。

[135] See T. Haskell, *The Emergence of Professional Social Science*, 1977, pp. 24—47; R. Wiebe, *The Search for Order*, 1877—1920, pp. 11—75, 1967.

[136] P. Boller, *American Thought In Transition: The Impact of Evolutionary Naturalism*, 1865—1900, pp. 22—46, 1969; Meyer, American Intellectuals and the Victorian Crisis of Faith, *Victorian America*, pp. 59—77, D. Howe (ed.), 1976.

杂得无以应对且机械般道德无涉的社会会被认为有一套确定的规范存在于其中心。[137]

更加具体地讲,法律科学运动为形成中的全国性律师行业(national bar)奠定了意识形态方面的基础。在 19 世纪最后三分之一的时期,也就是在它首次组织成为一个有凝聚力的全国性职业团体的时候,律师业——尽管有着整体的发展和新近获得的财富——经历了一次制度上的自我怀疑危机。在阅读此一时期律师协会会议上的演讲的过程中,[人们]几乎不可能不发现对美国律师——他们在不久前成了商业[阶层]的附庸——丧失独立性的长吁短叹,以及反对那些认为这一职业业已商业化和堕落的指责的呼声。[138]

在同一时期,世俗科学和信奉科学的重要新兴大学(new major universities)在声望上占有优势,[它们]替代社会中和智识界的领袖而成为在其他方面崇尚物质主义的美国的更高精神价值的核心。[139] 比如,那些认为自己位于领导阶层的法律人乐于听到霍姆斯讲法学乃是"适合思想家的事业",在其中"一个人可以高尚地生活着"[140]。霍姆斯,这一首位批判古典正统观念的大人物,也是被他自己在哲学方面的雄心壮志吸引至概念排序这一古典事业中。[141] 虽然他认识到"一般原则并不决定具体案件"[142],但是他依然信奉并崇拜概念法理学(conceptual jurisprudence)——在他看来,概念法理学使法律超越于纯粹的商业——正如他在发表此番装点了此后的许多法学院毕业典礼致辞的演说之时所讲的那样:

> 幸福……不可能仅仅通过充当大公司的法律顾问以及拥有五万美元的收入而获得。法律更深远和更一般的那些方面就在于那些赋予它以那种人们所喜好的一般性特征的方面。正是通过它们,你不仅成为你本行业的大师,而且把你的主题与宇宙联系起来,并体会到宇宙的无限性,瞥见它无比深奥的运行过程,参透些许普遍法则。[143]

在比上一层面还要具体的层面上,法律科学在律师们想要觉得自己是在从事有学识

---

[137] 卡多佐的这一段话使我想起了对法律确定性的探寻的宗教维度:

> 在我担任法官的第一年,我发现在我起航远行的大海上没有任何航迹,为此我一直很烦恼。我寻找确定性。当我发现这种追求徒劳无益的时候,我感到压抑和沮丧。我试图到达陆地,到达有固定且确定规则的坚实的陆地,到达那个正义*的乐园,在那里司法将以比它在我迟疑不决的心灵和良知中苍白且微弱的反射更为简单明了且更加威严的方式宣告其自身。

B. Cardozo, supra note [33], p.166.

*英文中 justice 同时具有司法和正义的含义,在这句话中 justice 分别依语境译作正义和司法——中译者(此段主要采用苏力教授的翻译,个别词有改动,在此表示感谢。[美]本杰明·卡多佐:《司法过程的性质》,苏力译,商务印书馆 2001 年版,第 104 页)。

[138] 见 R. Hofstadter, supra note [133], pp.158—161 以及他提供的资料。
[139] L. Veysey, *The Emergence of the American University*, 1965, pp.121—179.
[140] Holmes, supra note [3], pp.29—30.
[141] See infra notes [162]—[163].
[142] Lochner v. New York, 198 *U.S.* 45, p.76, 1905.
[143] Holmes, supra note [3], p.202.

的职业的那种迫切欲望和新兴大学的同有财有势的律师协会建立联盟的那种需要之间架起了桥梁。只要法律研究被视为是纯粹的技术培训,比如,Veblen 就这样讲过,大学自命为纯粹的学术机构这一做法就成为建立联盟的障碍。[144] 法律科学理念也碰到过此类难题,正如兰代尔所说:倘若法律不是科学,那么在拒绝开设法律课程这一问题上,大学只需考虑它自己的尊严就行了。倘若法律不是科学,而是一门手艺,最好的学习法律的途径则是给法律从业者当学徒。如果它是科学,那么,毫无争议,它乃是最伟大最深奥难懂的科学之一,并且它需要最开明的学术机构尽其所能对它加以阐释。[145]

说兰代尔的此番话是冷嘲热讽或蛊惑人心,或者说霍姆斯的雄辩的背后并无真正的激情,这都是令人无法信服的。对于他们而言,以及对于他们的几个同代人而言,法律学术实质上就是目的。[146]

抛开对学术的无私热爱不谈,以法律教师为职业的古典科学家必须要对作为成功教学的先决条件的众多法律材料加以组织和简化。起初,当布莱克斯通、肯特(Kent)和斯托雷(Story)同意教授初学者法律时,他们就已经意识到他们的使命就是构建法律体系。[147] 所以,在他们的时代,出于教学目的,兰代尔的追随者们——第一批专职美国法律教授——面临着为他们的学科设定大纲加以概述这一需要,或许特别倾向于给予概念的排序这一任务高度评价,并这样把自己的份内之事说成是自己出于崇高的职业道德才做的事。

把所有这些因素集到一起,我们可以看到一张汇聚而成的需求之网——政治的、精神的、职业的以及教育的——这张网清晰地勾勒出了 19 世纪后期美国法律思想家所处的情势。说什么情势必然地产生了古典正统观念,这可能只不过是在玩后见之明的决定论这一古老的历史学游戏。客观地讲,兰代尔的体系的确很好地及时满足了这些特殊的吁求,至少在短期内。

---

[144] T. Veblen, *The Higher Learning in America*, 1918, p. 211. ("现代大学里的法学院只不过是[训练]辩论或跳舞的学院。")

[145] Langdell, supra note [67], p. 124.

[146] 关于兰代尔的理想主义(以及霍姆斯自己的),见前注[13]中所引用的霍姆斯致波洛克的信。

[147] 大学法律教学和有着概念体系的法律思想(conceptual, systematic legal thought)之间的关联曾是韦伯的核心主题之一;M. Weber, supra note [19], pp. 216—217,274—278。耐人寻味的是,在 19 世纪早期,德国法律科学在其源头上就和大学法律教育有着密切的关联。同样地,英国法律科学运动,同美国古典正统观念紧密相关,也是随着 19 世纪七八十年代在牛津大学的基于大学的严肃研究的发展而兴起的。见 F. Lawson, *The Oxford Law School*, 1850—1965, pp. 69—85, 1968。与此相反,并非所有大学里的法律教师都持古典进路;[他们中间]也有辉格党的重新倡导者(Whig throwbacks),就像梯德曼(Tiedeman)和巴尔德温(Baldwin),以及现代性的先驱,就像格雷(Gray)和萨耶尔(Thayer)。

V

尽管古典正统观念现在依旧萦绕在我们心头,然而出于一些缘由,它的确已经失去了明显的优势地位,这些缘由是值得回顾的。政治必然是一个缘由;进步主义以及后来的新政主义法律人把古典正统观念视作保守主义的意识形态的一种形式。这部分是由于他们把兰代尔法律科学和洛克纳(Lochner)案的判决所代表的自由放任宪政主义学说混为一谈。但是这种看法也是有一定道理的评价。古典正统观念的确声称要用严格的科学方法去发现政治上中立的私法原则,并因此巩固了把普通法的合同法和财产法体系视作"天空中弥漫的无所不在"(brooding omnipresence in the sky)而不是视作"权力和资源的随机配置"这种观点。[148]

除了被觉察到的政治偏好之外,由于古典理论认为法律是由一些相对稳定的基础性原则决定的,所以它并不情愿去适应急速的社会变化期。古典主义的"混乱无序的表面之下存在着稳定的基本原则"这一观点使它对那些受到[社会]变化惊吓的人具有安抚作用。同样的这些因素也使它在那些觉得需要直面这场骚动的人眼中似乎是没有希望的且不切实际的。在此种意义上,反对古典正统观念乃是"反对形式主义"——它代表了20世纪早期的美国社会诸多思潮——的一部分。[149] 这一点和前一点是相关的;大多反对形式主义者也是政治改革者。但是这些倾向是可区分的;例如,霍姆斯,不是改革者,却是一位反对形式主义运动的领导者。在批判"人类对确定和安详的那种渴望"——它被"逻辑方法和形式"在无视"确定常常只是幻想,安详也不是人的命运"这一现实的情形下过度地追捧——的过程中,他表达了这种反对的精神。[150]

正如关于古典正统观念的衰落的这些常见解释所指出的那样,与任何重要的意识形态一样,它并非一套封闭的观念体系,而毋宁是随着周围的生活而不断延续的。但是出于研究的目的,我把古典正统观念的这些观点抽象化为一套智识体系。以这种抽象的方式,不通过叙述其批评者的兴趣或动机而是经由陈述他们批判的内容,古典正统观念的

---

[148] 霍姆斯这一著名的短语"天空中弥漫的无所不在"(brooding omnipresence),见 Southern Pacific Co. v. Jensen, 244 *U. S.* 205, 222 (1917)。这一熟悉的短语体现了这种观念,即存在着关于私人权利的一般性法律。这一观念常见于英美世界,而且具有各种普通法权限的实际裁判案件的法律在理念上应该与它相一致。它乃是古典主义的一条核心准则(doctrine)。对其最清晰的表述和辩护的是在 J. Beale, supra note [97], pp.138—139, 144—150。比尔通过一种先验主义推演证明了此种法律体的存在,因此:"普通法在更加宽泛的意义上并非真正的法律这种说法在逻辑上可能会导致所有全国性法学院的关闭而把它们的学生转到哲学专业。" Ibid. , p.139。这种一般性普通法是一种哈佛法学院得以存在的"可能条件"(condition of possibility)。

[149] M. White, *Social Thought in America: The Revolt against Formalism*, 1947.

[150] Holmes, supra note [3], p.181.

衰落会得到最佳的展示,尽管[这样做显得]有些不自然。[151] 现在请允许我把那些批评转变为我起初用来形容古典体系自身的那些术语。

首先,大致地回顾一下古典正统观念。一批由精准客观的(形式性的)术语所表述的最低等级规则——它们之中只有一者可以适用于某一事实情形——产出了这些唯一正确的判决,这些判决是为了法律体系可以达致完整而需要的。这些规则可以从一些最高等级的基本原则推理而来,而这些原则自身又是依据科学标准从众多的先前判决中归纳出来的。这些原则必须要相对少量且相互一致(有概念序列),有独立的吸引力(可以接受)并且还必须要协调大多数已决案件(遵循先例)。当一种无现存规则可供适用的情形发生了,适当的规则必须是从现存原则——经由抽象表述,它们毫无遗漏地、明确地涉及所有潜在案件——推论而来的。在审判一个全新的个案时或者制定出一条最低等级规则去处理它时,对可接受性的直接诉诸受到了概念排序这一要件——它对确保体系的完整性又是必需的——的排除。理想状态是,每个判决都是遵循"原则"的;即决定此判决的规则是通过逻辑推理从一些抽象规范——它们本身就内在于体系的现存判例之中——中得出的。

霍姆斯、庞德及其他论者从两个方面对古典理论框架发起攻击。他们首先强调这一问题,即为何在制定最低等级规则和裁决个案时可接受性因素不应被考虑?古典理论的回应是允许特殊实际性判决(ad hoc practical judgment)就意味着放弃法律科学,就意味着在一般意义上放弃司法判决的确定性、可预测性和可说明性(accountability)。批评者们接下来否认古典理论的形式性的概念排序这一核心计划的成功之处甚至可行性,这一步是关键性的。

请允许我以更加详细的方式来阐明这些方面;我采取了理性重构的形式来展开陈述,我并非旨在完全符合任何一位批评者的论辩,而是试图抓住批评者们所共有的根本立场。批评始于对法庭的实际功能的强调。司法裁判首先是一种旨在和平有序地解决纠纷的手段。[152] 这一点得到了来自于所有法律体系都坚持的全面性这一要件的支持。法官必须裁判由其所管辖的案件;他们不能因为法律没有提供明确的答案而拒绝作出裁判。一个现实的纠纷无论是否被某一规则所涉及,它都必须得到解决。法律体系的全面性这一要件不会为了实现其完整性或概念序列而被搁置,就像如果法律体系的首要目的

---

[151] 这样我就能继续进行系统描述(或者"解释",此术语听起来更加复杂一些),并且也回避了对许多人来说是至关紧要的问题:兴趣和理念之间的相对的因果性意义(relative causal significance)。我的确认为社会理论中的因果关系问题是有意义且有可能是能够解答的,即使我们永远不可能会有这一领域的科学性法则。但是我没有足够的能耐来回答它——只有转回来谈论我的文本,同时表明如果我不认为它们有某种重大的因果影响力(causal force),我就不会对这些观念如此感兴趣了。

[152] 对视司法裁判为首要的"纠纷解决方法"这一观念加以追溯会成为智识史中有意思的小插曲。这一理念隐含于霍姆斯的这一早期言论——普通法的优点就是首先判决案件。我所发现的对于它的最早的直接表述者是格雷(Gray):"法官的功能主要不是宣告法律,而是通过裁决争端来维持安定。"J. Gray, *The Nature and Sources of the Law*, 1921, p. 100.

是发展出或维持一套协调一致的实体法所可能会被期望的那样。[153]

更有甚者,一旦纠纷在程序上得到了最终解决,法律通常就不再处理它们,即使它们在后来被发现错判了。这就是"一事不再理"这一常见的法律原则——它在科学中没有对应物——的力量。另外,法律体系内的一些未得到解决的管辖权冲突——对于全面性是个威胁——被视为严重的危机。[154] 不符合法律原则的实体法经常被发现却并没有引发类似的危机感。

我们认为法庭首先应该是纠纷的解决者而非科学权威。我们的这些观点同样也存在于我们的这一倾向中,即倾向于阻止它们对假设的或抽象的法律问题作出裁决。存在纠纷之处,法庭就必须裁决;不存在纠纷之处,法庭就不应该指手画脚。

鉴于法庭的这些特征所体现出的基本实际功能,难道用实际标准,即可接受性标准,来评价它们的工作不是理所当然的吗?[155] 当然,我们并不简单地指导法庭以最可接受的方式去裁决每一纠纷,这是由于这样做的话就会把就连其本身也不能被接受的一定程度的自由裁量权授予这些强大的机构。这些合法律性的价值——完整性、形式性和概念序列——有其自身的重要性,然而每一次对这些价值的援引都必须受制于可接受性这一终极判准。当存在着可以产生出真实纠纷的更加令人满意且更加公平的解决方案的规则之时,为何还要坚持一些不可接受的结果——比如在有关旗杆的例子中?

古典主义者对此一质疑的回应乃是,严格遵循原则既使得法律可以从总体上被加以理解[156],也使得法庭可以经由从既定原则推出正确的规则去判决新出现且先前未曾预料到的案件。[157] 正是在这一点上,批评者又组织了他们第二次,也是决定性的,进攻——他们对古典理论关于法律科学的那些主张提出挑战。

古典科学家曾是如此的胆大妄为,竟然为他们事业的成功与否设定了一个具体判准,这意味着未能达致此一判准就等于是对他们的主张的驳斥。对这一判准的表述就在先前已经征引过的兰代尔的言辞中:"基本的法律原则要比人们通常想象得少得多……如果这些原则能够得到分类和整理使其各归其所,而不是散见于各处,那么它们的数量就不会大得惊人了。"[158]

---

[153] 参见前注[20]—[21]以及相关文本。

[154] 就像关于科克(Coke)与艾利斯密尔的纠纷,见前注[21];或者就像关于尼克松总统的这一模棱两可的话,即他是否会认为最高法院——规定他必须把他的磁带交给水门事件的公诉人——有权对他进行审判。

[155] 一种典型的观点认为,案件判决必然要受可接受性因素的影响,无论这一点是否得到官方认可;因此霍姆斯写道:"在逻辑形式的背后存在着一种关于相互争斗相互冲突的立法理据的相对价值和重要性的判断,它常常是一种没有被明确阐述且未曾被意识到的判断,这千真万确,然而也恰恰是诉讼程序的根脉。" Holmes, supra note [3], p. 181.

[156] S. Williston, supra note [39], pp. 213—214.

[157] 由此兰代尔提出控制"这种永远纠缠不清的人际事务",前文及相关注释[42]。

[158] See Langdell, *Cases on Contracts*, supra note [7].

兰代尔及其追随者以令人钦佩的能力和精力去着手实施这一计划。他们撰写论文,把案例加以组织使其成为有结构的案例教科书,还创作了大量的著述。[159] 最终,他们引发了法律重述计划,该计划旨在通过法律科学的指导确立一种关于普通法基本原则的总体性一致意见(grand consensus)。[160] 在法律重述运动于20世纪20年代末出现之时,这一点,即此一浩大的古典计划未能实现兰代尔的发现隐藏于大堆的案例之下的极少数原则的这一目标,就完全暴露出来了。阿瑟曼·诺德(Thurman Arnold)巧妙地总结了这一情形:

> 《重述》……成为了又一本必读书籍,而案件和司法判准同从前一样大量地涌现。《信托法重述》刚刚完成,Bogert就推出了代替他[原来的]一卷本著作的七卷本信托著作,该书引证了2.2万个案例……《合同法重述》才出版发行,法律人们就发现了威利斯通的新版本的著述,其内容从四卷增长为八卷……学生们的负担被减轻了吗?可以从任何主要的律师事务所找到答案……备忘录被小心翼翼地保存起来……然而为它们编索引却是如此之难,并且它们的数量如此之大以至于重新从判例摘要开始的做法是更为简单的……教授们的工作量被减轻了吗?可以从这一事实中找到答案,这一事实就是,一位教授所应该阅读由其同行们所撰写的法律论文的数量……每天都在增长……自从Daniel Webster时代以来所有这些都以与德国马克通货膨胀促进德国商业的那种方式同样的方式推进了辩护艺术(art of advocacy)。[161]

就这样古典正统观念最大胆的主张在经验层面上被推翻了。而且很早以前它的批评者们就已经依据分析性理据证明了该事业是不可接受的。其最致命的缺陷是没有将概念序列和形式性勾连起来。通常上,可以通过由决定判决的形式性的客观最低级规则构成的框架(the framing of formal and objective bottom-level rules)去达致司法审判的实际可预测性。比如,一个遗嘱是有效的,条件是它得到了两位见证者的证明,而非是它得到了"充分的"或"合理的"证明。然而此类规则在被制定时不得不依据人之主观专断行为;它们无法被从古典科学所试图发现的那种抽象的高级原则中推导出来。

尽管霍姆斯认为概念序列和形式性都很重要,但是当他洞见到"一般原则并不决定具体案件"时便坚持认为这二者之间存在着断裂。[162] 简单案件是那些经由可明确适用

---

[159] G. Gilmore, supra note [36], pp. 57—60.

[160] "在此处所讲的这种重述活动,如果运作得当,将会是法律职业界对提升法律所做的最为有益的工作。它将会影响到关于普通法基本原则的共识的产生,使法律术语的运用变得精确,使得法律在全国范围内更加统一。" A. L. I. Proc., supra note [124], p. 18.

[161] Arnold, Institute Priests and Yale Observers—A Reply to Dean Goodrich, 84 U. Pa. L. Rev. 811, p. 820, 1936.

[162] Lochner v. New York, 198 U.S. 45, p. 76, 1905. 霍姆斯提及的"一般原则"是他自己的[一个命题],即"一部宪法并非旨在具体表达某个特定的经济理论"。在讲到该原则不能自己裁决案件之后,他继续道:"但是我认为刚刚讲过的那一命题,如果它被接受,将会带我们朝目的地迈进很大的一步。"正如在霍姆斯那里总是如此,正确的一般原则有助于指引对判决的适当考虑因素的思考,尽管它自己不能给出判决。关于一般性讨论,见后注[163]。

的特殊规则来裁定的案件。在没有唯一且明确的规则可供适用的疑难案件中,从一般原则出发的看似合理的推理可能在[推理过程的]两端都曾被建构过。对此类案件的实际裁决需要专断地在由相互竞争的概念组成的连续统一体中作出明确界分。

霍姆斯认为,在上述情形中法官可通过先观察已决案件所形成的种类再对这些模糊的种类人为地设定明确界限去确立规则。尽管这些规则是专断的,然而,如果它们在后来的案件中被法官一致地加以运用,它们还是可以提供有用的可预测性。但是此类规则不能从一般原则中——它们的抽象特性注定了它们在边缘地带是模糊且不确定的——被逻辑地推导出来。

对于诸如霍姆斯那样的古典正统观念的较温和的批评者而言,法律原则的明确阐述和概念排序对裁判过程绝不是毫无用处,即原则本身不裁决具体案件并不意味着案件的审判也就不需要它们。这些原则关注与案件相关的那些相互竞争的因素,经由把辩论限定在一定的范围内来为裁决提供指导。但是在疑难案件中,在得出判决之前,此种指导就无法进行了。[163]

以霍姆斯试图为一些本来就变化无常的情形确立明确规则的一些失败的努力为例,其他的现实主义者表明了形式性并非总是自己会产生可预测性,尽管人们以为形式性具有这一优点。[164] 法官和陪审团会对直接的可接受性因素作出反应,而无论他们是否应

---

[163] 在整个职业生涯中,霍姆斯始终如一地坚持文中所述的一般原则和特殊规则之间的关系的这种观点。他认为,无论何时,整理法律且"以哲学的方式"去整理法律都是重要的——"以哲学的方式"也就是,根据一套适当的抽象和在法律上自主(legally autonomous)的概念。见前注[15];Holmes, The Common Law, supra note [7], p.104(原则应该被缩减为"一套哲学上的连续序列";Holmes, supra note [3], pp.195—197(法理学作为一种有价值的研究;法律应该被划分为像合同和侵权之类的"哲学"范畴,而非像海运和电报之类的"经验"类别)。他认为此类抽象观念并不裁决疑难案件;这种做法是荒谬的,即假设"某个特定的体系,比如说美国的,可以从一些一般的行为公理中像数学一样推演出来"。Ibid., p.180.然而一个次一级别的概念框架和被精准表述的一般性原则可以指导和帮助审判;见前注[162]。

即使是在最适合的一般概念和原则的模糊的边缘地带,不存在确定判决的案件也会出现,并且对于此种情形来说,救济的办法就是为了法律的可预测性而强设专断的规则。见 Baltimore and Ohio R. R. v. Goodman, 275 U.S. 66, 1927; Holmes, The Common Law, supra note [7], pp.88—103; Holmes, supra note [3], pp.232—238. 霍姆斯在其"侵权法理论"一文中阐述了他的关于原则和规则之间的关系的这种观点,并且他在此后对所采用的表述方式从未作过改进或重大变化,见 The Theory of Torts, 7 Am. L. Rev. 652, 1873,重印于 44 Harv. L. Rev. 773, p.775, 1931:

> 法律的成长倾向于以此种方式发生:两类相差悬殊的案件产生了一种一般性区别,在被宽泛地表述时它是明确的。然而当新案件聚集在相反的两极,并且开始朝彼此接近,这一区别就变得更加难以辨认;这些判决以这样或那样的方式基于非常微弱的情感优势被作出,而非基于明确表达出来的理由;并且经由相矛盾的判决间的约定,一条精确的界线最终被达致,它是如此的专断以至于将其向任何一边再移动一点都同样是可以的。然而,这两组案件之间的区别是哲学性质的,于是在黑暗和光明之间的边缘地带的某个点上画一条分界线要好过继续维持不确定的状态。

[164] See, e.g., Pokora v. Wabash Railway Co., 292 U.S. 98, 1934 (Cardozo, J.).

该这样。当清晰且客观的规则在适用中产生了不正义或不便,一些法庭会继续依据这些规则的条文去适用它们,而另一些法庭会想方设法去规避并作出明智的判决。因此可预测性,即把规则置于首位的原因,不复存在。在许多情形中,如果主导规范是一条允许法官或陪审团在个案中运用他们关于正义的直觉的模糊标准,而非是偶尔就会被悄悄规避的明确规则,判决可能会既越来越可预测,也越来越可接受。[165]

在坚持更加抽象的原则的努力中竟然也不可避免地会出现类似的麻烦。有时,公认的原则的确强烈地指向某一特定结果,然而这一指定结果与既定的实践相矛盾,或者同广泛共享的可接受性观点相冲突。在这些情形中,一些法庭会规避由原则得出的推论并经由政策或习俗的启示得出判决,而其他的法庭会谨慎而呆板地遵循原则。律师无法预先告知其委托人法庭将作何判决。

现实主义者对古典正统观念的几点批判集中于对他们对该理论的这一方面的看法上:邮寄的合同承诺函是何时有效的?尽管兰代尔曾经论证过邮箱规则的不符合原则的特性,它却为关注法律原则的论者(doctrinal writers)统一接受。威利斯通,这位古典合同法专家,宣称这一规则具有约束力,尽管他因为该规则缺少合理的"原则"基础而有些遗憾。[166] 他并没有想到实际的判决可能会体现一种更加具体的(因此是不符合原则的)模式。但是,现实主义合同法学者注意到法庭经常判决一些合同在承诺函被寄出之前就已经成立了。在涉及人寿保险单的案件中,当申请人(要约人)提交了申请,只需该[保险]公司的核心部门的批准,并且在后来该人死于该核心部门同意了这一申请之后而签过字的保险单(承诺函)被寄出之前,法庭往往主张保险单已经生效且赔偿金应该被赔付。[167]

在上文所说的情形中存在着一条针对人寿保险案件的特殊规则,它与古典正统的"既存法律"相冲突而不曾被法庭所宣告,然而[它]是基于一种对补偿生还者的刻意偏向和一种以为一旦保险公司已决定发行保险单[这种判决]就没有产生不正义的感觉。与其说威利斯通是反对这种审判模式,不如说他都没有注意到它。他在他的著述的脚注里征引了一些这样的案件,将它们视为对一般原则的异常背离[168];他甚至不认为在对承诺函有决定性影响的规则中有着比他所见到的已经尤为特殊的邮箱规则还更加特殊的规则。因此对原则(principle)的一般性的追求——这是这些古典科学家的显著特征——使得他们都遗漏了所有此类原则(doctrine),这些原则(doctrine)具有可接受性且一旦被认出就可以产生可预测的结果,但是用兰代尔的话就是"没有原则(principle)可以支撑它们"。[169]

---

[165] Fuller, American Legal Realism, 82 *U. Pa. L. Rev.* 429, pp. 432—438, 1934.
[166] 1 S. Williston & G. Thompson, *Contracts*, 1936, p. 234.
[167] Patterson, The Delivery of a Life Insurance Policy, 33 *Harv. L. Rev.* 198, pp. 203—205, 1919.
[168] 1 S. Williston & G. Thompson, supra note [166], p. 204 n. 4.
[169] 刚才总结的这一教训来自于 Cook, Williston on Contracts, 33 *Ill. L. Rev.* 497, pp. 511—514, 1939。

对批评者来说,概念的排序并不是像古典正统观念所认为的那种科学发现一样,而是一种相当实用主义的事业,该事业有待于用它的实际目标的实现来衡量。[把]法律原则(doctrine)朝更高等级一般化为原则(principle)的这一做法可能会给予司法裁决的过程某些粗略的指导,并可以作为一种信息储备和检索指数系统供法律人使用。然而它的重要性主要体现在教学方面:一个初学法律者要大概了解它的主要原则,它们被以一种虽然过于简单但却便于理解的方式表述了出来。[170]

但是在经验丰富的现代律师眼里,如果有人用为教学和检索目的而设计的一般性程式化语句(formulas)来进行法律推理,这表明他是一位新手,即一位书呆子式的律师。现实的法被视作纷繁杂乱的人造之物(filigree),形成于社会政策和个殊的充满细节的各种世俗行为的实际方式之间的互动之中。学者科宾(Corbin)和法官卡多佐因此就成了后古典主义原则技术(post-classical doctrinal technique)[时期]的法律技艺的代表人物,他们两位都因为拒绝接受一般原则的指令和对特定案件的事实的精湛和周到的运用而闻名。[171]

VI

现代批评者对概念排序的贬损意味着即使在其衰落期,古典正统观念仍然悄然地获得了胜利。这些古典科学家曾声称要做的,只不过是使本来已经始终内在于普通法的实体中和普通法律人所采用的各种方法之中的东西变得精确和科学了。但是在他们追求逻辑序列的过程中,兰代尔和他的同事们实际上已经创立了一套在很大程度上是全新的概念框架,此结构在法律职业话语中有效地替代了更古老的布莱克斯通主义的法律的概述。[172]

古典框架是基于一系列连锁的等级差别,每一种差别都有助于法律人分辨哪些被认为是特定范围的法律材料中的首要和基本的东西,而哪些仅仅是次要的东西。就这样,古典科学家划出了一条基本的界线,线的一边是实体法而另一边是程序及救济,他们视前者为首要的而把后者仅仅当作工具性的。[173] 在适用这种区分的过程中,他们把普通法(law)和衡平法之间的差别,即可能在意识形态上受到指责的规则之治和司法自由裁

---

[170] See, e.g., Pound, Classification of Law, 37 *Harv. L. Rev.* 933, pp.938—940, 1924.

[171] See, e.g., G. Gilmore, supra note [36], pp.74—81. 同代人的此种观点的最主要的表述是卢埃林的颇为神秘的关于"情势感"(situation sense)的概念。K. Llewellyn, supra note [6], pp.121—122.

[172] 从我们的视角出发,前古典框架的奇特之处是肯尼迪所关注的主题,见前注[28]。

[173] 见前注[50]。一次对古典排序的分析和有效的讽刺性的倒置,见 Arnold, The Role of Substantive Law and Procedure in the Legal Process, 45 *Harv. L. Rev.* 617, 1932.

量权之间的冲突,当作仅仅是辅助性法律救济的一个方面。[174] 在实体法内,他们又将公法和私法相区分,把私法视为核心而把公法视为法律和政治在边缘上的反常的混合物。[175] 在私法内,他们基本的子范畴是合同法和侵权法,在古典主义者所设想的社会中,此二者分别对应于由个人间的合意原则所调整的宽泛的自由领域和由不当侵害责任原则所调整的狭窄的集体控制领域。他们将"集体主义者"[所支持的]不当得利原则从合同法中排除掉而却没有将其纳入侵权法中,并且因此使其成为了次一级的原则(doctrine)。最后,他们把财产法单独隔离出来,并用它来容纳那些自由主义时期以前的立基于家庭和土地之上的法律秩序中所存留下来的反常的法律。[176]

我专门以政治术语来阐述古典分类框架,旨在表明它包含了不会为大多数现代法律人所接受的价值判断——比如,它分配给程序和公法以次要角色。但是这些古典科学家从来没有把这些判断作为可能会引起争议的主张提出来加以讨论。他们毋宁是把他们的概念框架视为一个中立的分类体系,在该体系内所有的法律纠纷都可能发生。在这一框架内,古典科学家们进一步作出了一些明显具有争议的假设,其中最具一般性的假设便是诸如合同法和侵权法之类的抽象法律概念具有这样的基本特性,在这些基本特性中,学者们可以发现那种一旦适用即可作出确定法律判决的原则。

后古典主义批评者们攻击和推翻的也正是这一进行法律辩论的本质主义进路,他们在很大程度上攻击和驳斥了源自于这一进路的许多较低等级的原则(doctrine)。这些现实主义论者主要把他们的聪明才智应用于批判。在他们进行建构的时候,他们大多数人也致力于创建一门法律政策科学。那些不相信政策科学的现实主义批评者倾向于把他们的建构性工作局限于事实发现中的各种问题(the problems of fact-finding),也倾向于去探求那些他们认为直接影响法律判决的高度具体的最低等级规则和实际做法。他们的

---

〔174〕 关于对兰代尔和艾梅斯的衡平法理论的核心的阐述,见 Ames, Christopher Columbis Langdell, supra note〔102〕, p. 476;关于此理论的简要表述,见 C. Langdell, *Summary Of Equity Pleading*, supra note〔50〕, pp. 27—40。关于衡平法的传统观点的这些暗示取自于 Hohfeld, The Relations Between Equity and Law, 11 *Mich. L. Rev.* 537, 1913; Pound, The Decadence of Equity, 5 *Colum. L. Rev.* 20, 1905。

〔175〕 见前注〔128〕—〔132〕和〔134〕以及相关原文。我认为这种排序,而非任何努力将公法和私法的综合,才是古典正统观念最具有典型性的特质。至于这种"综合"的命题,比较 Kennedy, Toward an Historical Understanding of Legal Consciousness: The Case of Classical Legal Though in America, 1850—1940, supra note〔6〕。

〔176〕 我以为这幅关于古典私法排序的全面的图景很大程度上应该归于肯尼迪在一篇关于古典法律思想的未刊稿中的首创性分析,见 D. Kennedy, The Rise and Fall of Classical Legal Thought, 1850—1940, supra note〔6〕。

典型计划是用狭窄和具体的法律范畴去替代一般和抽象的法律范畴。[177]

几乎所有的现代理论家,在强烈地拒绝了此一古典主义信念——这样或那样的法律规则"内在于"这样或那样的法律概念——之后,又进一步作了这一假设,即如果一般性概念框架不能为法律判决提供审判的大前提,它们就不会有什么重要性。此种框架在基础教学和为法律材料编索引的过程中的作用看起来是相对地微不足道的。因此,学者们一般就不再把霍姆斯所谓的"法律的整理"(arrangement),即法律概念的有序安排(architecture),视为值得严肃对待之事了。[178]

但是这些分类框架有着这样的一种力量,当最不被注意时,它却最为强大。它们经由把经验分为核心的和次要的来吸引那些使用它们的人的注意力。以此种方式,它们就像会议的议程影响到商讨的结果那样在很大程度上影响着判决。由于对分类力量的忽视,现代法律理论家没有取代古典的排序而是让它部分地存在于法律人的思维深处和法学院的基础课程之中,在这里,它可以通过其没有宣布的裁判来型构我们的思想——这就是兰代尔的秘密胜利。

VII

许多后古典主义(post-classical)批评者希望用边沁式的功利主义政策科学来取代关

---

[177] 这种"狭窄—范畴"(narrow-category)观念将雷丁(Radin),格林(Green),阿诺德(Arnold)和卢埃林一类的法律现实主义者同类似霍姆斯和庞德这样的古典思想的更早期的批评者区别开来。在这些更早期的批评者们抛弃古典主义的那种从"哲学性的"抽象概念到案件判决的形式性推理的观点的同时,他们曾继续致力于把法律排列成为此种抽象概念。关于这种"狭窄—范畴"观点的典型表述,见 Llewellyn, Some Realism About Realism, 44 *Harv. L. Rev.* 1222, p.1237, 1931; Radin, The Theory of Judicial Decision, or: How Judges Think, 11 *A. B. A. J.* 357, 1925。对这种观点的运用,见 K. Llewellyn, *Cases and Materials on Sales*, p.561, 1931 (note on "title"); Arnold, Criminal Attempts—The Rise and Fall of an Abstraction, 40 *Yale L. J.* 53, 1930; Cook, supra note [169]。

除了这种针对法律原则的"狭窄—范畴"进路之外,法律现实主义另外两个独特的特征是大多现实主义者所具有的反对传统主义(iconoclasm)和一些现实主义者对法律制度的量化和行为主义研究的那种高度兴趣(serious interest)。See Schlegel, American Legal Realism and Empirical Social Science: From the Yale Experience, 28 *Buffalo L. Rev.* 459, 1980。

[178] 不时有人认识到兰代尔风格的第一学年的法律课程安排决定性地型构了学生的法律意识,而后来旨在依循"功能主义"路线设计课程的努力只是失败的骚乱;见 R. Stevens, supra note [4], pp.471—475,511—515。偶尔对古典私法排序的直接挑战并不曾动摇古典排序的稳固的霸主地位。见,例如,L. Friedman, *Contract Law in America* (1965), G. Gilmore, supra note [36]。

法律意识的一次更加重大的变化是由 20 世纪 50 年代的法律过程运动(the Legal Process Movement)描绘的,详细阐述见 H. Hart & A. Sacks, *The Legal Process*, 1958(未出版)。法律过程学派把程序、公法以及行政过程综合成为了一个一般性理论框架,此框架旨在服务于基于"制度能力"的组织性概念(the organizing concept of "institutional competence")的法律体系。然而法律过程理论既没有挑战基于侵权法和合同法的古典私法体系,也没有挑战该法律体系内的私法和司法审判的至高无上地位("私性排序"和"原则性的判决")("private ordering","principled adjudication")。

于法律原则的古典法律科学。这一次,他们接受了霍姆斯的这一忠告,即"真正的法律科学"并非是"像数学那样的逻辑推导"(logical development),而是"把它的理论基础……立基于经过精确测量的社会需求"[179]。

但是,把法律立基于对欲求的精确测量之上的进展(如果"进展"一词在这里妥当的话)却小得惊人。数十年为了鼓吹政策科学而进行坚持不懈的宣传的主要成就似乎就是这一点,即近年来,当讨论到那些涉及对无法比较的价值间的冲突的抉择——被那些不那么具有安抚性的现代主义话语称为"政治的"或"存在主义的"——之时,律师和法官有时会(法律教师和学者更加频繁一些)诉诸"平衡"(balancing)这一安定人心的隐喻。[180]

除了"平衡"这一术语之外,法律话语在很大程度上还是保留了其正统形式。在正式场合,律师和法官们依旧主要依据规则和原则来进行讨论,他们预先假定每个法律问题(甚至疑难法律问题)都有正确答案而不喜欢直接谈论政策。德沃金(Ronald Dworkin)领导下的当代思想流派主张这种正统话语是如此的持久稳定,以至于不能像法律现实主义者那样把它视为荒诞的说法和花言巧语。他们还试图阐述这样一种法律理论,它同正统观念的前提相一致然而却避开了对古典正统观念的典型现代批评。[181]

和边沁式功利主义政治科学的梦想联系更加紧密的法律理论是法学和经济学学派(the school of law and economics)。然而,一旦我们更近距离地审视就发现它最终也是新正统观念(neo-orthodox)。它的代表人物,理查德·波斯纳(Richard Posner),讲到,经济学分析无法取代某种遵循正统方法所进行的逐个案件的法律审判过程,它只能对这种过程进行预测和批判。波斯纳不仅在兰代尔主义私法的方法中而且在其内

---

[179] Holmes, supra note [3], pp. 225—226.

[180] 对于在显然缺乏进行测量和排序的公认方法的情形下就使用"权衡"(weighing)和"平衡"(balancing)这些隐喻的这种做法的批评,见 A. Donagan, supra note [26]。霍姆斯常常借用顺着连续统一体的界分(line-drawing along a continuum)[这一隐喻]去表述司法在疑难案件中的功能,这种隐喻否弃了这一暗示,即法官能够得到一套可用于审判的测量标准。例如,他在 Pennsylvania Coal Co. v. Mahon, 260 U.S. 393 (1922)一案中的意见就提到了这种相互竞争的因素,在根本没有表明它们具有先在的"重量"(weights)的情况下就被认为是与判决相关的。

[181] "在疑难案件中存在着一个正确的答案这一'荒谬的说法'既是根深蒂固的又是会产生良好结果的。它的根深蒂固和良好结果又可以被视作证明它并不荒谬的论据。"Dworkin, supra note [25], p.290。正如在前注[27]中所提到的,德沃金曾经贬损了那些致力于古典风格的概念排序的努力,除过他的一般进路,他并没有清楚地给出理由。其他持相同观点的当代论者狂热地复兴着旨在寻求法律背后的一般原则的结构的研究。See, e.g., C. Fried, *Contract As Promise*, 1981; R. Epstein, *A Theory of Strict Liability: Toward a Reformulation of Tort Law*, 1980; G. Fletcher, *Rethinking Criminal Law*, 1977。

容中发现了"功效"(efficiency),也发现了这一术语带入他的理论的所有他赞同的含义。[182]

尽管它们彼此间存在差异,这些新正统观念在回应对古典法律理论的怀旧上是共同的。要理解存在于这场怀旧之中的不仅仅是赤裸裸的政治,就必须回顾且再次努力去感受关于兰代尔主义的这些简单信条的吸引力。这些信条是:法律是科学;它的材料都在法律书籍中;在大堆的材料之后存在一些简单的原则;发现那些原则将使得我们能够"掌控永远纠缠不清的人际事务"。这些原则可能的确会对许多法律学者都有吸引力,因为,如果古典正统观念仅仅只是伪科学,和后来的关于平衡和政策那种伪科学相比较,至少有时候它是那种在自己的应用中允许一定的灵活性的简明科学。法律专业学生肯定听够了如何权衡政策 X 和政策 Y 就得到法律规则 Z——我们当代的教室中的以及更加先进的高级法院的熊爸爸、熊妈妈和熊宝宝的寓言。[183]

源自于经济学和道德哲学的这些新正统观念和古典法律科学在有能力促进一种偶尔会引发关注的解答疑难框架(structured puzzle-solving)这一方面具有相似性。但是,和古典理论相反,经由不再把研究局限于法律图书馆之内,它们使得法学不再那么自主(并且从此,这一专业的地位也可能[是这样]);这损害了它们对法律人的吸引力并且把它们在法律学术界的范围主要限定在这一狭小的学科领域,以"法律和……"开头的名称表明

---

[182] 19 世纪晚期私法的功效是贯穿于波斯纳的著作的一个主题;见,例如,Posner, A Theory of Negligence, 1 *J. Legal Stud.* 29 (1972)。与律师和法官们直接运用经济分析相比,他更加偏好独立自主的传统的法律方法,参见 Posner, Some Uses and Abuses of Economics in Law, 46 *U. Chil. L. Rev.* 281, pp.284—287,297—301, 1979; Posner, The Present Situation in Legal Scholarship, 90 *Yale L. J.* 1113, pp.1113—1119, 1981。对波斯纳的早期出版作品的迅速浏览确证了其传统主义方法;它们是古典的在于它们的简明、简短、没有脚注和所有跨学科的方法。于是甚至[对]一起反垄断案件[的分析]也不诉诸任何超越先例所需的最小范围之外的经济分析。见 Products Liability Ins. v. Crum & Forster Ins., 682 F. 2d 600 (7th Cir. 1982)。这种风格追求霍姆斯和汉德(Hand)那种简明直率——包括格言在内。见 Muscare v. Quinn, 680 F. 2d 42, 45(7th Cir. 1982)("在一起关于某人的山羊胡子的案件中三次上诉就足够了")。

[183] 擅长于此种话语形式的人将会有他们喜欢的范例。作为一名教授宪法的教师,我倾向于采用与眼下的平等保护法理学(equal protection jurisprudence)中的"审查级别"(levels of scrutiny)密切相关的行话。同样,当我教授侵权法,我的注意力就会被吸引至加利福尼亚最高法院这一段在对过失案件中的责任作出判决的过程中经常会反复讲到的话:"致使原告受到伤害的可预见性,原告受到伤害的确定程度,被告行为和所受伤害的联系的密切程度,预防未来伤害的政策,加至被告的负担的程度及给强加关注违法的结果性义务的责任的团体所带来的后果,为所涉及的风险设立保险的可行性、花费和普及程度。"Rowland v. Christian, 69 Cal.2d 108, 443 P. 2d 561, 70 *Cal. Rptr.* 97, 1968. 在此处,熊妈妈和熊爸爸平凡的家庭生活被一种过于随意的胡拼乱凑的动物展览(an ill-assorted menagerie in unseemly orgy)代替了。这并非"宏大风格"(Grand Style)的复兴。

了这些学科的边缘性。[184] 因此,它们几乎毫不可能成为继依旧占支配地位的法律程序理论这一混合物和古典正统主义的残余之后的主流法律意识形态。它们永远不可能提出一套能实际地型构法律辩论和判决的范畴和概念的框架,尽管它们无疑能够扮演沟通法律学术界和其他知识界的那种较为卑微的角色。

除过法律的概念排序,古典法律科学家主要的成功之处在于比任何其他英美法律人都更加清晰明确地描述了一个让法条主义者备受鼓舞的奇特的近乎完美的乌托邦。他们对这个令人向往的幻想进行了让人难以忘怀的启发性的详尽阐释,即,即使缺乏真正的公共团结,工业社会也可能被一个由法律原则组成的框架统合在一起。这个框架在科学的纯粹精神中被孕育出来,简明而又富有刚性,超越了丑陋的政治上的派系争斗,并且同时以一种相当实际的方式把自己的权力限定在解决真实的人际纠纷这个范围之内。

附录:Bruce A. Kimball, The Langdell Problem:Historicizing the Century of Historiography, 1906—2000s,一文中对格雷文章的评论*,**

对兰代尔的最具影响力的"著名"的再评价之一是托马斯·格雷在1983年发表的一篇文章。[185] 格雷是在20世纪20年代以来的评论者中查阅兰代尔所发表的文献最多且最深入的一位,他扩展了关于兰代尔的有根据的再评价。然而,可以肯定地说,格雷忽视了半数兰代尔的著述,包括未出版的讲稿、论文、书信和案件的判词摘要。在兰代尔已出版的那一半著述中,即格雷所称的"兰代尔主义主要著述"中[186],格雷引证了兰代尔所有

---

[184] 查尔斯·弗里德看到了这一威胁并试图去预防它,见前注[99]所征引的文章;理查德.爱波斯坦(Richard Epstein)总是试图在其关于法律原则的著作中维持一种纯粹自主的法律话语,不惜使他的结论显得有些专断,见前注[181]。波斯纳的司法风格反映了他对法律自主性的重要性的理解,见前注[182]。比较 Arnold, Judge Jerome Frank, 24 *U. Chi. L. Rev.* 633, pp.633—634, 1975:

> 作为一位法官,他只有一个不合格之处。他没有对目的进行限缩,即没有专门把法学作为一门独立的学科,也就是没有排除社会和经济因素。这样的做法将"**法律**"同日常世界相区别并因此使得它成为了这样一个不平常的重要符号……这的确是事实,联邦法官的观念令人担忧,甚至对作者也是如此。他们在经济学、社会学、精神病学和人类学的暴风雨交加的旷野中徘徊着,他们黑色的长袍在论辩的狂风中飘摆。

* 原文见, Bruce A. Kimball, The Langdell Problem:Historicizing the Century of Historiography, 1906—2000s, 22 *Law & Hist. Rev.* 277, p.278。

** 齐姆鲍尔(Kimball)的文章是从史料学的角度来梳理和评论后人对兰代尔的贡献的评价,因此他关于格雷的评论也是侧重于史料学方面的分析。节选部分的注释和页码标志仍保持原文中的顺序。——译者注

[185] 引自 Patterson, Langdell's Legacy, 198. See, for example, Reimann, Holmes's Common Law and German Legal Science, 256n98; LaPiana, Logic and Experience, 187n11; Gordon, The Case for (and against) Harvard, 1237; Kelley, A Critical Analysis of Holmes's Theory of Contract, 1703n97; Siegel, John Chipman Gray, 1520—1526。

[186] Thomas C. Grey, Langdell's Orthodoxy, *University of Pittsburgh Law Review* 45, p.14, 1983.

的三部专注于法律原则的论著、案例教科书中的一部和他在《哈佛法律评论》上发表的四篇单独的论文,还有他关于哈佛法学院的文章中的一篇。这些被引证的材料大约占兰代尔所发表文献的一半。在这些占兰代尔著述总量四分之一的被引证的文献中,格雷的关注范围非常有限,因为他既忽视了兰代尔在其执业、教学和出版[过程中]投入三分之二精力的这些主题,即诉讼规则、诉讼程序和衡平法管辖权,也忽视了关于商法的主题,对于这些主题兰代尔花费了其工作精力的九分之二。格雷最终把注意力集中在占兰代尔全部著作九分之一的《合同法要义》之上。

格雷收集材料时的关注点是与其实际分析相一致的,他给出了一种作为"依旧萦绕在我们心头"的"古典法律思想"或"古典正统观念"的代表人物的兰代尔的最为复杂的解读。[187] 相应地,格雷坚持认为兰代尔排斥或忽视了法律中那些不能纳入"法律的整体形式性概念序列这一几何结构"的或大或小的部分,或者宣称它们是例外的或反常的。这些被排斥的部分包括一些司法判决;一些未形式化的法律领域,例如商法、公法和程序法[188];并且,最重要的是关于政策和正义的领域。后两个最重要的领域被格雷划入"可接受性"这一范畴。[189] 对格雷来说,兰代尔的"合同当事人的实质正义和利益"与合同法中关于邮箱规则的分析"不相干"的评论就证明了兰代尔对可接受性的排斥。这个观点"从此被用来表述他的那种法律思想的可恶的基本特质"[190]。与此相应,格雷引用了霍姆斯在这一点上对兰代尔的批评并反复拿他跟兰代尔对比。正如兰代尔和霍姆斯相对立一样,"通常上古典正统观念也和现代法律思想相对立:[成为]不可或缺的陪衬,即就像父辈般型构着那些后来的桀骜不驯的子孙们朝着非正统的方向成长的教义"[191]。

尽管格雷的观点至此主要跟吉尔摩的观点相一致,他这一命题——兰代尔的"有着概念序列和整体形式性的法律体系清楚地表明了该观念同欧几里德几何学有着结构上的相似性"——却有益于[对兰代尔的]再次实质性评价。[192] 接下来,格雷把兰代尔关于自然科学和法律科学的类比和随即得出的"古典法律科学是经验的和归纳的科学这一主

---

[187] Ibid., p.2, p.2n6, p.39.
[188] 引自 ibid., pp.25—27,48。
[189] Ibid., p.10.
[190] Langdell, *Summary of the Law of Contracts*, pp.20—21; Grey, supra note [186], p.4.
[191] Grey, supra note [186], p.3. 不过格雷富有洞见地承认霍姆斯共享了许多"古典正统观念"的前提并且学者们已经发现"霍姆斯的关于法律原则的著述中的形式主义因素和他的著名现实主义法理学格言之间的矛盾"(Ibid., p.4, 4n13.)。后来,格雷对这些矛盾进行了分析,对此一方面的学术作出了贡献,然而他停止对兰代尔作进一步的研究表明他认为自己对"兰代尔的正统观念"的论述是决定性的。见 Grey, Holmes and Legal Pragmatism, *Stanford Law Review* 41, pp.787—870, 1989; Plotting the Path of the Law, *Brooklyn Law Review* 63, pp.19—58, 1997; Holmes on the Logic of the Law, in Burton (ed.), *Path of the Law and Its Influence*, pp.133—157.
[192] Grey, supra note [186], p.16.

张"[193]归因于这种发现于"维多利亚时期科学哲学的圣经,穆勒(J. S. Mill)的《逻辑的体系》(*System of Logic*)一书"中的"19世纪晚期的标准的几何学观点"。[194]

对兰代尔的实质性再评价的另外一个新维度出现在格雷的这一论证中,即"兰代尔对关于正义或政策的各种因素的诉诸在其著作中随处可见"。然而,格雷声称,兰代尔法理学中的这些可接受性的表述并没有危及它的古典正统观念。一方面,"这些关于正义和政策的论辩并非兰代尔主义主要著述的最重要的部分。在讨论法律原则时,兰代尔最常用的方式就是简单地提出教条"或者诉诸"权威或者'原则'(即原则的一致性)"。另一方面,兰代尔从不允许政策或正义影响到个案的判决或规则。对于兰代尔,"只有当关于正义和便利的考虑因素被包含于原则——那些与体系中的其他的基本原则相一致的既抽象而又精准的规范——中,这些因素才是相关的"[195]。

这样,格雷的再评价提出了一种在实质上与先前的半个世纪里的公认解释相一致的关于兰代尔的更为复杂且有着更多证据的观点。然而,对格雷所参阅的证据加以审视就会发现,除了借助"古典正统观念"所表达出来的东西之外,兰代尔法理学中还有更多的东西。事实上,这篇文章中遍布着同格雷所描绘的兰代尔对待法律那种倾向一样的对待兰代尔法理学的具有讽刺意味的倾向:为了使某个主题适合于某个形式化的种类,排斥或忽视该主题的一些方面,或宣称它们是外围的或反常的。这种削足适履的进路或许源自于格雷自己高度形式化了的元分析(meta-analysis)框架,由此他"把古典正统观念的这些观点抽象化为了一套智识体系"[196]。无论格雷采用了哪些资料来源,他对兰代尔著作中的那些不能纳入"古典法律思想"这一范畴的方面打了折扣或加以排斥这一点是确凿无疑的。

一个基本的排斥与原始资料有关。格雷把兰代尔的三本概述法律原则的著作当作

---

[193] Ibid., p. 18. 格雷关于兰代尔的归纳进路这一洞见纠正了吉尔摩的错误理解,然而吉尔摩的观点在后来依旧有人认可。Patterson, Langdell's Legacy, supra note [185], p. 200, n22.

[194] Grey, supra note [186], p. 18. 从穆勒的逻辑学和格雷关于兰代尔法律科学的观点间的因果联系出发所作的推论要比前面讨论过的斯毕塞欧、史韦伯和Hoeflich的那些猜测性的论辩看上去更加合理,但是也类似于它们。

[195] 引自Grey, supra note [186], p. 13, 14, 15. 与此相反,在本文(指克姆鲍尔的文章——译者注)开篇所概述的新观点中,兰代尔似乎(i)把正义视作是原则的一致性所服务的目的并且(ii)认为那些违反了原则的一致性的个案判决是不正义。依据这个尝试性的新观点,兰代尔似乎并不同意格雷的这个前提假设,即法官可以在脱离原则的一致性的情况下获知正义。这里的问题不在于正义是否应该影响个案判决,就像格雷所建构的那样,而是法官心中的这种被格雷称为正义的观念在只不过是兰代尔所称的"某人私自的判断或意愿或想法"。Letter from Langdell to Joseph R. Webster (19 August 1856) in Christopher Columbus Langdell Papers, *Special Collections*, Harvard Law School Library, f. 10—11.

[196] Grey, supra note [186], p. 40; Ibid., p. 6. 格雷的分析中具有讽刺性的形式主义可见之于此类言语中,"古典正统观念寻求客观判准……"或者"古典正统观念的核心乃是它的那些热望……"(Ibid., p. 11)。这种把某个概念范畴当作是一种"本体论上的牢固的,具体化且鲜活的"实体的做法恰恰是那些反对此种做法的批评者们所认为的兰代尔形式主义的精髓的那种做法,就像当他讲"衡平法将会发现"云云。Pierre Schlag, Law and Phrenology, *Harvard Law Review* 110, pp. 900—901, 1997.

其"法理学"的关键资料而视其四本案例教科书为"教学法"而不予理睬[197],尽管他承认"案例教学法与……古典正统观念相矛盾"并且"兰代尔自己的教育革新恰恰有助于对其法律原则进路的消解"[198]。这一矛盾似乎不仅仅证明了视兰代尔的案例教学法为其法律理论的一部分是恰当的,它甚至需要这样做,而且格雷几乎没有尝试去对这种将"教学法"和"法理学"著作相区别的做法进行证明。[199]

尽管许多学者追随着格雷采纳了这一区分[200],考虑到杰罗米·弗兰克(Jerome Frank)和格兰特·吉尔摩(Grant Gilmore)在过去并没有区分兰代尔的法理学和教学法这一事实,我们还是有必要指出这里缺乏对[区分]的正当性证明。而且,格雷把兰代尔的那些概述当作其法理学的主要资料的这种做法又直接违反了他的区分。然而,兰代尔明确地说明,他的那些要义是向想要阅读它们——无论是参照案例教科书阅读还是单独阅读它们——的教师和学生们传授法律原则的教学书籍。詹姆斯·巴尔·艾梅斯(James Barr Ames)注意到了这一点;霍姆斯也对他针对兰代尔关于邮箱规则的观点的著名批评做了限定,他讲到《合同法要义》"是为了法学院使用而出版的,出于那一目的去教授教条是必要的"[201]。结果,在格雷把教学性著作作为"独立于"法理学的东西加以拒斥之后,他自己却又把这些旨在帮助教师教学、引导学生学习的书籍视为"法理学的"[202]。格雷还把《合同法要义》这本教学性的初级读物当作"兰代尔的最典型兰代尔主义著作"[203]。格雷没有提供任何证据表明兰代尔认为这本要义是他的主要或最好的著作。格雷用"最典型兰代尔主义"的明显的意思就是《合同法要义》最切近"古典法律思想",这一范畴是格雷依据《合同法要义》而归于兰代尔的。

在这篇文章的后面,格雷又一次违反了他自己对"法理学"的界定,在讨论到兰代尔在法学和自然科学之间进行的类比时,他又转而求助于案例教科书。格雷在没有给出任

---

[197] Grey, supra note [186], pp. 2, n3, 13, n44.

[198] Ibid., p. 24.

[199] 格雷对教学法和法理学之间的这一明确区分的唯一理由是"那些明确地批评其法理学的人同时也是他在教学法上的创新的辩护者和实践者"。Ibid., p. 2, n3。在此处格雷只引证了霍姆斯,似乎霍姆斯对兰代尔的解释是支配性的,并且由于霍姆斯认同兰代尔著作的一方面尔反对另一方面,所有者两方面在原则上必须是"相互独立的"。只要指出这一点,即没有一位学者会想要把这个标准——无论是关于霍姆斯对别人的解释还是关于别人对霍姆斯的解释——普遍化,就可以看到这一推理的缺陷。

[200] Carrington, Hail! Langdell! 693n14;Siegel, John Chipman Gray, 1516. John H. Schlegel 也同样拒绝分析兰代尔的教学,就像它与其法理学毫无任何关系。Schlegel, Langdell's Auto-da-fe, *Law and History Review* 17, pp. 149—154, 1999.

[201] Holmes, Review of A Selection of Cases on the Law of Contracts, p. 234. 参见 Langdell 对 *Summary of Equity of Pleading*, 1877 和 *Summary of the Law on Contracts*, 1880 两书的序言;Ames, Christopher Columbus Langdell, 1826—1906, p. 479。

[202] 即使当写到,"在讨论法律原则时,兰代尔最常用的方式就是简单地提出教条,当他作进一步的论述时,他较常用的办法就是诉诸权威或者'原则'(即,原则的一致性)",格雷也并没有指出他正在分析一本教科书。引文来自 Grey, supra note [186], p. 14。

[203] Ibid., p. 3.

何理由或进行正式确认的情形下就把起初被排斥的"教学性"资料纳入了[自己的资料库中][204],这证明了他区分资料的真正标准显然就是这些资料是否阐明了兰代尔的"古典正统观念"。在这篇文章的结尾,这种违反再次发生了,在此,格雷明确拒绝对教学法和法理学进行区分,他谈论到,古典正统观念存活于法学院的课程安排中,"在这里,它可以通过其未宣布的判决来型构我们的思想"[205]。

因此,对一些兰代尔的著作的排斥和把[他的某部作品]指定为"最典型兰代尔主义"著述的这种做法都是由这个判准决定的,这个判准就是某一特定的著作是否符合"古典法律思想"。因为对证据的选择似乎取决于所期望的结论,所以整个分析就成了一个循环论证。[206]

除过排斥原始资料,在确实受到格雷关注的那些资料中存在另外一种对证据的忽视。诚然,格雷是第一个指出"兰代尔对关于正义或政策的各种因素的诉诸在其著作中随处可见"的论者。但是他随即所作的另一论断却削弱了这一发现的效果,他断言道:"这些关于正义和政策的论辩并非兰代尔主义主要著述的最重要的部分。"[207] 尽管,兰代尔的律师执业、教学和写作中的大部分都涉及的是程序法和衡平法领域,"[在其中]兰代尔更加倾向于在工具主义立场上——而非依据实体法(substantive law)原则——进行解释和论证"。[208] 兰代尔著作的下一个最大的领域是商法,在那里,正如兰代尔所承认的那样,判决和规则被从工具主义立场出发加以阐释。格雷引证了这些承认作为兰代尔"古典正统观念"的证据,依照格雷的说法,这是兰代尔为了保持合同法在体系上的逻辑一致才认为这种阐释是"反常的"。[209] 然而,兰代尔未出版的关于商法的讲稿表明了,与格雷从《合同法要义》中举出的例子相比,兰代尔更加遵循工具主义的解释。[210]

格雷自己以"兰代尔的正统观念"的名义给出的资料模式证实了这一点,即兰代尔在他"擅长依据工具主义立场——远远胜于依据实体法的原则——进行解释和证明"的那

---

[204] Ibid., pp. 13,29.

[205] Ibid., pp. 50,49—50,n178.

[206] 同样地,这种循环论证可见于格雷对"古典正统观念寻求客观判准"——这是被威利斯通,艾梅斯和兰代尔在不同程度上"阐述"过的特性——的讨论(Ibid., p.11,n36)。他们正好是界定"古典正统观念"的代表人物,所以他们必然会阐释其特性。像对待他的形式主义问题一样,格雷又把这种循环论证归咎于兰代尔视案例为普通法原则渊源这一点上(Ibid., p.24)。

[207] Grey, supra note [186], pp.13,14.

[208] Ibid., p.14,n50.

[209] Ibid., p.27.格雷还讨论了兰代尔"古典正统观念"中的不被兰代尔认为是反常的那些例外情形。然而,当他坚决主张兰代尔从来没有把可接受性——即关于正义或便利的诸因素——和个案中的最低等级规则或判决相勾连,他似乎并不打算讨论这些例外情况(Ibid., p.15)。

[210] See Langdell, Notebooks of Lectures on Partnership and Commercial Paper [1870—1871], 2 vols. *Bound Manuscript Collection*, Harvard Law School Library; Langdell, Untitled Lecture notes on Suretyship and Mortgages, [Spring 1883], in Langdell, Sampling of Manuscripts, *Harvard University Archives*; Manuscript Book of Lecture Notes taken by an unidentified student in suretyship class taught by C. C. Langdell in 1892—1893, *Bound Manuscript Collection*, Harvard Law School Library.

些领域作出了突出的成就,所以,实际上,"关于正义和政策的论辩"确实"在兰代尔主义主要著述中占据着重要地位"。事实上,格雷的文章所提供的关于兰代尔对"正义和政策因素"的诉诸的例子要多于关于他否弃它们的例子,即使在讨论《合同法要义》的时候也是如此。

对兰代尔关于邮箱规则的评论,格雷共讨论了六次,以此来获取支持这一核心命题——兰代尔拒绝把政策和正义适用于最低等级规则或个案之中——的资料。[211] 此外,格雷讨论了一个别的例子,在其中兰代尔"拒绝考虑可接受性而支持另外一个著名的令人反感的原则性观点"[212],格雷在后面又论及了其他三个例子。[213] 与此相反,格雷引证了 11 个兰代尔诉诸"正义或政策因素"的例子:其中 7 个来自于《合同法要义》,另外 4 个来自于其他资料。[214]

因此,格雷为兰代尔的"古典正统观念"的核心宗旨提供的证据——正义、政策和法理学互不相干——是非常有限的,只是因为他忽视了那些不符合他的论题的证据,他所给的证据才能说服读者。这种资料模式表明格雷假定兰代尔是一位"古典法律思想家"并且把自己的目的设想为阐明而非证明兰代尔的"古典正统观念",该观念"可恶的基本特质"可见之于兰代尔对邮箱规则的评论中。

过分地依凭一个评论来支持自己的论辩是不正常的,即便不去管这样一个事实,即这个评论被霍姆斯称为"只不过是次要的",被其他学者称为"仅仅是题外话",并且格雷本人也认为它是"一种刻意的法理学的修辞"[215]。此外,一些论者已经主张,依据上下文对兰代尔关于邮箱规则的讨论所作的解释并没有证明兰代尔在考虑法律原则的过程中排除了对实际结果的关注。[216] 因此,把这一论断作为兰代尔整个法理学的核心几乎是没有根据的,正如称这一论断是"法学史上最著名的低级错误之一"[217]是不妥的一样。

总的说来,格雷这篇 32 页的再评价兰代尔的文章,为吉尔摩基于霍姆斯针对兰代尔关于邮箱规则的观点的评论所作的过于简单化的曲解,提供了学术性的、复杂的结构。最重要的是,格雷经由事先宣称《合同法要义》是"最为兰代尔主义的"证明了这一点。与此同时,格雷并没有提到,更不用说讨论到,另外一种相反的观点,即这本书是教学性

---

[211] Grey, supra note〔186〕, pp. 3—4,11,n35,13,14,26,n88,46.

[212] Ibid., p. 14. 这一观点考虑的是单方契约在履行完成之前是否可以撤销这一问题。

[213] Ibid., pp. 34,n130,35,35,nn131—132. 这些例子取自《哈佛法律评论》中的一些文章。

[214] Grey, supra note〔186〕, pp. 13—14.

[215] Holmes, Review of A Selection of Cases on the Law of Contracts, p. 234; Grey, supra note〔186〕, p. 4; Siegel, John Chipman Gray, p. 1524.

[216] 史韦伯(Howard Schweber)富有洞见地注意到大多数评论者没有阅读兰代尔关于邮箱规则的整个讨论,并且认为只要完整地阅读了这一讨论,它"看上去很像是在从对案件中所记录的实际结果的观察中推导出一个规则,这正好符合归纳法律科学的理念——尽管兰代尔是在有限的范围内进行归纳的"。Howard Schweber, Before Langdell, p. 633. 史韦伯特别地驳斥了格雷对兰代尔关于邮箱规则的讨论的阅读。

[217] Alschuler, *Law without Values*, p. 90.

的,而且不是依照概念和原则来编排而是按照"这种前古典的依据字母顺序的原则"来编排的,并且"肯定不是一部关于合同法的权威著作"。当把《合同法要义》当作兰代尔的代表作时,格雷没有认为兰代尔"从来没有撰写过那种最具代表性的古典主义著作:这种表达了古典法理学观念的、综合并阐述某个法律体的大部头著述"[218]。尽管如此,格雷这篇具有影响的文章最终缓解了对把兰代尔的法理学解释为典型的演绎形式主义这种做法的正确性的质疑。

格雷的这一观点,即兰代尔是一位仔细思索过"法律科学"观念并且从个案的规则和判决中排除了可接受性的"古典法律思想家",必须要得到兰代尔的那些未被查阅或被忽视的资料的检验。这些资料包括其早期发表的作品——比如,在 1868 年断言丈夫必须支付其妻子在进行赡养费诉讼期间的诉讼费,因为"要不然她将会被正义/司法拒于门外"[219]——一直到晚期的文章——在 1897 年主张请求披露诉状(bills of discovery)将存在于衡平法之中,"因为正义的利益要求它们如此,于是衡平法设立了一项可被这些诉状依据的权利"[220]。

另外,在兰代尔代理的诉讼的记录中,他在纽约最高法院的法庭上争辩道,由于程序上的缺陷而排除其委托人针对一个民事起诉状所作的回答,而不是给他一个补充的机会,"是与任何自然正当(natural justice)的观点相悖的"[221]。在 1892 年的讲座中,他认为,关于某人的允诺在何时变成担保责任出现在保证合同关系中的这一问题"既是意图问题也是法律问题"[222]。这样的评论表明,"古典正统观念"并没有完全涵盖兰代尔法理学的复杂性。兰代尔法理学需要被再评价,评价的依据就是对兰代尔的所有——已出版的和藏于档案室之中的——著作的更加宽泛和深入的评论。

---

[218] 引文来自 Siegel,"John Chipman Gray",p.1516。

[219] Bouvier, *A Law Dictionary*, s.v. alimony.

[220] Langdell, Discovery under the Judicature Acts of 1873, 1875, *Harvard Law Review* 11, p.217, 1897.

[221] The People of the State of New York v. The Northern Railroad Company, 53 *Barbour's* 98, p.108, 1869; 1869 *WL* 6294 (N.Y.).

[222] Manuscript Book of Lecture Notes taken by an unidentified student in suretyship class taught by C. C. Langdell in 1892—1893, *Bound Manuscript Collection*, Harvard Law School Library, p.4.

两种规则观[*]

[美]罗尔斯[**] 著　张涛[***] 译

在这篇论文中,我意图表明在证成[justify]一种实践方式[a practice][1]和证成属于这种实践方式的一个具体行为[action][****]之间作出区分的重要性,我要解释这个区分的逻辑基础以及为什么人们可能会忽视这个区分的意义。尽管这个区分常常被作出[2],并且正在成为通识,但仍然需要去解释为什么

---

[*]　本文是 1954 年 4 月 30 日在 Harvard Philosophy Club 上的一篇文章的修订版。
[**]　约翰·罗尔斯,美国康奈尔大学教授。
[***]　张涛,吉林大学理论法学研究中心 2007 级硕士研究生。
[1]　我始终把"实践方式"这个词当作一种专业术语来应用,其意指任何形式的由一个规则系统所规定的活动,这个规则系统定义地位、角色、运动、刑罚、豁免[offices, roles, moves, penalties, defenses]等,并且赋予活动以其结构。例如人们可能想到游戏和仪式、审判和议会。
[****]　一般来说,action、behaviour、conduction 这三个词是有差别的,前者指具有目的性的行为,所以一般译为行动。在本译文中,我认为把 action 译为行为并不会对理解文本产生多大影响,故仍将其译为行为。感谢好友姚远在这点上对我作了及时的提醒。——译者注
[2]　这个区分对于 Hume 在 *A Treatise of Human Nature*, bk. III, ptII 尤其是 secs. 2—4 中关于正义的讨论是核心性的。John Austin 在 *Lectures on Jurisprudence*(4th ed.; London, 1873), I, ii6ff. (1st ed., 1832)第二讲中对此也作了明确阐述。可以说,J. S. Mill 在 *Utilitarianism* 也把它看做是理所当然的;关于这点,参见 J. O. Urmson, The Interpretation of the Moral Philosophy of J. S. Mill, *Philosophical Quarterly*, vol. III (1953)。除了 Urmson 的论证外,在 *A System of Logic*(8th ed.; London, 1872), bk. VI, ch. xii pars 2,3,7. 中也有一些明确的阐述。这个区分对于 J. D. Mabbott 的重要论文 Punishment, *Mind*, n. s., vol. XLVIII(April, 1939)来说也是基础性的。更为晚近以来, S. E. Toulmin 在 *The Place of Reason in Ethics*(Cambridge, 1950)中尤为强调这个区分,特别请参看 ch. xi,这个区分在 S. E. Toulmin 关于道德推理的说明中占主要部分。Toulmin 并没有像我在本文中所试图的那样去解释这个区分的基础和人们如何可能会忽视其重要性,而正如我在关于他这本书的书评(*Philosophical Review*, vol. LX[October, 1951])中所作的批评显示的那样,我并没有理解这个区分的力量。也请参见 H. D. Aiken, The Level of Moral Discourse, *Ethics*, vol. LXII (1952); A. M. Quinton, Punishment, *Analysis*, vol. XIV (June, 1954), 和 P. H. Nowell-Smith, *Ethics*(London, 1954), pp. 236—239, 271—273。

存在如下的倾向：人们或者是忽视这个区分，或者是没有意识到这个区分的重要性。

我将通过捍卫功利主义，反驳那些对功利主义的传统反对意见来显示这个区分的重要性。这些反对意见与惩罚和守约义务有关。我希望表明，如果人们运用该区分的话，那么人们可以以这样一种方式来阐明功利主义：这种方式会使之对我们深思熟虑的道德判断作出远比那些反对意见看来会承认的好得多的解释。[3] 因而，无论功利主义观念本身是否完全站得住脚，这个区分都通过巩固功利主义而显示出其重要性。

为了解释这个区分的意义如何可能会被忽视，我将讨论两种规则观。一种规则观遮蔽了在证成规则或实践方式和证成属于规则或实践方式的一个具体行为之间作出区分的重要性，另一种规则观阐明了为什么必须作出这个区分以及这个区分的逻辑基础。

I

就违反法律规则要承受法定刑罚而言，惩罚问题一直是个困扰人的道德问题。[4] 麻烦不在于人们在惩罚是否是可证成的[justifiable]问题上存有分歧。大部分人认为，只要不被滥用，惩罚是一个可接受的制度。仅有少数人完全拒斥惩罚。而当人们考虑了反对惩罚的所有可能理由后，完全拒斥惩罚就很令人吃惊了。困难在于如何证成惩罚：道德哲学家们对它已经做了各种论证，但迄今为止没有任何论证获得了普遍的接受；任何一种论证都有人憎恶。我意在表明，运用前面提到的那个区分可以使人们以一种顾及到其反对者的合理见解的方式来阐明功利主义。

为达致我们的目的，我们可以说有两种证成惩罚的方法。我们可以称为报应主义的观点，依据恶行[wrongdoing]应受惩罚这点来证成惩罚。一个作恶的人应该遭受与其恶行相应的痛苦，这在道德上是适合的。源于其罪过，罪犯应该受到惩罚，与其罪过相对应的惩罚的严酷程度取决于其行为的邪恶程度。作恶的人受到惩罚在道德上好于其不受惩罚；并且不考虑惩罚他所引发的后果比考量那些后果更好。

我们可以称为功利主义的观点认为，从原则上来说过去的事就是过去的事，只有未来的结果对于当前的决策来说才是重要的，惩罚仅能因将其作为维护社会秩序的一个工具的可能结果得到证成。在决定做什么时，过去所发生的恶行本身并不是相关的考虑因素。如果可以表明惩罚有效地促进了社会利益的话，那么它就被证成了，否则就未被证成。

我十分粗略地阐明了这两种相互竞争的观点，以使人们可以感受到它们之间的冲突：人们感受到了这**两种**论证的力量并且想知道它们如何才能彼此和谐。从我的引论中

---

[3] 关于"解释"这个概念（the concept of explication）请参见作者的论文 *Philosophical Review*, vol. LX（April, 1951）。

[4] 在修改这篇论文时，Quinton 的论文发表了，请参见注释[2]。我的讨论有很多方面和他的讨论相似。但是因为我考虑了一些更深入的问题，且依赖于和他有些不同的论证，所以我保留了关于惩罚和诺言的讨论，把它们两个作为对功利主义的检验。

可以很明显地看出我所要提供的解决方案是:在这种情况下,人们必须在证成(被当作一个规则系统来应用和实施的)实践方式和证成隶属于这些规则的一个具体行为之间作出区分;功利主义适合于实践方式问题,而报应主义观点适于把具体规则应用于具体案例。

我们可以通过设想一位父亲可能如何来回答他儿子的问题来阐明这个区分。假设儿子问:"昨天为什么把某某人关进监狱?"父亲回答:"因为他在某处抢劫银行了。经过适当地审判,发现他有罪。这就是为什么昨天把他关进监狱的原因。"但是假定儿子问了一个不同的问题,即"为什么人们把另一些人关进监狱?"父亲可能会回答说:"为了保护好人"或"为了阻止人们去做那些会使我们所有人都不舒适的事情,如果不去阻止,晚上我们就不可能上床安然入睡。"这是两个非常不同的问题。一个问题强调专有名词[a proper name]:它问为什么是某某人而不是其他别的什么人被惩罚或者它是问某某人因为什么而被惩罚。另一个问题问为什么我们有惩罚这种制度:为什么人们彼此惩罚而不是其他的比如说总是彼此宽宥?

因而父亲实际上是在说某个具体的人而非其他人被惩罚,是因为他有罪,而他之所以有罪是因为他违反了法律(过去时)。在他的案件中,法律向后看,法官向后看,陪审团向后看,他之所以受刑罚是因为他过去所做的事。他要受惩罚以及受什么样的惩罚是由他违反了法律以及法律对其违反者规定的刑罚所决定的。

另一方面,我们还有惩罚这种制度本身,关于这个制度本身我们提出各种修改意见并进行各种改进,因为这一制度被(理想的)立法者及法律所规定的这一制度的适用对象们看做是不偏不倚地适用于其*辖下发生的各个案件的法律系统的一部分,从长远来看,惩罚制度将提升社会利益。

进而人们可以说法官和立法者处在不同的位置上并且关注不同的方向:一个关注过去,一个关注未来。报应主义观点听起来像是证成法官的作为;功利主义的观点听起来像是证成(理想的)立法者的作为。因此这两个观点都说得有些道理(既然争论各方都有些聪明的和敏锐的人支持,这两个观点本来就都应该有些道理);一旦人们明白了这些观点适用于具有不同职责、处于不同地位的人,且是以不同的方式适用于构成刑法的规则系统,人们一开始的困惑就消失了。[5]

但是,既然功利主义的观点适用于基础的地位,那么人们可以说功利主义的观点是更基础的,因为,就法官能够确知立法者的意志这种情况来说,法官是执行立法者的意志的。一旦立法者决定立法并且为违反其所立之法确定了刑罚(情况是一定既有法律又有刑罚了),一项需要对具体个案持报应刑观念的制度就被确立起来了。具体个案中应用和执行这些规则时,必须由具有报应主义性质的论证来证成,这一点是作为规则系统的

---

* 指法律系统。——译者注

〔5〕 请注意不同的论证是适合于不同的地位这个事实。对待伦理理论之间的分歧的一种方式就是把这些理论看做是处于不同地位上所期望的不同理由的陈述。

刑法这个概念的组成部分。决定是应用法律还是其他一些社会控制机制，以及决定立什么法和设置什么刑罚也许可以由功利主义论证来解决；但是，如果人们已经决定立法的话，那么他就是决定采用一种其在个案中的应用是报应性的东西。[6]

因而对有关惩罚的两种观点所引发的困惑的回答是十分简单的：区分两种地位，法官和立法者，区分他们在构成法律的规则系统中的不同职位；进而人们发现不同的考量（处于不同地位的人们通常会给出不同的考量来作为事情的理由）都可以与惩罚的相互竞争的证成方式融洽配合。人们通过使之分别适用于不同情形这种古老的方式调和了这两个观点。

但是真的这么简单吗？这个答案考虑到各方的明显意图。一个鼓吹报应主义观点的人必然提倡**作为一种制度**的、主要目的是在道德恶行和惩罚之间建立和保持一致关系的法律机制吗？当然不。[7] 报应主义者正确地坚持认为除非一个人有罪，也就是除非一个人已经违反了法律，否则他就不能受到惩罚。他们对于功利主义的批评在于：按照他们对功利主义的理解，功利主义允许为了社会的利益而惩罚（如果我们可以叫其惩罚的话）一个无辜的人。

另一方面，功利主义者同意仅能因违反法律而施行惩罚的说法。他们更多地把这种说法当作从惩罚概念本身得出的理解。[8] 功利主义关注的是作为一个规则系统的制度；功利主义试图通过声称只有它有效地促进了社会善，它才得到了证成这种方式来限制对它的使用。历史地说，功利主义反对对刑法的任意和无效率的使用。[9] 功利主义试图阻止我们把使作恶的人遭受痛苦这一（即使不是渎圣的）不适当的任务赋予刑罚制度。与其他人一样，功利主义者也希望在人类可能达致的范围内，刑罚制度能被设计成只使破坏法律的人才会遭遇它的制度。他们认为官员不该拥有在他认为将有利于社会时就可自由地施用惩罚的裁量；因为一个拥有如此权力的制度不可能依功利主义的理据得到证成。[10]

---

〔6〕 关于这点参见 Mabbott, op. cit., pp. 163—164。

〔7〕 关于这点请参见 David Ross 先生的 *The Right and the Good*(Oxford, 1930), pp. 57—60。

〔8〕 参见 Hobbes 在 *Leviathan*, ch. xxviii 中关于惩罚的定义；以及 Bentham 在 *The Principle of Morals and Legislation*, ch. xii, par. 36, ch. xv, par. 28 和 *The Rationale of Punishment*,(London,1830), bk. I, ch. i 中的定义。他们会同意 Bradly 的说法："仅当其是应得的时候，惩罚才是惩罚。我们接受惩罚是因为我们应该接受惩罚，而不是因为其他的；如果并不是因为恶行而受到惩罚，而是因为任何其他别的理由的话，那么它就是十足的不道德行为，就是彻底的非正义、可恶的犯罪，而不是惩罚。" *Ethical Studies*(2nd ed.; Oxford, 1927), pp.26—27. 当然是在定义上不再是惩罚了。无辜的人仅能因失误而受到惩罚，蓄意"惩罚"无辜者是欺骗行为。

〔9〕 参看 Leon Radzinowicz 的 *A History of English Criminal Law : The Movement for Reform* 1750—1833 (London, 1948)尤其是 ch. xi 关于 Bentham 的讨论。

〔10〕 Bentham 探讨了与刑罚相对立的、像刑罚一样要求有个名称的另一个法律条款如何与刑法的刑罚条款相互保持一致这个问题。就像人们可以想到的那样，他把它称作 anaetiosostic, 关于它，他说："对罪进行惩罚是前者的目标；对无辜者的保护是后者的目标。"他断言赋予法官决定是否一个小偷（即：法官认为是小偷的那个人，因为一个人是否是小偷这个问题必定总是依赖于法官的信念）应该被绞死这个选择权绝不能被认为是适合的，所以法律有这样的条款："未经依法律正当地审判，法官不能绞死一个小偷"(*The Limits of Jurisprudence Defined*, ed. C. W. Everett[New York, 1945], pp. 238—239)。

我所建议的调和在惩罚的报应主义证成和功利主义证成的方式看来,对双方所要说的都作出了解释。然而,这进一步引发了两个问题,我将用余下的部分来处理它们。

第一个问题是,双方在什么是公正的法律之适当标准问题上的分歧难道不会使报应主义者不接受我所建议的调和方式吗。如果用功利主义原则来做标准的话,难道报应主义者不会质问违法者是否是以符合报应主义者的"被惩罚的人是应该被惩罚的"这个要求的方式而有罪的吗?为了回应这个困难,让我们假定刑法规则是以功利主义为依据得到证成的(功利主义只对那些满足其标准的法律负责)。因而刑法规定为侵犯[offense]的那些行为,是那些如果容忍它们则恐怖和惊慌将弥漫社会的行为。结果,报应主义者如果不认为这些行为是错误的话,那么他们就只能否认"被惩罚的人是应该被惩罚的"了。他们不会想要这样做的。

第二个问题是,是否功利主义证成了太多的东西。人们把功利主义当作是个如果一贯地采用的话就可以被用于证成残忍的和专制的制度的证成工具。报应主义者可能承认功利主义者**想要**改革法律并使之更为人性化,可能承认功利主义者确实**不想**去证成任何像惩罚无辜者这样的东西,承认功利主义者可能会诉诸这样一个事实:就人们通过惩罚理解了一个把刑罚和违反法律规则相联系的制度这点来说,惩罚以罪过为前提;因而在逻辑上认为功利主义者在证成**惩罚**时也可能会证成对无辜者的惩罚(如果我们可以将之称为惩罚的话)是荒谬的。然而真正的问题是:在证成惩罚时,功利主义者是否运用过会使之接受如果对社会有利的话就可以惩罚无辜者的这样的论证(无论人们是否把它称作惩罚)。更一般来说,从原则上看,功利主义者难道没有接受很多道德敏感的人不会接受的实践方式吗?报应主义者倾向于认为除非为功利主义原则添加一个赋予个人某些权利的原则,否则没有办法阻止它去证成太多的东西。修改后的标准就不是**绝对地**[simpliciter]最大化社会利益,而是在没有人的权利被侵犯的情况下最大化社会利益。既然我认为古典功利主义者们提出了远比这更为复杂的标准,我就不想在此来论证这点了。[11] 我想要阐明的是,有另一种方法来阻止功利主义原则证成过多的东西,或者至少使之更不可能这么做:也就是以考虑到证成一种制度和证成属于这种制度的一个具体行为之间的区分这种方式来阐明功利主义。

我对惩罚制度作了如下定义:当一个人因其违反了一个法律条文而被合法地剥夺了公民的某些正常权利,并且是依据法律正当程序经由审判而被确定为违法,如果是由有组织的国家权威来施行剥夺,法律条文明确规定罪行及相应的刑罚,法庭严格依据成文法来进行推理,在罪行发生前成文法已经公示的话,那么我们就说这个人遭受了惩罚。[12] 这个定义阐明了我用"惩罚"这个词所意指的东西。问题是功利主义的论证是否被用于证成与此非常不同的、人们会认为是残忍和专制的那些制度。

---

[11] 我所说的古典功利主义者是指 Hobbes, Hume, Bentham, J. S. Mill 和 Sidgwick。

[12] Hobbes 对所有这些关于惩罚的特性都有所提及,参见 *Leviathan* ch. xxviii。

我认为通过处理一个具体的指责,这个问题可以得到最好的解答。思考来自 Carritt 的下述论述:

功利主义必定认为我们施加痛苦是在如下的意义上得到证成的:总是为了也只能是为了防止更糟糕的痛苦或为了带来更大的快乐。因而这就是我们在被称为"惩罚"的制度中要考虑的全部因素,这种惩罚制度必定纯粹是预防性的。但是,如果某种十分残酷的犯罪变得普遍化了,却又没有任何罪犯被抓捕,那么把一个无辜者当作一个罪犯来绞死可能就是非常方便的事,只要以一种会使所有人都认为他有罪的方式指控他;确实,这种情况仅仅因无辜的受害者本人在将来并不会像真正的重罪犯,那么可能去实施这样的犯罪才不是功利主义式惩罚制度的理想示例;在其他所有的方面,它都会非常具有威慑性并因而会带来幸福。[13]

Carritt 试图表明有时功利主义的论证会使被普遍地谴责的行为得到证成,因而功利主义证成了太多的东西。Carritt 的论证的失败之处在于这样一个事实:他没有在证成构成刑罚制度的一般规则系统和证成官员们(他们的任务就是去适用这些规则)把这些规则应用于具体的个案的具体过程之间作出区分。当人们追问 Carritt 所说的"我们"是指谁的时候,这点就非常明显了。这个在特定情形中有一种绝对的权威来决定某个无辜者该受惩罚(只要大家都相信他有罪)的人是谁?这个人是立法者还是法官,或者是公民私人团体,还是其他什么人?知道是谁来决定这些事情、凭什么权威来决定这些事是至关重要的,所有这些都必须被写入规则制度中。在人们知道这些之前,人们就不知道这个正在遭受质疑的制度是什么;而当把功利主义原则应用于这个制度时,人们也就不知道依据功利主义的理由,它是否得到了证成。

一旦这一点得到了理解,那么该如何反驳 Carritt 的论证也就很明显了。人们必须更为详尽地描述 Carritt 的例子所说的那个制度是什么,并且自问从长远来看拥有这个制度是否可能有利于社会利益。人们绝不可以使自己满足于这个模糊的想法:当它是一个具体个案问题的时候,某人做了某件即使使一个无辜的人遭受痛苦的事情,也将会是一件好事。

进而试着去设想这样一个制度(我们也许可以称其为"telishment"),这个制度所确立的官员们有权组织一个判无辜者有罪的审判,在他们认为这样做有利于最好地促进社会的利益的任何时候。官员们的裁量权受到这样一个规则的限制:他们不可以判处一个人承受这样的苦难,除非其时有大量的与此相类似的犯罪行为。我们可以这样认为:拥有裁量权威的官员们是与警察机关首长、司法部长和立法委员会相互磋商的更高级别的法院的法官。

一旦人们意识到其是在确立一项**制度**,人们就明白了危险的重大。例如,对官员有什么制止措施?人们如何辨别他们的行动是否得到了授权?人们如何限制允许这种成

---

[13] Carritt, *Ethical and Political Thinking*, Oxford, 1947, p.65.

体系地作出的决定时存在的风险？人们如何避免授予权力机关充分的裁量权之外的其他任何东西，以使之去 telish 他们想要 telish 的任何人？除了这些考量之外，当 telishment 与刑罚制度相联系时，人们最终会对他们的刑罚制度持一种非常不同的态度。他们无法确定一个被判有罪的人是在被惩罚呢还是在被 telish。人们想知道他们是否应该为他感到抱歉。人们想知道是否同样的命运在任何时候都不会降临到他们身上。如果人们想象这样一个制度实际上如何运作以及其中会包含的巨大危险，那么很明显这个制度不会促进任何有益的目标。功利主义最不可能证成这个制度。

　　一般来说，事情是这样的：当人们放弃了惩罚制度的定义性特征[the defining feature]时，人们所得到的就是这样一个制度，这一制度认为功利主义会证成它是非常令人怀疑的。原因之一是惩罚制度是个像价格体系一样工作的制度：通过改变价格，人们不得不为行为的实施付出代价，它为避免一些行为、从事另一些行为提供了动机。如果惩罚制度要以这种方式来工作，其定义性特征是至关重要的；因而一个缺少这些特征的惩罚制度（比如一个为"惩罚"无辜者的制度）很可能与这样的一个价格体系（如果人们可以称其为价格体系的话）很相似：每天货物的价格随机变化，一个人只有在同意购买一个东西之后方才能知道其价格。[14]

　　如果人们谨慎地将功利主义原则应用于授权具体行动的制度，那么功利主义会证成太多东西的危险就**小得多**。Carritt 的例子是因其不明确以及关注焦点是具体案例才似是而非的。只有表明存在着可以证成如下这个制度的功利主义论证，他的论证才是可以成立的：其公开的、明确的职务和权力允许官员们在具体案件中运用 Carritt 所说的那种裁量权。但是要使具体决策任意化成为制度性实践的组成部分，这种要求使其近乎不可能得到证成。

II

　　现在我将考察承诺问题。在承诺问题上，对功利主义的反对意见看来是这样的：依

---

〔14〕 与价格体系的类比为功利主义考量如何确保罪行和惩罚相适应的问题提供了一个答案。注意一下如下情形是很有意思的：David Ross 先生在区分了证成一条刑罚法律和证成这条法律的具体应用，在阐明了功利主义在证成一条刑罚法律时有很大的用武之地之后，仍然以正义要求罪行和惩罚相适应和功利主义不可能对此作出说明为由不接受功利主义对于惩罚的证成。参见 Ross, supra note 〔7〕, pp.61—62。我没有说功利主义可以解释 David 先生所希望的罪行和惩罚相适应的要求，但是，无论如何，如果遵循功利主义的考量的话，刑罚会在这种意义上与罪行相适应：依据严重性程度不同对罪行进行的排序可以与依据严酷性程度不同对刑罚所进行的排序相互匹配，而且刑罚的绝对层次也会尽可能地低。可以由此推出：人是理性的（也就是说他们能考虑政府赋予行为的"价格"），一个刑罚系统应该为人们（进行严重的犯罪行为相比）选择那些不太严重的犯罪行为提供动机这个功利主义规则以及惩罚本身就是一种恶这个原则。所有这些都由 Bentham 在 *The Principle of Morals and Legislation*, chs. xiii—xv 中进行了详细的阐述。

据功利主义的观点,当一个人作出承诺时,如果他应该遵守承诺,那么使其应该遵守承诺的唯一理由是通过遵守承诺,他可以在整体上实现善的最大化。所以如果人们问"为什么我应该遵守**我的**承诺",功利主义的回答被认为是这样的:在**这个**个案中,这样做会有最好的结果。这个回答据说与人们看待守约义务的方式相矛盾。

当然,功利主义的批评者们不知道,有时被归于功利主义者的一个辩护认为其考量的(对象)是守诺这种实践方式。[15] 在这方面,他们*被认为是在为这样的东西辩护:必须承认我们严格地感到守约的义务,比我们的观点看来能解释得更为严格。但是当我们认真地考虑这个事情时,总是必须考虑到我们的行为对承诺这种实践方式本身所产生的影响。承诺者必须不仅权衡在具体个案中打破他的承诺的影响,还必须权衡打破他的承诺会对承诺这种实践方式本身产生的影响。既然这种实践方式具有巨大的功利主义价值,并且既然打破一个人的承诺总会严重地破坏这一实践方式,那么一个人打破自己承诺的行为就不会得到证成。如果我们把我们个人的承诺放到承诺这种实践方式的大背景下来看待,我们就能解释守约义务的严格性。总有一个非常强烈的功利主义考量支持信守诺言,而这会确保当关于是否要遵守一个诺言的问题出现时,结果通常是人们应该遵守它,即使只考虑个案的事实本身似乎有理由不遵守这个诺言。以这种方式我们就解释了我们为什么以严格的方式来看待守约义务了。

Ross 对这个辩护的批评如下[16]:无论承诺这种实践方式的价值多大,依据功利主义的理据,一定有某个更大的价值,通过打破一个诺言可以实现它。因而必定有这样一种情况,承诺者可以论证说其打破自己诺言的行为因在总体上导致了一个更好的事态而得到证成。无论打破诺言所获得的利益多么微小,承诺者都可以以这种方式辩护。如果人们质疑承诺者,其会辩护说考虑到所有的功利主义的考量因素,在这个个案中**包括**诺言这个实践方式本身的重要性,他所做的在总体上是最好的。Ross 感到这样的辩解是不可接受的。我认为就其反对一般性地[in general]诉诸结果并且不作进一步解释这点来说,他是对的。但是确实很难权衡 Ross 的论证的力量。所设想的这种情况是不现实的,人们感到其需要被描述出来。人们倾向于认为这种情况要么由这个实践方式本身定义为例外情况,那样的话在这种情况下就不会一般性地诉诸结果了;要么情况是如此得特殊以至于这种实践方式所预设的前提不再存在。当然 Ross 在这点上是正确的:其认为一个人通过一般性地诉诸结果这种方式来为其打破诺言的行为辩护是错误的。因为一般性的

---

[15] Ross, supra note [7], pp. 37—39,和 *Foundation of Ethics*(Oxford, 1939), pp. 92—94。除了 W. A. Pickard-Cambridge 在 Two Problems about Duty, *Mind*, n. s., XLI(April, 1932) pp. 135—137 的论述外,我不知道其他使用这种论证的功利主义者,尽管这种论证伴随着 G. E. Moore 在 *Principia Ethica*(Cambridg, 1903)对功利主义所持的看法。就我所知,其在古典功利主义者那里并没有消失;而如果人们正确地理解他们的观点,这点就不是偶然的了。

* 指功利主义者们。——译者注

[16] Ross, supra note [7], pp. 38—39.

[general]功利主义辩护理由对于承诺者来说是不适用的:它不是承诺这个实践方式所允许的诸个辩护理由之一。

Ross 给出了两个进一步的反驳理由[17]:第一,他认为它忽视了不遵守一个承诺对于承诺这个实践方式所造成的损害。一个打破自己的承诺的人当然损害了自己的名声,而一个被打破的诺言是否总是损害足以解释守约义务严格性的承诺实践方式本身这点是不清楚的。第二,更为重要的是,我认为他提出了这样一个问题:人们应该如何看待一个除了承诺者和被承诺者知晓外无其他人知晓的诺言,如在一个儿子对将死的父亲所作出的关于如何处理遗产的诺言这种情形中。[18] 在这种情形中,关于承诺这个实践方式的考量根本不对承诺者起作用,但是人们却仍然感到这种类型的承诺和其他的承诺一样具有约束力。问题是打破这个诺言对于承诺这个实践方式本身似乎没有影响。唯一的结果似乎是人们可以不用冒任何被责备的风险而打破这个诺言;但是遵守这个诺言的义务似乎并没有被削弱到最低程度。因而在具体个案中,对诺言这个实践方式本身的影响是否有分量是有疑问的;当然它不能说明它没有获得的守约义务的严格性。看来功利主义对于守约义务的解释不可能获得成功。

从我对惩罚的评论中,人们可以预见到我会对这些论证和反驳说些什么。他们没有在证成一种实践方式和证成归属于这种实践方式的一个具体行为之间作出区分,因而他们错误地、理所当然地认为,像 Carritt 的官员一样,承诺者无限制地有权在决定是否遵守**他**的承诺时考量功利主义的考量因素。但是我认为,如果人们考虑承诺这种实践方式是什么,人们就会明白承诺这种实践方式是不允许承诺者的这种一般性裁量权的,确实,实践方式的核心就在于使人们放弃依据功利主义和审慎的考量来行动的权利,目的是这样的话,未来就可能可以确定并可提前制订合作计划,否认承诺者一般性地诉诸功利主义原则(作为辩护)的实践方式,具有明显的功利主义益处,而这种实践方式本身是可以依据功利主义原则得到证成的。这并没有什么矛盾或令人吃惊之处:在论证"象棋或篮球游戏目前所是的样子是令人满意的或其在各方面都应该改变,但是处于一局游戏中的参赛者却不能正当地把诉诸这些考量作为其走这步棋而不走那步棋的理由"时,可以很适当地给出功利主义的(或审美的)理由。如果认为承诺这个实践方式依据功利主义得到了证成,承诺者就必定有足够的自由运用功利主义的论证来决定是否遵守他的承诺是个错误。实践方式禁止这种一般性的辩解理由;禁止这样的辩解理由就是实践方式的目的

---

[17] Ibid., p.39. 在 *Foundation of Ethics*, pp.95—96, pp.104—105 又讨论了非公开的诺言这种情形。它也出现在 Mabbott 的 Punishment, *op. cit.*, pp.155—157 和 A. I. Melden 的 Two Comments on Utilitarianism, *Philosophical Review*, LX(October, 1951), pp.519—523,在 *Ethical and Political Thinking*, p.64 中讨论了 Carritt 的例子。

[18] Ross 的例子可以被简单地描述成两个孤立的将死的人,其中一个人向另一个人做了个承诺。Carritt 的例子(参见前注释[17])是两个在北极点的人。正文中的例子更现实一些并且更接近 Mabbott 的例子。另一个例子是某人被一个立即就要死了的人充满信任地告知了某件事。这类例子不需要是 Nowell-Smith 似乎相信的那种"荒岛论证"(参见他的 *Ethics*, pp.239—244)。

之一。因而上述论证所预设的东西——如果接受功利主义观点,那么承诺者只在当把功利主义原则运用于其自己的个案中,表明遵守他的这个诺言在总体上是最好的时,他的承诺对他才有约束力——是错误的。承诺者是因其承诺而受约束的:他无权来权衡个案的得失。[19]

这是否意味着在具体个案中人们不能考虑是否要遵守其诺言呢?当然不是。但是要做的是去考虑各种理由、例外情况和辩护理据是否可以应用到自己的个案中,这些理由、例外情况和辩护理据要通过实践方式来理解并且也是实践方式的一个重要组成部分。[20] 一个人不遵守自己的承诺可以有各种辩护理由,只是没有这样的一个理由:依据功利主义的理据,承诺者(真的)认为他的行为在总体上是最好的。尽管可能有这样的一个辩护理由:遵守某个人的承诺的结果会非常苛刻。尽管要考量所有必要细节的话,还有很多复杂事物,但是人们会明白,如果问下述问题时,一般性的辩护是不可以的:人们对于那个被问到他为什么打破他的诺言时仅仅回答说打破它在总体上是最好的人,能说什么呢?假定他的回答是真诚的并且他的信念是合理的[reasonable](也就是说人们不必考虑他犯错的可能性),我想人们会质疑他是否知道说"我承诺"(在适当的情况下)是什么意思。对于不做进一步的解释而使用这个借口的人,人们会说他不理解实践方式所允许他使用的辩护理由,而这些辩护理由定义了一个承诺。要是一个孩子使用这个借口的话,人们就会纠正他;因为人们正是通过在一个人使用这个借口时纠正他这种方式来教授"诺言"这个概念的含义。如果某个实践方式确实允许这个借口的话,那么这个实践方式的意义就会消失了。

无疑,这是功利主义观点的组成部分:每种实践方式都应该承认"遵守它的结果会非常严重"这个辩护理据;功利主义者倾向于认为对人们正确的判断力[good sense]的依赖和对疑难案件的承认是必需的。他们认为一种实践方式通过服务于其参与者的利益而得到证成;并且像任何规则集一样,每种实践方式都有一个被期望运行于其下的背景条件,这个背景不必也不可能被完全地阐明。一旦这些背景条件发生了变化,那么即使没有适用于这个情况的规则,人们从其义务中解脱出来这点就可能仍然符合这种实践方式的意图。但是一种实践方式所允许的这种辩护理由不可以被混同于依据功利主义理据来权衡每个个案这样一个一般性的选择权,而功利主义的批评者以为功利主义必然关涉到后者。

功利主义对惩罚的证成引起的关注是它可能证成太多的东西。它与承诺有关的问题是不一样的,它是功利主义到底能不能解释守约义务的问题。人们感觉到人们承认的

---

[19] 我在这段中的讨论看起来与 Hume 在 *A Treatise of Human Nature*, bk. III, pt. II, sec. 5;和 sec. 6, par. 8 中的谈论是一致的。

[20] 关于这些的讨论请参见 H. Sidgwick, *The Methods of Ethics*, 6th ed., London, 1901, bk. III, ch. vi。

守约义务与功利主义是不相容的。当然,如果人们认为功利主义观点必然主张每个人都有充分的自由依据功利主义理据来权衡每个具体行为,那么它们是不相容的。但是人们一定要以这种方式来理解功利主义吗?我意图表明,在我所讨论的情况中,人们不必以这种方式来理解功利主义。

III

到目前为止,我试图通过阐明这个区分如何可以被用来捍卫功利主义对其长期存在的两个反驳之反驳而表明在下述两者之间作出区分的重要性:证成一种实践方式与证成归属于它的一个具体行为。人们可能想要这样结束讨论:功利主义考量首先应该被应用于各种实践方式而不是具体行为,除非实践方式本身允许这样做。人们可能说在这种修正形式中,功利主义对我们深思熟虑的道德观念作出了比较好的解释,那就这样吧。但是在这停下来就会忽略人们没能注意到这个非常明显的区分的意义,并理所当然地认为功利主义使每个具体个案总是可以由一般性的功利主义理据来决定这个有趣的问题。[21] 我要论证的是,这个错误可能是与误解了构成实践方式的规则的逻辑地位联系在一起的;为了表明这一点,我将考察两种规则观,即把规则放置在功利主义理论中的两种不同方式。

我将把使我们看不到这个区分的意义的那种观念称为概括的规则观。它以如下方式看待规则:人们认为每个人都通过诉诸功利主义原则来决定在具体个案中他该做什么;人们进而认为不同的人会以相同的方式决定同样的具体个案,并且与先前决定的个案相似的个案会反复重现。在某些情形中,同一个人在不同时间或不同人在同一时间会作出相同的决定。如果一种情况反复发生了足够多次,那么人们就认为应制定出一条规则来涵盖这种情况。我把这种观念称为概括的观点,因为规则被看做是由**直接**运用功利主义原则而达致的过去的决定的总结。规则被认为是基于**其他的**理据,以某种方式被正确地决定下来的案件的报告[reports](当然,尽管他们并没有这样**说**)。

---

[21] 就我所知,在 Moore 之前,功利主义没有被以这种方式明确地表达过。例如参见 *Principia Ethica*, p. 147,在此书中据说"在道德上我不得不实施这个行为"这个陈述与"**这个**行为会在总体上产生最大可能的善"这个陈述是相同的(加重号是罗尔斯所加——译者注)。记住这点很重要:我称为古典功利主义者的那些人大半对社会制度感兴趣。他们是他们那个时代的主要的经济学家和政治理论家,并且他们常常是对政治事务感兴趣的改革者。从历史上来说,功利主义对社会持有一个连贯的观点,并且不仅仅是一个伦理理论,更不是现代意义上的哲学分析。功利主义被自然地认为是并且也被当作是判断社会制度(实践方式)的一个判准和改革的基础。因而不清楚的是,我们在多大程度上需要修正古典功利主义。参见 L. Robbins, *The Theory of Economic Policy in English Classical Political Economy*(London, 1952)。Robbins 把功利主义作为社会理论的一个组成部分讨论。

关于这种把规则放置到功利主义理论中的方式有几点需要注意。[22]

---

[22] 这个注释应该在第三部分之后来阅读,并且预设了我在那部分中所说的东西。这个注释为关于持概括规则观的主要功利主义者的相关论述提供了一些参考。总的来说,情况看来是这样的:当他们讨论规则的逻辑特征时,概括的规则观占主导地位,并且概括的规则观是他们谈论道德规则的典型方式。我从 Austin 那里引用了很多段落来作一个详细的例证。

John Austin 在 Lectures on Jurisprudence 中通过指出这是对功利主义的误解而对付了这个反对意见:依据功利主义原则来以个案的方式作出决定是不实际的。依据功利主义的观点,"……我们的行为会与**规则**保持一致,而这些规则是从行为趋势中推论出来的,但是我们的行为不是基于直接诉诸一般功利原则本身而作出的。功利,仅仅是在最终的意义上而非直接的意义上是我们行为的尺度:功利是我们行为所必须遵守的规则的直接标准,而不是我们具体的个殊行为的直接标准。我们的规则是以功利为判准的,而我们的行为则是以规则为判准的"(vol. I, p. 116)。至于人们如何决定行为的趋势,他说:"如果我们打算检验具体个殊行为的趋势的话,我们就不能把这个行为当作是单独的孤立的,而必须关注这个行为所隶属的行为种类。我们必须假定这种行为是被普遍地做或不做的,并考虑它们对于一般的幸福或善来说具有什么样的可能效果。如果这类行为具有普遍的性质,我们必须猜测其后果是什么;如果它们被普遍地忽视未做的话,结果又会是什么。我们必须比较这些后果的积极方面和消极方面,在**权衡**二者的基础上作出我们的决定……如果我们真正想要检验具体个殊行为的趋势的话,我们就必须检验这个行为所隶属的行为种类。我们针对个殊行为而得出的**具体**结论,必然包含了指涉所有类似行为的**一般性**结论……如果我们的行为真与功利像一致的话,那么他们就会**直接地**遵守像上面那样被推导出并储存在记忆中的规则。"(vol. I, p. 117) 人们可能认为 Austin 是通过阐明实践规则观来对付反对意见的;并且他确实可能想要这样做。但是不清楚的是他是否阐明了这个观念。他所说的一般性是指统计数据那种一般性吗?通过趋势这个观念来看确实是这样的。或者他是说确立一种实践方式的功利?我不知道;但是他接下来的评论却显示了概括的规则观。他说:"去考量个殊性行为的具体结果这种做法**从不会**(加重号是罗尔斯所加——译者注)与那个最终原则相符"(同上书,第 117 页) 但是人们会这样做吗?他继续说:"……必须承认,反对意见所假定的功利主义对停下来思考并反复计算的必然要求,是不真实的。很明显,在准备做或不做一个行为之前,揣摩并比较行为的结果是多余的,甚至是有害的。就揣摩和比较这个过程的结果已经体现在已知的规则中来说,揣摩和比较是多余的。就真正的结果已经由已知的规则表达出来了而言,揣摩和比较显然是无益的。尽管如果揣摩和比较的过程如果是没有充分进行的话,那么其有可能是错误的。"(同上书,第 117—118 页) 他继续说:"如果我们对个殊行为的经验和观察未被普遍化的话,那么我们对个殊行为的经验和观察在实践中对我们就没什么用处……经由经验和观察的重复而浮现在我们头脑中的推论,因而融入原则之中或并入到公理之中。我们拥有这些原则或公理以备用,并会及时地应用于个殊情况……而不再反复地回到它们被获得的过程之中去;我们不会在头脑中再想起并重新考量那些数目众多的错综复杂的考量因素,这些原则或公理就是那些考量的便利的节略形式……正确的理论是对诸多具体真理的概括……因而一般而言,人类的行为不可避免地是受规则指引的,不可避免地受原则或公理指引"(同上书,第 117—118 页)。我不用费力就可以表明这些评论是倾向于概括的规则观的。并且当 Austin 开始处理"相对来说很少发生的"情况时,他认为特殊情形可能比一般情形更为重要。"如果思考一下我们推论规则所依据的理由,我们就会发现,认为规则是一成不变的很荒谬。因此在这些情形中我们应该不顾规则,直接诉诸规则所依据的功利原则,娴熟地运用我们的知识和能力,去精确地计算具体的结果。"(同上书,第 120—121 页) Austin 的观点是有趣的,因为它显示出一个人如何可能与实践规则观擦肩而过,失之交臂。

在 A System of Logic, bk. VI, ch. xii, par. 2 中, Mill 明确区分了法官和立法者的不同地位,并在这样做时表明存在两种不同规则观的区分。但是他在这两种不同地位之间作出区分的目的是表明运用一条已经存在的规则和制定一条管制接下来发生的行为的规则之间的区别。使他感兴趣的是后面这种情况,并且他把立法者的政策准则当成是典型的规则。在第三段中概括的规则观得到了清晰的阐述。他说行为规则应该被暂时地当作是适合于最大多数具体情形的。他说规则指出了危害最小的行为方式;它们的作用是告诫人们某种行为模式被认为是适合于最通常发生的情况的。在 Utilitarianism, ch. ii,

（1）规则的意义来自这样一个事实：相似的情形倾向于反复发生，人们如果以规则的形式记录过去的决定的话，那么人们在相似情形出现时就可以迅速地作出决定。如果相似的情形没有反复出现的话，那么人们就不得不以个案的方式来直接运用功利主义，并且记录过去决定的规则没有什么用了。

（2）依据具体情形作出的决定在逻辑上优先于规则。既然规则是从把功利主义原则运用于很多相似情况这个需要中获得意义的，那么无论是否存在一条涵盖这个具体情形的规则，一个具体情形（或者与它相似的一些情形）都可能存在。我们被看成是意识到了具体情形先于涵盖这些具体情形的规则的，因为只有我们遇到了很多相似的情形，我们才制定出一条规则。因而无论是否有一条关于**那种**情形的规则，我们都可以把一个具体情形说成是所需要的那种具体情形。换种说法就是：A 和 B 在"每当 A 做 B"这种形式的规则中所指的东西都可以被说成是 A 和 B，无论是否存在"每当 A 做 B"这条规则，也无论是否存在构成这种实践方式的任何规则体（"每当 A 做 B"这条规则是包含在这个规则体中的）。

为了说明这点，请考虑以下以这种方式出现的一条规则或准则：假定有个人正在试图决定，当其被要求这样做时他是否应该告诉一个得了绝症的人他得了什么病。假定这个人经过反思因而依据功利主义的理由决定他不告诉病人真相，并且假定这个人以这个案例和其他相似情况为基础，制定了一条规则：每当绝症病人问其得了什么病时，人们都不应该告诉他真相。需要注意的是，无论是否有这条规则，"某个人得了绝症"、"问其得

---

par, 24 中，概括的规则观出现在 Mill 对 Austin 所考虑的同样反对意见的答复中。他说规则是功利原则的"必然结果"；这些"次级的"规则是"路标"和"方向标"。它们是以长期的经验为基础的，所以它们使把功利主义原则应用到每个个案变得不必要了。在第二十五段，Mill 提到了功利主义原则裁断相互竞争的道德规则这个任务。他在此处所说的就像是人们直接地把功利主义原则应用于个案一样。而依据实践规则观，人们用功利主义原则来决定那种使实践方式协调一致的方法是最好的。应该注意到 Mill 在第十段中对功利主义所做的定义是把功利主义应用于道德，也就是应用于行为规则和准则的，而他在第二段中的定义运用了"行为是因其**倾向于**提升快乐而**相应地**正确的"（加重号是罗尔斯所加——译者注）这一说法，而这种说法是倾向于概括的规则观的。在其论文 On the Definition of Political Economy, *Westminster Review* （Octoboer, 1836）最后一段中, Mill 说，只有在区别于科学的艺术领域中，人们才能正当地谈论例外情况。在实践问题中，如果"在大多数情况下"适于做某事的话，那么它就构成了一条规则。"我们可以……在谈论艺术时**以一种不令人产生反感的方式**说起**规则和例外**，规则意指以某种具体的方式来行为的诱惑 [inducements] 占优势地位；而例外则指不按这种诱惑来行为。"这些评论也表明了概括的规则观。

在 Moore 的 *Principia Ethica*, ch. v 中，关于道德规则有一个复杂而困难的讨论。除了为表明我认为概括规则观是占主导地位的看法之外，我将不考察它。确实，Moore 常常谈到被普遍遵守的规则和被普遍实施的行为的功利性，有可能的是，这些段落与概括规则观所允许的关于"一般性"的统计性观念相一致。这种观念是通过 Moore 把功利主义原则看成是直接应用于具体行为的（第 147—148 页）以及把规则当成是某种指明了在不久的将来几个可能出现在任何人头脑中的可供选择的行为中，那种一般来说会在总体上产生较大的善的东西（第 154 页）时表现出来的。他把"伦理法则"当作是预言和普遍化（第 147—148 页）。概括的规则观也由他关于例外情况（第 162—163 页）和关于违反规则时的示范力量的讨论表现出来（第 163—164 页）。

了什么病"、"人们告诉他"这些事情都还是这些事情。这条规则所指涉的行为的实施不需要包含这条规则在内的某种实践方式这个舞台背景。这就是我说依据概括的规则观,具体情形在逻辑上优先于规则的含义。

（3）原则上每个人总是有权去考虑一条规则的正确性,并质疑在某个具体情形中遵守这条规则是否适当。因为规则是指引和帮助,人们可以质疑在过去应用功利主义原则来得到规则的决定中是否存在错误,并且人们想知道在目前这个情形中,它是否是最好的。规则存在的理由,一是人们不可能毫不费力并不犯错误地运用功利主义原则,二是有节省时间和设立指引的需要。一方面,依据概括的规则观,一个由理性的功利主义者构成的社会是个没有规则、每个人都直接地、完美地、不犯错误地以个案的方式应用功利主义原则的社会。另一方面,我们的社会是这样一个社会:制定规则来作为在具体个案中达致完美的理性决定的辅助手段,作为由数代人的经验建立和检验过的指引。如果人们把这种观点应用于规则,那么他就是把规则理解成准则,也就是当作单凭经验的方法[rules of thumb]了;以概括的规则观来看待规则时,是否还有什么东西可以被称为**规则**,都是可以质疑的。说人们好像是以这种方式来看待规则的,是人们在从事哲学研究时犯的一个错误。

（4）**一般性**规则的概念采取如下的形式:人们被看做是依据各种情形可能发生的几率而判断某个既定的规则是否值得被认为是表达了正确的决定,所谓正确的决定即是如果人们以个案的方式正确地应用功利主义原则就会得到的决定。如果人们总的来说认为规则会给出正确的决定,或者人们认为自己直接应用功利主义原则出错的可能性要大于遵循规则而产生错误的可能性,并且如果人们普遍地这样认为的话,那么人们就有理由把这个既定的规则接受为一般性规则。概括的规则观可以以这种方式来解释一般性规则。然而,说以个案的方式运用功利主义原则仍然是有意义的,因为正是通过试图预见到这样做的结果,人们才获得了初始的确信,而人们对规则的接受是依赖于这个初始的确信的。当人们说规则是指引,或是准则,或是经验的一般化,或是某种在例外情形中应该被放在一边的东西(例外情形就是这样的情形:在其中没有什么来保证经验的一般化可以适用于它,因而必须就这种情况自身的性质来对待它)时,人们就是以概括的规则观来看待规则的。因而与概括的规则观相伴随的是具体的例外情况[a particular exception]这个观念,这个观念使规则在具体的场合会受到质疑。

另外一种规则观我称为实践的规则观。依据这种观点,规则被认为是定义了一种实践方式。实践方式是依据各种理由建立起来的,理由之一就是在很多行为领域中,每个人依据功利主义理据在个案中决定做什么导致了混乱,并且通过预见到其他人的行动方式而协调自己的行为的努力注定会失败。作为一个替代方案,人们意识到需要的是建立一种实践方式,即一种新型行为的具体化;由此出发,人们知道了实践方式必然会放弃依据功利主义和慎思的理据来行动的充分自由。实践方式的标志是:告诉人们如何参与一种实践方式就是告诉人们定义这种实践方式的规则,并且告诉人们要诉诸这些规则来纠正这种实践方式的参与者的行为。那些参与一种实践方式的人意识到定义这个实践方式的规则。这些规则不可能仅仅被当作是描述了这种实践方式的参与者们实际上是如何行为的:人们不仅仅是以好像他们正在遵循规则的方式来行动。规则被公认为是定义性的这点对于实践方式的观念是关键性的;并且实践方式的规则可以被教导和遵守以产生一种连贯的实践方式也是关键的。因而依据实践规则观,规则不是个人直接地和独立地把功利主义原则应用于反复发生的具体个案所作出的决定的一般化。相反,规则定义了实践方式,并且其本身就是功利主义原则的主题。为了显示这种把规则安放到功利主义理论中的方式和前面那种方式的重要区别,我将依据前面讨论的要点来考虑这两种规则观之间的区别。

(1)与概括的规则观相反,构成实践方式的规则在逻辑上优先于具体个案。之所以是这样的,原因在于除非存在着某种实践方式,否则就不可能存在着属于这种实践方式的规则的具体个案。可以通过如下方式来阐明这点:在一种实践方式中,存在着设定不同职位的规则、阐明适合于不同职位的行为形式的规则以及为违反规则而设立刑罚的规则等。我们可以认为一种实践方式的规则定义了职位、行动和罪行。现在说实践方式在逻辑上先于具体个案指的是:考虑任何一条规定了一种行为样式的规则(一个行动),一个具体的行为(这个具体的行为因存在着某个实践方式而被认为是属于这条规则的)都**不会被描述成**那种行为,除非存在着那个实践方式。在由实践方式规定行为的情形中,在这些实践方式所提供的舞台背景之外实施这些行为在逻辑上来说是不可能的,因为除非存在着实践方式,除非必不可少的礼仪[requisite proprieties]被完成,否则,无论人们做什么,无论人们采取什么行动,都不会被算作是实践方式所规定的行为形式。人们所做的会被以**其他的**方式来描述。

人们可以从棒球游戏来阐明这点。人们在棒球游戏中所做的很多行为,无论是否存在这种游戏,人们都可以自己或与他人一起来做。例如,人们可以投球、跑动或摆动一个特殊形状的木头。但是人们不能盗垒[steal base]、击球[strike out]、跑位[draw a walk]、失误[make an error]、阻挡[balk];尽管人们可以做一些看来与滑垒包[slide into a bag]、漏过一个地滚球[miss a grounder]相似的事情。击球、盗垒、阻挡等是仅仅在某种游戏中发生的行为。除非他被说成是在打棒球,并且对他来说这样做预设着具有规则特征的实践方式(它构成了棒球这种游戏),否则,无论他做什么,他所做的都不能被说成是盗垒、击球或跑位。实践方式在逻辑上优先于具体个案:除非存在着某种实践方式,否则,指涉由这种实践方式所规定的行为的术语就缺乏意义。[23]

（2）实践规则观导致人们对每个人所拥有的在具体情形中决定遵循某条规则是否适当的权力持有完全不同的观念。参与一个实践方式，实施那些由一个实践方式所规定的行为，意味着去遵循相应的规则。如果人们想要实施某个实践方式所规定的一个行为，那么除了去遵循规定了这个行为的规则之外别无他法。如果一个人想要实施的行为是由某个实践方式所定义的某一种行为，那么他问这个实践方式的规则适用于他的情形是否是正确的这个问题就是没有意义的。如果那个人想要问这样的问题，那他仅仅会表明他没有理解他正在实施行为的背景。如果人们想要实施一个由某个行为方式所规定的行为，唯一合法的问题就是这个实践方式自身的性质（"我如何来订立一个遗嘱"）问题。

这点可以由被认为是游戏参赛者的行为来例证。如果人们想要玩一个游戏，那么就不能把游戏规则当作是关于在具体情形中什么是最佳的指导来看待。在棒球游戏中，如果一个击球手问"我可以击打四下[four strikes]吗"，那么人们会假定他是在问相关的规则是什么；并且如果当被告知了相关的规则后，他说他说的是在此时他认为对他来说击打四下在总体上是最好的，那么这最可能被善意地当作是一个玩笑。人们可以主张说，如果允许击打四下而不是三下，那么棒球会是一个更好的游戏；但是人们不能把规则看做是关于在具体情形中从总体上来说什么是最好的指引，不能质疑应用于具体案例的规则。

（3）和（4）为了完成与概括规则观的四点比较，以下的说法可以明显地从我们上文所说的内容中得到：构成实践方式的规则不是帮助人们在具体情形中正确地应用某个更高级的伦理原则来作出决定的指引。把一般性看成是准统计数据以及例外的观念都不可以被运用到构成实践的规则身上。构成一种实践方式的近乎一般性的规则，必定是依据这种实践方式的结构应用于发生在这种实践方式之下的几乎所有相应的情形；或者其必定对于理解这种实践方式来说是根本性的。而且一个具体情形不可以是构成一种实践方式的规则的一个例外情况。例外要么是这条规则的限定条件，要么是对这条规则的进一步规定。

从我们关于实践规则观的说明中可知，如果一个人参加了一种实践方式，并且如果人们问他，**他**为什么做**他**所做的事情，或者他被要求为他所做的事情进行辩护，那么他的

---

[23] 人们可能认为一种实践方式在逻辑上优先于它所规定的行为形式是错误的，因为如果从来没有属于某种实践方式的行为的例子存在的话，我们会强烈地认为这种实践方式也不存在。关于一种实践方式的文字并不能确立这种实践方式。存在一种实践方式必然是指有一些已经参与并正在参与这种实践方式的（具备适当的资格条件）人。这是对的，但是这并不危害这一主张：任何一个由某种实践方式所规定的行为形式的特定的具体实例，都预设了这种实践方式的存在。依据概括的规则观，事情就不是这样的，因为每个实例必须先于规则存在在那，也就是说，人们通过直接把功利主义原则应用于每个实例而得到规则。

解释或辩解在于向提问者指出这种实践方式。如果他所做的行为是这种实践方式所规定的,那么他不能说他之所以做这个而不做其他的是因为他认为这在总体上是最好的。[24] 当人们质疑一种实践方式的参加者的行为时,这个参加者必定假定这个质疑者要么是不知道他参加了这种实践方式("你为什么急着给他钱?""我今天答应给他钱了。"),要么是不知道这种实践方式是什么。人们与其说是在为其行为提供辩护,不如说是在解释或表明其行为与这种实践方式相符合。之所以这样,原因在于只有依托于实践方式这个舞台背景,一个人的具体行为才能按其所是的那样得到描述。仅有通过实践方式,人们才能**说**自己在做什么。为了解释或者捍卫自己的行为(作为一个具体行为),人们使之与定义它的实践方式相一致。如果这个解释或辩护未被接受,则意味着一个关于一个人接受或容忍某种实践方式是否能得到证成的问题。当质疑是针对实践方式时,援引规则(说这种实践方式是什么)自然是没有用了。但是当质疑是针对由这种实践方式所定义的具体行为时,除了援引规则外别无他法。关于具体行为,那些不清楚某种实践方式是什么的人或者不知道正牵涉到某种实践方式的人只有一个问题。这可以和与准则相关的个案[the case]形成对比,一条准则可以被认为是指向了依据**其他的**(other grounds)理据确定的关于个案的正确决定,并因而通过质疑这些理据是否真正地支持对于这个个案的这种决定而使对个案进行质疑有了意义。

如果人们比较我所讨论的这两种规则观,就可以看出概括的规则观是如何忽视在证成一种行为方式和证成归属于它的行为之间作出区分的意义的。依据概括的规则观,规则被看做是指引,目的是对给定的具体情况作出理想的理性决定,而准确无误地适用功利主义原则就会产生这个决定。在不改变人们的道德地位的情况下,如果情形总是这样的——无论人们是否遵循这些规则,人们总是处于一个寻求以个案的方式来实现在总体上来说是最好的东西的理性人的地位——那么从原则上说,人们就有充分的自由来决定是遵循这些指引还是不顾它们。但是依据实践规则观,如果人们处于一种实践方式所定义的某个位置上,那么关于处于这个位置上的人们的行为的质疑就只能通过援引定义这种实践方式的规则来解决。如果人们质疑这些规则,那么人们的地位就发生了根本的变化:人们因而处于那种有权改变和批评规则的地位或者改革者的地位等。概括的规则观不顾[do away with]人们地位的差异以及与不同的地位相适应的不同论证。依据概括的规则观,只有一个地位而没有其他的地位。它因而模糊了这样一个事实:在由一种实践方式所定义的行为和地位的情况下,功利主义原则必须适用于实践方式,因而一般性的

---

[24] (边沁口中)有个哲学笑话:"在我的同伙打了一个好球之后我跑到别的球门是因为这样做在总体上最好。"

功利主义论证并不能适用于那些处于由实践方式所定义的位置上来进行行动的人。[25]

对我所说的内容作些限定是必要的。首先,我谈论概括的规则观和实践的规则观的方式,仿佛它们二者中仅有一个对于规则来说是正确的,并且如果对任何规则来说是正确的,那么对所有的规则来说也必定是正确的。我当然不是这个意思(是功利主义的批评者犯了这个错误,就他们反对功利主义的论证预设了以概括的规则观来看待构成实践方式的规则这点来说是这样的)。一些规则适合于这种规则观,一些规则适用于另一种;所以存在着构成实践方式的规则(严格意义上的规则)和准则以及经验法则。

其次,在对规则分类时还有进一步的区分,如果人们要考虑其他问题就必须作出这些进一步的区分。我所作出的这个区分对于我所讨论的这个非常具体的问题是最为相关的,并且也不试图穷尽所有的区分。

最后,存在着很多边界情形,对于这些边界情形,确定适用哪种规则观即使不是不可能的,也是非常困难的。人们既可能用概括的规则观也可能用实践规则观来设想边界情况,并且边界情况极可能与制度、游戏、规则等这些复杂的实践方式概念互相联系在一起。维特根斯坦已经表明了这些观念是多么易变的。[26] 我所做的就是为了本文的有限目的而强调和凸显这两种规则观。

IV

通过区分两种规则观,我要阐明的是存在一种允许依据一般性的功利主义理据来考量具体情况这种看待规则的方式;也存在着一种除非这些规则本身准许要不然就不许有这种裁量权的看待规则的方式。我要表明,在从事哲学研究时,以概括的规则观来看待规则的趋势,可能使道德哲学家们无视在证成一种实践方式和证成归属于其下的一个具体行为之间的区别的重要性;通过误解当归属于一种实践方式的具体行为受到质疑时援引规则的逻辑力量和遮蔽存在着实践方式这个事实,概括的规则观做到了上面那一点。功利主义原则的主题必定是实践方式本身。

功利主义的两个传统的检测个案——惩罚和承诺——是明显的实践方式这点当然不是偶然的。在概括规则观的影响下,认为一个惩罚系统的官员们和作出承诺的承诺者

---

[25] 这些评论如何适用于仅仅为父亲和儿子所知晓的承诺这个情况?首先儿子当然处于承诺者的位置上,所以诺言这种实践方式不允许他依据一般性的功利主义理据来权衡具体情形。假定相反,他希望自己处于一个有权来批评和改变诺言这种实践方式的位置上来思考他自己所处的这种情形的话(不考虑他是否有权从其先前的位置更换到另一个位置的问题)。因而他可能考量应用于实践方式的功利主义论证;但是一旦他这样做,他就会明白存在着禁止在这种实践方式中应用一般性的功利主义理据来为他自己的这种情形辩护的论证。因为这样做就会使要求或作出一个承诺成为不可能,而人们常常希望要求或作出承诺。因此他将不会希望改变这种实践方式,因而作为一个承诺者,除了遵守他的承诺外,别无他法。

[26] 比如 Wittgenstein, *Philosophical Investigations*, Oxford, 1953, I, pp. 65—71。

可以依据功利主义理据来决定在具体情形中该做什么是很自然的事情。人们没有看到依据功利主义理据来决定个案这种一般性的裁量权与实践方式这个概念是不相容的;并且人们到底有什么样的裁量权本身也是由实践方式界定的(例如,法官在某些限定之内有权来决定惩罚)。我所谈论的关于功利主义的传统的反对意见预设了法官和承诺者们具有完全的道德权力来依据功利主义理据决定具体情形。但是一旦人们把功利主义与实践方式这个观念相连,并注意到惩罚和诺言都是实践方式,那么人们就会明白,认为法官和承诺者们具有那种道德权力在逻辑上是不可能的。

惩罚和许诺都是实践方式这点是没有问题的。在许诺中,这是由这样一个事实显示出来的:"我承诺"这个短语是个表述行为的说法[performative utterance],其预设了承诺这种实践方式和由这种实践方式所界定的正当行为。以概括的规则观来理解规定承诺的规则会是很荒谬的。例如如下这种说法是很荒谬的:说承诺应该被信守这条规则是起源于人们发现在过去的情形中信守承诺在总体上是最好的;因为除非人们已经把遵守承诺理解成许诺这种实践方式自身的组成部分,否则就不可能有任何许诺的实例。

当然这必定被认为是理所当然的:定义许诺的规则是未被编纂成法典的,并且人们对于这些规则是什么的看法必然依赖于人们的道德训练。因而很可能人们对这种实践方式的理解存在很大的差别,而且也可以争论这种实践方式怎样来设立才是最好的。例如,关于各种各样的辩解应该被多么严肃地对待,或者什么样的辩解是可行的这些问题的分歧,很可能出现在具有不同背景的人们中间。但是无论这些差别多大,承诺者是不可以使用一般性的功利主义来作为辩解的,这点是许诺这种实践方式的内在规定。这解释了我所讨论的传统反对意见的力量。我所要阐明的是当人们把功利主义和实践规则观相联系时——就像人们在相应的情形中必须做的那样——无论是在许诺这种实践方式中还是在其他任何实践方式中,功利主义观点中都不存在任何必定会允许这种辩解的东西。

惩罚也是一个明显的例子。有很多使人受到惩罚的行为预设了一种实践方式。通过考虑在讨论Carritt对功利主义的批评时我所给出的惩罚的定义,人们就会明白这点。他所阐明的定义提到了像法治、正当程序、据法审判、成文法等这些公民的正常权利,没有一个法律系统的复杂背景的话,所有这些都不能存在。人们因之而受到惩罚的很多行为也预设了各种实践方式。例如,人们因盗窃、侵占等而受到惩罚,盗窃和侵占等都预设了财产制度。不提到实践方式所规定的地位、行为和违法行为,就不可能说惩罚是什么,也不可能描述惩罚制度的一个个案。惩罚是复杂法律游戏中的一个步骤,并且预设了构成法律秩序的各种复杂的实践方式。不那么正式的惩罚也同样是这样:家长、监护人或有正当权力的其他人可以惩罚一个孩子,别的人则不行。

关于我所谈论的东西,有一个值得警告的误解。人们可能认为我对这个区分(在证成一种实践方式和证成归属于实践方式的具体行为之间的区分)的使用涉及一种明确的社会和政治态度,因为它导致了一种保守主义。我好像是在说对每个人来说,他所处的社会的社会实践方式提供了证成其行为的标准；因此每个人都遵守这些实践方式，那么他的行为就会得到证成。

这个理解完全是错误的。我所指出的要点更确切来说是一个逻辑上的要点。确实，它有伦理理论后果；但是其本身并没有导致任何具体的社会或政治态度。在存在着由一种实践方式所规定的行为方式的地方，一个个殊的人除了援引这种实践方式之外没有其他证成其某个具体行为的办法。在这样的情形中，这个行为因这种实践方式的存在才是其所是，并且要通过援引这种实践方式才能解释这个行为。并不存在诸如关于人们是否应该接受其社会中的各种实践方式之类的推论。人们可以像其所希望的那样激进，只是在行为是由实践方式所规定的情况下，人们的激进主义的目标必须是社会的实践方式和人们对这些方式的接受。

当我把功利主义观点和实践规则观相联系时，我试图阐明的是，在适合于这种规则观的那些地方[27]，我们可以以一种把功利主义从其反对意见中拯救出来的方式来阐明它。我进一步试着表明这个区分（在证成一种实践方式和证成归属于实践方式的具体行为之间的作出区分）的逻辑力量是如何与实践规则观相联系的，并且只要人们以概括的规则观来看待构成实践方式的规则，这个区分就不会被理解。我没有讨论为什么在从事哲学研究时人们倾向于以概括的规则观来看待构成实践方式的规则。之所以会出现这种情况，其理由很显然是深奥的，因而需要另撰文讨论。

---

[27] 就像我所阐明的那样，说清楚这种规则观在哪里是适合的并非总是容易的。在此，除了说人们不应该认为其理所当然地适用于很多被称作"道德规则"的情形之外，我也不想讨论它到底适用于哪些一般性情形。我感觉道德生活中的行为比较少地是由实践方式定义的，并且与更为复杂的道德论证相比，这种规则观对理解法律的和与法律相似的论证是更为相关的。功利主义必须适合于不同的规则观（这些规则观以不同的方式来看待决定个案的规则），并且无疑，没有这样做已经成为正确地理解功利主义所存在的困难的一个来源。

彼得·温奇与H. L. A. 哈特：内在观点的两种概念*

〔委〕V. 洛狄格斯-布兰可** 著 沈映涵*** 译

一、导　言

哈特（Hart）在《法律的概念》（*The Concept of Law*）中提出了一种引人注目的观念：内在观点。这种观念一经提出便吸引了法律理论家们的注意，并被认为推进了对法律本性及其实践的理解。然而，如何理解哈特这一重要的观念及其在诸如法律的规范性和法律理论的方法论等核心法理学问题上所扮演的角色，仍然缺乏清晰性并且是非常含混的。本文便旨在为更好地理解这一基础性观念铺平道路。第二部分重塑内在观点的智性根源[1]，并且认为，尽管哈特观念的根源可以见之于彼得·温奇（Peter Winch）的独创性著作《一种社会科学的观念》（*The Idea of a Social Science*）[2]，然而哈特与温奇有关内在观点的观念还是存在着明显的差别的。温奇的内在观点应当被解释为一种"参与者的观点"（participant's point of view），而哈特的内在观点则应

---

* 感谢Alexander Von Humboldt基金会以及德国海德堡大学法律系为本文研究所提供的资助。
** V. 洛狄格斯-布兰可（Veronica Rodriguez-Blanco），伯明翰大学法学院资深讲师。
*** 沈映涵，吉林大学理论法学研究中心2006级博士研究生。本文译自Veronica Rodriguez-Blanco, Peter Winch and H. L. A. Hart: Two Concepts of the Internal Point of View, 20 Can. J. L. & Juris. 453.

〔1〕 H. L. A. Hart, *The Concept of Law*, Oxford: Clarendon Press, 1961.
〔2〕 Peter Winch, *The Idea of a Social Science and Its Relation to Philosophy*, London: Routledge, 1998.

当被认为是一种"实践的观点"("practical point of view")。

这种参与的与实践的区分在哲学著作中可以被恰当地认为是立基于解释性理由与规范性理由之间的区分的。解释性理由试图揭示参与者的观点,而规范性理由则试图揭示行动者的实践观点。[3] 后者是指向未来的,并且通过试图理解行为理由的努力,旨在回答我们应当做什么这个问题。在大多数的情况下,前者是指向过去的,并且旨在理解行为。在这种情况下,行为可能经由其动机性理由(包括信念、动机、欲求和态度)而被予以解释。下述这个例子就阐明了这种区分。在洛杉矶城的一个拉丁美洲共同体中,一位男士和一位女士正在进行一项典礼。一名人类学家询问他们正在做什么。这位男士解释说,他想要迎娶这位女士,因而他们需要遵循某种特定形式的仪式。在典礼结束以后,人类学家与这位男士进行了促膝长谈,然后发现他并不是出于爱而迎娶其妻子,而是为了她的财产。新郎行为的动机性原因或解释性原因对于这名人类学家来说是十分清楚的:金钱是动机。行为的解释性原因或动机性原因告诉我们为什么行为人被劝服以他所为的那种方式行为,在上述情况下,经济上的考虑就提供了解释性原因或动机性原因。这个他之所以这样行为的原因大体就是动机、欲求或信念。行为的解释性原因反映了参与者的观点。然而,这名人类学家也可以提出这样一个问题,即金钱是否是这位男士与那位女士结婚的一个善的理由。换句话说,行为的理由(比如金钱)是否是善的、正当的、尽责的、义务性的、道德的、合理的或明智的理由。在这种意义上,一项行为理由是规范性的。行为的规范性理由反映了实践观点。人类学家经常只关注于人们为什么如此行为的问题。是什么使他们这样行为?换句话说,他们试图揭示和理解行为的解释性原因。而与之相对,实践哲学家——包括法律哲学家——所关注的则是我们应当如何去做的问题,这其中包括对支持一项行为所要考虑的因素进行探究。这些问题的答案可能非常不同。这些问题的答案可能在某人是依据善的行为理由而行事的情况下是相同的,或者可能在某人依据不当的或不合理的理由(仍然是对其行为的一种解释)而行事的情况下是不同的。

温奇试图根据参与者正在从事的行为来解释参与者的观点。然而,哈特则旨在解释法律是如何使法官和遵循法律的公民确定他们应当去做的事情的。[4] 这种差别经常为

---

[3] 参见拉兹对规范性(指导性)理由与解释性理由之间区别的讨论。Joseph Raz, *Practical Reason and Norms*, Oxford: Oxford University Press, 1999, first published in 1975, pp. 15—20; Jonathan Dancy, *Practical Reality*, Oxford: Oxford University Press, 2000, pp. 1—25; Richard Moran, *Authority and Estrangement*, Princeton University Press, p. 128; Peter Railton, *Facts, Values and Norms*, Cambridge: Cambridge University Press, 2003, pp. 300—309; Thomas Scanlon, *What We Owe to Each Other*, Cambridge, MA: Harvard University Press, 1998, pp. 55—64.

[4] 哈特和凯尔森都认为对何为法律的解释应当包括对法律的规范性特征的解释。参见 Hans Kelsen, *The Pure Theory of Law*, Berkeley: University of California Press, 1967, pp. 34—35。

法律学者们所忽略[5];然而,它却为理解哈特在内在观点和法律的规范性之间所进行的关联——法律规则为行为提供了理由并且在某些情况下创制并施加义务和责任——提供了答案。这种差别也阐明了这样一种法律理论的方法论方面的界分,即从中立的视角所作出的解释(即站在第二人或第三人的立场上而得出的实践观点)与对参与者的观点所作出的理论性解释或阐释性解释[6]。我认为,基于如下两个方面,人们普遍认识不到实践的与参与的之间的区分。首先,人们过于强调内在观点与外在观点之间的区分。其次,人们所研究的是"参与的"观点与"中立的"观点(实践观点的主要特征)之间这种更为根本性的区分。本文的第一部分讨论的是哈特的内在观点与温奇的内在观点之间的相似性和差异性。第二部分旨在证明近来对哈特内在观点的方法论批判是颇具误导性的,因为它抹杀了本文研究所预示的参与的与实践的之间的区分。

在莱西(Lacey)关于哈特的传记中[7],有这样一件趣闻,它恰好引导我们以比较性的术语来对温奇的哲学和哈特的哲学进行分析。莱西告诉我们,菲尼斯(Finnis)查阅了一部哈特讨论韦伯(Weber)的卷宗,并且发现了——正如哈特研究文本的典型做法一样——大量的评注。在两个不同的场合,菲尼斯都问到哈特有关韦伯对其有关"规则的内在方面"(internal aspect of rules)的说明的影响。出乎菲尼斯的意料,哈特否认了韦伯对其"规则的内在方面"这一观念的影响,而是将这种观念的来源归于温奇的《一种社会科学的观念》一书[8]。我们或许可以推测,哈特很可能并没有意识到韦伯的影响。然而无论如何,我们可以肯定的是,哈特对韦伯和维特根斯坦(Wittgenstein)[9]的阅读受到了温奇的著作《一种社会科学的观念》的影响要归因于《法律的概念》对温奇著作的参考。对哈特与温奇的哲学事业进行比较性的分析使我们既可以根据这些哲学家的目标和目的来确立重要的类比,也可以阐明由温奇和哈特所共同运用的某些基础性的观念。诸如"内在观点"(the internal viewpoint)、"实践"(practices)和"遵循规则"(rule-following)这些概念在这两种哲学进路中都扮演着基础性的角色。然而,二者之间的差别也是实质性

---

[5] 如下这些是例外情况:Jules Coleman, *The Practice of Principles*, Oxford:Oxford University Press, 2001, pp. 76,83;John Finnis, *Natural Law and Natural Rights*, Oxford:Clarendon Press, 1980, pp. 3—22;Gerald Postema, Jurisprudence as Practical Philosophy, (1994) 4 *Legal Theory* 329;Joseph Raz, supra note [3];Nigel Simmonds, Protestant Jurisprudence and Modern Doctrinal Scholarship, (2001) 60 *Cambridge L. J.* 269。他们是承认参与者的观点与实践的观点之间的区分的。

[6] 关于对哈特的内在观点所作出的阐释性解释,参见 H. Hamner Hill, H. L. A. Hart's Hermeneutic Positivism:On Some Methodological Difficulties in the Concept of Law, (1990) III *Can. J. Law & Jur.* 113。

[7] Nicola Lacey, *A Life of H. L. A. Hart:The Nightmare and the Noble Dream*, Oxford:Oxford University Press, 2004, p.230.

[8] Peter Winch, supra note [2].

[9] 就维特根斯坦对法律理论的影响所作的分析,参见 Andrew Halpin, *Reasoning with Law*, Oxford:Hart, 2001;Scott Hershovitz, Wittgenstein on Rule:The Phantom Menace, (2002) 22 *OxFord J. Legal Stud.* 619;Dennis Patterson (ed.), *Wittgenstein and Law*, Aldershot:Ashgate, 2004。

的并且颇为重要。

二、由温奇和哈特所提出的两种内在观点之间的相似性

（一）原因与理由（Causes and Reasons）

温奇和哈特都认为,对人类行为进行理论上的反思是无法根据原因(causes)和经验性归纳(empirical generalizations)而予以阐明的,而必须根据理由(reasons)来加以说明。作为与习惯(habits)或动物行为(animal behaviour)相对的人类行为(human actions),其特点在于它是有目的的[10]和有意义的行为(intentional and meaningful behaviour)。以经验性为特征的原因性解释无法令人满意,因为它们如果不把这种人类行为简化为单纯的习惯或者未经反思的动物行为,就无法领会和解释有目的的和有意义的行为。有意义的行为存在于观念和理由的领域,而前述的习惯则存在于经验事实和科学事实的领域。[11] 温奇认为,人们之间的互动可以被比作交流过程中的观念和理由(ideas and reasons)的交换。[12] 他声称:

> 在诸如此类的情况下,理解就是去领会正被做或正被说之事的要点或意义。这是一个远不同于统计学(statistics)和因果律(causal laws)领域的观念:它更接近于话语(discourse)的领域。[13]

人类,一旦作出行为,就会对其自身阐明其如此行为的理由。我们由于自己对这些理由的阐明而对这些理由有所了解。如果我们的行为是由我们对自己阐明的理由所指引的,那么一种因果性的解释就无法领会这些阐述,因为它们不是科学的事实。然而,温奇却并不是根据某个人如何向他自己阐明理由来理解行为的理由的。相反,他坚持认为理由是公共性(publicity)的,因此他假定了规则的适用。[14] 下述这个例子就阐明了这一点:某一部落的巫师燃起火焰来向诸神进行祈祷。温奇认为,为了理解这样一种行为,人类学家就需要领会那些支配我们行为的规则。对于温奇来说,什么才算作行为呢？和理由一样,行为植根于语言;我们无法明确地将社会行为与语言行为区分开来。维特根斯

---

[10] 对"意图"(intention)最具启发性的讨论,参见 G. E. M. Anscombe's Classical Text Intention, 2nd ed., Cambridge, MA: Harvard University Press, 2001, original 1957。

[11] 温奇的开创性著作影响了社会科学家在社会科学中对诸如"权威"或"义务"等概念进行经验研究的限度。比如参见 David Braybooke, Authority as a Subject of Social Science and Philosophy, (1959—1960) Rev. Metaphysics 469, pp.473—474。

[12] Peter Winch, supra note [2], p. xviii.

[13] Ibid., p.115.

[14] 正如拉兹在对哈特的批判(也同样适用于对温奇的批判)中所主张的那样,这是错误的,因为对理由的适用或使用并不总是假定了对规则的适用或使用。参见 Joseph Raz, supra note [3], pp. 353—358。

坦诉诸语言规则来理解语词的意义，以同样的方式，温奇诉诸规则来理解具有意义的社会行为，并主张，如果不假定规则存在并对其公共的本性进行考虑，诸种理由就无法被理解。温奇的主张的实质在于，人们做那些有理由去做的事情，并且这些理由对于其他人和他们自己来说是可以理解的。然而，这是如何可能的呢？温奇受维特根斯坦的影响，强调诸如意义、规则、理由等观念是无法依赖于对神秘实体的个人性的意识、阐述或认知的。温奇主张：

> 这里十分肯定的是，认为对社会的理解在逻辑上不同于对自然的理解这种情形并不是依赖于对一种"内在感觉"（inner sense）的假定。事实上，它源自于我在第二章所提出的主张，即我们据以理解我们自己的心理过程和行为的那些概念必须要被予以研究，因而它们一定是被社会性地确立起来的，正如那些我们据以理解他人行为的那些概念一样。[15]

温奇有关理由的观念有时是含糊不清的。在其著作《一种社会科学的观念》第二版的序言中，他承认自己并没有就交流过程中理由的交换与理由和社会事实相互联系的方式进行进一步的对比。[16] 他仅仅在这样一种程度上来关注理由，即它们与规则具有相关性。温奇是这样提出这一点的：

> 我是以如下这种方式来表达出这种区别的，即指出我们对自然现象的理解是根据原因的观念，而我们对社会现象的理解则涉及各种行为动机[17]和行为理由的范畴。此外，我认为，尽管原因的范畴包括经由经验性的归纳而获得的一般性，然而一项行为理由的范畴却包括经由规则而获得的一般性。[18]

温奇在将理由的观念和规则观念二者进行关联的方面作出了重要的努力——尽管这种尝试是颇为含混的而且并不总是具有启发性意义。

温奇列举了两个遵循理由的有意义的行为的例子。有时这些理由是显在的并且为参与者所熟知，然而这些理由也可能是潜在的并且不为人所熟知。第一个例子是有关这样一个人的例子，他为劳工党投了票，因为他认为一个工党政府会保护工业秩序。在这里，理由对于这个人来说是显在的。第二个是弗洛伊德式的例子，即有关这样一个人的例子，他忘了邮寄一封信，但是却忽略了忘记邮信的理由。温奇告诉我们，对于弗洛伊德（Freud）和精神分析学家传统来说，一定有一项理由，而且精神分析学家就是要探寻使社会行为变得有意义的这些理由。温奇提出了下述结论：

> 一名弗洛伊德式的观察者可能坚持认为N"一定有一项理由"，即使这项理由对

---

[15] Peter Winch, supra note [2], p.119.
[16] Ibid., p.xviii.
[17] Emphasis added.
[18] Ibid., p.XI.

于 N 来说并不是显在的：也许认为 N 下意识地将邮信与其生活中某种痛苦的东西及其希望抑制的某种东西关联起来。用 Wiiberian 的话来说，弗洛伊德将那些对于漫不经心的观察者来说是毫无意义的行为归为"完全具有导向性的意义"（sinnhaft orientiert）。韦伯在谈及其意义仅对于"专家"来说是显在的那些行为时——在其对边缘情形进行讨论时——似乎涉及了这种情形。[19]

按照温奇的说法，精神分析学家所提供的理由需要获得病患的默认：这是其被接受为"正当"解释的一个条件。[20] 温奇告诉我们，根据人们在社会场景中所持有的那些概念，这种共识是可以被达致的。然而，温奇主张，有很多不具有理由的有意义的行为的情形：一个在最后的大选（general election）中将票投给劳工党然而却找不到任何一项理由的人。温奇告诉我们，在这种情况下，社会科学家——在其对有意义的行为进行理解的工作中——需要区分有意义的行为与单纯的习惯。对于温奇来说，规则的观念使社会科学家得以作出这种区分。温奇指出，在适用语言规则与适用社会行为规则之间存在着一些具有启发性的并且至关重要的相似性。这一点由如下表述予以解释：

> 由我现在所为之事来确保某种未来发生的其他事情这种观念，在形式上等同于一个定义与对已被界定的语词进行后续使用之间的关联——这一点我在上一章已经讨论过了。由此得出的结论是，如果我目前所为的行为是对一项规则的适用，那么我只能承诺在未来按照我现在所为之事去做。现在，依据上一章的主张，只有正在讨论的行为与社会场景具有关联，这一点才是可能的：即使是大多数的私人行为（也就是说，如果它们是有意义的行为的话）这种情况下，这一点也一定是真实的。[21]

然而，温奇并没有在理由与规则之间确立明晰的关联。这需要进行一些推测和解释。有人可能会说，并不需要理由与规则之间存在关联，因为温奇的目的乃是在于解释参与者的有意义的行为；亦即为他正在做什么这个问题提供答案。从这个视角来看，为参与者所熟知的或者为心理分析学家所揭示的一些理由是各种颇为有力的解释。阐释学工具使理论家们得以对行动者正在做什么提供一个可以为人所理解并且吸引人的解释。显而易见的是，温奇所意图指出的是规则和理由的观念是根深蒂固的。因而，温奇得出这样的结论，即所有具有意义的行为根据事实来说（ipso facto）都是受规则支配的[22]，并且他对这样一种异议作出了回应，即认为确立理由与规则之间的关联无法将一名僧侣和一名思想自由的无政府主义者同时涵括在受规则支配的行为的根本范畴之中：

---

[19] Ibid., p. 41.
[20] Ibid., p. 48.
[21] Ibid., p. 50.
[22] Ibid., p. 52.

这两种人之间的差别并不在于一种遵循规则而另一种不遵循,而在于他们各自所遵循的是不同类型的规则。[23]

温奇的主张确立了这样一种归并——在某种程度上体现在哈特那里:理由并非是要为人所知的神秘实体,而是植根于语言规则之中,因而是要被实践的。温奇试图证明,理由的运行和语言规则并无不同,因此理由和语言规则都具有公共性的根本特征。温奇明确地主张:

无政府主义者有其如此行为的理由;他强调的是不受显在的、僵化的规则的支配。尽管他保留了其选择的自由,然而他所作出的仍然是颇具意义的选择:它们受各种考虑的指引,并且他必须有适当的理由选择一种路线而非另外一种。并且这些观念——它们在描述无政府主义者行为模式时是根本性的——假定了一项规则的观念。[24]

温奇认为,一项理由的观念假定了一项社会规则的观念,并且由于语言规则植根于社会规则,因此各种理由根据一种以实践为基础的说明而假定了语言规则。

哈特——遵循温奇——也在理由和规则之间确立了一种类似的关联。哈特认为规则为行为提供了理由并且是以实践为基础的。

按照温奇的说法,由于语言和意义植根于社会规则,因此我们理解了何为语言和意义。在法律场景中,哈特运用了一种类似的分析:为了理解诸如义务等法律概念,我们并不需要诉诸粗野的事实或者统计学上的经验数据,因为这些并不会告诉我们多少义务和责任的本性,相反,我们应当诉诸法律规则。哈特告诉我们[25],单纯的趋同行为并不足以证明一项规则的存在:法律参与者需要对规则持有内在观点,并且这一点构成了规则存在的条件。法律参与者凭借使用诸如"应当"(ought)、"必须"(must)等语词来展现这种内在观点。然而按照哈特的说法,依赖于纯粹经验事实的具有预测力的法律理论并无法解释这一规则的内在方面。因为需要作出处罚的法官将规则视为其行为的指导,并且将对规则的违背视为其对罪犯作出处罚的理由和正当性根据。规则的预测方面(尽管足够真实)与其目的并不相关,而其作为一种指导和正当性根据的身份才是基础性的。[26]对于哈特来说,和温奇一样,规则是立基于实践的,因此如果规则的内容是各种理由,那么理由就和规则一样也立基于实践。哈特并没有构设任何其他方式来解释社会规则这种特定的东西,并且我们可以说,哈特由于以实践为基础的解释所存在的限度身陷困境。由于最初的理论设定,哈特发现自己在以实践为基础的解释所提供的可社会性(sociability)与立基于认知能力的行为理由的规范性之间进退维谷。这一要点将在下面的第三部

---

[23] Ibid.
[24] Ibid., p.53.
[25] H. L. A. Hart, supra note [1], p.9.
[26] Ibid., p.10.

分中予以充分地阐明。

然而,哈特意识到,仅仅在习惯与社会规则之间作出区分并不足以解释法律中"责任"和"义务"的使用,于是他诉诸内在陈述与外在陈述之间的区分。哈特致力于这样一个否定性的工作,即认为有关法律和义务的预测理论无法就规则何以在社会中作为规则而起作用提供一个令人满意的解释,因为任何这类解释都将是从外在观点而非内在观点来观察社会的。哈特是这样阐述这一点的:

> 在这种规范性语词中,"责任"和"义务"这些词形成了一个重要的子集,包含着它们所特有的一些内涵——通常不会展现在其他的语词之中。因此,尽管掌握那些通常可以将社会规则与单纯的习惯区分开来的要素对于理解义务或责任观念来说当然是必不可少的,然而仅靠这也并不足以充分地理解这种观念。某人具有一项义务或者受一项义务的约束这种陈述的确暗含着一项规则的存在。然而与这种规则进行关联来使用"责任"或"义务"这些语词也会是令人误导的,而不仅仅是在文风上违背常理。它会错误地描述一种社会情势;因为尽管划分义务规则与其他规则的界限目前还很模糊,然而这种界分的基本原理却是相当清晰的。的确,规则的内在方面是在我们得以彻底地否弃预测理论主张之前必须要再次予以涉及的东西。然而,如果观察者确实严格地秉持着极端的外在观点而没有为接受该规则的群体成员如何看待其自身的有序行为提供任何说明,那么他对于这个群体成员生活的描述根本就不是根据规则,因而就不是根据有关义务或责任的规则依赖观念来作出这种描述的。[27]

因此,哈特发现了内在地解释义务和责任的观念与外在地解释义务和责任的观念之间的决定性的区分。

与规则(包括义务规则)的公共性和可社会性一致,哈特认识到,义务具有一种社会本性,然而他并不希望将义务化约为单纯的社会实践:"重要的在于,对规则背后的社会压力的重要性和严肃性的坚持是确定这些规则能否被认为产生义务的重要因素。"[28]因而,社会压力是一个原初的因素,然而却不是唯一的一个。

我们可能会认为,哈特相信,内在与外在之间的区分不仅仅有助于否弃有关义务的预测理论,而且在解释规则为行为提供理由的方式时起到了一种积极的作用。

(二)实践的观点与参与者的观点

温奇运用了一项规则的概念来区分具有意义的行为与那些不具有意义的行为。正如我们已经指出的那样,温奇根据规则和实践提出了一个有关理由的简化论观点。哈特

---

[27] Ibid., pp. 83—87.

[28] Ibid., p. 84.

以类似的方式采用了"理由"这个术语,并指出规则为行为提供了理由,然而一个附加的规范性要素也被涵括在他对法律规则之本性的处理之中了。因而,哈特讨论了不同类型的规则(即授予权力的规则、施加义务和责任的规则),并且告诉我们,强制模式作为一种解释法律体系的方式,其问题在于它无法解释这两种规则之间的差别。换句话说,与认为法律规则是命令不同,存在着授予立法权力的规则,并且这种规则创造义务,而其他类型的规则则施加义务;也就是说,并不是终止义务。规则施加或创造标准——特定的行为可借以获得评价。在其试图为这两种规则寻求一个共同的名称时,哈特声称:

> 在这两种我们已经予以区分的法律规则之间当然存在着共同之处。在这两种情况下,行为都可以根据规则而被评价或评定为所做的在法律上是"对"还是"错"的行为。关注遗嘱之订立的授予权力规则和凭借刑罚而禁止侵犯的刑法规则都构成了特定的行为能够据以得到批判性地评价的标准。对同作为规则的二者进行讨论也许涵括着很多东西。此外,重要的是意识到,这种授予权力的规则,尽管不同于施加义务因而有些类似于以威胁为后盾的命令的规则,然而它们也始终与这类规则相关;在我看来,这些规则所授予的权力是形成一般性的施加义务规则的权力,或者是为那些特定的人(否则不会服从于这些规则)施加义务的权力。这一点在被授予的权力通常被称为一项立法权力的情况下尤为明显。然而,正如我们将看到的那样,在其他法律权力的情况下也是如此。如果不那么精确地来说的话,诸如刑法之类的规则施加义务,而授予权力的规则则创制义务。[29]

法律可以创制并施加义务,因为它为官员和遵循法律的公民提供了行为的理由。哈特接受了温奇和维特根斯坦的观点,认为和语言规则一样,诸项规则是立基于实践的,因此他认为,法律规则提供了行为的理由,并且由于规则的本性要由如下这样一个事实予以确定,即我们是在我们的实践中来遵循这些规则的,因而据此推断,法律规则的本性及其赋予理由(reason-giving)的功能也要由上述这个事实来予以确定。这种观点业已遭到了拉兹(Raz)[30]和德沃金(Dworkin)[31]的批判。有问题的地方在于,哈特的类比走得太远并且其推断并不可靠。我认为,事实上,问题可能在于,温奇旨在为参与者的观点提供一种解释,而哈特则——如果本文第二部分中的第二节的解释是合理的话——试图为实践的观点提供一种解释;亦即,法律是如何使官员和遵循法律的公民确定其应当去做的事情的。德沃金和拉兹都明确地指出,哈特未能就法律的规范性提供一种令人满意的解释;换句话说,哈特未能说明有关规则的实践理论是如何解释那些使官员和遵循法律的

---

[29] H. L. A. Hart, supra note [1], pp. 32—33. 另请参见 Hart, Fuller: The Morality of Law, in *Essays in Jurisprudence and Philosophy of Law*, Oxford: Clarendon Press, 1983, p.358。

[30] 参见 Joseph Raz, supra note [3]。

[31] 参见 Ronald Dworkin, *Law's Empire*, Cambridge, MA: Harvard University Press, 1986; Ronald Dworkin, *Taking Rights Seriously*, Cambridge, MA: Harvard University Press, 1977。

公民确定其应当去做的事情的条件的。因此,他未能解释法律的赋予理由的特征。让我们首先来探究一下温奇在理由和规则之间所进行的看似合理的关联,继而来比较一下温奇和哈特的主张。

温奇的主张可以被直观地阐述如下:

前提1:理由由语言予以表达。

前提2:所有的社会行为都是有意义的。

前提3:所有有意义的行为都根据规则而被表达。

前提4:语言的意义由某种特定语言的言说者所遵循的规则予以确定。

前提5:为理解理由的意义,我们需要理解语言规则并遵循它们。

前提6:我们只有在社会实践(lebensform)的场景中才能理解语言规则。

结论:我们只有在社会实践的场景中才能理解理由。

如果我们了解到社会学家和人类学家的目的乃在于理解参与者行为的理由,那么温奇的进路就并不存在疑问。

让我们来回顾一下,对于温奇来说,语言、理由和有意义的行为之间的关系从根本上来说是公共性的,并且他强调对某一社会实践的参与者正在做的事情进行解释的作用:

> 我们只有经由表达出欲望和信念的行为才能了解这些欲望和信念是什么。我此前就注意到我们要经受的这样一种考验,即为我们所说的话赋予一种卓越性的地位——认为它构成(似乎它就是那样)对心理状况(为行为赋予意义)的直接记录。然而语词和行为自身都不具有任何卓越性的地位。有时我们可以凭借倾听行为人所说的话来检验他们是否理解他们正在做的事情;但是有时候我们需要凭借研究他们所做的事情来检验他们是否理解他们所说的话。在每一种情况下,有关倾听和研究的重要方面都会将语词和/或行为拉到一个更为宽泛的场景之中,即宽泛到一个文化场景。[32]

一旦我们引入了法律的规范性,亦即这样一种观念,法律规则提供了行为的理由并且在某些情况下,法律规则创制并施加义务和责任,那么认为基于社会实践的规则就能够理解行为的理由及其规范性似乎就无法令人满意。

哈特的主张可以被归结如下:

前提1:法律规则植根于社会实践。

前提2:规则为行为提供理由。

前提3:我们只有在社会实践的场景中才能理解理由(温奇的结论)。

结论:因此,与法律规则和语言规则一样,我们可以在社会实践的场景中理解法定的行为理由。

---

[32] Peter Winch, Can we understand ourselves? (1997) 20:3 *Phil. Investigations* 193, p.197.

对于哈特和温奇来说,如果说我们能够断言我们作出了行为并且能够理解作为行为人的我们自身,那么这可以归因于我们的行为是具有意义的这个事实。对于温奇来说,和对于哈特一样,我们可以确认一项行为,因为我们可以确认言说者或行为人所遵循的规则。按照温奇的说法,社会行为不能与语言行为相分离。他在下述这篇《我们能理解自己吗?》(Can we understand ourselves?)中说明了这个问题:

> 因为这会忽视这样一个事实,即我们的语言和我们的社会关系只是同一枚硬币的两面。若要为某一语词的意义提供一种说明就要描述它是如何被使用的;而且若要描述它是如何被使用的,就要描述它所参与的社会关系。[33]

与维特根斯坦一样,温奇试图解释这样一种观点,即意义仅仅存在于心智之中,并且人们需要发现神秘的语言实体以理解理由或规则并使任何针对它们的谈论都富有意义。观念、理由和意义是蕴含于内的,要理解它们,就要理解支配有意义的行为和语言的规则。

哈特也诉诸规则来辨别有意义的法律行为和无意义的法律行为。然而,他把内在观点既视为这类规则的确认条件也视为它们的存在条件。如果法律实践中的参与者并不持有内在观点,那么规则既不存在也无法被确认了。许多法律哲学家都把哈特的内在观点解释为一种源自于对法律规则的接受的态度;然而,这种对法律规则的存在条件和确认条件的接受态度却无法确保法律所具有的特定类型的规范性。

哈特的目的并不在于根据心理学的解释来阐明内在观点[34],即批判性的反思态度。他旨在根据维特根斯坦的路线(由温奇予以提倡和捍卫)所提出的公共性来提供一种解释。哈特明确地指出,内在观点就是这样一种视角,从这个视角出发,官员是接受承认规则的,这种接受的证据就在于官员运用了这种规则。与维特根斯坦和温奇一样,哈特并不认为这种接受有更深层的可以根据某种通常的心理学结构予以解释的原理。认为这种"接受"是一种心理学上的特征这种观点是对维特根斯坦的"公共性"主张(温奇所作出的理解)之重要性和影响——在哈特对内在观点的阐述中——的一种误解。和游戏规则一样,我们接受继而使用这些规则,并且也使用与之相伴随的词汇——它也是对内在观点的一种表达。此外,没有更进一步的心理学解释会解释这种使用。规则是在公共领域被习得的,若要"正确地"使用它们,就需要遵循它们。在我们对规则的使用中,我们也显现出对需要遵循它们的"接受"。接受是规则被规范性地使用的一个标志。哈特指出:

> 大部分的承认规则都没有被阐明,但是其存在以特定的规则获得确认——由法院、其他官员、私人或其顾问——的方式得到展现……

---

[33] Peter Winch, supra note [2], p. 123.
[34] 让我们来回顾一下,在哈特那里,内在观点是承认规则的存在和确认条件,但是它也为对概念的分析划定了适当的方法论视角。参见 H. L. A. Hart, supra note [1], p. 96.

由法院和其他人将未予阐明的承认规则用于确认该体系的特定规则是内在观点的特征。那些以这种方式运用[35]这些规则的人由此便体现了他们自己将这些规则[36]接受为指导性规则，并且持有这种态度，就体现出一种不同于对外在观点的自然表达的特有词汇。也许其中最为简单的表达就是"……是法律"——我们不但可以在法官嘴里听到，而且也能在受某一法律体系支配而生活的普通人嘴里听到，如果他们要确认该体系的某项给定规则的话。与"出局"或"得分"一样，这是一个人根据规则——他和其他人都承认这些规则符合这一目的——来判断情势的语言。我们应当将这种对规则共同接受的态度与这样一名观察者的态度进行对照：他从外部记录某一社会群体接受这类规则的事实，然而他自己却并不接受这些规则。对外在观点的自然表达不是"……是法律"，而是"在英格兰，他们将……认作法律，而无论女王在议会颁行的是……"这些表达形式中的第一种，我们将称之为内在陈述，因为它表达的是内在观点并且它自然地为那些在将该体系某一特定规则承认为有效时适用规则[37]的人（接受承认规则却并没有阐明这项规则被接受这一事实）所使用。第二种表达形式我们将称之为外在陈述，因为它是该体系的外部观察者的自然语言，这名观察者本人并不接受该体系的承认规则，他陈述的是其他人接受承认规则的事实。[38]

哈特的论述分两个阶段进行。在第一个阶段，内在观点并不涉及对思维或意识进行反思的神秘状态，很明显是凭借对规则以及相关词汇的使用来阐述内在观点的。和语言规则一样，承认规则也是公共性的，因而承认规则可以为某一法律实践中的所有参与者所知晓。在第二阶段，哈特引入了一个"意志的"（volitional）要素。与语言规则不同，承认规则要求"接受"，然而这种接受却并不是任何具有深层含义的反思性态度。[39] 在语言规则的情形中，言说者无法简单地否弃语法规则；如果他希望与他人进行交流，那么他就应当运用语法规则。他并不需要决定是否要接受这项规则。此外，在哈特所言意义上的观察者（拒绝语法规则）那里并不存在外在观点，因为为了描述其他人的行为，外在观点将会需要语言并至少需要运用某些语法规则。换句话说，严格说来，只有一个令人难以置信的外在观点：一个根本无法说出任何语言的人的观点。因而，并不需要假定一个额外的自愿要素。我们假定某人对我说："你正使用语法规则来写这篇文章，但是你接受

---

[35] Emphasis added.
[36] Ibid.
[37] Ibid.
[38] H. L. A. Hart, supra note [1], pp. 98—99.
[39] 近来道德哲学方面的著作已经提出了反思性认可（reflective endorsement）的观念以确立道德的规范性。然而，哈特的头脑中并没有这种深层的认可或接受来确立法律的规范性。参见 Christine M. Korsgaard, *The Sources of Normativity*, Cambridge：Cambridge University Press，1996；Cf. Nico Kolodny, "Why Be Rational?"（2005）114 *Mind* 509。

这些规则吗?"这个问题在温奇所提供的框架内似乎表达得非常荒谬。我不"接受"语法规则,我却使用语法规则。

那么为什么哈特需要在内在观点中添加一种"接受的"意志要素呢?它是否足以证明法律官员运用了承认规则而且这种使用又体现了——和语言的情况一样——他们在对法律规则进行内在理解这种意义上的内在观点呢?一个看似合理的回答是,哈特需要证明,在以威胁为后盾的命令与法律规则之间存在着差别,并且后者包含着义务和责任,因而只有在自由的领域内,我们才能够说这些规则约束着我们并且是指导行为的。哈特希望证明,法律规则可以产生义务和责任。"接受"这样一个附加的要素在确保存在意志或自由意愿的要素方面扮演着重要的角色:行为人接受或认可法律规则。哈特意识到了被理解为语言规则的规则模式的局限性。他告诉我们,法律规则产生义务和责任。哈特的问题就在于如何接受规则模式内部的规范性问题。他选择的是引入一种由"接受"观念所呈现出来的意志要素。

三、哈特与法律规范性的两难困境

我们现在可以以一种更适当的立场来描述法律规范性的两难困境了。法律的规范性扮演着下述这些角色:权威、指导、正当性证明、约束以及自由,对于哈特来说,两难的困境在于,一方面,我们如何为法律规范性的这些角色提供一种一元的解释,另一方面,我们如何提供法律的公共性而不诉诸深层的或在认知上有说服力的理由观念。[40] 因此,根据一种意志要素以及对规则使用的证明来解释内在观点无法确保约束力和自由,因为我们并不能说某位行为人——他置身于对规则的使用之中并且由于那些规则接受或认可了实践而遵循由那些规则所表达出来的行为理由——正在运用这些规则的反思性本质和自由。举例来说,让我们设想一下,我接受并运用了我们应当恪守承诺这项规则,仅仅由于这项规则是被实践了的。我对这项被实践了的规则的接受的意志要素,既无法解释我有义务履行自己诺言的约束力,也无法解释我有义务履行自己诺言的自由。让我们想象一下两个负债的人之间的一场对话。一个人说:"我有义务遵守我的诺言来向你偿还自己的债款,因为那是对作出的承诺的实践。"另一个人则表示:"我有义务遵守我的诺言来把我的债款支付给你,因为对于我来说,存在诸如我尊重你对我的信任这样的适当理由使我遵守承诺。"在前一种情况下,只是因为存在一种实践,这个人就受到了约束。在后一种情况下,这个人是基于存在适当的行为理由才受到约束的。哈特认为,对法律规则所持的内在观点类似于前一种情况,然而,实践并不足以约束行为人的自由意志。一名行为人怎么可能仅仅基于存在着一种实践就受到约束了呢?哈特的模式无

---

[40] 在《论边沁文集》中,哈特表达了对行为理由进行认知性说明或客观性说明的怀疑态度,参见 H. L. A. Hart, *Essays on Bentham*, Oxford: Oxford University Press, 1982, pp.158—161。

法证明,如果我遵循了规则,那么我就可以自由地以不同方式行为,其模式也无法证明,存在着一种规范性力量能够迫使我履行自己的诺言。因此,由哈特所提出的内在观点并无法与哈特式的法律学者们一道确立他们所秉持的这样一种洞见,即规则具有一种赋予理由的特征。现在,我们可以将这种两难困境阐明如下:

（4）如果法律规则由于对它们的接受、惯习或实践而应当被予以遵循,那么我们并没有理由去遵循它们。这样,对法律规则的需要就没有什么意义了。然而,如果规则为行为提供了理由,那么规则就是多余的。法律规则或者由于我们没有遵循它们的理由而变得毫无意义,或者它们就是多余的。

如果我们坚信法律应当被构设为一套规则,那么这种两难困境就是法理学中最深层的问题。这篇文章的目的并不在于解决这种两难困境[41]或者解释当代法理学中所蕴含的各种试图解决这种两难困境的观念[42],而是旨在强调哈特的规则实践理论与其欲图在规则实践理论范围内为法律赋予理由的特征提供基础的野心之间所存在的张力。

作为最早对哈特作出解释的人之一,海克(Hacker)[43]否弃了任何根据心理学特征而对内在观点所进行的化约,并且他突出的是内在观点的规范性特征:

这种"内在观点"体现在独特的规范性回应之中,亦即体现在下述这些需求所呈现出来的批判性态度之中,即一致性、对悖离的批判、对批判之合法性的接受,以及规范性语言所呈现出来的各种不同的行为之正当性证明。哈特所分析的这个方面构成了对古典实证主义的明显悖离,并且表达了其对书中讨论的所有基础性法律概念的分析。因为如果说古典实证主义者主要是试图依据或然性关系或者心理学(非规范性)关系来解释内在的法律关系的话,那么哈特的解释则是以规范性为特征的。[44]

麦考密克(MacCormick)等其他的哈特解释者则认为,法律的规范性与内在观点是彼此关联在一起的,并且内在观点为法律的规范性提供了可能。他在如下这段对哈特、凯尔森(Kelsen)和康德(Kant)进行比较的具有启发性的阐述中指出了这一点:

对于凯尔森来说,和哈特一样,法律本身就具有规范性——它确定与某种特定形式的社会秩序相关的应然之事,而不是实然之事。作为一名康德的追随者,凯尔

---

[41] 我本人曾写了一篇"Law as Shareable Reasons"的文章试图解决这种两难困境的努力。

[42] 参见 Joseph Raz, supra note [3]; Ronald Dworkin, supra note [31]; Coleman, supra note [5]; Scott Shapiro, Law, Plans and Practical Reason, (2002) 8 *Legal Theory* 387。

[43] 作为哈特的《法律的概念》的最初评论者,Baker 和 Hacker 强调——引用了哈特在第 38 页的论述——法律规范性的非化约性特征。参见 G. P. Baker, Defeasibility and Meaning, in P. M. S. Hacker & Joseph Raz (eds.), *Law, Morality and Society: Essays in Honour of H. L. A. Hart*, Oxford: Clarendon Press, 1977。另请参见 Hacker, Hart's Philosophy of Law, Ibid。

[44] Ibid., p. 9.

森提出这一点是指,存在一种特别的人类思想,即"应当"(ought)的范畴,它从根本上不同于"实然"(is)以及所有我们对自然过程的思考所假定的因果关系原则。哈特对此并不赞同。为理解法律规则、道德规则或其他社会规则的规范性,我们只需要反思人类对于人类行为的态度即可。[45]

然而,这段叙述并没有阐明"态度"(attitudes)和"人类行为"(human action)的观念——它们本身就是存有疑问的。萨托利斯(Sartorius)也将哈特的参与者观点解释为关注应然之事。然而,他并不满足于哈特依据温奇的行为主义而作出的界分:

> 很明显,哈特并不意图将规范存在的内在方面与那些认为必须要遵循这些规则的人(接受这些规则)进行关联;的确,恰恰在这里,哈特耐心地区分了其自己的主张与罗斯(Alf Ross)所提出的另一个十分类似的概念。不清楚的地方在于,反思性的批判态度(内在方面似乎据以被作出界定)是否意味着并不仅仅是人们认为它们所呈现出来的复杂行为。[46]

四、实践的观点和参与者的观点:法律理论的方法论

正如业已指出的那样,两种不同的"内在"观点之间的差别并不总是处于法理学研究的核心范围之内。目前的趋向是将实践的观点合并到参与者的观点中去。这两种观点之间的差别是非常明显的:一个所探寻的是行为的规范性维度,而另一个则寻求对当前的行为进行单纯的解释。然而,我们可以肯定的是,实践的观点是以参与者的观点为基础的,因为如果我们不能理解他或她正在做什么,就无法理解他或她应该做什么。

一些哈特作品的评论者低估了这种差别的力量,因而往往趋于认为,哈特是含混不清的,因此其在将两种核心的方法论问题——对描述性事业的捍卫以及试图形成一种对法律的评价观点的努力——进行调和的过程中并不成功。比如,佩里(Perry)等学者都将规范性方法、解释性理论以及参与者的观点关联在一起;也就是说,参与者正在做什么。佩里——也许并不令人吃惊——得出的结论是,唯一可以将这三种核心观念合并到一个单一的、似乎合理的和一致的理论之中的就是德沃金的解释理论。[47] 然而这是错误的,因为这一进路将实践的观点合并到参与者的观点中了。因此,佩里发现哈特的方法论是有问题的而且不足以令人信服,因为它无法将有关参与者观点的复杂数据组织起来,因此,在佩里看来,哈特或者需要一种依据强内在主义(strong internalism)(即一种从参与者的观点出发而进行的解释)的德沃金式的主张,或者需要一种菲尼斯式的道德主张或一

---

[45] Neil MacCormick. *H. L. A. Hart*, London: Edward Arnold, 1981, p.25.

[46] Rolf Sartorius, Positivism and the Foundations of Legal Authority, in Ruth Gavison (ed.), *Issues in Contemporary Legal Philosophy: The Influence of H. L. A. Hart*, Oxford: Clarendon Press, 1987, p.47.

[47] 参见 Ronald Dworkin, supra note [31]。

种拉兹式的温和的内在主义来组织有关法律实践的复杂数据。佩里告诉我们,这三种方法论进路的优势即在于,与哈特的法律理论不同,它们是承认法律的反思性本质的。佩里指出:

> 哈特出于纯粹描述的目的而进行纯粹描述的目标是无法被达致的,至少在一种法理学理论中如此。我们对设想出来的哈特与霍姆斯(Holmes)之争所进行的讨论就阐明了这一点。我们在前理论(pre-theoretical)阶段将其确认为法律的那些有关特定的(通常是地方性的)社会实践的要素是极其复杂的,而且彼此之间经常难以调和在一起;如果没有某种概念性的框架,我们只能处于进行具体观察的非体系化的混乱之中。也许出于某些目的,数一数有多少人转而相信了审慎考虑的理由并且有多少人转而相信了对哈特规则所进行的社会化是非常吸引人的,然而这并不会成为一种法理学理论;此外,这可能会放弃法理学在哲学上的雄心。法理学需要的是一个概念框架。难点即在于,数据似乎可以以不止一种方式被概念化,而且在这些被概念化的东西中作出选择似乎需要归因于具有某一要点或功能的法律。这反过来不仅仅涉及评价性的考量,而且涉及道德主张。[48]

如果我们根据实践性理由(与理论性理由相对)进行思考的话,那么我们可以更好地理解这种区分。佩里似乎捍卫的是这样一种观点,即法理学不是对法律领域中的实践推理作出一种哲学上的解释(也就是说,哲学家或理论家旨在解释应然之事)。事实上,他认为法理学或者是(像德沃金所构想的那样)具有完全的正当性的,或者是纯粹在理论上关涉实践的——这是在法理学试图理解参与者的观点这个意义上来说的。佩里对温和的内在主义的捍卫有如下论述:

> 我意欲就温和的内在主义形成两个最终的观测结论。第一种是它使法理学成为一种理论性理由的运用而非实践性理由的运用。换句话说,采纳一种立基于温和的内在主义命题的方法论的理论家是这样做的,因为他希望理解法律制度而非决定他本人或其他人应当做什么。因而他并不认为制度具有穆尔(Moore)的温和解释主义这种意义上的权威性;作为法律理论家,他并不认为制度为他提供了任何的行为理由。即使他对制度的刻画可能包含道德主张,这一点也是真实的,因为道德主张可以同时在理论性理由和实践性理由中扮演重要的角色。[49]

这是一种令人感到困惑的立场:佩里的温和内在主义旨在为参与者的观点提供一种理论上的解释。它继而也需要考量参与者——复杂的经验数据的组织者——的道德观

---

[48] Stephen Perry, Interpretation and Methodology in Legal Theory, in Andrei Marmor (ed.), *Law and Interpretation*, Oxford: Clarendon Press, 1997, p.123.

[49] Ibid., p.132.

点。与这一观点最为相似的主张就是韦伯的社会规则理论。[50] 但是,却与佩里背道而驰。我旨在证明——遵循哈特的洞见——我们的任务是为官员以及遵循法律的公民的应当什么(尽管不必然是道德上的)提供一种哲学上的解释,而非为其正在做什么提供一种解释;即我们的实践。然而,这并不意味着,我们应当忽视对我们的实践作出解释,而只是说,它们在试图理解法律参与者应当做什么这种情况下是相关的。

如果核心的问题在于"实际所做的事情"(what is done)(即何为某一共同体中的法律参与者的实践)[51],以及为什么一项活动要按照它实际进行的那样去进行?(即何为实践的正当性证明),那么一种阐释学上的解释方法似乎是最引人注目的。但是这并不是哈特、拉兹或菲尼斯所要讨论的问题。他们的问题所需要的是探寻这样一种解释,即法律是如何使遵循法律的公民和官员确定其应当去做的事情的。这就是拉兹和其他学者[52]——提倡对作为实践哲学的法理学进行反思的人以及那个认为(正如哈特所强调的)法律规则为行为提供理由并作为其指导的人——的著述背后所潜藏的问题。[53] 这是实践理性的领域,并且法理学应当被理解为这样一门学科:它旨在理解和解释法律中的实践理性并将法律规则的任务理解和解释为提供理由。换句话说,法律具有实践权威,并且法理学的任务并不在于描述参与者的观点和实践,因为这会致使我们就参与者正在做的事情进行解释。将参与者的观点置于任何法理学探究的核心将会导致解释法律之规范性的需要与对法律(受制于被视为社会实践的社会事实的范围)作出解释之间的种种张力。[54]

佩里错误认为哈特是对参与者的观点进行解释,并且主张否弃德沃金的"强"内在主义观点:

> 有关内在观点的一般性观念是,对法律进行法理学上的充分说明必须要在某种程度上从内部来考虑至少部分的实践参与者是如何看待实践的。理论学家必须在那种意义上来"解释"实践,由此而产生的方法论才能够被恰当地称之为"解释主义"(interpretivist)。依据哈特方法论进路的阐释学根源来看,这也是一个自然术语。让我们将如下这种主张标识为"内在主义"命题,即对至少某些特定类型的社会实践进行充分的法理学说明必须要涉及某些或全部的实践参与者。值得注意的是,内在主义命题并不是说,理论家的观点必须等同于实践者的观点。后面这种主张——我将其称之为"强内在主义"命题——已经由德沃金在其《法律的帝国》一书中进行了

---

[50] 参见 Finnis, supra note [5], ch. I 对韦伯方法论的讨论。对这种观点的一个批判参见我的文章"Is Finnis Wrong? Understanding Normative Jurisprudence" [*Legal Theory* 即出]。
[51] 德沃金在《法律的帝国》一书中提出了参与者的观点,参见 Ronald Dworkin, supra note [31]。
[52] 参见 Gerald Postema, supra note [5]。
[53] 在一部作品中,哈特提及了法律规则的指导性角色。H. L. A. Hart, supra note [1], p.35.
[54] 比较 Andrew Halpin, The Methodology of Legal Theory: 30 Years Off the Point, (2006) XIX *Can. J. Law & Jur.* 67。

捍卫。正如我们将看到的那样，哈特明确地否弃了这种更强的命题。[55]

在试图维护哈特内在观点的洞见并对德沃金的强内在主义表示不满的情况下，佩里主张，我们应当采取一种由拉兹提出的温和的内在主义。然而，佩里对拉兹的解释却忽视了实践的观点与参与者的观点之间的差别，而拉兹所倡导的是前者而非后者。[56] 如果我们根据这一节中所作出的区分来进行思考，那么拉兹和哈特的法律理论中许多相互冲突的特点似乎都是协调一致并且可以察觉得到的。温和的内在观点并不是另一种作为参与者观点的内在观点，而是一种有关实践观点的"中立"视角。[57] 然而，德沃金的强内在主义观点不过是一种参与者的观点。拉兹在其颇具启发性的章节中明确地表达了这一点："毕竟，没有法定的规范性含义，有的只是某种可以对规范性进行考量的特定法律方式。"[58]

我们现在可以来看一下这一节中所提出的建议的优点。基于将奥克姆（Occam）的格言解释为我们不应当增加形而上学的实体，我们可以说，我们应当简化而非扩充不同的内在观点。哈特的观点是一种具有独特观点的视角：实践的视角。参与者的观点与哈特的实践观点之间的差别使我们能够解释哈特的内在观点向普通公民的扩展。佩里认为这种扩展是令人感到困惑的：

> 有意思的是，哈特由此似乎为法律赋予一种价值，即法律不仅仅对法官强调内在观点（正如他所理解的那样）的角色，而且也针对普通公民。正如我们下文将了解到的那样，这是一种由拉兹以大量的篡改来提出并予以发展的观点。[59]

我们所做的区分也能使我们将中立的观点与受约束的观点之间的差别理解为针对同一实践观点的不同视角而非根据温和的内在主义或强内在主义所作出的解释。佩里以一种令人混淆的方式提出来了这种解释：

> 在以这种方式采用参与者的观点时，拉兹似乎非常接近于强内在主义命题，这种强内在主义命题正如本文开篇所界定的那样，只是这样一种观点，即认为理论家

---

[55] 参见 Stephen Perry, supra note [48]。

[56] 参见 Joseph Raz, supra note [3], pp. 20—48, 162。另请参见 Joseph Raz, *The Authority of Law*, Oxford: Clarendon Press, 1979, pp. 30—33, 53。

[57] 在这里，"中立的"并不是德沃金在《哈特的后记与政治哲学的特征》（Hart's Postscript and the Character of Political Philosophy, (2004) 24 *Oxford J. Legal Stud.* 1.）中所使用的那种意义。德沃金在分析各种价值时对中立的观点和融贯的观点进行了区分。这个术语不同于根据道德唯实论而被用于指涉价值的术语。前者处理的是这样一种价值，它分离于并明确独立于我们对生活得好的关注。我所使用的"中立的"一词等同于 Thomas Nagel 在下述这些作品中所使用的意义，即 *The Possibility of Altruism*, Princeton, NJ: Princeton University Press, 1970; *The View from Nowhere*, New York, NY: Oxford University Press, 1986, and The Objective Self, in Carl Ginet & Sidney Shoemaker (eds.), *Knowledge and Mind*, Oxford: Oxford University Press, 1986。

[58] Raz, supra note [56], p.145.

[59] Perry, supra note [48], p.114.

的观点必定等同于参与者的观点。然而,这并没有非常准确地把握住拉兹的立场。这些问题并不是当前这篇文章可以适当予以考虑的事情,然而需要注意的要点在于,并不只有一种采取参与者观点的方式,而且,的确,不止有这样一种观点。拉兹式的理论家似乎从参与者——使自己与制度融为一体(尽管可能是在某种相当宽泛的意义上)——的视角来看待法律,该理论家使用法律的规范性语言和概念装置,但是他却并不必然认可法律的道德权威;无论是整体还是部分。他对规范性法律语言的使用因而可能是中立的而非完全受到约束的。然而,他会倾向于对法律的经验性特征和概念性特征进行反思,并探究由许多和他一样的参与者所作出的假定——法律的确在事实上具有道德或价值——的正当性。我们将这样一种参与者的观点称为反思性的观点。认为法律理论家应当采纳反思性的观点这一主张,我们可以将其称为温和的内在主义命题。现在,我们可以以一种更为精确的方式来将强内在主义命题重新界定为这样一种主张,即理论家应当采纳完全受到约束的参与者——那些直接认可法律的道德价值及其权威性的参与者——的观点。[60]

在法律实证主义学者中,对捍卫一种"实践观点"的畏惧立基于这样一种观点,即这样一种捍卫会破坏任何对行为作出解释的可能性,从而解释性方案会屈从于一种正当性的方案。因而异议便产生了,亦即一种实践性的观点(对我们应当去做的事情的理解)要求的是从第一人称的视角进行正当性证明,由此便要求一种与描述性法理学相对的规范性法理学。因此,我们根据"实践"观点而对哈特内在观点的捍卫似乎就是荒谬的了。哈特提倡一种描述性法理学在法理学学者那里就成了一种假设,而且,根据哈特对描述性法理学的承诺,将哈特的内在观点解释为一种实践观点似乎是荒谬的。我们如何将认为哈特的目标在于回答官员和遵循法律的公民应当做什么这种观点与认为法律理论的目标在于对法律的基础性特征进行描述或解释而非证成法律判决这种观点区别开来呢?认为我们无需使自己受制于任何具有正当性的观点就可以解释实践观点的这种观念当然不是没有问题的。针对我们应当解释而非证成法律这种观念而提出异议是基于这样一种信念,即解释将理由和人视为客体,即视为现象世界、因果世界和经验世界的一部分。然而,由于区分了实践的观点和参与者的观点,我们的目的便在于证明,对法律领域的实践观点进行一种哲学上的解释性—描述——假定了一种中立的观点——并不涉及对理由和人的"客观化"(objectification)。对这种主张的充分捍卫涉及对一种"中立"观点的解释,而这一点并不在本文的讨论范围之内。[61]

为什么哈特的内在观点更容易与参与者的观点(即一组态度或信念)产生关联,而非与实践的观点产生关联呢?部分原因可能关涉社会规则这个概念的历史。分析哲学中有关社会规则的当代理论产生于维特根斯坦的《哲学研究》(*Philosophical Investigations*)

---

[60] Ibid., p.128.
[61] 参见我的文章"A Detached Viewpoint in Legal Theory"(作者未刊稿)。

之后，把维特根斯坦的社会规则理论吸收到一种有关法律规则的理论之中并且认为哈特——像维特根斯坦一样——正在描述的是参与者的观点就成为很自然的事了。[62] 然而，自然法传统在其对法律的捍卫中始终是以为行为提供理由并为实践合理性的要求提供解释为标志的。[63] 因而，认为哈特——作为一名法律实证主义者——正在试图为法律及其赋予理由的特征提供解释这种观点似乎就是违背直觉的。最初对哈特的《法律的概念》进行的文本分析也倾向于支持对参与者观点进行纯粹的描述；即各种态度和信念。在很多章节中，哈特都指出，法律、强制和道德规范都是社会现象。[64] 因此，推断法理学作为一种社会科学应当关注于参与者的观点也就理所当然了。

然而，如果我们仔细地考察一下《法律的概念》中某些颇具启发性的章节[65]，那么显而易见的是，哈特意识到了法律的深层的反思性本质，并且其目的在于为作为行为理由的法律规则——产生义务和责任——提供一种解释。

五、结　　论

在哈特进行法理学探究的核心之处，我们发现其目的在于为这样一个问题提供一个令人满意的答案，即法律需要具备何种条件才能使遵循法律的公民和官员得以确定他们应当去做的事情？为了确定这些条件是什么，争议之处在于，哈特需要对遵循法律的公民和官员的实践观点进行调查研究。换句话说，哈特需要理解官员和遵循法律的公民的实践推理。哈特声称：

> 这些表述并未表明这样一个事实，即他们遵循着或将会遵循常规的行为模式；然而该群体的成员在评价他们自己以及彼此的行为时——参照他们视其为一项标准的常规行为模式——运用了这些表述。他们不仅反对以一种可预测的敌对方式来偏离常规模式，而且将这种偏离视为这种反对的理由并认为对一致性的需求是正当的。[66]

因此，我们在哈特那里发现了一个并没有呈现在温奇那里的附加的规范性要素。[67]

---

[62] 对维特根斯坦捍卫"实践的"观点或"协商的"观点的不同解释，参见 Richard Moran, *Authority and Estrangement*, Princeton, NJ: Princeton University Press, 2001.

[63] 古典的阐述参见 Aquinas, *Summa Theologicae*；更多当代的解释，参见 Finnis, supra note [5]。

[64] H. L. A. Hart, supra note [1], p. 17.

[65] 参见本文的第一部分。

[66] H. L. A. Hart, *Essays on Jurisprudence and Philosophy of Law*, Oxford: Clarendon Press, 1986, p. 166.

[67] 认为哈特热衷于展现法律规范性的核心特征这种观点，即法律赋予理由的特征，这得到了诸如科尔曼（Coleman）、夏皮罗（Shapiro）和拉兹等许多哈特的评论者的支持。比如，拉兹声称："尽管哈特教授接受了渊源命题，然而他却引起了大量针对化约主义的难以应付的批判。他认为法律陈述是义务性的或者是实践性的。它们被用于要求和证成行为并在话语和主张中以其他理论陈述无法做到的方式发挥作用。"Joseph Raz, supra note [56], p.53.

某一社会实践（诸如法律）的参与者批判并证成常规的行为模式。与之相对，温奇似乎意在解释参与者的观点；也就是说，一组信念和态度，甚至在参与者忽视了其行为的理由这种情况下，也可以提供出一种解释——只要社会理论家理解处于这些理由背后的规则。

尽管温奇告诉我们，批判性的反思在根据共享规则来解释行为时起到了重要的作用，然而这种批判性的反思不仅是肤浅的，而且限制了在新的情势中对规则进行的研习和理解。温奇提供了下面这个例子。我们假定参与者知道有一系列数字（比如2、4、6、8）并且观察到其他参与者以数字10、12、14来完成这个数列。那么他需要理解规则所要求的是什么，而单纯的习惯——没有理解加2这项规则——不能被认为是遵循规则的行为，因为他需要理解"加2"这项规则。温奇是这样提出这一点的：

> 这里的关键在于，重要的是学生应当以某一种方式而非另外一种方式对老师的例子作出反应。他必须不仅要获得遵循其老师的例子的习惯，而且也要认识到，遵循那个例子的某些方式是可以被允许的，而某些则不被允许。这就是说，他必须要获得适用一项标准的能力；他不仅必须学着以与其老师同样的方式行事，而且要知道什么才被认为是同样的方式。但是，有关解释和一致性的问题——反思的问题——对于任何一个必须要处理某一不符合其此前经验的情势的人来说都必定会产生。[68]

与此相似，社会学家需要理解为什么选举人在最后的大选中要为劳工党投票，也就是说，他并不需要解释义务和责任对于参与者来说是如何产生于对民主政治参与规则的遵循的。社会理论家并不需要解释参与者是如何根据被施加的或被创制的义务和责任而"应当"作出特定的行为的。因此，选举人为劳工党投票是因为他们相信它会带来工业秩序就足以有力地解释他们正在做的事情。尽管像法律理论家一样，政治理论家需要解释法律是以何种方式来施加一项投票的政治义务或责任的，然而法律理论家则旨在解释，法律是以何种方式合法地（legitimately）确立官员和遵循法律的公民所应当做的事情的。简而言之，我的解释性观点就是：尽管哈特在某些方面遵循了温奇的规则实践理论，然而，哈特的规则实践理论明显不同于温奇的，因为哈特所主张的是，法律规则包含规范性，也就是说，法律规则为行为提供了理由，并且在某些情况下，他们同时创制并施加各种义务。然而，由于哈特所采用的是温奇的这样一种观念，即语言规则和理由是植根于社会实践的，因此，哈特发现自己所面对的是要在关涉实践的无所作为的理论框架之中来解释一种更深层的规范性这个两难困境。我们也已经证明了，一个对哈特方法论的适当批判需要考虑实践观点与参与观点之间的区分。

---

[68] Peter Winch, supra note [2], pp.59—64.

(二) 国内论文

法律的生成
——对边沁法律定义的解释性研究

张延祥[*]

> 在边沁与大众之间需要一个中间人,对于这一必要性,书商不会质疑,普通人不会,上帝也不会。边沁先生深不可测:边沁先生有时讳莫如深,让人不得其解;边沁先生创造新的语言表述,让人警醒;边沁先生喜爱区分和再区分,他对方法本身的喜爱远胜过对推演结果的喜爱。若有谁想明了他的创造性,他的知识,他的活力,他的勇敢,则须亲自去阅读他的著作。广大的读者理所当然不会耗费如此的心力,而宁愿通过阅读他人的评论而认识边沁。如此一来,卓越的哲学家就被涮洗,裁边,去杂毛,熨烫,而成了亚麻布。
>
> ——Sydney Smith

前 言

一直以来,边沁作为真正的分析实证主义法学家鼻祖的地位被奥斯丁所顶替,而其主要依据"最大多数的最大幸福"的功利主义而创立的实证主义法学将法律定义为"法律是由国家的主权者提出或采纳的意志表示总和,涉

---

[*] 张延祥,北京工业职业技术学院英语教师,吉林大学理论法学研究中心2008级博士研究生。

在一定情况下,受主权者权力管辖的人或集团必须遵循的行为规范;这种意志表示旨在说明某种情况下,人的行为将产生的结果,这种期望将给那些实施某行为的人以一定刺激"。[1] 而恰恰就是这一法律是主权者的命令的学说,因其文字表现出强烈的国家主义和团体主义倾向,所以一直具有反自由主义的可能误解。对边沁的法律思想进行体系性的解释与探究,展放出边沁创造这一法律定义的逻辑推演与价值关怀的整体思维图景,从而我们也可以探得边沁的这一法律定义与其分析实证主义法学的真谛。所以本文的研究是解释性的,而非批判性的。

正如上文已经提及的,本文的研究是解释性的,而本文是基于什么样的研究观而选择了解释性研究这一路径呢?本文将邓正来先生所提出的"知识增量"作为学术研究的真质,而将目前中国大陆的研究分为真研究与伪研究。真研究就是具有"知识增量"的,其必然的要求就是原典在场与研究者主体在场,外在的表征就是注释为直接索引型。真研究依据目的与内容可以分为理论型研究与应用型研究,理论型研究依据有无实现范式转化可以分为原创型研究、批判型研究与解释型研究。解释型研究就是对某人的某一理论的内在理路与脉络进行解释、探究并予以完整描述。而此研究根据有无充分确凿的证据,又可为实证性解释研究与推断性解释研究。

本文将伪研究分为引述型研究与联想型研究,这两种研究的内容是大历史、大主义、大崇拜、大批判的,其外在表征是原典与研究主体缺席。引述型是最没有研究性的,所有内容仅仅在于对极少部分论著的粗陋甚至错误的机械综述;而值得注意的应该是联想型,它的注释是转引型的,于是,其写作内容在根本上,就是以他人根据原典研究而已经作出的诸如"伟大"此类评语为起点,而进行了回溯性的考古模式的对原典的想象。本文依据知识增量、原典在场与主体性而对研究类型体系作如下的图示:

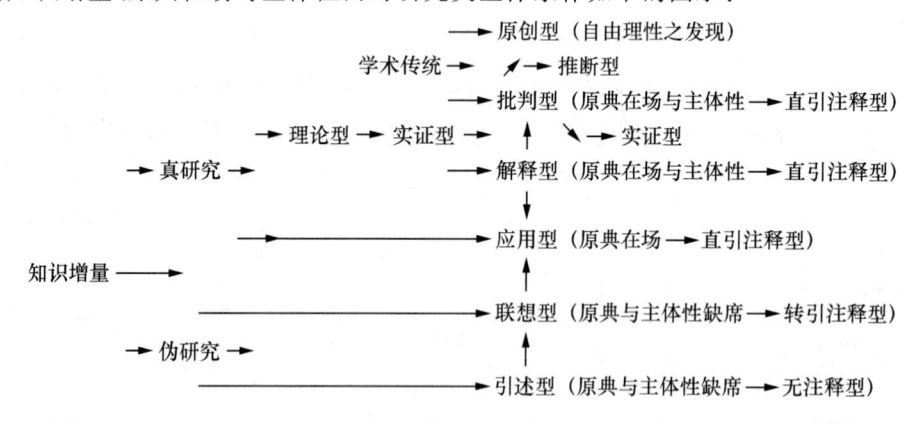

```
                                    ──→ 原创型(自由理性之发现)
                        学术传统 ──→  ↗ ──→ 推断型
                                    ──→ 批判型(原典在场与主体性 ──→ 直引注释型)
              ──→ 理论型 ──→ 实证型 →  ↑ ↘ ──→ 实证型
  ──→ 真研究 ──→              ──→ 解释型(原典在场与主体性 ──→ 直引注释型)
                        ──────────→ 应用型(原典在场 ──→ 直引注释型)
知识增量 ──→                              ↑
                        ──────────→ 联想型(原典与主体性缺席 ──→ 转引注释型)
  ──→ 伪研究 ──→                         ↑
                        ──────────→ 引述型(原典与主体性缺席 ──→ 无注释型)
```

---

[1] 张乃根:《西方法哲学史纲》(增补版),中国政法大学出版社 2002 年版,第 218—219 页。边沁的这个法律定义是其《法学总论》[Jeremy Betham, H. L. A. Hart (ed.), *Of Laws in General*, The Athlone Press, 1970]中第一章的第一段。此外,边沁的文法是相当繁琐的,具有很强的古典的贵族文风,而他的这部充满着大量术语的纯粹的法理学著作,就更难于读懂,所以还请读者参照王笑红的译文,[英] J. M. 凯利:《西方法律思想史》,王笑红译,法律出版社 2002 年版,第 279 页。

本文选择的是解释性研究的路径,文章的第一、第二与第三部分是实证型解释研究,而第四部分则是推断型解释研究。

一、边沁与自然法:志同道合与分道扬镳

严格地遵守,自由地批判。

——边沁

(一)志同道合

在一般人的观念中,边沁对于自然法似乎除了激烈的毫不留情的批判以外,似乎没有了任何关联。但我们认为,真相绝非如此,边沁在许多方面与自然法是根本相同的,那就是对自由与人权的尊崇与追求。笔者在另一专文中曾作出如下的分析结论:边沁的自由主义是属于古典自由主义的,而这与古典自然法思想是完全一致的。而边沁的功利主义思想体系,即(个人)幸福→安全(自由、机会平等)→生计→富裕→结果平等[2],也清楚地显示了这一点。所以,边沁与自然法在追求自由与人权的方向上是志同道合的。

(二)分道扬镳

虽然在某些方面志同道合,但是,边沁对于形形色色的自然法理论更提出了激烈的不留丝毫情面的批判,一是根据理性与实证主义的原则批判其虚假性;二是批判此种虚假性极可能造成恶劣的后果。边沁批判孟德斯鸠的"法律是由事物的性质产生出来的必然关系"的不确定性,说"他融极端不同的东西——神性、物质世界、超越的智力、野兽和人——于一炉。……这样一来,我们看到的定义比被定义的东西还让人摸不着头脑。……孟德斯鸠本来应该驱散黑暗,结果却使它变得更伸手不见五指了"[3]。边沁批判卢梭的"法律是共同意志"的可怕的推演结果,说"这样一来,在人民共用一个身体中说话的地方之外,就没有法律。……通过这一最高法令,卢梭就禁止了所有现存的法律;同时他还剥夺了以后所有可能作出的法律的可能性——只有圣马力诺共和国的法律除外"[4]。边沁揭示了霍布斯的专制契约论、洛克的自由契约论和卢梭的民主契约论的虚假性,说"这一所谓的契约甚至连表面的存在也没有"。他又进一步指出,"没有必要将人类的幸福建立在一个虚构之上。没有必要将社会金字塔建立在沙滩之上,或者说建立在下面滑动的泥浆之上。让我们将这种小把戏留给孩子,成人应该讲真理和理性的语言"[5]。边

---

[2] 张延祥:《边沁法律思想研究》,北方工业大学法学理论专业2008年硕士论文。
[3] 〔英〕吉米·边沁:《立法理论》,李贵方等译,中国人民公安大学出版社2004年版,第88页。
[4] 同上书,第89—90页。
[5] 同上书,第93—95页。

沁批判法律是永恒的理性论,认为理性只是幻想而已。[6] 边沁批判"法律是正义情感"的理论,认为它实际上掩盖了立法者实际的偏见。[7]

边沁对"自然法"、"自然权利"的批判可能是最为激烈的,以至于 J. M. 凯利认为这种攻击是"狂躁的"[8],他基于经验主义的实验的理性,批判这种学说的先验的虚假性,说"对于用自然权利装备起来的狂热者来说,没有什么道理可讲,他们每一个人都按照自己的愿望理解自然权利,并按照自己的方式应用自然权利……也就是说,他们用自己想象的戏法代替了实验的理性"[9]。他紧接着揭示了此种"想象的戏法"的令人难以想象的危害,他说,"这不是一个无害的错误,它从思想变成了实践。'这些法律必须被遵从,因为它们与自然是一致的;其他的法律实际上就是废纸;我们不但不能服从它们,反而应该抵制它们。一旦自然权利受到攻击,每一个善良的市民都应该起来保卫它们。这些权利由于本身就是自明的;只要宣布它们就够了。人们如何能够证明已经是明白的东西?怀疑它们意味着缺乏理解力,或一种智力障碍。'等等"。他还引用布莱克斯通主张自然法高于人类法的话作为反证,"但是,为了不让人们指责我故意将这些煽动性的格言扣到那些雄心勃勃的自然政治家身上,我将引用布莱克斯通的一段话*……","难道这不是帮助所有狂热者反对政府吗……假设有这样一个国家,在这个国家中,每个个人都认为,如果法律与他的具体的自然或神圣法律不相符合,他出于良心必须抵抗法律,这个国家还能维持吗?哪怕是一天!在所有自然法典的解释者中间,在所有神圣法的解释者中间,将会有怎样一种你死我活的景象?"[10]

那么,边沁对自然法的批判为什么如此狂躁呢?这实在是因为,正如笔者曾分析而得出的边沁思想体系图表"(个人)幸福→安全(自由、机会平等)→生计→富裕→结果平等"所显示的,边沁认为,安全是法律的首要目标,否则人类将处于人人为敌的野蛮状态。这也是他对形形色色的自然法持激烈的批判态度的根本原因所在。而他对这些形形色色的自然法的内在逻辑进行矛盾揭露与批判的另一工具性依凭是什么呢?正如由其"实验的理性"、"真理和理性的语言"所表明的,这一工具性依凭是分析实证主义。依凭分析实证主义的利器,他轻而易举、一针见血地刺穿了这些五花八门的自然法的虚假的神圣外衣。

(三)边沁批判自然法的思想根据:事实与规范二元区分的休谟定理

Samuel Enoch Stumpf 在其《西方哲学史》中对边沁的论断实在是神来之笔,即"他的

---

[6] 同上书,第 96—97 页。
[7] 同上。
[8] [英]J. M. 凯利:同上注[1]所引书,第 265 页。
[9] [英]吉米·边沁:同上注[3]所引书,第 109 页。
* 即"无论如何不能让人类的法律与这些法律相矛盾;如果一个人类法律命令某一被自然法或神圣法所禁止的事情,我们有责任超越这人类法"。
[10] 同上书,第 109—110 页。

哲学取向绝大部分是从经验主义者洛克和休谟那里学到的,洛克的启蒙的自由的思想给了边沁一个反对基于偏见的诸多理念的强有力的武器,边沁阅读休谟的《人性论》,实在是受益匪浅,以至于他宣称,关于道德哲学'好似有量度尺'从他的眼睛里落下来"[11],因为它隐含了边沁法律思想中的自然法与实证法思想的根据,也就是其与自然法志同道合与分道扬镳,及至最终超越自然法而创立分析实证主义法学的思想根据。正如我们已经通过分析而获得的,边沁乃是属于古典自由主义的,自由主义与个人主义是其基点,其追求自由与个人独立与古典自然法志同道合,而洛克恰恰就是古典自由主义政治哲学家与强调自由的古典自然法学家。[12]

而边沁对休谟的学习,我们可以找到直接的证据,即边沁在《政府片论》(A Fragment on Government)中对社会契约的虚假性进行批判时,毫无隐晦地直接提出休谟作为自己进行批判的理论根据,"我一直有这样的希望,即这个假想的怪物*早已被休谟先生给摧毁清除了,但当看到我们的作者的关注时,这个希望却是落空了"[13]。边沁还用了大段的文字对休谟的伦理学进行注释,紧接着在第二注释中,他直接说出了休谟对他的影响,"对我来讲,我现在依然记忆犹新,就是我一读到那部著作中涉及这个论题的部分,感觉好像有量度尺从我的眼睛里滚落下来,那时我第一次学会了把人们的动因称作美德的动因"[14]。而"那部著作中涉及这个论题的部分"就是《人性论》的第三卷"论道德",也就是在这一部分中,休谟提出了对传统道德进行革命的休谟定理,即事实与规范的区分。传统的道德理论用假定的规则来评判行为的善与恶,而休谟认为,善与恶的道德评判不是理性推演的结果,而是情感,相同的情感必须被认可为"在我们人性中,除了它,再也没有别的更具有总体性的原则了"。休谟同时也看到了自我利益在形成道德判断中的作用,于是,在关于正义问题上,休谟最终作出了如下的论断:"个人利益是建立正义的原初动机,而认同公共利益的情感则是支持正义此一美德的道德认同的源泉。"[15]所以,正是因为边沁认同并接受了事实与规范的二元区分的休谟定理,他才看到了形形色色的自然法的虚假性。但是,边沁满足并止步于对自然法的批判吗?

---

[11] Samuel Enoch Stumpf, *A History of Philosiphy*, 5th ed, McGraw-Hill, Inc. 1993, p.365.

[12] 关于洛克自然法对自由的强调,可参见〔美〕博登海默:《法理学:法律哲学与法律方法》,邓正来译,中国政法大学出版社1999年版,第41、52页。

* 原始契约。——译者注

[13] Jeremy Bentham, J. H. Burns & H. L. A. Hart (ed.), *A Fragment on Government*, Cambridge University Press, 1998, pp.51—52.

[14] Id.

[15] 〔英〕大卫·休谟:《人性论》(英文影印),社会科学出版社1999年版,"第三卷论道德"。

二、边沁对自然法的超越

(一)边沁超越自然法的思想根据创造:事实与规范的实证统合即事实的规范

虽然本文还没有余力予以充分证成,但是笔者还是大胆地作出如下论断:边沁并没有在事实与规范二元区分的休谟定理前止步,休谟将事实与规范统合在了人的情感这一人性论中,而边沁却远远地超越了休谟的心理学解释,并更进一步地将事实与规范统合在了"事实性规范"这一实证命题中,也就是一百多年以后,遵循逻辑实证主义的凯尔森所提出的法律是"实在的应当"的命题的思路。[16] 这本身应该是哲学上的伟大创造,凭此,边沁即使主张自己为伟大的哲学家也不为过。

(二)边沁超越自然法的法学创造:审查法学与解释法学的区分

基于规范与事实的二元区分又统合于一元的"事实的规范"的思想根据,边沁区分出了两种法律活动:立法与法律解释,并在法学上创立了二元区分的审查法学(sensorial jurisprudence)与解释法学(expository jurisprudence)。[17] 审查法学就是立法学,立法就是道德规范的思考;解释法学对应司法,司法就是以实证法律为唯一根据的事实。据此,边沁最终创立了实证主义法学理论体系,这个体系既包括解释法学,又包括审查法学;而在法律制度中,则包括立法与司法,司法之法来源于立法,立法所之法是实证法,具有唯一的一元性,除此之外,则没有其他任何可被视作法律的东西。于是,立法与实证法都统合于了"立法之实证法"。

于是,我们已可以非常清楚地看到:边沁的实证主义法学,并不是对自然法理论中自然法与人定法二元论的简单的否定,而是在与自然法追求自由与人权相同的基点上,否弃自然法与自然权利的虚有性,而在实证的立法之法中实现自由与人权的实有;他也没有在法学理论体系、实证法甚至法律制度构建中否弃道德,而是将道德考虑落实于立法制度中,于是为道德规范转化为作为事实的实证法构筑了实存的可操作的制度,我们也可以非常清楚地看到:自此以后,法学理论则彻底摆脱了哲学、政治学、伦理学而实现了学科的独立,法理学也得以创生,从而开始与法哲学并驾齐驱,共同构筑了现代性的法律

---

[16] M. D. A. Freemann, *Lloyd'Introduction to Jurisprudence*, 6th ed, Sweet & Maxwell, London, 1994,"5. Pure Theory of Law".

[17] Jeremy Bentham, J. H. Burns & H. L. A. Hart(ed.), *A Fragment on Government*, Cambridge University Press, 1998, pp.7—8.边沁的《法学总论》是其解释法学的专著,《立法理论》则是其审查法学的专著。此外,这样一个问题不得不进行深入的考察,即边沁的规范与事实的二元区分又统合于一元的"事实的规范"这一哲学思想,与其二元区分的审查法学(sensorial jurisprudence)与解释法学(expository jurisprudence)的法学创造两者之间孰为根据孰为引论,笔者目前还无法作出回答,在本文中暂且采用了哲学思想为法学创造的根据的论证路线。

理论体系;自此以后,法学理论也就有了实证主义与自然法两大基本阵营对立的格局。所以我以为,边沁的实证主义法学实在是法学史最具根本性的转折,他实际上已不只是完全实现了成为"立法上的牛顿"的宏愿,他也完全实现了自己或许可能奢求过的法学上的牛顿。无疑,边沁应当是法学史上最伟大的法理学家。

那么,立法制度如何构建,才能确保所立的法律能够实现边沁所确立的法律的诸目的,即安全(包括自由、机会平等)、平等、生计与富裕呢?[18] 这个问题关涉由谁来立法即立法主体(个人主义——民主),立什么样的法即法律的性质与内容(防御)以及怎样立法即立法指导思想与立法技术(功利主义指导与逻辑义务学)等问题。

三、法律的生成

(一)边沁超越自然法后的制度构建:主权者的命令理论与民主立法

关于这两个问题,边沁在《政府片论》这个小册子中,就给了我们大致比较明确而圆满的答案。边沁对布莱克斯通的批判过程,向我们清晰地展示了他进行理论批判与制度建构的思想根据与整体的思想图景。在《政府片论》中,边沁对布莱克斯通的批判基本上是分析性(解释性)的,而这种分析性批判是基于事实与规范二元区分的休谟定理[19],而边沁的此种根底意识,也直接决定了他在此处的诸多理论观点是根据休谟定理明确分类的,即可分成描述性的理论与建构性的理论。描述性即是实证的、事实的、价值无涉的;建构性,就是根据描述性考查而得出的逻辑关系公式,去追求理想价值的。主权者命令理论是描述性的,就是服从与反抗的功利计算而产生的服从关系或反抗关系的计算公式;而以普选的议会作为唯一的主权者和立法者理论,则是功利主义思想中的价值体系与逻辑体系统合的结果。[20] 于是,边沁的功利主义思想是由两个体系构成的:价值无涉的计算体系[21]与价值体系。这是我们对边沁主权者的命令理论与民主立法理论分析的根据。

(二)边沁的"主权者"与"命令"的生成

在边沁看来,命令关系就是服从关系,而服从关系的产生不应是任何假想性的,而应该从存在的事实中去寻找确认,这个思路就是描述性的、价值无涉的。边沁的主权者是如何生成的呢?"正如我们已经说到的,构成这两种状态——自然状态(state of nature)与

---

[18] 〔英〕吉米·边沁:同上注〔3〕所引书,第120页。
[19] 在整个《政府片论》这个小册子中,边沁对布莱克斯通理论内在矛盾的揭示与批判,基本上是根据事实与规范二元区分的休谟定理的。但批判除了根据休谟定理,还有其他,比如边沁对布莱克斯通的关于贵族院议员更有智慧理论的批判,见 Jeremy Bentham, supra note〔13〕, pp.80—81。
[20] 关于民主立法,下文即可论证。
[21] 关于边沁的功利计算的精要的介绍,可以参见 Samuel Enoch Stumpf, supra note〔11〕, p.368。

政治社会状态(state of political society)[22]——不同的情境,在于某一服从习惯(a habit of obedience)之有无"[23]。后来边沁又讲到,"正如我们已经看到的,这两种状态的区别在于服从的习惯。对于某一服从习惯来说,它既不存在于某个人身上,也不是不存在某个人身上,而是存在于与他人的对照关系中。因为一方服从,则必定有另一方被服从"[24]。可见,在边沁看来,服从习惯生出了主权者,但是服从习惯所内含的主权者生成的内在机理是什么呢?边沁给出了自己的逻辑论证。他在批判布莱克斯通的政府形成于国王与臣民达成的政治契约论时,提出了自己明确的依据:"退一万步讲,让我们做个我认为每个反思的人都会满意而不会产生丝毫怀疑的实验,那就是功利的考量而非其他的考量,隐秘的不可避免的掌控着我们对这些问题的判断。"[25]而"对这些问题的判断"就是对服从与反抗的功利计算:"那时,我们可以说也是直到那时,每个身处其境之人,才能基于对义务与利益进行的评判考量,而去衡量反抗的得失;若是他根据自己计算而得出的最好的结果是反抗可能带来的弊害小于其服从可能带来的弊害,那么,对他来讲,对每个人来讲,这就是反抗的时刻。"[26]非但如此,边沁将功利主义看做是解释主权者问题的至高无上的理据:"这个另外的原则仍然需要我们思考,还有比功利原则更好的吗?功利这个原则,给我们提供了那种理据(reason),而却又不仰赖任何更高的理据(reason),其本身对于任何实践都是唯一的并是彻底充分的(sole and all—suffient)理据。"[27]

至此,边沁对主权者生成的论证似乎已经是圆满的了,但边沁在此却只提到布莱克斯通的"自然状态(state of nature)",而没有明确提出自己是否认为有"自然状态",若认为有,那么这个"自然状态"是什么呢?这个问题直接影响到边沁理论中服从关系的产生机理,即人们是从什么原初状态而由于功利主义计算走向了服从关系状态。正如笔者在另一专文《边沁法律思想中的价值体系》中所提及的,边沁的自然状态观在其《立法理论》中进行了明确的阐述,而且他的自然状态是"野蛮状态",是纯粹的霍布斯式的:"……我们只要想一下野蛮人的生活处境就可以了。他们每时每刻都需要与饥荒奋斗,饥荒有时使整个部落毁灭。对于生活物品的争夺导致了他们之间最残酷的战争,像猎食的动物一样,人追逐人,作为一种人维持生命的手段。对这一可怕灾难的恐惧窒息了自然更温柔的情感,一半是由于怜悯,一半是由于冷漠,人们将不再能够狩猎的老人杀死。"[28]

---

[22] 这两种状态就是布莱克斯通所提出的"自然状态(state of nature)"与"政治社会状态(state of political society)"。关于布莱克斯通的两种状态观与边沁对这两种状态的评说的详细情况,请参见Jeremy Bentham, supra note [13], "Chapter I Formation of Government"。

[23] Ibid., p.40.

[24] Ibid., p.43.

[25] Ibid., p.57.

[26] Ibid., p.96.

[27] Ibid., pp.58—59.

[28] [英]吉米·边沁:同上注[3]所引书,第135页。

此外，我们还需要指出的是，政治学说史上，以确保个人自由与安全为宗旨的理论，还有无政府主义，但边沁显然不是无政府主义者，事实似乎恰恰相反。边沁下面的话已经足够充分证伪边沁是无政府主义者，即"难道这不是帮助所有狂热者反对政府吗……假设有这样一个国家，在这个国家中，每个人都认为，如果法律与他的具体的自然或神圣法律不相符合，他出于良心必须抵抗法律，这个国家还能维持吗？哪怕是一天！在所有自然法典的解释者中间，在所有神圣法的解释者中间，将会有怎样一种你死我活的景象？"[29]那么，在边沁看来，法律的首要任务便是排除外界干预以获得安全，而这个首要任务，边沁并不反对由政府即主权者来完成。于是，边沁的主权者的生成可以图示如下：

霍布斯式的自然状态——→服从与反抗的功利计算——→服从关系——→主权者

那么，主权者的"命令"是如何生成的呢？边沁是通过将"意志逻辑（deontic logic）"[30]这一逻辑机制作为中枢来完成这一任务的，用 Gerald J. Postema 的话来说，就是"这就需要构建一个能够细致且圆满地规划出其在法学中需要用到的许多义务观念的逻辑关系的'意志逻辑'（deontic logic）。"[31]边沁在脚注里对"服从习惯"进行了详细的意志逻辑解析："5. 意志之表达或是明示的或是默示的"；"8. 上级意志的明示表达是'命令'"；"4. 一个政治服从的行为就是统治者意志明示表达所追求的"；于是，"统治者意志明示表达所追求的""一个政治服从的行为就是""命令"，也就是主权者的命令，而"统治者意志明示表达"就是立法，这一命令就是法律，。由此"主权者的命令"的生成可以图示如下：

霍布斯式的自然状态——→服从与反抗的功利计算——→服从关系——→主权者的命令即法律

（三）边沁的法律防御观与其对主权者命令理论的内在修正

"边沁的自由主义是防御性的，认为对自由的保障主要在于排除外部干预，当然也包排除政府权力的过度干预。"[32]而且边沁的安全观与其视安全为法律首要目的的思想也清楚地证明了这一点。[33]

那么，基于自由主义的防御观，边沁的法律观会因而怎样呢？本文完全赞同 Gerald J. Postema 的观点，认为边沁的"法律的任务不是创造自由，而是确保最大的安全"[34]

---

[29] 同上书，第109—110页。
[30] 关于意志逻辑的解释，可参见〔英〕尼古拉斯·布宁、余纪元编著：《西方哲学英汉对照辞典》，人民出版社2001年版，词条"deontic logic 道义逻辑"，第245页；词条"deotology 道义论"，第246页。
[31] Gerald J. Postema, *Bentham and Common Law Tradition*, Clarendon Press, Oxford, 1986, p.179.
[32] 张延祥：《边沁法律思想研究》，北方工业大学法学理论专业2008年硕士论文。
[33] 同上。
[34] Gerald J. Postema, supra note [31], p.175.

"边沁讲到,说法律制造或创造自由是令人难以理解的,因为所有的法律就是限制或拘束人们的侵犯自由的行为。自由完全是个自然状态。法律唯一能做的就是通过限制他人的可能干涉某人自由的方式,来确保一个群体中所有个体的一定范围的自由。"[35]所以在边沁看来,法律的首要任务便是排除外界干预,法律是防御性的。

但是,边沁的法律观难道仅仅是防御性的吗?虽然进行详细的探究与论证已经远远超出了本文的写作规划,但是对这一问题作出一个大致的回答,却是本文论证得以圆满的要求,是涵括于写作规划内的。事实上,我们应该注意到,正如上文所提到的,在论证法律是主权者的命令的思想根据中,"边沁的功利主义思想是由两个体系构成的:价值无涉的计算体系与价值体系",所以对这一问题答案的求索,还需基于边沁整体的思想根据。边沁的主权者的命令是描述性的,而其所采用的逻辑分析工具是"意志逻辑",对"意志逻辑"进行逻辑再分析并参照边沁的价值追求,是我们找到问题答案的路径。显然,Gerald J. Postema 注意到了这个突破口:"他*不但包含了命令,也有授权规范,还有准许规范。这就需要构建一个能够细致且圆满地规划出其在法学中需要用到的许多义务观念的逻辑关系的'意志逻辑'(deontic logic)。"[36] Gerald J. Postema 进一步认为,"于是,法律的根本任务不是通过自己掌握的强制机制去强迫公民服从主权者的意志[37],而是确定、落实与确保能够使个人追求自己的目标、意图与生活计划的社会现实。法律的任务不只是甚至主要不是规制性的(regulative),而在根本上是构成性的(constitutive)"[38]。D. Lyons 的研究恰好印证了 Gerald J. Postema 这一结论,他的论断一针见血:"边沁的法律定义是祈示性的,而不单纯是命令性的。"[39]所以,边沁的主权者命令理论根据其生成的价值无涉的计算体系与价值体系的思想根据,应该还要分成纯粹的逻辑的主权者命令理论体,与价值参与后的主权者命令理论体。而价值的参与,在结果上完成了对主权者的命令的赤裸裸的服从关系的内在修正,即法律由纯粹的规制性的命令体系,变为构成性的包括"命令,也有授权规范,还有准许规范"的体系。

(四) 边沁的民主立法与反普通法

在"边沁的'主权者'与'命令'的生成"中,本文指出了边沁的实证的、逻辑的、价值无涉的主权者理论,那么,边沁的整体的思想根据即逻辑体系与价值体系统合后,会得出什么样的结论?或者具体地说,就是边沁价值追求的主权者应该是什么样的呢?边沁通过批驳布莱克斯通,非常明确而坚定地认为立法者也就是主权者应该是普选的议会,在

---

[35] Ibid., pp. 170—171.
* 即边沁在其法律规范设计中。——译者注
[36] Gerald J. Postema, supra note [31], p. 179.
[37] L. J. Hume, *Bentham and Bureacracy*, Cambridge, England, 1981, p. 241.
[38] Gerald J. Postema, supra note [31], p. 175.
[39] D. Lyons, *In the Interest of the Governed*, Oxford, 1973, Pt. II.

英国就是普选产生的众议院:"然而,我们的论著家却仅仅从经验上的优越就推导出了智慧上的优越。的确,他所引征的那句古时即有的俗语'经验是智慧之母'是站在他那一边的,但就算如此,利益却是智慧之父。利益甚至还是经验之父。我们的众议院议员当然还不至于有的因为太贫穷而目不识丁,按照大家流行的说法,他们中许多人将会飞黄腾达。而贵族院的那些人(我说的是大体上)则是基于先辈或自己飞黄腾达后才成为贵族院议员的。众议院议员会希望自己成为贵族院议员,而贵族院议员却没有更高的议院可以晋升了。对于那些没有多少利益追求的和那些有很多利益追求的人来说,哪一些人会很自然的非常积极呢?那些无所谓的人更有经验,还是那些非常积极的人更有经验?经验会在你睡大觉时还是在你醒着时光顾你?是贵族院议员积极,还是众议院议员积极?打开窗户说亮话,是贵族院事务多,还是众议院事务多?圣彼得的继任者是在鱼捕到后用渔网,还是捕到前用渔网?一句话,是智慧稀有处生智慧,还是智慧已足处生智慧?"[40]

边沁也批驳了布莱克斯通的认为法官有司法审查权的观点[41],边沁认为,法官仅仅是由于国王任命而担任的,宣布某一法律无效实际上是行使了最高权威,也就是主权,而人民对于法官的主权并没有分享到任何份额,而民选的议会却使人民分享到了主权:"不管我们如何假设议会处于国王的掌控之下而对人民的情感与利益置若罔闻,但即使就算是这样,人民虽然没有获得其应得的主权份额,但至少还在选举议会上是有一定的影响的。若把废除法案的权力交给法官,那就等于把人民享有的一定份额的主权,至少是享有的一定的议会选举权,转移给了人们连在想象中都不会从他们那里分享到主权的一伙人,这一伙人仅由国王来任命,而且仅仅是由国王来任命,任命还是公开的经常的。而你就靠这些如此被任命的一伙人来补救国王这个长官因为偏私与反复无常而犯下的过错。"[42]边沁论证司法审查行使了最高性的主权,乃是基于他对立法权的性质进行了积极性(positive)立法与消极性(negative)立法的分类,消极性立法就是废除法律。而废除法律又有两类,一是无需理由的废除,一是根据理由的废除,而在边沁看来,即使是有理由根据的消极性立法也是一个巨大的权力,这对法官们来讲实在是获得了过大的权力了。[43]

由此可见,边沁对布莱克斯通的这两个反驳反映了边沁坚定的民主思想。他认为,立法权应该由普选产生的议会来行使。那么,我们还要进一步探究,边沁为什么要坚定地追求"民主的"立法呢?答案似乎还要归结到边沁的自由主义与个人主义基点,用凯利的话来说就是:"包括契约自由在内的个人自由的神圣性是边沁的核心信仰,他的立场是

[40] Jeremy Bentham, supra note [13], pp.80—81.
[41] 关于布莱克斯通的法官司法审查的观点,可以参见 Ibid., pp.100—101。
[42] Ibid., p.100.
[43] Ibid., pp.100—101.

个人必定是什么是最有利于自己福利的最佳判断者……"[44]而且用密尔的话来说,个人也必定是自己利益的最佳照顾者。边沁的这个思路可以表示如下:

个人主义──→民选议会──→议会立法

此外,边沁反对普通法还有其他的理据,那就是普通法泥古守旧的判例制度,与判例体系之理解与适用的难度,造成的法律的高度垄断,使普通大众无应用法律的可能,从而也就妨碍了人们的幸福,违反了功利主义原则。[45] 鉴于此,所以边沁才主张立法的法典化,使法律清晰易懂,使每个人都可以成为自己的律师。

四、想象的续论:边沁的整体法律思想体系与其影响

(一)边沁的整体法律思想体系

边沁的整体法律思想体系及其影响图示如下:

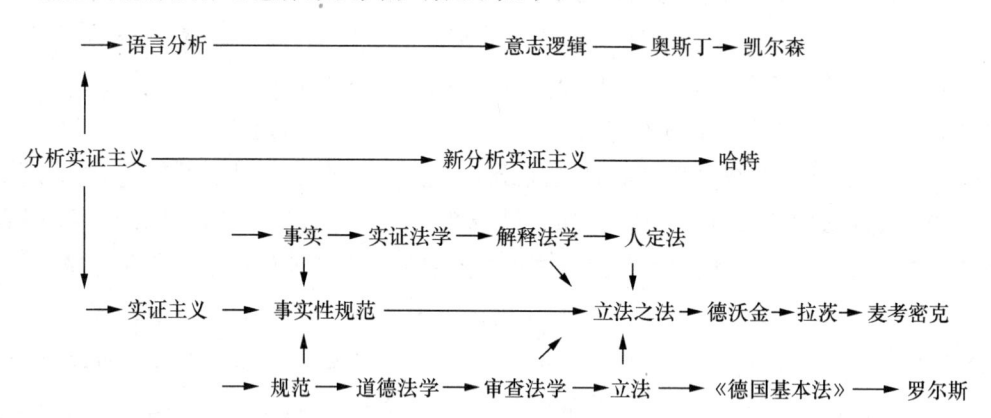

```
                    ──→ 语言分析 ──────────→ 意志逻辑 ──→ 奥斯丁 ──→ 凯尔森
                   ↑
分析实证主义 ─────────────────────→ 新分析实证主义 ──────────→ 哈特
                   ↓
                            ──→ 事实 ──→ 实证法学 ──→ 解释法学 ──→ 人定法
                           ↑                                    ↘
                    ──→ 实证主义 ──→ 事实性规范 ─────────────────→ 立法之法 ──→ 德沃金 ──→ 拉茨 ──→ 麦考密克
                                                                ↗
                            ──→ 规范 ──→ 道德法学 ──→ 审查法学 ──→ 立法 ──→《德国基本法》──→ 罗尔斯
```

(二)所开放出的几条思想方向

正如上图所展示的,本文可以发现,边沁法律思想体系可以开放出大致四个思想方向:

(1)纯粹的逻辑分析方向:这一方向是奥斯丁和凯尔森,其中奥斯丁是沿着边沁的意志逻辑学进行了纯粹的命令逻辑分析[46],凯尔森则是将边沁的实证的逻辑精神进行

---

[44] 〔英〕J. M. 凯利:同上注[1]所引书,第303页。

[45] 关于边沁批判普通法的泥古守旧与法律职业的垄断,可以参见 Gerald J. Postema, supra note [31], pp. 154, 192。而 John Maxcy Zane 对边沁对普通法的这种见解进行过尖锐的评论,详细情况可以参见 Sir John Macdonell & Edward Manson (ed.), *Great Jurists of the World*, Boston (1914), p. 532.

[46] John Austin, *Lectures on Jurisprudence*, Robert Cambell (ed.), China Social Sciences Publishing House, (reprinted) 1999.

到底,而创立了纯粹的逻辑实证主义法学。[47]

（2）统和的方向：即事实与规范统和于一元的事实性规范的方向,这一方向是德沃金、拉茨和麦考密克。其中德沃金在坚定的个人主义道德与民主立场、立法与司法的分离、坚决反对法官造法上与边沁的理论框架几乎是一模一样的,本文认为德沃金理论是边沁理论的嫡长子,甚至在一定程度上是边沁理论的翻版；拉茨创立了自己的基于二元区分的实践理性理论,即实践过程分为了谋划阶段(deliberative stage)与执行阶段(executive stage)的两阶段论,谋划阶段是自由的道德思考过程,执行阶段是把谋划阶段的思考结果作为了主要的思考依据。[48] 拉茨与边沁不同的是,执行阶段的思考还可以有道德思考的参与,但在根本上却与边沁的事实与规范分立的二元统和于一元的事实性规范的思路是一致的；麦考密克把法律作为了制度性事实而创立了制度法学[49],这一制度性事实是多元统和性的,这与边沁二元统和的思路也是一致的。

（3）综合继承的方向：哈特的语言分析、描述的社会学与最低限度自然法、反对法律对道德强制的自由主义、反对回溯立法的功利主义分析[50],所有这些都显示哈特与边沁在整体上都是一致的。

（4）自然法实证化的方向：自然法明确写入《德国基本法》,而此后的运行又是成功的,得到了许多法学理论如锡尔温的理论的拥护,即通过立法把自然法变为实证法是可行的。[51] 倘若我们能够看到整个思想体系中的价值体系一脉,以及这一价值体系在创造边沁的法律理论中的重要地位,能够看到他的立法制度就是把道德思考转化为实证的法律,我们就不会认为,边沁是会反对将某些道德法律化的,而《德国基本法》把自然法予以实证化也许就是边沁的理论中的应有之意；罗尔斯坚定地站在自由主义的立场上而创立了由最大限度的平等的自由原则与差别原则构成的正义论[52],但罗尔斯并未就此止步,他把第一个原则落实为宪法,而第二个原则落实为普通立法[53],这实际上也就是将道德的正义转化为了实证法。这也是可以包容于边沁的法律思想体系中的。

---

[47] H. Kelsen, *Pure Theory of Law*, (trans. by Max Knight), University of California Press, 1957; H. Kelsen, *General Theory of Law and State*, Harvard University Press, 1946.

[48] See M. D. A. Freemann, *Lloyd's Introduction to Jurisprudence*(6th ed.), London, Sweet & Maxwell Ltd., pp. 427—428.

[49] Neil MacCormick, and O. Weiberger, *Legal Positivism, Institutional Theory*, D. Reidel Publishing Company, 1986.

[50] H. L. A. Hart, *The Concept of Law*, Clarendon Press, 1961.

[51] 关于这一点的较为详细的论说,请参见,张文显：《二十世纪西方法哲学思潮研究》,中国政法大学出版社2006年版,第346—352页。

[52] J. Rawls, *A Theory of Justice*, Harvard University Press, 1972.

[53] J. Rawls, *Political Liberalism*, Columbia University Press, 1993.

结 束 语

本文以边沁的"法律是主权者的命令的生成"为中心与旨归而对边沁有关这一理论的创造进行了解释性研究,展放出了边沁创造这一法律定义的逻辑推演与价值追求的整体思维图景:边沁超越了事实与规范二元区分的休谟定理,创造性地将事实与规范统合在了"事实性规范"这——元实证命题中。以此作为思想根据,边沁用价值无涉的计算体系与价值体系构筑了他的功利主义思想体系,而边沁又依这个二元统合的思想体系,在法学上创立了二元区分的审查法学(sensorial jurisprudence)与解释法学(expository jurisprudence),在制度上构建了明确分立的立法与司法制度,并最终超越了自然法虚有的天赋人权,走向了实有的民主的国家主权者命令,从而也最终创立了分析实证主义法学。

更进一步讲,边沁的分析实证主义法学并不是对自然法理论中自然法与人定法二元论的简单的否定,而是在与自然法追求自由与人权相同的基点上,否弃自然法与自然权利的虚有性,而在实证的立法之法中实现自由与人权的实有;他也没有在法学理论体系、实证法甚至法律制度构建中否弃道德,而是将道德考虑落实于立法制度中,于是为道德规范转化为作为事实的实证法构筑了实存的可操作的制度,我们也可以非常清楚地看到:自此以后,法学理论则彻底摆脱了哲学、政治学、伦理学,而实现了学科的独立,法理学也得以创生,从而开始与法哲学并驾齐驱,共同构筑了现代性的法律理论体系;自此以后,法学理论也就有了实证主义与自然法两大基本阵营对立的格局。所以本文认为,边沁的分析实证主义法学实在是法学史最具根本性的转折,他实际上已不只是完全实现了成为"立法上的牛顿"的宏愿,他也完全实现了自己或许可能奢求过的"法学上的牛顿"。无疑,边沁应当是法学史上最伟大的法理学家。

卢梭的意图：德性与自由之间

曾誉铭*

德性原则与自由原则界定了古典政治哲学与现代政治哲学。古典政治哲学的根本目标是培育与共同体相关联的至善，在这种至善中个人的"主观性"自由并不占据主导地位。而现代政治哲学的根本目标则是培育自由的个体，其根本目标是为个体自由（基础是对物的权利）建构善的社会秩序，古典共同体的至善退居至个体权利之后，成为个体自由的保障手段。作为为资产者社会奠定政治原则的浪漫主义思想家，卢梭关联启蒙运动、浪漫主义及法国大革命，他直接影响了法国大革命，其人民主权原则至今仍影响当代政治生活与政治思想。而从政治哲学的整体视阈来看，卢梭是站在古典德性与现代自由之间的政治哲人，他以德性原则为根据批判社会现实，在此基础上重构德性并为现代自由奠基，即为自由创制完善的政制，以此为现代人之自我教化提供指引意义。

一、基于德性的社会批判

卢梭并未从正面阐释现代社会的型构机制及基本征象，而首先以德性名义向现代社会展开了激烈的批判，触及了政治与哲学之间永久的冲突。在其政治哲学的导言（第一篇论文）中，卢梭激情洋溢地向启蒙时代的基本信条发起了攻击，这个信条即科学、知识的传播有益于人类福祉的实现。卢梭反其

---

* 曾誉铭，复旦大学哲学博士，上海海洋大学人文学院讲师。

道而行,主张科学、知识的传播与普及只会蚕食人类德性。[1]

通过研究公民社会的人类精神,卢梭发现,人类精神中启蒙与邪恶的发展并不在个人而在民族中成比例地出现。科学与艺术(哲学)只适合少数天才,而总有害于培育它的民族,从事并接受科学,也不是整个民族或者大众的事情,那只是少数天才哲人的志业。

科学与艺术对民众道德、性情、社会关系产生消极影响。无论对培育人的勇毅性格还是关注世界,哲学都无甚益处:哲人只关心自己的个人世界,以自己的标准衡量真理与他人,将个人作为生命活动的核心,从自我出发去知人论事,人们为了实现自己目的可以不择手段,道德沦丧几近事实。[2]哲人或其宣称的真理威胁着政治社会的现实存在,他在不断挖掘并质疑政治社会的根基,并因此摧毁现存的政治规范与法则。

尽管如此,卢梭并不意在攻击科学与艺术本身,主张取消科学与艺术。他因科学艺术与德性的冲突之处而批判科学艺术,他在有德者面前保卫德性,因为忠诚对于善人要比博学对学者更可贵。[3] 卢梭是在以德性为根据批判科学艺术。在科学艺术的促发下,人性原初之善被疏离。对社会必然腐化的评判标准不由现实社会本身提供,而由先于社会性的人类天性提供,但这种批判以对社会现实的揭示为前提;同时,这种批判被提出的可能根据在于人之天性,而对这种天性的考察不以经验生活为基础。相反,这种天性是善良的、先在的,它以对自然人、无辜野蛮人、人类自然状态的阐释为基础。[4]

对科学与艺术本质的揭示为社会与人性规定敞开了通道,社会与政治生活的实质就成为思考的最终目标。作为人类才智的科学与艺术体现了人类的理性优异性,但由于对才智的过于重视和对德性的忽视导致了社会腐化,最终导致人的生活目的不在于有德的生活,而在于才能的高低、占有财富的多寡、生活舒适与否。

在基于德性激烈地批判社会的推动下,卢梭拒绝将这类人作为自我教化的对象,他们在与别人交往时只想着自己,在理解自己时却只想到别人。卢梭一方面用完整的、以自己为念的自然人对比这类人;另一方面与公民比照,对公民而言,其生存在于他与城邦的关系,他明白他的利益与公益一致,而这类人区分自己的利益与公益,但这类人的利益的实现又以社会的存在为前提,因此,他在剥削他人又同时依赖他们,他必须通过与被剥

---

[1] [法]让-雅克·卢梭:《论科学与艺术》,何兆武译,上海人民出版社2007年版,第23、28、39页。

[2] Jean-Jacques Rousseau, *Letter to Beaumont, Letters Written from the Mountain, and Related Writings*, University Press of New England, Hanover and London, 2001, pp.52—53; Jean-Jacques Rousseau, *The Discourses and Other Early Political Writings*, edited by Victor Gourevitch, 中国政法大学出版社2003年版, p.57; Jean-Jacques Rousseau, *Rousseau Judge of Jean-Jacques: Dialogues*, edited by Roger D. Masters and Christopher Kelly, translated by Judith R. Bush, Christopher Kelly and Roger D. Masters, The Dartmouth College, 1990, p.214.

[3] Jean-Jacques Rousseau, *The Discourses and Other Early Political Writings*, Ibid., pp.84, 102; [法]让-雅克·卢梭:《论科学与艺术》,何兆武译,商务印书馆1997年版,第5—6页。

[4] Jean-Jacques Rousseau, Ibid., pp.70—71.

削者的关系才能界定自己。[5]

卢梭以文人的激愤形象走上了政治哲人之路,以道德利刃刺中现实社会的人性伤口,细致地揭示和控诉了社会生活中德性的沦丧,其修辞力量使得他对现代社会的控诉以前所未有的形式出现,这种对社会的控诉迄今尚无人相与匹敌。

二、心灵机制:自爱与自私

卢梭认为,一切人类组织的基础源于人类激情并通过激情得以保存,因此,反对并摧毁激情的做法并不适合巩固人类组织。无论人们由于自然倾向或彼此相互需要而结成社会,人类道德生活都与政治生活同源。公正、宽容、仁慈、厚道与谦逊等公民德性只在政治生活中存在。也只有在政治生活中,德性才享有存在的意义。激情归属于一种欲念,而人类种种欲念的发源,一切欲望的本源,唯一同人一起产生且终生不离的根本欲念,就是自爱(自我保存)。它原始而内在、先于其他一切欲念,自爱的关涉对象止于人们自身,所以当人们真正的需要得到满足的时候,人们就会感到满意;但自私则促使人们与他人进行比较,所以从没有而且永远也不会有满意的时候,它是欲望的陷阱,因为当自私使人们只顾自己而不顾别人的时候,还硬要别人先关心他人然后才关心自己,是不可能的事情。[6]

通过阐发消极感受性与积极感受性,卢梭从更深层面探究了自爱与自私的关系。这种阐发是卢梭思想自身深入的成果,也说明卢梭对德性问题一以贯之的关注,这种解释是对卢梭政治哲学第二篇论文更细致的自我剖析,反映了卢梭用心之深。

感受性是所有活动的原则,存在纯粹消极的生理与机体感受性,这种感受性的目的仅仅以幸福与痛苦的引导来保存我们的身体与族群。而积极的道德感受性不过是我们将自己的情感关涉陌生者的能力,这种感受性为人们灵魂与身体的神奇能力提供了类比,而它的力量依赖我们自己与他人的关系,并依靠那些关系的本性。

积极的感受性直接源于自爱。爱自己的人应该扩展自己的存在与享受并通过情感寻求适合自己的、对自己应该有益的事情。在这种情感中,反思不起任何作用。但如果这种绝对的爱与他人发生关联,退化为自私和比较的爱,就会产生消极的感受性,因为只要人们采用反对别人的评价习惯,并为了自己出人头地而大肆张扬的话,就不可能不厌恶一切,这种厌恶使人们降格,不能首尾兼顾。自私总受刺激或不满,因为它希望每个人应该选择我们而不是别人或他自己。它受偏爱刺激,它觉得别人不能获得时是他们活该

---

[5] Allan Bloom, The Education of Democratic Man: Emile, Rousseau for Our Time, *Journal of American Academy of Arts and Sciences*, Summer, 1978, p.137;[法]让-雅克·卢梭:《卢梭散文选》,李平沤译,百花文艺出版社1995年版,第219页。

[6] [法]让-雅克·卢梭:《爱弥尔》(上卷),李平沤译,商务印书馆1996年版,第289—291页。

如此。它受别人高出我们的优点刺激,而不会被它感到的补偿所平息。[7]

对情感的分析是卢梭政治哲学最精彩的篇章之一,他由此站在一个传统的源头,这个传统用坦诚与不坦诚、真实与非真实、内在指引与他者指引、真正的自我与异化的自我等对立取代了德性与罪恶,作为解释人为善为恶、幸福或悲惨的原因,所有这些都源自卢梭对"自爱"(amour de soi)与"自私"(amour-propre)的分析;人们对他人身体和精神的依赖破坏了其原初的同一或完整,导致了灵魂内部的分裂。自爱与自私的区分意在对人内在的紧张进行真实的揭示,它取代了灵—肉对立学说。[8]

在卢梭看来,既然现实社会提供的政制不足以保存人的善良天性,那么它本身就不能作为评判标准而存在,从而成为自我批判的对象。在这种境况下,卢梭继续追问,人本性是否在根本上无可救药、人类注定沉沦?即便承认存在原初之善,但人类不可能返回原初自然状态,也没有必要返回。[9] 如此,人们如何方能在易腐化的政治社会中守护人性之善?在人性已经腐化的境况下,通过何种方式才能守护人性之善?

三、政治社会之德性

政治社会及德性问题始终是贯穿卢梭思想的核心问题。[10] 卢梭的真实意图是在社会状态下实现原初之善,在政治社会中复兴公民德性。终其一生,卢梭试图在古典城邦已经消亡、公民观念已经成为陈旧符号的社会情境中,复兴堪与古典德性媲美的自由。

卢梭区分了善良与道德,善良指自然之善,它不关涉社会生活。在自然状态下,人独立而善良,他只关注自身及与自身关联之物,不与他人发生关系,一切人类行为的发动者是激情而非理性,激情是所有行动的根据,对自身存在的爱是人类行动的真正动因;而道德则是社会状态下的产物,它主要处理人与人的关系。卢梭的用心深远,立意广阔。他的自我教化要求结合自然的教育、事物的教育及人的教育,培养有德公民。在这个教化秩序中,人与物的关系的教育先于人与人的关系的教育,身体教育先于灵魂教育(友谊、爱)。尤其是在决定自己的行为时,他并不事事都以他人意见为准,他并不按别人的榜样

---

[7] Jean-Jacques Rousseau, *Third Dialogue*, *Rousseau Judge of Jean-Jacques: Dialogues*, supra note [2], pp. 120—121.

[8] [美]布鲁姆:《巨人与侏儒》,张辉选编,林国荣等译,华夏出版社2003年版,第226—22页;[古希腊]柏拉图:《理想国》,郭斌和、张竹明译,商务印书馆1997年版,第165—169页。

[9] Jean-Jacques Rousseau, *Third Dialogue*, *Rousseau Judge of Jean-Jacques: Dialogues*, supra note [2], p. 213.

[10] Jean-Jacques Rousseau, *Letter to Beaumont*, *Letters Written from the Mountain, and Related Writings*, supra note [2], p. 22; Jean-Jacques Rousseau, *The Discourses and Other Early Political Writings*, supra note [2], pp. 69, 75.

与偏见来改变自己的性情、看法与行为准则。他以自己之眼观人,而不是以他人之眼观己。[11] 卢梭试图培育集公民与人[卢梭有时用人来指称哲人]形象于一身的人,而在现实政治社会中,作为人的人与作为公民的人的诉求并不一致,卢梭的理想人格具有绝对自主性,他在知人论世时既不需要权威的引导,也不需要传统的告诫,他能自主对自身面对的一切人、事作出自己的判断与抉择,他是完全自主的绝对人格。但是,卢梭并未继续追问这种绝对人格在社会生活中的起源,他并未洞见到,人们在政治生活互动中形成了这种绝对自主的人格,它并非自然的,而是人为的,是社会纽带的结果,它并不具备卢梭声称的那种绝对自主性,它本身也是由政治生活塑造的,是由它置身的那个社会机制[至于社会机制的要素结构如何则是另一个问题]决定的,从这个意义上来说,它恰恰缺乏基本的自主性。卢梭并未意识到,绝对自主地对社会机制的批判就是社会机制本身的历史产物。在这种批判处境中,批判者并不能完全领会批判的意义[将批判作为批判来领会的毕竟是少数人,大众总容易成为屈从者与盲从者]、批判的实质与真实图景。在一个不愿依赖而又不得不依赖一切人的社会中,卢梭式的封闭社会遭遇到社会实在的最大挑战,他所孜孜以求的自主人格不过只是一个令人向往的个人幻象。

尽管如此,卢梭"最好最有用的著作"向人们展示了有害情绪是如何进入人们的心灵,好的教育如何必定是消极的,它不在于治愈人类心灵的邪恶,因为并无自然的邪恶,而在于防止它们产生并关闭它们进入的通道,培养社会的自然人。[12] 卢梭认为,自然环境与社会环境中的自然人十分不同。在自然环境中,人们不按偏见而按需要选择其工具与尺度。但是需要随人的环境而变化,卢梭令其实现自我教化的爱弥尔并非奔逐荒野的野蛮人,他是在城市中居住的"野蛮人"。他身处社会漩涡,却不被种种欲念或人的偏见拖进漩涡,他能够用自己的眼睛去看,用他自己的心去想,而除了自己的理智以外,他不为其他任何权威控制。[13]

卢梭"最好最有用的著作"全面描述了自私(以追求自利为目标)的发生,展示了自私丰富多样的面相,标明了人类从自然和社会中流浪的精神漂泊回归自身的路径,向自身的回归将他在途中积聚的所有羁累的财富整合到他的本质中。这些剖析取代了灵—肉分离为基础探寻德性的学说,在那种学说中,德性被理解为在灵魂、理性的指导下对身

---

[11] Jean-Jacques Rousseau, *Letter to Beaumont, Letters Written from the Mountain, and Related Writings*, supra note [2], p. 147;[法]让-雅克·卢梭:《论人类不平等的起源与基础》,李常山译,商务印书馆1997年版,第67、97页;[法]让-雅克·卢梭:同上注[5]所引书,第223页;[法]让-雅克·卢梭:同上注[6]所引书,第7—11、148—202、275、291页。

[12] Jean-Jacques Rousseau, *Letter to Beaumont, Letters Written from the Mountain, and Related Writings*, supra note [2], pp. 22,46—47;[法]让-雅克·卢梭:《忏悔录》(第二部),范希衡译,徐继曾校,商务印书馆1997年版,第505页。

[13] Jean-Jacques Rousseau, *Rousseau Judge of Jean-Jacuqes: Dialogues*, supra note [2], p. 23;[法]卢梭:《卢梭自选书信集》,刘阳译,译林出版社1997年版,第237页;[法]让-雅克·卢梭:《爱弥尔》(下卷),李平沤译,商务印书馆1996年版,第279、360页。

体欲望的控制。[14]

　　在保留了这个伦理传统基本前提的同时,卢梭试图冲破这个传统。这个前提即人类是具有特定人类目的的道德人,在此世生活中,人实现自身就意味着成为道德人,人们只有在政治社会中才能成为道德人。但他将德性理解成作为灵魂力量与生气的激情,革新了政治社会的基础与目的。他提出了因善行善的自足性道德行为,区分了内在幸福与外在幸福,善由此成为行善的目的。因善行善就是摆脱自利、为善本身去行善。因善行善令灵魂实现内在满足,自我满足,没有它就没有真正的幸福。邪恶者都是可怜者,不管他们可见的命运如何。就像在不健康身体中的感官快乐一样,在腐化的灵魂中,外在幸福中毒了。

　　在对德性生活与快乐生活的追问中,卢梭直接面对德性力量的问题,这是其后政治哲学面对的主要难题。德性与快乐的关系纷繁复杂,它们之间缺乏对应性,德性目的高于快乐目的。德性并不赐予快乐,但在拥有它的人们那里,它教人享受它。德性缺乏反对生活邪恶的力量,它既不保障善,也不因一切狡诈而行恶。因此,对不愿意过德性生活的人而言,德性对他们并没有强制的力量。但是,德性令人有更大的耐心并愉悦地评介他人。在此世生活中,并非善人就快乐,就像身体健康并不足以使它获得它需要的食物。因此,健康的灵魂并不足以为其赢得它需要的一切善。尽管只有善人才能满足地生活,这并不是说,每一个善人都生活得满足。也就是说,不能以快乐作为德性的目的,而以德性作为行德的目的。[15]

　　在政治社会中,只有英雄德性是灵魂的力量,它是信赖自己的灵魂力量。而审慎作为政治德性而非灵魂德性存在,审慎是心灵品质而不是灵魂德性。最有德之人公正、审慎而中庸。但英雄不需要这些德性,英雄德性是为社会利益而牺牲,英雄的快乐在于为他人的快乐而劳作,而只有坚毅使我们摆脱命运的控制。伟人德性则要求真正的伟人首先能够战胜自己,要成为伟人必须主宰自己。我们最恐怖的敌人在我们自身之中,而在智者看来,任何人,只要为荣誉与自己而战并战胜自己的话,他就比征服整个世界做了更多的事情。

　　卢梭区分并重新分配了人类德性的等级秩序,他认为必须将德性分配给最合适的人,审慎德性属于政治家,正义德性属于公民,而节制德性则属于哲人,这种德性并不具有应有的力量,他将灵魂的力量或刚毅赐给英雄,而他没有理由抱怨自己所得的这份。[16]

---

[14] [美]布鲁姆:同上注[8]所引书,第 226—227 页。

[15] [法]卢梭:同上注[3]所引书,第 22 页;Jean-Jacques Rousseau, *The Discourses and Other Early Political Writings*, supra note [2], p. 262; Jean-Jacques Rousseau, *The Social Contract and Other Later Political Writings*, edited by Victor Gourevitch, 中国政法大学出版社 2003 年版, pp. 13, 261—262。

[16] Jean-Jacques Rousseau, *The Discourses and Other Early Political Writings*, supra note [2], pp. 314—316.

在所有德性中,节制德性(对物的需要、性的需要)就成为政治社会的最大德性。人们因心灵的节制而使自己独立自由,摆脱奴役与依赖。因为任何超越身体必需都是邪恶的源泉,自然给与人们足够的需要,而不必要地增加它们是非常不慎之举,并使人的灵魂处于极大的依附之中。真正的德性在于节制,知道如何治理自己的心灵,在于即使在无人在场的场合下,仍行正义与诚信之事。有德之人能克制自己的感情,服从自己的理智和良心,履行他的天职,严守做人的本分,不因任何缘故而背离他的本分:这恰好是英雄时代的德性。而在社会生活中,他不会做超出自己地位的事情,只寻求自己能保持的东西,享受自己确实占有的东西,他的欲望有限,但比资产者富得多、强得多。[17]

德性教育最重要的是要能令受教育者自己作出自主判断,实现自我意志,而不是在社会舆论中人云亦云,随处附和或者在激烈的对抗中丧失自己的自由意志。人最重要的是培育善恶观念,在现实生活中实践善行,而这种关于善恶的观念意味着受教育者必须具备自己的自由意志及自由意志对象化的财产,摆脱对物的依附与关系的依附。[18]

四、政治社会之自由

在卢梭政治哲学的谱系中,自由占据最高位置,它超过了人们在政治生活中追寻的荣誉、财产、名望,或者说,卢梭对现实政治社会的批判是以德性为起点,但究其根基处,则毫无保留地以自由作为自身基础与目标。[19]

自由首先体现为意志自由,自由与思维自我同一性相关联,只有能够进行自我思考的人才称得上是自由的人。无自由意志而将自身依托在他人意志自由之上的人根本就不能实现自我教化的目标,因为他只能成为他人的奴隶。自由与根本人性相关联。人们不能放弃自己的自由,放弃自己的自由就意味着放弃自身为人的资格,放弃人类的权利,甚至是放弃自己的义务,而取消自己意志的一切自由,也就取消了自己行为的一切道德性。如果共同体成员不需要自己的自由,那么就必须强迫他自由。[20]

自由不只是意志自由还是自决行动,当自我意志受到他人的承认时,当自我意志并不是停留在自己主观愿望之中时,个人才会实现真正的意志自由。它必定遭遇其他意志,在其他意志中实现自身,即其他意志同时也承认这种愿望时,它才实现了自身的客观性。自由的本质在于个人能够不受自身消极情绪或分裂的、反社会的特质的束缚,在于

---

[17] Ibid., p. 84. Jean-Jacques Rousseau, *Rousseau, Judge of Jean-Jacques*, supra note〔2〕, pp. 157—158;〔法〕让-雅克·卢梭:《爱弥尔》(上—下卷),同上注〔6〕所引书,第 327、680、682 页。

[18] 〔法〕让-雅克·卢梭:《爱弥尔》(上卷),同上注〔6〕所引书,第 80、82 页:"只有自己实现自己意志的人,才不需要借用他人之手来实现自己的意志;由此可见,在所有一切的财富中最为可贵的不是权威而是自由。真正自由的人只想他能够得到的东西,只做他喜欢做的事情。"

[19] 〔法〕让-雅克·卢梭:同上注〔5〕所引书,第 223 页。

[20] 〔法〕让-雅克·卢梭:《社会契约论》,何兆武译,商务印书馆 2003 年版,第 12、24—25 页。

能够"自主"地生活。

卢梭认为，真正的自由并非任意放纵，并非每个人做自己喜欢做的事情，自由在更深层的意义上是消极的、否定的，它主要指不屈从他人意志，不令他人屈服于自己的意志。它不是人们行意愿之事，而是可以不做不意愿之事。对于卢梭来说，自由并不意味着任意性，而意味着克服并消灭任意性，服从个人加于自身的严格且不可侵犯的法则。不取消并从法则中脱身而自愿同意这种法则决定了自由的真正特征。[21]

自由必须在政治社会层面展开，在人与人的社会关系中落实，在国家意志中得到实现。在政治社会中，德性就是特殊意志与公意的一致，即确定德性的统治地位。[22] 而国家完全并毫无保留地决定了个人，但在这样做时，它不是作为强制的制度出现，而仅仅将个人置于他自己认为合法并必需的义务之下，而且他像为了自己那样而为了它而表示同意。由此可见，自由与德性相互关联，真正有德之人必定是自由之人，或者说只有在自由基础上才能实现德性人生，自由甚至是最高的德性。

政治社会的真正自由必定要求个人意志必须与共同意志具有同一性。它是实现道德自由的根本所在。但是在政治社会中，人们遵循公共意志的前提是知道公共意志，公共意志与个别意志区别开来，而要表现意志就必须获得自由，只要还有任何束缚可以强加于人们的意志之上，那么，人们还不是自由的。但卢梭公意思想的困境在于：总以社会利益为取向从而总是有着良好意图的公意，如何总知晓社会利益所在？而完全受私人意志左右的自然人，如何实现向总是把公意置于私人意志之上的公民的转变？[23]

从卢梭建构完善政制的社会效应来看，人们在权利转让之后实现了新的自由，这种自由不同于自然状态下的自由，人类经过由自然状态向社会状态的过渡，在行动中正义就取代了本能，并因此具有道德性，义务的呼声代替了生理冲动，权利代替了嗜欲，先前只知道关怀一己的人类发现在听从自己的欲望之前，会遵循自己的理性，人类因社会契约而丧失的天然自由及对一切东西的无限权利的诉求由社会自由及他所享有的一切东西的所有权来补偿。

自然自由以个人力量为界限，社会自由受公意约束，因强力或先占的享有权与根据正式权利的所有权区别开来，人类还因此获得道德的自由，只有道德自由才能使人类成为自己的主人。因冲动而活的人处于奴隶状态，唯有服从人们自己为自己所立的法律，才是真正的自由。[24]

---

[21] 〔法〕卢梭：《卢梭自选书信集》，同上注〔13〕所引书，第 59 页。Ernst Cassirer, *The Problem of Jean-Jacques Rousseau* (Second Edition), edited and Translated with an Introduction and a New Postscript by Peter Gay, Yale University Press, New Haven and London, 1989, p.55.

[22] 〔法〕让-雅克·卢梭：《论政治经济学》，王运成译，商务印书馆1962年版，第 8 页。

[23] 〔美〕利奥·施特劳斯：《卢梭的意图》，冯克利译，载刘小枫主编：《施特劳斯集》（卷二），华夏出版社2008年版，第 94—95 页。

[24] 〔法〕让-雅克·卢梭：同上注〔20〕所引书，第 25—26 页。

在自然自由、社会自由与道德自由中,自然自由处于基底,它是人类在自然状态下享有的直接自由,依靠个人力量就可以完全实现,缺乏社会性;社会自由是在社会状态下的权利诉求,它使人们可以从此区分于物与其他存在者,它的存在需要正当的社会基础;道德自由是对人类自身提出的最为根本的自由,人的本质规定,它使人成为自己的主人。

自由与德性的结合使自我教化富有现实力量。卢梭的自由是对个人欲望的规约,是自然法赋予人类的本质特征。它既是实现人性目的的保证,又是人性目标指归所在。而在古典政治哲学中,自由并非政治社会的最终目的,而是用来实现德性的手段,人们认为,卢梭将自由理解为自然之善,成为目的本身,并将德性解释为达致自由的手段。[25]

但在卢梭那里,德性不但不是自由的手段,相反,要实现真正自由的人必须进行德性培育,正是在德性教育中能自我节制的人才是自由人。卢梭认为,德性不是自然的而必须通过教育来加以培育。尽管如此,卢梭试图在自由基础上将德性内涵灌输在受教育者心灵深处,这种灌输以自愿接受的方式来实现,它自愿接受规约自身行为的义务,并在自身行动中实现自身义务。这就是卢梭德性教育即自我教化的根本目标所在。只有自愿接受这种义务的人才是自由人,才是有德之人,这种自愿接受的义务有导致人性幸福缺失之虞,这种缺失使人实现自身的本质。

自由关涉公意或最佳政制,只要法律是公意的体现,自由就是遵守法律。因为对公民而言,至关重要的是守法、财产权与私人安全,而只要守法方能持守统治秩序,没有法,自由就不能存在。在作为公意的法的治理下,无论被统治者如何被治理,他总是自由的。这样现实的自由就与最佳政制关联起来。如果共同体不能为其成员提供自由,那么就不会有爱国思想,没有道德,也就没有自由,没有公民,就无所谓道德,因此,培养公民,共同体就有了自身需要的一切东西,如果没有公民,则自治理者以下都是下贱的奴隶。[26]

对自由的强调使卢梭试图抓住政治哲学的根本问题:最佳政制的问题。这种政制不但是统治者的利益所在,更是被统治者的利益所在,或者说统治者的利益就是被统治者的利益。最佳政制的根本目标就是以全部共同的力量来守护每个结合者的人格与财产,而这种结合使每个与全体相联合的个人又不过是在服从他本人,每个人仍像以往一样自由。[27]

在现代社会中,这就要求拥有实践智慧的立法者不仅不会遮蔽人性,反而会建构实现自由人性的完善政制。这种政治制度必定能追问法与自由的本质,得益于这种追问,人们将发现,善良人性得以保持的社会绝对不是建立在贫—富对抗基础上的社会,

---

[25] 〔美〕布鲁姆:同上注〔8〕所引书,第 209 页。

[26] Jean-Jacques Rousseau, *Letter to Beaumont*, *Letters Written from the Mountain*, *and Related Writings*, supra note〔2〕, pp. 260—261,301,234,249;〔法〕让-雅克·卢梭:同上注〔22〕所引书,第 21 页。

[27] 〔法〕让-雅克·卢梭:同上注〔20〕所引书,第 19 页。

而应当建立在能够充分保障并实现人的自由的社会制度上,它能防止人性堕落与社会腐化。

五、完善政制之可能性

一般政治哲学家都认为,政治社会的最佳政制必须将政治共同体统一为整体,而共同体成员的结合使共同体成为整体,其成员的习俗则是政治社会的基础,而使共同体成员结合的则是他们相互间的义务,但对义务的基础却莫衷一是。将自身定位为"伟大立法者"的卢梭认为,义务的基础并非强力、父权,亦非上帝意志,而是所有成员间的自由订约。这种社会结合不能违反自然法,与社会契约[28]对应的是自然法,而与私人契约对应的是实在法。说到底,社会契约是一种特殊契约,每个人对一切人签约,一切人与每个人相互签约是结合的直接目标。

社会契约没有使签约者臣服于任何人,它将签约者意志作为规则,使他们同先前一样自由。这样就产生了道德的与集体的共同体。在这样的共同体中,对任何成员的侵犯就是对所有成员的侵犯。而主权者就是共同体的所有成员,法的本质是公意公开而庄严的宣称,是共同体成员自身的意志,主权者的一切行为都只能是法律。主权者负责立法,不负责治理,法的本性不具备具体的、个别的对象,但法的应用必须落到具体而个别的对象上,本身即主权者的立法权需要执行权,将法律转化为具体行动。执行权力应当这样来建立:它总执行法律并执行除法律外的任何东西,并由此维护社会自由与政治自由。

卢梭认为,立法权与行政权的关系有如意志与力量的关系。维持共同体的关键是梳理立法权与行政权的关系。立法权制定法律并维持法律,监督行政权。立法者的首要任务就是使法律遵循公意,公共经济的首要规则是使行政遵循法律。所有民主国家最终衰亡的根本原因是国家中只有行动权力,即行政权。[29]

需要指出的是,卢梭社会契约的关键点在于个人如何可能将自身的权利转让给共同体。人们往往迫不得已才将自己的权利和人身转让给政治共同体。但事实上,由于诉求的异质性,人们在自由订约时并不面临同一的生存处境。

卢梭自己对民主理论设了严格防线,提醒人们注意民主理论的复杂性,并非人人参与政治生活的民主就是真正的民主,民主生活要求参与者具备充分的政治理性,培育公

---

[28] 社会契约形成的三个必需前提是:参与者的自由意志;社会义务;国家权力的保障。同上书,第12、24—25、70页。

[29] 同上书,第18—23、38、46—47、71—73页;[法]让-雅克·卢梭:同上注[13]所引书,第708—716页;Jean-Jacques Rousseau, *Letter to Beaumont, Letters Written from the Mountain, and Related Writings*, supra note [2], pp.231—233,239,247; Jean-Jacques Rousseau, *The Social Contract and Other Later Political Writings*, supra note [15], p.11。

民德性。由此可见,领会民主的本质是思想面对的艰辛之事。

"有些人认为民主就是这样一种政府,在其中全体人民是行政官与法官。其他的人只有在选举自己领导人的权利中才看到自由并(只服从国王)相信命令者总是主权者。民主宪政肯定是政治艺术的杰作,但它的技艺越受尊重,它就越少属于洞穿它的一切眼睛。"[30]

卢梭甚至认为,真正严格意义上的民主制度过去不存在,永远也不能存在,因为多数人统治而少数人被统治违反了自然法。卢梭的意图在于人人能自我统治,这对公民资源提出了很高的要求,它需要"一种神明的人民",也就是人人皆圣贤的民族。而在现实政治社会中,不可能出现这样的民族。世界上存在各种各样的社会,很有可能对这种社会有用的政制对另一种社会有害。[31] 而现实政治社会总是开放的——它存在缺陷,由于法律是在不同时候制定的,那些法律是人类的作品,就不能保证它完美无缺。况且,在政治社会中,几乎没有人有足够健全的心灵去爱自由,以没人害怕服从为代价,所有人都希望命令。为了成为主人,人们宁愿让自己成为更多人的奴隶。[32]

在卢梭的社会契约中,个人自我意志具有同质性。也就是说,参与契约的个人权利诉求具有同质性。这种同质性远远偏离了古典政治哲学智性异质的特征,在智性异质的判断下,人性具有自然的等级差异;但在卢梭的平等诉求下,这种等级差异失去正当性。在他看来,社会契约的正当根据在于实现并维持一切人的自由,而主权不过是自由意志的集合体,它由自由意志根据自己建构的规则而结合起来。[33] 如果公意不以确保单个个体的自由为目的,那么这种公意将失去正当根据。

古典德性与现代自由(权利)冲突是古今政治哲学的内在张力,伟大的政治家必须在共同体的整体利益和亲情之间作出决断。如爱国与人道就是力量不相容的两种德性,或者说前者属于德性,而后者是自由(权利诉求)。尤其在整个民族中,立法者如果想两者兼顾,则势必一无所获。在现实政治社会中,人们从未看到,将来也永远看不到它们的相

---

[30] Jean-Jacques Rousseau, *Letter to Beaumont, Letters Written from the Mountain, and Related Writings*, supra note [2], p. 257.

[31] Ibid., p. 146.

[32] Ibid., pp. 261, 281;[法]让-雅克·卢梭:同上注[20]所引书,第84、86页。

[33] G. W. F. Hegel, *Elements of the Philosophy of Right*, edited by Allen W. Wood, translated by H. B. Nisbet, Cambridge University Press, 1991, pp. 276—277:"关于国家概念的探究,卢梭成功地提出意志作为国家的原则,这种原则在形式上(好比社会本能、神的权威)和内容上都是思想,而事实上就是思维(thinking)本身。然而他所理解的意志,仅仅是特定形式的单个人的意志,他并不认为普遍意志是意志自在自为的理性,而只是由作为自觉意志的个人意志产生的共同的东西。因而,单个人在国家中的联合就变成了一种契约,而契约相应地以其任性、意见和随心表达的同意为基础。随之产生只与知性相关的进一步结果,这些结果破坏了自在自为的神圣及其绝对的权威和尊严。"

容,因为它违背了自然,而且人们不能赋予同一激情两种目标。[34] 卢梭试图克服这种冲突,经由自我教化,人们有可能在自由的同时保持德性,但统一必须首先结合个人利益和共同利益。这种结合的可能仅仅在于机运,它的实现并不具备必然性,但这种结合为自由与德性提供了社会场景,只有在这种条件下,人方可实现自身的真正自由,否则,便只能陷入私意与公意的永恒对抗之中。

---

[34] Jean-Jacques Rousseau, *The Discourses and Other Early Political Writings*, supra note [2], p. 78; Jean-Jacques Rousseau, *Letter to Beaumont, Letters Written from the Mountain, and Related Writings*, supra note [2], p. 146.

价值多元与哈贝马斯关于法律和民主法治国的商谈论

邹益民*

引　论

　　笔者在本文中对价值多元与哈贝马斯的法律商谈论的关系作一个初步探讨。探讨的问题是，在现代性价值多元背景下，哈贝马斯关于法律与民主法治国的商谈论怎样面对这一情况？哈贝马斯关于法律与民主法治国的商谈论如何克服价值冲突？从哈贝马斯法律理论对价值冲突的解决中，我们看到哈贝马斯对政治哲学与法律哲学有何贡献？

　　价值多元及其引发的对价值冲突的解决是一个横跨哲学、社会学、政治哲学、法律哲学与道德哲学等领域的话题。一方面，考虑到凯尔森、施米特、施特劳斯以及哈贝马斯等论者的思想，不管是继承还是批判韦伯，都在不同程度上受到韦伯的影响；另一方面，考虑到哈贝马斯在法律哲学与政治哲学中的论战方向所指，所以本文对现代性语境下价值多元及价值冲突的讨论主要围绕韦伯、凯尔森的论述，以施米特与施特劳斯为代表的新保守主义对韦伯与凯尔森的形式自由主义的批判，以及哈贝马斯对施米特与施特劳斯的批判而展开。本文首先考察韦伯、凯尔森、施米特、施特劳斯这几位思想家对价

---

* 邹益民，吉林大学理论法学研究中心 2007 级法理学博士研究生。本论文写作得到邓正来先生的指导。本论文初稿在吉林大学理论法学研究中心 2007 级法理学博士前沿论坛上宣读过，并经过讨论。在此，笔者感谢参加过那次论坛的所有同学，但文责笔者自负。

值多元与价值冲突的认识与解决,然后考察哈贝马斯在对他们的批判的基础上,对解决价值多元与价值冲突上的贡献,以及为政治哲学与法律哲学所作的贡献。

当然,本文的研究也是在其余论者对这一问题的研究基础上提出来的。就中国论者对哈贝马斯理论的研究而言,绝大部分人对这一问题没有明确的意识,突出体现在高鸿钧所编的目前中国学界对有关哈贝马斯法律与政治哲学研究的论文集[1]中,其中虽有论者把哈贝马斯的法律与政治思想放在韦伯、施米特甚至罗尔斯的传统中加以考察,但这种考察对价值多元与价值冲突的问题意识不明确,因而没能揭示出价值多元与哈贝马斯的法律与民主法治国商谈论的关系,不能洞见到哈贝马斯的理论对解决价值多元与价值冲突的贡献,如吴冠军的研究。[2] 就国外论者而言,虽有论者对价值多元与价值冲突与哈贝马斯的理论有更多的关注,如 Thomas McCarthy,David Dyzenhaus,Steven Lukes 等论者[3]的研究,但这些研究也没能揭示出哈贝马斯从对韦伯、凯尔森、施米特与施特劳斯等进行批判的维度,对价值多元与价值冲突解决的贡献。

本文的论述结构将作如下安排:第一部分:从韦伯出发论述现代性语境下的价值多元与价值冲突;第二部分,考察以韦伯的法律形式主义和凯尔森的纯粹法学理论为代表的形式自由主义和以施米特的政治神学与施特劳斯的政治哲学为代表的新保守主义对价值多元与价值冲突的回应;第三部分,考察哈贝马斯对现代性的诊断,以及他关于法律和民主法治国的商谈论对解决价值多元与价值冲突的贡献。

一、现代性语境下的价值多元与价值冲突:以韦伯为中心的考察

被称为近代欧洲文明之子的韦伯对近现代西方社会的产生及其问题作了极富洞察力的透视。韦伯把现代西方社会的产生看做一个理性化的过程,这种理性化的过程瓦解了总体性的宗教世界观,导致了西方社会中意义与自由的丧失,导致了在理性化的各个领域中价值的冲突。下面主要依据韦伯宗教社会学的相关研究,对韦伯有关现代性语境下价值多元与价值冲突的思想加以考察。

---

[1] 这两本论文集分别为:高鸿钧、马剑银编:《社会理论之法:评析与解读》,清华大学出版社2006年版;高鸿钧等著:《商谈法哲学与民主法治国》,清华大学出版社2007年版。

[2] 吴冠军:《正当性与合法性之三叉路口——韦伯,哈贝马斯,凯尔森与施米特》,http://www.douban.com/group/topic/2153213/,2008年5月1日访问。

[3] See Thomas McCarthy, Legitimacy and Diversity: Dialectical Reflections on Analytical Distinction, in Michel Rosenfeld and Andrew Arato(ed.), *Habermas on Law and Democracy: Critical Exchanges*, University of California Press, 1998, pp.115—153; David Dyzenhaus, The Legitimacy of Legality, *The University of Toronto Law Journal*, Vol.46, No.1(Winter, 1996), pp.129—180; Steven Lukes, Of Gods and Demons: Habermas and Practical Reason, in John B. Thompson and David Held(ed.), *Habermas: Critical Debates*, The MIT. Press, 1982, pp.134—148.

韦伯认为在近代西方世界的各个领域都形成了理性化的现象,如在科学领域,科学发展成具有普遍有效的程度;在行政领域,出现专业化的科层制;特别重要的是,在经济领域,出现了理性的资本主义,即以资本进行理性计算的资本主义经济等现象。这些理性化的现象,在韦伯看来唯有在西方近代才会出现,这些现象到底应该归诸怎样的因果关系,成为韦伯社会学关注的核心问题。

韦伯认为物质利益与精神性的理念是引发人之行动的两大动力,但它们发挥作用的方式不同:"直接支配人类行为的是物质上与精神上的利益,而不是理念。但是由'理念'所创造出来的'世界图像'常如铁道上的转辙器,决定了轨道的方向,在这轨道上,利益的动力推动着人类的行为。"[4]在韦伯看来,经济理性主义的形成不仅与理性的技术和法律有关,而且同人类生活形式中最重要的因素即巫术和宗教的力量有关。所以,他探讨了世界诸宗教的经济伦理,考察了宗教对人的行动所产生的影响及其效果,从而考察了西方资本主义社会形成的精神动力,并对其面临的危机作出诊断。

韦伯把他所探究的宗教限定在儒教、基督教和犹太教等这些高级宗教上。在这些宗教中,卡里斯玛式的先知发布预言,引导信仰者赋予自己生命与行动以意义。韦伯把先知划分为伦理先知和模范先知,伦理先知预设超越此岸世界的超验的绝对存在者,作为世界的创造者和第一推动者,从外部控制着世界;伦理先知把上帝旨意传达给民众,民众以此作为自己行动的伦理规范,约束自己行动的各个方面,克服所背负的"原罪",升入天国,实现对此世的外在超越,才可能得到救赎。而模范先知的宗教思想预设了与神合一的虚幻境界,先知凭借个人的美德善行来教育人、影响人或引导人对纯内在世界进行禁欲或玄思的修炼,达到对灵魂的救赎,实现一种与神合一的内在超越。韦伯也以宗教思想中人们对外部世界的态度区分了入世和出世的两种救赎方式,亦即禁欲主义与神秘主义的救赎方式。禁欲主义,亦即要求人们以介入世界的态度,借助日常生活的实际行动做到禁欲而达到救赎;神秘主义,亦即以逃避世界的态度,通过冥思默祷进入神人合一的着魔的"拥有"状态,达到救赎。按照先知类型与救赎方式的划分,韦伯把有世界影响的六大高级宗教分为入世禁欲主义、入世神秘主义、出世禁欲主义、出世神秘主义四大类型。韦伯认为基督新教属入世的禁欲主义宗教,基督新教的入世禁欲主义形成于近代西方宗教改革,并与资本主义生活风格的形成有直接的因果关系,是资本主义理性化的首要力量。

欧洲中世纪的天主教实行修院制度,拒斥世俗的事物,特别是商业活动,认为世俗的商业活动"总非上帝所喜",把以营利为目的的商业活动看做是耻辱的、不道德的。在宗教改革中,路德通过把拉丁文的圣经译为德文版,对圣经的思想作了具有重要意义的改造。这其中关键的是,路德用德文"*Beruf*"[天职](亦即人们基于分工的持续性活动,一

---

[4] [德]韦伯:《中国的宗教 宗教与世界》,康乐、简惠美译,广西师范大学出版社2004年版,第477页。

般而言,也是作为个人经济生活收入来源的持久性基础[5])来翻译圣经中不同意思的概念,即一是蒙神召唤于永恒的救恩,另一是个人"命定"或由上帝指定的身份。经过这种翻译,在天主教里被鄙视的俗世事务获得了神圣的宗教意义和道德意义,从而在对圣经教义的理解中,加进了全新的内容,亦即把世俗职业里的义务履行当作个人的道德实践所能达到的最高内容。路德的这种思想在宗教改革中传播开来。"在'天职'的概念里表达出了所有基督教教派的中心教义,那就是摒弃天主教将道德诫命区分为'命令'(praecepta)与'劝告'(consilia)的做法,转而认为,经营为神所喜的生活的唯一手段并不是借着修道僧的禁欲超越俗世的道德,反而是端赖切实履行各人生活岗位所带来的俗世义务,这于是也就成了各人的'天职'。"[6]这样基督新教排除了一般信徒与有特权的教士间的区分,使修道士的禁欲扩展到广大一般信徒,约束每个信徒在俗世里时时刻刻在各个领域的行动。但路德的宗教改革具有保守性,他的宗教思想和"资本主义精神"没有什么内在的关系。

加尔文及其教派所领导的宗教改革继承路德宗教改革精神并把宗教改革事业彻底推进,引发同天主教在各个领域的大规模斗争。加尔文神学由五个命题组成[7]:(1)有一个单一的、绝对超验的上帝,它行动的属性和缘由超出人类有限理性所能把握的范围;(2)所有的人类灵魂是否得救,已经由上帝预先决定,人的意志与信念不能有丝毫影响;(3)上帝创造世界和人只是为了增加他的荣耀,没有独立的意义;(4)上帝判决人都要劳作,以便创立上帝在世间的天国,并且在劳作时要服从上帝启示的律条;(5)这个世界的万物,只有靠上帝的恩宠,才可能得救。这五个方面尽管在西方的观念史上都曾出现过,但唯有在加尔文派的学说中,才融为一个一贯的体系,具有始终的严格一致性。在加尔文派的这套宗教观念体系下,神是绝对的超越者,人与神间不存在任何中介的通道,一切宗教上的神圣仪式不是获得神恩的手段,顶多具有辅助功能,排除了任何借助宗教仪式来获得救赎的可能,因而排除了所有的神秘主义,从而使自古犹太先知开始的现世的除魅(*Entzauberung der Welt*)[8]得以完成。人只有克服内心的怀疑,相信自己是上帝的选民,并用每时每刻以自己的实际行动去证明自己是上帝的选民,才能克服"宿命论",得到自己获得救赎的确证。这种对世界的态度,在经济领域里,显现为一种摒弃一切享乐主义和幸福主义,珍惜每时每刻并用理性方法去营利,以确证自己获得上帝的救赎,用来荣耀上帝的精神与伦理,亦即与资本主义生活风格相适应的精神与伦理。这种伦理,与把道德上赞同无限牟利,并把牟利活动置于严格的纪律和控制之下的资本主义精神具有

---

[5] [德]韦伯:《新教伦理与资本主义精神》,康乐、简惠美译,广西师范大学出版社2007年版,第241页。

[6] 同上书,第54页。

[7] 这种简要概括的依据是帕森斯的研究,参见[美]T. 帕森斯:《社会行动的结构》,张明德等译,译林出版社2003年版,第583页。

[8] [德]韦伯:同上注[5]所引书,第84页。

一致性。值得注意的是,尽管新教伦理与资本主义精神有时间上的先后关系,而且后者可在前者那里找到其伦理与宗教基础,但二者并非一种因果关系,而是一种"选择上的亲和关系"。新教伦理与资本主义精神作为精神上的驱动力,连同其余因素,一起打破了传统主义的束缚,促进了近现代西方理性资本主义秩序的形成。悖谬的是,伴随着资本主义形式合理化上的实质非理性,这种源于新教改革的入世禁欲精神蜕化为纯粹利益计算的功利主义。而且新教教徒基于共同的信仰组成人格上平等的教派,教派成员互相信任、帮助,不仅具有宗教意义,而且实际上还解决了资本主义社会运作中的信任问题。由此,韦伯分析了基督新教对于西方以理性化为特征的资本主义社会形成的重要作用。韦伯把这种作用归结为一种直接的因果关系,而非决定论意义上的单一的因果关系。

在理性化的现代西方社会,整全性的总体性宗教世界观崩溃,文化领域分化为经济、政治、审美、性爱、知性等各个价值领域。这些价值领域依自己的标准理性化,从而产生不可避免的冲突。具体说来,救赎宗教主张爱的无差别主义的同胞伦理与资本主义经济领域中遵行利益计算的非人格化的形式理性发生冲突;救赎宗教的同胞伦理同政治领域里理性化的官僚机构必须垄断暴力的使用从而排除道德上正义的考量发生冲突。在主智主义时代,现代人倾向于将伦理判断转化为审美判断,从而使艺术具有救赎功能,即"将人类从日常生活之例行化中——特别是处于理论的、实践的理性主义压力愈益沉重的情况下——解放出来的功能"[9]。这使艺术同宗教的救赎功能相竞争,相冲突;另外,艺术创作很可能同救赎宗教的伦理规范要求相冲突。在性爱领域中,在知性文化基础上,由性爱转化的恋爱所具有的排他性,不可向他人传达的现实内属世的救赎情感,同救赎宗教中对上帝的献身与皈依,同宗教中要求的无差别之爱发生最尖锐的冲突。在认知领域中,经验科学的发展将世界彻底除魅化并把世界本身归结于一种机械的因果关系。经验科学的技术理性发展蚕食宗教的地盘,把宗教贬为非理性的或反理性的,从而使知性领域与宗教发生意义最大的冲突。这样,在西方社会已经除魅的世界上,理性的要求与现实之间、理性的伦理要求与部分是理性的、部分是非理性的诸价值之间互相冲突,以至于"从纯粹伦理性的观点看,现世显得支离破碎,其中无论是哪一个层面,在宗教要求——要求一个它之所以存在的神圣的'意义'——的裁断下,显然一点价值也没有"[10]。神圣的世界在诸价值领域理性化的过程中崩溃瓦解了,现世支离破碎,受因果规律支配而变得机械化,了无生气,意义丧失了。在总体性意义丧失的世界里,不仅宗教救赎领域与诸价值领域互相冲突,而且诸价值领域之间也互相冲突而不可解决,成为了日常生活的现实。"昔日众神从坟墓中再度走出来,由于已遭除魅,他们不再表现为拟人

---

[9] 〔德〕韦伯:同上注〔4〕所引书,第528页。
[10] 同上书,第547页。

的力量。他们企图再次主宰我们的生命,并且又一次展开了他们之间的永恒斗争。"[11]

二、对现代性语境下价值多元与价值冲突的解决

那么,如何看待现代性背景下的价值多元以及由此引发的价值冲突?对于价值多元及价值冲突引发的问题,如何解决?不同的论者有不同的方案,下面考察以韦伯和凯尔森为代表的形式自由主义的方案,以及以施米特和施特劳斯为代表的新保守主义的方案。经过此种考察,凸现他们的不足,由此进一步引出哈贝马斯关于法律和民主的商谈论对解决价值多元与价值冲突的解决,以表明哈贝马斯对这一问题的可能贡献。

(一)对现代性语境下价值多元与价值冲突的解决——形式自由主义的方案

1. 韦伯的法律形式主义

在韦伯看来,价值多元和价值冲突是现代人不可避免的命运。韦伯的政治理论建立在他对现代科学、现代学术的判断之上。韦伯秉持新康德主义的立场,坚持事实与价值的二分,认为在科学研究时,价值关联确定人们的研究对象,但在科学研究本身只能就事实的因果关系、逻辑关系,对事实的结构作出阐明,即对价值判断的前提作出阐明,而不能就价值本身作出判断。"经验科学无法向任何人说明他应该做什么,而只是说明他能够做什么——和在某些情况下——他想做什么"[12],不能够回答我们应当如何生活之类的问题,不能够进行价值判断。科学研究必须严格恪守价值中立,作出价值判断并依据这种判断进行相应的行动是政治家的事,政治家的责任,必须把学术与政治分开。

在政治领域里,现代人面对价值冲突,必须作出自己的价值判断,决断自己所信奉的价值。韦伯区分了责任伦理与心志伦理[13],并把责任伦理当作政治领域所应遵循的行事准则。责任伦理指的是一个人行动时必须考虑到后果,必须对自己基于某一目的而作出的行动的后果承担责任;心志伦理指的是行动者只以自己意图、动机与目的本身的正当化行动而不考虑后果,甚至不考虑手段,其典型是只考虑自己的行动目的,而把后果委诸于上帝。通过这种区分,韦伯把普遍主义道德归结为心志伦理,从而剔除了普遍主义道德对政治的约束,把政治归于责任伦理领域。因为政治不可避免地涉及价值判断,并基于这种判断采取相应的政治行动;政治不可避免地同恶联系在一起,同赤裸裸的暴力的使用联系在一起。对政治来说,决定性的手段是武力。韦伯如此界定"政治":"政治追求权力的分享、追求对权力的分配有所影响——不论是在国家之间或者是在同一个国家

---

[11] [德]韦伯:《学术与政治》,钱永祥等译,广西师范大学出版社2004年版,第180—181页。
[12] [德]韦伯:《社会科学方法论》,韩水法、莫茜译,中央编译出版社2005年版,第6页。
[13] 关于韦伯对责任伦理(Gesinnungsethik)与心志伦理(Verantworturngsethik)的区分及中文翻译,详见[德]韦伯:同上注[11]所引书,第260页,注释[84]。

内的各团体之间。"[14] 政治家所追求的是权力,这种权力作为手段,可为各种目的服务,不管这些目的是高贵的或自私的。政治在这里不受普遍主义的心志伦理约束,转变成一种实力政治。当然,韦伯的这种政治观与德国在19世纪末20世纪初面临的英法美列强的实际处境不可分割。韦伯要求当时德国的政治家必须作出自己的决断,以为德国未来的发展留下空间。正如他在为当时德国的经济政策所辩护时所说的那样,德国作为一个民族国家,"一个德意志国家的经济政策,只能是一个德国的政策;同样,一个德国经济理论家所使用的价值标准,只能是德国的标准"[15]。

韦伯的政治思想不仅有民族主义的一面,还有自由主义的一面。韦伯明确把自己归属为市民阶级亦即资产阶级的一员,认同资产阶级自由主义的政治理想,他政治理论上所作的努力是要使德国市民阶级的政治家认识到政治中价值判断的必要性、不可避免性以及迫切性,要使市民阶级达到政治上的成熟。他说:"我是市民阶级的一员。我能感受到自己是一个市民,而且我历来生活的氛围使我具有市民阶级的观点和理想。……我们扪心自问,德国市民阶级是否已成熟到可以成为德国民族的政治领导阶级?"[16] 在韦伯那里,自由至少有经济个人主义自由,公民和政治自由,以及人内在精神上的自治和责任三种含义。[17] 在韦伯看来,社会的理性化进程所带来的社会结构官僚化、标准化、机械化,变成了束缚个人自由的铁笼,个人变成机器生产上的一个螺丝钉,使早期资本主义时期的经济个人主义的自由日趋消失。这是韦伯对于资本主义社会中自由丧失的诊断。但他又认为强大议会等机构和竞争的存在仍然有可能维持政治自由和人的责任感与自治性。如何维持理性化过程中的自由则进一步涉及韦伯的法律社会学。

韦伯的法律社会学考察了形式理性法在近现代资本主义的产生,亦即西方近现代世界理性化中的重要作用,也考察了近现代社会中的支配类型。由于本论文意在着重考察韦伯对于价值多元与价值冲突的解决,所以对于形式理性法在西方世界理性化中作用的问题简要提及,着重考察形式理性法如何确立起近现代社会的正当支配问题。

韦伯认为,西方法律传统中一直延续的罗马法和中世纪的日耳曼法在欧洲最早的一批大学中,经过法学学者的努力,完成了交汇,并形成了形式理性法。形式理性法所具有的一致性、连续性为资本主义理性经济行动提供了重要的前提条件,亦即保障了理性化经济行动的可计算性和可预见性。"现代资本主义企业主要依靠计算,其前提是要有一套以理性上可以预测的方式运作的法律和行政系统,人们至少在原则上可以根据其确定

---

[14] 〔德〕韦伯:同上注[11]所引书,第197页。
[15] 〔德〕韦伯:《民族国家与经济政策》,甘阳编选,甘阳等译,牛津大学出版社1997年版,第74页。
[16] 同上书,第82页。
[17] 参见〔英〕贝顿:《马克斯·韦伯与现代政治理论》,徐鸿宾等译,萧羡一校,久大文化股份有限公司、桂冠图书股份有限公司1990年版,第42—43页。

的一般规范来进行预测。"[18]韦伯认为对于服从与被服从关系的政治秩序和法律秩序,不能够完全基于习惯、纯情感、利益等动机,还必须有合法性(legitimacy)[19]观念作支撑。他对支配社会秩序的合法性类型作了理想上的划分,亦即划分为传统型支配、卡理斯玛型支配与法制型支配。现代社会的支配类型主要是一种法制型支配。法制型支配中的法律也就是韦伯心仪的形式理性法,它"最典型的形式是受欧洲罗马法传统影响的近代欧洲各国民法典(特别是法国民法典和德国民法典)以及德国的潘德克顿学派所提出的'学理法'"[20]。这两种形式理性法集中体现了韦伯所认为的形式理性含义,具有高度的方法和逻辑合理性,具体表现在它们所蕴含的以下公设上:"第一,每一项具体的法律决定都是某一抽象的法律命题向某一具体'事实情境'的'适用';第二,在每一具体案件中,都必定有可能通过法律逻辑从抽象的法律命题推导出裁决;第三,法律必须实际上是一个由法律命题构成的'没有漏洞'的体系,或者,至少必须被认为是这样一个没有空隙的体系;第四,所有不能用法律术语合理地'解释'的东西也就是法律上无关的;以及,第五,人类的每一项社会行动都必须总是被构想为或是一种对法律命题的'适用'或'执行'或者是对它们的'违反',因为法律体系的'没有漏洞性'必定导致对所有社会行为没有漏洞的'法律安排'。"[21]这种一般性公开适用的具有终局性的形式理性法律为个人选择,从而为个人发挥自己的能力去完善自己提供了空间,也为个人的自由提供了空间。联系到韦伯对价值多元与价值冲突的判断,其实韦伯所主张的也就是形式理性法无关乎实质的伦理目的,用强制力确保了一个和平的秩序,为人们进行价值判断与价值选择留下了空间,这是韦伯对现代性语境下价值多元与价值冲突的解决。在这种方案中,政治与法律秩序的合法性[legitimacy(legitimität)]变成了形式上的合法律性[legality(legalität)]。当然,韦伯敏锐地预见了由于社会主义运动的兴起等导致的西方社会中实质理性化的趋势,这种趋势使形式理性法遭受破坏,自由主义的秩序受到威胁。韦伯形式自由主义的方案在凯尔森的纯粹法学理论中得到更为明确的阐述。

2. 凯尔森的纯粹法学理论

凯尔森的纯粹法理论预设了韦伯对现代性的论述,亦即韦伯关于现代社会是法制型支配的社会,社会结构由于科学知识专业化而进一步官僚制化。"凯尔森的写作,是为了在反对科学构想的还原主义和日益扩张的官僚权力的斗争中为人本主义的人类观念辩

---

[18] Max Weber, *Economy and Society*, Guenther Roth and Claus Wittch (ed.), University of California Press, reissue, 1978, Vol.Ⅱ, p.1394.

[19] 对于 legitimacy(legitimität)一词,学界有不同翻译,常见的译法为"正当性"与"合法性",还有的论者译为"正统性"。本文译为"合法性"以与 rightness(译为"正当性")相区别。另外,本文中把与 legitimacy 相对的 legality(legalität)译为"合法律性"。

[20] 郑戈:《法律与现代人的命运:马克斯·韦伯法律思想研究导论》,法律出版社 2006 年版,第 118 页。

[21] Max Weber, supra note[18], pp.657—658.

护。"[22]所以,凯尔森纯粹法学的基本问题可概括为,在资本主义社会理性化的情形下,在社会面临日益的专业化、科层化、官僚制化的趋势下,如何从法律哲学以及法律制度的角度维护人的自由。

凯尔森同样认同韦伯对现代社会关于价值冲突的判断。他认为价值冲突产生于人们利益的冲突,正义问题产生于这些冲突。而凯尔森持一种新康德主义立场,认为利益及价值问题由情感因素决定,所以理性无法解决它们间的冲突,只能进行价值判断,只能相对地解决,寻求相对主义的妥协。如他所说:"哪里不存在利益冲突,哪里就不需要正义。当某一利益只有以牺牲另一利益为代价才能被满足时,就存在着利益冲突;或者说(同样的)当两种价值之间存在冲突,而不可能同时实现时,当只有他人利益被否定才能实现自身利益时,当必须对两种有待实现之利益进行取舍时,当必须决定哪种价值更为重要时,换言之,决定何为更高价值时,最后:决定何为最高的价值时,就会产生利益冲突。价值问题首先就是价值冲突问题,而且这个问题无法通过理性认识解决,对这些问题的回答都是价值判断(judgment of value),价值判断由情感因素决定,并因此具有主观性——其只对判断主体有效,因而只是相对的。"[23]凯尔森认为没有解决价值冲突的绝对正义标准,那些寻求绝对正义的形而上学的努力和科学上的努力都是失败的,正义只能是相对的。因而他拒斥自然法关于存在普遍正义原理的学说,他反对道德上的绝对主义,而赞成哲学上的相对主义。在他而言,对价值冲突寻求普遍的绝对标准的做法是同反民主的威权政府,同专制联系在一起的,而道德相对主义以及由此带来的价值上的多元化,能够宽容不同的价值、政治理念与思想,是同民主制,同自由紧密相连的。民主制以法律为手段维续一种和平的秩序,保证人们能够选择和拥有不用的价值,对人们拥有不同的价值进行宽容,也意味着给人带来自由。如凯尔森所说:"若民主制是一种公正的政体,仅仅因为其意味着自由,而自由则意味着宽容,若民主制失去了宽容,也就不成其为民主制了,但当民主制在捍卫自身时是否要对反民主的倾向宽容?不能压制对反民主观念的和平表达。正是这种宽容令民主制有别于专制。只有坚持这种区别,我们才有权拒绝专制,才有权为民主制而骄傲,民主制绝不能通过放弃自身来保卫自身。"[24]

民主制下的宽容与自由是通过法律手段维续的,它所实现的是法律之下的正义,是实证法律下的相对正义。在凯尔森看来,正义的相对主义学说本质上是同法律实证主义相关的。法律实证主义不承认绝对的自然法,反对任何从自然法中论证实证法的可能性。因为从自然法论的绝对正义学说论证实证法,无异于把某种意识形态施加于法律秩序之上,把某种本来相对的价值普遍化,从而压制其余价值,这往往导致集权与专制。相

---

[22] 〔英〕韦恩·莫里森:《法理学》,李桂林等译,武汉大学出版社2003年版,第341页。

[23] 〔奥〕凯尔森:《何谓正义?》,张书友译,http://www.fatianxia.com/paper_list.asp?id=2889,2008年5月4日访问。

[24] 同上。

反，纯粹法学只承认相对正义的实证法，主张从法律中剔除任何意识形态，剔除任何价值，在不同的价值间进行中立，法律被当作一种维持秩序的技术，只具有形式性而不具有实质性。法律通过运用强制性手段，以权利与义务的形式，规定了在一般情形下人们的作为或不作为，以及相应的后果。通过法律建构一种强制性的秩序，法律本身也就是一种强制性秩序。法律是一种通过强制力保障的规范，每个具体的法律规范的效力来自于上一级规范，最终来自于基本规范，基本规范的效力是假设的。法律秩序的合法律性也就是政治与法律秩序的合法性。整个法律规范构成一套自我实施的金字塔式的等级系统，法律垄断了一国之内所有权力的行使。国家本身并不神秘，它实质上是一种运用权力的政治组织，是通过法律建立起来的强制性秩序本身。凯尔森认为："国家之所以是一个政治组织，是因为它是一个调整如何使用强力的秩序，是因为它垄断了对强力的使用。然而，正如我们所了解的，这是法律的主要特征之一。国家是一个政治上有组织的社会，因为它是一个由强制性秩序构成的共同体，而这个强制性秩序便是法律。"[25]所以，"凯尔森的纯粹法学是对在多元主义现实中建构社会结构这一问题的形式主义回答"[26]，亦即对现代性语境下价值多元与价值冲突的形式法上的回答，是形式自由主义方案在法律哲学上的明晰表达。

（二）对现代性语境下价值多元与价值冲突的解决——新保守主义的方案

对现代性语境下价值多元与价值冲突解决的形式自由主义方案遭到了来自新保守主义的批判与反击。新保守主义思想有多种形态，限于本文论旨及讨论的相关范围，这里主要讨论施米特与施特劳斯的相关思想，并限于施米特对韦伯与凯尔森的批判，以及施特劳斯对韦伯与施米特的批判。

1. 施米特论现代性语境下的政治

凯尔森的纯粹法学理论受到了施米特的批判。在施米特看来，凯尔森的纯粹法学消解了政治，消解了主权，也消解了国家，把形式的合法律性当成了合法性，实际上是一种没有合法性的秩序。形式自由主义主张对冲突的价值进行宽容，把法律当作维持一种和平秩序的技术，这在施米特看来恰恰把政治归结为议会里无休止的谈话，面对价值冲突时丧失掉了决断的能力，必然造成政治的危机。

"真正为施米特确立问题意识的，非韦伯莫属。"[27]施米特的问题可归结为，在韦伯所诊断的理性化的现代社会，面对技术理性化的侵蚀，如何保持政治秩序的合法性，如何维续生活的严肃性？

---

[25]〔奥〕凯尔森：《法与国家的一般理论》，沈宗灵译，中国大百科全书出版社1996年版，第213页。

[26]〔英〕韦恩·莫里森：同上注〔22〕所引书，第346页。

[27]〔美〕约翰·麦考密克：《施米特对自由主义的批判》，徐志跃译，华夏出版社2005年版，第33页。

施米特接受韦伯对现代性诊断的前提,把西方现代性的展开看做是一个理性化、世俗化的过程,是一个传统欧洲整全性的神权秩序分化为道德、审美、科学、经济等领域的过程,这些领域有各自运作的标准,如善/恶、美/丑、真理/谬误、利/害等。施米特认为,在这些领域中,政治领域同样存在,政治领域的存在依据人是恶的,即人是危险的动物这一始自马基雅维利的人类学而非道德或伦理意义上的预设。这一预设意味着存在着人时刻面临着实际的肉体被消灭的可能性这一敌对的状态,这是一种有关人之生存的处境性事实。这种状态决定了划分朋友/敌人的可能性与必要性,进而决定了政治的本质在于划分敌友:"所有政治活动和政治动机所能归结成的具体政治性划分便是朋友与敌人的划分。"[28]这里的敌人是"实际的敌人",是国家的公敌,不是道德意义上的"绝对的敌人"。国家的概念以政治的概念为前提,从这种对政治的生存论理解出发,施米特设定国家是一种政治统一体,国家必须能够及时区分内部的和外部的潜在的以及发生战争时的现实的敌人。国家作为政治统一体,是一种决定性的统一体,是一种至高的存在,它拥有至高的主权。这种至高的主权来源于在危急时刻作出决断从而判明朋友/敌人的紧迫性。正如施米特所主张的:"政治统一体是关键,它是决定着敌—友阵营划分关键的统一体;在这个意义上(而不是任何一种绝对主义的意义上),政治统一体即主权。"[29]从这种国家作为决定性的政治统一体所拥有的至高的主权出发,派生出它的巨大权力,即发动战争的权力和以国家名义对人民生活进行安排的权力。

从这种生存论的政治观出发,施米特攻击自由主义的国内秩序上的多元论国家观与国际秩序上的一元论国家观。在自由主义的政治理论看来,国内的秩序是一种多元的秩序,国家只不过是一个产生于公民同意的组织,它的主权受到限制——维护公民的幸福、自由、财产等自然权利,和其余组织没有什么区别。凯尔森的自由主义国际法理论主张,国内法受制于国际法,从而形成一个统一的法律秩序。然而,在施米特看来,这两种看法,在国内使国家降低为一种社会组织,在国际上则使国家隶属于某种超越性的世界政府,都限制了国家主权,使国家在面临可能冲突的敌对情形中丧失了区分敌友的能力,消除了真正意义上的政治。自由主义的理论把国家的敌人变成了经济上竞争和精神领域论争的对手,而没看到朋友/敌人间的斗争,"遗忘"了敌人。这与自由主义本身的政治设计相矛盾,因为每个自由主义国家的宪法都规定了"紧急状态"。在紧急状态里,自由主义所主张的受限制的主权本身终止了法律秩序。作为例外的紧急状态决定了政治秩序,而非相反。然而,如果仅仅从这种经验主义的生存论政治观出发,确实无法推出应然的

---

[28] 〔德〕卡尔·施米特:《政治的概念》,刘宗坤等译,上海人民出版社2004年版,第106页。
[29] 同上书,第119页。

政治上的"统治/服从"关系,即统治的合法性基础问题[30],这里的国家与匪帮和黑社会没什么实质性的区别,只不过国家拥有垄断性的暴力而已。

然而,人性恶概念在施米特那里除了有人具有危险性的生物性力量这一人类学上的意义外,还有道德—神学意义,即人性"腐败、软弱、怯懦、愚蠢"这一意义。[31] 正是有了这种道德—神学意义的假设,施米特不仅在生存论意义上考察现代政治的合法性,而且也在政治神学的规范意义上考察现代政治的合法性。在自由主义的先驱性人物马基雅维利、霍布斯、斯宾诺莎等那里,假设人性恶,但剔除掉了基督教的原罪意识,由此假设存在一种人对人战斗性的敌对自然状态,从这种假定中推出自由主义政治秩序的原理。为了回避价值冲突,自由主义的国家宪法规定了政教分离的原则,把信仰变成了私人性的事务,从而释放出人们目的理性活动的广泛领域。国家的职能限于管理而非统治,即保护个体的自然权利,维护和平、安全的秩序。法律只不过是国家行使管理职能的形式技术,它严格规定了国家的权力行使程序与条件,国家变成了一种强制性法律秩序的同义语,丧失了任何实质性规定。法律通过金字塔式的自主等级规则系统而产生,与实质性的"应当"没有任何联系,法律的合法律性变成产生了合法性。此即韦伯所阐释的形式理性法的统治,在凯尔森式的纯粹法学理论里得到最合乎逻辑的体现。

然而,在施米特看来,自由主义的政治与法律理论对现代性的政治产生了误解。继承黑格尔的国家高于社会的观点,施米特指责自由主义政治理论混淆了国家与社会的区别。在市民社会里,自利的个体是一种平等的关系,自由交往。然而,人性在道德—神学意义上为恶,为了抑制这种恶,使人类过上一种道德的生活,现实的政治—统治与服从是人类不可逃脱的命运,国家行使的是一种统治而非管理功能,必须区分开社会领域里的自由与国家统治领域里的专政。因而,统治权威的合法性问题不可回避。在传统天主教政治形式下对立综合的结构中,上帝的救赎神意通过教会的等级结构为现实政治秩序提供了合法性。尽管世俗化进程不可逆转,上帝退隐到私人领域,甚至已经死掉,但政治秩序的合法性问题并没有消失。施米特虽然尊敬韦伯,但仍认为他属"自由主义的德国教授之列",凯尔森式的纯粹法学观消解了国家,也消解了主权。"基本规范"仅仅是一个假定,它不仅无法解释法律适用中单个判决并非仅仅出于形式性的决定,而是由法官发挥决断作用,更无法说明整个法治秩序来源于哪里。实际上,纯粹法学所主张的金字塔式法律体系,把合法性归属于合法律性,实质上归结为政治上的代议制民主。代议制民主

---

[30] 也可见吴冠军:《现实与正当之间:论施米特的〈政治的概念〉》,载《开放时代》2003年第4期。然而,吴的这篇论文在我看来,只注意到了施米特政治概念中生存论的一面,而没看到神学—道德意义的一面,这将在本文中作出论述。

[31] 刘小枫:《施米特论政治的正当性》,载舒炜编:《施米特:政治的剩余价值》,上海人民出版社2002年版,第109页。这里需要顺带指出的是,legitimacy(legitimität)在刘小枫这篇论文里译为"正当性",但在本文里,译作"合法性";相应的,刘小枫论文里的合法性[legality(legalität)]在本文里译作"合法律性"。

把人民奉为上帝,每个人是上帝,人民的意志也就是上帝的意志。然而,在施米特看来,代议制这种民主形式充当的只是代理而非代表。因为在自由主义的技术化与中立的时代,人民已分化为原子化的个体,资产阶级的代议政治倡导价值中立,已丧失了代表的能力,是非政治的表现,并非真正的民主。施米特区分开自由主义与民主,民主在于"统治者与被统治者的同一性"[32],正是自由主义的技术政治消解了民主的同一性,议会民主的政治形式面临危机,已经过时。

要实现真正的人民民主政治或人民主权原则,人民必须成为一个同质的同一体,在技术化的时代,原子化的人民需要一个国家伦理来聚合。这种国家伦理,亦即从民族的历史、习俗及伦理生活中建构出来的神话使人民从没有精神的原子化的个人变成"精神化的群众",克服被现代市民阶级的怀疑主义、相对主义、议会民主主义搞得支离破碎的局面,提供民族或阶级创造历史的伟大动力,维持政治权力的运转。[33] 需要强调的是,如迈尔所指出的,施米特的一元论国家观是受天主教保守思想家柯特(Donoso Cotés)等人的影响,而非基于现代民族国家的民族主义。[34] 施米特所说的政治,就不仅是基于生存性处境的敌对状态的决断,更是基于何种基础才能建立起合法的统治/服从秩序的问题。施米特在由民族神话构成的国家伦理上找到了这一基础。所以,国家的敌人除了具有"实际的敌人"这一含义外,还有"绝对的敌人"这一意义。受德国浪漫派诗人多伯勒(Theodor Daubler)影响,施米特获得他的绝对敌人形象,这里的"绝对的敌人"就是现代资本主义时代的技术精神。[35] 在施米特看来,资本主义理性化所释放出来的技术使社会平庸化、平均化,使生活中严肃性的东西消失了,整个世界变成计算、游戏和娱乐的世界。形式自由主义所主张的技术中立,妄图用手段的中立与一致取代人们精神领域中的冲突与对立,建立起技术统治的机械世界,人性被冥灭了,因而必须予以反对。所以施米特对现代政治的理解最终归结到对人性的道德—神学理解,施米特的学说归结于一种政治神学。[36] 施米特的思想中充满了矛盾,正是这种矛盾使对施米特思想的解读充满了争议。[37]

2. 施特劳斯的政治哲学

施特劳斯认为施米特的批判仍然是自由主义思想之内的批判,仍属于自由主义思想,仍然无法克服现代性的危机。在施特劳斯看来,虽然施米特反对自由主义对政治的"遗忘",坚持这政治领域的存在于自主性,但这实质上坚持了当时占主流地位的新康德

---

[32] 〔德〕卡尔·施米特:《论断与概念》,朱雁冰译,上海人民出版社2006年版,第57页。
[33] 转引自刘小枫:同上注[31]所引书,第137页。
[34] 同上书,第139页。
[35] 同上书,第118页。
[36] 施米特政治神学的意义,见同上书,第99页,注释[64]。
[37] 参见刘小枫:《施米特故事的各种讲法》,载刘小枫选编:《施米特与政治法学》编者前言,上海三联书店2002年版,第30—54页。

主义自由主义思想的前提,即文化作为人们活动的现象在现代性下分化为各个价值领域,各个领域有自己的标准。当然,施米特在其大著《政治的概念》中有所修正,把政治的自主性改为政治的强度性,强调政治不再是整个文化的一部分,而是人本身所处的不可避免的生存状态,它来自于人生存中所处的"肉体屠杀的现实可能性"[38]上,是自然的状态。施米特的自然状态源于对霍布斯概念的转换。施米特把霍布斯所界定的人与人之间的自然状态,转化为群体间的自然状态、国家间的自然状态,进而对自然状态进行肯定,对政治进行肯定。

如上文所言,施米特为了反对自由主义,最终把人性的理解建立在道德上,把绝对的敌人定位于资本主义理性化所释放出来的技术理性。施米特对政治的肯定是最终归于对人之为人尊严性的肯定。但是施特劳斯认为这种肯定只是肯定战斗本身,与为何而战无关,作出决断的人乐于作出任何决断,他同样有一种中立性的观念:"一个肯定政治本身的人尊重所有希望战斗的人;他完全像自由主义者一样宽容——但他们的意图却正好相反:自由主义者尊重并宽容一切'诚实'的信念,只是他们仅仅认为法律秩序与和平神圣不可侵犯,而一个肯定政治本身的人则尊重并宽容一切'严肃'的信念,即定位于战争之现实可能性的一切决断。因此,肯定政治本身被证明处于对立一极的自由主义。"[39]所以,在施特劳斯看来,施米特的政治学说仍是对自由主义的肯定,这种肯定只是施米特反对自由主义的初步准备,他的最终论题在于确立事务的秩序,而非与自由主义斗争。但施米特陷入自由主义思想的羁绊而迷失了自己的真正意图。换言之,施米特对自由主义的批判并不是成功的。要成功批判自由主义,必须超越自由主义的视界。施特劳斯承担了这一任务,继承施米特对自由主义的批判并激进化这种批判,重新开启了古今之争,"返回"古代世界,力图在政治哲学与政治神学、真理与启示、雅典与耶路撒冷的紧张中开出一条克服现代性危机的道路。

施特劳斯对现代性的诊断与批判有更大的视界,他根植于德国观念论哲学与犹太教两大思想传统,并返回柏拉图式的政治哲学研究,从古代的视界来诊断现代性的危机。受海德格尔影响,施特劳斯的写作方式是解释学的,把自己的意图表达在对西方经典文本的解释中,不过这种解释并非伽达默尔意义上对解释经验的普遍化,而是要返回经典著作的原意,从经典著作本身理解经典著作的深意。丢失了经典文本的原意是西方现代性危机的核心,所以恢复经典文本的原意,背后带有更大的政治意图,即克服西方现代性的危机。在施特劳斯看来,哲学代表了对"人应当如何生活"、"何谓正当"这一根本问题的沉思,是最高的生活方式。同苏格拉底一样,他认为未经理性省思的生活是不值得过的。但从苏格拉底的经历中,施特劳斯看到,这种生活方式同大众的生活方式格格不入

---

[38] 〔德〕卡尔·施米特:同上注[28]所引书,第113页。
[39] 〔美〕施特劳斯:《〈政治的概念〉评注》,刘宗坤译,刘小枫校,载〔德〕迈尔:《隐匿的对话——施米特与施特劳斯》(附录一),朱雁冰等译,华夏出版社2002年版,第208页。

并带来危险,哲学的沉思时时面临着来自大众的迫害与压制;而且"同犹太神秘主义者一样,施特劳斯将知识之树与哲学、罪、堕落与魔鬼联系起来"[40]。所以,哲人在过一种理性沉思的生活方式时,必须考虑到所应承担的社会责任,必须在大众的神学—政治秩序中为自己辩护。所以,哲学需要转变成政治哲学,成为"政治的"。"'政治哲学'意味着,哲学职分中的政治行动首先是守卫和捍卫哲学生活,而非提出具体政治方案的哲学——'政治的哲学'。"[41]经过阿里斯托芬的批评,苏格拉底由"'前苏格拉底的苏格拉底'转变到'政治哲学中的苏格拉底'"[42],实现了由哲学到政治哲学的转变。具体而言,在西方的古代世界中,哲学把人应当如何生活的问题根植于对自然的探寻上。自然是一个具有向善目的的宇宙,是一个和谐的整体;人在这个整体秩序中,由于具有理性,具有崇高的位置,但人本身属于自然整体的一部分,并未创造独立于这个秩序之外的标准。人按其自然本性而生活,古典秩序是一种自然正当的秩序。这是希腊哲学的理性精神对"何谓正当生活"的理解。这种理解遭遇到了来自犹太教、基督教和伊斯兰教神学—宗教传统的挑战。哲学对正当生活的沉思,是理性的活动,是对正当生活的论证;而一切神学与宗教莫不预设了世界的意义,它们从上帝的启示中解释世界的意义,生活的意义,要求理知的牺牲。这种对立便是哲学与神学的对立,真理与启示的对立,它要求哲学与宗教互为自己的主张辩护。当然,犹太教与基督教又有很大不同,"犹太教的神法是启示的、人民当绝对服从的律法;基督教的新律尽管也是启示性的,但新律宣告的是属灵的自由和人人在上帝面前的平等"[43]。

在古希腊时的圣经翻译中,就有柏拉图式的苏格拉底哲学与犹太教的综合,即它们都强调政治生活律法的神圣性和首要性。在中世纪的伊斯兰哲学和犹太教哲学那里,通过阿威罗伊(Averroes)的"双重真理说"和迈蒙尼德(Maimonides)对柏拉图的解释,接纳了代表希腊理性精神的哲学,从而柏拉图的苏格拉底所面对的哲学与律法间的张力得以保持。在施特劳斯看来,这种哲学与律法的必要紧张与冲突,"恰恰是西方文明的生命力之所在"[44],对人类的生活具有不可估量的意义,亦即在保持对大众所遵循秩序的尊重的情形下对何谓正当生活的政治哲学问题进行思考。但中世纪亚里士多德派使基督教与亚里士多德哲学结合,使哲学—神学的紧张取代哲学—律法的紧张,从而使理性与信仰成为基督教哲学和神学讨论的基本问题,中断了作为一种生活方式的政治哲学,最早孕育了现代性。

---

[40] 转引自〔加拿大〕沙蒂亚·B.德鲁里:《列奥·施特劳斯与美国右派》,刘华等译,刘擎译校,华东师范大学出版社 2006 年版,第 67 页。

[41] 转引自刘小枫:《施特劳斯的"路标"》,载贺照田主编:《西方现代性的曲折与展开》,吉林人民出版社 2002 年版,第 71 页。

[42] 〔德〕迈尔:同上注[39]所引书,第 107 页。

[43] 刘小枫:《施特劳斯的"路标"》,载贺照田主编:同上注[41]所引书,第 74 页。

[44] 同上书,第 83 页。

从马基雅维利开始,到尼采最终完成的现代性浪潮终于彻底抛弃了古典哲人的教诲,古典的自然正当秩序仅经过近代自由主义自然权利思想的转化,完全变成了相对主义和历史主义的,堕入虚无主义之中。"现代西方人再也不知道他想要什么——他再也不相信自己能够知道什么是好的,什么是坏的;什么是对的,什么是错的"[45],因此陷入危机之中。这种危机源于现代西方人坚持事实与价值的区分,科学仅局限于事实判断,不能赋予价值判断以效力。从而一切价值判断都是历史的,相对的,正如韦伯所主张的。但在施特劳斯看来,"韦伯的出发点在于某些新康德派所理解的康德观点与历史学派观点的混合。他从新康德主义那儿承袭了关于科学性质的一般观念和'个体的'伦理学,从而拒绝了功利主义和各种形式的享乐主义。他从历史学派那儿承袭了这一观点:没有任何可能的社会或文化秩序能被说成是正当的或合理的秩序。他借助于道德命令(或伦理律令)和文化价值之间作出区分而结合了那两种立场"[46]。在道德命令(或伦理律令)间所作的区分,使在韦伯的判断中,伦理学在涉及文化与价值问题时不能够发言,亦即在价值判断上,道德必须中立。韦伯之所以认为要对价值判断持中立态度,正如前文所言,是因为,学问对回答"人们应当如何生活"这一问题上没有答案。但是,价值判断不可避免地渗入韦伯的研究中,如韦伯著作中充斥的"伟大人物"、"虚假的体系"、"阳刚之美"等等。这种渗入具有不可避免性,因为历史中现象本来就夹杂着人们富有价值判断的理解,如果如韦伯所说,没有对价值判断的知识,那么就无法对历史现象进行区分,也无法达到对历史现象客观性的理解。所以,韦伯的价值中立必须从价值关涉上加以理解,即社会科学的对象由价值关涉建构起来,但对这些具有主观性的价值要达到科学上的因果解释,必须避免价值判断。韦伯一方面信仰科学,信仰科学的明晰性,但另一方面他深信对一切事业的献身都以某种信仰为基础,科学本身也依赖于某种不能证明的信仰。这种冲突使他相信价值冲突不是由理性可解决的。[47] 这种对于何谓良善生活的问题,对于高贵事物无根基的洞见,在施特劳斯看来,可归结为一种"'高贵的虚无主义'"。[48]

从卢梭到尼采、海德格尔等对西方现代性的批判,不仅没有克服危机,反而进一步深化了危机。亦如施米特的理论教训所显示的,要克服现代性危机,要展开对自由主义的彻底批判,必须超越自由主义的视阈。只有回到对自然的古典理解,返回柏拉图式的政治哲学研究,在现代性的各种主义的世俗政治神学中探寻如何保持政治哲人的生活方式,问询"何谓正当"的生活,才可能克服价值多元与价值冲突所带来的现代性危机。

总结前文从韦伯到施特劳斯对现代性的描述与诊断,以及他们的治疗方案,可发现他们有一个共同点,那就是对普遍道德的背弃,当然这种背弃在不同的人那里的表现是

---

[45] 〔美〕列奥·施特劳斯:《现代性的三次浪潮》,丁耘译,载贺照田主编:同上注〔41〕所引书,第86页。
[46] Leo Straus, *Natural Right and History*, University of Chicago Press, 1953, p.43.
[47] Ibid., p.74.
[48] Ibid., p.48.

不同的。就韦伯而言,他区分形式理性法和自然法,把法制型支配的合法性归结为合法律性,否认从包含普遍道德的超验自然法中寻求合法性;他区分责任伦理与心志伦理,要求政治行动应以责任伦理为准则,否弃寻求普遍正义的心志伦理。就凯尔森而言,法律作为一种强制性秩序只能由相对正义的实证法规范构成,反对普遍正义的自然法;否定存在绝对正义的普遍道德标准,要对不同的价值宽容。就施米特而言,普遍的道德在他那里成了自由主义的伪善,只会引发绝对的意识形态战争;而他所主张的作为世俗秩序正当性的国家伦理所归结的民族神话只能是历史中形成的具体的特殊的而非普遍的,政治伦理是韦伯的责任伦理,政治秩序是一种具体的秩序。就施特劳斯而言,他返回古典的政治哲学,似乎是用实质性的普遍道德遏制现代性的虚无主义。然而,他的隐晦教导的写作注定使哲人不受道德规范的约束,哲学上对正当生活的反思注定同共同体的道德规范相抵触,对大众的谎言竟成了美德;他敌视一切普遍的东西,"到了将道德与帝国主义,普遍道德规范与正常化,人权与均质化混作一谈的地步"[49];他"也不是自然法的拥护者,尽管他以支持自然法而出名"[50]。如果如施特劳斯所批判的那样,包括韦伯、施米特等在内的现代思想不仅没有拯救,反而可能激化了现代性危机,如果像自由派学者所批判的那样,施特劳斯的学说意味着培养一个无原则阶层,意味着自由主义政治秩序的"一场噩梦,将使我们完全任由狡猾而野心勃勃的教士摆布"[51],那么,现代性是否还有出路,是否进入了死胡同?是否还有可能克服现代性的危机?对此,哈贝马斯提供了另外一种视角。

三、哈贝马斯关于法律与民主法治国的商谈论对价值多元与价值冲突的解决

(一) 哈贝马斯论现代性

哈贝马斯的整个理论是建立在他对现代性的看法上的。哈贝马斯的现代性理论是运用沟通行动理论对韦伯理性化理论的重构,并对韦伯所诊断的现代性危机重新提出解释和相应的诊断方案。

哈贝马斯的沟通行动概念来自于语言哲学,是一种以言行事的言语行为,仅仅以达致相互理解和共识为目的。沟通行动作为完整的言语行为,包括了语言的记述式使用、规范调节式使用和表现式使用三个方面,要求在语言运用中满足真理性、正当性、真诚性以及有效性要求。言语者通过沟通行动建立起同客观世界、社会世界以及心灵世界三个

---

[49] 〔加〕沙蒂亚·B.德鲁里:《列奥·施特劳斯与美国右派》,刘华等译,刘擎译校,华东师范大学出版社2006年版,第109页。

[50] 同上。

[51] 同上书,第70页。

世界的合理关系,进而同整个世界建立起一种合理的关系。由此,哈贝马斯扩展了理性的概念,即把传统的工具理性扩展为沟通理性。对应于工具理性—沟通行动这对概念,哈贝马斯另引入了系统—生活世界这对概念,用以重构西方社会合理化进程。在哈贝马斯那里,系统一方面指的是社会制度或组织,另一方面指的是用来对社会世界进行分析的框架、方法;生活世界同样有分析框架与方法的意思,但也指主体间进行沟通行动的场域,是沟通行动的背景性假设以及相互理解的信念储存库,由文化、社会(狭义上)和人格三部分构成。同韦伯一样,哈贝马斯把西方社会的现代性历史看做一个合理化进程,不过这里的理性指的是沟通理性,而理性化进程指的是生活世界的理性化进程[52]。西方社会的现代性是一个生活世界理性化和系统复杂性不断增长的过程。在生活世界理性化进程中,系统分离出来,并沿着复杂性增长与控制的模式而分化。而现代性危机的产生于系统运作逻辑对生活世界的侵蚀。具体而言,西方社会的历史从生活世界理性化开始,亦即生活世界的文化、社会和人格三部分不再笼统地受神秘之世界观支配,而是各自按照合理沟通的要求独立起来;生活世界结构上"形式"和"内容"分离,人们的抽象反思水平不断提高,主体间的沟通与互动越来越依赖于普遍化的一般性前提与预设,而最终的结果是抽象社会得以形成;反思在社会的再生产中占着主要位置。在生活世界理性化过程中,为了缓解主体间沟通的负担,减少沟通的风险,金钱与权力独立出来,成为主体互动的媒介并一般化,市场经济社会化行政管理科层化,形成独立的经济系统与行政系统。系统的运作以金钱上利益得失和权力上强制力制裁的威胁为逻辑,迥异于生活世界通过以语言为媒介以相互理解为目的的沟通行动所进行的再生产机制。正是由于系统独立后,通过法律宰制化(juridification)的手段干预生活世界的运作,从而导致生活世界的殖民化,产生西方资本主义社会的危机。

从生活世界合理化的角度再看西方社会的现代性历史进程,它之所以会产生危机是由于相对独立的系统运作超越其适度的界限,从本来对生活世界的依附,转化为干预生活世界运作的结果,而非西方社会理性化的必然结果。表现在西方社会历史实际所发生的工具理性化并不必然是唯一可能的理性化。换言之,韦伯所诊断西方社会工具理性化中的危机并不是一定会发生的,韦伯把西方社会实际发生的工具理性化等同于历史的必然是错误的,而应该看到沟通互动所蕴含的潜力。在生活世界沟通理性化的视角下,韦伯所诊断的意义丧失和自由丧失危机是系统干预生活世界的结果,只是西方历史工具理性化的结果,并非沟通理性化的必然结果。具体来说,自由丧失是因为在雇佣劳动系统中通过劳动力的购买和劳动收入这种形式使个体成为经济系统中的一个雇员,在行政管理中通过抽象的税收和组织工作使个体沦为行政管理中政府的委托人,从而异化了个体

---

[52] 生活世界理性化过程的四阶段,请参见 Jürgen Habermas, *The Theory of Communicative Action*, Vol. Two: *Lifeworld and System: A Critique of Functionalist Reason*, trans. Thomas McCarthy, Beacon Press, 1987, pp. 153—197。

本来作为从生活世界的文化需求中形成的私人领域自主的消费者和公共领域中自主的公民的身份，使个体受制于系统的控制与宰制；意义丧失则是系统对生活世界的干预导致以系统命令支配人们在私人领域和公共领域中自主价值观和世界观形成造成的。而施特劳斯所诊断的现代性危机，同样可以从系统对生活世界的干预来重新得到理解。施特劳斯所诊断的现代性危机，作为理论上与文化上的危机，其实是哈贝马斯所诊断生活世界中文化的动因危机，同样是系统干预生活世界的结果。具体说来，系统独立并干预生活世界一方面在通过具体的活动破坏了文化系统的自主性，使人们在自由资本主义时期形成的价值体系遭到毁坏，亦即破坏了维续资本主义经济系统和政治系统运作的家庭—职业私人主义和公民私人主义[53]；另一方面，系统的干预使人们受制于实证主义科学观的物化思维模式支配，使人们丧失了对这种干预的反思能力。这样，人们再也不知道何种生活为正当的，从而发生施特劳斯、贝尔等新保守主义者所诊断的危机。

不同于法兰克福学派前辈的悲观立场，哈贝马斯既诊断又开药方，意图对资本主义现代性的病理性危机进行诊治。这样他进入道德理论领域和政治与法律哲学领域。

（二）哈贝马斯关于法律与民主法治国的商谈论的道德基础

从前文的分析中可看出，在韦伯、凯尔森、施米特与施特劳斯的理论中，普遍主义的道德被以各种方式从政治领域中剔除了，政治权力要么变成了赤裸裸的武力，要么变成了用谎言加以装饰的东西。但哈贝马斯把法律与民主法治国商谈论奠定在商谈伦理学上，从而为法律、政治树立了普遍道德的约束，使法律与政治重新回归道德。道德在哈贝马斯的整个理论中有重要作用，"如果不考察他的道德理论，就不可能理解哈贝马斯的法律与政治理论"[54]。哈贝马斯的道德理论也是他解决价值多元与价值冲突的关键。

在西方现代性中形成的一个重要结果是坚持事实与价值，"是"与"应当"的二分，这是韦伯等人的理论前提。在商谈论看来，这种二分没能看到关于事实的陈述与真理判断和关于价值的道德判断间的共同之处，亦即二者都是人们在沟通与商谈中，对命题给出理由、进行论证，最终所达致的。既不能把二者相同等，但又不能否认二者间的内在关联。道德命令在具有在不依赖于个人而发生作用的意义上同样是客观的。规范正当性是一种类似于真理性有效性的要求，哈贝马斯赞同图尔明（Toulmin）的观点："'正当'不是一种性质。当我问两个人，哪种行为方式是正当的，我并没有问他们关于一种性质的问题——我想要知道的是，有什么理由我可以选择这个行为而不是那个。……因此，在伦理学中的述词的相互矛盾的情形里，两个人所需要的（或两个人都有的），是做这个而

---

[53] See Jürgen Habermas, *Legitimation Crisis*, trans. Thomas McCarthy, Beacon Press, 1975, pp. 75—92.

[54] Thomas McCarthy, Practical Discourse: On the Relation of Morality to Politics, in Craig Calhoun (ed.), *Habermas and the Public Sphere*, MIT. Press, 1992, p.51.

不是那个的理由。"[55]所以,规范命题同样是可以认知的,需要论证的。哈贝马斯坚持一种认知主义的普遍道德立场。

哈贝马斯把他的沟通理性运用于道德领域,形成了一种商谈伦理学。商谈伦理学包括普遍化原则与商谈原则,其内容分别是:"每个有效的规范必须符合如下条件:即旨在满足每个人利益的而受到一般遵守的规范,其实施的后果和附带后果,必定可以为所有受影响的人接受"[56];"仅当那些得到或能够得到所有受影响的,有能力作为实践商谈的参与者的同意的规范,才能要求成为有效的"[57]。"对商谈论来说,道德与伦理的区分是基本的。"[58]道德是"如何平等对待所有人利益"的正义问题,伦理是特定共同体本真性的自我理解的价值上认同问题。在商谈伦理学中,道德问题转化为主体间沟通程序上如何检验主体所提规范的有效性,实质上是把沟通行动的普遍语用规则道德化。商谈伦理学不涉及实质性的道德律令内容,规范的内容只有通过在具体历史情境下的沟通与商谈才得到确定。正如哈贝马斯所说的:"商谈伦理学涉及一个程序化,也就是涉及商谈性地解决规范性的有效性要求;就此而言,商谈伦理学有理由被表征为形式的。商谈伦理学并不说明内容上的取向,而是说明一种运作方法、程序,规定实践上的商谈。实践上的商谈无疑不是用来产生合理的规范的操作程序,而是用来检验所建议的和假定性提出考虑的规范有效性的操作程序。实践上的商谈必须能够自己给自己规定内容。"[59]这种对道德的程序性理解,去掉了道德律令的实质性部分,但坚持了康德传统的道德普遍主义要求。哈贝马斯还从认知和发展心理学等经验科学的角度这种程序性的普遍主义道德意识作了研究。这种对道德普遍主义的程序性理解回应了新保守主义者等对普遍主义道德的怀疑论、否定论攻击,从而为哈贝马斯重构法治国的自我理解提供了道德的基础。

(三)哈贝马斯关于法律与民主法治国的商谈论对价值多元与价值冲突的解决

哈贝马斯首先主张商谈伦理学的两个原则——普遍化原则与商谈原则都适用于法律与道德规范的论证。然而,经过韦默尔(Albrecht Wellmer)的批评,哈贝马斯作了修正,把商谈原则用于法律与道德规范的论证,而把普遍化原则限制在道德领域。[60] 但是在笔者看来,哈贝马斯关于民主与法治国的商谈论理解,仍然使普遍主义的道德发挥了核心作用,只不过这种作用变成了间接的。商谈伦理学的程序性普遍主义道德是哈贝马斯

---

[55] Stephen Toulmin, *An Examination of the Place of Reason in Ethics*, Cambridge University Press, 1950, p.28.

[56] Jürgen Habermas, *Moral Consciousness and Communicative Action*, Christian Lenhardt and Shierry Weber Nicholsen(trans.), MIT. Press, 1990, p.65.

[57] Ibid., p.66.

[58] David M. Rasmuseen, How is Valid Law Possible? in Mathieu Deflem(ed.), *Habermas, Modernity and Law*, Sage Publications Ltd., 1996, p.33.

[59] 转引自艾四林:《哈贝马斯》,湖南教育出版社1999年版,第169—170页。

[60] 参见汪行福:《通向话语民主之路》,四川人民出版社2002年版,第183—190页。

解决现代性背景下价值多元与价值冲突的关键。

哈贝马斯批判性继承康德对实践理性的三分,把实践理性的运用分为实用的、伦理的与道德的运用。[61] 实践理性的实用运用涉及如何就既定目的与价值达致有效手段的问题;伦理运用从单称的"我"来看涉及的是"我如何才能过一种好的生活",从复数的"我们"来看涉及"我们如何才能过一种好的生活"的问题;道德运用涉及"如何平等所有人利益"的正义问题。在实践理性的不同运用中,"应当"呈现不同的形式:根据其是否呈现出目的性的、善的或正义的取向,实践理性分别将自己表现为:"目的行动主体的选择、真诚的即自我实现主体的决断力或具有道德判断能力之主体的自由意志。"[62]然而,道德律令面临的认知、动机以及具体组织实施的不确定性诸缺陷,使实践理性的运用问题转移到法律与政治领域。由此,在哈贝马斯的法律商谈结构中,有关于实用商谈、伦理商谈和道德商谈的三种形式,但政治与法律问题中总有不可普遍化的利益,所以法律商谈还包括妥协与谈判。

由于本文主要在于关注哈贝马斯如何处理现代性语境下的价值多元与价值冲突,所以这里着重论述价值与道德的关系问题,亦即法律商谈中伦理—政治商谈同道德商谈的关系问题。哈贝马斯把道德命令理解为普遍正义的规范,而把价值问题看做特定条件下主体所追求的善或偏好,从而把道德与价值区分开来。价值涉及特定个人或集体在特定条件下追求的偏好或善,所追求的目的,具有相对有效性,总是彼此发生冲突,而道德规范涉及如何平等对待所有人的普遍正义问题,不是价值决断的问题。正如哈贝马斯所主张的:"正义决不是诸多价值中的一个价值。价值总是与别的价值发生冲突的。价值说的是特定个人或特定集体在特定条件下追求或偏好哪些善。只有从这些个人或集体的角度出发,诸价值才能暂时被依次排列。也就是说,价值要求承认的是相对的有效性,而正义则提出一个绝对的有效性主张:道德命令所主张的,是适用于所有人和每个人的有效性。道德规范当然也体现价值和利益,但这种体现的方式是这样的:它们是可以在考虑到具体有关问题的情况下而加以普遍化的。这种'普遍性主张'排除了对道德命令作目的性的理解,也就是根据特定价值或利益的相对优先性来进行的理解。"[63]

哈贝马斯的这种对道德与价值的区分其实并不新鲜,同韦伯、凯尔森等依据新康德主义者对普遍性道德与价值的区分是一致的。不过不同之处在于,韦伯、凯尔森不承认普遍性道德对价值冲突的效力,凯尔森甚至把普遍性道德贬低为意识形态,而哈贝马斯则强调普遍性道德对价值的优先性。通过把价值问题等同于特定个体或集体所追求的善,哈贝马斯对法律商谈中伦理—政治问题的阐述其实可归结为对价值问题的阐述,而

---

[61] 这三种运用的区分,请参见 Jürgen Habermas, *Justification and Application: Remarks on Discourse Ethics*, trans. Ciaran Cronin, Polity Press, 1993, pp. 1—17。

[62] Ibid., p.10.

[63] 〔德〕哈贝马斯:《在事实与规范之间》,童世骏译,生活·读书·新知三联书店2003年版,第187—188页。

对伦理—政治商谈与道德商谈关系的论述可归结为对价值问题与道德问题关系的论述，可归结为哈贝马斯对价值多元与价值冲突的解决。哈贝马斯认为，在伦理—政治商谈中，对回答从单数上看我是谁、我想要成为谁，从复数上看我们是谁、我们想要成为谁的问题，要求的是对历史共同体政治文化与生活形式自我理解的解释学澄清，是对历史传统的批判性袭取。在这种商谈中，论据权衡价值决定的目的在于确定一种从人的本真性出发的生活方式，决断一种对于"我们"来说的绝对目标。在这种自我理解和决断中，商谈参与者与历史共同体成员的角色相一致。这种对伦理—政治的理解，与韦伯和施米特对政治的理解具有一致性。但哈贝马斯的商谈观要求即使是伦理—政治问题，也必须遵循商谈前提，遵循真诚性要求，必须给出理由，而不仅仅是决断。在道德商谈中，伦理—政治问题的目的性观点让位于规范性观点，即一种我们如何对所有人利益平等对待的观点。它要求商谈参加者采取假设性视角，暂时离开眼前的利益与对特定生活方式的理解，去身临其境地从他者的角度看待有关争议，以厘清可无条件普遍化的利益。"在道德商谈中，一个特定集体的种族中心视角扩展为一个无限交往共同体的无所不包视角，这个共同体的所有成员都设身处地把自己放在每一个成员的处境、世界观和自我理解中，共同地实践一种理想的角色承当（在米德的意义上）。"[64]在整个法律商谈的结构中，伦理—政治商谈必须受制于道德商谈或"商谈的结果必须同道德原则至少是相容的"[65]，这样才可能避免价值选择发生原教旨主义式的不平等后果。当然，如上文所述，法律商谈还包括实用商谈，以及对冲突利益的妥协与谈判，所以法律问题包括实用问题、冲突利益的谈判与妥协问题、伦理—政治问题以及道德问题，正义也相应地包括所有这些问题。整个法律商谈都要受制于道德商谈："只有一切商谈地获得的或商谈地谈成的方案与道德上得到辩护的东西相一致，才保证商谈原则得到充分的尊重。"[66]所以，哈贝马斯是在法律商谈架构内，使对伦理—政治问题亦即价值问题的商谈受制于道德商谈的方式解决价值多元和价值冲突的。"就哈贝马斯而言，关于道德和政治问题的判断有合理的依据，并且关于这些问题的分歧能够得到合理地解决。"[67]

但商谈原则不仅具有认识论意义，即确定哪些提议、建议和主张具有可接受性，从而形成合法的法律规范，而且还具有实践意义，即建立起一种人与人间相互理解的、没有暴力的关系。换言之，商谈原则还要求对实践商谈的前提进行规定，以确保认识论上确定的合法之法得以产生出来。商谈原则对实践发生作用是通过与法律形式结合，形成民主原则的方式。民主原则即包含基本人权与人民主权的抽象权利体系，通过这套普遍性的权利体系，普遍主义的道德进入特定时空下的法律共同体中，成为法律形成的程序性前

---

[64] 同上书，第 198 页。
[65] 同上书，第 204 页。
[66] 同上书，第 205 页。
[67] Steven Lukes, Of Gods and Demons: Habermas and Practical Reason, in John B. Thompson and David Held (ed.), *Habermas: Critical Debates*, The MIT Press, 1982, p.134.

提。哈贝马斯的民主模式是一种商谈论双轨模式,这种民主模式区分开公民在政治公共领域里不受限制的沟通与商谈的政治意见形成过程和国家机关作出决策的商议过程,后者间接受制于前者。这种民主模式也是综合共和主义和自由主义民主模式所提的程序主义模式,它要求无论是公民在市民社会里的公共领域里的交往与商谈,还是国家机关的商议,都受制于宪法中体现程序性普遍主义道德的权利体系,满足沟通的程序性前提。后工业社会政治与法律的合法性来源于公民在沟通与商谈中就这种权利体系在公共领域中达致的特定理解。这样,生活世界中沟通理性所蕴含的潜力才能通过法律这种桥梁与纽带传输到系统,从而克服系统对生活世界的干预而造成的危机,继续未竟的现代性工程。

哈贝马斯在其法律与民主法治国的商谈论视角下,对韦伯、施米特等论者的理论进行了批判,这种批判是围绕法律—政治与道德关系进行的。在哈贝马斯看来,韦伯所主张的形式理性法其实本身并不是形式的,即依赖于形式法形成过程中形成的人人平等、天赋权利等道德原则;而韦伯把权力看做无论如何得以支配对象贯彻支配者意志的可能性,则没看到在政治领域受制于道德原则的商谈形成的沟通权力的合法化作用,从而把合法的秩序等同于支配者认为合法的秩序。凯尔森的实证法学看到了法律对权力的依附,但没看到法律对权力的合法化作用,也没看到实证法的规范体系无论如何不能纯粹从自身得到合法性,法律体系无论如何不能是封闭的。施米特、施特劳斯等新保守主义者看到了,现代性所释放的技术理性使政治由本来的实践问题变成技术问题,这一点为哈贝马斯所赞同。但是,在哈贝马斯看来,如果像施米特那样把政治仅仅归结为伦理问题,在神话中寻求政治的规范性基础,无异于"自律的恐怖"[68]。哈贝马斯的商谈论对理由与论证的强调,对诸如真诚性等一系列商谈前提的强调又使基于伦理的政治问题,对何谓正当生活方式的施特劳斯意义上的思考受到限制。哈贝马斯的商谈结构为法治国中公民的伦理上的自我理解留下了空间,他认为法治国的诸原则必须同特定共同体的历史传统相结合,引起公民的共鸣才能发挥政治整合作用。但哈贝马斯区分开了法律共同体中各个次级团体的文化、尤其是支配团体的主流文化与整个共同体基于宪法原则所形成的政治文化,这样才可能用基于宪法原则所形成的"宪法爱国主义"[69]从政治上整合整个法律共同体,容纳多元社会中的生活方式的多样性,而避免发生某一团体特别是支配地位的团体基于种族中心主义在伦理上自我理解压制其余团体的情形,才可能化解施米特意义上的价值冲突和伦理冲突。

---

[68] See Jürgen Habermas, *The New Conservatism*, edited and translated by Shierry Weber Nicholsen, The MIT Press, pp.128—139.

[69] 〔德〕哈贝马斯:《包容他者》,曹卫东译,上海人民出版社2002年版,第260页。

四、小　　结

　　西方现代性的展开曲折而复杂,如何看待西方现代性的历史？如上文所分析的,从韦伯到施特劳斯丢弃了实质性的普遍性道德,而哈贝马斯借助于沟通行动论及商谈伦理学,对普遍性道德作了改造,恢复了普遍性道德对政治—法律生活的约束,以推进未竟的现代性事业。但这种恢复普遍主义道德的代价是道德变成了纯粹形式的,它并不能提供应当如何生活的某种方案,只就主体间交往前提进行反思与批判。那么,问题是究竟如何理解西方社会的现代性,如何理解现代社会中的价值、利益、生活方式等的多样性以及这种多样性所产生的复杂性,到底应当如何理解道德在社会生活中发挥的作用？特别是,作为中国人,如何去看待这些问题？

西方学界关于德沃金平等理论研究：
回顾与展望

高景柱*

  德沃金在对福利平等以及罗尔斯的平等观批判的基础上,提出了"资源平等"理论(equality of resources),即"主张一个分配方案在人们中间分配或转移资源,直到进一步的资源转移再也无法使他们在总体资源份额上更加平等,这时这个方案就把人作为平等的人对待"。[1] 这最终激发了人们对运气均等主义(luck egalitarianism)[2]的兴趣。德沃金提出的资源平等可以追溯到其1981年连续发表的四篇"什么是平等?"的论文。但在2000年之前,其平等理论并未受到足够的重视,正如Colin M. Macleod在1998年所说的,"我认为德沃金的著作与罗尔斯的一样重要。然而罗尔斯正义理论的每一个方

---

* 高景柱,中山大学政治与公共事务管理学院2006级政治学理论专业博士研究生,主要从事政治哲学与政治转型研究。本文初稿曾以"西方学界关于德沃金平等理论研究述评"为题发表于《上海行政学院学报》2008年第4期,发表时有删节。

  [1] Ronald Dworkin, What is Equality? Part 1: Equality of Welfare, in *Philosophy and Public Affairs*, Vol. 10, No. 3, 1981, pp. 185—246; Ronald Dworkin, What is Equality? Part 2: Equality of Resources, in *Philosophy and Public Affairs*, Vol. 10, No. 4, 1981, pp. 283—345; Ronald Dworkin, *Sovereign Virtue: The Theory and Practice of Equality*, Harvard University Press, 2000; Ronald Dworkin, Sovereign Virtue Revised, in *Ethics*, Vol. 113, No. 1, 2002, pp. 106—143; Ronald Dworkin, Equality, Luck and Hierarchy, in *Philosophy and Public Affairs*, Vol. 31, No. 2, 2003, pp. 190—198; Ronald Dworkin, Ronald Dworkin Replies, in Justine Burley (ed.), *Dworkin and His Critics*, Blackwell Publishing Ltd, 2004, pp. 339—395.

  [2] Elizabeth S. Anderson, What is the Point of Equality? in *Ethics*, Vol. 109, No. 2, 1999, pp. 287—337.

面都得到了仔细的检验,德沃金复杂而精妙的分配正义理论并不像他对法理学的贡献一样,受到它应得到的重视"[3]。当德沃金在2000年把其在近20年来探讨平等理论的文章结集为《至上的美德:平等的理论与实践》出版以来,其平等理论获得了广泛的讨论,尤其是2001年3月23日在英国伦敦召开的关于德沃金的著作《至上的美德:平等的理论与实践》一书的研讨会,其大部分研讨论文以探讨德沃金平等理论为专题发表在著名的杂志《伦理学》上。

通过研读研究德沃金平等理论的文献,可以发现大部分文献是对德沃金的平等理论进行批判,其中分为两种情况:一是认为德沃金在资源平等和福利平等之间的区分是不完全的,尽管如此,这些学者的批评仍然是在德沃金平等理论的基本框架内进行分析,只是指出了德沃金平等理论某些细节方面的不足,这种批判可以称为"内部批判";另一批判认为德沃金的资源平等在整体上是不成立的,认为平等主义者既不应该追求福利平等,也不应该追求资源平等,而应该追求其他平等,这种批判可以称为"外部批判"。就两种批判进路而言,以内部批判为主,但两种批判进路都存有一定程度的不足之处。

一、资源平等和福利平等的区分是否合理

德沃金认为存有两种一般的平等理论:资源平等和福利平等,并认同资源平等而拒斥福利平等。德沃金对资源平等和福利平等的区分合理吗?约翰·罗默(John E. Roemer)挑战了德沃金的这一区分,同时 Larry Alexander 和 Mainon Schwarzschild 以及托马斯·斯坎伦(Jr. T. M. Scanlon)对罗默的观点进行了回应,认为罗默对德沃金的批判是不成立的。罗默曾发表多篇论文探讨德沃金的平等理论[4],其主要观点是认为德沃金在资源平等和福利平等之间的区分是不成功的,资源平等本身就意味着福利平等。在"Equality of Talent"一文中,罗默考察了平等分配不可转移的资源(即德沃金所说的人格资源,比如个人的才能)和可转移资源(即德沃金所说的非人格资源,比如个人拥有的财产)的两种分配机制。一方面就不可转移的资源而言,德沃金对生产才能等非可转移资源采取了虚拟保险市场的分配机制。罗默认为如果虚拟保险市场建立在功利最大化的假设之上,那么才能较高者比才能较低者拥有更少的资源份额。如果才能较高者为了获得与才能较低者一样的资源份额,将不得不从事更多的劳动。因为才能较高者的娱乐就等同于一种昂贵嗜好,它们之所以昂贵是因为才能较高者的娱乐是以比才能较低者具有

---

[3] Colin M. Macleod, *Liberalism, Justice, and Market: A Critique of Liberal Equality*, Oxford: Clarendon Press, 1998, p.5.

[4] John E. Roemer, Equality of Talent, in *Economics and Philosophy*, No.1, 1985, pp.151—188; John E. Roemer, Equality of Resources Implies Equality of Welfare, in *The Quarterly Journal of Economics*, Vol.101. No.4, 1986, pp.751—784; John E. Roemer, A Pragmatic Theory of Responsibility for the Egalitarian Planner, in *Philosophy and Public Affairs*, Vol.22, No.2, 1993, pp.146—166.

更高生产价值的生产才能为代价的。即使在平等分配的机制下,才能较高者拥有的福利也少于才能较低者。在平等分配机制下,每个人拥有平等的资源份额。然后交换将发生直到所有人拥有他所能购买得起的不可转移资源。因为才能较高者的娱乐相当的昂贵,那么才能较高者将比才能较低者拥有更少的福利。[5] 另一方面,就可转移资源而言,平等分配资源的虚拟保险市场建立在功利最大化的假定之上,这将使可转移资源更多地流向能从同等单位的资源中获得更多福利的人,因为后者能将资源转化为更多的功利。[6] 这对资源平等将是更加致命的,因为资源平等的主要目的是用来提高初始资源贫乏者的福利,如果资源平等使资源贫乏者的福利水平较低,那么资源平等对福利平等而言,将不是一个道德上合适的替代品。可以看出罗默对德沃金平等理论的批判主要建立在虚拟保险市场主要基于功利最大化这一假定之上,考虑到德沃金对功利主义的拒斥,虚拟保险市场是否建立在功利最大化的基础上仍是悬而未决的问题。在"Equality of Resources Implies Equality of Welfare"一文中,罗默进一步论述了资源平等意味着福利平等,"存在着一种唯一的满足资源平等主义最低限度要求的分配机制,正如我已经揭示的,这种分配机制明显要求实现人们的福利平等,因此当资源包括人们的内在属性时,在资源平等与福利平等之间缺乏一贯的区分"[7]。总之,罗默认为德沃金在资源平等和福利平等之间作出的区分是不成立的,资源平等本身可以转化为福利平等。

托马斯·斯坎伦认为罗默所指出的资源平等主义的特征实际上仅仅包括福利平等主义才接受的原则,同时福利平等主义并没有罗默所说的那样极端[8],也就是说罗默对德沃金的批判是不成立的。Larry Alexander 和 Mainon Schwarzschild 认为罗默对德沃金资源平等的批评就嗜好而言,主要建立在一个有争议的决定论基础之上,即使承认这个有争议的决定论,罗默对德沃金的批评也是有问题的。[9] Alexander 和 Schwarzschild 认为罗默的平等分配观点并不能对德沃金的理论构成威胁,因为平等分配将导致起初资源较少者拥有更多的资源,而不是如罗默所认为的那样拥有更少的资源。[10]

---

[5] John E. Roemer, Equality of Talent, in *Economics and Philosophy*, No.1, 1985, pp.164—168. Philippe Van Parijs 在这一问题上回应了罗默对德沃金的批评,认为才能较高者并不像罗默所说的那样比才能较低者的生活差,参见 Philippe Van Parijs, Equality of Resources Versus Undominated Diversity, in Justine Burley(ed.), *Dworkin and His Critics*, Blackwell Publishing Ltd., 2004, pp.49—50。

[6] John E. Roemer, ibid., pp.174—175.

[7] John E. Roemer, Equality of Resources Implies Equality of Welfare, in *The Quarterly Journal of Economics*, Vol.101, No.4, 1986, p.752.

[8] Jr. T. M. Scanlon, Equality of Resources and Equality of Welfare: A Forced Marriage? in *Ethics*, Vol.97, No.1, 1986, p.111.

[9] Larry Alexander & Mainon Schwarzschild, Liberalism, Neutrality, and Equality of Welfare vs. Equality of Resources, in *Philosophy and Public Affairs*, Vol.16, No.1, 1987, p.103.

[10] Ibid., p.108.

二、对资源平等的局部批判

西方学界对德沃金资源平等的局部批判主要体现在对资源平等的理论细节进行批判,具体表现在以下几个方面:

(一)研究资源平等的检验标准:嫉妒检验(even test)

采取这种研究进路的学者主要有 Michael Otsuka 和 Matthew Clayton。Michael Otsuka 把德沃金的资源平等理解为没有人嫉妒其他人拥有的人格资源和非人格资源。Otsuka 认为如果一个政府认同德沃金的资源平等,并尽可能实现免于嫉妒的人格资源和非人格资源的分配,那么必须采取比虚拟保险市场要求更多的补偿。它必须确保剥夺强壮的人的非人格资源并把其转移给严重残障的人到这样的程度:没有严重残障的人宁愿要强壮的人的人格资源和非人格资源而不要自己现在拥有的资源。这样的再分配也将达到这样的程度:没有强壮的人宁愿要严重残障的人的人格资源和非人格资源而不要自己的资源。虽然通过转移金钱等资源并不会完全补偿那些已经遭受严重残障的人,但可以把强壮的人的资源转移给残障人士以致没有残障人士宁愿拥有强壮的人所拥有的资源而不是自己现在拥有的资源。如果剥夺强壮的人的资源快要到被饿死的程度,拥有足够营养和其他设施的严重残障的人也许会宁愿要自己拥有的资源而不是强壮的人所拥有的资源。我们不能确保通过剥夺和资源转移来满足嫉妒检验标准,而德沃金资源平等中的嫉妒检验标准应该支持这样极端的资源转移和剥夺。[11] 德沃金认为嫉妒检验与拍卖的自由/限制体系中的"抽象原则"是相容的,而 Michael Otsuka 认为嫉妒检验与抽象原则是不相容的,抽象原则能导致资源的分配没有实现嫉妒检验(比如抽象原则允许父母赠与遗产给其后代,没有获得遗产的人将嫉妒获得遗产的人),进而 Michael Otsuka 论证德沃金对自由和平等的调和是不成功的。[12]

Matthew Clayton 探讨了嫉妒检验标准所具有的吸引力:第一,嫉妒检验标准符合受到广泛认同的平等主义信念,就是如果一个人比别人享受更少的财富是由于他所处的环境而不是源于他的抱负,那么这个人就处于不利的地位。嫉妒检验认为这种不平等是不公正的。第二,嫉妒检验能够解释不补偿昂贵嗜好的情况,即拥有昂贵嗜好的人虽然拥有较低的福利水平,但是他并不嫉妒拥有非昂贵嗜好的人所拥有的资源,他并没有处于不利地位,同时嫉妒检验也能够解释因不利的环境可以获得平等主义补偿,但是源于个人

---

[11] Michael Otsuka, Luck, Insurance, and Equality, in *Ethics*, Vol. 113, No. 1, 2002, p. 46.
[12] Michael Otsuka, Liberty, Equality, Envy, and Abstraction, in Justine Burley (ed.), *Dworkin and His Critics*, Blackwell Publishing Ltd., 2004, pp. 70—75.

抱负的差异并不能获得补偿。[13]

(二) 研究资源平等的理论目标:"敏于抱负"和"钝于禀赋"(ambition-sensitive, endowment-insensitive)

采取该种研究进路的学者有 Robert van der Veen 和威尔·金里卡。就"钝于禀赋"而言,Robert van der Veen 认为仅仅能不完美地实现,因为挣钱的能力依赖于才能和选择,为了税收和资源转移的目的,在实践中很难把个人的才能和选择区分开来。同时"钝于禀赋"这一目标会产生激进的平等主义后果,它意味着虚拟保险市场必须被抛弃。德沃金主张资源的分配应该"钝于禀赋",但是又允许电影明星有非常高的收入。Veen 认为如果将"钝于禀赋"的要求贯彻到底,那么如果所有人都不能拥有电影明星那样高的收入,就不能允许电影明星有那么高的收入。[14] Veen 认为"钝于禀赋"要求社会尽力消除源于禀赋差异的挣钱能力的不平等,严格执行这种要求将歪曲经济的资源尺度。税收和转移机制将改变市场的动力结构,因此改变供给和需求的模式以及资源的价格。"敏于抱负"将不可避免地导致人们有不同的收入和损失。根据德沃金的观点,并不能求助于人们怎样选择使用他们拍卖后的资源去证明这些收入和损失,因此如果试图使资源分配"钝于禀赋",那么"敏于抱负"的资源分配将不可避免地受到连累。[15]

从总体上说,金里卡认为德沃金资源平等不能实现其两个目标——"敏于抱负"、"钝于禀赋":"我们越是试图使分配敏于人们的抱负,某些因环境因素而处于不利地位的人们就越有可能遭受不应得的惩罚,反之亦然。这些情况都偏离了这个分配理想,但由于这个理想的两方面都同样重要,因此试图关注一个目标而放弃另一个目标的方案是无法令人接受的。"[16]

(三) 研究资源平等理论目标的实现机制:假想的拍卖和虚拟保险市场

第一,探讨假想的拍卖设计。从这方面研究德沃金平等理论的学者主要有 Joseph Heath、Larry Alexander、Mainon Schwarzschild、Marc Fleurbaey 和 Doe Herzog。Larry Alexander 和 Mainon Schwarzschild 认为德沃金的拍卖设计主要面临着外部偏好的问题(external preferences),而外部偏好恰恰是德沃金早期曾强烈反对的。[17] 关于外部偏好问题,Alexander 和 Schwarzschild 认为在德沃金所设想的"荒岛模式"中没有讨论在拍卖过程中许多

---

[13] Matthew Clayton, Liberal Equality and Ethics, in *Ethics*, Vol. 113, No. 1, 2002, pp. 8—9.

[14] Robert van der Veen, Equality of Talent Resources: Procedures or Outcomes? in *Ethics*, Vol. 113, No. 1, 2002, pp. 60—62.

[15] Ibid., p. 64.

[16] Will Kymlicka, *Contemporary Political Philosophy: An Introduction* (Second Edition), Oxford University Press, 2002, p. 81.

[17] 德沃金对"外部偏好"的批判参见 Ronald Dworkin, *Taking Rights Seriously*, Harvard University Press, 1977, pp. 235—236, 275—276。

人组成一个集团进行购买的问题,比如有 A、B、C、D 四个人,其中 A、B、C 三个人最看重的价值就是伤害 D。他们三个人都知道 D 非常喜欢椰子果,而他们都不喜欢椰子果。如果 D 愿意用 100 个贝壳中的 98 个去购买椰子果,而 A、B、C 每个人用 33 个贝壳联合购买椰子果,那么他们的 99 个贝壳就足以剥夺 D 所偏好的东西。这就是拍卖过程中的外部偏好问题。[18] 德沃金之所以没有考虑集团购买的问题,可能因为德沃金仅仅把拍卖设想为个人的事情,同时德沃金也没有限定拍卖的物品是公共物品还是非公共物品。这给德沃金的拍卖设计带来了困境,Alexander 和 Schwarzschild 认为德沃金为摆脱外部偏好带来的困境必须对拍卖设计进行限定,比如拍卖的物品是否是公共物品?是否允许在拍卖过程中的集团购买等?[19]

Marc Fleurbaey 认为德沃金的拍卖设计存有如下困境:个人的福利并不一定随着可提供的物品数量的增长而增长,以至于可能为了某些人的利益就先于拍卖破坏物品的某些部分。资源的减少会有利于某些人(比如某些人可以因提升其价格而获利)而却伤害其他人这一事实并不仅是福利平等所面临的问题,它也违背了资源的平等分享观念。因此拍卖并不是唯一的实现资源平等的机制,但是如果一个人坚持嫉妒检验标准,那么它确实是在这种简单情形中唯一合理的机制。[20]

Joseph Heath 认为德沃金错误地理解了拍卖机制所起的作用,同时误解了其对平等理论的重要性:首先,表面上看德沃金在嫉妒检验标准与拍卖之间建立了概念上的联系,实际上他没有;其次,德沃金并没有意识到怎样去满足理想的拍卖条件。[21] Heath 认为在拍卖前,德沃金主张给每个移民同等数量的贝壳,实际上等于平等分配资源,德沃金平等分配贝壳掩盖了其拍卖设计以平等分配作为分配的起点。拍卖设计并不有助于产生平等的结果,因为初始资源分配已经是平等的和免于嫉妒的。德沃金过高地估计了拍卖设计对资源平等的作用,因为他并没有意识到贝壳的平等分配意味着资源已经是平等分配的并且是免于嫉妒的。市场对资源的平等分配并没有任何作用:仅仅给每个人同等的资源份额,没有市场也很容易产生平等的分配结果。[22] Doe Herzog 认为德沃金假想的拍卖设计过于理想化,与现实世界相差太远。[23]

第二,探讨虚拟保险市场设计。采取这种研究进路的学者包括 Marc Fleurbaey、Rob-

---

[18] Larry Alexander & Mainon Schwarzschild, Liberalism, Neutrality, and Equality of Welfare vs. Equality of Resources, in *Philosophy and Public Affairs*, Vol.16, No.1, 1987, p.92.

[19] Ibid., pp.94—95. 类似的观点亦可参见 Christofidis, Miriam Cohen, Talent, Salvery, and Envy, in Justine Burley (ed.), *Dworkin and His Critics*, Blackwell Publishing Ltd., 2004, pp.37—38。

[20] Marc Fleurbaey, Equality of Resources Revisited, in *Ethics*, Vol.113, No.1, 2002, p.88.

[21] Joseph Heath, Dworkin's Auction, in *Politics, Philosophy & Economics*, Vol.3, No.3, 2004, p.313.

[22] Ibid., pp.326—327.

[23] Doe Herzog, How to Think about Equality, in *Michigan Law Review*, Vol.100, No.6, 2000, p.1624.

ert van der Veen、Larry Alexander、Mainon Schwarzschild 和 Colin M. Macleod。Marc Fleurbaey 探讨了德沃金的虚拟保险市场设计所面临的三个方面的困境:第一,理想状况下的保险市场产生了一种帕累托效率的分配;对经济学家来说这也许不是一个问题,但是由于在虚拟保险市场下,人们面临着不确定性,帕累托效率是不可靠的:一方面在不确定性下个人行为也许求助于非理性的妄想或心理学现象,另一方面在不确定性的条件下,个人决定是建立在信念及偏好的基础上,人们也许碰巧赞同与其信念相反的原则。第二,虚拟保险市场可能导致时间上的非对称性,因为在保险市场之前发生的所有事情将获得完全补偿,而在保险市场之后发生的事情仅获得部分补偿(补偿到平均水平),这使虚拟保险市场设计有太多的起点平等色彩,而德沃金认为起点平等与其资源平等之间存有本质的差异。第三,虚拟保险市场与功利主义在基本结构上是完全相同的[24],而功利主义本身也是德沃金反对的。

  Robert van der Veen 认为德沃金的虚拟保险市场既是程序导向的,又是结果导向的,因此是相互冲突的。一方面,资源平等要求无论源于虚拟保险市场的结果是什么,只要它是人们选择的结果,那么它在道德上就是合理的,在设计一个社会的再分配机制时,就要仔细执行,实际上这是一种程序导向的观点;另一方面,根据嫉妒检验标准,一些人无论何时都拥有比别人更少的获得资源的机会,只要这仅仅因为他拥有更少的自然才能,他就可以合理地抱怨。嫉妒检验标准意味着如果税收和转移机制能够消除挣钱才能对市场报酬的影响,那么将没有人可以抱怨其拥有获取资源的机会少于其他人。满足嫉妒检验标准意味着资源的分配"钝于禀赋",实际上这是一种结果导向的观点。只要人们拥有平等的机会运用才能去获得资源,那么不平等的禀赋应该有平等的结果。Veen 认为根据程序导向的观点,虚拟保险市场为消除不同禀赋的影响提供了正确的答案,然而根据结果导向的观点来看,虚拟保险市场没有提供正确的答案——除非虚拟保险市场能够确保产生"钝于禀赋"的资源分配,并消除合理的嫉妒。[25] 同时虚拟保险市场在德沃金《至上的美德》一书中有不同的面貌,在该书的第二章,虚拟保险市场是结果导向的,而在该书的第九章,虚拟保险市场是程序导向的。[26]

  Larry Alexander 和 Mainon Schwarzschild 指出了虚拟保险市场所面临的困境:第一,就福利而言,虚拟保险市场将使有较高生产才能的人的福利比缺少生产才能的人的福利差,这种结果与德沃金的期望是相对的,也是有违道德直觉的;第二,尽管德沃金拒绝罗尔斯式的对才能的集体所有权,但他仍然处于自由主义的左翼;他的虚拟保险市场将对劳动成果进行征税及再分配,将降低生产效率,因此将强迫劳动及减少才能的社会生产率;第三,德沃金主张对残障人士给予更多的资源,这使资源平等转化为福利平等。就德

---

[24] Marc Fleurbaey, supra note [20], pp. 88—90.
[25] Robert van der Veen, supra note [14], pp. 55—56.
[26] Ibid., p. 62.

沃金的嫉妒检验而言,其他人将嫉妒残障人士拥有的不平等的资源。[27]

第三,批判市场机制在资源平等中的地位。这种研究思路主要以 Colin M. Macleod 为代表,同时 Joseph Heath 对这种观点也有一定的提及。Colin M. Macleod 对德沃金平等理论的批评集中在探讨德沃金在理想的市场与平等之间建立的联系是否成功,"我挑战德沃金试图在理想的市场和平等之间建立的联系,确实,贯穿本书的主题是德沃金错误地猜想了市场是对平等主义正义的最好解释"[28]。为此,Macleod 从资源的初始平等、历时平等、残障、不平等的才能、自由和国家的中立性等方面探讨德沃金的平等理论,贯穿其中的主题是市场与正义的关系。比如就初始分配而言,Macleod 认为德沃金的嫉妒检验标准在担当分配正义的公平检验标准时是不恰当的,嫉妒检验标准是一种主观化的标准,与个人的价值观有很大的联系,德沃金就是忽视了这一点。同时在资源平等中,个体偏好的形成似乎不需要任何成本,而 Macleod 认为德沃金的这个假设是不成立的,个体形成偏好、获取信息是需要成本的,也就是说在资源平等之前应该有一个资源的初始分配问题。[29] Macleod 认为在德沃金的平等理论中,市场机制占据着核心地位,市场机制可以公正地对待一切人的偏好,Macleod 认为这种观点是不成立的。

Joseph Heath 认为市场机制与资源的平等分配之间没有任何联系,如果仅仅给所有人相同数额的物品,没有通过市场机制也能平等分配资源。[30] 同时 Heath 认为德沃金误解了拍卖设计对资源平等的作用,这导致了德沃金认为市场机制与资源平等之间有内在的联系。实际上这是错误的,市场主要提供效率,其对平等是中立的。[31]

(四)探讨德沃金对选项运气(option luck)与原生运气(brute luck)的区分

这方面代表性的学者有 Martin E. Sandbu、Michael Otsuka 和 Peter Vallentyne。Michael Otsuka 的主要目的是反驳德沃金的如下观点:拥有平等的机会对风险进行投保能充分修正运气所带来的人们环境上的差异。Otsuka 对此主要采取了两种分析进路:一是探讨在自然情境下个人坏的原生运气(如在共同面对自然灾害的情况下);另一种进路是探讨在他人选择的情况下个人坏的原生运气(如父母留给后代遗产上的差异)。[32] 德沃金否认平等的保险机会可以完全把所有的原生运气转化为选项运气,虚拟保险市场的效果并不是去消除坏的原生运气的后果,Otsuka 认为德沃金的这一主张与德沃金对失明进行投保以及主张当人们拥有平等的保险机会时,特定的风险问题并没有为资源平等带来特定的问题这一主张是不一致的。Otsuka 认为当一个人不能购买保险或不能以很少的成

---

[27] Larry Alexander & Mainon Schwarzschild, supra note [9], pp. 96—99.
[28] Colin M. Macleod, supra note [3], p. 2.
[29] Ibid., pp. 37—41.
[30] Joseph Heath, supra note [21], p. 327.
[31] Ibid., p. 331.
[32] Michael Otsuka, supra note [11], p. 42.

本购买保险时,平等的保险机会并不能把所有源于已知风险的差异转化为源于选项运气而不是源于原生运气的差异。[33] 在 Otsuka 看来,这两个人之间的差异属于原生运气的差异,而不是选项运气的差异,也应该获得补偿。

Martin E. Sandbu 认为德沃金对选项运气与原生运气的区分是有问题的,对其进行了修正,并认为原生运气均等主义缺乏内在的一致性。[34] Sandbu 认为对运气的两分法并不适用于当只存在部分的保险(partial insurance)而不存在完全的保险(full insurance)时,同时当仅存在部分的保险或完全的保险太昂贵时,虚拟的保险市场并不能把所有的原生运气转化为选项运气。[35] 在认为不能把所有的原生运气转化为选项运气这一点上,Sandbu 与 Michael Otsuka 的观点是一致的。

Peter Vallentyne 不同意德沃金对原生运气与选项运气的界定。Vallentyne 认为不可避免性是原生运气的关键特征,其还应包括以下两个方面:第一,个人没有能力去影响其发生的可能性的事件;第二,个人没有意识到他或她对该事件具有影响的能力。[36] Vallentyne 认为原生运气均等主义面临的主要问题是在选项运气和原生运气之间很难进行区分,它们之间的区分只是一个程度问题,原生运气均等主义缺乏测量原生运气程度大小的措施。即使可能测量原生运气的程度,对原生运气的测量与正义也不是相关的,原生运气均等主义也是不合适的。Vallentyne 认为一个可行的平等主义正义概念既不要求补偿原生运气利益,也不要求个人承受他们自愿选择的所有成本,相反正义要求"利益的原初机会的平等"。[37]

(五) 探讨德沃金对昂贵嗜好和个人责任的看法

持这种观点的主要代表人物是 G. A. 柯亨和理查德·阿内逊。柯亨、阿内逊和德沃金均认为个人不应该对超出其控制范围之外的部分负责,仅仅应该对其控制范围之内的事情负责,但是他们三人在认同这一观点之下存有一些细微的区别。柯亨对德沃金平等理论的批判是在认同运气均等主义的前提下对德沃金进行批判的,认为分配正义应该排除运气对分配的影响。[38] 柯亨按照人们是否能够对昂贵嗜好负有责任为标准把昂贵嗜好分为"自愿的昂贵嗜好"和"非自愿的昂贵嗜好",同时认为应该对非自愿的昂贵嗜好

---

[33] Ibid., pp. 43—44.

[34] Martin E. Sandbu, On Dworkin's Brute-luck-option-luck Distinction and the Consistency of Brute-Luck Egalitarianism, in *Politics, Philosophy & Economics*, Vol. 3, No. 3, 2004, pp. 283—286.

[35] Ibid., pp. 285—289.

[36] Peter Vallentyne, Brute luck, Option luck, and Equality of Initial Opportunities, in *Ethics*, Vol. 112, No. 3, 2002, p. 537.

[37] Ibid., pp. 529—538.

[38] G. A. Cohen, Where the Action is: On the Site of Distributive Justice, in *Philosophy and Public Affairs*, Vol. 26. No. 1, 1997, p. 12.

进行补偿,而不能像德沃金那样简单地拒绝对非自愿的昂贵嗜好进行补偿。[39] 非自愿的昂贵嗜好是一个人情不自禁地形成的,不是有意培养的,人们不应当对此负有责任。同时柯亨认为不应该补偿有意培养的昂贵嗜好,必须拒绝福利平等。柯亨在对德沃金的资源平等批判的基础上,提出了"可获得性利益的平等"。利益的范围要比福利宽泛,包括福利在内。但是利益的具体内涵到底是什么,他说自己也说不清,因为他对这个问题的思考还不够。

理查德·阿内逊认为德沃金的资源平等不是对分配平等的最好阐释,而其自身阐述的"福利机遇的平等"才是对分配平等的最好解释。阿内逊认为我们只能对我们能力控制范围之内的事情负责,对个人偏好我们只能负部分责任,"无疑,社会与生物因素影响偏好的形成,这样,如果我们只能对处于我们控制之下的东西负有责任,那么我们至多对我们的偏好负有部分责任。例如,这样主张是极端不可行的,一个无法使用腿的人应该有责任发展一充分簇的目的和价值,对于实现它们而言,没有腿不是障碍。接受我们有时候对于我们的偏好负有责任的主张,这对于反对资源平等的最初反驳丝毫无损。因为我们有时候负有责任,那么有时候就不负有责任。……人们之间的差异,包括抚养上的差异有时候使资源平等成为无价值的"[40]。基于此,阿内逊认为德沃金的资源平等不是对分配平等的最好阐述,他提出了"福利的机遇平等"。

Larry Alexander 和 Mainon Schwarzschild 认为德沃金并没有在"拥有昂贵嗜好"和"嗜好后来变得昂贵"之间作出区分。如果德沃金不能在拥有昂贵嗜好和嗜好后来变得昂贵之间作出区分,那么他也很难把残障同嗜好变得昂贵区分开来。[41] 同时他们认为很难以中立的方式将残障和昂贵嗜好区分开来,如果有补偿残障人士的需要,那么也需要补偿昂贵嗜好,如果果真如此,那么资源平等将变成福利平等。因此,德沃金试图拒绝福利平等作为分配正义的模式,并以资源平等取而代之,这种努力失败了。[42]

三、资源平等比较研究

Andrew Williams、Jude Browne 和 Marc Stears 探讨了德沃金与阿玛蒂亚·森在平等问题上的争论。Andrew William 认为德沃金对阿玛蒂亚·森批评的回应是不成功的,森所

---

[39] G. A. Cohen, On the Currency of Egalitarian Justice, in *Ethics*, Vol.99, No.4, 1989, p.923. 类似的观点亦可参见 G. A. Cohen, Expensive Taste Rides Again, in Justine Burley (ed.), *Dworkin and His Critics*, Blackwell Publishing Ltd, 2004, pp.8—12。

[40] [美]理查德·阿内逊:《平等与福利机遇的平等》,载葛四友编:《运气均等主义》,江苏人民出版社 2006 年版,第 81 页。类似的批判亦可参见 Richard J. Arneson, Cracked Foundation of Liberal Equality, in Justine Burley (ed.), *Dworkin and His Critics*, Blackwell Publishing Ltd., 2004, pp.93—95。

[41] Larry Alexander&Mainon Schwarzschild, supra note [9], pp.99—100。

[42] Ibid., p.109。

论证的能力平等路径并不像德沃金所批评的那样会转向资源平等或某种形式的福利平等。[43]

Williams从性别不平等的角度探讨了德沃金对森的批评是否成功。假如有一对双胞胎姐弟安妮和鲍波两个人,"他们都受到相似的良好的教育,同样身体健康,有着同样的天赋,他们都希望寻求由异性组成的家庭,他们都追求一份合理的成功的职业。也就是说他们在人格资源、非人格资源和抱负上是相同的。"[44]同时设想安妮和鲍波所处社会的其他人有如下三种不同的价值观:第一,倾向于"理想的工人",其偏好花费大量的时间去挣钱;第二,倾向于"家庭主妇",其偏好花费主要的时间去照顾孩子,同时负责挣钱以维持家庭的支出;第三,倾向于"夫妻双方共同对家庭负责",平等承担对家庭的责任。同时再设想大多数的男人倾向于成为理想的工人,而大多数的女人倾向于共同承担家庭责任。社会上的男女将去寻求自己的搭档以组成家庭。作为女性的安妮可能由于他人的偏好而在家庭和工作两方面处于不利地位,而作为男性的鲍波在家庭和工作两方面处于有利地位。Williams认为德沃金的资源平等对由此产生的性别不平等是无能为力的,因为德沃金认为资源平等不应该关注由偏好造成的不平等,因为这会倒向福利平等。在Williams看来,安妮和鲍波之间的能力差异源于他人的偏好,而不是他们自己的偏好或资源上的差异,因此德沃金的资源平等在这一点上是不成立的。Williams认为森的能力分析路径能很好地解决上述性别不平等例子,安妮和鲍波的例子证明了即使在人格资源和非人格资源上不存在差异,社会状况能够决定资源的转化能力问题,仍然能够造成能力的不平等。因此Williams认为德沃金对森的回应是不成功的,但Williams并没有试图论证能力平等是一种比资源平等更加可行的分配正义模式。

Jude Browne 和 Marc Stears回应了Williams的观点,认为上述性别不平等的例子并不能证明能力平等优先于资源平等,能力平等的主要困境在于如何判断各种能力的重要性。他们仿照Williams举了一个性别不平等的例子,例子中的艾曼达和布朗与安妮和鲍波一样,仅在性别方面存有差异。假如艾曼达和布朗处于一个社会中:该社会分别有"听众"(listeners)、"说话者"(talkers)和"健谈者"(conversationalists)三种人。同时设想艾曼达和布朗都想同健谈者而不是另外两种人交往。一般说来,社会上大多数的男人是说话者,大多数女性是健谈者。因此作为男性的布朗就相对于作为女性的艾曼达处于有利地位,布朗很容易找到一个健谈者进行交往以度过冬天的夜晚,而艾曼达将非常孤独。对于上述例子,Jude Browne 和 Marc Stears认为无论是资源平等还是能力平等,都不能把它与Williams所举的例子区分开来。德沃金将像拒绝安妮一样拒绝艾曼达,那么森的能力分析路径如何呢?能力分析路径仅仅只有在对不同的能力的重要性进行区分之后才能把上述例子区分开来,也就是说必须在把人格资源和非人格资源转化为就业和工作的能

---

[43] Andrew Williams, Dworkin on Capability, in *Ethics*, Vol.113, No.1, 2002, p.27.
[44] Ibid., p.30.

力与把人格资源和非人格资源转化为交往能力区分开来。但是对于如何区分各种能力之间的重要性,森并没有提供令人信服的解释,仅仅求助于社会选择程序。因此 Jude Browne 和 Marc Stears 并不赞同 Williams 的观点,他们也指出了资源平等所面临的困境。他们认为德沃金仅仅关注社会偏见本身,这导致很难判断偏好是如何形成的。[45]

针对 Williams 的批评,德沃金进行了回应,认为 Williams 的例子并没有证明安妮拥有的能力少于鲍波,如果我们假定获得组成家庭的能力上安妮的能力少于鲍波,但是就促使鲍波获得一个承担所有照顾子女任务和其他家庭责任的能力而言,鲍波少于安妮[46],因为没有女人愿意完全承担家庭责任。Ronald Pierik 和 Ingrid Robeyns 也加入了这一辩论,认为德沃金对 Williams 的回应是不成功的,但 Williams 提供的例子经不住德沃金的反驳,他们试图重新提供一个例子以证明 Williams 的结论:资源平等和能力平等之间是有明确区分的。德沃金对森的批评仅仅假定存有资源和福利这两个方面的不平等,这是有问题的,也有可能存在其他方面的不平等。[47]

四、对资源平等的外部批判

针对德沃金平等理论的外部批判主要是认为德沃金的资源平等在整体上是不成立的,认为平等主义者既不应该追求福利平等,也不应该追求资源平等,而应该追求其他平等,采取这种研究进路的学者主要有伊丽莎白·安德森、Kasper Lippert-Rasmussen 和阿玛蒂亚·森等人。

(一)伊丽莎白·安德森从探讨运气均等主义能否成立的角度对资源平等的批判

安德森曾对运气均等主义作了一个整体性的批判,其中当然也包括对德沃金平等观的批判。安德森认为运气均等主义没有表达对每个公民的平等关心和尊重,是不能成立的。安德森主要从两个方面进行论证:一方面是考虑坏的选项运气的受害者。安德森认为,"运气均等主义对坏的选项运气的受害者拒绝提供补偿的那些理由,表明他们并没有对这些受害者表达平等的尊重和关心"[48]。安德森认为 Eri Rakowski 的运气均等主义思想对于坏的选项运气的受害者是最严厉的,但是德沃金的理论没有给坏的选项运气的受害者提供比 Eri Rakowski 更好的保护,比如不能帮助因自己的选择而变得残疾的人。运气均等主义认为,对于坏的选项运气的受害者,这是他们自己选择的结果,应该应得其不

---

[45] Jude Browne & Marc Stears, Capabilities, Resources, and Systematic Injustice: a Case of Gender Inequality, in *Politics, Philosophy & Economics*, Vol.4, No.3, 2005, pp.362—369.

[46] Ronald Dworkin, Sovereign Virtue Revisited, in *Ethics*, Vol.113, 2002, p.137.

[47] Roland Pierik & Ingrid Robeyns, Resources versus Capabilities: Social Endowments in Egalitarian Theory, in *Political Studies*, Vol.55, 2007, pp.133—136.

[48] Elizabeth S. Anderson, What is the Point of Equality? in *Ethics*, Vol.109, No.2, 1999, p.295.

幸,社会不需要对他们提供补偿,安德森认为一个社会允许它的成员陷入如此境地而不提供任何帮助,这并没有表达对公民的平等关心和尊重;另一方面是考虑坏的原生运气的受害者。安德森认为"运气均等主义对坏的原生运气的受害者提供补偿的那些理由,对他们也表达了不尊重"[49]。安德森认为运气均等主义对坏的原生运气的受害者提供补偿的理由是这些受害者的人格比其他人要低,比如能力较低、长相丑陋等,这些受害者可怜,可怜与对他人尊严的尊重是不相容的。[50] 安德森认为对于运气均等主义来说,无论是不关注坏的选项运气的受害者,还是补偿坏的原生运气的受害者,都表达了对公民的不尊重,运气均等主义是不成立的。由于安德森将德沃金看做运气均等主义的主要代表人物之一,实际上认为德沃金的资源平等是不成立的,而其自身建构的民主平等才是成立的。针对安德森的运气均等主义没有表达对公民的平等关心和尊重这一观点,Alexander Kaufman认为安德森的观点是不成立的,这种观点是建立在安德森自己对运气均等主义特征的概括上。[51]

(二) Kasper Lippert-Rasmussen 从选项运气与原生运气区分的角度对资源平等的批判

Kasper Lippert-Rasmussen 从分析德沃金对运气的区分是否合理出发,考察德沃金等人所主张的运气均等主义是否能够成立。Rasmussen 认为德沃金对选项运气和原生运气的区分并不能成立。为了批判德沃金对运气的区分,Rasmussen 有一个关键的区分,就是"赌博本身"(gamble prorer)与"准赌博"(quasi-gambles)。所谓赌博本身,就是赌博者偏好赌博本身,而不是偏好赌博所带来的期望值,而准赌博是赌博者偏好赌博所带来的期望值而不是赌博本身,比如抽烟就是准赌博,"如果国家为了补偿失败者而打算对赌博本身中的赢者征税,从而确保两者都以得到赌博的期望值而告终,那么两者都会变差。……然而,如果国家为了补偿失败者而打算对准赌博中的赢者征税,两者都会变好。"[52] 根据德沃金对运气的区分,因抽烟而得癌症的人不应该获得补偿,因为那是选项运气的结果,而 Rasmussen 认为国家可以对没有获得疾病(如癌症)的抽烟者进行征税,以补偿失败的赌博者(即那些因抽烟而得癌症的人)的医疗费用。也就是说 Rasmussen 认为应该对选项运气进行继续划分,应该对部分选项运气进行补偿,"由于德沃金认为我们应该通过再分配来消除不同的原生运气,但如何能够诉诸平等声音的考虑来论证我们不应该通过再分配来消除不同的选项运气,这并不是清楚的"[53]。Rasmussen 认为德沃金对选

---

[49] Ibid.
[50] Ibid., p.306.
[51] Alexander Kaufman, Choice, Responsibility and Equality, in *Political Studies*, Vol.52, 2004, pp.828—829.
[52] Kasper Lippert-Rasmussen, Egalitarianism, Option Luck, and Responsibility, in *Ethics*, Vol.111, No.3, 2001, p.555.
[53] Ibid., p.557.

项运气和原生运气的区分是不成功的,应该区分不同的选项运气和不同的原生运气。

(三) 阿玛蒂亚·森从理论视角的角度对资源平等的批判

阿玛蒂亚·森认为不应该从资源角度来解释平等,并提出了"能力平等"。森认为现代平等理论争论的焦点是"什么的平等"。对"什么的平等"这一问题的重要性源于人际差异性,比如人们在性别、年龄、特殊才能、易于染病以及财产数量、社会背景等方面的差异。森批评了功利主义的效用视角、罗尔斯对基本善的关注以及德沃金对资源的关注,他认为这些理论对人际相异性都视而不见。森对德沃金的资源平等这样评价道,"不同个体的'资源'的拥有量或'基本善'的均等化未必就意味着个体可享有相等的自由,因为不同的个体在将'资源'和'基本善'转化为自由时,其'转化率'会有重大差异。这个转化问题涉及一些极复杂的社会问题,尤其是,这些成就受错综复杂的群体关系和群体互动的影响。正如前面所讨论的那样,这种转化差异还可能仅仅是由于个体在体质上存在着差异。比如,前面提到的那个简单的例子,如果一个穷人要摆脱营养不良的不利处境,则不仅取决于其所持有的'资源'或拥有的'基本善'(比如,收入可影响到她购买食物的能力),而且也取决于新陈代谢的速度、性别、是否怀孕、气候环境、是否患有寄生虫病等。即使两个人拥有相同的收入和其他的'基本善'及'资源'(如罗尔斯和德沃金的分析模型中所表述的),下面这种情况仍有可能发生:其中一个人可以完全避免营养不良,而另一个人则未必能做到这一点"[54]。森认为这些理论关注实现成就的手段,但并不关注实现自由的程度,与他人相比,森更多地关注自由的程度而不是实现自由的手段,认为在对资源进行转化时人际差异是普遍存在的。森认为不应该追求资源平等或罗尔斯式的平等,应该追求能力平等。

五、简要的回顾与展望

通过以上分析可以看出,西方学者对德沃金的平等观大都采取批判态度,其中分为两种情况:一是认为德沃金在资源平等和福利平等之间的区分是不完全的,尽管如此,这些学者的批评仍然是在德沃金平等理论的基本框架内进行分析,只是指出了德沃金平等理论某些细节方面的不足,这种批判可以称为"内部批判"。内部批判主要讨论德沃金平等理论中的很多细节,如德沃金在福利平等和资源平等之间的区分、德沃金对运气的二分(分为原生运气与选项运气)、嫉妒检验标准、假想的拍卖设计、虚拟保险市场的设计是否合理、有没有不一致的地方。探讨德沃金和罗尔斯在平等观上的关系,探讨德沃金与阿玛蒂亚·森在平等观上的争论,同时一些学者在批判的过程中还对德沃金的资源平等

---

[54] 〔印度〕阿玛蒂亚·森:《论经济不平等/不平等之再考察》,王利文、于占杰译,社会科学文献出版社2006年版,第252页。

论进行了发展以克服资源平等论所面临的困境。另一种批判认为德沃金的资源平等论在整体上是不成立的,认为平等主义者既不应该追求福利平等,也不应该追求资源平等,而应该追求其他的平等观,如追求能力平等、民主的平等,这种批判可以称为"外部批判"。外部批判主要是从整体上批判德沃金的资源平等论,其中主要包括从运气均等主义本身是否成立的角度、从德沃金对选项运气与原生运气区分的角度以及从资源平等论的理论视角方面对德沃金的资源平等论进行批判。就两种批判进路而言,以内部批判为主。

但就研究问题而言,西方学者在研究德沃金平等理论的过程中至少存有以下三个方面的不足:第一,曲解德沃金的平等理论,尤其表现在曲解资源平等的嫉妒检验标准。德沃金所说的嫉妒检验标准是一种经济检验标准,而不是心理检验标准,而很多学者往往将其误解为一种心理检验标准。比如伊丽莎白·安德森认为"德沃金将平等定义为一种'免于嫉妒'(envy-free)的资源分配。这导致了这样的怀疑:平等主义政策之后的动机仅仅是嫉妒"[55]。可以看出,依安德森之见,德沃金的嫉妒检验标准是一种心理检验标准。德沃金后来在回应安德森对他的批评时,明确指出嫉妒检验标准是一条经济检验标准,安德森误解了他的意思,安德森"分辨不清心理上的嫉妒和经济技术意义上的嫉妒。……当一些人宁要别人的资源束而不是自己的资源束时,他们就嫉妒别人的资源束(在技术意义上我仔细界定嫉妒检验并使之同心理意义上的区分开来)。除非嫉妒是技术意义上的,否则很难明白不平等如何存在"[56]。在德沃金看来,嫉妒检验标准是一种经济意义上的检验标准,而不是心理意义上的检验标准。

第二,在研究德沃金平等理论的过程中有一种不平衡的现象。国外学者较为关注德沃金资源平等中的一些细节,比如资源平等中的嫉妒检验标准、对选项运气和原生运气之间的区分,尤为关注资源平等中的拍卖和虚拟保险市场以及德沃金与阿玛蒂亚·森之间的平等之争,而对德沃金资源平等的理论目标——"敏于抱负、钝于禀赋"——关注的较少,比如关注"敏于抱负"与"钝于禀赋"之间有没有内在的一致性?德沃金通过虚拟保险市场对两者的调和是否成功?"敏于抱负"与"钝于禀赋"的意思是在分配资源的过程中,由抱负等选择因素所造成的不平等是被允许的,个人应该为此承担责任,但应该排除禀赋等运气因素对分配的影响,个人不应该为此承担责任。实际上,"敏于抱负"与"钝于禀赋"之间缺乏契合性:"敏于抱负"和"钝于禀赋"相互消解,越是"敏于抱负",就越不能"钝于禀赋",同样越是"钝于禀赋",就越不能"敏于抱负"。实际上,完全的"敏于抱负"和完全的"钝于禀赋"在道德上缺乏可行性;同时,德沃金通过虚拟保险市场对"敏于抱负"和"钝于禀赋"两者的调和亦是不成功的,这与虚拟保险市场既不能实现"敏于抱负",也不能实现"钝于禀赋"有关,也与虚拟保险市场的双重面孔有关:结果导向和程序

---

[55] Elizabeth S. Anderson, supra note [48], p. 287.
[56] Ronald Dworkin, supra note [46], p. 117.

导向。

  第三,缺乏一以贯之的研究线索。实际上德沃金的资源平等理论中间存有一条重要的线索,就是在对福利平等和罗尔斯的差别原则批判的基础上,认为无论是福利平等,还是罗尔斯的差别原则,都忽视了责任问题,而德沃金则试图将责任纳入平等理论之中。德沃金直面了保守主义对平等理论的挑战,指出了福利平等的不正当的责任观,试图将责任纳入平等理论之中,既可以回应保守主义对平等理论的批判,也可以部分挽救福利国家的困境。同时,德沃金试图弥补罗尔斯差别原则的责任缺失问题。但德沃金的这种尝试是否成功,亦值得认真研究。

Yearbook of Western Legal Philosophers Study
西方法律哲学家
研究年刊

[179—234]

书评与评论

自由主义法理学的新篇章
——评罗纳德·德沃金《法律帝国》

杨国庆[*]

1977年出版的《认真对待权利》和1986年出版的《法律帝国》是德沃金的法律理论代表作。虽然这两部著作出版时间仅仅时隔9年，但德沃金的法律理论却出现了明显的转向，从前期的法律原则论证与权利理论转向了后期的法律解释理论。通观这两部著作，后期的《法律帝国》虽然在论证语言、论证方法和论证重点上都明显不同于前期的《认真对待权利》，但是，前期的《认真对待权利》的影响力却并未因《法律帝国》的出版而明显下降。这样，德沃金似乎同时拥有了两套理论体系。不能从这两套理论体系中的任何一套着手贯通其整个理论体系，而又不能忽视其中的任何一套体系，这似乎成为德沃金法律理论的内在困境。

诚然，如果仅从论证形式上看，德沃金的前后期理论是颇为迥异的，但是，如果从思想精髓上看，其前后期理论又具有一贯性。这一思想精髓就是对自由主义的捍卫。20世纪70年代以来，在美国占据优势地位的强烈保守主义倾向面前，为使自由主义传统得到延续，捍卫自由主义传统并建构自由主义法理学成为德沃金的问题意识与理论诉求所在。在《认真对待权利》序言中，德沃金明确宣告："本书各章对法律的自由主义理论进行界定并为之辩

---

[*] 杨国庆，哈尔滨工程大学教师，吉林大学理论法学研究中心博士研究生。

护。"[1]在《原则问题》序言中,德沃金也指出:"这是一部探讨政治哲学和法理学基本问题的理论著作。它探讨的理论问题有:什么是自由主义?为什么我们仍然需要自由主义?……"[2]在《法律帝国》中,德沃金的立场从表面上看来似乎是中立性的,他只是指出:"本书通篇表述的是我几年来断断续续、点点滴滴研究所得到的一个答案:法律推理是建设性阐释的一种运用,我们的法律存在于对我们的整个法律实践的最佳论证之中,存在于对这些法律实践所作出的尽可能最妥善的叙述之中。"[3]但是,这种看似中立的法律理论却无法掩盖德沃金的自由主义理论诉求,本文的主要目的就是揭示德沃金在《法律帝国》中是如何继续捍卫并发展自由主义的。

与德沃金在《法律帝国》中所展开的论述顺序相应,本文分别对德沃金法律解释理论中的整体性法(law as integrity)、整体性(integrity)和建构性阐释(constructive interpretation)等核心观点进行分析。具体而言,本文由四个部分构成:第一部分,通过分析德沃金所提出的阐释性法律概念和三种阐释性法律观念的内涵,揭示出德沃金提出整体性法的理论目的就在于能够做到认真对待权利。第二部分,通过分析整体性这一理想,揭示出德沃金为应对社群主义的挑战而对自由主义的发展。第三部分,通过比较分析德沃金的建构性阐释方法与加达默尔诠释学的异同,揭示出德沃金建构性阐释方法之所以偏离加达默尔诠释学的原因就在于为了维护唯一正确答案的观点。第四部分,对本文观点进行简单的总结。

一、整体性法

"自启蒙时代以来,西方出现了许多影响深远的政治思想家,也产生了众多的著名政治哲学流派。但是,追本溯源,现代政治思想家最重视的基本政治价值只有两个,即自由和平等。"[4]以霍布斯、洛克和密尔为代表的古典自由主义者很好地解决了自由问题,但却明显地忽视了平等问题。他们的基本思路是:"首先,在自由和平等这两种基本政治价值中,自由的价值更为重要;其次,自由和平等的价值在实践中往往是冲突的,当两者冲突时,自由优先于平等;最后,自由问题是必须解决而且也能够加以解决的,而平等问题则是无法解决的。"[5]

20世纪70年代以来,以罗尔斯和德沃金为代表的平等主义自由主义者则实现了政

---

[1] 〔美〕罗纳德·德沃金:《认真对待权利》,信春鹰、吴玉章译,中国大百科全书出版社1998年版,第1页。
[2] 〔美〕罗纳德·德沃金:《原则问题》,张国清译,江苏人民出版社2005年版,英文版作者序,第1页。
[3] 〔美〕罗纳德·德沃金:《法律帝国》,李常青译,中国大百科全书出版社1996年版,前言Ⅰ。
[4] 姚大志:《译后记》,载〔美〕约翰·罗尔斯:《作为公平的正义:正义新论》,姚大志译,上海三联书店2002年版,第506页。
[5] 同上书,第507页。

治哲学主题的转化,即更为关注平等价值而不是自由价值。"罗尔斯以正义理论闻名于世。他将正义视为当代政治哲学的主题,并一再重申正义总是意味着平等。"[6]德沃金在《认真对待权利》中更是直接主张:"我的论点中的核心概念不是自由而是平等。"[7]并进一步主张:"作为平等的人受到对待的权利必须被当作是自由主义平等概念的根本要素,……只有当作为一个平等的人对待的根本权利被解释为要求这些特定的权利时,个人对特定自由的权利才必须得到承认。如果这是正确的,那么,对特定自由的权利就不会与任何假定的与之抗争的平等权相互冲突了,相反,它来自于被认为更根本的平等概念。"[8]

德沃金的上述主张中包含了几个相关的重要概念:自由主义、自由、平等、平等权、自由权、作为平等的人受到对待的权利。其中具体的关系如下:第一,自由主义的核心价值是平等而不是自由;第二,平等的根本要素是平等权,自由权是以平等权为基础的;第三,平等权指的是作为平等的人受到对待的权利。在《认真对待权利》中,德沃金就是为了维护这个作为自由主义最终核心的作为平等的人受到对待的权利,对法律实证主义和功利主义进行了批判,并在此基础上提出了法律原则论证和权利理论。那么在《法律帝国》中,德沃金是否依然维护着这种平等权呢?

根据德沃金所明示的观点来看,似乎并非如此。德沃金指出:《法律帝国》一书"涉及的是法律中的理论性争论,其目的在于明了这种争论属于哪种性质,然后建构一种关于法律的正当依据的特殊理论并为之辩护"[9]。具体而言,上述观点包含两方面的内容,一是讨论有关理论性争论之性质的问题,二是建构一种新理论的问题。首先,德沃金有关理论性争论的性质问题的具体观点如下。德沃金认为,法律诉讼影响深远,而在诉讼中,法官们将面对三种争论,即,关于事实的争论、关于法律的争论和关于政治道德的争论。第一和第三种争论在法院中或者容易得到解决或者不会引起特别的麻烦,而只有第二种争论引发了持久的问题。在对法律命题和法律依据进行区分的基础上,德沃金进一步指出了关于法律的争论包含在法律依据方面意见一致的经验性争论和在法律依据方面意见不一的理论性争论。在这里,德沃金承认理论性争论属于法律争论,但是,德沃金的这一观点却受到了以法律实证主义为代表的法律语义学理论的反对,这些法律理论认为理论性争论只是一种幻觉,认为它所争论的不是"法律是什么"的法律问题而只是"法律应当是什么"的道德问题。其次,德沃金建构新理论的观点如下:在批判法律语义学理论的基础上,德沃金指出法律是一种阐释性的概念,并在对法律概念和法律观念进行区分的基础上,提出了三种阐释性的法律观念:"因袭主义"、"法律实用主义"和"整体性

---

[6] 同上。
[7] 〔美〕罗纳德·德沃金:同上注[1]所引书,第357页。
[8] 同上书,第358页。
[9] 〔美〕罗纳德·德沃金:同上注[3]所引书,第11页。

法",并在批判前两者的基础上为"整体性法"进行了辩护。

如果仅从上述论证进路来看,我们似乎可以说,德沃金所提出的整体性法的理论似乎是一种论证"法律是什么"的中立性法律理论而并不含有任何意识形态色彩。但是,一旦我们进入到阐释性的法律概念以及与之相关的三种阐释性的法律观念的具体分析中,我们就能发现在这一中立性的论证进路所掩盖之下的自由主义理论诉求。

首先,德沃金所提出的阐释性法律概念的内涵明显具有自由主义意识形态色彩。德沃金对法律概念的表述如下:"我提出下列情况作为一种抽象的陈述,对法律的特征提供进一步的论证。政府有其目标:它们旨在使其管理的国家繁荣昌盛,强大有力,廉洁奉公或卓有成效;它们还旨在保住政权。它们用垄断的集体力量来达到这些目的与其他目的。我们对于法律的讨论在很大程度上是在假定法律实践最抽象和最根本的特点是以下列方式引导和约束政府的权力。法律坚持认为不得采用或抑制集体力量,不论这种做法将多么有利于眼前的目的,也不论眼前的目的多么有利或多么崇高,除非得到了下述个人权利和义务的许可或要求,这些个人权利和义务源于集体力量已获得证立的过去政治决定。"[10]德沃金对法律概念的这一表述包含两层含义:一是他将法律概念和政治合法性相联系;二是他将政治合法性与个人权利相联系。这样,当德沃金提出以个人权利作为政治合法性的决定因素,并进而作为法律概念的决定因素时,德沃金的自由主义意识形态就得到了凸现。因为,个人权利并不必然是所有政治理论都认同的政治合法性的决定性因素,它仅仅是某些政治理论的决定因素,尤其是自由主义理论的决定因素。夏皮罗曾经对这一观点作出过明确的论述,"功利主义、马克思主义和社会契约传统各自对政治合法性这一问题都有独特的关注点,并提出了一系列不同的问题。但是在这些理论传统之间也着实存在着许多共同之处,比我们通常所意识到的要多得多。我认为这主要是因为启蒙运动对它们有决定性的影响。……作为一场哲学运动,启蒙运动旨在通过科学的原则,使得我们的社会变得理性化。在启蒙运动中,关于个人权利的政治学说描述了人类自由的理想状态,为人们严肃认真地考虑人类自由(的理想)提供了一个强大的规范性原动力"[11]。与之相反,启蒙运动的批判者,例如传统主义者、后现代主义者和社群主义者则怀疑科学和个人权利,而"更倾向于给予因袭的规范性的社会准则和实践以更多重视。他们把政治体制的合法性与其是否很好地体现了共同体价值联系在一起"[12]。

其次,德沃金提出整体性法的理论目的正在于捍卫个人权利。对于"因袭主义"、"法律实用主义"和"整体性法"这三种不同的法律观念,德沃金作出了这样的评价:"在三种见解中第一种最糟,虽然最初看来它似乎反映了一般公民对法律的理解。第二种比第一种影响更大,只有当我们论证的范畴扩大到政治哲学领域时,才可能被驳倒。通过全面

---

[10] 同上书,第 86 页。译文有改动。
[11] [美]伊安·夏皮罗:《政治的道德基础》,姚建华等译,上海三联书店 2006 年版,第 4 页。
[12] 同上书,第 5 页。

考虑,第三种见解对律师、法学教师、法官的实际行为和他们的大部分说法作出了最佳阐释。"[13] 而之所以作出这样的评价,其根本原因则在于因袭主义和法律实用主义没有做到认真对待权利,只有整体性法的理论才能做到认真对待权利。一方面,德沃金批判法律实用主义的理由是十分直接的,虽然它并不否认个人的道德权利,但是它并不承认个人的法律权利。德沃金认为"实用主义是一种对法律持怀疑态度的见解,因为它否认真实的、非策略性的法律权利。他却并不否认道德,甚至也不否认道德和政治方面的权利。……实用主义并不能排斥任何关于改善社会的理论,但他并不认真看待法律权利。……根据实用主义,我们所称的法律权利仅仅是最佳未来的奴仆:这些权利是我们为达到那个目的而创造出来的工具,并不具有独立约束力和根据"[14]。另一方面,德沃金对虽然承认法律权利但并不彻底的因袭主义也提出了批判,并指出了整体性法的特征。"犹如因袭主义那样,作为整体的法律也真心诚意地承认法律和法律权利。然而……它认为法律的强制作用对社会有利,倒不仅是因为它提供了某种可预见性、程序上的公正性或其他实用的方式,而且在于它保证了公民之间的平等,使他们的社会更纯洁真诚,增加了社会行使其政治权力的道德理由。……它对法律要求与过去政治决定相符的特点的说明也相应地不同于因袭主义所提出的答案。它认为,权利和义务源于过去的政治决定,因此可以算是合法的;不仅当它们明确无误地体现在过去的决定中时是如此,而且当它们源于明确的决定通过合理推论提出的个人道德和政治道德原则时,也是如此。"[15] 在这里,整体性法与因袭主义不同,不仅仅承认法律权利,而且承认法律权利的平等内涵;不仅仅在具有明确的政治决定时承认法律权利,而且在政治决定不明确时仍然承认法律权利。正是整体性法的上述特征才能使权利得到认真对待。

二、整 体 性

为了做到认真对待权利,德沃金在批判因袭主义和法律实用主义的基础上提出了整体性法的理论。虽然,整体性法的理论能做到认真对待权利,但是,认真对待权利本身却并不能为整体性法提供正当性。因为,"德沃金知道,他所设想的那种作为'王牌'的'权利'在司法判决中的角色并非不证自明的。因此,他现在要从根本处探讨为什么保障权利是重要的"[16]。这也就是说德沃金不仅不能用权利来证明整体性法的正当性,而且还要求助于其他基础来证明整体性的正当性,进而用整体性来证明认真对待权利的正当性。基于这样的理由,德沃金必须抛开权利概念本身来论证整体性理想的存在及其正

---

[13] 〔美〕罗纳德·德沃金:同上注〔3〕所引书,第 87 页。
[14] 同上书,第 144 页。
[15] 同上书,第 88 页。
[16] 许家馨:《法与道德——德沃金对法实证主义分离命题之批判》,台湾政治大学法律学研究所 1999 年硕士论文,第 242 页。

当性。

首先,德沃金需要证明在我们的政治生活中整体性理想是存在的。在英美的政治社群中,公平、正义和程序性的正当程序是人们共享的政治理想,德沃金所说的整体性理想却并不为人们所知。但是,由于上述共享政治理想对一种否认"法律面前人人平等"观念的被德沃金称为"棋盘式法规"的内部妥协方案束手无策,因而整体性政治理想具有了能为人们认知的可能性。德沃金采用了天文学家在发现海王星之前就假定海王星存在的比喻,作出断定:"我们对内部妥协的本能表明另有一种政治理想离正义和公平不远。整体性就是我们的海王星。就我们为什么反对棋盘式法规作出最自然的解释,这须求助于整体性这种理想。"[17]由于这种理想是在反对否认"法律面前人人平等"观念的基础上提出来的,所以,在这里,整体性理想"通常,它可以用'等者等之'(we must treat like cases alike)这句话来表达。这个政治德行要求政府要对所有的公民以有原则、前后一致的方式行动,政府要把他对某些人民适用的公平与正义的标准一体适用于所有的人民"[18]。为了证明整体性理想的存在,除了以比喻的手法从人类本能的角度论证整体性理想必定存在之外,德沃金还列举了美国宪法的例子证明了这种理想的存在。德沃金认为,"在美国,这种理想在某种程度上涉及宪法,因为宪法第十四条修正案的平等保护条款现在被理解为宣布对重大原则问题的内部妥协为非法。最高法院依据平等保护的语言去否定那种只承认部分人的基本权利而不承认其他人的基本权利的州的法律"[19]。

其次,德沃金需要证明承认整体性理想的正当理由。这也就是德沃金所提出的问题,"我们能以上述方式对我们的政治很好地加以阐释吗?我们的政治文化如被看做是承认那种美德就更具有吸引力吗?"[20]德沃金认为,如果要从这个角度为整体性这个单独的政治理想进行辩护,我们不能依靠有时会与整体性发生矛盾的公平或正义等其他理想来证明整体性,而是必须扩大政治论证的宽度。"但如何扩大呢?这里有一种意见,虽然它不是唯一可行的意见。法国革命的辞令承认一种我们尚未考虑的政治理想。我们应在接近博爱的地方寻找我们对整体性的辩护,或使用更加流行的社群称谓来为整体性进行辩护。"[21]就整体性和社群(community)之间的关系而言,德沃金指出:"我将论证,承认整体性为一种政治美德的政治社会由此而成为一种特殊形式的社群,其特殊性在于提高了社群的道德权威并使之能取得和利用强制力的垄断。"[22]在这里,德沃金的论证逻辑是,整体性通过一种特殊形式的共同体得到正当辩护,而这种特殊形式的社群又是在对政治合法性问题进行辩护的过程中获得自身正当性的。这样,德沃金对整体性进行

---

[17] [美]罗纳德·德沃金:同上注[3]所引书,第165页。
[18] 许家馨:同上注[16]所引书,第243页。
[19] [美]罗纳德·德沃金:同上注[3]所引书,第166页。
[20] 同上书,第167页。
[21] 同上书,第169页。译文有改动。
[22] 同上。

全部论证的核心就需要归结到政治合法性问题上来。这种将政治合法性作为论证核心的方式,也是由德沃金所定义的法律概念的本质所决定的。德沃金曾直接指出"法律的概念,即对各种见解的讨论最有用的领域,把法律和官方强制性的正当理由联系在一起"[23]。由于在政治合法性问题中,国家强制力的正当基础问题与公民的政治义务问题是紧密相关的两个问题,为了论述的方便,德沃金主要从政治义务的角度论述了政治社群观念。德沃金认为,成员对于彼此间的义务的态度,如果符合了特别性、个人性、一般性关怀和平等关怀这样四个条件,他们的义务就是真正友爱的义务,而该社群就是真正的社群。在德沃金所说的事实模式、规则手册模式和原则模式这样三种可能的政治联合中,只有原则模式的社群符合真正社群的四个条件,从而成为真正的社群。由于,政治义务的正当性基础就在于上述的真正社群中的成员彼此之间所负担的义务,所以,只有属于真正社群的政治社群,它的政治义务才具有正当性。所以,"把整体性视为政治中心的原则社群模式,能为政治合法性提出比其他模式更好的辩护"[24]。

根据上述论证,我们可以看出德沃金主要通过社群概念来为整体性理想提供了辩护。但是,我们在这里遇到了一个令人颇感迷惑的问题。社群是社群主义持有的核心概念,而社群主义面对20世纪80年代社群的衰落而对自由主义提出了尖锐的批判,以麦金泰尔、桑德尔、泰勒和沃尔泽为代表的社群主义者"有一种共同的看法,即认为自由主义没有充分考虑到社群化社会对于个人在社会中的地位的重要性,也没有考虑到它对道德与政治理论和关于当今世界的价值判断的重要性"[25]。如果是这样,那么,作为自由主义捍卫者的德沃金在建构其自由主义理论的过程中却要求助于社群主义的核心观念,这是否意味着德沃金自由主义理论本身的失败呢?答案是否定的。德沃金求助于社群概念进行理论建构不但不是自由主义理论本身的失败,反而使自由主义理论得到了进一步发展。

无可否认,"社群主义的批判已经对自由主义学说产生了巨大的影响。尽管著名的批判者不愿意表示他们属于社群主义理论的阵营,自由主义理论家仍然觉得有必要(重新)说明他们的学说,以便它能够经受社群主义理论的批判"[26]。德沃金在《法律帝国》中运用社群概念为整体性理想进行辩护的做法正是出于这样的考虑。通过引入社群概念,一方面,可以抵抗社群主义者认为自由主义者不关注社群的批判,另一方面,又在解释社群时不放弃自由主义的根本主张,例如作为真正社群的四个条件中的个人性义务和平等关心义务就具有明显的自由主义色彩。除此之外,德沃金在时隔3年后发表的《自由主义社群》一文更为明确地证明了这一考虑。在该文中,德沃金指出:"人们普遍认为,

---

[23] 同上书,第171页。
[24] 同上书,第193页。译文有改动。
[25] [美]丹尼尔·贝尔:《社群主义及其批判者》,李琨译,生活·读书·新知三联书店2002年版,引言,第5页。
[26] 同上书,引言,第10—11页。

作为一种政治理论的自由主义敌视或者无论如何不能充分地欣赏社群的价值或重要性,并且认为,自由主义宽容贬低了社群,这一自由主义宽容坚持认为政府使用它的强制力去严格执行伦理同质性是错误的。"[27] 不仅如此,德沃金还指出,"截然不同的论辩,使用了迥异的社群概念,并以不同的方式被用于对自由主义宽容进行攻击"[28]。面对这一局面,德沃金对不同社群概念进行了区分,并对其中被称为整合(integration)的社群概念表示了支持,认为"如果加以恰当理解的话,这一思想并不反对自由主义宽容,自由主义提供了这种社群概念的最佳诠释,并且自由主义理论提供了该社群概念重要性的最佳解释"[29]。

三、建构性阐释

在《法律帝国》中,德沃金在对因袭主义和法律实用主义进行批判的基础上,提出了整体性法的理论。在本文的第一部分中,我们已经看到德沃金建构整体性法的目的在于能够做到认真对待权利。在本文这一部分中,我们将分析德沃金建构整体性法的方法——建构性阐释问题,并揭示出这一看似中立的解释方法的意识形态性。

根据德沃金的观点,"大体上说,建构性阐释就是给某个对象或习惯强加上一个目的,以此来把这种对象或习惯描述成它所属的那种形式或风格中最可能提供的例子"[30]。经过恰当理解的话,这种"建构性解释的本质在于法官通过解释来创作法律的活动只有在与既往的法律体系相整合的前提条件下才能正当化"[31]。为了对这种建构性阐释进行形象说明,"德沃金将法律解释看成一部连锁小说,其中法律是第一个也是最重要的一个章节,随后的解释者(法官和行政机关)则要续写新的章节。每一个续写者的目标是使得小说的角色、情节能够连贯成为一个整体"[32]。在整个连锁小说的创作过程中,"在某种程度上,每位小说家既享有创作的自由又要受到文本的限制。德沃金描述了这些限制,创作自由通过分辨适合与证成这样两个阐释维度而在这些限制中间发挥作用"[33]。这里所说的连锁小说的适合维度(fit)与证立维度(justification)是德沃金赋予

---

[27] Ronald Dworkin, *Liberal Community*, *California Law Review*, Vol. 77, No. 3, Symposium: Law, Community, and Moral Reasoning (May, 1989), p. 479.

[28] Ibid.

[29] Ibid., p. 480.

[30] [美]罗纳德·德沃金:同上注[3]所引书,第 48 页。译文有改动。

[31] 季卫东:《法律体系的多元与整合——与德沃金教授商榷解释方法论问题》,http://dzl.legal-theory.com.cn/info.asp? id=4522,2008 年 9 月 10 日访问。

[32] 李洪雷编译:《法律解释中的真理与方法——加达默尔诠释学与法律解释》,http://www.fatianxia.com/paper_list.asp? id=3714,2008 年 9 月 10 日访问。

[33] Paul Gaffney, *Ronald Dworkin on Law as Integrity—Right as Principles of Adjudication*, the Edwin Mellen Press, 1996, p. 163.

建构性阐释的结构性因素[34],其具体内容为:"一种主张与被接受为已确定之法律的东西相适合,一种主张政治道德的根本问题。"[35]正是利用了适合维度与证立维度的结构,德沃金对美国法规、普通法和宪法进行了建构性的阐释。

尽管德沃金在《法律帝国》中对于建构性阐释的理论来源所谈不多,但是,人们依旧普遍认为,德沃金的这种建构性阐释理论明显受到了加达默尔诠释学的影响。经李洪雷所转述的埃斯克里奇的观点认为:"连锁小说的比喻所展示的正是加达默尔诠释学对法律解释过程所可能的意义。在加达默尔理论和演进性的视角中都具有基础性地位的是传统将过去与现在相联结的方法。在法律解释中,历史性联系以一种特别正式和明确的方式进行:解释者(法官或行政机关)理解法律的途径是通过阅读以前对文本加以解释的先例。先例,习俗和惯习的线索,如德沃金所说,就如同一个意义的锁链将过去与现在相连。解释者既思考法律的生长与发展也思考它的起源和开端。"[36]Simon Honeyball 和 James Walter 也认为,"在德沃金和加达默尔之间具有明显的相似性,因为两个人都在探寻一种对下述阐释的解释,该阐释在赋予阐释者一个创造性角色的同时,也承认对阐释者所设置的限制。德沃金在对适合和实质的阐释性维度之相互作用的解释过程中探寻这种解释,然而加达默尔使用了阐释者前见和阐释者植根于传统之观念来获得这种解释"[37]。

根据上述,虽然德沃金的建构性阐释方法受到了加达默尔诠释学的启示并具有诸多相似之处,但是德沃金的建构性阐释方法又与加达默尔的诠释学理论存在着根本的不同。根据对作品意义的不同理解,诠释学可以分为独断型诠释学和探究型诠释学,"独断型诠释学代表一种认为作品的意义是永远固定不变和唯一的所谓客观主义的诠释学态度,按照这种态度,作品的意义只是作者的意图,我们解释作品的意义,只是发现作者的意图。……反之,探究诠释学则代表一种认为作品的意义只是构成物的所谓历史主义的诠释学态度,按照这种态度,作品的意义并不是作者的意图,而是作品所说的事情本身,即它的真理内容,而这种真理内容随着不同时代和不同人的理解而不断改变"[38]。加达默尔是探究型诠释学的主要代表人物,根据加达默尔的观点:"理解和解释的方法是过去与现在的中介,或者说,作者视阈与解释者视阈的融合,理解的本质不是更好理解,而是

---

[34] 适合(fit)与证立(justification)又可以表述为使适合(fit)与实质(substance)。见 Stephen Guest, *Ronald Dworkin*, Edinburgh University Press, 1997, p.40; Simon Honeyball James Walter, *Integrity, Community and Interpretation—A Critical Analysis of Ronald Dworkin's Theory of Law*, Athenaeum Press, 1998, p.146。

[35] Stephen Guest, *Ronald Dworkin*, Edinburgh University Press, 1997, p.40.

[36] 李洪雷编译:同上注[32]所引书。

[37] Simon Honeyball James Walter, supra note [34], p.146.

[38] 洪汉鼎:《编者引言:何谓诠释学?》,载洪汉鼎主编:《理解与解释——诠释学经典文选》,东方出版社2001年版,第18—19页。

'不同理解'。"[39]用加达默尔的话来说就是,"文本的意义超越它的作者,这并不是暂时的,而是永远的。因此,理解就不只是一种复制的行为,而始终是一种创造性的行为。把理解中存在的这种创造性的环节称之为更好的理解,这未必是正确的。因为正如我们已经指明的,这个用语乃是启蒙运动时代的一项批判原则转用在天才说美学基础上的产物。实际上,理解并不是更好理解,既不是由于有更清楚的概念因而对事物有更完善的知识这种意思,也不是由于有意识的东西对于创造的无意识性所具有的基本优越性这个方面。我们只消说,如果我们一般有所理解,那么,我们总是以不同的方式在理解,这就够了。"[40]与加达默尔相比,德沃金一方面赞同探究型诠释学的观点,强烈反对趋近作者唯一意图的观点,认同作者视阈与解释者视阈融合的观点,指出:"我将论证,对艺术作品和社会习俗的阐释所主要涉及的是果而非因。但是,其中其主要作用的(基本上)并不是某个作者的目的而是阐释者的目的。"[41]但是,另一方面,他又与探究型诠释学所主张的"不同理解观"截然相反,认为存在着最好的理解,也就是存在唯一正确的答案,指出:"多年来我一直在批驳实证主义者的主张,即对有争论的法律问题不可能有'正确'答案而只有'不同'的答案;我一直坚持认为,在大多数案件中可以通过推理和想象的方法去求得正确答案。"[42]

  德沃金的上述观点在分析有关精神损害赔偿问题的六种解释时得到了集中的体现。在分析这样六种解释时,德沃金首先利用了体现作者视阈与解释者视阈融合观点的适合与证立结构进行了中立性的分析并排除了前四种解释,认为它们或者不适合过去的法律实践或者无法获得政治道德的证立。但是,当运用适合与证立的结构却无法分辨体现同情原则的第六种解释和体现责任原则的第五种解释哪一个是更好的解释时,德沃金本应根据加达默尔诠释学的"不同理解观"宣布不存在最好的理解而只存在不同理解时,他却没有这样做。德沃金此时虽然也承认"任何否定其中一种原则的一般性阐释都似乎不合理。如果其中一种原则被完全否决,那么整体性就不能适用了。……整体性之所以要求如此,因为它要求我继续阐述整个情节,总而言之,这两种原则在其中都有确定的位置。"[43]但是,德沃金却依旧坚持唯一正确答案的观点,"按我的观点,最好将第二种原则列在第一种原则之前……我确定这样选择的原因是我认为,尽管这两种原则中每种原则后面的推动力都引人注目,但在这些情况下,第二种原则更为有力"[44]。在这里,德沃金建构性阐释的方法已经偏离了加达默尔诠释学的轨道。当然,德沃金还有支持其观点的

---

[39] 同上书,第19页。
[40] 〔德〕加达默尔:《真理与方法》,洪汉鼎译,上海译文出版社1992年版,第389页。转引自洪汉鼎:《加达默尔的前理解学说(下)》,载《河北学刊》2008年第2期。
[41] 〔美〕罗纳德·德沃金:同上注[3]所引书,第48页。
[42] 同上书,前言Ⅱ。
[43] 同上书,第241页。
[44] 同上。

理由,该理由也就是德沃金所强调的"我认为",也就是德沃金的个人信念。而且,德沃金对于这种个人信念,也给予了辩护,认为"一个法官在发展和运用关于如何理解一项法规的理论时,最终必须依靠自己的见解"[45]。我们在这里暂且不去评价德沃金所主张的这种个人信念观点的正误得失,而只要注意到他的建构性阐释方法对加达默尔诠释学的偏离就足够了。

那么,我们现在的疑问是,德沃金的建构性阐释方法为什么最终偏离了他所依凭的加达默尔诠释学呢?答案很简单,因为加达默尔诠释学不能支持德沃金所主张的唯一正确答案的观点。那么,德沃金为什么一定要坚持唯一正确答案的观点呢?对于这个问题的回答再一次揭示了德沃金认真对待权利的自由主义意识形态。德沃金多年来之所以锲而不舍地为法律的唯一正确答案观点辩护,其原因就在于如果法律不可能有唯一正确答案而只有不同答案,那么,法官在判决案件时就拥有自由裁量权,而"如果一个法官拥有自由裁量权,就不存在法律权利或者义务——因为不存在他必须履行的权利"[46]。上述疑问,我们已经找到了答案。但是,新的疑问又随之而来。如果德沃金为了认真对待权利的目的偏离了他所依凭的哲学诠释学,那么,这是否意味着他所着力打造的建构性阐释方法的失败呢?

四、结　　论

德沃金在早期代表作《认真对待权利》中明确宣告要对自由主义法理学进行界定并加以捍卫,但在之后出版的后期代表作《法律帝国》中,却提出了一种看似具有中立性的整体性法的法律解释理论。但当我们对整体性法的理论目的、整体性理想的理论内涵以及整体性法的建构方法进行深入探究之后,被中立性的语言和理论所包裹之下的德沃金的自由主义意识形态就清晰地凸现了出来。从表面上看来,德沃金为证明理论争论属于法律争论的观点,通过对法律语义学理论的批判而提出了法律的阐释性理论,并在比较三种阐释性法律理论的优劣中为整体性法的理论进行了辩护;但经过深入阐述,我们却能看到德沃金提出整体性法的根本目的是为了能够做到认真对待权利。从表面上看来,德沃金把整体性的理想视为西方社会的共享价值观来加以论证;但经过对为整体性理想进行辩护的社群概念的分析,我们却能看到整体性理想的提出是德沃金为应对社群主义对自由主义的挑战而对自由主义的发展。从表面上看来,德沃金依凭于加达默尔诠释学的观点着力打造了建构性阐释方法论;但经过分析之后,我们却能发现德沃金为了继续寻求唯一正确答案而偏离了加达默尔诠释学的观点,并有可能导致建构性阐释方法的失败。

---

[45]　同上书,第297页。
[46]　[美]罗纳德·德沃金:同上注[1]所引书,第68页。

综合上述观点,我们可以直接得出这样的结论:德沃金的《法律帝国》尽管在论证风格和所依托的理论资源上迥异于《认真对待权利》,但二者在对自由主义法律理论的捍卫上却是一脉相承的,《法律帝国》一书是德沃金自由主义法理学的新篇章。

"社会—法律"研究中的实用主义
——简评 Brian Z. Tamanaha《现实主义的社会—法律理论：实用主义以及一种法律的社会理论》[*]

汤善鹏[**]

社会—法律研究作为研究社会和法律关系的交叉学科，在当下西方法律哲学的研究中取得了蓬勃的发展。在 Tamanaha 看来，"社会—法律研究"逐步成为了用来标示一种利用社会的、科学的视角来研究法律的学科群体。它包括了法律社会学、法律人类学、法律历史学、法律与心理学等。Tamanaha 在《现实主义的社会—法律理论：实用主义以及一种法律的社会理论》一书中对当下的社会—法律研究的实用主义哲学基础进行了详尽的分析，并根据实用主义对当下西方存在的诸多理论（诸如行为主义和解释主义、事实和价值的区分、后现代、批判法律研究等）进行了评价。实用主义在他的理论脉络中起到基础性作用。Tamanaha 指出，他的研究范围主要是从美国出发的，不仅仅因为美国在社会—法律研究中的重要地位，更是因为它能够建构起社会—法律研究同美国根深蒂固的实用主义哲学及其法律现实主义之间的联系。本文的论述分为三个方面。首先介绍 Tamanaha 对实用主义在美国法律理论中的运用的论述；其次论述批评者对实用主义这个哲学基础的批判以及 Tamanaha 的回应；最后，笔者对 Tamanaha 将实用主义作为研究方法提出一点反思。

---

[*] Brian Z. Tamanaha, *Realistic Socio-Legal Theory: Pragmatism and a Social Theory of Law*, New York: Oxford University Press, 1997.

[**] 汤善鹏，博士，南京师范大学法学院讲师。

一、实用主义在美国法律理论中的运用

Tamanaha 将美国法律理论中采用实用主义的立场分为两种,一是在基于批判的目的使用实用主义,另一种是基于建构的目的使用实用主义。在第一种中,实用主义被用来对本质主义/概念主义基础上形成的形式主义的批判以及对过分理论化或抽象的告诫。形式主义将法律视为由一系列抽象的概念和原则以及由理性支配的内在和外在的关系所构成,这些因素在特定的案例中机械地导向特定的答案。这种形式主义的看法由两个相关的因素构成——法律的概念或原则以及机械的推理。前者为法官制定的普通法提供正当性证明,即法官并没有造法而是在这些抽象的概念和原则中去发现法律。后者通过消除个别法官的能动作用为司法适用这个阶段提供正当性,实际上它否认了法官的主观价值影响了"机械"推理的过程。事实上,这种形式主义的观点早就深受霍姆斯、卢埃林、弗兰克等人建构的法律现实主义的批判。通过他们的批判,形式主义的这两个方面在美国法律思想中被认为是完全不可信的。但是,形式主义依然是存在的,这就需要用实用主义来充当其"解毒剂"。值得注意的是,Tamanaha 也指出,"暗示实用主义者在本质上反对形式主义的观点是错误的,虽然他们的工具主义/反本质主义的立场的确反对概念主义。符合我们利益的概念主义是善的。任何立基于规则的制度将要求某种程度上的形式主义,在最为基础的意义上,规则形式主义仅仅意味着遵循规则。某种程度上的规则形式主义在法律中是可欲的,恰如杜威认为的那样,'对于法律规则应当尽可能规范和明确,这当然有很多的理由'"[1]。

在建设性的立场中,实用主义被用来强调谈话和交谈、对传统的重视、对语境(context)的重视以及他所谓的"中间道路"(即在传统的实用主义和批判的实用主义之间寻找平衡)。这里尤其需要重视实用主义"对语境的重视"这个方面。许多持批判观点的学者都认为,我们应当用语境来分析法律领域。Tamanaha 指出了对"语境"的重视带来的一些问题。他指出,要求对语境的重视总是陷入自相矛盾中。这一点恰如那个著名的哲学难题:人怎能超越塑造自己思维的那个环境去评价这个环境。Tamanaha 认为,既然我们不得不处于某种语境之下并不得不通过语境来看待事物,那么,提出对语境的重视又有什么意义呢?他举了一个案例,很多法官从不同的"语境"下来考虑同一个案例,有的在宪法的语境下来考虑,有的在普通法的语境下来考虑,有的从立法目的来考虑,有的从联邦法院同州法院之间的关系来考虑等。这里关键的问题是,哪一个"语境"起到决定性的作用,从某种语境出发的考虑何以比从另一种语境下出发的思考要优越?对于这一关键问题,实用主义并没有提供答案。

---

[1] Brian Z. Tamanaha, *Realistic Socio-Legal Theory: Pragmatism and a Social Theory of Law*, New York: Oxford University Press, 1997, p.37.

Tamanaha 认为,如果我们进一步探讨学者重视"语境"的目的,就会发现,实际上它的提出同批评家们(critical scholars)为实现自己的理论目的有紧密的关系。他们有两个目的。其中之一是狭义意义上的。Tamanaha 引用 Minow 和 Spelman 的话说,"在20世纪晚期要求对语境的重视反映了对主流的法律和政治规范依然在抽象的、一般性的以及普遍性的方式下使用的不满,因为它们无视所有种族和阶层的妇女、有色人种、贫苦百姓的需要和经验"[2]。批评家实际上欲图使用实用主义的威望来达到自己的批判目的。Tamanaha 指出,"这个策略的问题在于,要求对语境的重视并不能证明任何对种族、性别和阶级的特别关注就是正当的"[3]。另外一个目的是较宽泛意义上的。它在于使法律体系更易于实现实质正义(substantive justice)。实质正义意味着在一个给定的案例中做"正确"的事,哪怕它并不符合既定的实在法。对语境的强调恰好能实现这一目标。因为将更多的语境引入到司法中,就会发现,实在法不过是语境之一,还有许多值得考虑的语境。强调结果重要性的实用主义也很容易导向实质正义的观点。因为它强调结果是最重要的,规则的适用与之相比没有那么重要。但是,Tamanaha 也指出,实质正义在一个同质社会是没有问题的,但是在一个多元的社会,却有着诸多的难题。Tamanaha 认为,要求对语境的重视以及在一般的意义上采纳实用主义,其路径将导向实质正义,然而这却同实用主义的特性——实质上是空洞的这一点相悖。这里似乎存在一个矛盾的地方,即实用主义本身是反对本质主义的,然而,运用实用主义却很容易导向一种实质正义。因为在实用主义看来,结果是最为重要的,但是,对结果是否"好"、"正确"的判断本身带有本质主义的倾向,这就有违实用主义的特性——它本身应当是空洞的。

二、对 Tamanaha 的实用主义之批评及其回应

(一) 对排斥概念的批判及回应

Tamanaha 所持的实用主义要求一种非本质主义的观点。他指出,"我们利用实用主义的视角来观察法律以及运用到社会—法律中,这将导向一种彻底社会的、非本质主义的以及以行为为基础的法律观"[4]。这种非本质主义的观点导致其对法律现象的概念化(包括对法律性质和概念的讨论)产生了排斥。对法律概念的排斥遭到 Brian Bix 教授的批评。Bix 教授认为,如果按照 Tamanaha 的立场,法律是什么以及法律能做什么都不能用任何单一的科学概念加以把握,法律完全是社会建构的产物,它缺乏任何普遍的本质属性,这些看法将导致概念化的法理学甚至形成一种法律的概念都变得不可能。[5]

---

[2] Ibid., pp.40—41.
[3] Ibid., p.41.
[4] Ibid., p.245.
[5] See Brian Bix, Conceptual Jurisprudence and SocioLegal Studies, 32 *Rutgers L. J.* 227 (2000).

Tamanaha 对此反驳认为,他并没有否认概念的重要性。[6] 实际上,詹姆斯和杜威坚持认为抽象化、一般化和理论化对经验和知识的组织而言是"必需的"。他们的观点认为,抽象应当由其工具性的价值来判断,他们警告的是这种情形,即在抽象化和它所指向的经验现实之间,对前者赋予更高的地位。Tamanaha 认为,我们应当反对的是将某种法律概念视为"唯一正确的"法律概念,而否认存在其他的法律概念。他认为,替代对法律下定义的方式是承认有许多种不同类型的法律(国家法、国际法、习惯法、宗教法、自然法等等),也就是说,我们应当坚持一种多种法律概念并存的观念。在实用主义理论的支配下,他对如何衡量一个法律概念的优劣作出了思考。首先,概念必须是连贯的,而不能出现内在矛盾;其次,概念必须对它所反映、描述或者定义的现实、现象、思想实现一致性、恰当性或充分性;最后,概念必须在它能够增进我们的理解或者帮助我们达到目标的意义上具有实用的价值。虽然 Tamanaha 在这种意义上并不反对概念化,但是他也指出,法律理论的关键任务是集中到社会现象中,这就要求我们将注意力集中到经由对法律现象的社会的、科学化的研究所产生的经验洞识上。而这恰是现实主义社会—法律理论致力于研究的任务。

(二)对"有用即真理"的批评及回应

对实用主义宣称的"有用即真理",有学者也提出了不同的看法。Edward L. Rubin 教授认为,"宣称'有用即真理'或者理论应当用它的'有用'来评价这种观点回避了一个基本问题,即如何判断什么有用什么无用。因为我们还需要知道判断'有用'的标准。而这又重新开启了实用主义一直试图排斥的所有问题"[7]。因此,在 Rubin 教授看来,Tamanaha 并没有为我们提供一个令人信服的关于真理或有效性的理论。Tamanaha 对此反驳认为,实用主义关于"有用即真理"包括了三层意思。我们说某件事具有真理性是基于以下理由:我们能够(1)在追求我们的目标时成功地依赖它;(2)做这件事是在行为人所构成的一个社会中进行的;(3)这件事是在某种物质背景或环境(包括其他人)中得以发生的。[8] 在 Tamanaha 看来,Rubin 教授只是强调了实用主义的第一个方面,而忽略了后两个方面。实际上行为人所处的社会以及环境同样非常重要。第一个方面,"有用即真理"并不是意味着对一个人的"有用",而是包括了人与人之间的成功的预期。他举例说,恰如人们都知道水在华氏 32 度能结成冰这个真理一样,我们就可以利用这个真理每次无误地将水制作成冰。第二个方面,真理同个人的欲求并不相关,它只有在一个由参与者构成的社会中才得以成立。真理是从长期的、最终的意义上而言的,因为暂时的

---

[6] See Brian Z. Tamanaha, Law, Social Science, and Pragmatism: Conceptual Analysis, Continental Social Theory, and CLS: A Response to Bix, Rubin, and Livingston, 32 *Rutgers L. J.* 281(2000).

[7] Edward L. Rubin, Scholars, Judges and Phenomenology: Comments on Tamanaha's Realistic Socio-Legal Theory, 32 *Rutgers L. J.* 241 (2000).

[8] Ibid.

满足通常最终证明是错误的。第三个方面,在实用主义看来,真理是独立于我们的,从日常社会经验而来,实用主义者虽然承认在某种程度上外在世界是由我们的思想和信念构成的,但是他们也坚持认为外在世界有其自身的真理性。在笔者看来,Tamanaha的意思是,"有用即真理"并非是个人意义上的"有用",而应当将其放在社会背景之下来考虑,真理具有高度的"社会性"或者更进一步而言,具有独立于个人的"客观性"。在对实用主义的三个方面的理解前提下,Tamanaha对Rubin教授提出的"有用"的标准作出了回应。他认为,首先,"有用"本身是一个事实,它是自洽的。其次,Rubin教授对真理的工具性以及实用价值的理解过于狭窄。最后,对这个问题的回答不能用抽象或者概括性的术语来回答,什么东西是有用的需要在特定的实践中才能说明。

三、作为研究方法的实用主义

Tamanaha建构的现实主义的社会—法律研究涉及了当下西方哲学中的诸多理论。他将实用主义作为理论基础,分析了后现代、批判理论研究、行为主义、解释主义、事实与价值、诸种法律的概念、法律实证主义与法律的社会理论、实践中的内在和外在区分等理论。他的理论目的是汲取这些不同理论的优势,摒弃它们的异见,从而形成一种综合的、博采众长的社会—法律研究。这种"中庸"的态度使得我们不能将他划入任何一个学术阵营,实用主义正好为他的这种综合研究提供了方法论支持。他指出,实用主义的限度在于它在实质上是空洞的。它对法律或社会生活的性质没有任何主张。对一个关于法律的特定问题的回答仅仅在一个特定的语境下才会作出。相反,结构主义、功能主义、布莱克的行为主义等都是在内容上极其丰富的理论——它们都从各自的理论视角出发宣称法律和社会生活由一些因素或关系构成。虽然实用主义同这些理论相比显得缺乏创见,但是,实用主义的优势在于它能够包容这些不同的方法,但同时与它们保持一种怀疑的距离,因此,它免予受到这些不同理论的狭隘的理论框架限制。[9] 这种研究趋向当然有其理论上的优点,但是,作为研究方法上的实用主义如何能在这些问题、前提、范畴、结论都差异巨大的不同理论中寻找一个平衡点呢?以行为主义和解释主义为例,在笔者看来,我们绝不能认为行为主义论者或解释主义论者没有意识到其自身的理论局限或优势,他们都是在自身设定的"理论问题"中探寻解决这个已经受到"限制"的"理论问题",也就是说,他们都有其自身的理论脉络。而Tamanaha采用实用主义的研究方法试图协调这些理论的矛盾,这种综合的社会—法律理论,其独特的理论贡献在何处?

---

[9] Ibid., p.245.

论"尤息弗罗难题"与"自然法第一原则"
——评约翰·菲尼斯《自然法与自然权利》

陈 庆*

一、引论:自然法理论传统与本文的理论关注

(一)自然法理论[1]与自然权利理论

西方学术界公认自然法有其独特的理论传统。[2] 托马斯·阿奎那自然法理论构成古典自然法理论传统[3],从霍布斯开始的自然权利理论构成现代自然法理论传统。[4] 前者关注的核心问题是,自然法(natural law)或自然正当(natural right)问题。后者关注的是自然权利问题(natural rights)。菲尼斯明确地将自己的自然法理论称为"新古典自然法理论(neo-

---

* 陈庆,吉林大学理论法学研究中心2007级博士研究生,主要研究方向为自然法理论。

[1] 在我看来,自然法理论是一种"三位一体"的理论:Ⅰ.它关注人的幸福或繁盛(happiness 或 human flourishing),这种幸福是靠个人的行动(individual action)去实现的。Ⅱ.但是人的行动要想实现人的幸福或繁盛,离不开政治共同体(political community)中人与人之间的协作,而协作问题又必然涉及共同体(community)、权威(authority)、正义(justice)、权利(rights)、法律(law)、义务(obligation)等问题。Ⅲ.法律制度是解决上述权威、正义、权利、法律、义务等问题的核心制度安排。因此,一个完整的自然法理论必然包含道德哲学(处理问题Ⅰ)、政治哲学(处理问题Ⅱ)与法律哲学(处理问题Ⅲ)。

[2] Tim Murphy, *Western Jurisprudence*, Dublin: Thomson Round Hall Ltd., 2004, pp. 94—125.

[3] Ibid.

[4] Ernest L. Fortin, The New Rights Theory and the Natural Law, in *The Review of Politics*, Vol. 44, No. 4. (Oct., 1982).

classical natural law theory)"[5],即是说他的理论对托马斯·阿奎那的古典自然法理论传统的一种重新阐发。另一方面,我们应该注意到菲尼斯著作的名称:*Natural Law and Natural Rights*,正如 Leo Strauss 的弟子、专攻托马斯哲学的 Ernest Fortin 教授所指出的,菲尼斯试图在这里整合两种理论传统:自然法理论传统与自然权利理论传统。[6] 从这个角度看,菲尼斯新古典自然法理论中所谓的"新"体现在他以"新的方式"解决了这样一个负有重大实践意义的逻辑问题。这个逻辑问题涉及以下命题与问题:

命题一:古典自然法理论的核心关注不是"权利"(rights)而是"正当"(right)(包括自然正当 natural right 与约定正当 conventional right)。

命题二:现代人权(human rights)的基础是自然权利(natural rights)(又译:天赋人权)。

命题三:霍布斯等现代自然权利理论家犯了一个根本的逻辑错误:从"是"(人的自然欲求,如自我保存欲求)推出"应当"(自然权利)。

命题四:现代人权理论基础缺乏一个规范意义上[7]的"正当"基础。

菲尼斯关注的一个核心问题是:能否通过将自然权利(natural rights)或人权(human rights)[8]建立在自然正当(natural right)基础上为现代人权确定一种正当性基础?这个问题的另一种表述是,如何将权利(rights)奠定在善(good 或 goods[9])的基础上?

有三个证据支持我对菲尼斯上述问题意识的解读。第一个证据是菲尼斯在 *Natural Law and Natural Rights* 前言中通过引用 Leo Strauss 的 *Natural Right and History* 的话,明确指出他的理论努力方向:探讨自然正当问题。[10] 在他编写的文集 *Natural Law* 中,再次引用 Leo Strauss 的话[11]:"对正当观念多样性的认识是人们探寻自然正当的动机所在。"[12]第二个证据是前面提及的 Ernest Fortin 对菲尼斯的解读。[13] 第三个证据是 Brian Tierney 对菲尼斯与 Ernest Fortin 之间分歧的解读。Brian Tierney 提出的问题是:

> 自然权利(natural rights)能从自然法(natural law)中得出吗?或者自然权利

---

[5] John Finnis, *Natural Law*(Vol. Ⅰ), Dartmouth Publishing Company Limited, 1991.

[6] Ernest L. Fortin, supra note [4].

[7] 这里面规范意义是与描述意义相对的,菲尼斯认为像霍布斯这样的思想家都犯了一个从事实描述推出应当的根本逻辑错误。See John Finnis, supra note [5], p. xii.

[8] 菲尼斯明确指出,他谈论的 Natural rights 是与 human rights 同义的。See John Finnis, *Natural Law and Natural Rights*, New York: Oxford University Press, 1982, p.198.

[9] Good 表明作者坚持价值一元观,goods(诸善)表明作者坚持价值多元观。

[10] 中译本把这句关键的话,错误地翻译成:"自然权利的问题今天成了一个党派忠诚的问题。"(第 7 页)

[11] John Finnis, supra note [5], p. xiii.

[12] 本文的原话是"realization of the variety of notions of right is the incentive for quest for natural right."(*Natural Right and History*, p.10)。中译本将其译为:"对于种种关于'正确'的观念的认识,激发了人们去寻求自然权利",还特地给出了一个译注:"此处的'正确'和'自然权利'中的'权利',在原文中均为 right,注意到这一点有助于理解本书的某些推论。"(参见中译本〔美〕列奥·施特劳斯:《自然法与自然权利》,彭刚译,生活·读书·新知三联书店 2003 年版,第 11 页。)笔者认为,中译本犯的关键错误在于,没有理解施特劳斯都是在"正当"意义上使用 right,其译注更具误导性。

[13] Ernest L. Fortin, supra note [4].

（natural rights）是首要的，而自然法（natural laws）是从自然权利（natural rights）中得出的？或者两个概念是从其他概念中得出的？这两个观念是相互补充还是具有内在矛盾？[14]

基于上述问题，他对菲尼斯与 Ernest Fortin 之间分歧的解读是：菲尼斯主张从阿奎那对自然法的教导得出一种自然权利或者说人的权利的学说。Fortin 认为在阿奎那那里并不能发现自然权利或者说人权教导，相反，他将霍布斯看成自然权利理论的创始人。Fortin 重申了 Leo Strauss 过去的论断：霍布斯打破了先前的理论传统，该传统将自然正当（natural right）观念看成基础原则，再从其上得出一种自然法（natural laws）。[15]

（二）本文的理论关注："自然法第一原则（the first principles of natural law）"如何通过"尤息弗罗难题"的拷问？

菲尼斯与 Ernest Fortin 的分歧即自然法与自然权利的关系构成本文思考的一个整体背景。如果说菲尼斯将自然权利建立在自然法基础上，同时在自然法基础上建构正当性原则，那么，这种正当性是什么？阿奎那自然法理论的一个核心教导是"绝对的自然法第一原则"，即"善是应该去做的并被追求的，恶是要避免的（good ought to be done and pursued, and evil avoided.）"，阿奎那认为自然法的所有其他原则都是以上述绝对的自然法第一原则为基础的。[16]

如果菲尼斯没有放弃阿奎那古典自然法理论中的"自然法第一原则"，那么他所理解的"自然正当"必然与"自然法第一原则"存在内在关联，而"自然法第一原则（the first principles of natural law）"涉及的核心问题是"善"的问题，"善"的问题在西方思想中又有很多表述，在这些表述中有一个与自然法理论特别相关，即以"尤息弗罗难题"形式表现的"善的根据"问题。因此，如果要讨论菲尼斯自然法理论构架下的自然法与自然权利关系问题即现代人权的正当性基础是什么的问题，那么必须首先讨论"自然法第一原则"，而讨论"自然法第一原则"就绕不过"尤息弗罗难题"。

从菲尼斯在 *Natural Law and Natural Rights* 中的理论安排来看，"自然法第一原则"涉及的"善"问题是讨论菲尼斯自然法理论的前提性问题。*Natural Law and Natural Rights* 开篇就指出该书的基本判断与基本任务。基本判断与基本任务都是关于"善"的命题。基本判断是：存在一些人类之善，它们仅能够通过人类的法律制度获得保障，同时，还存

---

[14] Brian Tierney, Natural Law and Natural Rights: Old Problems and Recent Approaches, in *The Review of Politics*, Vol. 64, No. 3 (Summer, 2002), p. 389.

[15] Ibid., p. 290.

[16] Thomas Aquinas, *Aquinas: Political Writings*, R. W. Dyson ed. and trans., Cambridge: Cambridge University Press, 2002, p. 117.

在一些实践合理性(practical reasonableness[17])要求,只有上述制度能够满足这些要求。基本任务是:1. 鉴别:上述人类之善与实践合理性的要求。2. 揭示:(1)上述制度怎样以及在什么条件下被证成;(2)上述制度能够成为(经常是)有缺陷的制度的方式。[18]

菲尼斯对自然法的讨论是以阿奎那与Germain Grisez对"自然法第一原则"的讨论为基础的,因此把握菲尼斯思想的关键是把握阿奎那古典自然法思想对"自然法第一原则"的讨论,而把握阿奎那的思想,又不得不提及奥古斯丁。本文将以"尤息弗罗难题"为切入点,讨论对"自然法第一原则"的理解,这种理解既包括菲尼斯与Germain Grisez对阿奎那论证的"自然法第一原则"的理解,还包括我本人对"自然法第一原则"的理解。从"自然法第一原则"出发,人类的"理性"必然会思考到政治共同体(国家与国际社会)的善即政治共同体的共同的善(common goods of political community),后者也就是政治哲学与法律哲学讨论的核心问题:正义、权利、权威与法律。因此,在自然法理论框架中,对"自然法第一原则"的思考是对其他道德哲学、政治哲学与法律哲学上的问题的思考的前提。

二 "尤息弗罗难题"及其逻辑转换

(一)"尤息弗罗难题"的对话场景解读

苏格拉底在雅典被控为冒犯神灵、毒害青年,在他去衙门接受审讯的路上遇见了尤息弗罗[19],正巧尤息弗罗也要去衙门打官司,两人便讨论哲学问题:什么是虔诚?

首先让我们思考一下柏拉图安排的对话背景。对话的两个人的身份很特殊。苏格

---

[17] Practical reasonableness 是菲尼斯自然法理论的核心概念,该概念的内涵非常复杂,笔者将撰文专门讨论。这里简要说明本文为什么将"practical reasonableness"翻译成"实践合理性"的理由。*Natural Law and Natural Rights* 的中译本将 practical reason 与 practical reasonableness 都翻译成"实践理性"是错误的译法。因为这种翻译一方面混淆了 practical reason 与 practical reasonableness 两个不同的概念,另一方面遮蔽了上述两个概念在菲尼斯自然法理论体系中的不同作用。"实践理性"在菲尼斯自然理论中有一个专门的术语即 practical reason。practical reason(实践理性)是与 theoretical reason(理论理性)相对的概念。

practical reasonableness 是菲尼斯对阿奎那著作中拉丁文 bonum rationis 的翻译。bonum rationis 是一种德性(virtue):即理性成功地将其"基于理由的定向(directedness-by-reasons)"(即第一实践原则 first practical principles 也即自然法第一原则 first principles of natural law)扩展到激情与行动的领域的德性(See John Finnis, *Aquinas: Moral, Political, and Legal Theory*, Oxford University Press, New York, 2002, p.98)。从菲尼斯自然法理论体系看,practical reason 与 practical reasonableness 的区别是,前者是每个人都具有的,后者只属于那些有道德的人,也即亚里士多德意义上那种"有经验的、理智的并强烈地追求合理性的人"或者阿奎那所谓的"有一定程度上实践智慧的人"(See John Finnis, supra note [8], p.101)。

[18] Ibid., p.3.

[19] 中文译名还有:欧悌甫戎(王太庆译)与游叙弗伦(严群译),本文采用《西方哲学英汉对照辞典》中的标准译法。参见[英]尼古拉斯·布宁、余纪元:《西方哲学英汉对照辞典》,人民出版社2001年版,第337页。

拉底是被告,罪名是冒犯神明、毒害青年,因为有人告他制造新的神灵,不信原有的神灵。[20] 尤息弗罗是另一件将要发生的官司的原告。他告他的父亲,用他自己的话讲,案情是这样的:"本案被杀的是我家帮工,我们在纳克索种庄稼,他在那里给我们干活。他喝醉了,跟我家一个奴隶发生冲突,把奴隶打死了。于是我父亲把他手脚捆绑,丢在沟里,派人到雅典向庙祝请教如何处理。派出人以后,他没有把那个捆着的囚徒放在心上,丢下不管,以为一个凶犯死掉也没关系。这事果然发生了。那囚徒绳捆索绑,又冻又饿,在询问庙祝的人回来之前终于一命呜呼。现在我父亲和全家都怨我,因为我为了这个凶手控告父亲杀人。他们说他并没有杀人,即便杀了,死者既是凶手,我就没有必要为这样一个人去费心上诉,因为儿子告父亲杀人是不虔诚的。苏格拉底啊,他们根本不了解那判别虔诚和不虔诚的神意。"[21]

这两件官司都涉及"神",苏格拉底成为被告,因为他被指控制造了新"神灵",尤息弗罗告他父亲,因为他相信这是"神意"使然。"神灵"问题与"神意"问题的交叉点是"虔诚问题"。苏格拉底成为被告因为他对"旧神灵"不虔诚,而尤息弗罗要做原告,是因为他要虔诚地践行"神意"即要对"神灵"虔诚。柏拉图在这里就把"虔诚问题"与"神的问题"联系到一起了。

如果说柏拉图把虔诚问题与神的问题联系在一起是出于某种形而上学考虑,即通过追问"虔诚"与"神的喜爱"的关系,找寻"虔诚"的"理念"或"相",那么,让这两个特殊的、涉案的人来讨论"虔诚问题"与"神的问题",在我看来,就是出于一种政治哲学考虑。很明显,虔诚问题与神的问题不是个人信仰问题,也就是说,在城邦这样一种政治共同体内,虔诚问题与神的问题都超越了私人领域的边界,而是属于政治生活。否则,苏格拉底不会因虔诚问题与神的问题惹上官司;同样,如果虔诚与神意仅仅属于私人领域,尤息弗罗是不会去告他父亲的。

再者,苏格拉底是因为常说有个灵机不离左右,所以他被指控在变革城邦的宗教;而尤息弗罗则自诩精通宗教,按他的话讲,他对神灵如何如何的预言没有一次不应验。[22] 这表明这两个人在宗教问题上是存在根本分歧的。这种根本的分歧已经预设了后面对话中的"神(God)"与"诸神(gods)"的不同。

对话所展示的两件案子所表达的社会张力不同。苏格拉底案体现的张力是,哲学探究与城邦生活之间的张力。哲学探究对"真理"(truth)负责,但是哲学探究的结果必然是颠覆城邦生活的一般观念即存在于城邦内部的意见(opinions),必然会影响城邦青年的思想。对话一开始提到的名叫梅雷多的人点出了苏格拉底是如何影响青年人的思想的。[23] 尤息

---

[20] 〔古希腊〕柏拉图:《柏拉图对话集》,王太庆译,商务印书馆2005年版,第2—3页。
[21] 同上书,第5页。
[22] 同上书,第3页。
[23] 同上书,第2页。

弗罗案体现的张力是，城邦内部的意见本身呈现的两大分歧之间的张力：诉诸常情的意见与诉诸神意的意见之间的张力。尤息弗罗的家人对尤息弗罗的埋怨诉诸的是第一种意见，而尤息弗罗坚持控告父亲，诉诸的是第二种意见。尤息弗罗家人诉诸的常情包括：其一，这个仆人该死。因为他喝醉打死了奴隶，本身就是该罚的行为。其二，尤息弗罗的父亲捆绑那个帮工后，并没有擅自处理这个人，而是尊重城邦的习惯与法律，派人到雅典向庙祝请教如何处理。其三，尤息弗罗的父亲并非有意杀死该帮工，而是因为疏忽大意，导致那人在询问庙祝的人回来之前死去。柏拉图在此表明一种关于"虔诚问题"的政治哲学的思考路径，这种思考路径是一种阶梯式的：第一层是从"诉诸常情的意见"出发思考"虔诚问题"，第二层是从"诉诸神意的意见"出发思考"虔诚问题"，第三层是诉诸哲学思考"虔诚问题"。苏格拉底案体现的张力表现为第一层思考路径与第三层思考路径的冲突。尤息弗罗案体现的张力表现为第一层思考路径与第二层思考路径之间的张力。

（二）"尤息弗罗难题"与现代思想方法

1. 柏拉图笔下的"尤息弗罗难题"

"尤息弗罗难题"（Euthyphro dilemma）[24]是这样的："究竟是虔诚的事因为虔诚所以被神灵们所爱呢，还是它被神灵们所爱所以虔诚？"（苏格拉底）[25]（Is the pious loved by the gods because it is pious, or is it pious because it is loved by the gods?）

一般认为，"尤息弗罗难题"展现的是宗教与道德之间的关系问题[26]，但是，如果将难题中的"神灵（gods）"替换成"人（huaman beings）"，将难题中的虔诚替换成"善"（good）或者"价值"，将难题中是"神灵喜爱"替换中"人欲求（human beings desire）"，那么，"尤息弗罗难题"其实就是人类的价值难题，它的表述是："善（或价值）因为善（有价值）本身而为人所欲求，还是它被人为人所欲求所以善（有价值）？"

---

[24] 尤息弗罗难题的得出可以概括为如下几个命题：问题一：虔诚是什么？（苏格拉底）
命题一：虔诚就是做类似于告发那些犯有杀人罪或者盗窃庙产罪的人，不管他是你父亲、母亲，还是什么别的人，不告就是不虔诚。（尤息弗罗）
反驳一："朋友，我刚才问你虔诚是什么，你并没有充分说清，只是跟我说虔诚就是你正在做的那件事，就是控告你父亲杀人。""我向你提出的请求，并不是从许多虔诚的事例里给我说出一两件来，而是说出那个使虔诚的事情虔诚本身的'型'本身。因为你说过，有一个'相'使不虔诚的事情不虔诚，使虔诚的事情虔诚。"（苏格拉底）
问题二：虔诚的"相"是什么？（苏格拉底）
命题二："神灵喜爱的就是虔诚的，神灵不喜爱的就是不虔诚的。"（尤息弗罗）
反驳二：神与神之间有争吵、意见分歧，还有仇恨。同样的事情有的神灵厌恶，有的神灵喜爱，所以它对于神灵既可爱又可恨。这样，同样的事情就会既虔诚又不虔诚。（苏格拉底）
命题三："所有的神灵都喜爱的是虔诚，所有的神灵都厌恶的是不虔诚的。"（尤息弗罗）
反驳三（尤息弗罗难题）："究竟是虔诚的事因为虔诚所以被神灵们所爱呢，还是它被神灵们所爱所以虔诚。"（苏格拉底）

[25] 〔古希腊〕柏拉图：同上注〔20〕所引书，第13页。
[26] Tim Murphy, supra note〔2〕, p. 106.

更为严谨的表述是如下两个命题:

命题Ⅰ:X 是善的(或有价值),当且仅当人欲求它;

或者,

命题Ⅱ:X 是善的(或有价值),当且仅当它是善的(或有价值),所以人欲求它。

2. "尤息弗罗难题"逻辑转换背后的现代思想运动

"尤息弗罗难题"表述的至少三种逻辑转换,它们在近代以来的西方思想运动中都找到逻辑对应物:首先,将"神"转换成"人",其实就是启蒙运动以来的"人"取代"上帝",成为价值的终极根据。所谓上帝死了,是人杀死的。其次,将"虔诚"转换成"善"或"价值",其实是价值关注焦点从天上降到地上。最后,将"神的喜爱"转换成"人的欲求",是内在于西方现代思想体系的核心思想范式转换。在霍布斯思想体系中,"人的欲求"就是自然状态下的"自我保存",他将该欲求表述为人的自然权利,并以之为出发点,推演出了具有规范意义的自然法。功利主义思想家,不谈自然状态下人的欲求,而是谈"大多数人的欲求",功利主义的价值标准即所谓"最大多数人的最大利益",其实就是"最大多数人的最多数欲求"。无论是霍布斯开启的自然权利理论传统,还是功利主义思想传统,在价值问题上,他们都选择了命题Ⅰ。菲尼斯的自然理论总体倾向于选择命题Ⅱ。[27] 菲尼斯在"尤息弗罗难题"上的理论选择,一方面受到阿奎那思想的影响,另一方面又与阿奎那有所不同。阿奎那在"尤息弗罗难题"上的立场又深受奥古斯丁哲学的影响。因此,理解奥古斯丁、阿奎那在"尤息弗罗难题"上的立场对于理解菲尼斯在此问题上的理论选择至关重要。

(三)奥古斯丁与阿奎那对"尤息弗罗难题"的破解

1. 奥古斯丁对"尤息弗罗难题"的破解——兼论"逻各斯"与"上帝"的冲突

奥古斯丁将"尤息弗罗难题"转换成一种关于道德的善的两难,该道德的善涉及基督教的上帝(a dilemma about moral goodness in relation to the Christian God)。[28] 奥古斯丁这一逻辑转换实质上是对在他之前存在的两个"上帝观念"之间冲突的某种解决。这两个上帝观念分别是"斯多葛哲学上的上帝观念"与"基督教上帝观念"。斯多葛主义者认为自然中每一种事物通过一种宇宙理性即逻各斯(Logs)获得解释,明智的人应该培育一种自主感与内在独立感,并与解释自然的上述宇宙理性保持和谐关系。他们还认为法律与政治组织是围绕宇宙理性被建构起来的。[29] 斯多葛主义自然法理论最集中地体现在西塞罗《论共和》(De Re Publica)一书中:"真正的法律是与自然一致的正确理性(right

---

[27] John Finnis, supra note [8], pp. 69—73.
[28] Tim Murphy, supra note [2], p. 106.
[29] Ibid., p. 103.

reason），它是普遍适用的、不可改变的、永恒的。"[30]

斯多葛主义自然法理论蕴涵一个"上帝观念"，依据该上帝观念，上帝就是逻各斯，也就是统治一切的、非人格性的世界理性。这种上帝观念的要害在于，上帝与自然是同一的。但是，《旧约》中的上帝是一个人格性神，上帝与自然并非同一，相反，上帝是自然的创造者、支持者与守护者。也就是说，基督教中的上帝是外在于自然秩序的。两种上帝观念的冲突提出一个关键的问题：上帝的意志是否受制于自然秩序？按照第一个观念，上帝的意志是受到逻各斯的制约的，按照第二种观念，上帝的意志高于逻各斯。

上述两个上帝观念之间的冲突之所以在奥古斯丁那里成为一个问题，是因为在奥古斯丁思想体系中，他一方面接受了柏拉图的"理念论"的教导，另一方面又接受了斯多葛主义自然法理论。但是，他将柏拉图的"纯粹理念领域"转换成上帝的心灵[31]，上帝的意志高于一切。这必然与他所吸收的斯多葛主义自然法理论内核相冲突，该理论内核认为宇宙理性逻各斯高于一切。在上帝的意志与宇宙理性逻各斯之间，奥古斯丁选择了前者。这样，"尤息弗罗难题"就变成了：

命题Ⅲ：X 是善的（有价值），当且仅当上帝命令它是善的（或有价值的）；

或者，

命题Ⅳ：X 是善的（有价值），当且仅当它是善的（有价值的），所以上帝命令它是善的（或有价值）。

奥古斯丁选择了命题Ⅲ的解答方式。这是一种对"尤息弗罗难题"的"唯意志主义"（voluntarism）的解答。[32]

2. 阿奎那对"尤息弗罗难题"的破解——兼论"上帝"与"自然"的关系

亚里士多德哲学在 1200 年左右进入西基督教地区[33]，亚里士多德哲学的输入，强化了希腊思想中关于宇宙原则的自足性与理性的观念与《旧约》中上帝观念的冲突。最初亚里士多德哲学遭到强烈的抵制，Tim Murthy 认为，这种抵制与当时的穆斯林思想家 Averroes 有关。Averroes 认为上帝受到他创世时所创之物的限制。[34] 在托马斯时代，上帝与自然秩序之间的紧张关系因为亚里士多德哲学的输入而被强化了。奥古斯丁的方

---

[30] Ibid., p. 104.

[31] Ibid., p. 103.

[32] 在我看来，奥古斯丁对"尤息弗罗难题"的解决存在这样一个严重的问题：如果善是因为上帝的意志命令它，所以它是善的，而上帝的命令都体现在基督教的教义当中，那么对善的把握也就是对基督教教义的把握；若要把握基督教教义，关键不是靠理性，相反，我们要靠信仰。如果我的上述推理成立，那么按照奥古斯丁的思想，人对善的生活的追求不是要诉诸理性，而是应该诉诸信仰。我认为这一结论是不可接受的。一方面，它卸除了人的理性对"什么是善的生活"的追问职责；另一方面，当信仰发生危机时，"什么是善的生活"问题必然无解。

[33] ［挪］G.希尔贝克、N.伊耶：《西方哲学史》，童世骏等译，上海译文出版社 2004 年版，第 149 页。

[34] Tim Murphy, supra note [2], p. 108.

案即上帝的意志高于自然,在阿奎那看来不是一个好的方案。因为这种方案贬低了人的理性,也对尘世的生活的态度也太过于悲观。[35] 阿奎那自己的解决方案首先以他的上帝观为基础。

阿奎那区分了上帝的两种权能:第一种是上帝的绝对权能即 potentia absoluta。在权能下,上帝可以做任何事情,他唯一受到的限制是他所做的事情不会导致逻辑上的矛盾。第二种权能是上帝的已被颁布的权能即 potentia ordinata Dei。该权能是指上帝在确立现存秩序中已经实际选择去运用的神圣权力。[36] 上帝的原初造物行为或原初意志运用了绝对权能,该权能只受"矛盾律"的限制。但是,被创造的秩序在某种程度上也约束上帝,即在被造世界中存在某种必然性,他限制了上帝的第二种权能。限制上帝的第二种权能的是"事物的本质或本性"(the essence or nature of a thing)。什么是事物的本质或本性?事物的本质或本性,以一种带有轨道性的方式朝向一个目的,该目的实现或完成了事物的本质或本性。阿奎那认为这种"朝向实现"内在于事物本身。他并不把上帝在十诫的命令看成是单纯的约定,而是看成真正地、内在地善的事物的显现。因此,他认为像不许杀人这样的基本行为(basic acts)是与被创造的人性相一致的善的行为。[37] 这样关于"尤息弗罗难题",阿奎那的解答提出了第三条道理。我们可以表述为如下命题:

命题 V:X 是善的(有价值的),当且仅当上帝命令那些自然地或内在地善的(有价值的)X,禁止那些自然地或内在地邪恶的非 X。(God commanded acts that are naturally or intrinsically good and forbade those that are naturally or intrinsically evil.[38])

命题 V 实际上是命题 Ⅲ、Ⅳ 的折中。善的根据既不单纯在善本身,也不单纯在上帝的命令。如果善的根据在善本身(斯多葛主义),则自然秩序高于上帝,如果是善的根据在上帝的命令(奥古斯丁主义),上帝高于自然秩序。无论哪种方案都会有缺陷,因此,阿奎那基于他对上帝的两种权能的理解,提出了命题 V。奥古斯丁与阿奎那不仅在上帝的观念上不同,而且双方理解上帝的命令的角度也不同。奥古斯丁是从"上帝的意志"角度理解上帝的命令;阿奎那是从"上帝的理性"角度理解上帝的命令。二者分别代表了基督教哲学中的唯意志主义与理性主义两大阵营。因此,命题 V 中的上帝的命令应该理解为上帝的理性。

三、菲尼斯对"尤息弗罗难题"的破解

如果命题 V 中没有"上帝"概念,它将与命题 Ⅳ 相同,但是也有另外一种逻辑可能性

---

[35] 〔挪〕G. 希尔贝克、N. 伊耶:同上注[33]所引书,第 158 页。
[36] 同上书,第 109 页。
[37] 同上书,第 110 页。
[38] 同上。

改变命题Ⅴ,即用其他的某个概念替代命题Ⅴ中的"上帝"概念,比如用"理性"替换命题Ⅴ中的"上帝"。我认为菲尼斯给出了这种可能。在讨论菲尼斯对"尤息弗罗难题"破解之前,我认为有必要先概括菲尼斯在"善"的问题上的基本主张(a),再讨论为什么他会有这样的主张(b),进而追问这种主张背后的理论预设(c),在(c)部分,我们将真正到达菲尼斯对"尤息弗罗难题"的破解。(a)部分涉及 Natural Law and Natural Rights 开列的"基本的善(basic goods)"与"实践合理性(practical reasonableness)"原则的清单。(b)部分涉及"自明性"概念以及"自然法的第一原则(the first precept of natural law)"的解释。这三个部分在 Natural Law and Natural Rights 并没有完整地以论证的形式展现,因为涉及这三部分的很多内容深深浸润在古典自然法理论传统中,对于一个长期生活在这样一个传统中的学者来说,这些背景性的理论脉络都是自明的。但是,深入挖掘在西方人看来是"属于不用交代的理论脉络",恰恰是中国学人在研究西学时必须特别着力的地方。

(一)"基本的善"与"实践合理性"原则的清单

菲尼斯在 Natural Law and Natural Rights 一书中,开列了一个"基本的善"清单即七个基本的善:

(1)生命(life)。[39] (2)知识(knowledge)。[40] (3)游戏(play)。[41] (4)美的经验(aesthetic experience)。(5)社会性或友谊(sociality or friendship)。[42] (6)实践合理性(practical reasonableness)。[43] (7)宗教(religion)。[44]

实践合理性的原则分别是:

(1)一种融贯一致的生活计划(a coherent plan of life);(2)诸价值中无专断偏好(no arbitrary preferences amongst values);(3)对人无专断的偏爱(no arbitrary preferences a-

---

[39] "生命"这个术语在这里意味着生命力的每一个方面。生命力的每一个方面都将人类置于一种好的自我决定的型塑之中。生命在这里包括健康(身体健康与精神健康)、免于痛苦的自由(该痛苦预示了机体上的功能障碍或伤害)。这个范畴还包括通过生育而延续生命的行为。

[40] 即对真实的而不是错误的信念的偏好,符合好奇的驱动力,即这样一种驱动力:引导我们拒绝对任何自封无知或者迷信的称颂。菲尼斯在此将知识考虑为仅仅因其自身而被欲求,而非仅仅因工具性需要被欲求。

[41] 菲尼斯主张它在人类文化中是一个大的并且是不可还原的基本元素。他补充说,我们每个人能够看见参与游戏的玩耍过程的意义,这种游戏的玩耍过程的意义就在于自身,它因其自身而被喜爱。

[42] 该基本的善意味着在人类共同体中最低限度的社会性;也意味在这样一些场合——即每个人追求他的/她的自己的目的的场合下,个人与个人之间的协作;但是首先意味着友谊的最完美的并且是最高贵的形式。最后一点包括为了某人朋友的目的的便利而行动,也即为了朋友的幸福而行动,因为充分的友谊包括将对朋友而言是好的东西看成是对自己而言是好的东西。

[43] 菲尼斯将其定义为:这样一种基本的善即能够将一个人的理智有效地运用于(在缘起于行动的实践推理中)一些个人的行动与生活方式的选择问题以及其个性特征的形成问题上。消极地讲,这包括一个人有一个关于有效的自由(effective freedom)的尺度,积极地讲,就是它包括一个人寻求将一种可理解的秩序带进自己的行动、习惯以及实践的态度。

[44] John Finnis, supra note [8], pp.86—90.

mongst persons);(4) 超然度外(detachment);(5) 承担义务(commitment);(6) (有限定的)后果之相关性:理性之内的效率[the (limited) relevance of consequences: efficiency, with resaon];(7) 在每一行为中尊重每一个基本价值(respect for every basic value in every act);(8) 共同的善的要求(the requirements of common good);(9) 遵循自己的良心(following one's conscience)。[45] 菲尼斯认为实践合理性的要求表达了一种"自然法方法(natural law method)",借助于该方法,一些(前道德的)的自然法首要原则[the first (pre-moral) "principles of natural law"]演绎出(道德的)"自然法"[the (moral) "natural law"]。[46]

(二)菲尼斯为什么要研究"基本的善"与"实践合理性原则"

新古典自然法理论最初的发展是从 Germain Griesez 在 1965 发表的一篇论文开始的。[47] 在这篇论文中,Germain Griesez 探讨了这样一个问题:什么是实践理性的首要原则? 在自然法理论上提出这个问题的意义涉及如何解释阿奎那的这样一句话:"善是要去做的并被追求的,恶是要避免的(Good is to be done and pursued, evil is to be avoided)。"[48] 此问题的讨论极为繁复,Germain Grisez 扭转了讨论的方向。在他看来,这句话首先表达的不是一条道德上的戒律即"行善避恶"(Do good and avoid evil)。"善是要去做的并被追求的,恶是要避免的"(Good is to be done and pursued, evil is to be avoided)与"行善避恶"的不同在于,前者只是"规定性的(prescriptive)",后者则是"命令性的(imperative)"。这里面涉及实践商谈(practical discourse)的两种模式:命令模式与规定模式。前者直接为实践判断提供了一个前提。在"行善避恶"有效的场合,这里面就存在这样的道德判断:

大前提:"行善避恶"

小前提:X 是善的(good)或者 Y 是恶的(evil)

结论:做 X 或者避免 Y(Do X 或者 Avoid Y)

但是,这里面存在一个知识论上的困难即大前提"行善避恶"是靠什么确保的? 这样一种知识论困难必然要诉诸形而上学或神学根据,比如,"行善避恶"的前提是上帝命令去行善避恶。但是,这一推理背后还要再给出一个事实真理:上帝的命令对人而言是一

---

[45] Ibid., pp.100—126.

[46] Ibid., p.103.

[47] Germain Grisez, The First Principle of Practical Reason: A Commentary on the Summa Theologiae, 1—2, Question 94, Aticle 2, in *Natural Law Forum*, 10, pp.168—201.

[48] 中国学界一般将此句翻译成:趋善避恶。但是,这样一种翻译存在的问题是没有把这里面的"do"(做)翻译出来。阿奎那是在亚里士多德意义上讨论"do"这个问题。这个"do"是与"make"相对,前者指向的目的存在于行为过程当中,后者指向的目的存在于行为过程之外。"making aims at an end distinct from the end of making, whereas in doing the end cannot be other than the act itself: doing well [eupraxia] is itself the end [telos]": *Nic. Eth.* VI, 4: 1140b3—6; see also II, 4: 1105a32.

种义务(What God wills is obligatory)。这后面一个事实真理对"人"而言,仍然很棘手。[49]

第二种实践商谈模式建立在一种将实践理性的第一原则与逻辑学的矛盾律类比基础上。[50] Grisez 认为,在阿奎那那里,"善是要去做的并被追求的,恶是要避免的"像矛盾律一样:在逻辑推理场合,矛盾律并不是推理的前提,但是构成一个有效推理的基本规定;同样,"善是要去做的并被追求的,恶是要避免的"不是作为实践推理(practical reasoning)的前提,是为实践推理提供了一个"规定"。这里面的"善"表达的只是各种具体场合下善的一般形式。实践理性第一原则并不是要限制人类行动的可能性,而是通过确定行动将朝向一个目的,它使得人类行动成为可能。因此,它给出的关于实践行动的基本规定是:你的行动必须是有目的的、有方向的,这个目的或者方向就是去做善的、追求善的,避免恶的。

阿奎那将"自然法第一原则"分为"绝对的自然法第一原则"与"其他自然法第一原则",他明确地指出,"绝对的自然法的第一原则"是"善是应该去做的并被追求的,恶是要避免的",自然法的所有其他原则都是以上述绝对的第一原则为基础的。[51]

本文的最后一部分的分析将表明:Germain Griesez 对"自然法第一原则"的讨论仅仅推进到认识论层面。为什么会这样?笔者将另文探讨,这个问题涉及 Germain Griesez 与菲尼斯对待"形而上学"的态度以及他们为什么在自然法理论上那样对待形而上学。

现在的问题是:菲尼斯以"基本的善"与"实践合理性原则"为核心概念的自然法理论研究和阿奎那、Germain Griesez 对"自然法第一原则"的讨论有什么关系?本文认为这个问题的答案决定了菲尼斯新古典自然法理论的"古典身份"。

菲尼斯认为,既然阿奎那鉴别出的"绝对的自然法第一原则"说"善是要去做的并被追求的,恶是要避免的",那么自然法理论的首要任务就是鉴别:(1) 有哪些善是要去做的并被追求的;(2) 这些善如何被追求?问题(1)涉及菲尼斯的"基本的善"清单,问题(2)涉及"实践合理性原则"。此外,在菲尼斯看来,按照"自然法的第一原则"行动必然会带来"人的繁盛(human flourishing)"。"人的繁盛"是对亚里士多德的"幸福"(*eudaimonia*)概念的新的诠释。"人的繁盛"是指什么?菲尼斯的理论逻辑是:人的繁盛有一些基本的形式,他将这些基本的形式鉴别出来了,并将它们称为"基本的善"。因此,人要想实现繁盛,就必须充分地去参与(participate in)、实现(realize)"基本的善"。[52] 因此,菲尼斯为什么要研究"基本的善"问题可以这样回答:这种探究是将自然法第一原则中的一

---

[49] 宗教问题总是包含"异教徒问题"。如果普天之下都信仰一个宗教,那么该宗教也就失去合理性了。如果有异教徒存在,那么 What God wills is obligatory 问题就复杂了。

[50] Germain Grisez, supra note [47], pp. 168—201.

[51] Thomas Aquinas, *Aquinas: Political Writings*, R. W. Dyson ed. and trans., Cambridge: Cambridge University Press, 2002, p. 117.

[52] John Finnis, supra note [8], p. 23.

般意义上的、作为形式的善更具体地鉴别出来,同时指明人类的兴旺繁盛是如何实现的。

为了把握菲尼斯在 Natural Law and Natural Rights 书中的意图,我们还必须回答两个问题:如何理解"原则"概念?为什么菲尼斯要研究"实践合理性原则"?

菲尼斯在 Natural Law and Natural Rights 第三章附有一个很重要的注释即关于原则概念与规则概念的区别。菲尼斯指出,通常所理解的原则与规则的区分标准如一般性程度、重要性程度等标准缺乏哲学意义。他在本书中所使用的"原则"概念是用来断言一个终极的价值(to assert an ultimate value)或者用来断言一个价值是一个行动理由(to assert that a value is a reason for action)。[53] 如果一个"原则"是一个行动理由,那么"绝对的自然法第一原则"及其以"基本的善"为内容的"其他自然法第一原则"就构成了人的行动理由。此外,菲尼斯对"善"与"价值"概念的使用是有特别规定的。他区分了两种善:第一种善指称某种被人看成是值得欲求的、特定的目的或目标(referring to some particular objective or goal that one is considering as desirable)。第二种善指称能在不定多数场合以不定多数方式被参与或实现的善的一般形式(referring to a general form of good that can be participated in or realized in indefinitely many ways on indefinitely many occasions)。在 Natural Law and Natural Rights 中,菲尼斯用"价值"(value)概念指称后面第二种含义的"善"。[54] 因此,价值就是善的一般形式,基本价值(basic values)就是善的基本形式(basic forms),而善的基本形式就是基本的善本身[55]。这样,基本的善 = 基本的价值 = 基本的行动理由。

按照菲尼斯的理论意图,这些行动理由可以概括为:

1. 最一般性行动理由(绝对的自然法第一原则):"善是要去做的并被追求的,恶是要避免的"

2. 基于实践理性的行动理由(其他自然法第一原则):

(1)生命是要去做的并被追求的基本的善;

(2)知识是要去做的并被追求的基本的善;

(3)游戏是要去做的并被追求的基本的善;

(4)美的经验是要去做的并被追求的基本的善;

(5)社会性(友谊)是要去做的并被追求的基本的善;

(6)实践合理性是要去做的并被追求的基本的善;

- "一种融贯一致的生活计划"是要去做的并被追求的基本的善;
- "诸价值中无专断偏好"实践合理性是要去做的并被追求的基本的善;
- "对人无专断的偏爱"是要去做的并被追求的基本的善;

---

[53] Ibid., p.77.
[54] Ibid., p.61.
[55] Ibid., p.86.

- "无偏见"是要去做的并被追求的基本的善;
- "承担义务"是要去做的并被追求的基本的善;
- "(有限定的)后果之相关性:理性之内的效率"是要去做的并被追求的基本的善;
- "在每一行为中尊重每一个基本价值"是要去做的并被追求的基本的善;
- "共同的善的要求"是要去做的并被追求的基本的善;
- "遵循自己的良心"是要去做的并被追求的基本的善;

(7) 宗教*是要去做的并被追求的善。

菲尼斯认为1和2都属于"自然法的第一原则",区别是,1是自然法的、绝对的第一原则,它构成2中的其他自然法第一原则的基础。

现在的问题是,在每一具体的实践环境中,上述基本的行动理由会发生冲突,如何协调好上述行动理由之间的冲突,是实践哲学必须解决的关键问题。菲尼斯自然法理论最为成功的两个地方,在我看来是,第一,他将认识论层面的价值冲突问题转换为实践哲学领域中的"行动理由"之间的冲突,就这一点而言,他把握到了价值概念的核心意义。价值不是一种抽象的存在,相反,价值与人的行动息息相关。第二,在解决实践领域的价值冲突问题上即在如何协调行动中基本行动理由冲突上,他提出了一套更为具体的方案——实践合理性的原则。菲尼斯认为亚里士多德的"中道"(mean)概念过于抽象,无法为人的合理行动提供更好的指导。[56] 他提出的实践合理性的九条原则是"中道"概念更为具体的表述。菲尼斯将实践合理性的原则要求理解为"自然法方法"(natural law method),具体而言,借助于该自然法方法,我们能从(前道德的)"自然法原则"得出(道德的)的自然法。[57]

借用拉兹的理由理论,我们会发现,2(1)、2(2)、2(3)、2(4)、2(5)、2(7)是"一阶理由"(first-order reasons),而2(6)同时具有"一阶理由"与"二阶理由"(second-order reasons)属性。"一阶理由"是指"行动理由以及阻止行动的理由(reasons for refraining from action)"[58],"二阶理由"是指"按照一个理由而行动的任何理由或阻止按照一个理由而行动的任何理由",在二阶理由中包括"肯定的二阶理由"与"否定的二阶理由"之分。[59] 在菲尼斯的自然法理论中,"实践合理性"首先是作为基本的善而存在的,所以它是基本的行动理由,同时,实践合理性的原则要求(即自然法方法)又是关涉其他基本的善在实践中的具体运用,是在特定实践境遇中相互冲突的其他基本行动理由的协调标准,因此

---

* 有特定含义。——译者注

[56] Ibid., p.102.

[57] Ibid., p.103.

[58] Raz, Scott Hershovitz, Legitimacy, Democracy, and Razian Authority, *Legal Theory*, 9(2003). 转引自朱振:《实践理由、权威与来源命题——拉兹法律哲学研究》,吉林大学2007年博士学位论文,第80页。

[59] Joseph Raz, Reasons for Action, Decisions and Norms, *Mind*, New Series, Vol.84, No.336, Oct., 1975, p.484. 转引自同上文,第82页。

它又是"关于理由的理由"。在每一特定的实践境遇中,B6 的九个要求就是具体的道德标准。菲尼斯认为"道德的"这个术语的内涵很不确定,用"实践合理性"概念能更好地传达"道德的"这个术语所指称的内容。[60]

我将以下面的例子展现菲尼斯自然法理论的实践运用:

假设甲与乙在讨论一个关于自然法理论的问题。在菲尼斯看来这是一种有目的的行为。我们可以从一个"旁观者的立场"对该行为的双方当事人发问。发问的意图有两个:首先是把握这是一个什么样的行为即把握该行为的目的,也即把握行为的"一阶理由"即菲尼斯鉴别出来的"基本的善"。其次,把握该行为为何能被证成即把握该行为的"二阶理由",也即在该行为的实践境遇下,"基本的善"是否借助于"实践合理性原则"而协调一致地被实现。在具体发问前,甲与乙必须是被预设为在"自由地"、"有目的地"的活动,舍此两个基本预设,实践反思程序无法展开。假设问题指向甲。第一个问题是:你们在干什么?回答:我们在探讨自然法理论。第二个问题:你们为什么探讨自然法理论?回答:自然法理论是一种知识。[61] 第三个问题:你们为什么探讨知识?回答:知识是好的。第四个问题:为什么知识是好的?回答:知识是好的,因为它自身就是好的。第四个问题的答案即知识是好的,或者知识是一种基本的善,构成该行为不需要进一步证成的行动理由。甲乙的行为中,还包含另一个反思方向:如果问题指向甲:你们在干什么?回答:我们在探讨自然法理论。进一步问:你为什么和乙探讨自然法理论?回答:乙是我的朋友。第三个问题:乙为什么是你的朋友?回答:我和乙之间存在友谊。第四个问题:你为什么需要友谊?回答:友谊是好的,它自身就是好的。至此,通过这两个方向的追问,"知识是一种基本的善"与"友谊是一种基本的善"作为行动理由的意义显示出来。以上的追问是在一种"前道德意义"上展开的,因为基本的善作为基本的行动理由本身是不涉及道德的,只有当基本的善联系到具体的实践境遇时,借助于实践合理性的原则,我们才能说甲乙的行为是合理的(道德的)。

现在假设我们给出一个实践境遇:本例中,若甲在与乙讨论自然法理论时,得知母亲出车祸住院,这时以"知识"(2(2))、"社会性"(2(5))(同学之间)为"本行动理由系列(S1)"的学术讨论,可能会让步于以"生命"(2(1))、"社会性"(2(5))(母子之间)为"基本行动理由系列(S2)"的奔赴医院看望母亲的行为。如果从 S1 到 S2 的转变是 2(6)(实践合理性原则)作用的结果,那么,甲的行为是合理的(亦即道德的)。具体而言,甲从学术讨论到奔赴医院看其母亲,如果是合理的(道德的),基本的行动理由是"生命"(2(1))、"社会性"(2(5))(母子之间)与 2(6)(具体而言是第(6)点中的第5、第8、第9小点)。从这个例子中可以看出,"实践合理性"在菲尼斯自然法理论中是一个"核心概念",它构成了一个实践上合理的行动"一阶理由"与"二阶理由"。

---

[60] John Finnis, supra note [8], p.15.
[61] 这里的"知识"指广义的知识,包括思想与探究本身。

（三）自然法理论要不要形而上学——菲尼斯说：不要！

自然法的第一原则在哪里发现的？阿奎那认为在形而上学那里发现的，菲尼斯认为是在实践反思中发现的。自然法第一原则如何证成？二人都认为，自然法的第一原则的证成基础在于它们的"自明性"，所不同的是，阿奎那将自然法的自明性建立在"存在论"层次上，菲尼斯将自然法的自明性建立在"认识论"（或者说"知识论"）层次上。

古典自然法理论认为，讨论人的行动与人类社会的理论必须要考虑到涉及人的诸种秩序以及不同秩序下人的不同活动。[62] 阿奎那认为，存在四种秩序、四种科学：Ⅰ．研究自然秩序的科学，即研究不受我们的思考影响的秩序的科学，也即自然哲学（包括自然科学、数学与形而上学）。Ⅱ．研究最宽泛意义的逻辑秩序的科学，即研究我们能将自己的思考带入其中的秩序的科学。Ⅲ．*Philosophia maralis*，即研究这样一种秩序的科学：我们能够通过自己的深思熟虑、选择与自愿的行为所造就的秩序。这类科学包括道德科学、经济科学与政治科学。Ⅳ．研究大多数实践艺术、技术或技能的科学。这些科学产生了一些由人的理性建构出来的事物，其方式是将秩序带入任何外在于我们的思考和意愿的事物当中。[63]

上述四种秩序对应四种人的四种活动：秩序Ⅰ对应以"知道"（knowing）为中心的活动。秩序Ⅱ对应以"思考"（thinking）为中心的活动。秩序Ⅲ对应以"做"（doing）为中心的活动。秩序Ⅳ对应以"制作"（making）为中心的活动。[64]

秩序Ⅲ与秩序Ⅳ都是人所实践出来的秩序，但是，前者建立在"做"（doing）的基础上，后者建立在"制作"（making）的基础上。最早提出这个问题的是亚里士多德。菲尼斯在其著作第7章一个注释中点出了这个问题。在亚里士多德看来，"目的状态"（end-states）与"过程"（processes）是否统一是判断"做"（doing something）与"制作"（making something）不同的标准。因此，"制作"（making）与"做"（doing）的区别是，前者指向的目的是在"制作"过程之外的目的，后者指向的目的是存在于"做"的过程之中的目的。[65] 做一把椅子，这是制作（making），因为做椅子本身不是最终目的而是手段，最终目的存在于做椅子这个活动过程之外，也就是说，做椅子的目的是为了有个"坐具"或者其他目的（如出卖做好的椅子赚钱）。判断做椅子这个行为的好坏，主要看它是否达到了它的目的

---

[62] 菲尼斯对这四种秩序的讨论主要体现在 *Natural Law and Natural Rights* 的第6章。他是从共同体的角度来讨论这四种秩序，但是这种逻辑安排容易遮蔽菲尼斯自然法理论的古典色彩。事实上，把握这四种秩序是把握菲尼斯自然法理论的一个逻辑起点。在他写的 Natural Law: the Classical Tradition 一文中就交代了这四种秩序。

[63] John Finnis, supra note [17], p. 21.

[64] Ibid., p. 52, nc.

[65] "making aims at an end distinct from the end of making, whereas in doing the end cannot be other than the act itself; doing well [eupraxia] is itself the end [telos]": Nic. Eth. Ⅵ, 4: 1140b3—6; see also Ⅱ, 4: 1105a32. see John Finnis, supra note [8], p. 197.

即是否提供了一个好的坐具或者实现了其他目的。做椅子这个行为本身无所谓好与坏。但是,"做"(doing)的目的存在于"做"自身。中国人讲"做人",其实就是讲这里的 doing。"做人"的目的不是存在于"做人"这种行为之外,而是存在于"做人"这种行为当中,也就是说,"做人"的目的就是为了"做人"。即是说在"做人"中内含一个目的,用自然法理论的话讲,就是在每一 doing 中存在一个或多个目的。因为 doing 自身内含一定的目的,所以 doing 这种行为就不像 making 那样中性了(indifferent),相反,它依据其内在目的的不同而存在正确与错误、好与坏、善与恶的不同。

秩序Ⅲ是 doing 这种行为"造就"的秩序。自然法理论研究的是秩序Ⅲ,属于 **Philosophia maralis**。即自然法理论研究人以及人类社会的如"做"(doing)的问题,即人、人类组织(包括人类社会)应该"做"什么?(What should I do? What should we do? What should human beings do? What should human society do? 另一种表述是 What ought I, we, human beings and human society to do?)〔66〕那么 doing 这种行为又包含哪些行为?阿奎那和菲尼斯都认为 doing 至少包含以下三种行为:深思熟虑(deliberating)、选择(choosing)和自愿的行动(voluntary actions)。〔67〕这三种行为有一个共同的目的指向。如何探寻这里面的"目的指向"?这就涉及阿奎那与菲尼斯的某种"前哲学立场"分歧了。阿奎那古典自然法理论认为,对秩序Ⅰ的沉思是研究秩序Ⅲ的前提,也就是说,自然法理论必然包含形而上学预设。因此,按照阿奎那的思想,对于 doing 这种行为的把握的关键是探寻到 doing 背后的"终极目的",而这种"终极目的"只有借助于形而上学的沉思才能知晓。菲尼斯认为,研究秩序Ⅲ不以研究秩序Ⅰ为前提。他认为如果自然法理论认可对秩序Ⅲ的研究以对秩序Ⅰ的研究为前提,那么这种自然法理论研究就犯了从"是"到"应当"的推理错误。菲尼斯的这种见解深受休谟和摩尔等人的影响。为什么菲尼斯强烈主张自然法理论不应该留下一个"形而上学尾巴"?这个问题涉及菲尼斯所在的现代哲学传统,由于其高度复杂性,笔者将另文讨论,在此只是简单地提及一下。

如果简单地比较菲尼斯的"实践理性"概念与亚里士多德和康德的"实践理性"概念,我们会发现菲尼斯所理解的"实践理性"很特殊,它已经具备了很多理论理性的功能。亚里士多德认为,"实践智慧"[practical wisdom,源自希腊词 phronesis(思想或理解),又译"实践理性"、"慎思"或"明智"]是与"理论智慧"相对的概念,"意为导向实践活动的推理。相反,思辨或理论智慧关注永恒事物"。"实践智慧和理论智慧都是理智德性。""如同理论智慧一样,实践智慧在一般性层面上运作,关注于实践判断的真实性,及构建行为的一般规则。但是,实践智慧也在具体的层面上运作,将一般规则应用于具体的生活领域,确定应当做的正确行为。它包括一种把握具体行为特征的实践直观,和一种推

---

〔66〕 应当注意的是,前道德的"应该"与道德意义上的"应该",是菲尼斯反击价值相对主义的一个有力武器:价值相对主义存在的空间至多及于第二种意义上的"应该"。

〔67〕 John Finnis, supra note〔17〕, p.21.

论如何达到那一目的的途径和手段的实践三段论。实践智慧与品格德性是不可分的,因为后者决定了正确的目的。没有正确的目的,一个人只能说是精明,而不能说具有实践智慧,一个具有实践智慧的人在希腊文中是 phronimos。"[68]麦金太尔对亚里士多德"实践智慧"概念即"慎思"概念的解读是,"慎思所涉及的仅仅是这种事情,它们不是必然地和不可避免地是它们所是的那样的事情,而是我能够改变的事情。否则,就没有思考的余地"[69]。菲尼斯区分 practical reason(实践理性)与 theoretical reason(理论理性)的主要标准是,practical reason(实践理性)负责把握秩序Ⅲ中的原理即首先鉴别什么东西是在不同选择中有吸引力,其次它为我们提供构成我们行动基础的理由[70],theoretical reason(理论理性)负责把握秩序Ⅲ之外的原理。正是在这个意义上,Anthony J. Lisska 正确地指出,"菲尼斯所呈递的实践理性,其实在其理论结构中,比之亚里士多德与阿奎那能接受的程度,要更为理论化。这实际是说,在菲尼斯那里,实践理性其实就是某种理论理性"[71]。在菲尼斯思想体系中,practical reason(实践理性)与 theoretical reason(理论理性)的区分是紧密联系"是"(is)与"应当(ought)"的区分的。具体说,practical reason(实践理性)探寻"应该(ought)"问题,theoretical reason(理论理性)探寻"是(is)"问题。因为菲尼斯自然法理论拒绝阿奎那古典自然法理论的做法即自然法理论必须包含"形而上学",其理由是如果自然法理论包含一个"形而上学基础",则自然法这个"应当"就是从形而上学所把握到的"是"推导出来,这样就遭遇"休谟问题"。因此,对于"自然法是什么"这个问题不应该交给"理论理性"而是应该交给"实践理性"。正是在这个意义上,我认为菲尼斯所理解的"实践理性"已经不同于亚里士多德和阿奎那对实践智慧或实践理性概念的使用。

菲尼斯所使用的 practical reason(实践理性)也不同于康德。在康德那里,"理性的实践运用,关涉人们应该做什么,相对于理性的理论应用(理论的或思辨的理性),它关涉'是什么'。虽然康德认为理论理性和实践理性在根本上是同一个理性,但他认识到它们的不同功能,并主张:既然我们能更多地作为理性主动者而不是只作为理性的认知者,因而实践理性对于理论理性具有优先性。理论理性受经验界限所限制,而实践理性规定和应用它自己的原理。不同的是,实践理性对它的原理的使用诉诸行动。它的最高原理是绝对命令。因此它是道德法则的发源地,是我们自主性的根本基础"[72]。必须强调的是,康德所理解的"理性"包含先验范畴,理论理性包含的先验范畴(时空观念、因果观念

---

[68] 〔英〕尼古拉斯·布宁、余纪元:同上注[19]所引书,第 787 页。

[69] 〔美〕阿拉斯代尔·麦金太尔:《伦理学简史》,龚群译,商务印书馆 2004 年版,第 109—110 页。

[70] Nigel Biggar, Rufus Black, *The Revival of Natural Law: Philosophical, Theological and Ethical Responses to Finnis-Griesez School*, Aldershot: Ashgate Publishing Ltd, 2000, pp. 3—4.

[71] Anthony J. Lisska, Finnis and Veatch on Natural Law in Aristotle and Aquinas, in *American Journal of Jurisprudence*, 56, 1991, pp. 66—67.

[72] 〔英〕尼古拉斯·布宁、余纪元:同上注[19]所引书,第 785 页。

等)构成知识的一个来源(知识的另一个来源是现象),它们构成了自然法的必然性基础;实践理性包含的先验范畴[善良意志(good will)]是道德行动的来源,它们构成了道德必然性的来源。[73] 菲尼斯与康德的区别是,他并不把实践理性(康德讨论的"纯粹实践理性"是"善良意志")看成是一个先验范畴,更不会将其作为道德必然性的来源。在菲尼斯那里,实践理性反思到的"基本的善"都是"前道德意义"上的善。行动的道德问题不是由 pratical reason(实践理性)来决定而是由 practical reasonableness(实践合理性)来决定。也就是说,一个行动从实践理性角度去反思,我们会发现它背后存在一些具有"自明性"的基本的目的即"基本的善",但是,只有当在这个行动的基本目的中包含了"实践合理性"这个基本的善时,该行动才是道德的。

Germain Grisez、Joseph Boyle 与菲尼斯主张:"……道德上的'应当'不能从理论真理上的'是'中得出,后者如形而上学上的'是'以及/或者哲学人类学上的'是'。"[74] 这表明菲尼斯主张自然法理论不需要形而上学。

(四)如何把握"自然法第一原则(the principles of natural law)"[75]

没有形而上学,在哪里把握自然法的第一原则?菲尼斯认为是从实践反思中发现自然法的第一原则,在这一反思过程中起关键作用的是实践理性。实践理性的反思对象是什么?菲尼斯在 *Fundamentals of Ethics* 中做了暗示:

"伦理学研究的目标是鉴别并参与真实的人类的善。在我看来,伦理学研究要诉诸我们或者其他人(或者每一个人)将要说的或者选择的东西,这些诉诸的首要的、适当的功能,首先是激励我们,或者提醒我们(研究中在场的参与者)自己和其他人的前哲学经验,其次,是提醒我们自己和其他人对善的实践的、前哲学的把握。"[76]

可以认为,在菲尼斯看来,研究者自己和其他人的、对善的实践的与前哲学的把握,是实践理性把握自然法的第一原则的出发点。问题在于,我对善的理解完全不同于你对善的理解,如何克服各种对善的理解之间的冲突?菲尼斯认为理论家首先是从其个人的实践立场开始反思的,通过收敛实践立场的"中心情形"(central case)与"中心意义"(focal meaning)[77],"我们"与"每个人"的实践立场就清楚了。实践立场的"中心情形"与"中心意义"的收敛实质上是寻求"反思的平衡点(the point of reflective equilibrium)"。[78] 借助于"中心情形"与"中心意义"这两个概念工具,善的概念也就清楚明确了。

---

〔73〕 徐向东:《自我、他人与道德——道德哲学导论》,商务印书馆2007年版,第378—379页。

〔74〕 同上书,第240页。

〔75〕 这里的自然法第一原则以自然法的绝对的第一原则为基础,包括了其他第一原则即前文中的 A、B 项下的原则。

〔76〕 John Finnis, *Fundamentals of Ethics*, Oxford: Oxford University Press, 1983, p.18.

〔77〕 John Finnis, supra note〔8〕, p.13.

〔78〕 Ibid., p.17.

（五）如何证成"自然法第一原则"

在这里，菲尼斯运用了阿奎那的自明性概念。阿奎那认为，我们以两种方式谈及事物是否具有"自明性"。[79] 我以命题形式表述阿奎那的思想。

这两种谈及事物"自明性"的方式表现为如下命题：

命题 A：X 命题是就其自身而言（in itself）是自明的，当且仅当其谓项包含在主项的观念当中。（第一种谈及自明性的方式）

命题 B：Y 命题是就涉及我们而言（in relation to us）是自明的，当且仅当"我们"是明智的人（the wise），能够理解该命题中诸逻辑项所意味的内容。[80]

阿奎那指出，以命题 A 方式表述的 X 命题的自明性不依赖于我们对该命题的逻辑项的把握。例如，"每一整体都大于部分"命题对每个人而言都是自明的。一些公理的自明性都属于第一种自明性。但是，在讨论第二种自明性时，阿奎那举了一个很复杂的例子。他认为"人是一种理性的存在（译为"在者"更为妥当）"命题就其本身而言是自明的，因为任何说出"人"的人都在说一种理性的存在，然而，对于那种不知道人是什么的人而言，该命题又不是自明的。[81] 我认为这个例子可以作如下理解："人是一种理性的存在"命题对于第一种人而言是自明的，因为第一种人已经在断定"人"是什么，这种断定本身表明是一种理性的活动，因此，对于在断定人是什么的人而言，即对于一个正在从事理性活动的人而言，人当然是理性的存在，否则，他自身的行为即断定人是什么的行为无法获得解释。对于第二种人而言，他不知道人是什么，因此"人是一种理性的存在"命题无法在其自身中找到理解的基础。

菲尼斯认为，"基本的善"与"实践合理性原则"对于任何"通情达理的人"而言是自明的。因此，自然法第一原则的自明性预设了一种"人的概念"，古典自然法理论家所预设的人是这样一种人：一个有经验、有智慧并更多地欲求合理性的人。阿奎那在此问题上所预设的人是：具备一定程度上的实践智慧的人。[82] 菲尼斯也不例外，他预设的人是"会反思自己的兴旺繁盛的人"。必须指出的是，菲尼斯所理解的"实践理性"完全超出了亚里士多德、阿奎那对"实践理性"概念的规定，而是已经包括了"理论理性"功能，因为按照亚里士多德的解释，实践理性（或实践智慧）是"关于人的善和恶的真正以理性而实践的品质"。[83] Anthony J. Lisska 正确地指出："从亚里士多德与阿奎那能接受的程度来说，菲尼斯在其理论结构中所呈递的实践理性要更为理论化。这实际上是说，在菲尼

---

[79] Thomas Aquinas, supra note [51], p. 116.
[80] Ibid., pp. 116—117.
[81] Ibid., p. 117.
[82] John Finnis, supra note [8], p. 101.
[83] 苗力田：《亚里士多德选集（伦理学卷）》，中国人民大学出版社 1999 年版，第 135 页。

斯那里,实践理性其实就是某种理论理性。"[84]

(六)菲尼斯对"尤息弗罗难题"的解答

从上述理论梳理中我们可以重构出菲尼斯对"尤息弗罗难题"的解答,似乎菲尼斯的解答方案是命题Ⅱ即"X是善的(或有价值),当且仅当它是善的(或有价值),所以人欲求它"。菲尼斯对善的讨论做了限定:(1)命题中的X应当是"基本的善"即"人的繁盛"的基本形式,也是"对我们而言的、善本身的基本形式(the basic forms of good for us)"。(2) X作为"基本的善"是"前道德意义"上的善。[85] (3) 基本的善主要涉及"实践理性(practical reason)"而非"理论理性(theoretical reason)"。因为,善是涉及秩序Ⅲ,是作为人的行动目的而存在,实践理性是思考实践问题的理性,实践思考的关键是思考(应该)做什么[86],思考应该做什么就是思考做什么的理由。行动理由与行动的目的以及善是相通的。

基于菲尼斯以上的讨论限定以及他对自明性概念的运用,我将他对"尤息弗罗难题"的解答概括为以下命题:

命题Ⅵ:X是一个基本的善或一项基本价值[或者是善的(价值的)基本形式],当且仅当(ⅰ)对我们而言,(ⅱ)它是内在地善的(或有价值的),并且(ⅲ)实践理性反思到它是内在地善的。

也可以概括为另一个等价命题:

命题Ⅶ:X是一个基本的善或一项基本价值[或者是善的(价值的)基本形式],当且仅当实践理性反思到X是对我们而言是内在地善的。

比较命题Ⅶ与命题Ⅴ即"X是善的(有价值的),当且仅当上帝命令那些自然地或内在地善的(有价值的)X,禁止那些自然地或内在地邪恶的非X"。我们可以发现三个不同:首先,菲尼斯将善的概念限缩了,即从"一般的善"到"基本的善"的限缩。其次,菲尼斯用"实践理性反思"概念取代了"上帝命令"概念。最后,增加了一个反思者限制即"对我们而言"。

四、存在、善与"尤息弗罗难题"——对菲尼斯自然法理论的一种批评

菲尼斯拒绝承认自然法理论需要任何形而上学,在我看来,这一立场让他忽略了阿奎那关于"善与存在"的论证。在 *Summa theologiaw IaIIae* 94 中,阿奎那提出了一个"善

---

[84] Anthony J. Lisska, supra note [71], pp. 66—67.
[85] John Finnis, supra note [8], p. 86.
[86] Ibid., p. 12.

与存在"的类比论证。

在阿奎那看来,我们必须从存在与存在者意义上理解善,即善包括"作为存在的善"(Good as being)与"作为存在者的善"(Goods as beings)。[87]

阿奎那的论证可以概括为以下三个主张:

(1)善是实践理性把握到的存在(Good is being under the apprehension of the practical reason)。

(2)善是实践理性把握到的存在者(Good is a being or beings under the apprehension of the practical reason)。

(3)对"作为存在者的善(Goods as beings)"的把握以对"作为存在的善(Good as being)"的把握为前提。

对于第一个主张,阿奎那是这样论证的:在人所理解的事物中能发现一种特定的秩序。处于理解之下的秩序首先是"存在(being)"。"存在"的观念暗含在所有被理解到的事物之中。因此,建立在"存在"和"非存在"观念上的第一条非推导性的原则是,"同一事物不能在同一时间既被肯定又被否定"。这一原则是所有其他原则的基础。但是,正如首先理解到事物绝对是"存在",在以行动为指向的实践理性下,具体地理解到的事物首先是善。为什么?因为每一行动者都为了一个目的而行动,该目的具有"个善"的特征(the character of a good)。[88]

阿奎那进一步论证道,善具有"目的性"特征,恶与之相反。人对之有自然倾向[89],所有事物都被理性自然地理解成善,相应地,被理解成要去追求的东西,而它们的反面被理解成恶,即要去避免的东西。因此,自然法原则的命令是符合我们的自然倾向的命令。[90]

如果我们比较如下命题结构就清楚上述阿奎那的思想了。

理论理性关注:存在(Being)

理论理性命题 T:A 是 B。

这里面的"是" = 存在(Being)。

理论理性命题 T 如果能被理解,则命题中的"是"必须受制于矛盾律的限制即阿奎那所谓的第一条非推导性的原则,该原则建立在"存在"和"非存在"观念上,其内容是:"同一事物不能在同一时间既被肯定又被否定"。如果 A 是 B,又不是 B,则该命题无解。

---

[87] 海德格尔很自负地认为在他之前的西方哲学家们混淆了"在"(being)与"在者"(a being or beings),其实,托马斯·阿奎那很早就作出了这种区分,更让人倾佩的是,他还将这种"在"与"在者"的区分贯彻到对自然法的思考中去。

[88] Thomas Aquinas, supra note [51], p. 117.

[89] 将"inclination"译为"爱好"不妥。参见〔英〕尼古拉斯·布宁、余纪元:同上注[19]所引书,第 484 页。

[90] Thomas Aquinas, supra note [51], p. 117.

实践理性关注：做什么？

实践理性命题 P：A 是要去做的并被追求的。

必须存在 A，否则，做什么、追求什么无法理解。又，只有把 A 理解为善的，才能把 A 理解为目的，所以，对于实践理性而言，善是实践领域的"存在"。因此，命题 P 背后存在的命题是：

P1：A 是善的。

想象命题 T1：A 是存在的。

P1 和 T1 的谓词都受到"存在或不存在"观念的限制，因此，"善的" = 实践领域的"存在的"。用阿奎那的话说，"我们如果没有首先拥有这样一种观念即它'是'，我们不能理解任何事物，同样，如果我们没有首先拥有这样的观念即考虑中的目标是善的，我们不能追求任何实践目标。作出选择的实践活动预设了我们能够知道一个好的（善的 good）选择与一个坏的（bad）选择之间的差别"[91]。

绝对的自然法第一原则即"善是要去做的并被追求的，恶是要避免的"谈论的是"存在"意义上的善即"作为存在的善"。

其他自然法的第一原则谈论的是"存在者"意义上的善即"作为存在者的善"。菲尼斯在 *Natural Law and Natural Rights* 中讨论的善都是"存在者意义上的善"。因为菲尼斯放弃了"作为存在的善"概念，因此无法建立其自然法理论的形而上学基础。按照阿奎那理解，如果要把握"存在者意义上的善"，则必须把握"作为存在的善"，因此，必须把握人的存在。他根据人的存在，鉴别出了人的三类自然倾向[92]：

第一类：自我保存。这是从人与其他本体的共同的存在去把握的倾向。

第二类：诸如男女结合、教育下一代等倾向。这是从人与其他动物共同的存在去把握的倾向。

第三类：求知、社会性等倾向。这是人特有的存在即理性本质所决定的倾向。

其实菲尼斯所谓的"基本的善"清单很多是来自于阿奎那鉴别出来的上述倾向。但是，菲尼斯主张对秩序Ⅲ的研究不以对秩序Ⅰ的研究为前提，因此，他得出"基本的善"的方法就是反思行动的最终目的，这种方法往往带有"直觉主义"色彩，尽管菲尼斯本人极力反对任何"道德直觉主义"。反思"作为存在的善"得出"作为存在者的善"，这个过程不是菲尼斯所谓的从"是"到"应当"的非法推理。这里的关键是如何理解这里的"是"即"作为存在的善"中的"存在"。这里面的"存在"是包含"潜能"与"实现"的"存在"，它与人的存在相联系。"作为存在的善"是人的存在的一个部分，因为人的存在是一种实践，在实践中人必然将其欲求的目标理解为善的，因此，只要存在实践，就必定存在"作为存在的善"。而人的存在又是一种本质上从属于变化和发展的存在。

---

[91] Ibid.

[92] Ibid., p.118.

因此,"人的本质就是这样一种本质:它不可避免地被有序地指向一些特定的标准或规范,这些特定的标准或规范涉及它自身的实现"[93]。关于这一点,Anthony J. Lisska 也指出,在亚里士多德与阿奎那思想中,"人的本质(human essence)被看成一套具有倾向性的属性(a set of dispositional properties)。人的本质充当了一些属性的基础,这些属性是具有反事实条件性的。表明这套组成本质的综合的、必然的属性的命题,是通常意义上普遍的,而非一种偶然的普遍性的陈述。因此,对于亚里士多德与阿奎那而言,决定这些对于本质具有中心意义的属性的方法不同于这样的问题:一个人是否需要将本质看成其道德判断的理由?"[94]"善的概念最好依据一套倾向性属性去解释。"[95]因此,从人的本质中能得出"作为在者的善"。

从上述"作为存在的善"与"作为在者的善"的区分看"尤息弗罗难题",我们可以重新解释阿奎那,并重新回答"尤息弗罗难题"。

按照菲尼斯的自然法理论,自然法的第一原则是:

A(绝对的自然法第一原则):"善是要去做的并被追求的,恶是要避免的。"

B(其他自然法第一原则):"基本的善是要去做的并被追求的,违反基本的善的行为是要避免的。"

绝对的自然法第一原则中的"善"不存在"尤息弗罗难题",因为这里的"善"是"作为存在的善",追问"善是善的"就等于追问"存在是存在的"没有任何意义。"尤息弗罗难题"主要关涉"其他自然法第一原则"中的"作为存在者的善",即如果这些善是善的,它们的根据何在?

菲尼斯的答复是,它们的根据既在它们自身之中又在我们的实践理性之中。菲尼斯的答复其实是一种价值理论上的笛卡儿式进路。所谓价值理论的笛卡儿式进路是,将认识反思到的某种临界点看成价值的客观性根据。在我看来,用认识论上的临界点来解决价值的终极根据问题,这种做法无法消除价值问题上的"认识"与"实践"之间的鸿沟。这也是休谟提出"是/应当"问题的主要动机。菲尼斯提出的"基本的善"的认识临界点是"它们是以自身为目的的善(it is good in itself)",这种作为价值客观性根据的"临界点"无法为人们的行动提供足够的行动动机,也就是说,即使我同意菲尼斯教授的主张即"基本的善或基本的价值"是我的行动理由,但是,我认识到这一点与我是否按照这些理由去行动完全是两码事。菲尼斯高举了人的"理性",但是忽略了人的"意志"。阿奎那是在"理性"与"意志"相统一的理论中讨论自然法[96],他不必担心理性发现的自然法会

---

[93] Henry Veatch, Natural Law and the "Is"-"Ought" Question: Queries to Finnis and Grisez, in *Swimming Against the Current in Contemporary Philosophy*, The Catholic University of America Press, 1981, pp. 293—311.

[94] Anthony J. Lisska, supra note [71], p. 65.

[95] Ibid., p. 58.

[96] 赵敦华:《基督教哲学1500年》,人民出版社1994年版,第400页。

被意志拒绝当成行动的原则。

我认为,从"尤息弗罗难题"上看,"自然法第一原则"有重新解释的空间即从存在论上去解释它们,而非像菲尼斯那样从一种笛卡儿式的反思出发去解释它们。如果撇开阿奎那的"上帝"观念,对于"尤息弗罗难题",他的答复是,"'作为存在者的善'是善的"的根据存在于"人的存在"当中,"人的存在"不是"静态的、孤立的存在",而是"动态的、与宇宙造物的秩序联系在一起的存在"。说它是"动态的",是说人的存在是人朝向自己的实现(fulfillment)而自我造就的存在。说"人的存在是与宇宙造物的秩序联系在一起的存在"是说不能孤立地把握人的存在。更准确地说,人的存在就是"人的整全的存在(human beings' integrally being)",这种整全性(integrity)指向"人的实现(human beings' fulfillment 或 human beings' completement)"。

重新解释的阿奎那会这样帮助菲尼斯教授答复"尤息弗罗难题":

命题Ⅷ:X 是基本的善(作为存在者的善),当且仅当 X 属于"人的整全的存在"。

洛克《政府论》研究的两个教条
——评彼得·拉斯莱特的《洛克〈政府论〉导论》[*]

王福生[**]

如果说《人类理解论》的发表使"洛克永垂不朽"并"给英国民族带来荣誉"[1]的话,那么《政府论两篇》(下称《政府论》)的出版则使洛克成了自由主义政治理论的始祖[2]和"现代政治学原理的创始人"[3]。这些评价也许多少有些言过其实,但无可否认的事实是:洛克的《政府论》在理论和实践两个方面已经产生了并且还在产生着巨大的历史影响。自其第一版问世以来,《政府论》已被付梓不止百次,翻译成十余种语言。在今天,它更是被看做现代政治和社会理论中公认的经典之作,是大量研究文献的主题。在这众多的研究文献中,英国学者彼得·拉斯莱特的《洛克〈政府论〉导论》占有一个突出的位置:其文本考证和历史研究的方法直接影响了现代政治思想史研究中著名的"剑桥学派",其对洛克《政府论》研究中广泛存在的"辩护论教条"和"霍布斯教条"的批驳更是被视为一场"革命"(詹姆士·塔利语)。本文的主

---

[*] 〔英〕彼得·拉斯莱特:《洛克〈政府论〉导论》,冯克利译,生活·读书·新知三联书店2007年版。此书原初版于1960年,再版于1967年,中译的翻译底本为1988年的收于"剑桥政治思想史文献丛书"的"学生版"。

[**] 王福生,吉林大学法学博士后流动站科研人员,哲学社会学院副教授。

[1] 汝信、王树人等主编:《西方著名哲学家评传》第三卷,山东人民出版社1984年版,第341页。

[2] "关于自由主义哲学的最早的详彻论述,见于洛克的著作。"参见〔英〕罗素:《西方哲学史》下卷,何兆武、李约瑟译,商务印书馆1976年版,第129页。

[3] 〔英〕彼得·拉斯莱特:《洛克〈政府论〉导论》,冯克利译,生活·读书·新知三联书店2007年版,第55页。

题是:拉斯莱特是如何扭转对洛克《政府论》的传统解释的,以及洛克政治哲学的"真正面目"究竟是怎样的。

一、《政府论》与 1688 年革命

所谓"辩护论教条",指的是如下传统成见,即认为洛克《政府论》是对 1688 年英国革命所做的事后辩护。《政府论》标明的出版日期是 1890 年;书中还有明确提到 1688 年的革命事件的句子——"杰弗瑞斯法官宣布了前朝的死刑"[4];最重要的是,洛克在"前言"中表明,他希望此书"足以确立我们的伟大复辟者、我们现任国王威廉的王权,足以为他赢得获得了人民同意的美名;足以向世界印证,英格兰人民,他们对自己正当的天赋权利的热爱,以及他们维护这些权利的决心,把国家从奴役和毁灭的边缘拯救出来。"[5]由于上述表面而明显的证据,由于洛克确实为 1688 年革命做了辩护,洛克写作此书是为了给 1688 年的革命事件提供合理性证明的教条,便在国外政治科学的研究初期以及国内政治(哲、科)学的研究中变得牢不可破。1781 年,塔克(Tucker)写道:"从所有的方面看都可以同意,而且洛克先生的朋友和支持者也一向相信,他是抱着为革命辩护的观点写下《政府论》的。"1879 年,格林(Green)在其《演讲录》中宣称:"洛克在写作时盯着当前的一个政治对象,……为革命进行了辩护。"波罗克(Pollock)在 1890 年出版的《政治科学导论》中,以及在 1904 年向英国科学院所作的演说中,都以一种清晰的方式明确而直接地把 1688 年革命与《政府论》联系起来……[6]在国内的政治(哲、科)学研究中,绝大多数研究者都把对此书的评论建立于此书的面世时间之上[7],由此单一论据出发,"洛克是 1688 年资产阶级革命的产儿"便成了洛克政治哲学研究中牢不可破的教条。这在吴恩裕为汉译《政府论》(下篇)的出版而写下的导读性的"论洛克的政治思想"中,在汉译《政府论》(上篇)的"编者的话"中,在汉译《利维坦》的"出版说明"中都有着明确的表现,并由此而为国内学者广泛接受,成了绝对不可加以怀疑的"学术常识"。[8]

"然而",拉斯莱特写道,"它确实有悖史实。我的意思是说,它最有用的形式是不真实的。洛克所写的东西确实为 1688 年光荣的辉格党革命做了辩护,如果这种说法能够

---

[4] 转引自同上书,第 60 页注释[2]。
[5] 同上书,第 60 页。
[6] 同上书,第 60—61、62 页注释[1]。
[7] 1964 年,汉译《政府论》下篇出版时,标明的时间是:下篇 1690 年,上篇 1680 年;1982 年,汉译《政府论》上篇出版时,标明的时间是:下篇 1690 年,上篇 1689 年。因为普遍认为下篇更富理论价值,上篇则可有可无,所以上述不一致(不确定、甚或错讹)之处并未影响此一教条的形成与巩固。
[8] [英]洛克:《政府论》下篇,叶启芳、瞿菊农译,商务印书馆 1964 年版;[英]洛克:《政府论》上篇,瞿菊农、叶启芳译,商务印书馆 1982 年版;[英]霍布斯:《利维坦》,黎思复、黎廷弼译,杨昌裕校,商务印书馆 1985 年版。

允许的话。文本的一部分内容毫无疑问写于 1689 年,以适应当时的局势,而且它的作者肯定想让人们把全书作为对那些事件的评论来阅读。然而不能坚持说,此书最初的想法就是为一场已经完成的革命进行辩护。仔细审阅文本和相关证据可以表明,洛克专注于社会和政治的性质、政治人格和财产权、个人权利以及要求政府遵守的道德律令,不可能是因为 1688 年。使他的头脑思考这些问题的种种事件,必须到更早的时期去寻找。实际上,《政府论两篇》的出现是在要求进行一场革命,而不是为一场需要辩护的革命提供理据。"[9]

关于出版日期,拉斯莱特认为,《政府论》虽然标明的时期是 1690 年,但实际上,它是在 1689 年印刷并在同年 11 月开始销售的;这是当时的出版惯例,就像今天的汽车制造商一样。[10] 关于明确提到 1688 年的那个段落,拉斯莱特在对照比较不同的版本(IX 和 IR)后认为,那是因为原有文稿的遗失而重新改写过的结果。[11] 而关于"前言",拉斯莱特认为,虽然洛克希望自己所写的东西能够有助于为革命正名,但他并没有详细阐述那场革命;他在"前言"中详加解释的,是为何不值得花费力气把已经遗失的大部分重写一遍:"读者,您在此看到的是一本有关政府的论著的前后两部分,然而命运之神却处置了本来构成中间部分的文稿,与其他部分比较,它们是更不值得告诉您的。"[12] 这明显是在把《政府论》当作一本书来谈论,而《政府论》所全面批驳的(父权制和)菲尔默的声名鹊起只是发生在 1679 年到 1681 年之间的事情。因此,全书(的主体部分)只能"写于 1679 年到 1681 年之间",最多不迟于 1683 年,之后,洛克不断地对全书进行着修改和简短扩充,直到送到印刷厂的那一刻,就像洛克总是习惯于做的那样。[13]

拉斯莱特提供的证据主要有两类:其一,是文本以及文本所面对和处理的历史情境。"除了同 1679 年到 1681 年的菲尔默论战有着确定无疑的关联之外,还有一些政治用语能够使人感受到那几年,并且仅仅是那几年。"[14] 比如,在当年印刷的文本中,洛克两次使用"国王詹姆士"来指詹姆士一世,而在 1689 年,没有世系编号的"国王詹姆士"只能是指詹姆士二世,而不可能是指别的任何人。[15] 再比如文本中的这些段落或句子——"执行权既握有国家的实力,如果它利用这种力量来阻碍立法机关根据原来的组织法或公众要求进行集会和行使职权,这又怎么办呢?……这是与人民为敌,人民有权恢复立法机关,使它重新行使权力……越权使用强力,常使使用强力的人处于战争状态而成为侵略者,因而必须把他当作侵略者来对待。""一连串的滥用权力、渎职行为和阴谋诡计"、"宗

---

[9] 〔英〕彼得·拉斯莱特:同上注〔3〕所引书,第 61 页。
[10] 同上书,第 14 页注释〔4〕。
[11] 同上书,第 10 页注释〔1〕。
[12] 同上书,第 69 页。
[13] 同上书,第 63—64、84—85 页。
[14] 同上书,第 70—71 页。
[15] 同上书,第 71 页;参见〔英〕洛克:《政府论》下篇,同上注〔8〕所引书,第 81、120 页。

教方面私下对此表示赞同（虽公开地加以反对）"[16]。翻开历史就可以知道，这既不是1688年也不是詹姆士二世治下的主要问题，而是1678年（甚至是1675年）到1681年或查理二世治下的主要问题：当时，沙夫茨伯里伯爵等人一再试图威胁查理二世或者是无限期地解散议会，或者在无法容忍的连续休会后再召集议会。实际上，洛克《政府论》的写作就与这场密谋反对查理二世专制统治的革命运动密切相关：像悉德尼、维斯特等知识分子一样，常伴伯爵左右的洛克也参加了革命文件、宣言的起草工作，其成果就是《政府论》。因此，我们完全可以说：《政府论》"是在要求进行一场革命，而不是为一场需要辩护的革命提供理据"；而且，最迟到1683年夏末洛克逃亡荷兰之前，《政府论》（至少是其主体部分）已经完成。[17]

其二，是洛克的藏书和阅读。拉斯莱特指出，洛克的日记、购书单、书籍清单或笔记本显示：首先，"从1679年到1682年，洛克比以前或此后更为关注涉及政治理论和自然法的著作"；其次，"洛克在1680年代初的藏书似乎分别放在沙夫茨伯里的宅邸和基督教会学院两个地方，几乎囊括了他用于写作《政府论》的全部著作"，而"只有在1683年以前，洛克可以方便地得到他创作《政府论》时需要的特定书籍"[18]。举例来说，洛克在1681年6月13日于伦敦购得对其政治思考颇具重要意义的胡克《教会政体》一书，并在随后的阅读中做了大段的摘录，但其日记中的摘录与《政府论》下篇中的引文"首尾相接但从不重合"，而这也就说明："1681年6月，洛克正在撰写下篇，他把胡克著作的段落纳入此书，同时把有哲学意义的另一些段落抄写在自己的日记里。"[19]另外一个显著的例子就是洛克利用过的菲尔默的书。分别初版于1648年、1652年和1653年的菲尔默的小册子在1679年中期被集为一册，以《官职持有人的大审讯》为题再版。洛克当年就读了这本书，并做了摘录，因为在他这一时期的一个"写字册"或"记事簿"中，在"79"（指1679年）之下写有："菲尔默要清除良知 Op. 59。"这是指这个集子中的《论亚理士多德》的第59页，在那里，菲尔默不仅讨论了消除良知的问题，而且还讨论了人民给予政府的同意的问题，而我们知道：那正是下篇的一个重要主题。因此，拉斯莱特得出结论说："洛克在1679年可能已经开始写下篇前面的内容了。"[20]值得注意的是，这里还隐含着另一个重要结论，即在洛克《政府论》的写作中，下篇早于上篇：1679年，洛克在沙夫茨伯里的默许甚或请求之下着手写作下篇，直接的主题是反驳菲尔默和父权制；而当这些小册子的源头、菲尔默最初的作品，即著名的《论父权制》在1680年1月首次出版的时候，"因为菲尔默在这一年开始名声大噪。他最初设想的答复不够充分，因为它没有论及他打算批判的那个人的最重要的著作，没有包含他这时视为必要的逐字逐句的批驳"，所以他才在1680

---

[16] 同上书,第95、136、128页；参见〔英〕彼得·拉斯莱特：同上注[3]所引书,第71页。

[17] 参见〔英〕彼得·拉斯莱特：同上书,第71、40—42、61页。

[18] 同上书,第73页。

[19] 同上书,第74页。

[20] 同上书,第76页。

年改变了主意,决定把上篇也写出来。[21] 对于这个重要论断,拉斯莱特提供的又一证据是,"它的作者在写作下篇时,根本没有机会引用上篇",而"他的所有立场都在上篇做了交待,可是当他提到它们时,却不得不让我们到下篇去寻找"[22]。

二、洛克与霍布斯、菲尔默

所谓"霍布斯教条",指的是如下传统成见,即认为《政府论》的真正论敌是霍布斯。这一教条的形成主要是由于以下两点:其一,独立"下篇",即不带"前言"并除去"上篇"以及把"上篇"和"下篇"联系起来的"下篇"第一章后所剩的"下篇"曾经被广泛阅读并产生了巨大的历史影响。[23] 其二,霍布斯的思想对于洛克确实具有其理论上的重要性。霍布斯对君权神授的大力反驳,对自然状态的探讨,对自然权利的主张及其道德论上的困境等都曾以某种方式进入了洛克的政治学说之中,其深度远远超过了政治意见的分歧(自由主义和权威主义之间的分歧)。[24]

"然而",拉斯莱特写道,"这并不能改变一个事实,即菲尔默的小册子在下篇中占据着传统上一直为霍布斯的著作保留的位置"[25]。这也就是说,整部《政府论》都是反驳菲尔默的。因为说到底,菲尔默的著作是对封建专制制度的一种辩护,而霍布斯和洛克一样,是反对君权神授以及教会干政的,所以说"辉格党排除派的知识领袖会批评霍布斯,这纯属无稽之谈"[26]。拉斯莱特从下述几个方面详细论证了这一点:

第一,"菲尔默影响洛克的方式一如所有那些被确定为反驳对象的人。确定讨论话题的是他,而不是洛克本人,更遑论霍布斯了。"[27] 比如,《政府论》下篇开篇就谈到人人自由而平等,这无疑是因为菲尔默针对霍布斯等人直截了当地否定了这一点,虽然洛克本人并非没有机会自己来表达这一信念。实际上,在整个《政府论》中,如果不是针对着菲尔默,洛克的很多论证或者将不会出现,或者将呈现出很不同的面目。比如,在决定参加论战并发现面对一种所谓原始共产主义的论证之前,洛克很少表现出对财产问题的任

---

[21] 同上书,第77页。
[22] 同上书,第80页。
[23] 同上书,第15—19页。一个现成的例子是,汉译《政府论》上篇的出版整整比下篇晚了18年。
[24] 参见梁晓杰:《洛克财产权利的宗教伦理维度》,载《中国社会科学》2006年第3期,特别是其中第一部分"道德自然法与宗教伦理";〔英〕洛克:《政府论》下篇,同上注〔8〕所引书。在这方面,美国著名政治哲学家列奥·施特劳斯走得最远,在其成名作《自然权利与历史》中,他甚至主张洛克实际上是一位不公开的霍布斯主义者:"洛克在很大程度上偏离了传统的自然法学说,走上了霍布斯所引导的道路。"见〔美〕列奥·施特劳斯:《自然权利与历史》,彭刚译,生活·读书·新知三联书店2003年版,第226页。
[25] 〔英〕彼得·拉斯莱特:同上注〔3〕所引书,第88页。
[26] 同上书,第87页。
[27] 同上书,第88页。

何兴趣,而后者无疑是《政府论》中最具特色和价值的理论建树之一。当然,最明显的例证还是菲尔默关于父权主义的论证对洛克的直接影响,这在全书各处都可以看到。在这方面,给人留下最深印象的无疑是洛克由对父权制的反驳向自己正面主张的直接的和自然的过渡:菲尔默主张父权制,所依据的圣经文本之一就是《创世纪》的第1章第28节,即"上帝就赐福给他们,又对他们说要生育众多,遍满地面,治理大地;也要管理海里的鱼,空中的鸟,和各样在地上行走的活物"。菲尔默认为这是对上帝给予亚当的对世间万物的"个人统治权"的明证,而洛克虽然不同意菲尔默的这种解释,但其关于财产所有权的论证恰恰是从对这同一圣经文本的不同解释开始的。[28]

第二,"如果《政府论》事实上是针对霍布斯而不是菲尔默的,这会使它成为一部意义和影响大减的著作。"[29] 在拉斯莱特看来,洛克和菲尔默之间的冲突具有一种"改变人们头脑"的"象征性",因而具有洛克和霍布斯之间的差异所不具有的重大意义和影响。洛克等人对菲尔默的批驳虽然让人们终于相信,菲尔默用来为父权制的王权来辩护的《旧约》文本并不能适用于现代的君主制,但是批驳并没有消解掉父权主义传统的全部力量,因为洛克等人始终低估了深入的反批评,并且吸收了父权主义的一些因素:洛克在涉及家庭和婚姻问题时,几乎与菲尔默持有相同的观点[30],而霍布斯也承认,父权制度同依靠自然欲望的社会相一致。"可见,在所有这些问题上,霍布斯、洛克、蒂勒尔和悉德尼等人处于一方,菲尔默及其支持的传统站在另一方。莱布尼茨把《政府论》和《利维坦》明确归入与《论父权制》相对立的同类,莱布尼茨毫不怀疑,菲尔默是洛克全书的抨击对象。霍布斯和洛克之间的争论只能算是内讧,不可能导致有关现代世界的典型政治态度,而洛克和菲尔默这两种人之间的冲突,却是一种具有象征性的必然现象:它改变了人们的头脑。"[31]

第三,从论战习惯来看,洛克是一位"一丝不苟和恭形如仪"的论证者,因此很难想象:评价霍布斯,而几乎从未引用霍布斯的任何原文,而"认为这种公开的鞭打[32]是要羞辱观众中的霍布斯主义者,只有一两鞭子直接打到了他们身上,那就更是荒谬。洛克从未把菲尔默称为霍布斯主义者,也没有说过一句把这两个名字联系在一起的话"。当然,在《政府论》下篇第98节,洛克确实提到了"利维坦"这个词,即"这种组织将会使强大的利维坦比最弱小的生物还短命",但从上下文的意思来看,这更像一句一般性的讽刺,而绝不是对霍布斯同名著作的严肃评论。拉斯莱特相信,这与洛克的如下写作习惯是相一致的,即在写作哲学著作时,"完全拒绝阅读任何有关这个主题的著作",以便使自己的头

---

[28] 同上书,第88—89页;[英]洛克:《政府论》下篇,同上注[8]所引书,第二、五、六、十五章,并请对照[英]洛克:《政府论》上篇,同上注[8]所引书,第一、二、七章。

[29] [英]彼得·拉斯莱特:同上注[3]所引书,第89页。

[30] [英]洛克:《政府论》上篇,同上注[8]所引书,第50、83等页。

[31] [英]彼得·拉斯莱特:同上注[3]所引书,第91页。

[32] 这里指对菲尔默的反驳。

脑完全沉浸于主题。因此,情况很可能是,洛克在写作时只是采用了霍布斯的这一比喻,而根本没有考虑这是对其学说的严重误解还是确当评论。[33]

第四,从洛克的笔记、日记、书信及其书单和购书记录来看,洛克没有表现出对霍布斯发生过任何兴趣:他把自己的《利维坦》借给了别人,直到1691年才要回;他没有霍布斯的其他政治或哲学著作,只拥有一些批判霍布斯的著作,如普芬道夫的《论自然法》。从上述涉及霍布斯的段落以及下篇某些具有霍布斯式风格或看起来像是针对霍布斯的段落(比如论自然状态的那些段落)来看,洛克很可能没有重复对霍布斯的早期阅读,而只是根据自己早期阅读留下的印象以及另一些由间接阅读而得到的判断延续着霍布斯式的情感、风格和措辞。当然,洛克青年时期具有权威主义倾向,一些理论分析也很接近于霍布斯[34];就洛克的兴趣和经历而言,也根本不可能摆脱霍布斯的影响,但这种影响是正面的,而不是像菲尔默的影响那样是否定性的。因此,霍布斯根本就不可能成为洛克《政府论》全书的抨击对象,洛克写书只是为了反驳菲尔默(虽然在这个过程中受到了霍布斯的间接影响),并因此而产生了巨大的历史影响。[35]

三、取道中庸的洛克政治哲学

破除流行甚广的"辩护论教条"和"霍布斯教条",我们就可以回到《政府论》的文本本身以及洛克创造此一文本时的历史情境,而一旦回到了文本本身,我们就可以清楚地看到:一向"谨慎"(施特劳斯语)和"明智"(伏尔泰语)的洛克在其政治哲学中也是"谨慎"和"明智"的,其结果就是洛克在处理一系列重大问题时大行中庸之道。

第一个问题涉及洛克政治哲学的总体品格,那就是理性与信仰的关系问题。洛克是现代政治哲学的先驱,而整个现代社会则被认为是一个祛魅的世界,因而洛克的政治哲学也被很多人理解为与基督教信仰无关。当然,洛克自己就曾经强调,他的政治哲学是以理性为基础的[36],但我们并不能因此就得出结论说,洛克的政治哲学是纯粹理性主义的。实际上,正如很多学者注意到的那样,洛克理性主义的政治哲学中确确实实存在着一个神学维度或者说宗教伦理维度,也就是说,在洛克的政治哲学中,理性与信仰是密切

---

[33] 参见〔英〕彼得·拉斯莱特:同上注〔3〕所引书,第91—95页。
[34] 比如早期论政府的两个小册子,见〔英〕洛克:《洛克政治论文集》(剑桥政治思想史原著系列影印本),中国政法大学出版社2003年版,第3—78页。
[35] 参见〔英〕彼得·拉斯莱特:同上注〔3〕所引书,第92—98页。
[36] "人的自由和遵照他自己的意志来行动的自由,是以他具有理性为基础的,理性能教导他了解他用以支配自己行动的法律,并使他知道他对自己的自由的意志听从到什么程度。"参见〔英〕洛克:《政府论》下篇,同上注〔8〕所引书,第39页。

交织在一起的。[37]

　　这种情况在洛克政治哲学的理论起点上有着突出的表现。通观全书,洛克政治理论的起点可以表达如下:人们不是自己创造了自己,他们不能自己处置自己,他们不拥有自我。一句话,他们是上帝的作品,甚至是上帝的财产。[38] 由此可以得出:我们都是自由的,我们都是平等的;也就是说,我们相互自由,我们相互平等。而上帝的无所不能与人的自由之所以能够协调一致(至于如何协调一致,洛克未作说明)是因为自然法:自然法则规定了天赋自由的边界,而自然法则是上帝意志的表达。[39] 但问题的关键,是洛克对自然法所持的如下态度,即"'自然'的法则也即是理性的法则"[40]。因此,洛克一方面主张"关于上帝的信仰……是所有道德的基础并影响人们的整个生活和行动,没有上帝信仰的人只能被看做最危险的野兽之一,而所有的社会都将是不可能的了。"[41]但另一方面,洛克又坚持认为,使我们表达自然法则的是我们的理性,使我们自由的也是我们的理性:"我们是生而自由的,因为我们是生而具有理性的。"[42]可以说,理性据此使人高于禽兽,当它充分展现之时,几乎把人提升到天使的高度:"理性把一个人提高到差不多与天使相等的地位,当一个人抛开了他的理性时,他的杂乱的心灵可以使他堕落到比野兽还要远为残暴。人类的思想比恒河的沙还多,比海洋还要宽阔,假使没有理性这个在航行中指示方向的唯一的星辰和罗盘来引导,幻想和情感定会将他带入许许多多奇怪的路途。"[43]

　　可以看出,洛克政治哲学确实是以理性为基础的,但这作为基础的理性却有一个来源于基督教的神学渊源:人是上帝按着自己的形象创造出来的,而"无论上帝的形象表现在什么地方,智力的禀赋当然是它的一部分,并属于全人类所有,因而才使人类有能力享有对低等动物的统治权"[44]。洛克的《政府论》全书就这样站在了理性和信仰的中间位置上,并使得洛克的政治哲学显得似乎矛盾重重而"不能自圆其说",然而,这却是其"含

---

〔37〕　参见梁晓杰:《洛克财产权利的宗教伦理维度》,载《中国社会科学》2006年第3期,第15—25页;孙向晨:《洛克政治哲学的神学维度》,载《复旦学报》(社会科学版)2006年第5期,第104—111页。英国学者约翰·邓恩甚至认为,洛克的宗教思想是理解其《政府论》的关键所在。参见梅雪芹:《西方研究洛克〈政府论〉的史学》,载《史学理论研究》1995年第2期,第124页;〔英〕阿龙:《约翰·洛克》,陈恢钦译,辽宁教育出版社2003年版,第404页。

〔38〕　"既然人们都是全能和无限智慧的创世主的创造物,既然都是唯一的最高主宰的仆人,奉他的命令来到这个世界,从事于他的事务,他们就是他的财产,是他的创造物。"参见〔英〕洛克:《政府论》下篇,同上注〔8〕所引书,第6页。

〔39〕　"从我们和与我们相同的他们之间的平等关系上,自然理性引申出了若干人所共知的、指导生活的规则和教义。"同上书,第6页。

〔40〕　〔英〕洛克:《政府论》上篇,同上注〔8〕所引书,第85页。

〔41〕　〔英〕洛克:同上注〔32〕所引书,第137页。

〔42〕　〔英〕洛克:《政府论》下篇,同上注〔8〕所引书,第38页,译文据英文版略有改动。

〔43〕　〔英〕洛克:《政府论》上篇,同上注〔8〕所引书,第49页。

〔44〕　同上书,第26页。

有较多的真理"[45]的关键所在。

洛克之大行中庸之道不但见于其著作的总体品格,还见于其著作所处理的重大而特殊的理论问题之中,有关财产和政府性质的问题就是其中的两个突出例子。我们先来看有关财产权的问题。上面已经提到过,在洛克的社会和政治理论体系中,财产权首先是从神学的角度来加以辩护的。人类对自然物品的权利来自圣经中的上帝的馈赠、来自人的理性,来自自我保护这一根本的自然法:"不论我们就自然理性来说,人类一出生即享有生存权利,因而可以享用肉食和饮料以及自然所供应的以维持他们的生存的其他物品;或者就上帝的启示来说,上帝如何把世界上的东西给予亚当、给予挪亚和他的儿子们;这都很明显,正如大卫王所说,上帝'把地给了世人',给人类共有。"[46] 不过,根据这些理由,拥有自然物品的是作为一个物种的人类,而不是个人。那么,如何从这种原始共产主义向私有产权过渡呢?一种回答是:走出原始共有的唯一出路,就是假定世界上的每一个人都以某种方式同意每一种获取财产的行为。菲尔默就是这样论证的。但洛克认为,个人的财产权并非来自全人类的共同同意,虽然它的实际分配最终被交由货币来解决,而货币无疑是一种同意的媒介,而且可以说是全世界范围的同意的媒介。[47] 他的回答是:"土地和一切低等动物为一切人所共有,但是每人对他自己的人身享有某种所有权,……他的身体所从事的劳动和他的双手所进行的工作,我们可以说,是正当地属于他的。所以只要他使任何东西脱离自然所提供的和那个东西所处的状态,他就已经掺进他的劳动,在这上面参加他自己所有的某种东西,因而使它成为他的财产。"[48]其限定性条件有:第一,这样取得的财产只限于他以及他的家人能够消费和利用的东西,切不可浪费[49];第二,"还留有足够的同样好的东西给其他人所共有"[50]。

洛克提出的上述财产理论引发了持久而热烈的争论。与我们现在通常的理解相反,对洛克财产理论的第一波解释高潮是社会主义的。这种解释在19世纪早期得以确立,并成为当时西欧政治运动的重要组成因素:洛克先是被"洛克派"社会主义者解释为英国

---

[45] [英]罗素:同上注[2]所引书,第143页。

[46] [英]洛克:《政府论》下篇,同上注[8]所引书,第18页;另外,"上帝既创造人类,便在他身上,如同在其他一切动物身上一样,扎下了一种强烈的自我保存的愿望,也在这世界上准备了适于人类衣食和其他生活必需的东西……";"无论哪一个人都根据和亚当一样的权利——即根据一切人都具有的自我照顾和自谋生存的权利——有权支配万物",参见[英]洛克:《政府论》上篇,同上注[8]所引书,第74、75页。

[47] "在最初,只要有人愿意对于原来共有的东西施加劳动,劳动就给予财产权;而在一个长时期内,绝大部分的东西依旧是共有的……后来在世界的一些部分,……通过契约和协议确定了由劳动和勤劳所开创的财产,……从而根据共同的同意,放弃了他们对那些国家原有的自然的公有权利的主张。……不过这种情形,在已同意使用货币的那一部分人类中间,是极少会发生的。"参见[英]洛克:《政府论》下篇,同上注[8]所引书,第29—30页。

[48] 同上书,第19页。

[49] 同上书,第23—24页。

[50] 同上书,第19页。

现代社会主义之父，后又被法国和德国的社会主义者们从同样的角度加以解释，这种解释被马克思和恩格斯在《德意志意识形态》中大加批判，但其所依据的劳动价值学说大概还是给马克思和恩格斯留下了深刻的印象。[51] 与此相反，加拿大多伦多大学教授麦克芬逊在其《从霍布斯到洛克的个人所有主义的政治理论》(1962) 中提出了一种"新马克思主义"的解释，其要点之一即是认为，洛克财产观的基本意义是从理论上为资本主义的财产占有进行辩护，为"有产者"与"无产劳动者"之间的剥削性的阶级关系进行辩护，其根据是洛克承认主人对奴隶及其劳动的权利，以及未对货币出现以后无限制地积累财富加以限制。[52] 但是，所有上述阐释都只是看到了洛克财产理论的某个侧面或某个环节，而没有看到洛克的财产理论一般而言是为了说明"政府的真正起源和目的"的——洛克谈到财产时说的第一句话就是："我认为政治权力就是为了规定和保护财产而制定法律的权利，……而这一切都只是为了公众福利。"[53]——因而也就忽略了洛克关于财产的另一个较为宽泛的定义，即"生命、自由和地产，即我根据一般的名称称之为财产的东西"[54]。所以，上述各具理据的阐释无不有"过渡阐释"(艾柯语) 的嫌疑，而实际上，"洛克既不是'社会主义者'，也不是'资本主义者'，虽然从他的财产学说中——大概是从他没有论及或未做说明的方面，而不是从那些阐述本身——寻找这两种态度的要素令人着迷。"[55] 这一论断在关涉政府性质的下一个问题上有着更为清楚的显示。

洛克认为，要正确了解政治权力(政府)的真正起源及其范围和目的，就必须先考察人类原来处于什么样的自然状态。与霍布斯不同，洛克认为自然状态是一种"完备无缺的自由状态"，其中人们"在自然法的范围内，按照他们认为合适的办法，决定他们的行动和处理他们的财产和人身，而毋需得到任何人的许可或听命于任何人的意志"[56]。由此出发，"每个人都有执行自然法的权力"，也就是说，自然状态中的每个人都是自己案件的裁判官。[57] 然而，这会带来很多的不方便，因为人虽有自然法作为自己行为的指南，但"既然自然法是不成文的，除在人们的意识中外无处可找"，人"由于情欲或利害关系，便会错误地加以引证或应用而不容易承认自己的错误"，所以，自然状态很容易沦为战争状

---

[51] 参见〔英〕詹姆斯·塔利：《语境中的洛克》，梅雪芹、石楠、张炜等译，华东师范大学出版社2005年版，第84—85页。

[52] 参见〔英〕彼得·拉斯莱特：同上注〔3〕所引书，第135页注释〔2〕，第136页注释〔1〕；梅雪芹：《西方研究洛克〈政府论〉的史学》，载《史学理论研究》1995年第2期，第122—123页；〔英〕阿龙：《约翰·洛克》，陈恢钦译，辽宁教育出版社2003年版，第399—401页；〔英〕洛克：《政府论》下篇，同上注〔8〕所引书，第19—20、29—32页；〔英〕洛克：《政府论》上篇，同上注〔8〕所引书，第130—131页。

[53] 〔英〕洛克：《政府论》下篇，同上注〔8〕所引书，第4页。

[54] 同上书，第77页，译文略有改动。据拉斯莱特统计，这个更为宽泛的一般性的财产定义在《政府论》全书中共出现了14次之多，参见〔英〕彼得·拉斯莱特：同上注〔3〕所引书，第131页注释〔1〕。

[55] 同上书，第136页。

[56] 〔英〕洛克：《政府论》下篇，同上注〔8〕所引书，第5页。

[57] 同上书，第10页。

态。[58] 洛克认为,正是为了避免这种灾难,保护人们所享有的生命、自由和财产权利(它们在自然状态中因为上述原因而变得非常不稳定),人们才组成了社会,并把执行自然法的权力委托给了政府:"避免这种战争状态(在那里,除掉诉诸上天,没有其他告诉的手段,并且因为没有任何权威可以在争论者之间进行裁决,每一个细小的纠纷都会这样终结)是人类组成社会和脱离自然状态的一个重要原因。因为如果人间有一种权威、一种权力,可以向其诉请救济,那么战争状态就不再继续存在,纠纷就可以由那个权力来裁决。"[59]

在这里,可以很清楚地看到,政府或政治权力是一种权威(甚至到了可以和上帝的权威进行类比的程度),政治社会中的纷争必须由其来加以依法裁决,任何个人都不再有权利来执行自然法,来擅自维护自己的自然权利——如果我们只是看到了问题的这一个方面,那么,得出类似斯特劳斯的如下观点就是非常正常的了。列维·斯特劳斯认为:霍布斯和洛克论述了同一理论,即人由保存自己的欲望所推动而时刻准备着抛弃他们的自由而使自己服从完全享有权威的政府,人们很少注意到这一点是因为它在洛克的著作中通过谈论神圣地建立起来的平等主义的和正义的政治体制、通过审慎地引证《圣经》和胡克而被掩盖了起来。[60] 但是,斯特劳斯解释的随意性和它的创造性同样地突出和明显:他忽略了洛克学说的另一个重要方面,即由"委托"概念所表达的人民对于政府权力的限制。洛克不是一个乐观的理想主义者,而是一个出色的现实主义者,他清楚地知道绝对权力的恶劣影响:"谁认为绝对权力能纯洁人们的气质和纠正人性的劣根性,只要读一下当代或其他任何时代的历史,就会相信适得其反。"[61]因此,洛克在其讨论中通过"委托"概念表达了人民权力对政府权力的限制:人民有权监督政府,"人民应该是裁判者;因为受托人或代表的行为是否适当和合乎对他的委托,除委托人之外,谁应该是裁判者呢?""如果掌权的人由于滥用职权而丧失权力,那么在丧失权力或规定的期限业已届满的时候,这种权力就重归于社会,人民就有权行使最高权力,并由他们自己继续行使立法权,或建立一个新的政府形式,或在旧的政府形式下把立法权交给他们认为合适的新人。"洛克甚至由此谈到了人民进行暴力"革命"的权利:"滥用职权并违反对他的委托而施强力于人民,这是与人民为敌,人民有权恢复立法机关,使它重新行使权力。……如果他们为强力所阻,……人民便有权用强力来加以扫除。在一切情况和条件下,对于滥用职权的

---

[58] 同上书,第84页。
[59] 同上书,第15页。
[60] "洛克本不能够承认任何严格意义上的自然法","洛克在很大程度上偏离了传统的自然法学说,走上了霍布斯所引导的道路。"参见〔美〕列奥·施特劳斯:《自然权利与历史》,彭刚译,生活·读书·新知三联书店2003年版,第225、226页。比斯特劳斯走得更远的是考克斯(Richard H. Cox),他认为,洛克政治哲学的真正意思是:人就其本性来说是无政府主义的,他们唯有使自己顺从绝对权力而生存,不过洛克"将他的哲学论证适应于流行的政治、哲学和宗教气氛,而且是以部分隐藏他的激进的特征的方式来适应的"。见〔英〕阿龙:同上注[37]所引书,第399页。
[61] 〔英〕洛克:《政府论》下篇,同上注[8]所引书,第56页。

强力的真正纠正办法,就是用强力对付强力。"[62]但同样需要注意的是,如果只是考虑到问题的这一个方面,从而得出像威尔莫尔·肯达尔(Willmoore Kendall)那样的结论,即洛克政治哲学是集体主义的[63],那就是犯了斯特劳斯同样的"以偏概全"的错误,虽然方向上正好相反。实际上,我们要说的是,洛克出色的现实主义精神和谨慎、明智的优良品质阻止了他走向任何一个极端。他总是能够站在同时可以看到两种前景的位置上,表情从容而镇定。

---

[62] 同上书,第 149—150、151、95 页。
[63] 见〔英〕阿龙:同上注〔37〕所引书,第 397—398 页。

Yearbook of Western Legal Philosophers Study

西方法律哲学家
研究年刊

[235—372]

大 师 纪 念

论刑罚人道主义与刑罚功利主义逻辑一致性
——纪念贝卡里亚诞辰270周年

韩永初*

切萨雷·贝卡里亚(Cesare Beccaria,1738—1794)是刑事古典学派的代表人物之一。他的刑罚理论具有深远的影响。在《论犯罪与刑罚》一书中,他提出了罪刑法定原则、罪刑相适应原则、刑罚人道主义原则和刑罚功利主义原则。这些原则对刑法理论的发展具有深远的意义。本文拟论证贝卡里亚的刑罚人道主义原则与刑罚功利主义原则的逻辑一致性。从表面上来看,刑罚人道主义原则和刑罚功利主义原则是相互冲突的。因为,当从刑罚功利主义原则出发需要严酷的刑罚时,与刑罚人道主义原则相冲突。但是,通过考察《论犯罪与刑罚》一书对刑罚人道主义原则和刑罚功利主义原则的论述,笔者认为在贝卡里亚的语境中刑罚人道主义原则与刑罚功利主义不是相互冲突的,而是具有逻辑一致性的。本文从贝卡里亚论述问题的语境出发,认为反暴政的社会契约的国家观和刑罚的确定性原则是把贝卡里亚的刑罚人道主义原则和刑罚功利主义原则联结起来的桥梁。

一、贝卡里亚的刑罚人道主义原则

贝卡里亚的刑罚人道主义原则是针对当时社会刑罚残酷的现实提出的。

---

* 韩永初,法学博士,新疆大学法学院副教授,吉林大学理论法学研究中心博士后研究人员。

1763年3月，贝卡里亚着手准备《论犯罪与刑罚》一书的写作材料，1764年完成书稿。同年7月，该书出版。就在该书出版的大约五年前，在法国，1759年3月2日，达米安(Damiens)因谋刺国王而被判处在巴黎教堂大门前公开认罪。他乘坐囚车，身穿囚衣，手持两磅重的蜡烛，被送到格列夫广场。那里将搭起行刑台，用烧红的铁钳撕开他的胸膛和四肢上的肉，用硫磺烧焦他手持弑君凶器的右手，再将熔化的铅汁、沸滚的松香、蜡和硫磺浇入撕裂的伤口，然后四马分肢，最后焚尸扬灰。[1] 上述的残酷的行刑场面虽然具有戏剧性，但也足以折射出贝卡里亚的时代刑罚残酷的现实。面对刑罚残酷的现实，贝卡里亚不禁发出这样的诘难："纵观历史，目睹由那些自命不凡、冷酷无情的智者所设计和实施的野蛮而无益的酷刑，谁能不怵目惊心呢？目睹帮助少数人、欺压多数人的法律有意或容忍成千上万的人陷于不幸，从而使他们绝望地返回到原始的自然状态，谁能不毛骨悚然呢？目睹某些具有感官、因而也具有同样欲望的人在戏弄狂热的群众，他们采用刻意设置的手续和漫长残酷的刑讯，指控不幸的人们犯有不可能的或可怕的愚昧所罗织的犯罪，或者仅仅因为人们忠实于自己的原则，就把他们指控为犯罪，谁能不浑身发抖呢？"[2] 贝卡里亚在批判了历史上刑罚的残酷性之后，他认为，从刑罚的有效性出发，刑罚的目的既不是要摧残折磨一个感知者，也不是要消除业已犯下的罪刑，而是为了抑制犯罪。只要刑罚的恶果大于犯罪所禁止的好处，刑罚就可以收到它的效果。这种大于好处的恶果中应该包含的，一是刑罚的坚定性，二是犯罪既得利益的丧失。除此之外一切都是多余的，因而也就是蛮横的。从刑罚人道主义原则出发，贝卡里亚认为，立法者应当是宽和的、宽大的和人道的。他们应该是一些明达的建筑师，使自己的大厦以自爱为基础平地而起，使普遍利益集中地体现个人利益。他们任何时候都不应被迫用片面的法律和混乱的措施将普遍利益同个人利益割裂开来，以恐惧和猜疑为基础建立起公共幸福的虚伪形象。[3]

二、以社会契约论为基础的国家观是贝卡里亚的刑罚人道主义原则的理论根据

贝氏的《论犯罪与刑罚》一书就是针对当时存在的暴政下的残酷刑罚所撰写的。反暴政是该书的主题。他吸收法国启蒙思想家卢梭的社会契约论的思想作为他反暴政和残酷刑罚的基础。他指出："人类的繁衍尽管本身规模不大，却远远超过了贫瘠荒凉的自然界为满足人们日益错综复杂的需要而提供的手段，这就使一部分野蛮人联合起来。为

---

[1] 参见〔法〕米歇尔·福柯：《规训与惩罚》，刘北成、杨远婴译，生活·读书·新知三联书店1999年版，第3页。
[2] 〔意〕贝卡里亚：《论犯罪与刑罚》，黄风译，中国大百科全书出版社1993年版，第42页。
[3] 同上书，第60页。

了抵抗这最初的联盟,必然又形成了新的联盟。就这样,战争状态从个人之间转移到国家之间。离群索居的人们被连续的战争状态弄得筋疲力尽,也无力享用那种由于朝不保夕而变得空有其名的自由,法律就是把这些人联合成社会的条件。人们牺牲一部分自由是为了平安无扰地享受剩下的那份自由。为了切身利益而牺牲的这一份份自由总和起来,就形成了一个国家的君权。君主就是这一份份自由的合法保存者和管理者。"[4] 对自由实行这种保管还是不够的,还必须保卫它不受每个私人的侵犯,这些个人不但试图从中夺回自己的那份自由,还极力想霸占别人的那份自由。需要有些易感触的力量来阻止个人专横的心灵把社会法律重新沦入古时的混乱之中。这种易感触的力量就是对触犯法律者所规定的刑罚。刑罚的目的就是保护集存的公共利益。如果刑罚超过了保护集存的公共利益这一需要,它本质上就是不公正的。刑罚越公正,君主为臣民所保留的安全就越神圣不可侵犯,留给臣民的自由就越多。由此看来,刑罚应该是公正的,刑罚的目的就是为了保护以维护社会安宁为目的的社会契约。

贝卡里亚的刑罚人道主义原则始终建基于通过社会契约所形成的公正的法律基础之上。这种刑罚是服务于公共福利的,而不是服务于少数人的福利的。在阐述废除死刑的观点时,从社会契约的角度出发,贝卡里亚认为,杀死同类不是君权与法律的权利。君权和法律仅仅是一份份少量私人自由的总和,它们代表的是作为个人利益结合体的普遍意志。谁都不愿意把对自己的生死予夺大权奉予别人操使。每个人在对自己作出最小牺牲时,都不会把冠于一切财富之首的生命也搭进去。因而,死刑不是一种权利,而是一场国家同一个公民的战争。[5] 从贝卡里亚的观点,我们可以看出,既然每一个人都没有把自己生命权以契约的形式交由国家加以处置,那么,国家剥夺公民的生命就是不公正的。如果一个国家是遵守契约的和公正的,就应该废除死刑。因此他论证说,"如果一个举国拥戴的政府,无论对内还是对外,都拥有力量和比力量更有效的舆论作保护,如果在那里发号施令的只是真正的君主,财富买来的只是享受而不是权势,那么,我看不出这个安宁的法律王国有什么必要去消灭一个公民,除非处死他是预防他人犯罪的根本的和唯一的防范手段。这是死刑据以被视为正义和必要刑罚的第二个理由"[6]。贝卡里亚在论证刑罚的功利性时明确指出,在一个自由而安宁的政府领导下,死刑不但是不必要的,而且是没有效果的。在论述没收财产的不合理性时,贝卡里亚也指出刑罚是为了社会公正而服务的,而不是为了少数人的利益服务的。他指出,"某些人认为:没收财产是对复仇能力和私人势力的约束。但是,他们没有考虑到,尽管这些刑罚带来好处,但它们并不总是正义的,因为,被称为正义的刑罚应该是必要的刑罚。伺机以待的暴政以暂时的利益和某些显贵的幸福为诱饵,却不顾无数不幸者的绝望和眼泪,立法者如果不想使暴政

---

[4] 同上书,第8页。
[5] 同上书,第45页。
[6] 同上书,第45—46页。

有机可乘,就不能容忍有利可图的非正义"[7]。贝卡里亚一再强调,正义的刑罚不是为暴政服务的。如果刑罚不是服务于暴政的,那么宽和的刑罚也就足够预防犯罪的了。因此,在笔者看来,贝卡里亚在论述刑罚的宽和性时,总是以正义的法律和自由而安宁的政府为前提的。他是在为根据社会契约论建立的自由而安宁的政府如何制定法律提供建议。在他看来,一个残暴的政府不但运用残酷的法律不能收到好的效果,而且这样的政府本身就不具有合理性,就是应该被推翻的政府。如果一个政府不是自由而安宁的政府,法律不是正义的法律,那么就很难保证刑罚是宽和的。从历史的角度看,暴虐的政府和不公正的法律往往诉诸残酷的刑罚。因此,贝卡里亚的刑罚人道主义原则如果能够得以实现,必须以存在根据社会契约论建立的国家和制定的法律为前提。在这种情况下,只有人道宽和的法律才能抑制犯罪。于是,在贝卡里亚的语境中,刑罚人道主义原则与刑罚功利主义原则是不冲突的。进而,也就根本不存在刑罚的人道主义原则服从于刑罚功利主义原则的可能性。

贝卡里亚认为,如果社会是正义的、自由而安宁的,刑罚是宽和的,仁慈和宽恕也就不那么必要了。在进行这种论述的过程中,他是以"完美的法制"为其理论的基础的。他说,"因为,仁慈是这样一种美德,它对于君主来说,有时已成为王位一切义务的补充,它在完美的法制中本来应该被摈弃,在那里,刑罚是宽和的,审判方式是规则的和明快的。在生活于混乱的刑罚制度之下的人看来,这一真理有些苛刻,因为那里的法律荒诞离奇,刑罚残酷,因而要仁慈和宽恕。所以,它是君主最高尚的特权;它是君权最可贵的属性;它是那些施舍公共幸福的慈善家对于一部漏洞百出的法典的无声否定,这部法典恰恰受益于几百年来的偏见、无数诠释者的高谈阔论、表面手续所要求的严厉排场以及那些善于曲意奉承却不令人敬畏的半瓶子醋的迎合"[8]。显而易见,只有在刑罚残酷的情况下,仁慈和宽恕才是必要的。在"完美的法制"的情况下,刑罚本身就是宽和的,相对于残酷的"仁慈"不但变得是不必要的了,而且"成了有害的东西"。

三、刑罚功利主义原则本身就蕴含对
刑罚人道主义原则的要求

贝卡里亚从心理学的角度来论证残暴的刑罚是无用的刑罚,从而证明刑罚人道主义原则的合理性。也就是说,贝卡里亚的刑罚功利主义原则本身就蕴含着对刑罚人道主义的要求。他认为,人们只根据已领教的恶果的反复作用来节制自己。他设想存在这样的两个国家,第一个国家的最重刑罚是长期苦役,而第二个国家的最重刑罚则是轮刑。他认为,在这两个国家中,对最重刑罚的畏惧是同等程度的。如果说根据某种理由,后一个

---

[7] 同上书,第53页。
[8] 同上书,第59页。

国家的最重刑罚被移置于前一个国家,那么,同样的理由也会促使后一个国家制定更残酷的刑罚,从轮刑逐渐发展到一些更加挖空心思的酷刑,直到那些残暴者所特别精通的学问取得最新的结晶。[9] 然而他认为,人的心灵就像液体一样,总是顺应着它周围的事物,随着刑场变得日益残酷,这些心灵也变得麻木不仁了。严峻的刑罚造成了这样一种局面:罪犯所面临的恶果越大,也就越敢于规避刑罚。为了摆脱对一次罪行的刑罚,人们会犯下更多的罪行。刑罚最残酷的国家和年代,往往就是行为最血腥、最不人道的国家和年代。[10] 在此,贝卡里亚是通过否定严酷刑罚的有效性的方法,来论证刑罚人道主义的合理性。在他所设想的理想的自由而安宁的国度里,宽和的刑罚就足以抑制犯罪,残暴的刑罚是没有必要的。刑罚人道主义是自由而安宁的国度的刑罚应有的内涵。

  为了论证死刑的无效性,贝卡里亚从人的本性出发指出,对人类心灵发生较大影响的,不是刑罚的强烈性,而是刑罚的延续性。在他看来,最容易和最持久地触动人们的感觉的,与其说是一种强烈而暂时的运动,不如说是一些细小而反复的印象。处死罪犯的场面尽管可怕,但只是暂时的,如果把罪犯变成劳役犯,让他用自己的劳苦来补偿他所侵犯的社会,那么,这种丧失自由的鉴戒是长久的和痛苦的,这乃是制止犯罪的最强有力的手段。这种行之有效的约束经常提醒我们:如果我犯了这样的罪恶,也将陷入这漫长的苦难之中。因而,同人们总感到扑朔迷离的死亡观念相比,它更具有力量。[11] 关于到底是死刑还是劳役刑对罪犯及有犯罪之虞的人更有威慑力的问题仍存在争论。笔者无意也不必在此讨论究竟是死刑威慑力大还是劳役刑威慑力大。因为这与本文的主旨无关。虽然从本段的论述中,贝卡里亚认为劳役刑比死刑更具痛苦性。我们似乎可以推出劳役刑比死刑更残酷的结论。但是,如果我们根据上下文进行研究就会发现,在他的语境中死刑是更残酷的。因为上述引文是为了证明该引文的上一段中提出的"历史上任何最新的酷刑都从未使决心侵犯社会的人们回心转意"观点而写的。在上述引文的前一段,贝卡里亚是这样说的:"历史上任何最新的酷刑都从未使决心侵犯社会的人们回心转意。莫斯科的伊丽莎白女皇统治的 20 年,为人民的父母官们树立了杰出的典范,同祖国的儿子们用鲜血换来的无数成果相比,这一典范毫不逊色。如果几百年的历史、这 20 年的统治和罗马公民的范例都说服不了那些怀疑理性的语言、倾服权威语言的人,那么,考察一下人的本性,就足以听到我的主张的真谛"[12]。贝卡里亚之所以提及莫斯科的伊丽莎白女皇的统治,是因为她曾于 1753 年 6 月 18 日和 1754 年 9 月 20 日发布命令废除死刑。由此可见,在贝卡里亚看来,死刑是最为残酷的刑罚。从上下文的关系来看,贝卡里亚只是试图通过指出劳役刑更具威慑力来论证死刑的不必要性而已。因此,我们也可以从他

---

[9] 同上书,第 43 页。
[10] 同上。
[11] 同上书,第 46—47 页。
[12] 同上书,第 46 页。

的有关废除死刑论述中看出,刑罚的人道主义与刑罚的功利主义并不矛盾。因为不人道的死刑是没有效果的,所以应当禁止。应该强调的是,我们不能从贝卡里亚的"死刑是无效的"论述中反推出,如果死刑是有效的就应该为了功利而适用死刑。因为他论证废除死刑的前提是自由而安宁的社会,在这样的社会中运用残酷的刑罚是没有必要的。在这样的社会中,刑罚的人道主义与刑罚的功利主义是一致的。

另外,贝卡里亚还指出,刑罚的残酷性还会造成两个同预防犯罪的宗旨相违背的有害结果。第一,不容易使犯罪与刑罚之间保持实质的对应关系。因为,无论暴政多么殚精竭虑地翻新刑罚的花样,但刑罚终究超越不了人类器官和感觉的限度。一旦达到这个极点,对于更有害和更凶残的犯罪,人们就找不出更重的刑罚以作为相应的预防手段。第二,严酷的刑罚会造成犯罪不受处罚的情况。人们无论是享受好处还是忍受恶果,都超越不了一定的限度。一种对于人性来说是过分凶残的场面,只能是一种暂时的狂暴,绝不会被称为稳定的法律体系。如果法律真的很残暴,那么它或者必须改变,或者导致犯罪不受处罚。[13] 在此,我们再一次看到,贝卡里亚认为,残酷的刑罚不利于预防犯罪,也就是说刑罚人道主义不但与刑罚的功利主义不相冲突,而且有利于刑罚功利的实现。

四、刑罚的确定性是刑罚人道主义原则在刑事执法上的保证

贝卡里亚认为,对于犯罪最强有力的约束力量不是刑罚的严酷性,而是刑罚的确定性。"即使刑罚是有节制的,它的确定性也比联系着一线不受处罚希望的可怕刑罚所造成的恐惧更令人印象深刻。因为,即便最小的恶果,一旦成了确定的,就总令人心悸。然而,希望——这一天赐物,往往在我们心中取代一切,它常常使人想入非非,吝啬和软弱所经常容许的不受处罚更加使它具有力量。"[14] 为了实现刑罚的确定性,贝卡里亚认为,即使受害者方面对于轻微犯罪表示宽大为怀,也不应该使犯罪人免受惩罚。因为这是违背公共福利的。使罪犯受到惩罚的权利并不属于某个人,而属于全体人民,或属于君主。贝卡里亚在这里之所以强调这点,主要不是为了论证刑罚权应该归属于谁的问题,而是为了论证一旦使罪犯免于刑罚,刑罚就缺少了确定性,刑罚就无法成为"对于犯罪最强有力的约束力量"。为了确保刑罚的确定性,贝卡里亚认为,虽然仁慈是立法者的美德,但不是执法者的美德。因为,"如果让人们看到他们的犯罪可能受到宽恕,或者刑罚并不一定是犯罪的必然结果,那么就会煽惑起犯罪不受处罚的幻想。既然罪犯可以受到宽恕,那么人们就认为:无情的刑罚不是正义的伸张,反而是强力的凌暴"[15]。如果刑罚不具

---

[13] 同上书,第43—44页。
[14] 同上书,第59页。
[15] 同上书,第60页。

有确定性,就达不到预防犯罪的功利效果。在贝卡里亚的语境中,只有既宽和又确定的刑罚才是有效的刑罚。因此,我们根本不能从贝卡里亚的论述中推出如下结论:如果刑罚缺乏确定性,就应该增加它的严厉性。[16] 因此,我们也就不能认为从贝卡里亚的论述中推出刑罚人道主义与刑罚功利主义相矛盾的结论。

五、结　语

贝卡里亚的刑罚人道主义和刑罚功利主义具有逻辑一致性的结论,是建基于以社会契约为基础的自由而安宁的国家与刑罚具有确定性之上的。更为重要的是,贝卡里亚的刑罚人道主义原则是具体的、在保护国家和社会安宁前提下的刑罚人道主义原则,而不是抽象的人道主义原则。如果忽略以上的三个条件,我们就有可能得出他的刑罚人道主义原则与刑罚功利主义原则不一致的结论。

首先,必须确保国家是建基于以社会契约为基础的自由而安宁的国家之上。要保证刑罚的人道主义原则与刑罚的功利主义原则相一致,必须推翻暴政的国家,而建立自由而安宁的国家。但是现实的刑罚并不负有推翻暴政的责任。从本质上说,作为"最后手段的刑法"只能维护一个社会所确认的既存价值,而不能自己选择与既存价值相冲突的价值。也就是说,刑罚不负有推翻现存政治体制的责任。正如德国学者格吕恩特·雅科布斯所指出的那样,"如果社会实际上向减少自由的方向转移,那么,它就不只是在刑法中进行,它让人们也想到一种危机,在这种危机中某种倾向要求采取最后的解决办法。无论是关于不必要的过多的犯罪化还是关于核心问题的维护,它都只涉及政治而非刑法科学的问题。刑法科学虽然能够明确一个新的法律规则确实地规定了什么、什么是根据既存的价值由该规定作为利益或者损害来看待的,但是、刑法无权反对政治的重新评价,

---

[16] 美国学者理查德·波斯纳从法律的经济分析的角度出发认为,一旦犯罪的预期处罚成本得以确定,就有必要选择一种刑罚几率和严厉度之间的组合,它能将预期处罚成本加于可能成为犯罪的人。例如,一项1000美元的预期处罚成本可以通过以下的组合而予施加:罚金为1000美元和查获及定罪几率为1,1万美元罚金和几率为0.1,100万美元罚金和几率为0.001……参见〔美〕理查德·波斯纳:《法律的经济分析》(上),蒋兆康、林毅夫译,中国大百科全书出版社1997年版,第295页。显然,如果根据波斯纳的分析,对于缺少处罚确定性的犯罪,应该设置更为严厉的刑罚。波斯纳举例论证了自己观点,他说,一个处罚的严厉性更多地反映了处罚的低几率而非犯罪的高社会成本,在19世纪的美国西部对盗马贼处以绞刑。还有一个例证是前19世纪的英国对所有重罪和许多非重罪处以死刑,那时在那儿还没有警察力量,故其处罚率很低。参见〔美〕理查德·波斯纳:《法律的经济分析》(上),蒋兆康、林毅夫译,中国大百科全书出版社1997年版,第300页。贝卡里亚观点与波斯纳的观点的区别在于,贝卡里亚认为没有确定性的严厉刑罚是无效的,因而主张不能使用严厉的刑罚;波斯纳认为没有确定性而具有严厉性的刑罚是有效的,因而主张对缺乏刑罚确定性的犯罪适用严厉的刑罚。所以,从贝卡里亚的观点中,我们不能得出刑罚人道主义与刑罚功利主义不相一致的结论。

并且不能自己选择政治的重新评价。"[17] 美国学者莫里斯和童瑞指出,刑罚体系不可能纠正作为其基础的基本的社会和个人的不平等。[18] 而贝卡里亚正是试图通过推翻残暴的政府来制定公正的法律实现刑罚的人道化。如果不能推翻残暴的政府,建立自由而安宁的政府,就不可能实现刑罚的人道化。因此,虽然贝卡里亚的刑罚人道主义与刑罚功利主义不相矛盾,但是二者的一致性必须以"刑法自己选择政治的重新评价",即反对暴政,建立自由而安宁的政府为前提条件。如果不对当时的社会政治状况作出根本性改变,刑罚的人道主义是不能实现的。

其次,刑罚的有效性是以刑罚的确定性为前提的。贝卡里亚认为,没有确定性的严厉刑罚是无效的刑罚。这是值得肯定的。但是,这其中具有理想主义的色彩。因为在现实生活中,刑罚的确定性是很难保证的。如果一个国家的刑罚既没有确定性又没有严厉性,那么这个国家的社会治安状况又会怎么样呢?因此笔者认为,没有确定性的严厉刑罚的无效性只能是相对于宽和而有确定性的刑罚的效力而言的。在没有确定性作为保障的情况下,为了追求刑罚的效果,在不改变现存社会结构的情况下,严厉的刑罚只能是无奈选择。

最后,贝卡里亚的人道主义是具体的人道主义。贝卡里亚在《论犯罪与刑罚》一书中不是离开具体情况来谈刑罚的人道性。他的刑罚人道主义是一种植根于具体社会中的人道主义而不是抽象的人道主义。他的刑罚人道主义是在保护合法公民的权利与国家和社会的安宁的前提下的人道主义。因此,我们在借鉴贝卡里亚的刑罚人道主义思想的时候,一定不能离开这一前提来空谈刑罚人道主义。针对某些西方人权主义者的不顾社会安宁和守法公民的权利而空谈刑罚人道主义的做法,我国学者赵汀阳深刻地指出,"人权理论总是强调对生命无条件的尊重,却不考虑一个人享有生命权意味着必须做什么事情。于是,人权主义者尽管对谋杀表示了极大的义愤,但却要求从宽处理凶犯。这方面的报道很多,事实上在西方,残害甚至杀害儿童、制造假药或制造爆炸之类的恶人往往只受到相当宽容的惩罚,居然还有人觉得这些恶人应该得到更多一些的宽容和同情。例如在美国和英国有一些少年无端杀害儿童的事件,杀人犯(因为是少年)本来就只判了很轻的徒刑,结果还有人觉得他们的生活将有'不少痛苦'而为此同情并要求减刑,却没有考虑到被杀害的人连生活都没有了。要把这种貌似多情的无情说成是'进步'和避免'错上加错'显然是困难的"[19]。因此,我们在谈论贝卡里亚刑罚人道主义与刑罚功利主义的关系时,一定不能把贝卡里亚的刑罚人道主义理解成赵汀阳所批判的那种刑罚人道主义,必须把他的刑罚人道主义主张放回他所由以提出的社会背景中去。

---

[17]〔德〕格吕恩特·雅科布斯:《行为 责任 刑法——机能性描述》,冯军译,中国政法大学出版社1997年版,第118页。

[18] Norval Morris, Michael Tonry, *Between Prison and Probation*, New York: Oxford University Press, 1990, p.97.

[19] 赵汀阳:《有偿人权和做人主义》,载《二十二个方案》,辽宁人民出版社1998年版,第196页。

附：研究贝卡里亚的参考文献

一、英文研究文献

1. Anthony J. Draper, Cesare Beccaria's Influence on English Discussions of Punishment, 1764—1789, in *History of European Ideas*, 2000, Volume 26, Issues 3—4.

2. Stephen Schafer, *Cesare Beccaria and the Origins of Penal Reform* : by Marcello Maestro, Temple University Press (Philadelphia, Pennsylvania 19122), 1973.

3. Baruchello, G., Cesare Beccaria and the Cruelty of Liberalism, in *Philosophy and Social Criticism*, 2004, 30(3).

4. Beirne, Peirs., Inventing Criminology: The "Science of Man" in Cesare Beccaria's Dei Delitti E Delle Pene, in *Criminology*, 1991, 29(4).

5. Internet Encyclopedia of Philosophy, Cesare Beccaria 1738—1794, Retrieved September 1, 2004 from http://www.iep.utm.edu/b/beccaria.htm#Life.

6. Maestro, Marcello T., *Cesare Beccaria and the Origins of Penal Reform*, Temple University Press, 1973.

7. Newman, Graeme, Marongiu, Pietro. Penological Reform and the Myth of Beccaria, in *Criminology*. 28(2).

8. Young, David B., Cesare Beccaria: Utilitarian or Retributivist? in *Journal of Criminal Justice*, 1983, 11(4).

二、中文研究文献

1. 黄风：《贝卡里亚及其刑法思想》，中国政法大学出版社1987年版。

2. 强世功：《犯罪及其刑罚——兼评"贝卡利亚及其刑法思想"》，载《法律科学》1993年第2期。

3. 马克昌、宋建立：《论贝卡里亚的刑法思想》，载《武汉大学学报》1997年第1期。

4. 苗有水：《论贝卡里亚刑法思想的正义和功利根基》，载《烟台大学学报》（哲学社会科学版）1997年第1期。

5. 田桂元：《论贝卡利亚刑法思想及其对后世的影响》，载《湖南公安高等专科学校学报》2002年第4期。

6. 李露、熊德米：《评贝卡里亚的刑法思想——读〈论犯罪与刑罚〉》，载《重庆大学学报》（社会科学版）2003年第2期。

7. 宗淼、赵景川：《评〈论犯罪与刑罚〉的基本思想及对刑法的影响》，载《巢湖学院学报》2003年第2期。

8. 侯国云、么惠君：《析贝卡利亚废除死刑的理由》，载《政治与法律》2005年第2期。

9. 曾鼎忠:《论边沁对贝卡利亚刑法思想的继承和发展》,载《求索》2005年第11期。

10. 徐泽春:《贝卡里亚刑法思想简述》,载《科教文汇》(下半月)2006年第2期。

11. 严锐:《评贝卡里亚的若干刑事诉讼思想》,载《和田师范专科学校学报》2007年第6期。

人民是我的恺撒
——纪念边沁诞辰 260 周年

李燕涛*

一、引　言

　　对于那些曾对人类文明作出杰出贡献的人，人们总是不吝溢美之辞。边沁作为一个为人们提供观念的"思想者"，或者作为一个以理论直面现实的"改革者"，同样受到了时人和后辈学人很高的赞誉。如自由主义思想大师密尔就认为"边沁在理论和制度方面都是英国的创新之父"[1]，他"必然要被列入人类思想大师、伟大导师和永恒的智慧渊源中"[2]；梅因也认为"自边沁以来，我不知道哪一项法律的改革不曾受到他的影响"[3]。确实，无论在当时，还是在其身后，无论是对思想，还是对于实践，边沁的贡献和所产生的影响都不应当被忘记。长久以来，边沁已经成为西方学人们的智识渊源。我国学人对边沁思想的引介，最早当推梁启超先生。当年，梁启超在《新民丛报》撰文《乐利主义泰斗边沁之学说》介绍边沁的思想。在文中，他认为边沁的"乐利主义"（功利主义）学说"首尾完具，盛水不漏"，并作了一个小传，介绍边沁的生平：

---

* 李燕涛，吉林大学理论法学研究中心 2008 级博士研究生。
[1]〔英〕边沁：《论一般法律》，毛国权译，上海三联书店 2008 年版，"导言"，第 4 页。
[2]　同上书，"导言"，第 8 页。
[3]　转引自 Graham Wallas, Jeremy Bentham, *Political Science Quarterly*, Vol. 38, No. 1 (1923), pp. 45—56。

边沁,英人,1748年生于伦敦。幼而颖悟,好谈玄理,心醉典籍。5岁,家人戏呼为哲学儿,年14入牛津,崭然显头角。1763年,入林肯法学院,学法律。及法国大革命起,曾三度游巴黎,察其情状,经验益多。归国后,潜心著述。为近世道德学、法理学开一新国土,其最初所著书,即驳击英国法律之谬误。当时英民久蜷伏于专制国王、诂谀议院之下,骤闻边沁之论,咸目为狂,或且雌视之,将构陷以兴文字狱。而边氏不屈不挠,主张己说,始终如一,久之一世舆论,遂为所动。卒能以三寸之舌,七寸之管,举数百年之弊法而廓清之,使循次改良,以演成今日之治。及至晚年,而边沁之令名满天下矣。列国之宰相及政党首领,咸尊信其说,施之于政策,述之于演坛。每有所改革,辄踵门叩其意见。而边氏于当代大人先生,无所交接,惟喜与有道之士游。以1832年卒,得年85。[4]

此后及至于现在,边沁的思想逐渐为我国学人所了解,尽管人们最为熟知的可能是"最大多数人的最大利益"的功利原则和以此为基础的功利主义学说。然而,边沁的著述所涉及的领域是如此之广,以至于很难把他归于某一个学科中。因为,在伦理学、立法学、法理学、政治理论、语言学、逻辑学等领域,在圆形监狱、法典化、宗教信仰、法律改革、动物保护、大学教育、普选权等问题上,都能发现他的身影。更为可贵的是,他对这些问题的论述并不是蜻蜓点水般的浅尝辄止,而是能从其理论体系中给出独到而深刻的见解,从而,后来的许多学术思想都能在边沁的著述中寻得端绪。也正因此,曾主持过"边沁研究项目"的特维宁才认为"边沁的伟大之处的一部分在于他能轻松自如地超越时空界限和专业化界限"。[5] 这既是由于在边沁所受教育的时代,各种社会科学尚未从一般的哲学研究中分化出来,也是由于边沁的学术兴趣极广且思想极为深刻,以及如密尔所认为的,由于他对其独特研究方法的自如运用,使得他在思考所至的几乎每一个领域都能有不凡的洞识。

因此,针对边沁理论的每个细节作出一个全面的评价并不是一件容易的事情,而且,隅于篇幅的限制,本文也不可能对边沁思想的各个方面进行整体性的概述和评价,况且,这也无益于加深对于边沁的理解。在本文中,我将主要讨论边沁的政治理论和宪法理论。在我看来,在边沁的理论体系中,政治合法性的证立问题是一个重要的主题,它内在地贯穿于边沁的政治著作中,成为与功利主义相对而又密切联系的一条不可忽视的论述脉络。本文将在第二部分对边沁相关著作的分析中建构起合法性证立这一内在的论述脉络;以此为基础,本文第三部分将分析他对政治权威合法性的论证过程,并说明在其后期宪法理论中的体现;在第四部分,本文将简要讨论边沁的代议制民主理论或政治哲学

---

[4] 梁启超:《乐利主义泰斗边沁之学说》,正来学堂,http://dzl.ias.fudan.edu.cn/info.asp?id=4594,2008年9月15日访问。

[5] [英]威廉·特维宁:《想象边沁:一个纪念》,周国兴等译,载邓正来主编:《西方法律哲学家研究年刊》(2007年总第2卷),北京大学出版社2008年版,第189—214页。

中存在的一个最为重要的问题,即追求最大多数人最大利益会导致对少数人权利和利益的侵损。

二、从《政府片论》到《宪法典》

边沁一生著述颇丰,这得益于他数十年如一日的笔耕不辍,正如历史学家蒙塔古所说的那样,"在半个世纪中,他经常每天写作10小时。早晨一起床,他就把笔拿在手里。每天写的手稿平均有10至15开页"[6]。他写作的主题似乎在很早的时候就已经确定了。在《道德与立法原理导论》这本系统阐述其功利主义原理的著作的序言中,边沁制定了自己今后的研究计划,他为自己规划了十个研究主题。[7] 同时,边沁认为这十个主题展示了功利在每个方面的绝对的要求[8],这也就是说,边沁意在把功利主义原理应用于上述社会生活各个方面的立法中。从边沁此后的著述来看,大体上与此设想相一致,无论其《立法理论》,还是《司法证据原理》,以及《议会改革计划》和《宪法典》,均是功利主义原理的运用。边沁对功利原理的思考始于《政府片论》,在《道德与立法原理导论》中他明确了功利原理的内涵并对其作了系统的论证。"自然把人类置于两位主公——快乐和痛苦——的主宰之下。只有它们才能指示我们应当干什么,决定我们将要干什么。是非标准,因果联系,俱由其定夺。"[9]贯穿于功利原理的应用的是一种"细节分析"的研究方法,因此,密尔才认为"边沁第一次向道德哲学和政治哲学引入了思想的精度"[10]。由此也可以看出,在边沁的理论著述中,阐发功利原理并将其应用于社会改革实践中是其理论的一个内在且显而易见的论述脉络。

然而,如果专注于《道德与立法原理导论》而忽视了边沁更早的著作,就难免有可能忽视了内在于边沁著作中的另一个论述脉络,也就是为现代政治哲学广为关注的政治合

---

[6] [英]边沁:《政府片论》,沈叔平等译,商务印书馆1995年版,编者导言,第17页。
[7] 边沁开列出了自己将要完成的十个主题:"第一部分。民法(更为独特地被称为私人分配法或简称分配法)方面的立法原理。第二部分。刑法方面的立法原理。第三部分。程序方面的立法原理:纵览刑事和民事两个分支,它们之间只能做很不明确的、时时容易变动的区分。第四部分。酬赏方面的立法原理。第五部分。公共分配法(更简明也更为熟悉的被称为宪法)方面的立法原理。第六部分。政治策略方面的立法原理:政治策略指的是在议会议事过程中维持秩序、以便引导他们实现其体制宗旨的技艺,亦即依据一套规则,这些规则对于宪法的意义在某些方面恰如程序法对于民法和刑法的意义。第七部分。国与国之间关系法(用一个新颖而非平淡无奇的名称来说即国际法)方面的立法原理。第九部分。政治经济学方面的立法原理。第十部分。一套从形式(亦即方法和术语)方面考虑在其所有分支领域完整无缺的法律体系梗概,包括考察由术语简表述的诸项概念的来源和联系,其阐述囊括了所有可以恰当的说属于普遍法学这一总题的内容。"[英]边沁:《道德与立法原理导论》,时殷弘译,商务印书馆2000年版,"前言",第51—52页。
[8] 同上书,第53页。
[9] 同上书,第57页。
[10] [英]边沁:同上注[1]所引书,第9—19页。

法性的证立问题。虽然在当代西方思想史研究领域中存在剑桥学派和施特劳斯学派的对立,二者在研究取向上有很大不同,然而在我看来,对于像边沁这样的较为晚近的处于启蒙后期的思想家,可以同时结合上述两个学派的研究特点来加以分析。这是因为,边沁所面临的时代问题在其后被政治理论家们明确为政治哲学的主题,其中,主权就是一个后来成为政治哲学主题的问题,它不仅是讨论法律的来源所关注的问题,对于法律实证主义而言尤其如此,同时,主权也意味着政治权威的合法性。在边沁所处的时代,主权和合法性紧密相连,对于主权权威的论证也就是对于政治合法性的论证。边沁对主权问题的讨论在早期集中体现于《政府片论》这部著作中,从中,我们可以探寻到政治合法性的证立这个内在于边沁的理论体系中并且也容易被忽视的问题。

《政府片论》源于对英国法学家布莱克斯通的批判,其时,布莱克斯通刚出版了《英国法释义》[11],这本书"风格明白、庄重、流畅"[12],第一次将英国长久积累而成的繁冗的习惯法和判例法的内在关系和运行机理以体系化的理论形式展现出来,同时,他在书中为英国法律和政治制度进行了充分的辩护。边沁看到了这本著作中"最严重的缺点,尤其是这个重大而基本的问题,即反对改革"[13]。从而,作为少数英国政治制度理论家之一的边沁,从布莱克斯通的理论基础出发,批判了他的自然法思想以及将主权建立在社会契约基础上的观点,边沁认为主权的基础在于人们基于功利考量的服从习惯,本文将在下文中对此进行分析。需要强调的是边沁对自然法学说的批判,从政治合法性的角度来看,他在《答宣言》[14]、《无政府主义的谬论》、《立法理论》以及《政府片论》中对自然法学说的批判,实际上是在拒斥一种盛行其时的合法性的论证理路,也就是否定了那种从外在社会的权威性资源论证政治合法性的研究取向,这种取向在启蒙时期就表现为自然法(natural law)充当世俗类型的外在性资源,它假定社会的权力规则建立在自然、普遍的规范性原则和不变的人性基础上。[15] 对自然法传统的拒斥也是边沁合法性论证得以展开的基础。

在《政府片论》以后的其他著作中,边沁经常论及"主权"和"主权者",可以说"主权"(或主权者)概念贯穿他的大部分主要著作中,它们或者是直接论及这个概念,或者是与这个概念相关联。如在《论一般法》和《宪法典》中就多次论及了"主权"(或主权者)概念。此外,虽然哈特认为边沁在《宪法典》中使用的主权概念并不是在讨论法律的性质时所使用的主权概念,换言之,他认为边沁后期在《宪法典》阐述了一种不同的法律理

---

[11] [英]布莱克斯通:《英国法释义》,谬苗、游云庭译,上海人民出版社2006年版。
[12] 徐爱国主编:《世界十大法学家评传》,人民法院出版社2004年版,第160页。
[13] [英]边沁:同上注[6]所引书,第93页。
[14] John Lind, An Answer to the Declaration of the American Congress, 1776, 120—132. 后经学者考证,这一部分为边沁所写,具体参见 H. L. A. Hart, *Essays on Bentham: Studies in Jurisprudence and Political Theory*, Oxford University Press, p. 63。
[15] 谈火生:《民主审议与政治合法性》,法律出版社2007年版,第33页。

论[16],但如果从合法性论证的角度来考虑,本文更为认同普斯特曼的观点,他认为"《宪法典》中有关主权的民主理论是边沁早期主权学说的自然延伸,并且与那里的法律理论保持了完美的一致"[17]。实际上,正如奥伦本达教授所正确指出的那样,虽然边沁经常赋予主权概念不同的含义,有时他在立法权的意义上指涉通常被归为的"法律主权",有时主权是指在权力争论中的"优位者"和"次位者"之间的相对关系,在成熟的宪法著作中,他用主权者指涉任命官员的权力,也就是通常所说的"政治主权",但是,边沁著作中的主权有着一些共同的特征,"主权权力的实践必然包含了对特定的权威性措施的大众的批判性的证立"[18],而这种"批判性的证立"也就涉及了合法性问题的核心。至于《宪法典》中的主权概念,则可视为在更为具体的层面上对合法性问题的论证,也就是以代议制民主和相应的政府理论诠释政治合法性的具体含义。可见,从《政府片论》到《宪法典》的一系列著作中存在着一条政治合法性证立的论述脉络。《道德与立法原理导论》为这一论述脉络奠定了伦理学基础,《论一般法律》则是边沁作为一个在"思想意识本质上是实践性的"理论家所必须完成的任务[19],唯其如此,人们才能运用理性和逻辑进行以"功利原则"为导向的政制和法制改革,这也是他的《道德与立法原理导论》中所致力于的十个理论目标的初衷所在。某种意义上可以说,无论是对自然法的批判,还是对实证法的阐述;无论是对功利原理的精细论证,还是对以此为基础对实践领域进行的理论探索,都可以归入合法性论证这条论述脉络。

总之,从《政府片论》到《宪法典》的一系列著作中,存在两个一以贯之并相互支撑的主题。其一,如同许多学者明确指出的,也是在边沁的著作中最为显而易见的,边沁终身思考的方向就是把他所"发现"并发扬光大的功利原理运用于人类活动的各个领域。其途径便是用功利原则指导立法,从而用法典的条文来指导和调节人们的行为,以实现最大多数人的最大利益。其二,内在于边沁理论的是一种对于政治权威合法性的证立,这个主题不仅要表明在政治社会中权威是如何产生的,也要为权威的合法性寻求理论基础,同时还要在这种合法性论证的基础上选择相应的政治制度模式并论证其合理性和可行性。这两个主题或这两个内在的脉络并不是完全相分离的,而是并存于边沁的理论中,一者侧重于伦理学原理的阐发及其运用,一者侧重于对政治合法性问题的逐步深入的分析及在现实政治社会中的可行性。这两个主题(或论证脉络)间具有逻辑相关性,上述区分也仅有相对的意义,本文将侧重于分析后一个论证主题。

---

[16] H. L. A. Hart, supra note [14], p. 228.

[17] Gerald J. Postema, *Bentham and the Common Law Tradition*, Clarendon Press, 1986, p. 261.

[18] Oren Ben-Dor, *Constitutional Limits and the Public Sphere: A Critical Study of Bentham's Constitutionalism*, Hart Publishing Oxford-Portland Oregon, 2000, p. 49.

[19] 〔英〕边沁:同上注[1]所引书,第6页。

三、"人民主权"的再诠释

在政治哲学理论传统中,适应于不同历史时期的政治社会情势,"合法性"一词的内涵也历经变化。在启蒙时期,"'合法性'概念开始由神圣的法律秩序转向世俗的权力经验,权威的授予不再是不证自明的了,它需要加以证明"[20],与此同时,"启蒙时期对合法性概念的世俗化理解将社会的自由同意视为合法性的基础,由此,合法性概念和民主的观念以及人民或国家主权的观念紧密地勾连在一起"[21]。在这样的理论背景中,对边沁理论中合法性证立问题的分析就需要结合他对"主权"(或主权者)所作的相关论述,从中,我们不仅需要探寻其"主权"或"主权者权威"的理论基础,也需要重构他对"主权"或"主权者权威"的论证过程。主权是现代民族国家的象征,因而,所谓政治合法性的证立,便部分地存在于这种论证之中。

密尔认为边沁"是他的时代,是他的国家伟大的具有颠覆性的(subversive)思想家——或者,以欧洲大陆哲学家们的说法,伟大的批判性(critical)思想家"[22],这个评价至少在边沁对自然法传统和社会契约论的批判上一点也不为过。如上文所述,边沁对自然法传统的批判和社会契约论的拒斥实际上是对一种传统的合法性论证理路的否弃。具体而言,作为一种政治理论,社会契约论主要有以下功能:它是一种政治社会或国家的起源学说,用以解释人类如何从自然状态中形成了政治社会;它说明了政治权威或国家权威的来源,这种权威往往以主权者权威的形式体现出来,不同于先前的"君权神授"学说,这种理论将权威建立在人的世界之中;同时,社会契约论也论证了人民服从的政治义务。不同的启蒙思想家在社会契约论的论证过程、契约的主体、自然权利的放弃程度、政体建立的方式和民主程度等问题上都存在或多或少的歧异。尽管如此,他们均包括了以下命题:其一,在人类进入政治社会之前存在着原始状态(自然状态),并且人们拥有天赋的不可剥夺的自然权利;其二,为保障自然权利,人们放弃部分或全部权利,缔结契约组成政府,也就是说政府的起源、性质均来自契约,政治社会的合法性的基础是契约;其三,人们因承诺而遵从法律。这些观点见诸格劳秀斯、霍布斯、洛克、卢梭等人的著作中,也为《独立宣言》所体现,同时在《英国法律释义》中得到了布莱克斯通的认同。对此,边沁基于其经验主义和"虚构"理论[23],在《答宣言》、《政府片论》、《无政府主义的谬论》、《立法理论》等一系列著作中作出了长久而猛烈的批判。例如在《立法理论》中,他不仅针对布莱克斯通的理论,而且将批判的矛头指向了霍布斯、洛克、卢梭这些古典契约论的代表

---

[20] 谈火生:同上注[15]所引书,第30页。
[21] 同上书,第31页。
[22] [英]边沁:同上注[1]所引书,第4页。
[23] 关于边沁的"虚构"理论,可参见 C. K. Ogden, *Bentham's Theory of Fictions*, Routledge, 2000。

人物的理论。具体而言，首先，边沁认为社会契约论因缺乏现实的基础而仅仅是一种虚构，这是以上三者的共同之处。"他们只存在于其作者的想象中，我们没有在历史中发现他们的踪迹，倒是到处都可以见到相反的证据。"[24] 其次，对于契约论的本质也就是"有关各方的自由同意"，他认为由于人们通常并没有这样的同意，因而契约的有效性就值得质疑。"现在，如果说君主是自由同意的，可以凭己意接受或拒绝。人民也同样如此吗？几句不知道为什么的声明就可以被作为个人同意和普遍同意的行动吗？成千上万的人从来没有听说过这一契约，从来没有人请求他们批准它，而且即使有人请求他们同意，他们也不敢拒绝，除非他们不怕危及他们的财产和生命，对于这些人来说，这一契约是有效力的吗？"[25] 从而，他认为真正的政治纽带是维持一个政府会给人们带来巨大的利益，人们正是基于功利的考量而组成社会并服从政治权威。因为，"没有必要将人类的幸福建立在一个虚构之上。没有必要将社会金字塔建立在沙滩之上，或者说建立在下面滑动的泥浆之上。"[26] 可见，边沁认为一个政府的合法性证明来自于功利原则，它不仅说明了政治权威的合法性，说明了政治义务的来源，也为公民的不服从提供了理由，说明了政治社会的形成。

边沁极具颠覆性地批判了自然法理论和社会契约论，然而，他毕竟不是一个后现代主义者，尽管当下人们所认为的后现代主义者可能从他那里汲取某些灵感，相反，他是一个重理性重逻辑的现代主义者，是一个名副其实的建构论理性主义者。因而，他在大声呼喊"自由地批判"的同时也会着手进行理论上的建构。[27] 或者说，他在"打破一个旧世界"的同时，也努力地"创建一个新世界"，这或许是大多数现代主义者的美德，尽管这丝毫不能成为他们免于批判的理由。在政治合法性问题上，边沁在早期对自然法传统的合法性论证模式批判的同时，提出了一种基于经验主义和功利主义的论证方式，而在边沁转向哲学激进主义之后，则在此前理论基础上提出了一种功利主义原理指导下的代议制民主理论，这体现在他生前的最后一部著作《宪法典》中，后者与前者一脉相承并且是前者的具体化。

边沁力图用功利原则取代社会契约论对政治权威合法性的证明，他诉诸了行为功利主义和经验主义。就前者而言，他将个人行为建立在功利计算基础上，这意味着服从主权者与否直接取决于个人的功利计算；而且，是否应当服从主权者也取决于功利计算。这是一种惯常的论证公民守法义务的方式。直接将这一义务体现出来的是服从习惯和服从倾向，他对这两个词语作了区分，"习惯，指的是过去的行为；倾向，指的是未来的行

---

[24] 〔英〕边沁：《立法理论》，李贵方等译，中国人民公安大学出版社2004年版，第94页。
[25] 〔英〕边沁：同上注[6]所引书，第96页。
[26] 〔英〕边沁：同上注[24]所引书，第95页。
[27] 边沁指出，"在一个法治的政府之下，善良公民的座右铭是什么呢？那就是'严格地服从，自由地批判'"。参见〔英〕边沁：同上注[6]所引书，第99页。

为"[28]。服从习惯由此具体化了作为心理原则和伦理原则的功利标准,成为人们可以现实观察的社会事实。由此,用服从习惯来界定主权者是边沁理论中经验主义的体现和要求。在边沁的著作中,服从习惯的理论作用在于它是主权者权威的基础,换言之,它是政治合法性证立的经验基础。这体现在,首先,服从习惯作为政治社会存在的前提,也就是主权者或最高权力存在的前提。如边沁所说,自然社会和政治社会相区分的关键在于是否存在服从习惯。"当一群人被认为服从一个人或由一些人组成的集团时,这些人合在一起,便可被说成是处在一种政治社会的状态中。"[29]其次,就主权者权威而言,服从习惯是描述意义上的基础。主权者产生于政治社会中,人民服从于主权者。于是,就需要回答这样一个问题:服从习惯是主权的结果还是主权的渊源？这似乎是一个循环,但在我看来,可以从描述的意义上来理解服从习惯与主权权威的关系。服从习惯是主权权威的前提,为其提供了实效保障,同时,服从习惯也是主权的结果。现代政治法律哲学的理论任务之一就在于为主权的权威寻找"基础",对于霍布斯等社会契约论者,"主权者是社会契约这一事实创造的。社会契约是建立统治社会一般权力的方法"[30]。从而主权的理论基础是社会契约;与此不同,边沁的贡献则在于用服从习惯取代了社会契约作为主权者权威的理论基础。相比之下,"社会契约"和"服从习惯"这两种论证主权者权威的理论模式至少有以下区别:首先,社会契约论实质上为一种虚构,在政治社会的形成和主权权威的存续过程中,难以见到其存在证据,而"服从习惯"则是一种可以观察到的经验事实;其次,社会契约预设了人们自然权利的存在,而服从习惯并没有此种理论要求;最后,社会契约理论中人们有守法的先在义务,因为人们放弃(无论部分还是全部)自然权利而缔结社会契约就意味着要服从自己的承诺;而服从习惯的论证模式则无此先在的义务,人们遵从政治权威,乃是基于功利考量。这种理论上的区别对于实证主义的创立具有重要意义,由此,法律的来源——主权者——的基础便从虚构的契约变为了经验的事实。然而,相对于把神权或知识作为政治权威的基础而言,"社会契约"和"服从习惯"均是从"同意"的角度来论证政治权威合法性[31],它们是两种从不同的基础论证"人民主权"的理论模式,边沁的人民主权论具体体现在《宪法典》中。

《宪法典》是边沁的最后一部著作,从 1822 年至 1832 年边沁逝世,这本著作耗时十年之久。边沁在这本著作中阐述了一种以功利主义为基础的代议制民主理论。具体而言,边沁将其政治哲学理论建立在三个原则之上。第一个原则是"最大幸福原则"(the greatest happiness principle)。这是指在每个政治社会中,政府的正确而恰当的目标是实现"组成它的所有人的最大幸福"。然而,一个人的幸福可能与其他人的幸福相冲突,从

---

[28] 同上书,第 220 页。
[29] 同上书,第 133 页。
[30] 〔英〕韦恩·莫里森:《法理学》,李桂林等译,武汉大学出版社 2003 年版,第 100 页。
[31] 〔英〕杰弗里·托马斯:《政治哲学导论》,顾肃、刘雪梅译,中国人民大学出版社 2005 年版,第 90—105 页。

而不能实现所有人的幸福。所以边沁将这个原则修正为"最大多数人的最大利益"。第二个原则是"自我优先原则"(self-preference principle),这是指"自我之爱是普遍的",换言之,"所有人在本质上都是利己主义者。所有无私和意图纯正的表白必然被视为谎言"[32]。因而,统治者在实践中会以牺牲普遍利益为代价去追求一己之私利。第三个原则是利益一致原则,这是指统治者的特殊利益应当与普遍利益相一致。"第一个原则是应然状态,第二个原则是实然状态,第三个原则是让应然和实然相一致。"[33]在此基础上,《宪法典》所主要讨论的就是采用一种什么样的制度模式,从而能够形成一个"好政府"——能实现最大多数人最大利益的政府——并使其有效运作。在一个国家中,为了避免统治者在其利益与被统治者的利益相冲突时以后者为代价而实现自己的利益,"宪法起草者所面临的问题就是剥夺统治者可能用来谋取私利的部分权力,但是允许他们保留能够实现他们与被统治者共享目的的那部分权力"[34]。边沁认为实现这个目的或实现最大多数人最大利益的方式就是"资质的最大化"(aptitude maxmized)和"费用的最小化"(expense minmized)。所谓"资质",是指人的才干、能力等。在《宪法典》中,边沁认为资质由三个要素组成:道德(moral aptitude)、智识(intellectual aptitude)和活动性(activity aptitude)。他之所以如此重视资质是由于,"政府的好坏取决于它颁布的法律的状况和它对法律的执行,这两种状况又与政府的目的相关。在外部环境相同的情况下,各个法律制定人的资质相对来说也就意味着所制定出来的法律的状况;法律适用者的资质也就意味着法律的运行状况"[35]。由于在统治者和被统治者资质中,"统治者的资质有更为特殊的意义;这种才能以特殊的方式实现幸福的最大化,也就是说,以一种施加于被统治者的运行机制来实现幸福的最大化"[36]。所以,实现"好政府"的方式便是"官员才能最大化"(official aptitude maximized),而边沁所说的运行机制便是代议制民主。

边沁认为官员资质的最大化唯有在代议制民主下方能实现,因为"只有在这样一种政府形式中,统治者才能真正地受制于人民的意志,而且,因为人民的意志常常与普遍利益相一致,从而也就受制于普遍利益"[37]。为此,边沁在《宪法典》中设置了相应的制度框架和政府体制。就这种政府体制的权力结构而言,边沁认为一个国家的主权属于人民,人民是一个国家在特定时刻所认可的具有选民身份的人,选民所拥有的权力——制宪权(the constitutive power)——处于最高位阶,主权就是这种最高的制宪权。仅次于制

---

[32] [法]哈列维:《哲学激进主义的兴起》,曹海军等译,吉林人民出版社2006年版,第436—437页。

[33] Philip Schofield, The Constitutional Code of Jeremy Bentham, in *The King's College Law Journal*, ii (1991—1992), p.47.

[34] Ibid.

[35] Ibid., p.48. 在此,出于表达的便利,我把aptitude相应地译为"资质"和"状况"。

[36] Jeremy Bentham, Constitutional Code, J. Bowring (ed.), *The Works of Jeremy Bentham*, Vol.9, Edinburgh, 1838—1843, p.151.

[37] Philip Schofield, supra note [33], p.49.

宪权的是立法权(legislative power),立法权又高于执行权,这两种权力共同构成了运行权(operative power)。执行权又分为两部分,由以首相为首的行政部分和由以司法部长为首的司法部分。正是在这种权力结构中,边沁建构了其代议制民主的制度框架和政府结构,其中下级权力主体与上级权力主体间存在一种从属关系:人民选举产生立法者,立法者经选举委任首相和法官,首相任命各部部长,部长任命下级官员。上级权力主体可以剥夺下级权力主体的权力。在这种复杂的制度中,人们基于利己考虑会选择能够实现他们最大利益的人掌握立法权,立法者为了在下次选举中连任也会在立法中努力实现本选区人民的利益,也就是说,他在投票时会遵从本选区最大多数人的意志。从而,立法权的行使受制于最大多数人的意志,会实现最大多数人的最大利益。为了使权力的行使符合上述"利益一致原则",他引入了法律责任和道德责任,以使被授予最高权力的人在行使权力时受制于人民的意志。然而,由"舆论法庭"(the public opinion tribunal)来追究的道德责任的效果值得怀疑,如哈列维就认为"道德责任只是一个不完美的责任和一种权宜之计";至于法律责任,哈列维提出的诘问更为值得人们深思,"无疑,没有反对被认为是被授予最高权力人的法律约束力。既然奖励和惩罚的权力掌握在他手里,谁来奖励和惩罚他?"[38]

对于上述边沁的代议制民主理论,有学者认为这体现了一种"分裂性"的主权观,人民和权力的被授予主体之间呈现出一种"信托"关系[39],这种观点也正好表明了人民的批判性的证立对于论证主权或公共权力合法性的作用。因而,也就不难理解南希·罗森布洛姆所说的,边沁的主权理论实际上是一种人民主权理论。[40] 边沁在《宪法典》和其早期著作中诠释的这种"人民主权"论无疑意味着从抽象和具体,从伦理学和政治学相结合的角度证明了政治权威的合法性。

四、"多数人的暴政",或"最大多数人的最大幸福"

一种理论往往从其产生时起就进入了一种不断遭受质疑或批判的状态中,边沁的理论同样如此。在上述政治合法性证立问题上,他的理论尤其是代议制民主理论,受到了来自各个方面的批评。学者们往往指责边沁的民主理论会导致"多数人的暴政",具体而言,这种批评可分为如下两个方面,其一是代议制民主中多数统治的正当性,其二是对立法权的限制。这似乎是找到了边沁的民主理论的"阿喀琉斯之踵",从而引起了许多理论家的共鸣,其中不乏密尔和哈耶克这样的思想大师。

---

〔38〕 〔法〕哈列维:同上注〔32〕所引书,第 443 页。

〔39〕 Gerald J. Postema, *Bentham and the Common Law Tradition*, Clarendon Press, 1986, pp. 79—94.

〔40〕 See Nancy Roseblum, *Bentham's Theory of the Modern State*, Harvard University Press, 1978, p. 232.

作为边沁的门徒和代议制政府理论的系统阐述者,密尔对多数统治原则的正当性提出了质疑,他认为任何社会中在数量上的多数有一致的地位和追求,也就有一致的偏爱、激情和偏见,"赋予任何一群具有偏爱、激情和偏见的人们以绝对的权力,但如果没有以其他不同种类的偏爱、激情和偏见进行制衡,那就使得对任何不完善的救济毫无希望;使得人性中一个狭隘、卑劣的类型成为普遍的和永久的,粉粹了每一种趋向进一步提升人的智慧和道德本性的影响力"[41]。从而他认为"社会制度有必要在这样和那样的形式上,针对多数者的意志而维持一个持久和稳固的反对派,以作为偏见观点的矫正器,以作为思想自由和个性发展的屏障"[42]。显然,密尔的这些主张表明如果对最高权力不加以限制,就会侵犯个人的权利和自由,因而与边沁不同的是,他认同三权分立原则。与密尔的观点相类似,对于"多数人的暴政",哈列维认为这是边沁的人民主权理论遇到的一个"难以克服的障碍",他试图从边沁学派内部为多数统治的正当性找出理由,一方面,设想合法的程序来"放慢多数人的行为并控制其不公正的暴行"并不像设想的那样有效,另一方面,边沁主义者们认为每个人基于自己的理性能够认识到自己的真正利益。[43] 此外,如上文所述,他对边沁对被授予最高权力者设置的法律责任和道德责任在实践中的效果也并不乐观。密尔和哈列维均明确意识到了多数统治中可能出现的"多数人暴政"问题,对此,当代自由主义思想大师哈耶克进行了更为细致的分析。他认为对代议制民主必然导致"多数人的暴政"的担心并不必要,因为政府并不服从于多数人一致同意的观点,而是受到了选民中不同利益群体的影响。[44] 同样,詹姆斯也认为这种"多数人的暴政"并不是一个由全体选民构成的单一利益群体的暴政,而是许多小的利益群体的暴政,他们共同构成了宪法上的多数。[45] 可见,哈耶克和詹姆斯均看到了选民中因利益分化而形成的利益群体对代议制民主的影响,他们指出了"多数人的暴政"内在的复杂性。

从上述对"多数人的暴政"的批评中可以发现,在明确意识到边沁理论存在不足的同时,他们并没有就此进一步追问边沁的理论前提,也没有对边沁政治哲学的功利主义基础进行批判,这或许表明了他们在某种程度上共享了这种理论前提和基础。精英民主理论的代表人物熊彼特则明确地从经验的层面上对古典民主理论的三个前提进行了批判[46],这在很大程度上也适用于边沁的代议制民主理论。具体言之,"共同利益"的预设不存在,"因为人民不仅有不同的要求,而且有不同的价值观,现代社会中经济地位分化、文化分歧,人们对共同利益的解释亦随之不同";"共同意志"的预设也不存在,这是由于

---

[41] 〔英〕边沁:同上注[1]所引书,第39页。
[42] 同上书,第39—40页。
[43] 〔法〕哈列维:同上注[32]所引书,第442页。
[44] See M. James, Public Interest and Majority Rule in Bentham's Democratic Theory, in *Political Theory*, Vol. 9 (1), Feb. 1983, pp. 49—64.
[45] Ibid.
[46] 〔美〕约瑟夫·熊彼特:《资本主义、社会主义与民主》,吴良健译,商务印书馆2006年版,第370—395页。

人民受多种因素影响而不能作出理性选择,因而,所谓"共同意志"是"由人制造出来的意志";在前两者的基础上,也不存在能体现"共同利益"和"共同意志"的程序和制度。[47]在我看来,这种批评更具根本性,这实际上是表明边沁的代议制民主并不能实现他所谓的"好政府"。

边沁对于多数统治的正当性问题,或者说"多数人的暴政"问题,几乎没有讨论,但从他对最高权力进行限制的相关论述来看,他未必没有意识到这个问题。在我看来,他之所以坚持多数人统治的代议制民主或许是出于以下原因:首先,他之所以成为一个民主主义者,并在人生的后期转向了"激进主义",在某种程度上是为当时情势所迫。"他所遭受的失望和沮丧使他成为了一名民主主义者;对君主和他的大臣们的憎恨使他成为君主制和贵族制的深思熟虑的敌人。"[48]正是在当权者固守旧的制度,拒绝推行改革的情况下,他才寄希望于代议制民主制度,并主张一种全能的立法权来推行功利主义导向的改革。[49] 其次,边沁主张的为扩大选举权的范围而实行普选制、废除上院或一院制等改革措施的前提在于统治者少数与被统治者多数的利益冲突,"统治者的利益,无论它们被如何选择,在所有的方面都潜在地与被统治者的利益相对立"[50]。这是他所处的时代普遍存在的问题,而普选制与一院制实际上扩大了人民的权力,改善了人民在既存的政治制度中的弱势地位。因而,民主制度中的多数统治虽然可能会导致侵犯少数人利益的情形,但被侵犯的也主要是当时的少数统治者——君主和贵族——的利益;这并不意味着把边沁对在多数人统治问题上的不足归咎于他所处的时代,而是表明,在理解一个思想家的观点时,不能脱离他所处的时代背景而把他完全作为一个抽象的个体,对于一些在当时或后来引起争议的观点来说更是如此。此外,由于边沁采取了一种方法论上的个人主义,认为普遍利益是个人利益之和,依据他的功利主义计算方式,多数人的利益显然较少数人的利益更为可取,或者以少数人的利益为代价而实现最大多数人的利益是值得的。就此而言,边沁所说的权利和利益实际上仅限于社会上的最大多数人。而且,无论密尔和熊彼特是否如罗森所说的那样误读了边沁[51],在忽略少数人的权利和利益这一点上,他们无疑指出了边沁理论的最大缺陷。归根结底,这源自于边沁民主理论的基础——功利主义伦理学,视多数统治为合理而无视少数人的正当要求,为了最大多数人的最大利益而忽视少数人的权利与利益,这正是其目的论伦理学的先天不足之处,这也为罗尔斯开启的政治哲学在20世纪的新发展提供了理论空间。

---

[47] 同上;另参见谈火生:同上注[15]所引书,第131—137页。
[48] [法]哈列维:《哲学激进主义的兴起》,曹海军等译,吉林人民出版社2006年版,第274页。
[49] See M. James, supra note [44], pp. 49—64.
[50] [英]威廉·特维宁:同上注[5]所引书,第206页。
[51] See F. Rosen, Jeremy Bentham and Democratic Theory, *The Bentham Newsletter*, Dec., 1979, pp. 46—61.

五、结　语

　　边沁的政治哲学与其功利主义伦理学密切联系,其繁复而精细的理论体系内在地贯穿着他的功利主义这条论述脉络,也内在地存在着一条合法性证立的论述脉络,作为后者之有机组成的代议制民主理论中存在的不足就根源于其功利主义伦理学的内在缺陷。尽管如此,在保守主义和反民主思想盛行其时的特定历史背景中[52],边沁自始至终地倡导改革,明确而坚定地为民主辩护,其勇气、智慧和远见值得人敬佩,他不愧为那个时代伟大的思想家。

　　在边沁的所有关于政治法律制度改革的著作中,《宪法典》是最后也是最为重要的一部。"《宪法典》标志着边沁在伦理、法律和政治思想领域一生努力的终点。"[53]这部著作系统而具体地阐述了一种实现最大多数人最大利益的好的政治制度模式——代议制民主。早在《政府片论》发表之前的著述中,边沁就曾颇为自信地说道:"人民是我的恺撒。"[54]这句话可以看做他一生孜孜不倦的努力方向。他一生致力于改革现行的政治法律制度,目的在于实现"最大多数人的最大幸福",这种最大多数显然包括"人民",他几乎所有的著作都是围绕这个主题展开的,而其代议制民主理论则是对"人民是我的恺撒"这句话最为直接的诠释。

　　哈耶克认为"民主本身并不是终极的价值或绝对的价值"[55],在我看来,启蒙以来人们对民主的认同和向往,为的是经由一种善政而实现一种更加美好的生活。边沁的可贵之处在于他不仅明确地为民主辩护,而且并没有因此把"民主"本身看做一个终极价值,也没有将"民主"与某种终极性的社会理想相联系。就此而言,边沁的民主思想在全球化时代仍不无启发意义,这正如特维宁所说的,"在当前的人道主义条件下,某些显见的条目可能会置于现代边沁主义者的功利主义议程的顶端。也许,最为重要的是在全球的、国际的、区域的以及跨国的层面上的民主。如果在国家的层面上,甚至是在最为'发达'的自由民主国家中存在民主赤字,那么在超国家层面上的权力控制和治理安排方面的缺

---

　　[52]　17世纪和18世纪的启蒙思想家们对民主政体并不持一种积极的态度,相反,他们以不同的方式对民主政体提出了批评。这些思想家中有我们所熟知的弥尔顿、洛克、皮埃尔·贝尔、孟德斯鸠、伏尔泰、狄德罗等,同样,保守主义者伯克以及美国建国的国父们对民主也多有批评。可见,在当时的社会中存在一种对民主进行批评的思想背景。参见王绍光:《民主四论》,生活·读书·新知三联书店2008年版,第22—27页。

　　[53]　Philip Schofield, supra note [33], p.47.

　　[54]　Ross. Harrison, *Bentham, Routledge and Kegan Paul*, London, 1983, p.198.

　　[55]　[英]弗里德利希·冯·哈耶克:《自由秩序原理》(上),邓正来译,生活·读书·新知三联书店1997年版,第129页。

陷是多么的严重啊！"[56]因此，值此边沁诞辰260周年之际，我们重思边沁的志业，并以此文纪念这位伟大的改革家。

附：研究边沁的参考文献

一、边沁本人的著作

1. Bentham Manuscripts in the University College, London Library.
2. Bentham Manuscripts in the British Library, Add. MSS.
3. *Bentham's Political Thought*, ed. B. Parekh, London, 1973.
4. J. Bowring (ed.), *The Works of Jeremy Bentham*, 11 Vols., Edinburgh, 1838—1843.
5. J. H. Burns, J. R. Dinwiddy, F. Rosen (eds.), *The Collected Works of Jeremy Bentham*, London and Oxford 1968-(in progress):

(1) J. H. Burns and H. L. A. Hart (eds.), *A Comment on the Commentaries and A Fragment on Government*, London, 1977.

(2) F. Rosen and J. H. Burns (eds.), *Constitutional Code*, Vol. Ⅰ, Oxford, 1983.

(3) A. T. Milne, J. R. Dinwiddy and S. R. Conway (eds), *The Correspondence of Jeremy Bentham*, 10 Vols., T. L. S. Sprigge, I. Christie London, London and Oxford, 1968—1994.

(4) J. H. Burns and H. L. A. Hart (eds.), *An Introduction to the Principles of Morals and Legislation*, London, 1970. New introduction by H. L. A. Hart, New York, 1982.

(5) H. L. A. Hart (ed.), *Of Laws in General*, London, 1970.

(6) C. Bahmueller and H. Wieting (eds.), *On the Influence of Place and Time in Matters of Legislation and of Indirect Legislation*, Jr., Oxford, 1986.

6. E, Dumont (ed.), *A Treatise on Judicial Evidence*, London, 1825.
7. F. C. Montague (ed.), *A Fragment on Government*, Oxford, 1891.

二、研究边沁的著作和论文

1. Baumgardt D, *Bentham and the Ethics of Today*, Princeton University Press, 1952.
2. Parekh B, *Bentham's Political Thought*, London: Groom Helm, 1973.
3. Nancy Roseblum, *Bentham's Theory of the Modern State*, Harvard University Press, 1978.

---

[56]〔英〕威廉·特维宁：同上注〔5〕所引书，第214页。在当代，人们也应当对民主问题在不同文化体或不同国家的复杂性有充分认识。

4. L. J. Hume, *Bentham and Bureaucracy*, Cambridge University Press, 1981.

5. H. L. A. Hart, *Essays on Bentham: Studies in Jurisprudence and Political Theory*, Oxford University Press, 1982.

6. Ross. Harrison, *Bentham*, London: Routledge and Kegan Paul, 1983.

7. Twining W. L, *Theories of Evidence—Bentham and Wigmore*, London: Weidenfeld and Nicolson, 1985.

8. Gerald J. Postema, *Bentham and the Common Law Tradition*, Clarendon Press, 1986.

9. James E. Crimmins, *Secular Utilitarianism: Social Science and the Critique of Religion in the Thought of Jeremy Bentham*, Oxford: Clarendon Press, Oxford, 1990.

10. Bhikhu Parekh (ed.), *Jeremy Bentham: Critical Assessments*, 4 Vols, Routledge, London and New York, 1993.

11. Oren Ben-Dor, *Constitutional Limits and the Public Sphere: A Critical Study of Bentham's Constitutionalism*, Hart Publishing Oxford-Portland Oregon, 2000.

12. C. K. Ogden, *Bentham's Theory of Fictions*, Routledge, 2000.

13. Philip Schofield, Utility and Democracy: the Political Thought of Jeremy Bentham, Oxford University Press, 2006.

14. 〔法〕哈列维:《哲学激进主义的兴起》,曹海军等译,吉林人民出版社2006年版。

何种信仰:法律信仰的中国问题
——纪念哈罗德·J.伯尔曼诞辰90周年

刘小平[*]

哈罗德·伯尔曼(1918—2007)是美国当代最重要、最有影响力的法学家之一。2007年伯尔曼阖然与世长辞之时,他所担任荣誉教授的爱默里大学在讣告中写到:伯尔曼是"美国法学教育界学术最为渊博的学者之一,其法律思想敏锐的批判力和宗教影响力,使他在20世纪包括罗斯科·庞德、卡尔·卢埃林和朗·富勒在内的法学巨人的阵营中赢得了一席之地"。这是对伯尔曼的学术地位和学术贡献最好的盖棺定论。伯尔曼对中国法学界乃至整个学术界而言,也是耳熟能详的大师级学者,用魏敦友先生的描述来说——如果不是太夸张的话,伯尔曼的影响几乎可以说占据了当代中国法理学的半壁江山(另外半壁江山被波斯纳占据了)。[1] 自1988年他的传世名著《法律与宗教》、《法律与革命——西方法律传统的形成》先后被翻译成中文以来,其中的一句"法律必须被信仰,否则它形同虚设"被人们传颂为至理名言,经久不衰。2006年,年届88岁高龄的伯尔曼携夫人访学中国,在清华大学、山东大学、浙江大学三所高校进行了学术讲座和演讲,整个神州大地又一次掀起了"伯尔曼热"。无论从哪一个角度来说,伯尔曼中国之旅的象征意义远远大于其学术意义,所到之处,伯尔曼就像一个业已功成名就的英雄,志得意满地接受人

---

[*] 刘小平,吉林大学理论法学研究中心博士,吉林大学法学院讲师。
[1] 魏敦友:《论法律如何不能被信仰》,http://www.fazhili.com/bbs/ShowPost.asp?id=127,2008年3月5日访问。

们对他的观点的称颂和顶礼膜拜。甚至在某种程度上可以说,伯尔曼在中国学界所受的欢迎度远要超过美国学界人们对他的接受度。

斯人已逝,学术热度犹存。在伯尔曼诞辰90周年之际,我们是否有必要检视一下,伯尔曼曾经说过什么;更重要的是,他的思想和观点对于中国法学乃至学术究竟有什么样的启示?或许,这种学术上的追问和反思才是我们纪念伯尔曼的最好方式。

一、伯尔曼的命题:"法律必须被信仰"

伯尔曼一生著作等身,共出版了25本专著,发表过三百多篇学术论文。他所涉足的学术研究主题也甚为广泛,从法律史、政治哲学、宗教运动、契约法、美国宪法到法律教育,不一而足。伯尔曼还是一个社会主义法研究专家,他早年曾经访学前苏联,对前苏联的社会主义法有着深刻的理解。但是,他最著名也最为中国学界所接受的命题却是这样一个铿锵有力的警句式格言——它出自其早期的一部演讲文集《法律与宗教》:"法律必须被信仰,否则它形同虚设。"

《法律与宗教》一书被伯尔曼称作是"一项初始的研究",然而它研究的主题却构成了伯尔曼一生中最重要也最具影响的主题。如其书名所显示的,《法律与宗教》一书关注的主要问题是"法律与宗教"之间的关系,在伯尔曼看来,法律与宗教是两个不相同但是却彼此相关的方面,尽管二者之间也存在着紧张关系,但是任何一方的繁盛发达都离不开另一方。

伯尔曼采用了一种"危机"叙事方式。他指出,西方人正在经受一种整体性危机,这种整体性危机正与法律信仰与宗教信仰的丧失有关,而构成法律信仰与宗教信仰丧失的重要原因,则是现代西方社会强调法律与宗教的截然分离。伯尔曼由此对构成西方法学主流的实证主义的传统观点提出了挑战,他认为,法律主要不是规则或者适用这些规则于案件的法律意见的汇编,也不是对如何把规则应用于案件的各种方法加以分析的博学论著和文章的汇集。他在宽泛的意义上谈论法律与宗教,他指出:"法律不只是一整套规则,它是人们进行立法、裁判、执法和谈判的活动。它是分配权利与义务并据以解决纷争、创造合作关系的活生生的程序。宗教也不只是一套信条和仪式;它是人们表明对终极意义和生活目的的一种集体关切——它是一种对于超验价值的共同直觉与献身。"[2]正是在这一宽泛定义的基础上,伯尔曼厘定了法律与宗教之间的关系:"这是社会关系的——也是人性的——处于紧张关系中的两个方面:法律以其稳定性制约着未来;宗教则以其神圣观念向所有既存社会结构挑战。然而,它们同时又互相渗透。一个社会对于终极之超验目的的信仰,当然会在它的社会秩序化过程中显现出来,而这种社会秩序化

---

[2] 〔美〕哈罗德·J.伯尔曼:《法律与宗教》,梁治平译,中国政法大学出版社2003年版,第11页。

过程也同样会在它的终极目的的意识里看到。"[3]最终,法律与宗教的相辅相成表现在,"法律赋予宗教以社会性,宗教赋予法律以神圣性。在法律与宗教彼此分离的地方,法律很容易退化成僵死的教条,宗教则易于变成狂信。"[4]

对于法律与宗教信仰之间的关系,伯尔曼在《法律与宗教》中,从四个不同的视角进行了论述。第一个视角是人类学的。伯尔曼指出,人类学研究已经表明,在包括西方文化在内的所有文化中,法律与宗教共同具有四种要素,即仪式、传统、权威和普遍性。这四种要素都标示着人寻求超越己身之上的真理的努力,它们因此将任何给定社会的法律秩序与这个社会对于终极的超验实体的信仰联系在一起。伯尔曼由此而批判了那种世俗—理性模式理解下的工具性的法律观。第二个视角是历史的视角。伯尔曼考察了过去两千年间宗教对于西方法律的影响,不仅包括传统的犹太教和基督教的影响,而且还有在过去的两个世纪里基督教的态度和价值已经被植入其中的民主主义和社会主义这类世俗宗教的影响。伯尔曼借助历史的考察意在表明,基督教以及源于基督教之世俗宗教信仰在激发和塑造西方法发展的方面所起的作用。在第三个视角中,伯尔曼把视角转向宗教中的法律。伯尔曼认为,要在美国和世界上恢复宗教的生命力,当代宗教思想必须将宗教的法律方面纳入其关于神圣事务的观念中,而当代宗教经验必须体现于法律组织与程序中,不仅是宗教团体内的组织和程序,也是这些宗教团体在内的更大社会中的组织与程序。最后,在一种伯尔曼所谓的末世学的视角中,伯尔曼探讨了西方法律和西方社会的死亡与再生的问题。在伯尔曼看来,西方法律的再生正是在于把握了法律与宗教之间的历史关系基础上的再生。新生的西方社会新时代乃是一个综合的时代。借由将法律与宗教的价值融合于一的各种友爱团体的经验(在从公社到联合国的各个层面上),旧的二元论的死亡将换来新生。

在《法律与革命》这一代表作中,伯尔曼延续和发展了法律与西方宗教传统这一主题,其采用的视角却集中于历史探寻这一视角。针对西方法律面临的危机,伯尔曼的做法是回溯整个西方法律传统的历史。伯尔曼指出:"一个溺水者眼前会闪过他的整个生命历程。这可能是他下意识的努力,以便在他的经验范围寻找摆脱险境的办法。所以,我不得不从遥远历史的视角,从头考察西方的法律与法制、秩序与正义的传统,以便找到摆脱目前困境的出路。"[5]

在对西方法律传统的历史考察中,伯尔曼最引人注意之处就是引入了"革命"模式用以解释西方法律发展的历史进程。在伯尔曼看来,西方法律传统在其历史过程中已经由六次伟大的革命加以改变,这六次革命包括俄国革命、法国革命、美国革命、英国革命这

---

[3] 同上书,第12页。
[4] 同上。
[5] 〔美〕哈罗德·J.伯尔曼:《法律与革命——西方法律传统的形成》,贺卫方等译,中国大百科全书出版社1993年版,序言第1页。

四次世俗革命,另外两次革命指的是新教改革运动和 1075 年—1112 年的教皇革命。这六次革命都是全方位的革命。从西方法律史的观点来看,承认以下事实是特别重要的:西方历史中周期地诉诸这样的非法暴力来推翻既定的秩序,而且作为这种结果最终产生的权威已经创设了新的和持久的政府和法律制度。西方每个国家的政府和法律制度都源于这样的革命。从法律与革命的关系来看,一方面,革命摧毁了旧的法律制度,创造了新的或大大修改了法律制度;而另一方面,"每次革命都可以这样看待:与其说它造成了破坏,不如说它促成了转变。每次革命都不得不与过去妥协,但它也成功地产生一种新法律,这种新法律体现革命为之奋斗的许多主要目标"[6]。

伯尔曼的《法律与革命》计划出版三卷,其中第一卷《法律与革命——西方法律传统的形成》主要研究教皇革命。经由详尽的法律史考察,伯尔曼非常有说服力地指出,11 世纪末至 12 世纪初的教皇革命,曾统一了西方各地的教会权力,将其从皇帝、国王和封建领主的宰制中解放出来,形成了西方最初成形的法律制度——罗马天主教会的教会法体系,并催发了与之分庭抗礼的各种世俗法律,诸如皇室法、封建法、城市法和商法。而在神权与世俗政治权力的剧烈对抗之中,法律得以上升为高于政治的统治地位。这便是西方法律传统形成的历史。2003 年伯尔曼出版了《法律与革命 II——新教改革对西方法律传统的影响》,而其计划中的《法律与革命》第三卷由于其逝世嘎然而止,成为未竟的遗作。

无论是《法律与宗教》,还是其巨著《法律与革命》系列,伯尔曼都把西方法律传统与基督教的信仰紧密联系在一起。[7] 而对于西方法律危机的克服和西方法律的重生,在伯尔曼看来,则最终取决于一种建立在对西方法律传统的历史考察基础上的一种"法的社会理论",取决于在历史考察基础上的法律信仰的重新挖掘。伯尔曼甚至也设想了一种世界法的出现的可能性,其基石也在于一种更为普遍主义的人类共同信仰。

二、法律信仰的中国问题

"法律必须被信仰,否则它形同虚设。"围绕这一著名命题,伯尔曼既有着充分的论证,又如有论者所指出的,饱含着激情和煽动性(provocative)。[8] 伯尔曼的这一命题在中国被广泛接受,有其鲜明的"中国式语境"。伯尔曼的著作被译介之时,正是改革开放以来中国的"法制现代化"建设(后来称之为"建设社会主义法治国家")如火如荼的时期,"法制现代化"的本质性意义即"在于实现从传统的计划经济体制下的人治型法律秩

---

[6] 同上书,导论第 26 页。
[7] 在《法律与革命——西方法律传统的形成》一书中,伯尔曼列举了西方法律在基督教传统的影响下所具有的 10 个传统的特征。参见同上书,导论第 44—49 页。
[8] See Thomas T. Love, Book Review: The Interaction of Law and Religion by Harold J. Berman, in *Journal of the American Academy of Religion*, Vol. 43, No. 3 (Sep., 1975), p. 630.

序向现代市场经济体制下的法理型法律秩序的历史性变革与转型"[9]，其实现的基本途径就是对外来法的"法律移植"。通过大量对外来法的"法律移植"，中国初步建立了一整套全新的为市场经济服务的法律制度。然而，这些法律制度在中国的建立和推行，并没有向引进者原先预期的那样发挥作用，反而陷入了某种尴尬的境地。"法律滋彰，盗贼多有。"移植过来的法律制度并不能解决中国社会的问题，反而本身成为了问题。伯尔曼著作的译介适逢其时。伯尔曼对法律工具论的批判和对法律信仰的强调，与中国当时的情境不谋而合，中国的法治论者由此意识到了法律制度背后的精神信仰维度。有学者据此指出："现行法治理论对法治内容及其现象的种种详尽描述，对实现法治所作的种种制度安排和设计，都是法治的重要方面，没有它们便绝无任何法治可言，因而这些方面是法治的起码条件。然而我同时认为，即使这些作为起码条件的'硬件'系统在一个社会中百分之百地达到了，也不一定就真的实现了'法治'。恰恰是法治的精神条件即法治的'软件'系统才非常深刻地反映了法治的内在意蕴、精神气质与性格。"[10]该论者用"硬件"和"软件"的类比形象地阐述了法律制度与信仰的关系，指出了当下中国法律移植之法律"工具化"取向的根本缺陷在于"法律信仰"层面的缺失，认为"信仰"正是"法治的精神意蕴"所在。

"法律信仰"论由此获得了中国法学界的"半壁江山"。但是，中国的"法律信仰论"者在重视法律的精神信仰层面的同时，却有意无意地忽略了一个重大的问题，即法律信仰的来源和基础问题，或者更直白地说，何种法律信仰的问题。正如梁治平在《法律与宗教》2003年增订版前言中指出的，伯尔曼在讨论法律与宗教的关系问题时始终采取的是一种特殊主义的立场[11]，在这一立场下，西方的法律传统植根于西方的基督教信仰之上。正是在这一特殊主义的立场下，伯尔曼进而得出一个一般性的命题："法律必须被信仰。"然而，中国的"法律信仰"论者一方面接受了伯尔曼的这一一般性的命题："法律必须被信仰"；另一方面，对于"信仰"本身，他们基于中国语境下"人治"和"法治"的线性比较，倾向于认为"法治信仰"本身具有某种普遍性的意义：相对于人治的"法律工具主义"特征，法治下的法律背后与一整套现代西方的法律价值和精神内涵相联系。正是在这种体认之下，中国"法律信仰论"者的中国式谋划就在于，面对当下法律移植所处的困境，不仅要移植西方的法律制度和法律体系，而且还要移植具有"普遍性"的西方的法治信仰和价值体系。对此，在前文所引学者看来，中国的法治建设本身比西方更为复杂，因为在西方这两种因素本来是内在统一的，而"对于中国的法治化而言，其问题远比这要严重得多、复杂得多。因为我们的法治，从制度到观念、从物质到精神都彻头彻尾是西方的产

---

[9] 公丕祥：《中国法制现代化的进程与前景》，载《南京师范大学学报（社科版）》1998年第4期。
[10] 姚建宗：《信仰：法治的精神意蕴》，载《吉林大学社会科学学报》1997年第2期。
[11] 〔美〕哈罗德·J.伯尔曼：同上注[2]所引书，增订版译者前言第9页。

物,属于'舶来品',并无本土化的传统文化根基"[12]。

让我们回到伯尔曼。实际上,在伯尔曼的论述中,从来就没有假定过西方法律信仰的普遍性,尽管他也设想了一种具有普遍性的世界法及这一层面上的共同信仰的产生和存在,但显然这种设想中的世界法远不是以西方法律为模板的[13],伯尔曼强调的是多文化作用下的世界法的生成过程。同时,伯尔曼在法律与宗教的宽泛的含义下,指出法律背后之信仰的多重样式:"我们发现,在所有的社会里,虽然是以极不相同的方式,法律都部分地借助于人关于神圣事务的观念,以便使人具有为正义观念而献身的激情。"[14]在非洲,法律依赖于巫术,在古代中国同样具有信仰,只不过换了另外一种方式,"那里,法律被看做是必要的邪恶,不过它又辨证地与宗教的礼仪、修养及新儒家的祖先崇拜和皇帝崇拜有密切关系"[15]。甚至共产主义法律也有其社会主义的末世学层面的信仰。

实际上,在伯尔曼对法律信仰的探究中,法律信仰始终与特定的历史传统联系在一起。伯尔曼所发展出来的"一种法的社会理论",正是基于对法律在历史进程中与其他社会、经济、政治因素的关系的历史考察而提出的。没有脱离历史基础的普遍的信仰。在很大程度上,在伯尔曼"法律必须被信仰"的命题中,他对法律信仰的强调和对其历史基础的强调同样重要,甚至于历史传统正是法律信仰的基础。正如伯尔曼在"法律的历史基础"一文中指出的:"如果假定法学理论的实质蕴含历史、传统和群体记忆(采用圣奥古斯丁的'记忆'一词的含义,即不仅包含对过去的回忆还包含对未来的期望),历史在其动态意义上与政治和道德、意志和理性一起成为法律的基础,我们必须再进一步询问我们的历史究竟给我们的法律带来了什么:历史是如何思考法律的,历史又是如何改变法律的。在这里我们必须追溯过去,展望未来,不仅询问过去发生了什么以及过去可以告诉我们将来可能发生什么,而且要询问过去使我们负有什么样的义务——我们的传统现在要求我们做什么。这就是所说的'历史基础'。"[16]

由此,可以知道,伯尔曼不过是作为一个西方法学家而对西方法律的特定历史进行探索而已,这并不代表西方法律历史的普适性。中国"法律信仰论"的误区在于,人们接受了伯尔曼关于法律信仰的这一结论,却忽略了伯尔曼关于法律信仰源于特定历史传统这一更为重要的方面。如果我们真正地理解了伯尔曼,那么他在"法律信仰"方面给我们的启示就是,回到中国的历史和传统,发展出建立在对中国历史的考察的基础上的"一种法的社会理论",创造出中国法律体系真正的精神意蕴。

---

[12] 姚建宗:同上注[10]所引书。
[13] 梁治平因此指出伯尔曼从特殊主义立场到这一普遍性构想之间转换的困难。参见〔美〕哈罗德·J.伯尔曼:同上注[2]所引书,增订版译者前言第10页。
[14] 同上书,第36页。
[15] 同上书,第37页。
[16] 〔美〕哈罗德·J.伯尔曼:《法律的历史基础》,范进学译,载《学习与探索》2006年第5期。

三、建构中国法律人的历史观

既然历史是法律信仰的根基,又是法律信仰再生的源泉和出发点,那么,历史是不是只意味着传统和过去呢?伯尔曼断然指出:"对那种认为历史仅仅是过去的记录,而不同时又是通往未来之路的看法,我也试图予以驳斥。西方法和西方的宗教视历史为活的传统,生生不息的标志。"[17]并引用一个杰出的当代历史学家的话,"传统是死者的活的信仰,传统主义则是生者的死的信仰"[18]。在伯尔曼那里,历史是流变的,不断发展着的,因此他才从革命的模式来把握历史;同时,历史也不是静静地躺在那里任由观赏的对象,历史与对历史的编撰法联系在一起,由此,伯尔曼才推翻了民族国家的历史编撰法,而建构出他自己建立在"六次革命"基础上的西方法律历史。

对于中国法律人来说,历史也同样不应当是那种死的过去和传统,而是一种活的流变和全新的解读。中国的历史发展到今天,其断裂和剧变甚至远远要比西方历史更为复杂,中国历史已经了传统的痛苦裂变,经历了社会主义新传统的洗礼,经历了西方外来文化的侵袭。中国所处的历史时代,如邓正来所说同时共存有"共时性"和"历史性"两种因素,"前现代性"、"现代性"和"后现代性"同时在中国并存。[19]这种历史的交汇可能远远超过了伯尔曼笔下西方历史的复杂性,也远远加大了解析中国历史的难度。当下的历史对于我们来说有如一个变幻莫测的魔方。那么,我们如何进入历史,进而如何把握中国法律发展的过去、现在和未来?也许,建构中国法律人的历史观,这首先取决于我们强烈的历史感和责任感,取决于我们在历史的激流中反观自身、反思历史的勇气和努力。

附:研究伯尔曼的参考文献

一、著作

1.〔美〕哈罗德·J.伯尔曼:《美国法律讲话》,陈若恒译,生活·读书·新知三联书店1988年版。

2.〔美〕哈罗德·J.伯尔曼:《法律与宗教》,梁治平译,中国政法大学出版社1991年版。

3.〔美〕哈罗德·J.伯尔曼:《法律与革命——西方法律传统的形成》,贺卫方等译,中国大百科全书出版社1993年版。

---

[17]〔美〕哈罗德·J.伯尔曼:同上注〔2〕所引书,第67页。

[18] Jaroslav Pelikan, The Vindication of Tradition 65 (1984). 转引自〔美〕哈罗德·J.伯尔曼:同上注〔16〕所引书。

[19] 参见邓正来:《中国法律哲学当下基本使命的前提性分析》,载《法学研究》2006年第5期。

4. 〔美〕哈罗德·J. 伯尔曼:《法律与宗教》(增订版),梁治平译,中国政法大学出版社 2003 年版。

5. 〔美〕哈罗德·J. 伯尔曼:《法律与革命——新教改革对西方法律传统的影响》(第二卷),袁瑜琤、苗文龙译,法律出版社 2008 年版。

二、论文

(一) 英文部分

本人论文

1. Harold J. Berman, Unification of Contract Clauses in Trade between Member-Countries of the Council for Mutual Economic Aid, in *The International and Comparative Law Quarterly*, Vol. 7, No. 4 (Oct., 1958), pp. 659—690.

2. Harold J. Berman, Reviewed work(s): State and Law: Soviet and Yugoslav Theory by Ivo Lapenna, in *The International and Comparative Law Quarterly*, Vol. 14, No. 1 (Jan., 1965), pp. 332—333.

3. Harold J. Berman, The Law of the Soviet State, in *Soviet Studies*, Vol. 6, No. 3 (Jan., 1955), pp. 225—237.

4. Harold J. Berman, Law as an Instrument of Peace in U. S.-Soviet Relations, in *Stanford Law Review*, Vol. 22, No. 5 (May, 1970), pp. 943—962.

5. Harold J. Berman, Soviet Law and Government, in *The Modern Law Review*, Vol. 21, No. 1 (Jan., 1958), pp. 19—26.

6. Harold J. Berman, Commercial Contracts in Soviet LawCommercial Contracts in Soviet Law, in *California Law Review*, Vol. 35, No. 2 (Jun., 1947), pp. 191—234.

7. Harold J. Berman, Toward an Integrative Jurisprudence: Politics, Morality, History, in *California Law Review*, Vol. 76, No. 4 (Jul., 1988), pp. 779—801.

8. Harold J. Berman, The Educational Role of the Soviet Court, in *The International and Comparative Law Quarterly*, Vol. 21, No. 1 (Jan., 1972), pp. 81—94.

9. Harold J. Berman, Law and Religion in the Development of a World Order, in *Sociological Analysis*, Vol. 52, No. 1 (Spring, 1991), pp. 27—36.

10. Harold J. Berman, Religious Foundations of Law in the West: An Historical Perspective, in *Journal of Law and Religion*, Vol. 1, No. 1 (Summer, 1983), pp. 3—43.

11. Harold J. Berman, The Religious Sources of General Contract Law: An Historical Perspective, in *Journal of Law and Religion*, Vol. 4, No. 1 (1986), pp. 103—124.

12. Harold J. Berman, Conscience and Law: The Lutheran Reformation and the Western Legal Tradition, in *Journal of Law and Religion*, Vol. 5, No. 1 (1987), pp. 177—202.

13. Harold J. Berman, The Spiritualization of Secular Law: The Impact of the Lutheran

Reformation, in *Journal of Law and Religion*, Vol. 14, No. 2 (1999—2000), pp. 313—349.

14. Harold J. Berman, Faith and Law in a Multicultural World (James Luther Adams Lecture, Emory University, February 6, 2002), in *Journal of Law and Religion*, Vol. 18, No. 2 (2002—2003), pp. 297—305.

15. Harold J. Berman, Soviet Family Law in the Light of Russian History and Marxist Theory, in *The Yale Law Journal*, Vol. 56, No. 1 (Nov., 1946), pp. 26—57.

16. Harold J. Berman, Principles of Soviet Criminal Law, in *The Yale Law Journal*, Vol. 56, No. 5 (May, 1947), pp. 803—836.

17. Harold J. Berman, Soviet Law Reform. Dateline Moscow 1957, in *The Yale Law Journal*, Vol. 66, No. 8 (Jul., 1957), pp. 1191—1215.

18. Harold J. Berman, The Origins of Historical Jurisprudence: Coke, Selden, Hale, in *The Yale Law Journal*, Vol. 103, No. 7 (May, 1994), pp. 1651—1738.

19. Harold J. Berman, The Background of the Western Legal Tradition in the Folklaw of the Peoples of Europe, in *The University of Chicago Law Review*, Vol. 45, No. 3 (Spring, 1978), pp. 553—597.

20. Harold J. Berman, The Restoration of Law in Soviet Russia, in *Russian Review*, Vol. 6, No. 1 (Autumn, 1946), pp. 3—10.

21. Harold J. Berman, The "Right to Knowledge" in the Soviet Union, in *Columbia Law Review*, Vol. 54, No. 5, Community Security vs. Man's Right to Knowledge (May, 1954), pp. 749—764.

22. Harold J. Berman, Soviet Justice and Soviet Tyranny, in *Columbia Law Review*, Vol. 55, No. 6 (Jun., 1955), pp. 795—807.

23. Harold J. Berman, Soviet Heirs in American Courts, in *Columbia Law Review*, Vol. 62, No. 2 (Feb., 1962), pp. 257—274.

研究论文

1. R. Beermann, Book Review: Justice in the U.S.S.R. An Interpretation of Soviet Law by Harold J. Berman, in *Soviet Studies*, Vol. 18, No. 1 (Jul., 1966), pp. 110—111.

2. J. A. G. Griffith, Book Review: Justice in Russia by Harold J. Berman, in *The Modern Law Review*, Vol. 16, No. 1 (Jan., 1953), pp. 108—109.

3. Thomas E. Morrissey, Book Review: Law and Revolution: The Formation of the Western Legal Tradition by Harold J. Berman, in *Church History*, Vol. 54, No. 3 (Sep., 1985), pp. 390—391.

4. A. London Fell, Book Review: Law and Revolution: The Formation of the Western Legal Tradition by Harold J. Berman, in *The American Historical Review*, Vol. 89, No. 4 (Oct., 1984), pp. 1040—1041.

5. Peter Landau, Book Review: Law and Revolution by Harold J. Berman, in *The University of Chicago Law Review*, Vol. 51, No. 3 (Summer, 1984), pp. 937—943.

6. William W. Bassett, Book Review: Law and Revolution: The Formation of the Western Legal Tradition by Harold J. Berman, in *Columbia Law Review*, Vol. 85, No. 7 (Nov., 1985), pp. 1573—1584.

7. David Ibbetson, Book Review: Law and Revolution: The Formation of the Western Legal Tradition by Harold J. Berman, in *Oxford Journal of Legal Studies*, Vol. 6, No. 1 (Spring, 1986), pp. 137—144.

8. Edward Peters, Book Review: Law and Revolution: The Formation of the Western Legal Tradition by Harold J. Berman, in *Harvard Law Review*, Vol. 98, No. 3 (Jan., 1985), pp. 686—696.

9. Alfred P. Rubin, Book Review: Law and Revolution: The Formation of the Western Legal Tradition. by Harold J. Berman, in *The American Journal of International Law*, Vol. 80, No. 1 (Jan., 1986), pp. 222—225.

(二)中文部分

本人论文

1.〔美〕哈罗德·J. 伯尔曼:《法律的历史基础》,范进学译,载《学习与探索》2006年第5期。

2.〔美〕哈罗德·J. 伯尔曼:《契约法一般原则的宗教渊源:一个历史的视角》,郭锐译,载《清华法学》第六辑。

研究论文

1. 陈金钊:《法律程序中的仪式及意义——伯尔曼〈法律与宗教〉评析》,载《法律科学:西北政法学院学报》1994年第5期。

2. 何邦武:《寻找法律的精神家园——伯尔曼法律和宗教关系评述》,载《中山大学研究生学刊(社会科学版)》1998年第3期。

3. 郭义贵:《西方法律史的一部力作——论伯尔曼的〈法律与革命——西方法律传统的形成〉》,载《中外法学》1999年第3期。

4. 岳纯之:《伯尔曼法律思想述评》,载《烟台师范学院学报(哲学社会科学版)》2001年第2期。

5. 薄振峰、杨帆:《论伯尔曼法学思想中的综合因素》,载《黑龙江省政法管理干部学院学报》2004年第4期。

6. 朱作鑫:《宗教革命创造法律体系——评伯尔曼〈法律与革命〉一书的宗教法律史观》,载《广西政法管理干部学院学报》2004年第6期。

7. 熊浩:《所赋与所具——读伯尔曼〈法律与宗教〉》,载《玉溪师范学院学报》2006年第2期。

8. 陈日华:《伯尔曼〈法律与革命〉一书的一个小错误》,载《世界历史》2006年第4期。

9. 赵毅:《两个世界的游离与超越——对伯尔曼法律与宗教思想的一个初步解读》,载《新学术》2007年第3期。

10. 曹乔华:《论法律的宗教性——兼解读伯尔曼的〈法律与宗教〉》,载《云梦学刊》2007年第6期。

11. 覃阳:《伯尔曼的法律思想研究》,西南师范大学2002年硕士学位论文。

12. 赖国栋:《西方法律传统与宗教》,重庆大学2007年硕士学位论文。

马克思的思想方程式[*]

王 峰[**]

假设马克思的思想是一个谜,那么至少应该允许人们有猜错的机会与权利。那些妄称猜对的,滑稽地不值一晒,或者说它们苍白无力得如同写在海滩上的字。干脆说,我们不能像得了强迫症那样弄出各种对现实毫无意义的言论。毕竟,在面对马克思的思想方程式时,如果我们的思想与行动不再相关,仅仅由(by)话语产生的话语、关于(of)话语的话语和为了(for)话语的话语,如此这般的缺乏甚至谈不上智慧的题解,何足挂齿呢?

当然,这样简略的评论并非是明智的、严肃的。不过,我的目的在于表明:伟大的马克思和其思想存在的最大问题可能就是一个表述性问题,亦即我们不知道哪些思想对于中国是合适的,也不知道如何去知道哪些思想对中国是合适的。这也就是说,我们不得不受制于中国问题此一视界来思考马克思的思想方程式。

为什么会受制于此,最好的理由之一莫过于毛泽东关于"开除球籍"的名言警示:"你有那么多人,你有那么一块地方,资源那么丰富,又听说搞了社会主义,据说是有优越性,结果你搞了五六十年还不能超过美国,你像什么样子?那就要从地球上开除你的球籍!……如果不是这样,那我们中华民族就对不起全世界各民族,我们对人类的贡献就不大。"[1]如果说这会把马克思

---

[*] 本文的诸多观念大多源自对邓正来、赵汀阳著作的阅读与理解,借用之余或有曲解,请甄别对待;当然短文文责我自负。
[**] 王峰,法学博士,南京理工大学法学系讲师。
[1]《毛泽东选集》第五卷,人民出版社1977年版,第296页。

的思想方程式误置于不宜的"政治性环境",那么显然,我们辩驳的理由同样可以来自毛泽东,"搞社会主义不能使羊肉不好吃,也不能使南京板鸭、云南火腿不好吃。……羊肉不一定照马克思主义做,在社会主义社会里,羊肉、鸭子应当更好吃,才能体现社会主义比资本主义进步,否则在洋肉面前就没有威信了。"[2] 又或说,福柯的知识/权力分析更加学理化地明确了:我们的思想观念最终会归诸某种政治性诉求。除此之外,最不坏的理由,再简洁不过的表述则是"学以致用"。这样做的目的,无非是要求我们用来解题的马克思的思想与被思考的对象材料中国问题之间能够互构。那么,这将意味着中国的某些观念能够成为全世界马克思思想方程式的组成部分,成为通用的思想工具和根据之一。从一个被思考、被解释的对象到一个思想的工具和根据之转换,显然这将扩张由马克思的思想方程式所带给人类的思维能力。我相信,选择这种路径必然会改变我们对许多重要问题的看法,从而激发更多可能的思路与视界;又或说,我们没有理由不考虑自己的问题和知识,而去替别人生产关于别人的知识。

　　那么,到底应该如何运用中国问题这一视界来研究马克思的思想方程式呢?简洁地说,如何在讨论马克思的思想方程式时,给出其攸关人类共同问题的中国方案而非仅仅是在强调地方性特色?题解马克思的思想方程式,给出中国方案,一直到今天,我们其实还没有一种非常全面有效的表述方式,只有常常被忽略的中国经验。在这些问题上,正在成为共识的判断是:我们通常是按照别人的知识标准在进行知识生产,而对于为什么这样行为却少有解释。最显然的例证则是那些倡言所谓"回到马克思"的作品。这不是在说我们的知识生产不能包括对别人的知识,此类知识一如既往的重要,而是说我们不应该丢掉我们自己的标准与问题。对于这种状况,我们可以毫不夸张地一如赵汀阳所言:"令人深感不安的是中国现在没有一整套充分的理念体系可以形成关于当下生活的完整理解、关于未来生活的想象和关于全人类的责任设计。"[3] 具体就马克思思想的知识生产,难道我们真的深思过当下的中国与马克思思想的具体结合了吗?我相信,如何将中国经验创作成为一种可以接受的实践方式,亦即将之创作成为一个与人类问题相关的问题体系与理解方式(表述方式),这些可能会是更值得尝试去题解马克思思想的方式。在某种程度上,这项工作也同样类似于赵汀阳之于"天下体系"的开放。

　　谨以此短文,是为纪念马克思。

附:卡尔·马克思年谱

　　1818 年 5 月 5 日　　马克思诞生于普鲁士莱茵省特利尔市的一个律师家庭。

---

〔2〕《在中共第八次全国代表大会预备会议第一次会议上的讲话》(1956 年 8 月 30 日),会议记录稿。

〔3〕参见赵汀阳:《毛泽东的理念设计》,载 http://www.xschina.org/show.php?id=11861,2008 年 9 月 1 日访问。

1830年10月　马克思进特利尔中学念书。

1835年9月24日　马克思中学毕业。

10月15日　马克思进波恩大学法律系学习。

1836年10月22日　马克思转入柏林大学法律系学习。

1839年初—1841年3月　马克思研究古希腊哲学,写《关于伊壁鸠鲁哲学的笔记》;写作博士论文《德谟克利特的自然哲学和伊壁鸠鲁的自然哲学的差别》。

1841年3月30日　马克思毕业于柏林大学。

4月15日　马克思得到耶拿大学哲学系的博士证书。

1842年4月　马克思开始为《莱茵报》撰稿。

10月上半月　马克思移居科伦,10月15日起担任《莱茵报》主编。

11月下半月　马克思在《莱茵报》编辑部与恩格斯初次见面。恩格斯是在赴英国途中访问马克思的。

1843年3月17日　马克思退出《莱茵报》编辑部。

6月19日　马克思在克罗茨纳赫与燕妮·冯·威斯特华伦结婚。

10月底　马克思迁居巴黎,同阿·卢格合办《德法年鉴》。

1844年2月底　马克思和卢格主编的《德国年鉴》创刊号(第一、二期合刊)在巴黎出版。

4月—8月　马克思撰写《1844年经济学哲学手稿》。

5月1日　马克思的女儿燕妮诞生。

8月　马克思开始为巴黎的德文报纸《前进报》撰稿。

8月28日左右　马克思会晤从英国回德国途中来访的恩格斯。从此两人结下了牢不可破的友谊,为今后长期合作奠定了基础。

1845年2月3日　马克思被驱逐出巴黎,迁往比利时的布鲁塞尔。

2月底　马克思和恩格斯第一次合著的《神圣家族,或对批判的批判所做的批判》一书出版。

4月初　恩格斯从巴门迁居布鲁塞尔。

1845年7月中旬—8月下旬　马克思和恩格斯到伦敦和曼彻斯特作考察旅行,并在伦敦会见了宪章派和正义者同盟的一些领导人。

9月26日　马克思的女儿劳拉诞生。

11月　马克思和恩格斯开始写《德意志意识形态》一书,翌年5月完稿。

1846年2月　马克思和恩格斯在布鲁塞尔创立共产主义通讯委员会。

3月30日　马克思和恩格斯在布鲁塞尔共产主义通讯委员会会议上尖锐地批判了"真正的社会主义"和威·魏特林的粗陋的平均共产主义。

1847年春　马克思和恩格斯加入正义者同盟。

6月初　共产主义者同盟第一次代表大会在伦敦召开。马克思因经济困难未能参加,恩格斯出席了大会。

7月初 马克思的《哲学的贫困 答蒲鲁东先生的〈贫困的哲学〉》一书出版。

8月5日 在布鲁塞尔成立了共产主义者同盟的支部和区部。马克思当选为支部主席和区部委员会委员。

1847年8月底 马克思和恩格斯在布鲁塞尔组织德意志工人协会。

11月15日 马克思在布鲁塞尔民主协会会议上当选为协会副主席。

11月29日—12月8日左右 马克思和恩格斯参加在伦敦举行的共产主义者同盟第二次代表大会。大会委托他们起草同盟纲领。

1848年2月22日 法国爆发革命。

2月24日左右 共产主义者同盟的纲领《共产党宣言》出版。

3月4日 马克思被比利时政府驱逐出境。第二天马克思一家到达巴黎。

3月11日 共产主义者同盟新的中央委员会在巴黎成立,马克思当选为主席,恩格斯缺席当选为中央委员。

3月13日 维也纳爆发革命。

3月18日 柏林发生一街垒战。

3月21日 恩格斯到达巴黎。

3月21日和29日之间 马克思和恩格斯撰写共产主义者同盟在德国革命中的政治纲领《共产党在德国的要求》。

4月6日左右 马克思和恩格斯离开巴黎,回德国直接参加革命。11日到达科伦。

5月31日 《新莱茵报》创刊号提前一天出版。马克思任该报主编,恩格斯任编辑。

1848年7月21日 马克思出席科伦民主协会的全体会议。会上选举马克思和施奈德尔第二为代表参加科伦三个民主团体的中央委员会。

8月13日—14日 马克思和恩格斯参加在科伦召开的第一届莱茵民主主义者代表大会。大会批准了科伦三个民主团体中央委员会的组成。

8月23日—9月11日左右 马克思去维也纳和柏林旅行,目的是加强同各民主团体和工人组织的联系,并为《新莱茵报》筹措经费。

9月13日 《新莱茵报》编辑部、科伦工人联合会和民主协会在科伦弗兰肯广场召开民众大会。大会选出由三十人组成的安全委员会,马克思和恩格斯都被选入该委员会。

1月13日 在科伦群众大会上选出了人民委员会,任务是组织和武装群众反抗征税,反对正在普鲁士策划的政变。马克思当选为该委员会委员。

1849年2月7日和8日 科伦陪审法庭分别以侮辱当局和"煽动叛乱"的罪名两次传讯并审判马克思、恩格斯等人。马克思和恩格斯在法庭上据理驳斥反动派的诬蔑,使法庭不得不宣判全体被告无罪。

4月5日—11日 马克思在《新莱茵报》上发表《雇佣劳动与资本》。

4月15日—5月8日左右 马克思到德国西北部和威斯特伐里亚各城市了解各地的

革命形势,为继续为出版《新莱茵报》筹集资金。

1849 年 5 月 16 日　马克思接到普鲁士当局把他驱逐出境的命令。

5 月 19 日　用红色油墨刊印的《新莱茵报》最后一号第 301 号出版。

6 月初　马克思来到巴黎。

8 月 26 日左右　马克思被法国政府逐出巴黎来到伦敦。

8 月底—9 月初　马克思和以前伦敦中央委员会的一些委员重新组织了共产主义者同盟中央委员会。

9 月初　马克思参加伦敦德意志工人教育协会。

1850 年 1 月—11 月 1 日　马克思写总结 1848 年革命的连载文章:《1848 年至 1850 年的法兰西阶级斗争》。

3 月 6 日　马克思编辑的《新莱茵报　政治经济评论》第 1 期在汉堡出版。11 月 29 日停刊,共出六期。

3 月底　马克思和恩格斯写第一篇《中央委员会告共产主义者同盟书》。

6 月初　马克思和恩格斯写第二篇《中央委员会告共产主义者同盟书》。

10 月 4 日—11 月 12 日　马克思和恩格斯密切注视科伦共产党人一案的审讯进程。他们通过各种方法揭露普鲁士当局的阴谋,千方百计营救战友。

10 月底—12 月初　马克思写抨击性著作《揭露科伦共产党人案件》。

1851 年 1 月—12 月　马克思继续研究政治经济学;经常去英国博物馆图书馆阅读。

约 1851 年 12 月 19 日—1852 年 3 月 25 日　马克思写《路易·波拿巴的雾月十八日》一书。

1853 年 5 月 20 日　马克思写《中国和欧洲革命》一文。

1854 年 12 月底—1855 年 1 月 1 日　马克思写了两篇总标题为《克里木战局的回顾》的文章,从此开始为《新奥得报》撰稿。

1855 年 1 月 16 日　马克思的女儿爱琳娜诞生。

1856 年 10 月下半月—1857 年 3 月　马克思研究波兰历史。特别注意 18 世纪和 19 世纪革命中的波兰问题。

1857 年 1 月—5 月　马克思和恩格斯为《纽约每日论坛报》写了一系列关于反对英国殖民主义者对中国的侵略战争的文章。

10 月—1858 年 2 月　马克思和恩格斯密切注视着欧美各国已经开始的经济危机,认为这是新的革命高潮的开端。

8 月 31 日—9 月 28 日　马克思写了四篇关于鸦片贸易史和关于《天津条约》的文章。

1859 年 5 月—8 月 20 日　马克思和恩格斯为在伦敦出版的《人民报》撰稿。7 月初马克思担任了该报的实际领导工作。

6 月 11 日　马克思的著作《政治经济学批判》第一分册在柏林出版。

1860年1月—2月初　马克思继续写《政治经济学批判》第二分册。为此，他经常去英国博物馆研究1855—1859年工厂视察员的报告，研究斯密、魁奈等资产阶级经济学家的著作。

12月1日　马克思的论战性著作《福格特先生》在伦敦出版。

1861年2月28日—3月6日左右　马克思到扎耳特博默（荷兰）探望姨夫。

1863年1月22日—23日　波兰王国爆发反对俄国沙皇统治的起义。

10月底—11月初　马克思受伦敦德意志工人教育协会的委托，写支援波兰起义的呼吁书。

1864年5月3日　马克思去曼彻斯特探望病危的老战友威·沃尔弗。9日沃尔弗逝世。

9月28日　马克思出席在伦敦圣马丁堂举行的国际工人协会成立大会。他当选为协会临时委员会委员。

10月21日和27日之间　马克思重新起草国际工人协会的纲领性文件——成立宣言和临时章程。

1865年9月25日—29日　马克思参加国际工人协会伦敦代表会议，会议通过了他为即将召开的代表大会所提出的议事日程。

1866年1月22日　马克思出席纪念1863—1864年波兰起义三周年大会，在会上他支持声援波兰民族解放斗争的决议。

8月底　马克思为即将召开的日内瓦代表大会起草《临时中央委员会就若干问题给代表的指示》。

9月3日—8日　国际工人协会日内瓦代表大会讨论了马克思起草的《临时中央委员会给代表的指示》，并按照《指示》通过了各项主要决议。代表大会选举马克思为总委员会委员。

1867年1月22日　马克思作为国际工人协会的代表，出席伦敦纪念1863—1864年波兰起义四周年大会，并在会上发表了演说。

9月2日—8日　国际工人协会代表大会在洛桑举行。大会选举马克思为总委员会委员。

9月14日　马克思的主要经济学著作《资本论》第一卷在汉堡出版。

12月下半月—1868年4月底　马克思抱病继续写作《资本论》。

1868年9月6日—13日　在国际布鲁塞尔代表大会上宣读并讨论了马克思写的总委员会总结报告。马克思再度当选为总委员会委员。

1869年9月7日和11日　在国际巴塞尔代表大会上宣读了马克思起草的总委员会总结报告和关于继承权的报告。马克思再度当选为总委员会委员。

9月18日左右—10月7日　马克思和女儿燕妮在汉诺威的路德维希·库格曼家作客，并会晤了威·白拉克。

1870年7月19日—23日　马克思写《国际工人协会总委员会关于普法战争的第一篇宣言》。

9月6日—9日　马克思写《国际工人协会总委员会关于普法战争的第二篇宣言》。

9月20日左右　恩格斯从曼彻斯特迁居伦敦，住在离马克思家不远的地方。根据马克思的建议，恩格斯被补选为总委员会委员。

1871年3月19日—5月　马克思和恩格斯得知巴黎于3月18日爆发革命的消息。他们仔细研究了这一局势，同公社社员建立了联系，并就许多重大问题向他们提出建议。马克思还给各地写了几百封信，号召声援巴黎公社。

5月30日　马克思在总委员会会议上宣读他起草的宣言《法兰西内战》。

9月17日—23日　在马克思和恩格斯的领导下，国际工人协会在伦敦举行代表会议。

9月25日　马克思在伦敦举行的国际工人协会成立七周年庆祝会上发表讲话，论述国际的任务和目的，阐明巴黎公社的阶级实质。

1872年3月13日—18日　马克思起草巴黎公社一周年纪念大会的决议，把公社称为"伟大的社会革命的曙光"。

9月2日—7日　马克思和恩格斯在海牙参加国际工人协会代表大会。他们在会上捍卫无产阶级的党性原则，反对小资产阶级宗派主义；在他们的坚持下，大会决定把关于建立工人阶级独立政党的决议写进国际的章程，并且扩大总委员会的权力。

1873年4月—7月　马克思和恩格斯受海牙代表大会的委托写揭露巴枯宁分子的阴谋活动的小册子《社会主义民主同盟和国际工人协会》。8月底该书用法文出版。

5月—6月　马克思为出版《资本论》第一卷法文版进行繁重的准备工作。

1874年8月19日—10月3日左右　马克思和女儿爱琳娜在卡尔斯巴德疗养。在返回伦敦途中在德勒斯顿、莱比锡、柏林和汉堡停留，会见了德国党组织的一些领导人，就党内问题进行了交谈。

1875年1月23日　马克思和恩格斯在1863—1864年波兰起义十二周年纪念会上发表演说。

5月5日　马克思写信给威·白拉克，并寄去了《对德国工人党纲领的几点意见》（后来被称为《哥达纲领批判》）。

8月15日—9月11日　马克思在卡尔斯巴德疗养。

9月20日以后—10月　马克思又紧张地研究政治经济学，特别是用很多时间研究俄国的土地关系。

11月—12月　马克思研究农业化学、物理学、政治经济学方面的专门著作，特别是土地问题的著作。

1876年8月16日—9月15日　马克思和女儿爱琳娜在卡尔斯巴德疗养。

1877年初—8月8日　马克思为恩格斯的《反杜林论》撰写第二编第十章。

1878年—1882年　马克思系统地钻研代数学,写下了大量的札记,继续探讨19世纪60年代就已开始的数学分析,写了微分学简史。

1878年12月—1879年1月　马克思继续详尽地研究金融和银行业的问题,作了大量摘录和札记。

1879年9月17日、18日　恩格斯和马克思共同起草给奥古斯特·倍倍尔、威廉·李卜克内西和威廉·白拉克等人的通告信,批判了德国党领导人对党内机会主义采取调和主义的态度。

1880年5月初　马克思和恩格斯在伦敦同茹尔·盖得、堡尔·拉法格一起制定法国工人党纲领。纲领的理论性导言是马克思起草的。

12月9日—16日左右　马克思和恩格斯会见奥古斯特·倍倍尔、保尔·辛格尔,他们是为了同马克思和恩格斯讨论党的事务加强党报工作而先后来到伦敦的。

1881年5月—1882年2月中　马克思为了研究原始社会公社制度问题,对摩尔根《古代社会》一书作了非常详细的摘要,写了许多评语和意见,还阅读了其他许多有关原始文化史的著名。

7月26日—8月16日　马克思和夫人到巴黎近郊阿尔让台女儿燕妮家里小住。

10月13日左右—12月上半月　马克思患重病。

12月2日　马克思夫人燕妮·马克思在伦敦逝世。

1882年2月9日—10月初　马克思健康状况恶化,根据医生建议,他到阿尔及尔、法国南部和瑞士等地治病、疗养,途中看望了女儿燕妮和劳拉。

1883年1月11日　马克思的大女儿燕妮逝世。

3月14日　马克思在伦敦逝世。

3月17日　马克思的葬礼在伦敦海格特公墓举行。恩格斯发表墓前讲话,指出作为科学共产主义创始人的马克思的理论遗产和实际革命活动具有伟大的世界历史意义。

为权利而斗争
——纪念耶林诞辰190周年

王虹霞*

著名的19世纪德国法学家鲁道夫·冯·耶林（Rudolf von Jhering, 1818—1892）出生于德国北部东弗里西亚奥里希的一个法学家和文职人员（civil servants）世家。自1936年始，耶林便在海德堡、慕尼黑、哥廷根、柏林等地学习法律，并于1842年在柏林以"关于遗产占有人的'论遗产占有'"为博士论文题目获得博士学位。而其教学研究生涯是从1843年在柏林大学法律系担任编外讲师职务开始的，并先后任教于巴塞尔大学、罗斯托克大学、基尔大学、吉森大学、维也纳大学和哥廷根大学。耶林生前就已经获得了相当多的荣誉，"他是阿姆斯特丹、罗马、维也纳和柏林科学院的通讯成员，在1872年离开维也纳的时候被授予莱波尔德骑士十字勋章，并被授予世袭贵族头衔"[1]。而在耶林去世之后，亦召开了多次不同主题的研讨会来纪念他。[2] 耶林一生笔耕不辍、著述甚丰，其中的三部最引人注目，分别是：《不同发展阶段罗马法的精神》（简称《罗马法的精神》）、《为权利而斗争》和《法律：实现目

---

* 王虹霞，吉林大学理论法学研究中心2007级博士研究生。感谢姚远为我提供的一些研读耶林的珍贵文献。

[1]〔德〕米夏埃尔·马廷内克：《鲁道夫·冯·耶林：生平与作品》，田士永译，载郑永流主编：《法哲学与法社会学论丛》二〇〇五年卷（总第八期），第319页。

[2] 比如，1968年在哥廷根举办的以"耶林的遗产"为题纪念耶林诞辰150周年的研讨会，以及1992年召开的以"耶林的法律思想"为题纪念耶林逝世100周年的研讨会，关于与会论者们发表的论文，参见文后所附的研究耶林的文献。

的的一种手段》,它们甚至被认为是划分耶林法律思想发展的不同阶段的标志。耶林作品的语言风格独特,马廷内克称耶林的语言风格"具有特殊魔力,表达形象,能产生一种令人振奋的效果"〔3〕。哈特在讨论耶林的《法学的概念天国》时也称"这篇短论才华横溢、文笔轻快、见解深刻"〔4〕。而实际上,使用警句式的表达是耶林惯常的语言特色,在他的诸多令人振聋发聩的宣言口号中,"为权利而斗争"恐怕是人们最耳熟能详的,而在"为权利而斗争"这一具有鼓动力的警语背后,则是其影响深远的法律哲学思想。

耶林并非生来就是一位批评传统信仰的反传统者,尽管他恰有此种性情,然而在其职业生涯的前二十年,他并没有公开地将此表露出来。这表现在早期他对罗马法进行研究的过程中,并没有打算进行法律史的研究,他关注的是从罗马法观察法的本质究竟是什么,他试图通过概念抽象出来的体系,以尽可能从概念之间具有创造力的相互协调中提出新的解决方案,也就是说耶林"想从罗马法挑选出其中确立的精神因素并挑选出普遍有效者,试图从罗马法的既有规则中找出一般性的法律思想,如果能提升到较高的抽象层次,进行严格的概念界定,这些法律思想就能适用于类似的事实中。因此,耶林仍属于萨维尼创立的历史法学派"〔5〕。普赫塔进一步发展了萨维尼理论的萌芽,发展出了概念法学,作为耶林的老师,他对耶林刚刚开始的学术活动具有着重要的影响,耶林的首部主要作品《罗马法的精神》就奉献给他。在该书中,耶林在19世纪前半叶自然科学所取得的成果的影响下,发展出了自己的自然历史方法,在耶林看来,概念界定是通过分析、总结和建构三个阶段实现的。分析是第一步,通过该方法可以获得法学概念,这些概念之间产生各种各样的联系,这些概念构成了一个"字母表",概念正确组合可以产生社会秩序的创造性形式,并按照这种方法产生出新的概念;第二步则是将所发现的规则回溯到作为其基础的原则,即总结的方法,该方法是存在于所有法律规范总和中符合逻辑并处于特定语境下的一种构造,运用该方法的目的在于发现上位规范,将其从大量特殊规则中解脱出来;第三步则是法学建构的阶段,在耶林看来,建构概念是法学中有创造力的因素,通过该原则能够实现从法律在质上和量上予以简化的观点扩展出去的一个目的,即快速并统一地适用法律。耶林的自然历史方法受到了很多的批判,而其本人后来也批评了该方法,但是在法律基本概念的方法论分析的意义上,耶林对一般法律学说的意义进行思考所产生的促进也是无可争辩的。〔6〕

但是耶林所生活于其中的历史条件和德国的时代状况以及耶林本人永无止境的探求新知的精神,使得他不可能仅仅局限于历史法学和概念法学的框框之内。19世纪,这一在科学上有巨大创新的时期,在民法领域却是一段相对停滞的时期,英国、法国和美国

---

〔3〕〔德〕米夏埃尔·马廷内克:同上注〔1〕所引书,第317—318页。

〔4〕〔英〕哈特:《耶林的概念天国与现代分析法学》,陈林林译,载邓正来主编:《西方法律哲学家研究年刊》2006年(总第1卷),北京大学出版社2006年版,第4页。

〔5〕〔德〕米夏埃尔·马廷内克:同上注〔1〕所引书,第324页。

〔6〕同上书,第324—328页。

皆是如此。[7] 而在德国却是另一番情景。德国虽然具有当时西欧国家中最落后的法律制度,然而法学上的革新却是最早发生的。由于历史的原因,德国一直未能实现自身政治上的统一,而由于法国大革命的影响和拿破仑的入侵,实现政治上的统一则是迫在眉睫的要求。政治上的统一是任何有效地发挥作用的法律制度的首要前提,这就给德国的法学提出了现实的要求。然而这个时候德国最伟大的法学家们都在做什么呢?他们对日耳曼(Germanic)法律进行着不懈的研究,并获得了国际性的声望,但是他们仅仅对法律史或者法律哲学感兴趣,他们极少或者根本不关注实践的法理学的需要,而是将此完全交给了不那么有能力的实践者来解决。这些法学家们没能够完成德国统一所赋予他们的使命,他们在纯粹的科学探究中仅仅追求着名誉。[8] 在法理学中,此时德国盛行的是由萨维尼创立的历史法学派,萨维尼本人对罗马法的历史所进行的研究是不朽的,然而"尽管在这一活动中,他亦对实践产生了不幸的影响,因为他倾向于将古代罗马法提升为与《学说汇纂》(pandects)的法律相对照的纯粹法(pure law),即潘德克吞的现代运用(*usus modernus pandectarum*),也即自15世纪普遍接受罗马法以来实际上在德国各州所接受的经过修正的罗马法"。[9] 同时,基于其历史哲学,萨维尼主张,"法律为一定民族所特有,如同其语言、行为方式和基本的社会组织体制。不仅如此,凡此现象并非各自孤立存在,它们实际乃为一个独特的民族所特有的根本不可分割的禀赋和取向,而向我们展现出一幅特立独行的景貌。将其联结一体的,乃是排除了一切偶然与任意其所由来的意图的这个民族的共同信念,对其内在必然性的共同意识"。[10] 也就是说,他认为法的本质是时代相传的"民族精神"的体现。由此,萨维尼将惯例作为主要的法律渊源,所以他不仅反对自然法的革命性准则,亦反对实证的立法。然而,"历史法学派不能够调和对外来的罗马法的接受以及法律根源于民族精神这两者之间的冲突"。[11] 而反对历史法学派的声音自萨维尼占支配地位的时期就已经出现,比如哲理法学派以及日耳曼法学者(Germanists),然而无论是前者以个人意图(intention)和实现个人意志的方式来思考,抑或是后者在研究德国法的起源时对日耳曼法因素的偏爱,他们都没有考察到社会和实践的需要,没有考虑如何使既存的法律制度适应当下的现实需要,进而没有为德国法理学提供一个更为现实主义的基础。

起初,耶林批评了萨维尼的理论,但是并没有真正地叛离。"他反对萨维尼狭隘的民族主义,而是强调晚期罗马法最起码的普遍性特征。"[12] 其实在他研究罗马法的时候,表

---

[7] 对此的具体论述,See William Seagle, Rudolf von Jhering: Or Law as a Means to an End, in *The University of Chicago Law Review*, Vol. 13, No. 1 (December, 1945), p. 72.
[8] Ibid., p. 73.
[9] Ibid., p. 74.
[10] [德]萨维尼:《论立法与法学的当代使命》,许章润译,中国法制出版社2001年版,第7页。
[11] William Seagle, supra note [7], p. 74.
[12] Ibid., p. 77.

面上是一位罗马法的历史学家,实际上他甚至提出这样的口号来表述他的目标:"研习罗马法,超越罗马法",这亦是《罗马法精神》的目标和哲学,但是这一思想发展阶段的耶林从来没有超越对特定罗马法制度的一般性特征的分析,他试图仅仅通过一种内省的和心理学的解释来阐发罗马法律概念和理念的特定本质。但是我们同时又能从耶林与友人之间的通信中发现他对自己已经作出的工作的价值所产生的怀疑,以及对德国法理学这片不毛之地的暗示,他甚至表达出一种明确的对任何带有些微法理学意味的东西的厌恶。有一次在给 Windscheid 的信中,耶林写道:"在我的意识中存在着一股似着了魔的力量,它不能被传统生活的宁静所满足,它向往着各种各样的冒险与不拘泥于传统的行为。"[13]他甚至对自己的早期作品《罗马法的精神》都加以嘲弄,称其为提供给受过教育的外行人读的书。

终于他走上了离历史法学派与概念法学派越来越远的道路,大约在 1860 年,他与历史法学派决裂,并且抛弃了概念法学。耶林对概念法学的抨击始于其一系列匿名发表于《普鲁士法院报》的密信,这些密信语调尖刻,充满着嘲讽和愚弄。在这之后对概念法学不遗余力的批判中,他将概念法学盲目相信逻辑的作用而无视现实的社会生活的这种做法所存在的弊端揭露殆尽。在他看来,概念法学"第一,过度关注抽象的法律概念,忽视了这些概念在现实生活中的适用条件;第二,对应该考虑在内的社会利益与个人利益,以及在使用和发展法律概念过程中所碰到的其他实际问题视若无睹;第三,确信能够区分某一法律规则或概念的本质和法律后果,因此我们可以像普赫塔在分析占有那样,全盘脱离实际效用,对概念进行抽象的思考。这导致处理问题时的不着边际——我们可以据此说,占有之类的概念,在事实上,其本质结果就如同法律,所以概念事实与法律是同一的;第四,无视法律的目的与宗旨,并拒绝法律为什么是这样的设问;第五,法律科学在方法和概念上对数学进行错误的模仿,以致全部的法律推理成了纯数学计算,并于其中通过逻辑演绎获取法律概念的内涵"[14]。而耶林在其晚年的时候,他甚至将概念法学嘲讽为"概念的天国"来自娱,"他想象着他死去之后,来到了法学概念的天国,法律理论家们拥有一个与实践者们相分离的天国,在实践者的天国里,太阳依然照耀着,甚至也有空气,而法学概念的天国却是一个冰冷、黑暗的真空,没有空气,空气对他们来说就像毒药一样。太阳是所有生物的生命之源,而概念拒绝与尘世生活的一切接触,因为它们仅仅为它们自己而存在,而且法律理论家们习惯了这般黑暗,就像密涅瓦的猫头鹰一样"[15]。

于是,耶林成为了一名拥护一种新的法学方法公认的斗士!在其于 1872 年发表于维也纳律师协会的演讲,后来作为《为权利而斗争》一书而面世的著名小册子中,与萨维

---

[13] Ibid., p.78.
[14] [英]哈特:同上注[4]所引书,第 4 页。
[15] See Rudolf von Jhering, In the Heaven for Legal Concept: A Fantasy, trans. by Charlotte L. Levy, in *Temple Law Quarterly*, Vol.58, 1985, pp.799—842.

尼的历史法学派所主张的法经过毫无痛苦、无需斗争甚至无需探求的过程就能够形成的观点迥然对立，耶林认为，法源于斗争，"世界上的一切法权都是斗争而获得的，每一项既存的法律规则，必定只是从对抗它的人手中夺取的"[16]。"法只有通过与自己过去的决裂才能使自己变得年轻，法在其历史运动中，令我们忆起种种探索、角逐、斗争的图景，质言之，暴力的奋争的图景，作为目的概念的法，置身于人的目的、志向、利益的混乱喧闹之中，它必须不停地摸索和探求，以寻找正确的道路，在发现了正确的道路时，必须斗争和运用暴力，以实际踏上这条道路。法的诞生如同人的诞生，通常伴随着剧烈的分娩阵痛。"[17] 只有斗争才能实现法律的生命。由此，就国民个人而言，耶林呼吁国民树立其"法权感"，为具体的权利（耶林将权利界定为"在法律上受到保护的利益"）而斗争。因为，"权利与人格相关联，当我使物变成我的之时，我就使之烙上了我的人格之印；谁侵犯了它，就是侵犯了我的人格，人们对它的打击，就是打击置身于其中的我本身——财产只是我的人格在物上外展的末梢"[18]。由此耶林称，"在平淡无奇的地方，在为权利而斗争的地方，权利变成了诗歌——因为为权利而斗争，实际上是人格的诗歌，主张受侵害的权利是一种自我维护人格的行为，是权利者对自己的义务"[19]，权利甚至"是个人道德的生存条件，是对个人道德的自我维护"[20]。同时，主张权利又不单单是个人的事务，主张权利又是一种对集体的义务。耶林称，"这是一个共同的斗争，在这场斗争中，所有的人都必须紧密团结，这是一个民族的事业，逃逸者犯下了背叛共同事业的罪行，因为当他大长了敌人的胆量和气焰时，就是增强了敌人的力量"[21]。由此耶林就从纯利益计算的层面，经由强调人格和其道德深层条件的理想层面，直至正义理念实现的最高峰这些层面追踪了这一斗争，当我们掩书对耶林提出的这一命题进行回味时，他在《为权利而斗争》结尾处那充满激情的语句仍回响在我们耳边："你当在斗争中发现你的权利。从权利放弃作斗争的这一刻起，它就放弃了自己。"[22]《为权利而斗争》一书勾勒出了一种替代历史法学的新哲学的轮廓。

那么法律如何为权利而斗争提供很好的保障呢？这关涉耶林法律哲学的核心内容。耶林被认为是社会功利主义的创始人和领袖，他指出，"法学家仅仅知道法律（亦即该术语所具有的任何意义及所有含义上的那种法律）是发展之物这一点是不够的；法学家不仅必须认识到法律是发展的以及法律是如何发展的，而且还必须认识到法律至今的发展

---

[16] 〔德〕鲁道夫·冯·耶林：《为权利而斗争》，郑永流译，法律出版社 2007 年版，第 2 页。
[17] 同上书，第 6—8 页。
[18] 同上书，第 21 页。
[19] 同上书，第 25 页。
[20] 同上书，第 22—23 页。
[21] 同上书，第 26 页。
[22] 同上书，第 52—53 页。

是为了什么目的以及法律在将来是为了达致何种目的"[23]。由此,法律的目的构成了耶林法律哲学的核心,正如他所说,"目的而非原因构成了世界的原动力,在法律中,并不是正当感产生了法律,而是法律产生了正当感,法律仅知道一种来源,那便是目的的实践性来源"[24]。而"处于权利背后的利益观念使得耶林对法律中的目的进行探究,并最终使耶林获致了这一观念,即目的是整个法律的创造者,每一个规则都起源于一个目的,也即一项实践性的动机"[25]。而法律并不是世界上最根本的东西,其本身并非目的,而仅仅是实现目的的一种手段。在耶林看来,目的具有个人目的和社会目的两种基本形式,个人目的的实现必须将他自己的目的同他人的利益结合起来,也就是说人虽然是利己的但同时又是能够为他人考虑的(利他的)。耶林指出,"使个人的劳动——无论是体力的劳动还是脑力的劳动——尽可能地对他人有助益,从而也间接地对自己有助益,亦即使每种力量都为人服务,这就是每个文明的民族都必须解决和应对的问题,并且根据这个问题来调整它的整个经济"[26]。也即"我为自己存在,世界为我而存在,我为这个世界而存在"[27]。由此,他并不认为法律唯一的目的是保护个人的自由,而是认为法律的目的是在个人原则和社会原则之间形成一种平衡,实现法律对社会的利益、公共的利益以及个人利益的保障。从法的适用上来看,耶林指出,法学家应始终关注生活并且与生活联系在一起,立法、司法都应该从当下的实际生活出发而不应只关注抽象的概念进而逻辑地推导出结果,他指出,"社会生活条件或基础不仅包括社会及其成员的物质存在和自我维持,而且还包括'所有那些被国民判断为能够给予生活以真正价值的善美的和愉快的东西'——其中有名誉、爱情、活动、教育、宗教、艺术和科学"[28]。而法律用来保护这些价值的手段和方法不可能是一成不变的,这些手段和方法与特定的时空条件相适应。

由此,在耶林那里,以目的为导向的法律而非过度信奉逻辑演绎的法律才能够实现利益之间的平衡,给人们为权利而斗争的事业提供很好的保障。然而耶林的目的和利益思想亦受到了很多的批评,而其哲学中最根本的困难则是在于,"他并没有给出决定法律服务于目的的客观标准,并没有给出如何择取法律所保护的利益的评判标准。法律无疑是实现目的的一种手段,但是目的是什么?谁来决定目的?是个人、社会,还是抽象的国家?当一种目的被设定出来之后,仅仅只能允许特定的一种方法来实现它吗?就涉及个人的事务而言,是利己主义而非利他主义应得到鼓励吗?在什么时候奖赏的手段优于强

---

[23] 转引自〔美〕罗斯科·庞德:《法理学》(第一卷),邓正来译,中国政法大学出版社2004年版,第128页。

[24] Jhering, *The Law as a Means to an End*, trans. Husik, 1914, Author's Preface, p. lix.

[25] Quoted from Patterson, *Jurisprudence: Men and Ideas of the Law*, Brooklyn The Foundation Press, 1953, p. 459.

[26] 转引自〔美〕E. 博登海默:《法理学:法律哲学与法律方法》,邓正来译,中国政法大学出版社1999年版,第109页。

[27] Quoted from William Seagle, supra note [7], p. 83.

[28] 转引自〔美〕E. 博登海默:同上注[26]所引书,第109页。

制的手段？耶林总是谈及'生活'的需要，并且倾向于将整个生活涵括在法律之中，但是生活的目的是多种多样的，而耶林也并没有提供绝对可靠的向导来使人们通过目的的迷宫。他的思想本身就是在利己主义与利他主义、理想主义与现实主义、边沁主义与社会功利主义、个人主义与社会主义、国家主义与国际主义以及渴求强力与尊重法律之间的冲突中挣扎"[29]。但是，需要指出的是，如此多批评的存在并不意味着我们要否认耶林思想本身的重要性，亦并不阻碍其影响力在世界范围内的广泛传播。在德国，一批学者根据耶林对司法过程中形式的与客观的因素的抨击创立了自由法学派；而在美国，耶林更是被社会法学派尊为至少是教父一样的人物，而耶林后期的思想对现实主义者们也产生了深刻的影响，他的声誉甚至传播得更远。[30]

今天，我们仍在读耶林。当历史的车轮行进到我们所处的时代，我们每一天都在接受着法律这一武器为我们的权利保驾护航时，耶林在一个多世纪以前所发出的"为权利而斗争"的呐喊仍能够强烈地引起我们的共鸣，"为权利而斗争"这一宣言和召唤那么强有力地涤荡着我们法律人乃至每一个人的心房，至今仍闪耀着灿烂的光芒！

附：研究耶林的参考文献[31]

一、著作

（一）中文部分

译著

1. 〔德〕伊耶陵：《权利竞争论》，未注明译者（推断为章宗祥译），载中国留日学生译书汇编社：《译书汇编》1900年12月创刊号和1901年3月第4期，东京。

2. 〔德〕伊耶陵：《权利竞争论》，张肇桐译，上海文明编译印书馆，清光绪二十八年（1902年）。

3. 〔德〕鲁道尔夫·冯·耶林：《权力斗争论》，潘汉典译，载《大公报》1947年。

4. 〔德〕耶林：《法律的斗争》，萨孟武译，载《孟武自选文集》，台湾三民书局1979年版。

5. 〔德〕鲁道尔夫·冯·耶林：《权力斗争论》，潘汉典译，载《法学译丛》1985年第2期，第8—11、77页。

6. 〔德〕Rudolf von Jhering:《法（权利）的抗争》，蔡震荣、郑善印译，台湾三峰出版社

---

[29] William Seagle, supra note [7], p. 85. 对耶林理论中主要弱点的揭示亦可 See Julius Stone, *The Province and Function of Law*, Maitland Publications, 1946, pp. 311—312.

[30] See William Seagle, supra note [7], pp. 86—88.

[31] 在这里，笔者主要借鉴了郑永流先生以及马廷内克先生对耶林本人的著作以及研究耶林的文献所进行的相关整理工作，参见〔德〕鲁道夫·冯·耶林：同上注[16]所引书，第73—85页；〔德〕米夏埃尔·马廷内克：同上注[1]所引书，第317—339页。笔者在此基础上稍作补充。

1993年版。

7. 〔德〕鲁道夫·冯·耶林:《为权利而斗争》,胡宝海译,载《民商法论丛》第 2 卷,法律出版社 1994 年版。

8. 〔德〕耶林:《为权利而抗争》,林文雄译,协志出版社 1997 年版。

9. 〔德〕鲁道夫·冯·耶林:《为权利而斗争》,郑永流译,法律出版社 2007 年版。

(二) 外文部分

本人著作

1. "Die historische Schule der Juristen", in: *Literarische Zeitung* 11(Berlin 1844), S. 197—201,405—410,421—425,534—536,565—569.

2. *Civilrechtsfälle ohne Entscheidungen*, Leipzig 1847, 170 S. (weitere Auflagen: Jena 1870, 1876, 1881, 1932).

3. *Geist des römischen Rechts auf den verschiedenen Stufen seiner Entwicklung*, Bd1-3, Leipzig 1852—1865(weitere Auflagen: 1866—1871, 1873—1877, 1878—1888, 1891—1906; Nachdurck: Leipzig 1924, Darmstadt 1953/1954).

4. *Der Kampf um's Recht*, Wien 1872, 100 S. (weitere Auflagen: 1872, 1873, 1874, 1877, 1884, 1886, 1889, 1891, 1895, 1897, 1903, 1910, 1913, 1919, 1921, 1925; Nachdruck: Bremen 1982); *Gekürzte Ausgabe*, Darmstadt 1943, Nachdruck: 1948, 1963, 1977, 1989 und 2003.

5. *Der Zweck im Recht*. Bd. 1-2, Leipzig 1877—1883(weitere Auflagen: 1884—1886, 1916; Nachdruck: Hildesheim/Neu York 1970).

6. *Vermischte Schriftrn juristischen Inhalts*, Leipzig 1879, 415 S.

7. *Gesammelte Aufsätze aus den "Jahrbücher für die Dogmatik des heutigen römischen und deutschen Privatrechts"*, Bd.1-3, Jena 1881—1886(Nachdruck: Aalen 1969).

8. *Scherz und Ernst in der Jurisprudenz*, Leipzig 1884, 383S(weitere Auflagen: 1891, 1892, 1898: Nachdurck: Darmstadt 1988, 486S.)

9. *über die Entstehung des Rechtsgefühls*(1884), Neapel 1986, 184 S.

10. *Die jurisprudenz des täglichen Lebens*, Jena 1886, 96 S. (weitere Auflagen: 1892, 1897).

11. *Der Besitzwille*, Jena 1889, 540 S.

12. *Entwicklungsgeschichte der römischen Rechts*, Leopzig 1894, 124 S.

13. *Vorgeschichte der Indoeuropäer*, Leipzig 1894, 486 S.

14. *Rudolf von Jhering*(1852—1868). Briefe und Erinnerungen Berlin 1907, 106 S.

15. *Rudolf von Jhering in Beriefen an seine Freunde*, Leipzig 1913, 480 S. (Nachdruck: Aalen 1971).

16. *Der Kampf ums Recht. Ausgewählte Schriften mit einer Einleitung von Gustav Rad-*

bruch. Hrsg. v. Christian Rusche, 1965, 478 S.

17. *Der Geist des Rechts. Eine Auswahl aus seinen Schriften.* Hrsg. U. Eingl. v. Fritz Buchwald, 1965.

18. *Der Briefwechsel zwischen Jhering und Geber*, Ebelsbach 1984, 693 S.

19. *Jhering Briefe an Windscheid*, Göttingen 1988, 75 S.

20. *Ist die Jurisprudenz eine Wissenschaft?* Wallstein, 1998.

研究专著

1. Klenner, *Jherings Kampf ums Recht*, Demokratie und Recht, 1992.

2. OkkoBehrends(hg.), Rudolf von Jhering, Beiträge und Zeugnisse, *aus Anlass der einhundersten Wiederkehr* seines Todestages am 17.9.1992, 2. Aufl. Göttingen, 1993.

3. Bernd Klenner, *Rudolf von Jhering und die Historische Rechtsschule*, Frankfurt/M., 1989.

4. Hermann Klenner(hg.), *Der Kampf ums Recht*, Freiburg/Berlin, 1992.

5. Gerhard Luf(hg.), *Der Kampf ums Recht: Forschungsband aus Anlass des* 100. *Todestages Von Rudolf von Jhering*, Berlin, 1995.

6. Franz Wieacker, *Rudolf von Jhering*, Stuttgart, 1968.

7. Franz Wieacker/Ch. Wollschläger (ed.), *Jherings Erbe*, Göttingen, 1970.

二、论文

（一）中文部分

研究论文

1.〔德〕耶林:《法权感的产生》,王洪亮译,载《比较法研究》2002年第3期。

2.〔德〕鲁道夫·冯·耶林:《法律的目的》作者序言,于庆生译,http://dzl.ias.fudan.edu.cn/info.asp?id=15000,2008年7月16日访问。

3.〔德〕鲁道夫·冯·耶林:《法学的概念天国:幻想的产物》,于庆生译,http://gangou.fyfz.cn/blog/gangou/,2008年9月10日访问。

4.〔德〕科因:《鲁道夫·冯·耶林的法律体系概念》,吴从周译,载《法学丛刊》2000年第180期。

5.〔德〕米夏埃尔·马廷内克:《鲁道夫·冯·耶林:生平与作品》,田士永译,载郑永流主编:《法哲学与法社会学论丛》二〇〇五年卷(总第八期)。

6.〔德〕霍勒巴赫:《耶林:为法权而斗争》,良佐译,载《清华法学》2002年第1期,清华大学出版社2002年版。

7.〔英〕哈特:《耶林的概念天国与现代分析法学》,陈林林译,载邓正来主编:《西方法律哲学家研究年刊》2006年(总第1卷),北京大学出版社2006年版。

8.〔英〕哈特:《耶林的概念天国与现代分析法学》,支振锋译,载〔英〕哈特:《法理学与哲学论文集》,法律出版社2005年版。

9. 何勤华:《耶林法哲学理论述评》,载《法学》1995年第8期。

10. 李建良:《戏谑与严肃之间:耶林的法学世界》,载《月旦法学杂志》2001年第75期。

11. 仝宗锦:《重温耶林》,载《中国法律人》2004年第3期。

12. 胡玉鸿:《法律情感支配下的正当抗争——读耶林〈为权利而斗争〉》,载《法制资讯》2008年第3期。

13. 吴从周:《从概念法学到利益法学——以耶林对海克之影响为线索展开》,台湾大学2003年博士论文。

14. 钱鹏:《耶林权利哲学思想述论》,南京师范大学2006年硕士论文。

(二) 外文部分

期刊论文

1. Stephen C. Angle, Should We All Be More English? Liang Qichao, Rudolf von Jhering, and Rights, in *Journal of the History of Ideas*, Vol. 61, No. 2 (April, 2000), pp. 241—261.

2. Konrad Zweigert and Kurt Siehr, Jhering's Influence on the Development of Comparative Legal Method, in *The American Journal of Comparative Law*, Vol. 19, No. 2 (Spring, 1971), pp. 215—231.

3. William Seagle, Rudolf von Jhering: Or Law as a Means to an End, in *The University of Chicago Law Review*, Vol. 13, No. 1 (December, 1945), pp. 71—89.

4. Morris R. Cohen, Review: Rudolf von Jhering, Law as a Means to an End, in *The Philosophical Review*, Vol. 23, No. 5 (September, 1914), pp. 557—561.

5. Morris M. Cohn, Review: Rudolph von Jhering, Evolution of the Aryan, in *Annals of the American Academy of Political and Social Science*, Vol. 13 (May, 1899), pp. 87—91.

6. Munroe Smith, Four German Jurists. II, in *Political Science Quarterly*, Vol. 11, No. 2 (June, 1896), pp. 278—309.

7. Munroe Smith, Four German Jurists. III, in *Political Science Quarterly*, Vol. 12, No. 1 (March, 1897), pp. 21—62

8. F. B. Jevons, Review: The Evolution of the Aryan, in *The Classical Review*, Vol. 12, No. 8 (November, 1898), pp. 418—419.

9. W. Bacher, Contributions to Biblical Exegesis by Rudolph von Ihering, in *The Jewish Quarterly Review*, Vol. 8, No. 1 (October, 1895), pp. 185—188.

10. Iredell Jenkins, Rudolf von Jhering, in 14 *Vanderbilt Law Review* 169, 1960—1961, pp. 169—190.

11. Alphonse Rivier, Rudolf von Jhering and Bernhard Windscheid, in 5 *Juridical Review*, 1893, pp. 1—12.

12. Neil Duxbury, Jhering's Philosophy of Authority, in *Oxford Journal of Legal Studies*, (Spring, 2007), pp. 1—23.

13. Courtney Kenny, Jhering on Trinkgeld and Tips, in 32 *The Law Quarterly Review* 307, 1916, pp. 306—321.

14. Stephen P. Turner, Two Theorists of Action: Ihering and Weber, in *Analyse und Kritik*, 13:1(1991), pp. 46—60.

15. Rudolf von Jhering, In the Heaven for Legal Concept: A Fantasy, trans. by Charlotte L. Levy, in *Temple Law Quarterly*, Vol. 58, 1985, pp. 799—842.

16. Wolfgang Fikentscher, Methoden des Rechts, Bd. 3, *Stuttgart* 1976, S. 101—403; "Jhering".

17. Erik Wolf, Grosse Rechtsdenker, *Tübingen* 1963, S. 622—668: "Jhering".

会议论文

(一)"耶林的遗产——纪念鲁道夫·冯·耶林诞辰150年哥廷根研讨会"(*Jherings Erbe-Göttinger Symposium zur* 150. *Wiederkehr des Ghburtstages von Rudolf von Jhering*),1968年开会,1970年出版。

1. Baratta, über Jherings Bedeutung für die Strafrechtswissen-schaft.

2. Gaudemet, Organicisme et évolution dans la conception de l'histoire du droit chez jhering.

3. Gibert, Jhering en Espana.

4. Hart, Jhering's Heaven of Concepts and Modern Analytical Jurisprudence.

5. Hirsch, Jhering als Reformator des Rechtsunterrichts(Die Jurisprudenz des täglichen Lebens).

6. Hommes, Rudolf von Jhering naturhistorische Methode.

7. Jorgensen, Die Bedeutung Jherings für die neuere skandinavische Rechtslehre.

8. Larenz, Rudolf von Jhering und die heutige Lage der deutschen Rechtswissenschaft.

9. Losano, Dichtung und Wahrheit in Jherings Konstruktionslehre.

10. Marini, La storicità del diritto science giuridica nel pensiero di Jhering.

11. Pasini, La sociologia interna die Jhering.

12. F. Schmidt, Jherings Tradition im schwedischen Sachenrecht.

13. Villey, Le driot subjectif chez Jhering.

(二)"耶林的法律思想——纪念耶林逝世100周年哥廷根研讨会"(*Jherings Rechtsdenken-Göttinger Symposium zur hundertsten Wiederkehr seines Todestages*),1992年开会,1996年出版。

1. Byoung Jo Choe, Der Kampf ums Recht im traditionellen Korea-Die Konfuzianische Ideologie und die Wirklichkeit.

2. Summers, Rudolf von Jhering's Influence on American Legal Theory-A Selective Account.

3. Losano, Tobias Barreto und die Rezeption Jherings in Brasilien.

4. Shigeo Nishimura, Jherings verfassungspolitische Ratschläge an die japanische Regierung und die verleihung des Ordens.

5. Mamut, Rudolf von Jhering und Wladimir Lenin-Parallelen in ihrem politischen und rechtlichen Denken.

6. Modéer, Jherings Rechtsdenken als Herausforderung für die skandinavische Jurisprudenz.

7. Dreier, Jherings Rechtstheorie-eine Theorieevolutionärer Rechtsvernunft.

8. Diederichsen, Jherings Rechtsinstitute im deutschen Privatrecht der Gegenwart.

9. K. Schmidt, Jherings Geist in der heutigen Rechtsfortbildung-Ein Streifzug durch den "Geist des römischen Rechts" aus heutiger Sicht.

法律和道德失范的诊断:涂尔干法律社会学的基本进路
——纪念涂尔干诞辰150周年[*]

王庆明[**]

1858年4月15日涂尔干(Emile Durkheim)[1]出生于法国孚日省(Vosges)埃皮纳尔(Epinal)一个小城镇的犹太教教士家庭,这距奥古斯特·孔德提出"社会学"(sociology)概念已整整二十年了。[2] 然而,当时处于襁褓期的社会学尚未获得合法性和独立性身份——在制度化的学科建制和大学讲堂上并没有社会学的踪影。在涂尔干、齐美尔和韦伯的时代之前,"社会学被各大学认作:没有理由在高等教育界取得被承认地位的非法暴发户,或者机构

---

[*] 感谢社会理论读书小组所有成员的积极讨论,与邹益民、唐萌的争论对本文的部分观点的形成助益甚大,但文责自负。

[**] 王庆明,沈阳师范大学社会学学院教师,吉林大学哲学社会学院社会学系2007级博士研究生。

[1] 对于Durkheim国内译法很多,如迪尔凯姆、杜尔凯姆、杜尔克姆、杜尔干、杜克汉姆等,新中国成立前老一代社会学家许德珩、孙本文、王了一等在译介Durkheim作品时,采用了"涂尔干"的译名,本文中沿用这一译法。

[2] 孔德最初将这门新兴的以实证精神为主导的关于社会的科学称为"社会物理学"(social physics),而这一概念孔德早在1822年的一篇论文中即已提出,然而到1835年比利时的统计学家阿道夫·凯特尔(1796—1874)在不知情的情况下也使用了这一术语——在《论人和人类能力的发展》一书中,凯特尔使用的副标题就是"社会物理学论文",而且凯特尔使用"社会物理学"的观念试图将其作为自己经验性调查模式的一个分支,表明人类行为在统计性上的无差异性,而这与孔德的等级观念正好对立。孔德在气愤之下,1838年10月出版《实证哲学教程》第四卷时改用由拉丁文Socius(集群)与希腊文Logos(知识)组合而成的"sociology"(社会学)。

设置上的竞争者"〔3〕。但作为创始人的孔德将社会学视为最高级别的科学,并试图"建立一门足以适当解释整个人类历史的社会学理论"〔4〕,而这种学术抱负在当时被很多人视为"哗众取宠"。面对世俗世界的苦难纷争,孔德最终放弃了建立人类统一秩序的愿望,并将在世俗的人类世界未能达致的愿望指向了宗教世界——孔德晚年转向"人道宗教"且自称人道教大祭司。但孔德晚年的学术转向使他失去了很多学术挚友和门徒,因为在这些人看来,孔德偏离了他早年所倡导的实证精神,甚至可以说是"晚节不保"〔5〕。以致英国社会学家贝尔特说道:"社会学一直是与奥古斯特·孔德联系在一起的,他的思想与他名声不好的个性是相配的。"〔6〕这一切使社会学在诞生不久就显得有些"声名狼藉"。直到1887年涂尔干受聘波尔多大学讲授教育学与社会学,社会学才真正实现了"登堂入室",而在法国和整个欧洲"大学系统中这是第一次从学术上公开承认社会学这个新的学科"〔7〕。

今年恰逢涂尔干诞辰150周年,如何纪念涂尔干这位思想巨擘是当下学人不得不思考的一个重要问题。正是由于涂尔干在社会学史上的特殊地位,今天,当我们再回过头来看涂尔干思想的时候,不免会把涂尔干当成社会学的一个重要的"符号象征"。而学术意义上的纪念总是和知识及思想的承继分不开的,而反思和批判则又构成学术承继的题中应有之意。

目前国内对涂尔干的已有研究主要是在两个层面上展开的:其一,试图准确透彻地理解和把握涂尔干的思想;其二,运用涂尔干的理论框架、概念体系来分析当下中国转型社会所出现的社会失范现象。显然,前者是后者得以可能的前提。就前者而言,渠敬东

---

〔3〕 〔美〕罗伯特·K.默顿:《社会学工作风格上的社会冲突》,载《第四届世界社会学协会学报》第3期(1959年),第211—244页。转引〔美〕刘易斯·科瑟:《社会学思想名家》,石人译,中国社会科学出版社1990年版,第185页。

〔4〕 〔法〕奥古斯特·孔德:《论实证精神》,黄建华译,商务印书馆2001年版,第43页。

〔5〕 对于孔德晚年学术上的重大转变,无论是孔德所处的时代还是当下很多学者都不乏微词,但却少有理性的分析。窃以为孔德晚年强调精神秩序的意义,遂而近乎"疯狂"地大力宣扬人道宗教与其此前强调(经验世界)人类秩序的统一性不是断裂的,而是相辅相成的。孔德一生历经七个王朝,看尽了世俗世界中人类的纷争、苦难、杀戮,他命运多舛的一生也使其最终对人类和社会的一致性以及人类历史的统一性不存希望。但晚年和克洛蒂而德·德·沃这位知识女性的短暂、炽烈的爱情让他重燃激情,但他思想的触角不再指向世俗世界,而是指向宗教世界,不再指向人类社会秩序而是指向了精神秩序,由此他提出建立人类统一性的宗教,即"人道宗教"。

〔6〕 〔美〕帕特里克·贝尔特:《二十世纪的社会理论》,瞿铁鹏译,上海译文出版社2005年版,第4页。

〔7〕 〔美〕D.P.约翰逊:《社会学理论》,南开大学社会学系译,国际文化出版公司1988年版,第90页。

等人作了很大的努力[8]，然而，需要看到的是，一方面我们对涂尔干所处的19世纪欧洲的社会背景与涂尔干思想的关联并没有给出应有的关照，例如，我们只是认定涂尔干是一种"整体主义方法论"，并从涂氏的相关著述和理论本身出发来论证整体主义方法论的合理性或批评整体主义方法论的不足，却不追问涂尔干为什么会恪守这种整体主义方法论，其所处的19世纪欧洲为这种思想提供了何种支撑？这种整体主义方法论与其关照的社会失范和社会团结有何种关联？正是由于缺乏涂尔干理论思想的深究，导致我们借用涂尔干的概念对中国社会现象的解释效力构成了一个问题。

另一方面，虽然我们对涂尔干的整体社会学思想有了一定的把握，但对于涂氏思想的某些重要的分支社会学方面的研究仍然不够，法律社会学就是其中重要一支。对涂尔干的研究，我们一般主要关照如下几个方面：其一现代性研究，这是19世纪社会学家共同的主题，其二社会学的方法论研究，其三道德社会学和教育社会学问题，其四宗教社会学问题，其五知识社会学。而法律社会学一直以来虽然不乏研究者，但目前国内关于涂尔干法律社会学研究的一大问题在于，不是在涂尔干的整体学术脉络中探讨法律问题，即无意中将涂氏法律社会学的思想和其他方面的思想割裂开来，我个人认为产生这种学术研究褊狭的原因至少有如下两点：第一，在当前的学科分类状况下，法律社会学作为一个法学和社会学的交叉学科主要被法学领域的话语主宰，虽然不乏一些法学家强调社会学的方法在法社会学研究中的重要作用，但诺内特（Philippe Nonet）等人仍然强调法社会学的研究必须是以通晓法学理论为前提的研究，所以他所在的伯克利学派一度主张"法理学的社会学"[9]。而中国当下也不乏学者将涂尔干法律社会学思想置于法理学的框架内讨论。[10] 第二，在涂尔干社会理论的内部结构上，很多人认为法社会学所占的位置并不高，或者说误认为法社会学的思想不是涂尔干社会理论的内核。

窃以为涂尔干的法律社会学的研究是和他的现代性研究、道德研究、方法论研究以及类型学研究等都是紧密关联的，这些研究共同构成涂尔干社会理论的基本架构。而且就涂尔干法律社会学研究的具体内容来看，它在一定程度上构成了涂尔干学术的起点，因为最初涂氏将法律体系作为考察社会团结的基点展开了他的社会失范、社会分工的研

---

[8] 渠敬东组织编选的六卷本的《涂尔干文集》几乎囊括了涂尔干晚年的主要思想，这对理解涂尔干整体的思想有重要意义。参见[法]涂尔干：《宗教生活的基本形式》（涂尔干文集第一卷），渠东、汲喆译，上海人民出版社1999年版。
——《职业伦理与公民道德》（涂尔干文集第二卷），渠东、付德根译，上海人民出版社2001年版。
——《道德教育》（涂尔干文集第三卷），陈光金等译，上海人民出版社2001年版。
——《教育思想的演进》（涂尔干文集第四卷），李康译，上海人民出版社2003年版。
——《孟德斯鸠与卢梭》（涂尔干文集第五卷），李鲁宁等译，上海人民出版社2003年版。
——《乱伦禁忌及其起源》（涂尔干文集第六卷），渠东等译，上海人民出版社2003年版。

[9] Philippe Nonet, For Jurisprudential Sociology, in *Law & Society Review*, Vol. 10, No. 4. (Summer, 1976).

[10] 参见葛洪义：《社会团结中的法律——略论涂尔干社会理论中的法律思想》，载《现代法学》2000年第4期。

究并最终形成著名的《社会分工论》一书。随后在《社会学方法的准则》一书里他又将犯罪视为正常的社会现象并提出了区分常态和病态的准则,接着又在《自杀论》中进一步完善了关于法律与道德以及犯罪社会学的思想。若从涂尔干学术的整体脉络来看,则更不能将法律社会学与其整体思想割裂开来。本文正是立基于此,在对涂尔干整体思想脉络梳理勾勒的基础上,将涂氏关注的根本问题即法律和道德的失范作为切入点。

一、涂尔干思想的基本脉络及问题的始点

1858年4月15日涂尔干生于法国孚日省会埃皮纳尔一个小城镇的犹太教教士家庭,幼年曾继承父志想做一名拉比,为此学习了希伯来文、旧约和犹太教法典。13岁时接受了传统的犹太教受礼仪式,但随后不久在一位女教师的影响下他又对天主教发生了兴趣,但此时他已经不再参加宗教活动而成为一个不可知论者。[11] 虽然涂尔干最终放弃了宗教信仰而成为一个实证主义者,但宗教对涂尔干的影响非常深远并贯穿终生,这主要表现在三个方面:其一,在个人生活上,由于家庭宗教氛围的影响,涂尔干奉行"斯多葛主义(stoicism),并一生恪守"苦行"式的生活方式。其二,涂尔干一生都对宗教有浓厚的兴趣,晚年更是把宗教研究作为最重要的工作来做,因为在涂尔干眼里,他所理解的现代社会实质上是一个"世俗化的宗教世界"[12]。其三,从"宗教世界"到"世俗世界"的转变使他更清楚地看到了人性和社会秩序的关联,由此将道德视为社会团结的基础,并将道德问题作为中心问题而贯穿于其一生的学术活动之中,因为在他看来,"道德无论在哪里本质上都是宗教的"[13]。

中学时的涂尔干学习非常刻苦,成绩也一直名列前茅,这使他立志要跻身法国培养知识精英的摇篮——巴黎高等师范学校,但由于竞争激烈,涂尔干曾两次落榜,1879年终于如愿以偿进入巴黎高等师范学校学习哲学。从1879年到1882年在巴黎高等师范学校的三年奠定了涂尔干的学术基础,然而涂尔干在大学的三年表现并不突出,也并没受到老师的高度重视。按照惯例,涂尔干大学毕业后进入孚日省的公立高中执教,从1882年到1887年五年间除了德国之旅外,他主要在省内的几所公立高中任教。虽然在大学学习的是哲学,但涂尔干并不想为哲学事业献身。"在他看来,哲学,至少是当时被讲授的哲学,大大脱离了时代的各种问题,过多地纠缠于神秘而琐碎的枝节问题。他希望跻身于一门能将纷扰时代的主要道德问题澄清、能实际指导当代社会发展的科学。具体讲,

---

[11] 〔美〕刘易斯·科瑟:同上注〔3〕所引书,第162页。
[12] 〔美〕杰弗里·亚历山大:《社会学二十讲》,贾春增、董天民译,华夏出版社2000年版,第13页。
[13] 〔法〕爱弥尔·涂尔干:《社会学与哲学》,梁栋译,渠东校,上海人民出版社2002年版,第50页。

涂尔干希望能为加强第三共和国的道德与政治团结而贡献力量。"[14]涂尔干的这一学术倾向在他到德国结识威廉·冯特(Wilhelm Wundt)后得到了进一步的巩固。

1885年涂尔干得到公共教育部的资助前往德国考察哲学和社会科学的最新发展状况。在德国之行中,涂尔干拜会了实验心理学的开山之人冯特,同时也得到冯特的赏识。涂尔干对冯特实验心理学的方法产生了浓厚的兴趣,"冯特的方法是经验性的。他认为,比起其他哲学学科来,纯粹思辨在伦理学中是最不奏效的……冯特的方法遵循的是科学的自然分工"[15]。冯特的这种方法使涂尔干更坚定了自己的实证主义倾向。另外德国社会学家藤尼斯的思想,尤其关于共同体(Gemeinschaft)和社会(Gesellschaft)的思想对涂尔干也产生了重要影响。1889年在关于藤尼斯名著《共同体与社会》的书评中,涂尔干表明自己相信存在两种重要的社会类型,但他认为藤氏理解的共同体是一种"机械的集合体",涂氏认为真正的集体生活所遗留下来的一切,并非源于内在自发性,而是源于国家完全外在的强制作用。同时涂尔干还指出,藤尼斯没能回答"社会的集体生活究竟来自何处"这样的问题。[16] "社会的集体生活究竟来自何处"实际上就是"社会何以可能"的问题,正是由于受藤尼斯的影响,1893年在《社会分工论》中涂尔干提出了机械团结和有机团结的思想,并确定了他的社会先于个人的整体主义方法论。1886年回国后涂尔干发表了《社会科学最新研究》、《德国道德实证科学》和《德国大学里的哲学》三篇重要的文章,这些篇文章为涂尔干赢得了很高的学术声望,不久被波尔多大学聘为教育学和社会科学教授。

纵观涂尔干的一生,在他所处的时代单就在社会学学科内的影响和贡献而言可能无人能出其右,1893年涂尔干获得博士学位,三年后成为法国第一位社会学教授。1887年到1902年在波大的十五年是涂尔干思想形成的重要时期,他的四部名著中的前三部完成于这一阶段(1893年出版《社会分工论》,1895年出版《社会学方法的准则》,1897年出版《自杀论》)。因为学术影响与日俱增,1902年涂尔干受聘于巴黎大学索邦学院教育系,1906年巴黎大学索邦学院的费迪南·比松(Ferdinand Bussion)充当内阁部长,涂尔干接替了他的讲席,被聘为教育学教授并任系主任。在涂尔干的努力下,1913年索邦学院的教育学系改为"教育学社会学系",这是当时欧陆的第一个社会学系。

涂尔干是欧陆第一个有正式头衔的社会学教授,是他第一次在法国大学里开设社会学课程,并创立了第一个社会学系,而且团结了一大批知识精英创立了第一个社会学学派——"社会学年鉴学派"。在使社会学成为学科建制内的合法化的学科方面,涂尔干功不可没,同时他提出了一套严格规范的社会学方法的准则,使社会学在知识场域中获得了合法性。涂尔干一生著述颇丰,生前最著名的有四部著作,除了前文提到的三部外还

---

[14] 〔美〕刘易斯·科瑟:同上注〔3〕所引书,第163页。
[15] 〔法〕爱弥尔·涂尔干:《职业伦理与公民道德》,同上注〔8〕所引书,第201—202页。
[16] 〔法〕爱弥尔·涂尔干:《乱伦禁忌及其起源》,同上注〔8〕所引书,第249—255页。

有 1912 年出版的《宗教生活的基本形式》，这四部著作奠定了他的学术地位。他去世后又有一些讲义和遗稿发表，主要有：《社会学与哲学》(1924)、《社会主义与圣-西门》(1928)、《法兰西教育学的发展》(1938)、《职业伦理与社会道德》(1950)和《社会学教程—风俗法律的物质作用》(1950)等。

涂尔干的研究非常广泛，前文我们从研究内容角度概括了五个主要方面。纵观涂尔干的研究，我们不难发现，他的学术生涯可以分为两个阶段，1887—1902 年涂尔干受聘于波尔多大学，在这十五年中，涂尔干完成了他四部重要著作中的前三部，即《社会分工论》、《社会学方法的准则》和《自杀论》。1902 年到 1917 年去世这段时间在巴黎大学索邦学院执教，同样是十五年时间[17]，他十年磨一剑，到 1912 年终于完成巨著《宗教生活的基本形式》，在学术后期涂尔干主要精力在宗教问题上。但需要指出的是，涂尔干的研究前后很难进行特别明确的划分，其实早在进入索邦执教之前涂氏就发表了很多有关宗教和人类学的著作，例如 1897 年发表《外婚制的起源》一文，1898 年发表《乱伦禁忌及其起源》，只不过到索邦后涂尔干开始集中心力专攻宗教问题。但涂尔干整体的思想难以挣脱 19 世纪的现代性的主题。19 世纪的欧洲无论在时间上还是在空间上都有特别的意义，涂尔干的思想在很大程度上就是这个特定时空下的产物。

不仅是涂尔干，几乎是所有的经典社会学家都将"现代性"作为其思想的母题。吉登斯指出社会学就是研究现代社会的，或者说社会学就是现代社会产生以来的学科。现代性在吉登斯这里是一种制度性解读，他指出"现代性指社会生活或组织模式，大约 19 世纪出现在欧洲，并且在后来的岁月里，程度不同的在世界范围内产生着作用"[18]。吉登斯这里强调的是现代的社会制度与传统秩序的不同，这种"断裂论的"(discontinuist)观念是大多说社会学家理解社会的路数。在吉登斯那里社会学的研究对象是人性与社会秩序，或者说是社会行动与社会结构，他强调的只是，人类有关自身行为及其发生场域的研究之所以会在 19 世纪中叶成为一门专门的学科，是与在此之前开始发生的人类历史进程的"断裂"或曰"现代性"的出现休戚相关的，正是这种断裂，或说是正是 17 世纪起出现的全新的社会生活和组织模式，首先在欧洲随后在世界各地使得人性和社会秩序发生了有史以来最剧烈的变化。"如果没有现代性的出现，或者说没有因现代性的出现而造成的人性与社会秩序的巨变，就不会激发这些思想先驱们去思考这种'断裂'对人类社会的影响，社会学当然也就无以产生。"[19]

其实现代性问题几乎是所有早期社会学家的思考的起点，他们都试图用自己最核心

---

[17] 1914 年第一次世界大战爆发，次年涂尔干的独子安德烈在萨洛尼卡前线受重伤，圣诞节前夕在保加利亚一所医院里因战伤过重医治无效而去世。爱子的牺牲对涂尔干造成致命打击，1916 年因为健康原因他辞去巴黎大学的教职，同年成立专门委员会，从事有关战争文件及国际公法的研究与出版工作。

[18] 〔英〕安东尼·吉登斯：《现代性的后果》，田禾译，译林出版社 2000 年版，第 1 页。

[19] 周晓虹：《西方社会学历史与体系》（第一卷），上海人民出版社 2002 年版，第 2—30 页。

的思想来诠释现代社会,孔德借用圣西门"工业社会"概念来理解现代社会,托克维尔则用"民主社会"来定义现代社会,而马克思则用资本主义社会来定义现代社会。在藤尼斯那里,是共同体向社会的转变,在涂尔干这里现代性的特质就显得更为明显,涂氏强调了传统社会与现代社会的社会团结类型之别即机械团结和有机团结,而对社会团结这种整体性的道德秩序的考察,涂氏选取了法律这种外在表征。涂尔干的这种思想倾向是源于他对19世纪的法律和道德失范的切身感知和深切忧虑。而对法律和道德失范的思考,则构成涂尔干整体思想的始点。

二、经济逻辑的蔓延与法人团体的消逝:法律、道德失范的根源

涂尔干思想的起点是从反思现代社会中的法律和道德的失范(anomie)状态开始的。之所以要将社会失范现象作为问题的起点,是因为在涂尔干看来,这种失范状态"造成了经济世界中极端悲惨的现象,各种各样的冲突和混乱频繁产生出来。既然我们无法约束当前彼此争斗的各种势力,无法提供能够使人们俯首帖耳的限制,它们就会突破所有界限,继而相互对抗,相互防范,相互削弱。当然,那些最强的势力就会在与弱者的对抗中独占上风,使后者屈尊于它的意志。但是,这些被征服者虽然暂时屈从了强力统治,却没有认同这种统治,因此,这种状态肯定不会带来安宁祥和的气氛。由暴力达成的休战协议总归是临时性的,它不能安抚任何一方。人们的欲望只能靠他们所遵从的道德来遏止。如果所有权都丧失殆尽,那么剩下的只会是强者统治的法律,而战争,不管它是潜在的还是突显的,都将是人类永远无法避免的病症"[20]。

涂尔干将这种失范的无政府状态视为一种"病态"现象,社会存在的原因就是试图根除这种病态现象,并努力使这种强者统治的法律所体现的"强力法则"归属于一种更高的法则,亦即"道德法则"。之所以说道德法则是一种更高的法则,是因为涂尔干认为,"法律是道德的体现,纵使它想要反抗道德,它的反抗力量还是从道德之中衍生出来的"[21]。而要想根除这种病态现象必须首先明白它产生的根源为何。涂尔干对这一问题的回答是从批判古典经济学的基本观念开始的,他认为社会的混乱与失范是二百年来经济功能不断发展的结果。以前经济仅仅居于次要地位,而今天它却居于最显著的位置,很早以前,经济功能被划归到下层阶层的范围内,而当前军事、宗教和管理等领域的功能越来越屈从于经济基础。涂尔干认为这正是我们社会混乱的根源所在。[22] 而这一观点既不同

---

[20] [法]埃弥尔·涂尔干:《社会分工论》,渠东译,生活·读书·新知三联书店2000年版,第14—15页。

[21] 同上书,第106页。

[22] 同上书,第15—16页。

于马克思主义,也不同于经济自由主义。

政治、经济、文化、社会几者的关系一直是古典社会学和经济学的基本问题。经济自由主义和马克思主义认为经济层面的需求乃是人类的基本要求,正是这种要求塑造了人类的生产、生活,所以经济关系是基本关系,是其他一切关系的基础,而且经济关系的这种主导地位贯穿人类历史的始终。[23] 马克思主义的观点强调经济基础决定上层建筑,经济关系作为中轴决定了其他三个方面。而亚当·斯密为代表的古典自由主义经济学以"经济人"的假设为前提强调了利益最大化的"趋利"逻辑是人类行为的基本逻辑。经济史学家和经济人类学家卡尔·博兰尼(Karl Polany)对以上两种观点给予了系统的批判,他认为自由主义和马克思主义的这种观点只适用于自律性市场(self-regulating market)出现和市场社会形成的19世纪,博兰尼将他们犯的"错误"称为"唯经济论的谬误"(economistic fallacy)。[24] 因为卡尔·博兰尼通过对人类历史的考察发现了人类生计(livelihood of man)的三种模式,即互惠(reciprocity)、再分配(redistribution)和交换(exchange),而只有交换模式是和市场紧密相连的,只有到"交换"这第三种生计模式为主导的时期,逐利(gaining)才成为人类行为的主要逻辑,而这仅仅是19世纪才开始发生的事情。[25] 因为此前经济关系嵌入到社会关系之中,只有到19世纪随着自律性市场的出现,经济关系才成为最核心的关系,并从社会关系中脱嵌出来,经济逻辑进而成为主导日常生活的逻辑。

而涂尔干早于博兰尼半个多世纪之前就表达了同样的观念。前文已经交代,涂尔干发现了19世纪较之于以往的独特之处——19世纪"经济事务主宰了大多数公民的生活,成千上万的人把整个精力都投入在了工业领域和商业领域。这样一来,一旦这种环境的道德色彩不浓,许多人就会越出一切道德之外"[26]。以"趋利"为根本目标的经济行为模式构成现代工业社会的一个重要特征,在涂尔干看来,这正是道德沦丧和社会混乱的根源所在。而现代工业社会的一个最明显的特征则是社会劳动分工,劳动分工瓦解了传统的社会联结形态并催生出现代社会契约关系,而更为关键的是劳动分工锻造出了一种新的生活样态,改变了个人与社会以及个体的社会成员之间的关系形态。那我们是否可以由此推论:劳动分工就是造成社会失范的根源呢?

涂尔干认为这一推论以及在此基础上的对其思想的批评实际上是对《社会分工论》所表达思想的严重误解,这也正是涂氏要在《社会分工论》第二版序言中为劳动分工"正名"的原因所在。涂尔干开门见山地写道:"在本书的主要部分里,我特别要说明劳动分

---

[23] 王庆明:《对卡尔·博兰尼的两个追问——读卡尔·博兰尼的〈巨变——当代政治经济的起源〉》,http://dzl.legaltheory.com.cn/info.asp? id = 9931,2008 年 5 月 30 日访问。

[24] F. Block and M. R. Somers:《巨变》,导论,第 1—5 页,参见〔英〕卡尔·博兰尼:《巨变:当代政治、经济的起源》,黄树民、石佳音、廖立文译,远流出版公司 1998 年版。

[25] 同上。

[26] 〔法〕埃弥尔·涂尔干:同上注〔20〕所引书,第 16 页。

工并不对这种事态负责任,有的人对分工微词颇多,这是不公平的。分工绝对不会造成社会的肢解和崩溃,它的各个部分的功能都彼此充分地联系在一起,倾向于形成一种平衡,形成一种自我调节机制。"[27] 由此可见,涂氏认为社会分工非但不是造成社会失范引起社会混乱的根由,相反它反倒是促生新的社会关联形式的动力源泉,涂尔干看到社会分工不仅造就了一种新的生活方式和联系方式——以职业分化为基础的社会关联;而且他还看到社会分工催生了一种新的道德观念,而且后者的意义更为深远。"事实上,分工所产生的道德影响,要比它的经济作用显得更重要些;在两人或多人之间建立一种团结感,才是它真正的功能。"[28]

由此可见,劳动分工非但不是破坏社会团结造成社会失范的因由,相反它是促进社会团结的一种有效机制。在涂尔干看来,劳动分工所带来的道德的意义远远大于经济的意义,在分化社会,个体性的自由和自主性虽然增强了,但对社会的依赖反而加重了,这种依赖体现在,劳动分工的巨细使个体在日常生活中必须依赖他人,需经由与他人的合作方能达致自身的满足。在这个意义上,分工促生了原本分散的不同的个体之间的一种团结感,而这种团结就是涂尔干所说的有机团结,而团结的基础就是"协作"。从纵向历史看,分工的发展程度不同则社会团结的形式也各不相同,在分工不发达的环节社会是一种机械团结的社会形态,在分工发达的分化社会则是一种有机团结的社会。在涂尔干看来,前者属于前工业社会的组织形态,后者则属于工业社会的明显特征。前者团结的机制是"集体意识",后者则是契约合作。在机械团结的社会中,规约人们日常行为的往往是共同的信仰、习俗、宗教教义以及道德规范等,法律主要在刑法领域,体现为压制性法律。而在有机团结的社会则是一种复原性和协作性法律。

既然劳动分工不是造成社会失范的根由,那我们还须从"社会失范"的根本特质出发来思考造成社会失范的根源。涂尔干指出,"如果说失范是一种罪恶的话,那是因为它使社会遭尽了磨难,社会没有凝聚力和调节力,就无法存在下去。因此,道德规范和法律制度在本质上表达了自我同一性的要求。社会置身于舆论的氛围里,而所有舆论又都是一个集体形式,都是集体产生的结果。要想治愈失范状态,就必须首先建立一个群体,然后建立一套我们现在所匮乏的规范体系"[29]。

前文已经分析,在涂尔干看来,社会失范的一个重要背景就是经济地位的提升,经济事务主宰一切,在经济、政治、文化和社会四个范畴关系中,经济逻辑成为主导逻辑。涂尔干意识到,在这样的情形下欲要建立一套治愈社会失范的规范体系则不能再依赖国家和政治社会,因为他们的权威在经济逻辑面前显得有些无能为力。相反,"只有在与职业活动关系紧密的群体对其中作出有效规定的情况下,职业活动才会认识到自己的功能,

---

[27] [法]埃弥尔·涂尔干:同上注[20]所引书,第16页。
[28] 同上书,第20页。
[29] 同上书,二版序言,第17页。

了解到自己所具有的需要和每一次的变化状况。满足这些条件的独立群体是由那些从事同一种工业生产，单独聚集和组合起来的人们所构成的，这就是我们所说的法人团体（corporation），即职业群体"[30]。而19世纪末法人团体的突然消释则是造成社会团结机制缺失以致社会混乱的根由。

三、重建法人团体：恢复社会秩序的基石

我们不难发现涂尔干指出经济逻辑主宰一切是造成社会混乱的原因，但这只是在宏观结构层面。而从微观具体层面讲，法律、道德失范的另一个直接表现则是原有的"社会团结"的消失，原来作为社会团结机制的伦理规范、价值体系已经崩溃而新的社会团结机制尚未确立。亦即梁漱溟先生所说的"旧轨已毁，而新轨未立"。要建立一种"新轨"亦即涂氏所言的"规范体系"必须要依赖经济领域的法人团体，即职业群体。至此，我们可以看到涂尔干开出的医治社会混乱的良方就是重建法人团体。在《自杀论》中，涂尔干进一步深化了这一观点，涂氏认为自杀现象的迅猛增加以及连带的许多其他病症的产生和恣意蔓延就是由于法人团体这种组织被废的缘故。

法人团体在大部分的历史过程中对道德产生了重要作用，同样它的形成也受到了道德弊端的影响。涂尔干以罗马的法人团体为例进行了论证，由罗马工匠组成的法人团体的职业特色并没有中世纪时强烈，而且出现了强迫学徒、行业垄断等弊端。[31] 法人团体历史悠久，几乎遍布整个历史时期，它最初是一种工业和商业的合作组织，在古老的中世纪就出现的"同业行会"就是一个典型代表。法人团体靠同行之间建立的公共的行业制度来维系，其作为一种经济组织形态是随着经济的发展而发展的。就其生发机制而言，涂尔干指出自从有了贸易以来，就有了这种组织，换言之，自工业使农业寿终正寝之日起法人团体就形成了。[32] 但这种组织到19世纪末期却突然消失了。于是我们自然会问，既然法人团体会随着经济的发展而发展，那为什么到经济地位空前上升，经济逻辑主宰一切的19世纪反而会消失呢？

我们要回答这个问题还必须从法团的历史着眼。涂尔干也指出，"假如我们回到中世纪，也许会真的相信这些，正因为它是随着政治体系的产生而产生的，它也必然会随着政治体系的消亡而消亡"[33]。同样在罗马时代，我们也能看到这种迹象。在罗马，法人团体至少可以追溯到共和国早期，到了西塞罗时代，这种组织在数量上已经形成一定的规模，在社会中也开始占有一席之地。到帝国时期众多劳动阶层都组成了这种组织，商

---

[30] 同上。
[31] 瓦尔沁：《罗马职业组织历史研究》第1卷，第194页。转引自同上书，二版序言，第23页。
[32] 同上书，二版序言，第19页。
[33] 同上。

人们也不例外。但与此同时,这类组织的性质也发生了变化,它们不再仅仅是一种经济上的合作组织,而逐渐成为管理机构的一部分,它们开始发挥行政职能,每个法人团体都被看成是一种公共服务机构,并相应地对国家负有责任和义务。正是由于对国家过于依赖,同行业制度最终破产。[34]

基于以上分析,我们明白,当法人团体开始扮演各种行政角色时,终于使法人团体的性质由原来经济合作组织转变为政治的行政机构的一部分,原本相对独立的公共的行业制度在政治权威和国家的行政干预面前最终破产。表面上看,法人团体性质的蜕变是其消失的原因,但这仍然只是一种表象。因为很多历史学家已经指出,法人团体在形成伊始就与国家发生着密切关系。[35] 问题的关键在于,法人团体性质的变化意味着原本使道德规范和法律制度达到同一性的价值规范体系对法团成员的规约力和凝聚力也将随之消失殆尽。由此,古老的法人团体无法在新的经济条件下发挥作用,无法与当时的集体生活取得一致,原来的这套"行规制度"不能再对法团成员进行有效的道德规约。这才是法人团体在历史上消失的根本原因,而法团的这种道德功能也正是涂尔干关注的核心所在。涂氏指出,对于法人团体,"我们之所以认为它是必不可少的,并不在于它促进了经济的发展,而在于它对道德所产生的实际影响。在职业群体里,我们尤其能够看到一种道德力量,它遏止了个人利己主义的膨胀,培植劳动者对团结互助的极大热情,防止了工业和商业关系中强权法则的肆意横行"[36]。

中世纪法人团体的命运为我们思考19世纪法团的消逝提供了很好的借鉴,但前文已经指出法团性质的蜕变,即由经济组织到行政机构的变化导致其消失仅仅是一种表象。其实19世纪法团在经济领域也已偏离了正轨,而这也恰是其消失的直接原因。19世纪自我调节市场的出现使以贸易为核心的商业活动和新兴的大工业不再仅仅局限于一定的区域,在逐利逻辑的驱动下,哪里利润最高哪里就会设立工厂,贸易也更易达成,如此,经济活动就扩散至全国乃至整个欧洲,甚或海外、全球。而传统的法团至少在如下几个层面与这种经济的扩展不协调。首先从职业类型看,传统的法团以工匠阶层为主,但今天随着劳动分工和职业分殊,以大工业的发展为依托的各种职业遍布全国,原有繁荣分化前的职业类型的道德规约不能满足职业分化的道德需求。其次,从法团的活动区域来看,传统的法团只局限于城镇的街脚,而今新兴大工业和贸易的足迹已经拓展到整个欧洲甚或全球,伴随大工业的发展,传统的法团与经济的正轨也自然渐行渐远。再次,传统法团只是对其成员有一种道德约束,而且这种约束往往还带着明显的宗教色彩。但当巨细的分工使各种职业若蛛丝成网,那这种职业网以及职业伦理首先要面对的是世俗化的压力亦即逐利逻辑,故此这种职业伦理实则应该是一种"经济伦理"而非一般的道德

---

[34] 同上书,二版序言,第20页。
[35] 同上。
[36] 同上书,二版序言,第22页。

规约。最后,从法团的性质和功能来看,传统的法团是被排除在正式制度之外的,这主要是由于经济的地位在社会生活中地位并不高,但17世纪以来经济地位得到明显提升,到19世纪已跃居最重要的位置,经济逻辑成为主导逻辑,这样法人团体自然应该成为一种正式的制度设置,而且也应该成为"政治组织的本质基础"[37]。但显然传统的保守的法人团体不能满足以上新兴大工业赋予它的期望,其消失亦乃自然。

基于以上分析,我们可以看出,涂尔干试图通过重建新的法人团体来恢复社会团结和社会秩序,而关键的问题不是法团本身,而是法团所能承载的约束其成员的一种新型伦理规范,在日益市场化的社会里,人们的主要精力不得不投入到逐利逻辑主导的商业和工业领域,而在逐利动机的驱动下背后体现的是恣意蔓延的强人法则。涂尔干将这种法律道德的失范视为一种"病态"。需要指出的是,涂尔干此处所说的失范混乱以及社会病态不是局部的和个别的现象,它是一种可以影响到整个社会机体的普遍(totius substantiae)病态。社会失范的根由正是由于缺乏一种正常的社会活动功能所必需的整个社会机构体系,而构成这种社会机构体系的基本要件则是法人团体及其职业伦理。"事实上,法人团体却是构成我们社会结构的基本要素。在我们这个时代的群众组织里,如果不存在任何一种行业制度,那么剩下的便只能是一个真空,这是任何语言都无法形容的。"[38]而"病态"和"常态"现象的区分则是涂尔干社会学方法的重要准则,亦构成其法律社会学的一个重要视角。

四、病态与常态:涂尔干法律社会学的一种视野

涂尔干在《社会学方法的准则》中明确提出社会学的研究对象是社会事实,所谓社会事实是指"一切行为方式,不论它是固定的还是不固定的,凡是能从外部给予个人以约束的,或者换一句话说,普遍存在于该社会各处并具有固定存在的,不管其在个人身上的表现如何,都叫做社会事实"[39]。在此基础上,涂氏区分了病态的事实和常态的事实,他将"应该是什么就表现为什么事实"称为正常现象,而将"应该是什么而未表现为什么的事实"称为病态现象。涂尔干意识到科学如何对这两种类型进行区分是一个重要的问题,因为如何解决这问题影响着人们对科学,尤其是人文科学作用的看法。[40] 涂尔干强调不应使用主观标准,把个人的喜好作为判断正常或病态的标准,他警告我们:"社会学也同历史学一样,对同一个事件,由学者们的个人情感不同,既有可能被说成是有益的,又有可能被说成是有害的。"[41]因此,涂尔干主张我们要捍卫理性的权利而避免陷入一种

---

[37] 同上书,二版序言,第39页。
[38] 同上书,二版序言,第41页。
[39] [法]迪尔凯姆:《社会学方法的准则》,狄玉明译,商务印书馆1995年版,第34页。
[40] 同上书,第66页。
[41] 同上书,第73页。

观念学的窠臼。在这里,涂氏非常明了:"凡是科学,其目的都在于发现,而凡是发现,都要或多或少地动摇既有的观念。"[42]

"普遍存在即是正常合理"这个命题若从一般意义上看似乎有些荒谬,但在涂尔干看来,若置于社会学研究对象的具体话语情景下则并无不妥。而且涂尔干认为"普遍性"恰是判断"正常"与"病态"的标准,"我称那些具有最普遍形态的事实为正常现象,称其他事实为病态现象或病理现象……为了使社会学真正成为一门研究事物的科学,那就必须把现象的普遍性作为衡量现象是否正常的标准"[43]。而且涂氏明确指出"社会学的直接目的在于研究正常类型;但是,如果最普遍的事实也可以是病态的,那就有可能永远在事实中找不到正常类型。……一切有关个体的或生命的科学,其主要目的总的来说在于确定正常类型,并对它进行解释,指出它与反常形态的区别"[44]。

但是说一个社会事实是正常的只是对处于一定发展阶段的一定社会种而言的。然而判断社会事实是否具备普遍性须从较长的历史维度中来检验。对于低级种的社会,因为他们大多都走完了全部历程,他们的正常发展规律已被确认,至少可以被确认。但对于文明社会或现代社会来说,由于还没有走完其全部历程,这样就难以知道这一社会种的现象是正常的还是病态的。对这种情况,涂尔干给出的标准是:通过观察证实事实是普遍的以后,再追溯过去曾决定过这个普遍性的条件,进而研究这些条件是否现在仍然存在,或者相反是否已经发生了变化。第一种情况就有权把这种现象作为正常现象来研究。第二种情况就必须否认它是正常现象。[45] 例如,如果我们想考察现代社会中宗教信仰的淡漠以及宗教意识的退化是否是正常现象,首先要确认这种现象是否具有普遍性,然后要考察过去造成这种状况的条件,是否也是当今社会中这种现象赖以存在的条件,若是则为正常的,相反则是病态的。宗教信仰的淡漠无论在以前的环节社会还是在今天的分化社会都是普遍存在的。宗教信仰是一种集体意识,但这种同质性的信仰和情感在劳动分工不断发展的"分化社会"越来越没有约束力。由此可以认定,宗教信仰的淡化随着现代社会结构的日益确定而逐渐明显,并不是由于偶然的原因,而是以社会环境的结构特征为前提的。而且,因为社会环境的结构的明显特征在今天比以往突出,依赖这些特性而存在的现象本身也自然加强,这完全是正常的。从环节社会到分化社会,社会环境的结构特征是宗教信仰淡化存在的条件。但需要注意的是,解释和证明现象的普遍性的条件是归纳出来的,而不是直接观察所得。[46]

涂尔干运用以上准则对犯罪、自杀等被视为病态社会现象的行为进行了反思和研究。涂尔干首先批判了犯罪学家对犯罪行为的理解,所有的犯罪学家即便界定犯罪的方

---

[42] 同上书,第一版序言,第1页。
[43] 同上书,第74—92页。
[44] 同上书,第91页。
[45] 同上书,第79—80页。
[46] 同上书,第80页,注释[3]。

法不同,但几乎都认为犯罪是一种病态现象。首先,涂尔干指出犯罪是一种普遍性的事实。"犯罪不仅见于大多数社会,不管它是属于哪种社会,而且见于所有类型的所有社会。不存在没有犯罪行为的社会。虽然犯罪的形式有所不同,被认为是犯罪的行为也不是到处一样,但是不论在什么地方和什么时代,总有一些人因其行为使自身受到刑罚的镇压。……只要犯罪行为没有超出每类型社会所规定的界限,而是在这个界限之内,他就是正常的。"[47]

在不同的社会中对犯罪行为的惩罚是不同的,而惩罚设定和实施的前提是对犯罪的界定。涂尔干指出环节社会是一种机械团结的形态,"社会成员平均具有的信仰和情感的总和,构成了他们自身明确的生活体系,我们可以称之为集体意识或共同意识"[48]。在此基础上,涂尔干指出了犯罪行为的社会学含义,即如果一种行为触犯了强烈而又明确的集体意识,那么这种行为就是犯罪。当集体情感强烈和精确到了一定程度,触犯他的所有行为都被算作是犯罪。[49]

涂尔干不仅看到犯罪是一种正常的社会现象,而且认为一定程度的犯罪有很积极的作用。涂氏认为犯罪是必然的,"它同整个社会生活的基本条件联系在一起,由此也就成为有益的,因为与犯罪有密切联系的这种基本条件本身是道德和法律的正常进化所必不可少的……犯罪除了具有这种简洁的效用外,它本身对于道德意识的进化也起着有益的作用。他不仅要求为必要的改革开辟广阔的道路,而且在某些情况下,它还为必要的改革直接作了准备。哪里有犯罪,哪里的集体感情就处于为形成新的形式所必要的可塑状态。不仅如此,犯罪有时还为预先决定集体感情应采取什么形式作出过贡献"[50]。

涂尔干以苏格拉底的"犯罪行为"为例进行了论证。公元前399年,苏格拉底被控告犯有"亵渎神灵"的罪名,自己虽然提出申辩,但法庭以微弱多数判处苏格拉底死刑。从法学角度来看,苏格拉底是一个罪犯,对他的判决也具有合法性,但他的所谓罪行,亦即他的独立思想不仅对他的祖国,甚至对全人类都是有益的,他的罪行为雅典人所必需的新的道德和新的信仰的形成作了铺垫。[51]

对于自杀的理解与犯罪的理解也很相似,与一般人将自杀视为病态现象不同,涂氏认为"自杀是真正美德的近亲,只是过分了"[52]。由此可见,涂尔干一方面与传统的常识性观念划清了界限,同时,也是更为根本的,颠覆了法学、犯罪学和心理学对犯罪、自杀行为的理解。涂尔干认为犯罪、自杀等社会现象不仅仅是个人意志的体现,也不该将其视为个体性行为,而应把它当作一种"集体表象",涂尔干认为,"意识,无论是个人的意识还

---

[47] 同上书,第84页。
[48] 〔法〕埃弥尔·涂尔干:同上注[20]所引书,第42页。
[49] 同上书,第43—44页。
[50] 〔法〕迪尔凯姆:同上注[39]所引书,第87—88页。
[51] 同上书,第89页。
[52] 〔法〕迪尔凯姆:《自杀论》,冯韵文译,商务印书馆1996年版,第409页。

是社会的意识,都绝非实体的东西,只不过是一种特殊现象的或多或少系统化了的总体……社会生活完全是由它的一切表象构成的"[53]。在这个意义上,涂尔干将其关注点指向了犯罪率和自杀率。而自杀率和犯罪率的突然增高则是病态的,也恰恰是法律、道德失范的重要表现。以自杀为例,在分化社会,失范型自杀和利己型自杀明显增多就是由于传统的道德、法律的式微以及利己的个体主义(egotistic individualism)的肆虐。

对于如何消除这种病态现象,涂尔干并没有指向法律,以自杀来看,涂氏指出:"我们之所以不打算在法律上禁止自杀,是因为我们没有强烈地感到自杀的不道德性。我们听任自杀自由发展,因为自杀不再像从前那样使我们反感。但是能够唤起我们道德感的绝不是法律条文。一种行为在我们看来是否在道义上令人憎恶并不取决于法律。如果法律制止公众的感情认为是无害的行为,那么使我们感到气愤的是法律,而不是法律所惩罚的行为。"[54]涂尔干对法律和道德失范的诊断所开列的药方不是着眼于法律而是将之锁定于道德,这不仅是因为涂尔干意识到道德是法律的基础,而且是因为面对劳动分工不断拓展所带来的社会分化和职业分殊的事实,由此涂尔干认为,只有恢复法人团体即职业群体以及对其成员能够有效规约的职业伦理,方能实现社会秩序的有序和谐。

附:研究涂尔干的参考文献

一、著作

(一)中文部分

涂尔干译著

1. [法]迪尔凯姆:《社会学方法的准则》,狄玉明译,商务印书馆1995年版。
2. [法]迪尔凯姆:《迪尔凯姆论宗教》,周秋良等译,华夏出版社1999年版。
3. [法]迪尔凯姆:《自杀论》,冯韵文译,商务印书馆1996年版。
4. [法]涂尔干:《社会分工论》,渠东译,生活·读书·新知三联书店2000年版。
5. [法]涂尔干:《实用主义与社会学》,渠东译,上海人民出版社2000年版。
6. [法]涂尔干:《宗教生活的基本形式》(涂尔干文集 第一卷),渠东、汲喆译,上海人民出版社1999年版。
7. [法]涂尔干:《职业伦理与公民道德》(涂尔干文集 第二卷),渠东、付德根译,上海人民出版社2001年版。
8. [法]涂尔干:《道德教育》(涂尔干文集 第三卷),陈光金等译,上海人民出版社2001年版。
9. [法]涂尔干:《教育思想的演进》(涂尔干文集 第四卷),李康译,上海人民出版

---

[53] [法]迪尔凯姆:同上注[39]所引书,二版序言,第5页。
[54] [法]迪尔凯姆:同上注[52]所引书,第407页。

社 2003 年版。

10.〔法〕涂尔干:《孟德斯鸠与卢梭》(涂尔干文集 第五卷),李鲁宁等译,上海人民出版社 2003 年版。

11.〔法〕涂尔干:《乱伦禁忌及其起源》(涂尔干文集 第六卷),渠东等译,上海人民出版社 2003 年版。

12.〔法〕涂尔干:《实用主义与社会学》,渠东译,梅非校,上海人民出版社 2005 年版。

13.〔法〕涂尔干:《社会学与哲学》,梁栋译,渠东校,上海人民出版社 2002 年版。

14.〔法〕涂尔干、莫斯:《原始分类》,汲喆译,上海人民出版社 2000 年版。

研究专著

1. 朱元发:《涂尔干社会学引论》,台湾远流出版公司 1988 年。

2.〔英〕吉登斯:《杜尔克姆》,李俊青等译,昆仑出版社 1999 年版。

3.〔法〕雷蒙·阿隆:《社会学主要思潮》,葛智强等译,上海译文出版社 2005 年版。

4.〔美〕亚历山大:《迪凯姆社会学》,戴聪腾译,辽宁教育出版社 2001 年版。

5.〔美〕帕森斯:《社会行动的结构》,张明德、夏遇南、彭刚译,译林出版社 2003 年版。

6.〔美〕帕特里克·贝尔特:《二十世纪的社会理论》,瞿铁鹏译,上海译文出版社 2005 年版。

7.〔美〕D.P.约翰逊:《社会学理论》,南开大学社会学系译,国际文化出版公司 1988 年版。

8.〔美〕杰弗里·亚历山大:《社会学二十讲》,贾春增、董天民译,华夏出版社 2000 年版。

9.〔英〕布赖恩·特纳:《Blackwell 社会理论指南》,李康译,上海人民出版社 2003 年版。

10. 渠敬东:《缺席与断裂:有关失范的社会学研究》,上海人民出版社 1999 年版。

11. 渠敬东:《现代社会中的人性及教育——以涂尔干社会理论为视角》,上海三联书店 2006 年版。

12. 陈秉璋:《实证社会学先锋——涂尔干》,台湾允晨文化实业股份有限公司 1982 年版。

(二) 英文部分

1. Durkheim, E. *The Elementary Forms of the Religious Life*, Trans. by J. W. Swain. N. Y.: Free Press, 1965.

2. Durkheim, *The Division Labour in Society*, Trans. by W. Halls. N. Y.: Free Press,1984.

3. Durkheim, *The Rules of Sociological Method*, Trans. by S. Solovay & J. Mueller,

Glencoe: Free Press, 1950.

4. Durkheim, *Suicide*, Trans. by J. Spaulding & G. Simpson, Glencoe: Free Press, 1951.

5. Durkheim, E. *Suicide: A Study in Sociology*, Beijing: China Social Sciences Publishing House, 1999.

6. Durkheim, *Professional Ethics and Civic Morals*, Trans. by C. Brookfield, Glencoe, Free Press, 1958.

7. Durkheim, *Moral Education*, Glencoe: Free Press, 1961.

8. Durkheim, *Socialism and Saint-Simon*, Trans. by Charlotte Sattler, London: Routledge & Kegan Paul, 1959.

9. Durkheim, E. *Emile Durkheim on Morality and Society*, Chicago: The University of Chicago Press, 1973.

10. Durkheim, E., *In Durkheim on Politics and State*, London: Polity Press, 1986.

11. Durkheim, E. & M. Mauss, *Primitive Classification*, Trans. by R. Needham. London: Cohen & West, 1969.

12. Steven Lukes, *Mile Durkheim, His Life and Work: A Historical and Critical Study*, New York, 1972.

二、论文

（一）中文部分

1. 蔡平、赵巍:《社会学的实证研究辨析》,载《社会学研究》1994 年第 3 期。

2. 陈桂生:《略论迪尔凯姆关于"理性化"的道德教育的见解》,载《杭州师范学院学报（社会科学版）》2002 年第 4 期。

3. 陈晓毅:《人类学界和社会学界早期宗教功能研究述略》,载《贵州大学学报（社会科学版）》2004 年第 4 期。

4. 邓才彪:《涂尔干道德教育思想述评》,载《外国教育动态》1989 年第 2 期。

5. 冯钢:《整合与链合——法人团体在当代社区发展中的地位》,载《社会学研究》2002 年第 4 期。

6. 付敏红:《迪尔凯姆实证主义方法论及思索》,载《经济与社会发展》2004 年第 1 期。

7. 葛洪义:《社会团结中的法律——略论涂尔干社会理论中的法律思想》,载《现代法学》2000 年第 4 期。

8. 郭强:《古典知识社会学范式建构的知识线索》,载《江苏社会科学》2000 年第 6 期。

9. 海斯:《当代西方社会学中自然主义与反自然主义之论争》,载《社会学研究》1990

年第 5 期。

10. 侯钧生、刘晓梅:《迪尔凯姆论法律的道德精神》,载《浙江大学学报(人文社会科学版)》2004 年第 2 期。

11. 胡辉华:《论知识社会学的困境》,载《哲学研究》2005 年第 4 期。

12. 胡伟、孟德拉斯、威莱特:《当代法国社会学》,胡伟译,生活·读书·新知三联书店 1988 年版。

13. 焦永刚:《论社会现象的性质》,载《社会学研究》1995 年第 6 期。

14. 汲喆:《如何超越经典世俗化理论——评宗教社会学的三种后世俗化论述》,载《社会学研究》2008 年第 4 期。

15. 雷洪、刘成斌:《角色的二重建构——个人与社会连接点的探讨》,载《社会》2003 年第 5 期。

16. 李峰:《个人、社会与法律——涂尔干的法社会学思想》,载《重庆社会科学》2005 年第 3 期。

17. 李楠:《涂尔干法社会学思想探析》,载《青海社会科学》2004 年第 2 期。

18. 李文华:《〈自杀论〉及其学术价值与现实意义》,载《兰州学刊》2004 年第 6 期。

19. 李文华:《从〈自杀论〉看实证主义社会学研究对象与研究方法的确立——兼论其学术价值与现实意义》,载《江汉论坛》2004 年第 12 期。

20. 李文华:《从迪尔凯姆的〈自杀论〉看"实证"和"否证"方法的统一》,载《社会科学研究》2005 年第 1 期。

21. 林淳:《法学研究方法——从〈社会学方法的准则〉中得到的启示》,载《西南民族大学学报(人文社科版)》2004 年第 10 期。

22. 刘欣、王小华:《迪尔凯姆教育社会学思想述评》,载《高等教育研究》1993 年第 4 期。

23. 刘中起、风笑天:《整体的"社会事实"与个体的"社会行动"——关于迪尔凯姆与韦伯社会学方法论的逻辑基点比较》,载《社会科学辑刊》2002 年第 2 期。

24. 陆丹、张月:《迪尔凯姆社会学方法论及其现在价值——〈自杀论〉的社会学方法论解读》,载《东南大学学报》(哲学社会科学版)2004 年第 6 期。

25. 吕世伦、周世中:《杜尔克姆法社会学思想探析》,载《法制与社会发展》1999 年第 1 期。

26. 钱民辉:《涂尔干的社会学方法论与教育研究》,载《西北民族大学学报(哲学社会科学版)》2005 年第 3 期。

27. 曲庆云:《自杀:从个人行为到社会事实——读 E.迪尔凯姆的〈自杀论〉》,载《社会学研究》1994 年第 2 期。

28. 渠敬东:《涂尔干的遗产:现代社会及其可能性》,载《社会学研究》1999 年第 1 期。

29. 渠敬东:《涂尔干的现代性主题:道德个人主义与法团公共性——青年学者渠敬东访谈录》,载社会学人类学中国网,http://www.sachina.edu.cn/htmldata/article/2005/08/179.html。

30. 宋全成:《涂尔干社会学主义及其积极意义》,载《东方论坛》1993年第3期。

31. 孙帅:《神圣社会下的现代人——论涂尔干思想中个体与社会的关系》,载《社会学研究》2008年第4期。

32. 汪和建:《再访涂尔干——现代经济中道德的社会建构》,载《社会学研究》2005年第1期。

33. 王宗昱:《涂尔干的宗教社会学》,载《求是学刊》2001年第4期。

34. 吴建平、唐友平:《论法社会学中的功能主义传统——迪尔凯姆的法社会学评述》,载《华中科技大学学报(社会科学版)》2003年第4期。

35. 吾淳:《中国宗教集体精神的缺失——以涂尔干宗教社会学理论为参照的考察》,载《华东师范大学学报(哲学社会科学版)》2004年第2期。

36. 伍进:《论杜尔克姆社会学说中的系统思想》,载《贵州大学学报(社会科学版)》2000年第6期。

37. 肖瑛:《从"理性vs非(反)理性"到"反思vs自反"社会理论中现代性诊断范式的流变》,载《社会》2005年第2期。

38. 肖瑛:《法人团体:一种"总体的社会组织"的想象》,载《社会》2008年第2期。

39. 肖瑛、李晓华:《涂尔干的人类学研究及其社会学旨趣》,载《西南民族大学学报(人文社科版)》2004年第2期。

40. 谢立中:《现代性的问题及处方:涂尔干主义的历史效果》,载《社会学研究》2003年第5期。

41. 谢向阳、淦家辉:《什么是孔德的实证主义——对孔德实证主义体系的再认识》,载《学术探索》2005年第2期。

42. 徐超、殷正坤:《试论涂尔干对功能主义和结构主义的影响》,载《华中理工大学学报(社会科学版)》1999年第1期。

43. 许传新、陈国华:《马克斯·韦伯与艾米尔·迪尔凯姆宗教社会学思想之比较》,载《成都理工大学学报(社会科学版)》2004年第4期。

44. 许斗斗:《社会事实的价值论分析》,载《东南学术》2000年第2期。

45. 颜烨:《迪尔凯姆宗教社会学概观》,载《新疆社会科学(汉文版)》2001年第4期。

46. 闫钟:《试析涂尔干的社会学研究方法——以〈宗教生活的基本形式〉为例》,载《太原师范学院学报(社会科学版)》2002年第2期。

47. 严励:《犯罪学研究的路径选择——兼论犯罪学的学科地位》,载《犯罪研究》2004年第4期。

48. 杨光飞:《"脱嵌"与"重塑":转型期社会中介组织的治理逻辑》,载《人文杂志》2007年第5期。

49. 杨光飞:《分工的意涵:优化经济还是整合社会——亚当·斯密和迪尔凯姆对于分工的不同阐释》,载《江汉论坛》2005年第3期。

50. 杨美健:《杜尔干的宗教思维》,载《宗教学研究》2004年第1期。

51. 袁锐锷:《迪尔凯姆道德教育思想探讨》,载《华南师范大学学报(社科版)》1991年第3期。

52. 袁锐锷:《西方著名德育思想家论理性与有道德的人》,载《华南师范大学学报(社会科学版)》1996年第1期。

53. 袁锐锷:《西方著名德育思想家的德育模式探讨》,载《学术研究》2000年第5期。

54. 曾亦:《论涂尔干宗教社会学中的先验论倾向》,载《复旦学报(社会科学版)》2002年第1期。

55. 张崇脉:《涂尔干的道德三要素及其现代启示》,载《全球教育展望》2002年第4期。

56. 张海洋:《涂尔干及其学术遗产》,载《社会学研究》2000年第5期。

57. 张欢华:《现代性之下的社会分工——解读涂尔干的〈社会分工论〉》,载《社会》2002年第11期。

58. 张小虎:《迪尔凯姆的犯罪社会学思想述评》,载《犯罪研究》1999年第5期。

59. 张小山:《实证主义社会学面临挑战》,载《社会学研究》1991年第5期。

60. 张小山:《孔德实证主义原则论略》,载《江汉论坛》1996年第6期。

61. 张兆曙:《涂尔干的遗产和遗憾》,载《秩序与进步:中国社会变迁与浙江发展经验——浙江省社会学学会2006年年会暨理论研讨会论文集》2006年。

62. 周晓虹:《西方社会学历史与体系》(第一卷:经典贡献),上海人民出版社2002年版。

63. 周晓虹:《社会学主义与社会学年鉴学派》,载《江苏社会科学》2003年第4期。

64. 周星:《〈宗教生活的基本形式〉中的知识社会学命题》,载《社会》2003年第10期。

(二) 外文部分

1. Mestrovic, S, "Anomie and Sin in Durkheim's Thought", in *Journal for the Scientific Study of Religion* 24 (2): 1985, pp. 119—236.

2. Philippe Nonet, For Jurisprudential Sociology, in *Law & Society Review*, Vol. 10, No. 4. (Summer, 1976).

3. George Simpson, A Durkheim Fragment, in *The American Journal of Sociology*, Vol. 70, No. 5 (Mar., 1965), pp. 527—536.

4. W. Watts Miller, Durkheim's Montesquieu, in *The British Journal of Sociology*, Vol.

44, No. 4 (Dec., 1993), pp. 693—712.

5. Marco Orrù, Amy Wang, Durkheim, Religion, and Buddhism, in *Journal for the Scientific Study of Religion*, Vol. 31, No. 1 (Mar., 1992), pp. 47—61.

6. Whitney Pope, Durkheim as a Functionalist, in *The Sociological Quarterly*, Vol. 16, No. 3 (Summer, 1975), pp. 361—379.

7. Frank W. Young, Durkheim and Development Theory, in *Sociological Theory*, Vol. 12, No. 1 (Mar., 1994), pp. 73—82.

8. Rodney Stark, Daniel P. Doyle, Jesse Lynn Rushing, Beyond Durkheim: Religion and Suicide, in *Journal for the Scientific Study of Religion*, Vol. 22, No. 2 (Jun., 1983), pp. 120—131.

9. Arthur F. Bentley, Simmel, Durkheim, and Ratzenhofer, in *The American Journal of Sociology*, Vol. 32, No. 2 (Sep., 1926), pp. 250—256.

10. Gerald Turkel, Testing Durkheim: Some Theoretical Considerations, in *Law & Society Review*, Vol. 13, No. 3 (Spring, 1979), pp. 721—738.

11. Whitney Pope, Classic on Classic: Parsons' Interpretation of Durkheim, in *American Sociological Review*, Vol. 38, No. 4 (Aug., 1973), pp. 399—415.

12. Anne Warfield Rawls, Durkheim's Epistemology: The Neglected Argument, in *The American Journal of Sociology*, Vol. 102, No. 2 (Sep., 1996), pp. 430—482.

13. Harry Alpert, Emile Durkheim: A Perspective and Appreciation, in *American Sociological Review*, Vol. 24, No. 4 (Aug., 1959), pp. 462—465.

14. Ernest Wallwork, Durkheim's Early Sociology of Religion, in *Sociological Analysis*, Vol. 46, No. 3 (Autumn, 1985), pp. 201—217.

15. Kurt H. Wolff, The Challenge of Durkheim and Simmel, in *The American Journal of Sociology*, Vol. 63, No. 6, Emile Durkheim-Georg Simmel, 1858—1958 (May, 1958), pp. 590—596.

16. Paul Rock, Rules, Boundaries and the Courts: Some Problems in the Neo-Durkheimian Sociology of Deviance, in *The British Journal of Sociology*, Vol. 49, No. 4 (Dec., 1998), pp. 586—601.

17. Ruth A. Wallace, Emile Durkheim and the Civil Religion Concept, in *Review of Religious Research*, Vol. 18, No. 3 (Spring, 1977), pp. 287—290.

18. R. Keith Sawyer, Durkheim's Dilemma: Toward a Sociology of Emergence, in *Sociological Theory*, Vol. 20, No. 2 (Jul., 2002), pp. 227—247.

19. Robert Alun Jones, Ambivalent Cartesians: Durkheim, Montesquieu, and Method, in *The American Journal of Sociology*, Vol. 100, No. 1 (Jul., 1994), pp. 1—39.

20. Theodore D. Kemper, Emile Durkheim and the Division of Labor, in *The Sociological Quarterly*, Vol. 16, No. 2 (Spring, 1975), pp. 190—206.

21. Harry Alpert, Emile Durkheim: Enemy of Fixed Psychological Elements, in *The American Journal of Sociology*, Vol. 63, No. 6, Emile Durkheim-Georg Simmel, 1858—1958 (May, 1958), pp. 662—664.

22. Stephen R. Marks, Durkheim's Theory of Anomie, in *The American Journal of Sociology*, Vol. 80, No. 2 (Sep., 1974), pp. 329—363.

23. Paul Fauconnet, The Pedagogical Work of Emile Durkheim, in *The American Journal of Sociology*, Vol. 28, No. 5 (Mar., 1923), pp. 529—553.

24. Harry Alpert, Emile Durkheim and Sociologismic Psychology, in *The American Journal of Sociology*, Vol. 45, No. 1 (Jul., 1939), pp. 64—70.

25. Robert Marjolin, French Sociology-Comte and Durkheim, in *The American Journal of Sociology*, Vol. 42, No. 5 (Mar., 1937), pp. 693—704.

26. David E. Greenwald, Durkheim on Society, Thought and Ritual, in *Sociological Analysis*, Vol. 34, No. 3 (Autumn, 1973), pp. 157—168.

27. Joseph Gabel, Durkheimianism and Political Alienation: Durkheim and Marx, in *Canadian Journal of Sociology/Cahiers canadiens de sociologie*, Vol. 9, No. 2 (Spring, 1984), pp. 179—189.

28. Anne Warfield Rawls, Durkheim and Pragmatism: An Old Twist on a Contemporary Debate, in *Sociological Theory*, Vol. 15, No. 1 (Mar., 1997), pp. 5—29.

29. Philippe Steiner, Le fait social économique chez Durkheim, in *Revue Française de Sociologie*, Vol. 33, No. 4 (Oct.-Dec., 1992), pp. 641—661.

30. Barclay D. Johnson, Durkheim's One Cause of Suicide, in *American Sociological Review*, Vol. 30, No. 6 (Dec., 1965), pp. 875—886.

31. Anne Warfield Rawls, Durkheim's Epistemology: The Initial Critique, 1915—1924, in *The Sociological Quarterly*, Vol. 38, No. 1 (Winter, 1997), pp. 111—145.

32. Herman Coenen, Developments in the Phenomenological Reading of Durkheim's Work, in *Social Forces*, Vol. 59, No. 4, Special Issue (Jun., 1981), pp. 951—965.

33. Gene A. Fisher, Kyum Koo Chon, Durkheim and the Social Construction of Emotions, in *Social Psychology Quarterly*, Vol. 52, No. 1, Special Issue: Sentiments, Affect and Emotion (Mar., 1989), pp. 1—9.

34. Stjepan G. Meštrović, Hélène M. Brown, Durkheim's Concept of Anomie as Dérèglement, in *Social Problems*, Vol. 33, No. 2 (Dec., 1985), pp. 81—99.

35. Herbert Bynder, émile Durkheim and the Sociology of the Family, in *Journal of Mar-*

riage and the Family, Vol. 31, No. 3 (Aug., 1969), pp. 527—533.

36. Adam Kuper, Durkheim's Theory of Primitive Kinship, in *The British Journal of Sociology*, Vol. 36, No. 2 (Jun., 1985), pp. 224—237.

37. Robert Alun Jones, Durkheim, Frazer, and Smith: The Role of Analogies and Exemplars in the Development of Durkheim's Sociology of Religion, in *The American Journal of Sociology*, Vol. 92, No. 3 (Nov., 1986), pp. 596—627.

38. Edward A. Tiryakian, Neither Marx nor Durkheim. Perhaps Weber, in *The American Journal of Sociology*, Vol. 81, No. 1 (Jul., 1975), pp. 1—33.

39. James L. Peacock, Durkheim and the Social Anthropology of Culture, in *Social Forces*, Vol. 59, No. 4, Special Issue (Jun., 1981), pp. 996—1008.

40. Michael A. Katovich, Durkheim's Macrofoundations of Time: An Assessment and Critique, in *The Sociological Quarterly*, Vol. 28, No. 3, Conceptions of Temporality in Sociological Theory (Autumn, 1987), pp. 367—385.

41. Jonathan H. Turner, Emile Durkheim's Theory of Social Organization, in *Social Forces*, Vol. 68, No. 4 (Jun., 1990), pp. 1089—1103.

42. T. Anthony Jones, Durkheim, Deviance and Development: Opportunities Lost and Regained, in *Social Forces*, Vol. 59, No. 4, Special Issue (Jun., 1981), pp. 1009—1024.

43. Joan Aldous, Emile Durkheim, Ferdinand Tonnies, An Exchange Between Durkheim and Tonnies on the Nature of Social Relations, with an Introduction by Joan Aldous, in *The American Journal of Sociology*, Vol. 77, No. 6 (May, 1972), pp. 1191—1200.

44. S. G. Stedman Jones, Charles Renouvier and émile Durkheim: "Les Règles de La Méthode Sociologique", in *Sociological Perspectives*, Vol. 38, No. 1, Celebrating the 100th Anniversary of émile Durkheim's "The Rules of Sociological Method" (Spring, 1995), pp. 27—40.

45. Jonathan H. Turner, Durkheim's and Spencer's Principles of Social Organization: A Theoretical Note, in *Sociological Perspectives*, Vol. 27, No. 1 (Jan., 1984), pp. 21—32.

46. Charles-Henry Cuin, Durkheim et la mobilité sociale, in *Revue Française de Sociologie*, Vol. 28, No. 1 (Jan.-Mar., 1987), pp. 43—65.

47. Hanan C. Selvin, Durkheim's Suicide and Problems of Empirical Research, in *The American Journal of Sociology*, Vol. 63, No. 6, Emile Durkheim-Georg Simmel, 1858—1958 (May, 1958), pp. 607—619.

48. Stjepan G. Mestrović, Anomia and Sin in Durkheim's Thought, in *Journal for the Scientific Study of Religion*, Vol. 24, No. 2 (Jun., 1985), pp. 119—136.

49. William J. Ramp, Durkheim and the Unthought: Some Dilemmas of Modernity, in

Canadian Journal of Sociology / Cahiers canadiens de sociologie, Vol. 26, No. 1 (Winter, 2001), pp. 89—115.

50. John B. Harms, Reason and Social Change in Durkheim's Thought: The Changing Relationship between Individuals and Society, in *The Pacific Sociological Review*, Vol. 24, No. 4 (Oct., 1981), pp. 393—410.

自然状态、个人权利、国家与政治真理
——纪念霍布斯诞辰420周年

吴 彦[*]

一、导　　言

　　现代政治哲学史家一般都将现代政治哲学的源头溯及于霍布斯。这在一定意义上是成立的。首先,霍布斯的政治哲学在根本意义上脱离了亚里士多德意义上的政治自然主义的政治哲学,而亚里士多德的政治哲学不仅是古典政治哲学的典范,而且是中世纪中后期占据支配地位的政治学说的主要理论源头。其次,霍布斯的政治学说比所有之前的政治学说都更鲜明地突显出了现代政治哲学的基本性质,这不仅表现在政治的意志论、道德的怀疑论、法律的实证主义上,而且也表现在以个人自由、平等为基础的自由主义上。如果说霍布斯式的自由主义仅仅只是一种带引号的自由主义或实质上的权威主义,那么这也在一定程度上预示了现代政治哲学所潜在的权威主义以至极权主义的倾向。因此可以说,霍布斯政治哲学以其最原初和最本真的方式展现了现代政治哲学以及现代政治生活的基本命运。

　　在此意义上,为了纪念这位伟大的思想家,同时也是为了反思我们自己当下所生存其中的这个政治世界的基本性质,重新检讨我们所继承的某些政治信念的源头及其嬗变的历史,或许是恰当的。因此本文将穿梭于霍布斯的文本和观念史的演变之中,以便查明它们之间的基本关联。从此意义上,本

---

[*] 吴彦,吉林大学法学院硕士。

文更是在探讨霍布斯式的政治哲学,即霍布斯政治哲学的基本效应,或许这是对一位伟人的最好纪念。

霍布斯的政治理论始于自然状态,而终于权威国家。他试图在古典政治理论破产的地方重建新的基础,这既表现在方法上(哲学推理),也表现在根本的目标上(生存),甚至还表现在建构的"材料"上(自由、平等的个人)。在亚里士多德式的古典政治哲学中,国家(城邦)是政治理论探讨的首要对象,城邦的善是政治理论追求的最高目的,个人内在地与国家(城邦)关联在一起,从而使得在古典思想中任何关于个人—国家的二元论都是陌生的。然而,霍布斯颠倒了问题的整个思考方向:个人被作为整个理论建构的起点,并一直内在地将理论建构的终点(国家)置于被质疑的位置。因此,革命问题,即个人对自身之生存状态的自主性选择/创造(剥去—命运)成为霍布斯式政治哲学内涵的一个重要问题。并且,国家作为一种被建构起来的事物,其存在本身是成问题的,他必须以各种不同的方式证明其存在的有效性(正当性)。因此,国家合法性问题取代善的问题而成为国家的首要问题;个人与国家的二元对立成为其政治理论的一个基本构架。

因此,本文将首先从作为霍布斯整个理论起点的自然状态理论开始论述(第二部分);其次过渡到对国家性质、国家合法性与革命问题的探讨(第三、四部分)。

二、自然状态理论——从幸福问题到生存问题

还原一直是哲学思考的一种基本态度。作为还原形式之一的起源式的思考方式在古希腊的政治哲学中已经获得了基本的运用。亚里士多德从个人到家庭到村落最后到城邦的发展中看到了人的政治本性,即城邦作为内在于人之中的形式(form)在人(类)的成长中获得最终的表现。城邦作为人的形式(form)既在性质上规定了人类的本性(交互性),又在范围上规定了人类活动的限度。这样,从个人向城邦的过渡在亚里士多德看来是一种自然的演进,一种内在于人之自然/形式(nature/form)的演进,正如一个胚胎生长成一个人一样,人也必然"生长"成城邦。因此,正如形式是质料的最终原因(final cause)一样,城邦作为人的形式也是人的最终原因,即人类最终所要达致的状态,人只有在这一状态中才可能得到完满的实现。[1] 因此,在古典的政治世界中,所有事物都在一种内在的关联中被联合在一起,即都被联合到一个最终目的——善的名目之下。这一目的论的思考方式支配了西方整个前现代世界。当西方现代早期的那批思想家开始质疑这一察知世界的方式时,霍布斯也追随这一股思潮在政治哲学中发起了对古典思想的批判。

首先,霍布斯认为,世界是由物体(object)构成的,并且只存在两种物体,一种是自然

---

[1] 参见 Aristotle, *The Politics of Aristotle*, translated by Ernest Barker, China Social Sciences Publishing House, 1999, pp.1—8。

物体(natural body),一种是政治体(body politic)。[2] 自然物体是由上帝创造的,它是自然哲学的探讨对象;政治体是人"模仿"上帝创造的,它是政治学(公民科学)的探讨对象。自然物体遵循数学的基本原理,根据其(数量和质量)增加和减少的量来确定其基本的状态。而政治体的运动则依赖于人的各种禀赋,排除了自然律的各种规定性。[3] 并且,在霍布斯看来,政治体如同上帝创造自然物一样在根本上是被创造出来的,而不是演进来的。[4] 因此,探究"前创造状态"就是政治学所要首先面对的问题。既然前创造状态是一个没有政治体(国家)的状态,那么人除了受到那些约束自然物体的法则的约束之外就不受任何其他法则的约束。并且这些自然法则只是一些机械性的约束机制,而不是道德性的,认为还存在一个内在的目的。因此,一旦将一个目的论的世界替换成一个机械性的世界,即使只是在自然物体领域,一种前政治体的状态也必然是一种无所不可为的状态。道德性/目的性的约束完全消失了。因此,这一通过将自然秩序去目的化,且将人从自然秩序之中解放出来的后果就是:人获得了完全的自由。

这种自由的观念具有非常重要的意义。首先,这种自由是脱离"自然"的自由,人的行为在去目的化后的自然中不再受到任何的道德性约束,人除了在物理意义上从属于自然的法则之外,就是完全自由的,可以根据其自身的所有可能的设想而决定自己的行动。其次,这种自由也脱离了"上帝"的约束,上帝与人被置于一个对立的世界中,在霍布斯这里,上帝甚至在某种意义上被设想为并不比自然的世界更多多少,上帝的世界不再干预人事的世界,这进一步促成了人事领域的自主性。

其次,世界的去目的化的另一个结果是等级式存在的消解,从而确立起人与人之间的平等。在古希腊的政治世界中,人在本性上是不平等的,而这种天赋的不平等正决定了统治的必然性。在他们看来,统治的实质就是贤哲对不贤哲的统治,正如柏拉图所讲的,是一种哲学王的统治。即使在后期柏拉图和亚里士多德的法治理念中,制定、实施法律的人,或参与政治生活的人也必须是富于政治经验/智慧的人。亚里士多德讲到,政治不是年轻人的事情,而必须要达到一定的年龄,而所有这些所要求的就是政治的经验,一种在生活经验中获取的政治的智慧。[5] 中世纪的政治哲学虽然在上帝的观念中获得了人与人之间的平等观念(从而在很大程度上,现代政治哲学中的平等信念根源于上帝面

---

[2] 参见 Hobbes, *The Collected English Works of Thomas Hobbes*(Volume I), Routledge/Thoemmes Press, 1997, p.11。

[3] 参见霍布斯对于知识的分类,〔英〕霍布斯:《利维坦》,黎思复、黎廷弼译,商务印书馆1996年版,第61—62页。

[4] 正如霍布斯在《利维坦》一开头所讲的:"'大自然',也就是上帝用以创造和治理世界的艺术,也像在许多其他事物上一样,被人的艺术所模仿,从而能够创造出人造的动物",参见同上书,第1页。

[5] 参见〔古希腊〕亚里士多德:《尼各马可伦理学》,廖申白译,商务印书馆2005年版,第7—8页。

前的平等观念[6]）。但在一个被最终目的——上帝/绝对善——连接起来的世界中，人与人之间的平等在根本上是不可能被达成的（例如在阿奎那的存在链条中，"上帝—天使—人—动物—物体"本身便预设了一种等级式的存在秩序，在理性与信仰的结合中，信仰仍将占据与上帝直接接触的位置，从而被置于理性秩序之上，这也预示了在考虑一个上帝的观念世界中，信仰的优先性位置必然被最终确立起来，中世纪后期的反托马斯主义的思潮正证实了这一基本的观念逻辑）。显然，中世纪的教会正是在宣称他们在这一链条中更接近于上帝而主张他们优越于其他人的权利。因此，霍布斯一旦将近代早期的自然世界图景应用于政治世界之中，一个全新的世界就出现了：人在起源上最初生活在一个自由且平等的世界之中。正如霍布斯所讲的："自然使人在身心两方面的能力都十分相等"[7]，"这种自由就是用他自己的判断和理性认为最适合的手段去做任何事情的自由"[8]。

那么这种自由且平等的自然状态如何可能是一个必须要被克服的状态呢？显然，这里的关键是霍布斯所持有的关于人之本性的观点。根据施特劳斯的说法，霍布斯政治哲学的基础在他转向自然科学之前就已经形成了，即已经奠立在他对人生的基本态度的基础之上了。[9] 这在很大程度上是对的。但是，在我看来，霍布斯政治哲学的激进性在其关于人/人之性质的观点与古希腊，尤其是亚里士多德的观点分享着一个共同的基础，这在很大程度上使其区别于之后的洛克。亚里士多德在他的《政治学》中曾经讲到，不生活于城邦之中的动物要么是神，要么是野兽，而绝不可能是人。[10] 这一方面在于论证人的政治本性，但在另一方面，我们也可以看到，正是城邦避免了使人成为非人，尤其是避免了使人成为野兽。这并不是说，只要人生活在城邦之中就可以避免成为野兽，而是讲城邦，作为一种共同体，通过其语言、所承继之传统以及各种教导将人教化成为人。因此在亚里士多德这里，"野蛮人"（自然人）与"城邦人"之间的对立是根本性的。自然意义上的人，也即霍布斯意义上的生活于前城邦状态之中的人必然是野蛮人，一种未受到教化的人。

这一观点内在地包含在霍布斯论述人之本性的观念之中。例如，在《利维坦》第八章论述智慧之德性中，霍布斯将德性区分为两种，一种是自然的，一种是获取的。自然之德性包括两种，一是构想敏捷，一是对既定目标方向稳定。[11] 而这两者则都是某种技术性的能力，源于人之天赋的生理机能。从这一意义上看，霍布斯眼中的处于自然状态中的

---

[6] 对于这一问题的精彩探讨可参见 Jeremy Waldron, *God, Locke and Equality: Christian Foundations in Locke's Political Thought*, Cambridge University Press, 2002.

[7] 〔英〕霍布斯：同上注〔3〕所引书，第92页。

[8] 同上书，第97页。

[9] 参见〔美〕施特劳斯：《霍布斯的政治哲学》，申彤译，译林出版社2004年版，第7—36页。

[10] 参见 Aristotle, supra note〔1〕, p.6.

[11] 参见〔英〕霍布斯：同上注〔3〕所引书，第49—50页。

人除了天赋的某些生理机能上的优劣之外,所有其他的德性(如节制、正当)则都必须通过教化,而这必须在国家建立之后,因此这些人所可能具有的"品性"必然是"前城邦的品性"——权势欲、财富欲、知识欲和名誉欲。这就是霍布斯从古典政治哲学中获得的基本教导。

因此在前城邦状态,起支配性作用的要素就是"前城邦的品性",霍布斯将其称为"激情"(passion)。正是所有这些激情的运作而使人处于完全的猜疑和敌对状态之中。"人性使人们如此彼此离异,易于互相侵犯摧毁。"[12]并且,霍布斯将伦理学理解为关于激情的推理[13],这在另一种意义上颠覆了古典政治哲学的道德基础,同时也为英国之后的道德哲学和政治哲学(尤其是休谟[14])奠定了基础。善与恶、好与坏之间的传统理解,即通过理性(先在的自然法)来加以理解的道德判断在霍布斯这里变成了关于这些飘忽不定的因人而异的激情的推理。这样,整个道德判断的大厦就在这一脆弱且不确定的基础上坍塌了。"是和非以及公正与不公正的观念在这儿不能存在。"[15]因此,是非判断的差异进一步在相互发生关系的人们之间注入了冲突的种子。而唯一有可能克服这一道德判断冲突的只有一条路,就是走出这种状态,让一个有权力的"人"决断什么是公正的,什么是不公正的。这也为以道德怀疑论为基础的自由主义开辟了道路。

既然在自然状态中,人们禀受这"前城邦的品性"而相互猜疑,并为了虚荣而不惜借助一切手段,暴力和欺诈充斥于自然状态之中。那么他们将随时随地面临暴死,即刻的不可预知的暴死。随时的死亡威胁将伴随他们所有的生存活动。或者说,他们处于随时的死亡恐惧之中。这正是自然状态的最本真的性质,也是最不可忍受的地方所在。因此,"安全地生存"就是他们的首要目的。生存活动本身是上帝提供的,这是他们不能期许的,他们所唯一期许的,或他们自己像上帝那样能够创造的就是如何可能安全地生存,而不是处于随时随地的暴死之中。因此,某种保障"安全生存"的机构必须被创造出来。而它的唯一目的就是保障人们的"安全生存"。任何更高的要求都是在最初的创造活动中不被认可的。古代城邦所期求的至善的幸福生活在霍布斯的自然状态中太理想了,也太不现实了,它们所赖以存在的基础——人的理性——太脆弱了,在强大的"激情"面前它们完全是无能为力的,这也正是它们破产的地方。因此,一个新的"城邦",一种新的政治科学必须建立在强大的激情的基础之上,必须把整个至善的幸福生活这一虚假的目的排除出去,而代之以最现实、最可能、也最坚实的"安全生存"目的。这是利维坦的首要目的,也是人之创造活动的首要目的。

这样,霍布斯就把国家的目的大大降低了。这是自然状态理论的逻辑结果。国家被

---

[12] 同上书,第95页。

[13] 参见霍布斯的知识分类,同上书,第62页。

[14] Hume, *A Treatise of Human Nature*, China Social Sciences Publishing House, 1999, pp. 455—470.

[15] 〔英〕霍布斯:同上注[3]所引书,第96页。

认为是为了克服自然状态。也就是说,国家的建立是为了人的生存,一种最低限度的安全生存。然而,一种原初的自然状态在根本意义上却不可能被永远地根除,只要人所禀赋的"前城邦品性"不被根除,自然状态将永远以背景的方式潜伏于在其之上建立的国家之中。"国家与自然状态同行",只要国家失败的地方,自然状态马上就会浮现出来,这或许也是霍布斯要建立权威国家的一个原因。因此,与其说是从自然状态向国家状态的过渡,不如说是国家在作为背景的自然状态之中被建立起来,国家的目的就是要在这一自然状态之中生存下来,限制自然状态法则的运用,也就是说,要在自然秩序之上建立人的秩序。这正是其政治意志论的基本内涵。然而,作为非自然的秩序和被创造的秩序的人的秩序本身必须通过类似于维持自然秩序存在的力量一样的力量才可能持续地存在,因此从一定意义上看,相比于自然秩序(自然状态),人造秩序是如此脆弱,一有不慎就可能重新划入自然状态之中。内乱和内战都有可能摧毁这一人造秩序。因此,国家的使命不仅在于防止这些威胁其存在的因素,而且同时也必须证明其自身存在的理由,这就必然使古典政治哲学对国家的设问方式发生根本性的变化,即从对国家之善的追问到对国家之合法性的追问,也就是说,过渡到追问国家以何种理由拥有其存在的资格。

因此,从这里可以看到,自然状态理论是整个现代政治哲学的起点。他不仅设定了自由主义理论的建构基石——自由且平等的个人,设定了一个没有统一道德观念的自然秩序——道德的怀疑论与道德的非自然论(康德的道德哲学即在此基础上试图克服道德怀疑论),而且在自然状态之上被创造的事物不再被认为是自然的,自然与人为的二分在政治哲学中被进一步强化,这促生了诸多以政治意志论为基础的政治哲学观念。总而言之,自然状态理论摧毁了整个以自然为基础的古典政治哲学。

三、政治意志论——创世神话

现代政治的一个基本观念就是将人类历史看成一部人类的进步史。而在人类的心灵能力中,只有意志才指向将来,不像理性观念那样要到"古老的东西"中去寻找。因此,意志概念在现代政治哲学中扮演着一个非常重要的角色。[16] 在施特劳斯看来,现代政治哲学的基本特征就在于用"意志"观念取代"理性"观念而成为政治哲学的一个基本要素。[17] 但是从另一方面看,我们也可以将意志对理性的取代看成是用"人为"取代"自然"。作为古典政治哲学典范的亚里士多德的政治哲学就以其简洁而又让人难以忘怀的格言式的论断"人在本性上是政治性(城邦性)动物"而将"自然"注入政治哲学之中,并

---

[16] 参见〔美〕阿伦特:《精神生活·意志》,姜志辉译,凤凰出版传媒集团、江苏教育出版社 2006 年版,第 17—18 页。

[17] 对施特劳斯观点的论述,参见笔者的文章:《从"理性主义"自然法到"意志论"的自然权利——读列奥·施特劳斯〈霍布斯的政治哲学:基础与起源〉》,载邓正来主编:《西方法律哲学家研究年刊》2007 年(总第 2 卷),北京大学出版社 2008 年版,第 331—340 页。

一直影响至中世纪后期。然而,霍布斯却对这种思考方式提出了挑战。在《利维坦》一开头,霍布斯就表达了他的基本观念:"'大自然',也就是上帝用以创造和治理世界的艺术(the art of God),也像在许多其他事物上一样,被人的艺术(the art of man)所模仿,从而能够制造出人造的动物。"[18]

在这一对立式的表达中(the art of God—the art of man),我们可以看到一种共同的要素,即"艺术"(art)。然而,作为一种艺术的自然在古希腊的思想世界中是不可想象的。在亚里士多德的哲学中,art 是一种与 nature 相对的活动方式,并且 art 与 action 作为人的两种基本活动方式,分别构成"技艺学"与"实践哲学",而 nature 则是自然哲学的范围,从属于理论哲学。[19] 在古典世界中,自然绝不是某种技艺的产物,而是自生自发的,遵循一种自然的目的规律。然而,中世纪(尤其是中世纪后期)关于上帝的争论却完全改变了人们思考世界的方式,并且也为之后政治哲学中的理智主义(intellectualism)与意志论(voluntarism)的争论奠定了基础。在这一争论中,一种观点(司各特、奥卡姆)认为上帝意志可以创造所有事物,在上帝的意志那里,所有事物都是可能的;另一种观点(阿奎那)认为上帝意志只能创造可能事物,对于一些不可能的事物,上帝意志是不能创造的,因此上帝意志遵守一种理性的观念。显然,在这里,霍布斯是司各特、奥卡姆学说的继承者。因此,我们可以看出,霍布斯政治哲学的现代性正依赖于一种源自中世纪的上帝观念,一种创造世界的观念之中。这种造世观念与古希腊以自然为基础的世界图景形成了鲜明的对立。从这一意义上看,霍布斯的政治学说是某种去上帝了的政治神学,而其中代替上帝意志的就是人的意志。人通过其意志活动而创造出一个人的世界——利维坦。

可以说,这种政治的意志论是整个现代社会契约论的基本思考背景,同时也是现代几乎所有的政治理论的思考背景。首先,现代(政治)思想通过中世纪的神学传统驱逐了古希腊的"自然",其次,又通过源自古希腊的自然哲学驱逐了中世纪的"上帝"。这一双重的驱逐造成了一个"根据"的空缺,而用以填充这一空缺的就只能是"人本身"。"自然"在人事中完全隐退了,政治事物完全成为人本身的事物;"上帝"被驱赶到了信仰的范围之内,并用宗教自由完全将其主观化(人化)了。人成为其自身存在的根据,人创造其自身。人在本性上是自由的。所有这些信念都成了现代人思考其自身存在的根据。

同时,在政治理论中,这一以人本身为根据的思考方式形成了两种进路的政治哲学。一种进路遵循霍布斯的意志论,以人之意志为根据,其中又分为两个方向,一个是向个人意志论的自由主义的推进,另一个方向则是向国家意志论的推进。[20] 另一种进路则是

---

[18] 〔英〕霍布斯:同上注〔3〕所引书,第1页。

[19] 参见 St. Thomas Aquinas, *Commentary on Aristotle's Nicomachean Ethics*, translated by C. I. Litzinger, Dumb Ox Books, 1993, pp. 1—2; John Finnis, *Aquinas: Moral, Political and Legal Theory*, Oxford University Press, 1998, pp. 20—22。

[20] 参见笔者的文章,同上注〔17〕所引书,第338页。

在批判霍布斯的基础上发展而来的(莱布尼茨[21]、康德),他们试图用理性(尤其是实践理性)取代意志作为政治思考的根据。在康德那里,意志概念成为了实践理性概念的同义词。[22] 原本在霍布斯那里以个人激情为基础的意志在这里成了以普适法则为依据的实践理性。并且,理性取代自然成为世界的根据,亚里士多德意义上的形而上学被改造成以人之理性为依据的形而上学[23],这在根本意义上将规范意义上的政治活动理解为理性的基本运作。

可以说,这种将人自身作为其存在根据的观念是现代政治哲学的一个基本特性。在某种更一般的意义上看,这也是现代哲学思想的一个基本特征。意识与存在的二元论,主体与客体的二元论可以说正是建立在"自然"与"人为"的二分之上的,而这却正是霍布斯哲学思想的一个基础。并且在被归为"人为"的政治领域中,所有关涉政治的事物——国家、法律、政府——都被视为是人类之"创造"活动的结果,无论是通过个人意志、国家意志,还是通过实践理性、交往理性。政治的事物,甚或说人类之活动的目的是一种被构成的东西,是一种处于待构成状态之中的东西,或者说是我们现在之所有行动的结果。或套用存在主义的说法,它们(国家、法律、政府)的本质只是内涵于人类的(意志的或理性的)活动之中。我们自己是我们人类未来的创造者,我们是我们自己命运的主宰者。人在这里获得了完全的自由,获得了自我的完全实现。所有这些都是霍布斯在批判古典政治思想的基础上发展而来的。

这一关于自由、自我创造的神话在根本上改变并型塑了现代政治生活的基本特性。既然我们自己是国家的创造者,既然人类个体是政治世界中唯一合法的自然存在者,那么作为被创造的事物——国家、法律——本身的存在必然依赖于作为创造者的个人。既然个人具有独有的人格,具有完全的自由,既然他可以创造一个国家,那么他同样也可以推翻一个国家再重新建立一个国家,建立一个人类每个个体都满意的国家。既然人自身是其自身命运的主宰者,那么为什么我们不能推翻现在这个腐朽的政权而建立一个良好的政权呢?这就是在这一政治意志论的创世神话中必然引申出来的一个问题。同时,跳出单个国家的范围之外,我们看到一旦在全人类之间不能达成一种共同的契约,世界秩序则必然要由各个以地理为基础的政治体组成,而缺乏一个共同的权力机构,虽然在国

---

[21] 莱布尼茨在"Meditation on the Common Concept of Justice"(1702—1703)与"Opinion on the Principles of Pufendorf"(1706)两文中对霍布斯、普芬道夫的意志论提出了批评。而正如编者 Patrick Riley 所说,莱布尼茨此两文的矛头真正指向的是霍布斯,或者说法律实证主义,参见[德]莱布尼茨:《莱布尼茨政治著作选》(影印本),中国政法大学出版社 2003 年版,第 45—77 页。

[22] 参见 Chris Thornhill, *German Political Philosophy: The Metaphysics of Law*, Routledge Press, 2007, pp.98—128。

[23] 成熟时期的康德称形而上学是"人类认知之先天原理的科学",即在亚里士多德意义上的形而上学失败的地方重构一种新的建立在人类认知活动本身之上的形而上学。参见 Immanuel Kant, *Lectures on Metaphysics*, translated and edited by Karl Ameriks, Cambridge University Press, 1997, pp.109—119;尤其参见 1782 年之后的讲演录。

家之内消除了自然状态,但在世界范围内国家与国家之间仍处于一种普遍的自然状态之中。因此如何克服国家之间的自然状态也必然是霍布斯政治哲学所面临的一个问题。

如下部分,我将仅探讨第一个问题,而把第二个问题留给论述霍布斯的另一篇文章。

四、个人与国家的二元论——革命与绝对主权

霍布斯的政治意志论在某种意义上必然把国家本身置于一种被质疑的位置。如果国家本身仅仅只作为消除自然状态之邪恶的一种工具,那么如果存在另一种消除自然状态之邪恶的方式,国家就必然是多余的。如果自然状态的所有那些不可忍受的冲突都是源于欲求对象的匮乏,那么有可能在人类的某个阶段,在人类所有的欲望都被满足之时,国家也必然随着这种满足的实现而趋于灭亡。并且国家作为个人意志的产物,个人通过其意志将其源自自然的权利托付给国家,那么国家之权利作为被创造的东西,作为被托付的东西必然应当受到其创造者的约束。这是一种必然的思考逻辑。所有这些都引申出了之后政治思想的发展。

因此在这里,霍布斯的政治哲学造成一个深刻的对立:个人与国家的对立,个人的自然权利与国家权利的对立。从自然状态中个人的无所不为到国家状态中主权者的无所不为而使霍布斯政治哲学备被后人指责。根据霍布斯社会契约论的逻辑,个人一旦订立契约建立国家,那么他们必然把其所有在自然状态之中的权利让渡给主权者。这一让渡是绝对的,没有任何保留,并且由于主权者不是订立契约的任何一方,所有契约一旦订立,权利一旦转移,主权者便不受任何违反契约的约束,作为其臣民也没有以取消主权为借口解除对主权者的服从义务[24]。由此,主权者必然拥有非常大的权利,它的目的就是维护和平,即根除自然状态,以保护其自身的存在。对此,霍布斯历数了十一项主权者的权利。其中包括立法权、司法权、赏罚权、思想控制权、战争与和平权等[25]。这样,臣民必然是处于一种"非常可怜的景况之中,他们只能听任具有无限权力的某一个人或某一群人的贪欲及其他不正常激情摆布"[26]。霍布斯所刻画的这一政治生活情景确实让人感到惊栗,那些处于自然状态之中的人如果看到这样的情景或许可能不会这么情愿地把自己的自由交付出去。然而,霍布斯所有这些论述的关键却是,主权者所有这里权力的目的只有一个,就是和平,以一切可能的手段根除内战,反对革命。在霍布斯看来,世上最大的恶就是战争状态,而唯一可能完全根除这一状态的就是建立一个绝对的主权国家,将所有可能导致分歧并最终导致战争的要素,包括思想、学说的分歧都置于主权者的审查和监督之下。

---

[24] 参见〔英〕霍布斯:同上注〔3〕所引书,第 134 页。
[25] 同上书,第 133—142 页。
[26] 同上书,第 141 页。

霍布斯关于国家生活的这一思想在很大程度上与他对他那个时代的生活状态的体验有关。霍布斯对英国内战的体验使他直接感受到自然状态的邪恶,而唯一可能的办法就是建立一个权威的国家,消除所有可能的隐患,尤其是民众可能发起的对国家统治者的革命。但是,正如上文所论述的,他的整个政治哲学的起点——处于自然状态之中的自由且平等的个人——却在根本上与他建构政治哲学的目的——权威国家——处于一种内在的矛盾之中。这或许也是后世的一些阐释者质疑霍布斯政治哲学的契约论阐释而代之以自然法阐释的一个潜在原因。但是,霍布斯所开创的这个现代传统——国家作为非自然之物,作为被建立者——却必然将国家推入一个需待证成的位置之上。这必然引申出国家合法性的问题。

在古典的政治哲学中,国家作为个人的本性/形式的完全实现,其存在本身是不容置疑的。城邦作为个人政治(公共)生活的场所是内涵于人之交往本性之中的。但是,国家一旦成为一种被创造者,其必然与创造者处于一种对立的状态之中,正如上帝与人类之间存在一种内在的鸿沟一样,个人与国家也必然处于一种异质性的关联之中。这一二元对立的思考框架就像贯穿于现代哲学思想的主体—客体二元论一样一直贯穿于整个现代政治思想和政治生活之中。由此我们不难发现现代的各种政治理论在这两者之间所作出的立场选择。霍布斯在这个传统的开头无疑混合了两个相互对立的极端立场——绝对的个人自由与绝对的国家主权。这或许是现代政治生活的一个隐喻,一方面是个人自由(以至于旨在于实现个人自由的革命),一方面是集权(极权)国家。革命与极权国家在现代的表现比任何之前的时代都更为频繁。这或许在霍布斯的政治理论中已经内在地包含了。

就像在哲学中克服主客二元论的努力一直伴随着主客二分的思考方式一样,在政治哲学中,克服个人与国家的二元论也一直存在着。20 世纪初叶的政治多元主义思潮在很大程度上就在于批驳这种个人—国家的二元论,尤其是批驳国家主权这一虚幻之物,他们试图用义务的观念取代权利的观念,用源于社会之连带关系的法律取代国家意志和个人意志。[27] 他们试图在个人与国家关系的断裂地带寻找一种可以作为基础的东西以克服在个人主义与国家主义之间造成的持续的对立和紧张,而这种对立和紧张在很大程度上根植于霍布斯的自然状态理论。在这一无法无天的世界中,一切都有可能,所有作为规范和确定的东西在这里都被消解了。这样,在一种可能的世界——即霍布斯所构想的绝对的个人自由—权威国家——之中,两个极端(个人与国家)被置于一个真空的世界之中,没有道德法则,没有正义观念,所有这些作为规范的东西(道德、正义观念)或是由个

---

[27] 此思潮的代表人物主要有狄骥(Leon Duguit)、拉斯基(Harold Laski),对政治多元主义的研究可参见萧公权的博士论文 *Political Pluralism: A Study in Contemporary Political Theory*, Routledge Press, 2000。20 世纪初叶对政治多元主义的批判可参见施米特的《中立化与非政治化的时代》、《国家伦理与多元主义国家》,载〔德〕施米特:《论断与概念》,朱雁冰译,世纪出版集团、上海人民出版社 2006 年版。施米特学说的主要矛头指向之一就是作为自由主义学说之衍生物的政治多元主义。

人意志决定(自然状态),或者是由国家意志决定(后自然状态)。或许这正是现代政治生活中混乱和冲突的根源。

五、暂时的结语:从政治善到政治真理

在结束谈论霍布斯的政治哲学之前(尤其是本文避开了探讨霍布斯构思其文本的方法),有必要从整体上把握霍布斯政治哲学的基本气质(ethos)。

施特劳斯在论述霍布斯的政治哲学时已经指出:在霍布斯思想发展的第三阶段,即从历史转向哲学的阶段,霍布斯试图通过一种新的方法和一个新的基础建立一种新的政治哲学。这种政治哲学既不是理想的(古典的政治哲学),也不是经验性的(历史的),而是确定的和永恒的(哲学的)。而这种基本的企图则根植于这样一种支配性的观念之中:即哲学应当为政治奠立一个基础,政治应当在哲学所探求的"真理"的基础之上被建立起来。[28] 这种基本观念支配了霍布斯后期构思其文本的基本方法。我们在《利维坦》中随时都能够看到,霍布斯试图通过一种逻辑一贯的推理而试图建立一种关于人造的政治体的科学。

从某种意义上讲,在霍布斯构思其整个政治哲学体系的时候,我们可以看到自然状态理论在更为基础的意义上表达了霍布斯为政治寻找一个坚实基础(真理)的企图。这不仅在于自然状态理论为所有其他理论建构奠立了基础,而且也在于自然状态构想本身表达了一种原初性的思考方式。如果我们比较一下笛卡儿的"怀疑"与霍布斯的"自然状态",我们可以看到他们二者之间所存在的类似性。这种类似性不仅在于结构上的类似性(笛卡儿的怀疑将所有即定的东西都置于待定状态之中,而霍布斯则将所有即定的政治生活置于待定之中;笛卡儿在怀疑中发现了我思的原初性和不可怀疑性,并以此为基础推理出所有其他的存在,而霍布斯在对所有即定的政治生活的怀疑中获得了自然状态的原初性和不可怀疑性,并以此为基础推论出所有可能的政治生活),更在于基本企图上的一致性——理论大厦之建构应当奠基在一个绝对的不可怀疑的真理之上。

20世纪的理论家在反思现代政治生活(如极权主义)之悲剧的起源时往往将其归之于发源于笛卡儿的建构主义(哈耶克),或以其为始的理性主义(奥克肖特)。这在一定程度上具有很大的解释力,但是如果我们回看一下笛卡儿那个时代的整个时代精神,我们可以看到一种更深层次的时代意志——要在古典哲学失败的地方,或在排除所有(已经)被建立起来的东西的地方(绝对真理)重新开始哲学的活动。这种时代意志的建构企图只是附带性的,真正重要的是那种寻求真理的意志。无论这种意志在古代世界是否也真正地存在着,但是这种意志之被引入关于政治的思考以及政治的行动之中却完全是在近代才开始发生并繁衍的,尤其是在以霍布斯开始的政治哲学之中。无论是理性主义

---

[28] 参见笔者的文章,同上注[17]所引书,第339页。

的,还是经验主义的(作为理性主义的对立面而与其分享共同的精神),无论是观念论的,还是物质论的(作为观念论的对立面),近代以来几乎所有的政治理论都感染上这种"精神"。对他们来说,"政治真理"是他们寻求的首要目的,在这些真理的指导之下,或在这些真理的规范之下,我们就能达到一种真正好的生活。我们看到,近代以来的政治话语和政治运动一直以"自由主义"、"社会主义"等诸如此类的标签为目的,以使这些标签所标示的目的被作为政治的真理而被加以宣扬。人本身被逐渐地淡化,而代之以更一般性的原则。人与人之间的最基本分歧被标识为原则(真理)之间的分歧。所谓的文化的多元主义、文明的冲突、试图为分歧的诸原则提供更一般性"原则"的政治自由主义等无不以此为基础。

施特劳斯在论述霍布斯的政治哲学时,讲到其所开启的现代政治传统将"哲学"与"政治"混淆了。[29] 原本在古典政治思想中,政治生活和哲学生活被视为两种不同的生活方式,"政治"寻求的是"善",而"哲学"寻求的是"真理"。哲学(philosophy),从其古希腊的构词上看是"爱欲智慧",一种渴求,一种缺乏性的追寻,包含着一种把捉永恒和必然的东西的欲望。而政治则是与城邦(polis)相关联的,它更是一种城邦的生活,在相互的日常交往中,在公开的辩论活动中,为了实现人们共同的善,即人之各种德性(卓越性)的完满实现。在其中,习俗、传统和德性扮演着重要的角色。因此,哲学,作为一种寻求永恒原则的活动一旦进入政治城邦领域必然会质疑原先已经建立的习俗、传统,并进而以其寻求真理的欲望使其败坏。因此,在古典世界中,哲人们往往深明这样一种教导:哲学生活不应介入政治生活之中。然而,现代政治哲学却并没有遵循这一教导,他们将政治哲学化了,哲学的分歧成为政治分歧的根源,而其结果就是冲突和分歧的不断涌现。

霍布斯的政治哲学或许正是这种政治哲学化的起点。而其最主要的表征就是自然状态,以及在自然状态之上进行的推理。无论是将其称为"建构主义"、"理性主义",还是一种"哲学建筑术"(数学性的、技术性的),我们都可以把握到一种根本性的意志——寻求真理的意志。如果施特劳斯的追溯是对的,那么我们只能把这种政治的哲学化归之于霍布斯。但是,如果施特劳斯的追溯是错的,也就是说在前现代世界,这种真理意志通过"哲学"的方式已经弥散于西方世界的各个地方和各个方面的话,那么我们是否应当从更一般性的地方思考这样一个问题:这是否是西方共同具有的一种气质(ethos),而不仅仅是霍布斯的,即不仅仅是现代的? 如果这是可能的,那么我们是否会在思考现代性的同时,会想到西方的现代性,而在思考西方现代性的同时,会抛开现代性而想到"西方性",一种西方的精神气质(ethos),一种源自于古希腊的哲学气质,在形而上学的追寻中,在逻辑学的构想中,在概念性的思维中?

---

[29] 同上书,第338—340页。

附：研究霍布斯的参考文献

一、著作

（一）中文部分

霍布斯译著

1. 〔英〕霍布斯：《利维坦》，黎思复等译，商务印书馆 1996 年版。
2. 〔英〕霍布斯：《论公民》，应星、冯克利译，贵州人民出版社 2003 年版。
3. 〔英〕霍布斯：《哲学家与英格兰法律家的对话》，姚中秋译，上海三联书店 2006 年版。
4. 〔英〕霍布斯：《一位哲学家与英格兰普通法学者的对话》，毛晓秋译，上海人民出版社 2006 年版。
5. 〔英〕霍布斯：《〈利维坦〉附录》，赵雪纲译，华夏出版社 2008 年版。

研究专著

1. 〔美〕列奥·施特劳斯：《霍布斯的政治哲学》，申彤译，译林出版社 2004 年版。
2. 〔英〕斯金纳：《霍布斯哲学思想中的理性与修辞》，王加丰、郑崧译，华东师范大学出版社 2005 年版。
3. 〔美〕马蒂尼奇：《霍布斯传》，陈玉明译，上海人民出版社 2007 年版。
4. 〔德〕施米特：《霍布斯国家学说中的利维坦》，应星、朱雁冰译，华东师范大学出版社 2008 年版。
5. 王利：《国家与正义：利维坦释义》，上海人民出版社 2008 年版。

（二）英文部分

学位论文

1. Curran Eleanor Ann., *Hobbes's Theory of Rights*, City University of New York, Ph. D., 1998.
2. Cole David Randolph, *The Treatment of Thomas Hobbes in Twentieth Century Political Thought*, Louisiana State University and Agricultural & Mechanical College, Ph. D., 1989.
3. Brandon, Eric Edward, *The Union of Politics and Religion in Hobbes' "Leviathan"*, The University of Chicago, Ph. D., 2002.
4. Hull Gordon, *Hobbes, Marx, and the Foundations of Modern Political Thought*, Vanderbilt University, Ph. D., 2000.
5. Berk Mary Helen, *Having Rights and Being Right: Thomas Hobbes on the Nature of Rights*, The Johns Hopkins University, Ph. D., 2005.
6. Fryc Thomas John, *The State of Nature and the Genesis of Commonwealths in Hobbes's Political Philosophy*, University of Massachusetts Amherst, Ph. D., 1997.
7. Sreedhar Susanne, *Obligation and Its Limits in Hobbes's Moral and Political Philoso-*

phy, The University of North Carolina at Chapel Hill, Ph. D., 2005.

研究专著

1. Baumgold, D., *Hobbes's Political Theory*, Cambridge University Press, 1988.

2. Brandt, F., *Hobbes's Mechanical Conception of Nature*, Copenhagen, 1928.

3. Brown, K. C. (ed.), *Hobbes Studies*, Cambridge University Press, 1965.

4. Dietz, M. (ed.), *Thomas Hobbes and Political Theory*, Lawrence, Kansas, 1990.

5. Eachard, J. Mr., *Hobbes's State of Nature Considered in a Dialogue between Philautus and Timothy*, Ed. P. Ure. English Repints Series no. 14, Liverpool, 1958.

6. Gauthier, D., *The Logic of Leviathan*, Oxford, 1969.

7. Goldsmith, M. M., *Hobbes' Science of Politics*, New York, 1966.

8. Martinich, *The Two Gods of Leviathan: Thomas Hobbes on Religion and Politics*, Cambridge University Press, 1992.

9. Loyd S. A., *Ideas as Interests in Hobbes's "Leviathan": the Power of Mind over Matter*, Cambridge University Press, 1992.

10. Oakeshott Michael, *Hobbes on Civil Association*, Oxford University Press, 1975.

11. Skinner Quentin, *Reason and Rhetoric in the Philosophy of Hobbes*, Cambridge University Press, 1996.

12. Schneewind, *The Invention of Autonomy: History of Modern Moral Philosophy*, Cambridge University Press, 1997.

13. Sorell Tom, *Hobbes*, London, 1986.

14. Tuck Richard, *Hobbes*, Oxford University Press, 1989.

15. Warrender Howard, *The Political Philosophy of Hobbes: His Theory of Obligation*, Oxford University Press, 1957.

16. Watkins J. W. N., *Hobbes's System of Ideas*, London, 1965.

二、论文

(一) 中文部分

1. 曹宪忠:《社会契约理论:霍布斯与洛克之不同》,载《文史哲》1999 年第 1 期。

2. 艾克文:《霍布斯与西方近代自由主义的兴起》,载《武汉大学学报(社会科学版)》2002 年第 6 期。

3. 孙向晨:《论〈利维坦〉中神学与政治的张力》,载《复旦学报(社会科学版)》2005 年第 3 期。

4. 欧阳英:《现代民主的发生机制与本质——由霍布斯与洛克社会契约论差异引发的思考》,载《哲学研究》2005 年第 9 期。

5. 雷恒军:《霍布斯的历史理论》,载《人文杂志》2006 年第 4 期。

6. 刘晗：《霍布斯〈利维坦〉中的自然法与上帝》，载《西方法律哲学家年刊》（2006），北京大学出版社 2006 年版。

7. 林国荣：《自然法传统中的霍布斯》，载渠敬东编：《现代政治与自然》，上海人民出版社 2003 年版。

8. 钱永祥：《伟大的界定者：霍布斯绝对主权论的一个新解释》，载渠敬东编：《现代政治与自然》，上海人民出版社 2003 年版。

（二）英文部分

1. Roger D. Lund, The Bite of Leviathan: Hobbes and Philosophic Drollery, in *ELH*, Vol. 65, No. 4 (Winter, 1998), pp. 825—855.

2. Robert E. Stillman, Hobbes's Leviathan: Monsters, Metaphors, and Magic, in *ELH*, Vol. 62, No. 4 (Winter, 1995), pp. 791—819.

3. Charles D. Tarlton, "The Word for the Deed": Hobbes's Two Versions of "Leviathan", in *New Literary History*, Vol. 27, No. 4, (Autumn, 1996), pp. 785—802.

4. Bernard Gert, Hobbes's Account of Reason, in *The Journal of Philosophy*, (Oct., 1979), pp. 559—561.

5. Peter Hayes, Hobbes's Bourgeois Moderation, in *Polity*, Vol. 31, No. 1 (Autumn, 1998), pp. 53—74.

6. Jonathan M. Wiener, Quentin Skinner's Hobbes, in *Political Theory*, Vol. 2, No. 3 (Aug., 1974), pp. 251—260.

7. J. W. N. Watkins, The Posthumous Career of Thomas Hobbes, in *The Review of Politics*, Vol. 19, No. 3 (Jul., 1957), pp. 351—360.

8. Jeffrey R. Collins, Christian Ecclesiology and the Composition of Leviathan: A Newly Discovered Letter to Thomas Hobbes, in *The Historical Journal*, Vol. 43, No. 1 (Mar., 2000), pp. 217—231.

9. Quentin Skinner, Thomas Hobbes and His Disciples in France and England, in *Comparative Studies in Society and History*, Vol. 8, No. 2 (Jan., 1966), pp. 153—167.

10. Siegmund Probst, Infinity and Creation: The Origin of the Controversy between Thomas Hobbes and the Savilian Professors Seth Ward and John Wallis, in *The British Journal for the History of Science*, Vol. 26, No. 3 (Sep., 1993), pp. 271—279.

11. John L. Hilton, Noel B. Reynolds, Arlene W. Saxonhouse, Hobbes and "A Discourse of Laws": Response to Fortier, in *The Review of Politics*, Vol. 59, No. 4 (Autumn, 1997), pp. 889—903.

12. Benjamin B. Lopata, Property Theory in Hobbes, in *Political Theory*, Vol. 1, No. 2 (May, 1973), pp. 203—218.

13. Richard Ashcraft, Ideology and Class in Hobbes' Political Theory, in *Political Theory*,

Vol. 6, No. 1 (Feb., 1978), pp. 27—62.

14. John D. Harman, Liberty, Rights, and Will in Hobbes: A Response to David Van Mill, in *The Journal of Politics*, Vol. 59, No. 3 (Aug., 1997), pp. 893—902.

15. Patrick Riley, A Preface to an Unpublished MS by Michael Oakeshott on Hobbes's Leviathan, in *Political Theory*, Vol. 29, No. 6 (Dec., 2001), p. 833.

16. Peter Hayes, Hobbes's Silent Fool: A Response to Hoekstra, in *Political Theory*, Vol. 27, No. 2 (Apr., 1999), pp. 225—229.

17. David van Mill, Rationality, Action, and Autonomy in Hobbes's "Leviathan", in *Polity*, Vol. 27, No. 2 (Winter, 1994), pp. 285—306.

18. Perez Zagorin, Hobbes's Early Philosophical Development, in *Journal of the History of Ideas*, Vol. 54, No. 3 (Jul., 1993), pp. 505—518.

19. David R. Bell, What Hobbes Does With Words, in *The Philosophical Quarterly*, Vol. 19, No. 75 (Apr., 1969), pp. 155—158.

20. Samuel I. Mintz, Hobbes's Knowledge of the Law: A Reply, in *Journal of the History of Ideas*, Vol. 31, No. 4 (Oct., 1970), pp. 614—615.

21. Marshall Missner, Skepticism and Hobbes's Political Philosophy, in *Journal of the History of Ideas*, Vol. 44, No. 3 (Jul., 1983), pp. 407—427.

22. Carole Pateman, "God Hath Ordained to Man a Helper": Hobbes, Patriarchy and Conjugal Right, in *British Journal of Political Science*, Vol. 19, No. 4 (Oct., 1989), pp. 445—463.

23. Quentin Skinner, The Ideological Context of Hobbes's Political Thought, in *The Historical Journal*, Vol. 9, No. 3 (1966), pp. 286—317.

24. Sheldon Pollack, On Glass, "Hobbes and Narcissism: Pathology in the State of Nature", in *Political Theory*, Vol. 9, No. 2 (May, 1981), pp. 257—259.

25. Terry Heinrichs, Hobbes & the Coleman Thesis, in *Polity*, Vol. 16, No. 4 (Summer, 1984), pp. 647—666.

26. Lisa T. Sarasohn, Thomas Hobbes and the Duke of Newcastle: A Study in the Mutuality of Patronage before the Establishment of the Royal Society; in *Isis*, Vol. 90, No. 4 (Dec., 1999), pp. 715—737.

27. K. C. Brown, Hobbes's Grounds for Belief in a Deity, in *Philosophy*, Vol. 37, No. 142 (Oct., 1962), pp. 336—344.

28. David van Mill, Hobbes's Theories of Freedom, in *The Journal of Politics*, Vol. 57, No. 2 (May, 1995), pp. 443—459.

29. Tom Sorell, Hobbes's Persuasive Civil Science, in *The Philosophical Quarterly*, Vol. 40, No. 160 (Jul., 1990), pp. 342—351.

30. Paul Russell, Hume's Treatise and Hobbes's the Elements of Law, in *Journal of the History of Ideas*, Vol. 46, No. 1 (Jan., 1985), pp. 51—63.

31. Kinch Hoekstra, Hobbes and the Foole, in *Political Theory*, Vol. 25, No. 5 (Oct., 1997), pp. 620—654.

32. Robert Gray, Hobbes' System and his Early Philosophical Views, in *Journal of the History of Ideas*, Vol. 39, No. 2 (Apr., 1978), pp. 199—215.

33. Sterling P. Lamprecht, Hobbes and Hobbism, in *The American Political Science Review*, Vol. 34, No. 1 (Feb., 1940), pp. 31—53.

34. Bertram E. Jessup, Relation of Hobbes's Metaphysics to His Theory of Value, in *Ethics*, Vol. 58, No. 3, Part 1 (Apr., 1948), pp. 209—217.

35. John W. Seaman, Hobbes on Public Charity & the Prevention of Idleness: A Liberal Case for Welfare, in *Polity*, Vol. 23, No. 1 (Autumn, 1990), pp. 105—126.

36. James E. Crimmins, Bentham and Hobbes: An Issue of Influence, in *Journal of the History of Ideas*, Vol. 63, No. 4 (Oct., 2002), pp. 677—696.

37. Gary B. Herbert, Hobbes's Phenomenology of Space, in *Journal of the History of Ideas*, Vol. 48, No. 4 (Oct., 1987), pp. 709—717.

38. Perez Zagorin, Hobbes on our Mind, in *Journal of the History of Ideas*, Vol. 51, No. 2 (Apr., 1990), pp. 317—335.

39. Linda Levy Peck, Hobbes on the Grand Tour: Paris, Venice, or London? in *Journal of the History of Ideas*, Vol. 57, No. 1 (Jan., 1996), pp. 177—183.

40. John W. Seaman, Hobbes and the Liberalization of Christianity, in *Canadian Journal of Political Science / Revue canadienne de science politique*, Vol. 32, No. 2 (Jun., 1999), pp. 227—246.

41. Howard Warrender, Political Theory and Historiograpy: A Reply to Professor Skinner of Hobbes, in *The Historical Journal*, Vol. 22, No. 4 (Dec., 1979), pp. 931—940.

42. W. von Leyden, Parry on Performatives and Obligation in Hobbes, in *The Philosophical Quarterly*, Vol. 23, No. 92 (Jul., 1973), pp. 258—259.

43. Bertram Morris, Gauthier on Hobbes' Moral and Political Philosophy, in *Philosophy and Phenomenological Research*, Vol. 33, No. 3 (Mar., 1973), pp. 387—392.

44. Robert P. Kraynak, Hobbes's Behemoth and the Argument for Absolutism, in *The American Political Science Review*, Vol. 76, No. 4 (Dec., 1982), pp. 837—847.

45. George Kateb, Hobbes and the Irrationality of Politics, in *Political Theory*, Vol. 17, No. 3 (Aug., 1989), pp. 355—391.

46. Gary Remer, Hobbes, the Rhetorical Tradition, and Toleration, in *The Review of Politics*, Vol. 54, No. 1 (Winter, 1992), pp. 5—33.

47. Alexander Bird, Squaring the Circle: Hobbes on Philosophy and Geometry, in *Journal of the History of Ideas*, Vol. 57, No. 2 (Apr., 1996), pp. 217—231.

48. Royce MacGillivray, Thomas Hobbes's History of the English Civil War A Study of Behemoth, in *Journal of the History of Ideas*, Vol. 31, No. 2 (Apr., 1970), pp. 179—198.

49. Joel Leshen, Reason and Perception in Hobbes: An Inconsistency, in *Noûs*, Vol. 19, No. 3 (Sep., 1985), pp. 429—437.

50. Dana Chabot, Thomas Hobbes: Skeptical Moralist, in *The American Political Science Review*, Vol. 89, No. 2 (Jun., 1995), pp. 401—410.

51. William R. Lund, Tragedy and Education in the State of Nature: Hobbes on Time and the will, in *Journal of the History of Ideas*, Vol. 48, No. 3 (Jul., 1987), pp. 393—410.

52. Keith Brown, Thomas Hobbes and the Title-Page of "Leviathan", in *Philosophy*, Vol. 55, No. 213 (Jul., 1980), pp. 410—411.

53. Gregory S. Kavka, The Rationality of Rule-Following: Hobbes's Dispute with the Foole, in *Law and Philosophy*, Vol. 14, No. 1, Conrad Johnson Memorial Issue (Feb., 1995), pp. 5—34.

54. Marshall Missner, Hobbes's Method in Leviathan, in *Journal of the History of Ideas*, Vol. 38, No. 4 (Oct., 1977), pp. 607—621.

55. Mark E. Wildermuth, Hobbes, Aristotle, and the Materialist Rhetor, in *Rhetoric Society Quarterly*, Vol. 27, No. 1 (Winter, 1997), pp. 69—80.

56. John W. Danford, The Problem of Language in Hobbes's Political Science, in *The Journal of Politics*, Vol. 42, No. 1 (Feb., 1980), pp. 102—134.

57. Bernard Gert, Hobbes and Psychological Egoism, in *Journal of the History of Ideas*, Vol. 28, No. 4 (Oct., 1967), pp. 503—520.

58. Samantha Frost, Faking It: Hobbes's Thinking-Bodies and the Ethics of Dissimulation, in *Political Theory*, Vol. 29, No. 1 (Feb., 2001), pp. 30—57.

59. Timothy Raylor, Hobbes, Payne, and "A Short Tract on First Principles", in *The Historical Journal*, Vol. 44, No. 1 (Mar., 2001), pp. 29—58.

60. Stuart M. Brown, Jr., Hobbes: The Taylor Thesis, in *The Philosophical Review*, Vol. 68, No. 3 (Jul., 1959), pp. 303—323.

61. Richard Boyd, Thomas Hobbes and the Perils of Pluralism, in *The Journal of Politics*, Vol. 63, No. 2 (May, 2001), pp. 392—413.

62. Stephen Darwall, Normativity and Projection in Hobbes's Leviathan, in *The Philosophical Review*, Vol. 109, No. 3 (Jul., 2000), pp. 313—347.

63. Quentin Skinner, Thomas Hobbes on the Proper Signification of Liberty: The Prothero Lecture, in *Transactions of the Royal Historical Society*, Vol. 40 (1990), pp. 121—151.

64. Thomas Nagel, Hobbes's Concept of Obligation, in *The Philosophical Review*, Vol. 68, No. 1 (Jan., 1959), pp. 68—83.

65. Willis B. Glover, God and Thomas Hobbes, in *Church History*, Vol. 29, No. 3 (Sep., 1960), pp. 275—297.

66. A. Don Sorensen, Hobbes's Theory of Real Power & Civil Order: The Foundations of His Political Philosophy Reconsidered, in *Polity*, Vol. 1, No. 3 (Spring, 1969), pp. 279—296.

67. Kinch Hoekstra, Nothing to Declare?: Hobbes and the Advocate of Injustice, in *Political Theory*, Vol. 27, No. 2 (Apr., 1999), pp. 230—235.

68. Mary C. Dodd, The Rhetorics in Molesworth's Edition of Hobbes, in *Modern Philology*, Vol. 50, No. 1 (Aug., 1952), pp. 36—42.

69. Yishaiya Abosch, The Conscientious Sovereign: Public and Private Rule in Thomas Hobbes's Early Discourses, in *American Journal of Political Science*, Vol. 50, No. 3 (Jul., 2006), pp. 621—633.

70. Victoria Silver, The Fiction of Self-Evidence in Hobbes's Leviathan, in *ELH*, Vol. 55, No. 2 (Summer, 1988), pp. 351—379.

71. M. M. Goldsmith, Picturing Hobbes's Politics? The Illustrations to Philosophicall Rudiments, in *Journal of the Warburg and Courtauld Institutes*, Vol. 44 (1981), pp. 232—237.

72. Gabriella Slomp, Manfredi M. A. La Manna, Hobbes, Harsanyi and the Edge of the Abyss, in *Canadian Journal of Political Science / Revue canadienne de science politique*, Vol. 29, No. 1 (Mar., 1996), pp. 47—70.

73. Samuel I. Mintz, Galileo, Hobbes, and the Circle of Perfection, in *Isis*, Vol. 43, No. 2 (Jul., 1952), pp. 98—100.

74. The Autobiographies of Thomas Hobbes, in *Mind, New Series*, Vol. 48, No. 191 (Jul., 1939), pp. 403—405.

75. James Cotton, James Harrington and Thomas Hobbes, in *Journal of the History of Ideas*, Vol. 42, No. 3 (Jul., 1981), pp. 407—421.

76. R. E. Ewin, Hobbes on Laughter, in *The Philosophical Quarterly*, Vol. 51, No. 202 (Jan., 2001), pp. 29—40.

77. Michael Goodhart, Theory in Practice: Quentin Skinner's Hobbes, Reconsidered, in *The Review of Politics*, Vol. 62, No. 3 (Summer, 2000), pp. 531—561.

78. Tracy B. Strong, How to Write Scripture: Words, Authority, and Politics in Thomas Hobbes, in *Critical Inquiry*, Vol. 20, No. 1 (Autumn, 1993), pp. 128—159.

79. Colwyn Williamson, Watkins and the Taylor-Warrender Thesis, in *Mind, New Series*, Vol. 78, No. 312 (Oct., 1969), pp. 600—606.

80. C. B. Macpherson, Leviathan Restored: A Reply to Carmichael, in *Canadian Journal of Political Science / Revue canadienne de science politique*, Vol. 16, No. 4 (Dec., 1983), pp. 795—805.

81. James R. Stoner, Jr., Was Leo Strauss Wrong about John Locke? in *The Review of Politics*, Vol. 66, No. 4 (Autumn, 2004), pp. 553—563.

82. Benjamin Milner, Hobbes: On Religion, in *Political Theory*, Vol. 16, No. 3 (Aug., 1988), pp. 400—425.

83. Quentin Skinner, Thomas Hobbes and the Nature of the Early Royal Society, in *The Historical Journal*, Vol. 12, No. 2 (1969), pp. 217—239.

84. Ted H. Miller, Oakeshott's Hobbes and the Fear of Political Rationalism, in *Political Theory*, Vol. 29, No. 6 (Dec., 2001), pp. 806—832.

85. Clifford Orwin, Reply to Pitkin, in *Political Theory*, Vol. 3, No. 1 (Feb., 1975), pp. 50—52.

86. Frederick G. Whelan, Language and Its Abuses in Hobbes' Political Philosophy, in *The American Political Science Review*, Vol. 75, No. 1 (Mar., 1981), pp. 59—75.

87. David Heyd, The Place of Laughter in Hobbes's Theory of Emotions, in *Journal of the History of Ideas*, Vol. 43, No. 2 (Apr., 1982), pp. 285—295.

88. Lodi Nauta, Hobbes on Religion and the Church between "The Elements of Law" and "Leviathan": A Dramatic Change of Direction? in *Journal of the History of Ideas*, Vol. 63, No. 4 (Oct., 2002), pp. 577—598.

89. Harcourt Brown, The Mersenne Correspondence: A Lost Letter by Thomas Hobbes, in *Isis*, Vol. 34, No. 4 (Spring, 1943), pp. 311—312.

90. Michel Verdon, On the Laws of Physical and Human Nature: Hobbes' Physical and Social Cosmologies, in *Journal of the History of Ideas*, Vol. 43, No. 4 (Oct., 1982), pp. 653—663.

91. Charles Edward Merriam, Hobbes's Doctrine of the State of Nature, in *Proceedings of the American Political Science Association*, Vol. 3, Third Annual Meeting (1906), pp. 151—157.

92. Stephen A. State, Text and Context: Skinner, Hobbes and Theistic Natural Law, in *The Historical Journal*, Vol. 28, No. 1 (Mar., 1985), pp. 27—50.

93. Gordon J. Schochet, Thomas Hobbes on the Family and the State of Nature, in *Political Science Quarterly*, Vol. 82, No. 3 (Sep., 1967), pp. 427—445.

94. D. J. C. Carmichael, C. B. Macpherson's "Hobbes": A Critique, in *Canadian Journal of Political Science / Revue canadienne de science politique*, Vol. 16, No. 1 (Mar., 1983), pp. 61—80.

95. Francis Edward DevineHobbes: The Theoretical Basis of Political Compromise, in *Polity*, Vol. 5, No. 1 (Autumn, 1972), pp. 57—76.

96. Wilbur Applebaum, Boyle and Hobbes: A Reconsideration, in *Journal of the History of Ideas*, Vol. 25, No. 1 (Jan., 1964), pp. 117—119.

97. Raman Selden, Hobbes and Late Metaphysical Poetry, in *Journal of the History of Ideas*, Vol. 35, No. 2 (Apr., 1974), pp. 197—210.

98. Richard Schlatter, Thomas Hobbes and Thucydides, in *Journal of the History of Ideas*, Vol. 6, No. 3 (Jun., 1945), pp. 350—362.

99. Richard Allen Chapman, Leviathan Writ Small: Thomas Hobbes on the Family, in *The American Political Science Review*, Vol. 69, No. 1 (Mar., 1975), pp. 76—90.

100. J. Weinberger, Hobbes's Doctrine of Method, in *The American Political Science Review*, Vol. 69, No. 4 (Dec., 1975), pp. 1336—1353.

101. Patrick Neal, Hobbes and Rational Choice Theory, in *The Western Political Quarterly*, Vol. 41, No. 4 (Dec., 1988), pp. 635—652.

102. Philip Abbott, The Three Families of Thomas Hobbes, in *The Review of Politics*, Vol. 43, No. 2 (Apr., 1981), pp. 242—258.

103. Gary L. McDowell, Private Conscience & Public Order: Hobbes & "The Federalist", in *Polity*, Vol. 25, No. 3 (Spring, 1993), pp. 421—443.

104. Mark Hartman, Hobbes's Concept of Political Revolution, in *Journal of the History of Ideas*, Vol. 47, No. 3 (Jul., 1986), pp. 487—495.

105. Terence Ball, Hobbes' Linguistic Turn, in *Polity*, Vol. 17, No. 4 (Summer, 1985), pp. 739—760.

106. George Shulman, Hobbes, Puritans, and Promethean Politics, in *Political Theory*, Vol. 16, No. 3 (Aug., 1988), pp. 426—443.

107. Mark C. Murphy, Was Hobbes a Legal Positivist? in *Ethics*, Vol. 105, No. 4 (Jul., 1995), pp. 846—873.

108. Kerry H. Whiteside, Hobbes's Ultranominalist Critique of Natural Right, in *Polity*, Vol. 20, No. 3 (Spring, 1988), pp. 457—478.

109. David Boucher, Inter-Community & International Relations in the Political Philosophy of Hobbes, in *Polity*, Vol. 23, No. 2 (Winter, 1990), pp. 207—232.

110. Michael C. Williams, Hobbes and International Relations: A Reconsideration, in *International Organization*, Vol. 50, No. 2 (Spring, 1996), pp. 213—236.

111. Victoria Kahn, Hobbes, Romance, and the Contract of Mimesis, in *Political Theory*, Vol. 29, No. 1 (Feb., 2001), pp. 4—29.

112. Patricia Springborg, Hobbes and Cluverius, in *The Historical Journal*, Vol. 39, No.

4 (Dec., 1996), pp. 1075—1078.

113. Patricia Springborg, Hobbes, Heresy, and the Historia Ecclesiastica, in *Journal of the History of Ideas*, Vol. 55, No. 4 (Oct., 1994), pp. 553—571.

114. D. D. Raphael, Obligations and Rights in Hobbes, in *Philosophy*, Vol. 37, No. 142 (Oct., 1962), pp. 345—352.

115. Mark Gavre, Hobbes and His Audience: The Dynamics of Theorizing, in *The American Political Science Review*, Vol. 68, No. 4 (Dec., 1974), pp. 1542—1556.

116. C. B. Macpherson, Hobbes Today, in *The Canadian Journal of Economics and Political Science / Revue canadienne d'Economique et de Science politique*, Vol. 11, No. 4 (Nov., 1945), pp. 524—534.

117. J. W. N. Watkins, Philosophy and Politics in Hobbes, in *The Philosophical Quarterly*, Vol. 5, No. 19 (Apr., 1955), pp. 125—146.

118. Jeffrey R. Collins, Thomas Hobbes and the Blackloist Conspiracy of 1649, in *The Historical Journal*, Vol. 45, No. 2 (Jun., 2002), pp. 305—331.

119. J. Roland Pennock, Hobbes's Confusing "Clarity"—The Case of "Liberty", in *The American Political Science Review*, Vol. 54, No. 2 (Jun., 1960), pp. 428—436.

120. D. J. C. Carmichael, Hobbes on Natural Right in Society: The "Leviathan" Account, in *Canadian Journal of Political Science / Revue canadienne de science politique*, Vol. 23, No. 1 (Mar., 1990), pp. 3—21.

121. Brian T. Trainor, The Politics of Peace: The Role of the Political Covenant in Hobbes's "Leviathan", in *The Review of Politics*, Vol. 47, No. 3 (Jul., 1985), pp. 347—369.

122. James Boyle, Thomas Hobbes and the Invented Tradition of Positivism: Reflections on Language, Power, and Essentialism, in *University of Pennsylvania Law Review*, Vol. 135, No. 2 (Jan., 1987), pp. 383—426.

123. Paul Dumouchel, "Persona": Reason and Representation in Hobbes's Political Philosophy, in *SubStance*, Vol. 25, No. 2, Issue 80: Special Issue: Politics on Stage (1996), pp. 68—80.

124. R. M. Martin, On the Semantics of Hobbes, in *Philosophy and Phenomenological Research*, Vol. 14, No. 2 (Dec., 1953), pp. 205—211.

125. Donald W. Hanson, Thomas Hobbes's "Highway to Peace", in *International Organization*, Vol. 38, No. 2 (Spring, 1984), pp. 329—354.

126. George E. Panichas, Hobbes, Prudence, and Basic Rights, in *Noûs*, Vol. 22, No. 4 (Dec., 1988), pp. 555—571.

127. Perez Zagorin, Thomas Hobbes, Thomas Hobbes's Departure from England in 1640:

An Unpublished Letter, in *The Historical Journal*, Vol. 21, No. 1 (Mar., 1978), pp. 157—160.

128. Richard Ashcraft, Hobbes's Natural Man: A Study in Ideology Formation, in *The Journal of Politics*, Vol. 33, No. 4 (Nov., 1971), pp. 1076—1117.

129. F. C. Hood, The Change in Hobbes's Definition of Liberty, in *The Philosophical Quarterly*, Vol. 17, No. 67 (Apr., 1967), pp. 150—163.

130. C. E. Ayres, Thomas Hobbes and the Apologetic Philosophy, The Journal of Philosophy, in *Psychology and Scientific Methods*, Vol. 16, No. 18 (Aug., 1919), pp. 477—486.

131. Arlene W. Saxonhouse, Hobbes & the "Horae Subsecivae", in *Polity*, Vol. 13, No. 4 (Summer, 1981), pp. 541—567.

132. Geraint Parry, Performative Utterances and Obligation in Hobbes, in *The Philosophical Quarterly*, Vol. 17, No. 68 (Jul., 1967), pp. 246—252.

133. Russell Hardin, Hobbesian Political Order, in *Political Theory*, Vol. 19, No. 2 (May, 1991), pp. 156—180.

134. Robert Willman, Hobbes on the Law of Heresy, in *Journal of the History of Ideas*, Vol. 31, No. 4 (Oct., 1970), pp. 607—613.

135. Frederick D. Weil, The Stranger, Prudence, and Trust in Hobbes's Theory, in *Theory and Society*, Vol. 15, No. 5 (Sep., 1986), pp. 759—788.

136. William Lyons, Against an Orthodox Interpretation of Hobbes, in *The Philosophical Quarterly*, Vol. 27, No. 109 (Oct., 1977), pp. 302—312.

137. Robert P. Kraynak, Hobbes on Barbarism and Civilization, in *The Journal of Politics*, Vol. 45, No. 1 (Feb., 1983), pp. 86—109.

138. Clifford Orwin, On the Sovereign Authorization, in *Political Theory*, Vol. 3, No. 1 (Feb., 1975), pp. 26—44.

139. Thomas S. Schrock, The Rights to Punish and Resist Punishment in Hobbes's Leviathan, in *The Western Political Quarterly*, Vol. 44, No. 4 (Dec., 1991), pp. 853—890.

140. Stephen State, Hobbes and Hooker: Politics and Religion: A Note on the Structuring of "Leviathan", in *Canadian Journal of Political Science / Revue canadienne de science politique*, Vol. 20, No. 1 (Mar., 1987), pp. 79—96.

141. Jan H. Blits, Hobbesian Fear, in *Political Theory*, Vol. 17, No. 3 (Aug., 1989), pp. 417—431.

142. G. B. Riddehough, Thomas Hobbes' Translations of Homer, in *Phoenix*, Vol. 12, No. 2 (Summer, 1958), pp. 58—62.

143. S. Morris Engel, Hobbes's "Table of Absurdity", in *The Philosophical Review*,

Vol. 70, No. 4 (Oct., 1961), pp. 533—543.

144. G. R. de Beer, Some Letters of Thomas Hobbes, in *Notes and Records of the Royal Society of London*, Vol. 7, No. 2 (Apr., 1950), pp. 195—206.

145. Colwyn Williamson, Hobbes on Law and Coercion, in *Ethics*, Vol. 80, No. 2 (Jan., 1970), pp. 146—155.

146. Patricia Springborg, Leviathan and the Problem of Ecclesiastical Authority, in *Political Theory*, Vol. 3, No. 3 (Aug., 1975), pp. 289—303.

147. Leopold Damrosch, Jr., Hobbes as Reformation Theologian: Implications of the Free-Will Controversy, in *Journal of the History of Ideas*, Vol. 40, No. 3 (Jul., 1979), pp. 339—352.

148. Francis Edward Devine, Absolute Democracy or Indefeasible Right: Hobbes Versus Locke, in *The Journal of Politics*, Vol. 37, No. 3 (Aug., 1975), pp. 736—768.

149. Nicholas Jolley, Leibniz on Hobbes, Locke's Two Treatises and Sherlock's Case of Allegiance, in *The Historical Journal*, Vol. 18, No. 1 (Mar., 1975), pp. 21—35.

150. Frank Coleman, Hobbes's Iconoclasm, in *Political Research Quarterly*, Vol. 51, No. 4 (Dec., 1998), pp. 987—1010.

151. John C. Fortier, Hobbes and "A Discourse of Laws": The Perils of Wordprint Analysis, in *The Review of Politics*, Vol. 59, No. 4 (Autumn, 1997), pp. 861—887.

152. Dorothea Krook, Thomas Hobbes's Doctrine of Meaning and Truth, in *Philosophy*, Vol. 31, No. 116 (Jan., 1956), pp. 3—22.

153. Martin A. Bertman, Equality in Hobbes, with Reference to Aristotle, in *The Review of Politics*, Vol. 38, No. 4 (Oct., 1976), pp. 534—544.

154. William Mathie, Justice and the Question of Regimes in Ancient and Modern Political Philosophy: Aristotle and Hobbes, in *Canadian Journal of Political Science / Revue canadienne de science politique*, Vol. 9, No. 3 (Sep., 1976), pp. 449—463.

155. David Dyzenhaus, Hobbes and the Legitimacy of Law, in *Law and Philosophy*, Vol. 20, No. 5 (Sep., 2001), pp. 461—498.

156. Gerald M. Mara, Hobbes's Counsel to Sovereigns, in *The Journal of Politics*, Vol. 50, No. 2 (May, 1988), pp. 390—411.

157. Ioli Patellis, Hobbes on Explanation and Understanding, in *Journal of the History of Ideas*, Vol. 62, No. 3 (Jul., 2001), pp. 445—462.

158. Hanna Pitkin, Hobbes's Concept of Representation—I, in *The American Political Science Review*, Vol. 58, No. 2 (Jun., 1964), pp. 328—340.

159. Hanna Pitkin, Hobbes's Concept of Representation—II, in *The American Political Science Review*, Vol. 58, No. 4 (Dec., 1964), pp. 902—918.

160. Ron Replogle, Personality & Society in Hobbes's "Leviathan", in *Polity*, Vol. 19, No. 4 (Summer, 1987), pp. 570—594.

161. Cees Leijenhorst, Jesuit Concepts of Spatium Imaginarium and Thomas Hobbes's Doctrine of Space, in *Early Science and Medicine*, Vol. 1, No. 3, Jesuits and the Knowledge of Nature (Oct., 1996), pp. 355—380.

162. Alan Norrie, Thomas Hobbes and the Philosophy of Punishment, in *Law and Philosophy*, Vol. 3, No. 2 (1984), pp. 299—320.

163. Lisa T. Sarasohn, Motion and Morality: Pierre Gassendi, Thomas Hobbes and the Mechanical World-View, in *Journal of the History of Ideas*, Vol. 46, No. 3 (Jul., 1985), pp. 363—379.

164. Joel Schwartz, Hobbes & the Two Kingdoms of God, in *Polity*, Vol. 18, No. 1 (Autumn, 1985), pp. 7—24.

165. David Robertson, Well, Does Leviathan...? in *British Journal of Political Science*, Vol. 4, No. 2 (Apr., 1974), pp. 245—250.

166. Harvey C. Mansfield, Jr., Hobbes and the Science of Indirect Government, in *The American Political Science Review*, Vol. 65, No. 1 (Mar., 1971), pp. 97—110.

167. George Watson, Hobbes and the Metaphysical Conceit, in *Journal of the History of Ideas*, Vol. 16, No. 4 (Oct., 1955), pp. 558—562.

168. Samuel I. Mintz, Hobbes on the Law of Heresy: A New Manuscript, in *Journal of the History of Ideas*, Vol. 29, No. 3 (Jul., 1968), pp. 409—414.

169. F. S. McNeilly, Egoism in Hobbes, in *The Philosophical Quarterly*, Vol. 16, No. 64, History of Philosophy Number (Jul., 1966), pp. 193—206.

170. Edward G. Andrew, Hobbes on Conscience within the Law and without, in *Canadian Journal of Political Science / Revue canadienne de science politique*, Vol. 32, No. 2 (Jun., 1999), pp. 203—225.

171. Z. Lubienski, Hobbes' Philosophy and Its Historical Background, in *Journal of Philosophical Studies*, Vol. 5, No. 18 (Apr., 1930), pp. 175—190.

172. A. E. Taylor, The Ethical Doctrine of Hobbes, in *Philosophy*, Vol. 13, No. 52 (Oct., 1938), pp. 406—424.

173. Joshua Mitchell, Hobbes and the Equality of All under the One, in *Political Theory*, Vol. 21, No. 1 (Feb., 1993), pp. 78—100.

174. Frederick Pollock, Hobbes and Locke: The Social Contract in English Political Philosophy, in *Journal of the Society of Comparative Legislation*, New Ser., Vol. 9, No. 1 (1908), pp. 107—112.

175. S. Morris Engel, Analogy and Equivocation in Hobbes, in *Philosophy*, Vol. 37,

No. 142 (Oct., 1962), pp. 326—335.

176. Morton A. KaplanHow Sovereign Is Hobbes' Sovereign? in *The Western Political Quarterly*, Vol. 9, No. 2 (Jun., 1956), pp. 389—405.

177. John M. Steadman, Leviathan and Renaissance Etymology, in *Journal of the History of Ideas*, Vol. 28, No. 4 (Oct., 1967), pp. 575—576.

178. Jean Jacquot, Notes on an Unpublished Work of Thomas Hobbes, in *Notes and Records of the Royal Society of London*, Vol. 9, No. 2 (May, 1952), pp. 188—195.

179. John M. Kang, The Uses of Insincerity: Thomas Hobbes's Theory of Law and Society, in *Law and Literature*, Vol. 15, No. 3 (Autumn, 2003), pp. 371—393.

180. George Shulman, Metaphor and Modernization in the Political Thought of Thomas Hobbes, in *Political Theory*, Vol. 17, No. 3 (Aug., 1989), pp. 392—416.

181. Hardy Grant, Geometry and Politics: Mathematics in the Thought of Thomas Hobbes, in *Mathematics Magazine*, Vol. 63, No. 3 (Jun., 1990), pp. 147—154.

182. Colwyn Williamson, A Contradiction in Hobbes' Analysis of Sovereignty, in *The Canadian Journal of Economics and Political Science* / Revue canadienne d'Economique et de Science politique, Vol. 32, No. 2 (May, 1966), pp. 202—219.

183. David Gauthier, Thomas Hobbes: Moral Theorist, in *The Journal of Philosophy*, Vol. 76, No. 10, Seventy-sixth Annual Meeting of the American Philosophical Association, Eastern Division (Oct., 1979), pp. 547—559.

184. Arthur Ripstein, Foundationalism in Political Theory, in *Philosophy and Public Affairs*, Vol. 16, No. 2 (Spring, 1987), pp. 115—137.

185. Mark A. Heller, The Use & Abuse of Hobbes: The State of Nature in International Relations, in *Polity*, Vol. 13, No. 1 (Autumn, 1980), pp. 21—32.

186. Rex Martin, Hobbes and the Doctrine of Natural Rights: The Place of Consent in His Political Philosophy, in *The Western Political Quarterly*, Vol. 33, No. 3 (Sep., 1980), pp. 380—439.

187. David Copp, Hobbes on Artificial Persons and Collective Actions, in *The Philosophical Review*, Vol. 89, No. 4 (Oct., 1980), pp. 579—606.

188. Paul F. Grendler, Pierre Charron: Precursor to Hobbes, in *The Review of Politics*, Vol. 25, No. 2 (Apr., 1963), pp. 212—224.

189. Daniel M. Farrell, Symposium Papers, Comments and an Abstract: Comments On "Hobbes' Social Contract", in *Noûs*, Vol. 22, No. 1, 1988 A. P. A. Central Division Meetings (Mar., 1988), pp. 83—84.

190. Peter J. Steinberger, Hobbesian Resistance, in *American Journal of Political Science*, Vol. 46, No. 4 (Oct., 2002), pp. 856—865.

191. J. B. Stewart, Hobbes among the Critics, in *Political Science Quarterly*, Vol. 73, No. 4 (Dec., 1958), pp. 547—565.

192. Karen Green, Christine De Pisan and Thomas Hobbes, in *The Philosophical Quarterly*, Vol. 44, No. 177 (Oct., 1994), pp. 456—475.

193. Martin Dzelzainis, Edward Hyde and Thomas Hobbes's Elements of Law, Natural and Politic, in *The Historical Journal*, Vol. 32, No. 2 (Jun., 1989), pp. 303—317.

194. Helen Hervey, Hobbes and Descartes in the Light of Some Unpublished Letters of the Correspondence between Sir Charles Cavendish and Dr. John Pell, in *Osiris*, Vol. 10 (1952), pp. 67—90.

195. David Gauthier, Symposium Papers, Comments and an Abstract: Hobbes's Social Contract, in *Noûs*, Vol. 22, No. 1, 1988 A. P. A. Central Division Meetings (Mar., 1988), pp. 71—82.

196. Bernard Gert, Hobbes, Mechanism, and Egoism, in *The Philosophical Quarterly*, Vol. 15, No. 61 (Oct., 1965), pp. 341—349.

197. John P. McCormick, Fear, Technology, and the State: Carl Schmitt, Leo Strauss, and the Revival of Hobbes in Weimar and National Socialist Germany, in *Political Theory*, Vol. 22, No. 4 (Nov., 1994), pp. 619—652.

198. James H. Read, Thomas Hobbes: Power in the State of Nature, Power in Civil Society, in *Polity*, Vol. 23, No. 4 (Summer, 1991), pp. 505—525.

199. Martin Kallich, The Association of Ideas and Critical Theory: Hobbes, Locke, and Addison, in *ELH*, Vol. 12, No. 4 (Dec., 1945), pp. 290—315.

200. V. F. Moore, The Psychology of Hobbes and Its Sources, in *The American Journal of Psychology*, Vol. 11, No. 1 (Oct., 1899), pp. 49—66.

201. Gregory S. Kavka, Hobbes's War of All Against All, in *Ethics*, Vol. 93, No. 2 (Jan., 1983), pp. 291—310.

202. Donald W. Hanson, Thomas Hobbes on "Discourse" in Politics, in *Polity*, Vol. 24, No. 2 (Winter, 1991), pp. 199—226.

203. Robert R. Albritton, Hobbes on Political Science and Political Order, in *Canadian Journal of Political Science / Revue canadienne de science politique*, Vol. 9, No. 3 (Sep., 1976), pp. 464—472.

204. Peter J. Ahrensdorf, The Fear of Death and the Longing for Immortality: Hobbes and Thucydides on Human Nature and the Problem of Anarchy, in *The American Political Science Review*, Vol. 94, No. 3 (Sep., 2000), pp. 579—593.

205. Frank M. Coleman, The Hobbesian Basis of American Constitutionalism, in *Polity*, Vol. 7, No. 1 (Autumn, 1974), pp. 57—89.

206. C. A. J. Coady, Hobbes and "The Beautiful Axiom", in *Philosophy*, Vol. 65, No. 251 (Jan., 1990), pp. 5—17.

207. Vincent Ostrom, Hobbes, Covenant, and Constitution, in *Publius*, Vol. 10, No. 4, Covenant, Polity, and Constitutionalism (Autumn, 1980), pp. 83—100.

208. Charles D. Tarlton, "To Avoyd the Present Stroke of Death:" Despotical Dominion, Force, and Legitimacy in Hobbes's "Leviathan", in *Philosophy*, Vol. 74, No. 288 (Apr., 1999), pp. 221—245.

209. Paolo Pasqualucci, Hobbes and the Myth of "Final War", in *Journal of the History of Ideas*, Vol. 51, No. 4 (Oct., 1990), pp. 647—657.

210. Joshua Mitchell, Luther and Hobbes on the Question: Who Was Moses, Who Was Christ? in *The Journal of Politics*, Vol. 53, No. 3 (Aug., 1991), pp. 676—700.

211. John M. Orbell; Brent M. Rutherford, Can Leviathan Make the Life of Man Less Solitary, Poor, Nasty, Brutish and Short? in *British Journal of Political Science*, Vol. 3, No. 4 (Oct., 1973), pp. 383—407.

212. Louis Teeter, The Dramatic Use of Hobbes's Political Ideas, in *ELH*, Vol. 3, No. 2 (Jun., 1936), pp. 140—169.

213. Brian Barry, Warrender and His Critics, in *Philosophy*, Vol. 43, No. 164 (Apr., 1968), pp. 117—137.

214. Rubin Gotesky, Social Sources and the Significance of Hobbes's Conception of the Law of Nature, in *Ethics*, Vol. 50, No. 4 (Jul., 1940), pp. 402—423.

215. Michael Oakeshott, Letter on Hobbes, in *Political Theory*, Vol. 29, No. 6 (Dec., 2001), pp. 834—836.

216. Jon Parkin, Hobbism in the Later 1660s: Daniel Scargill and Samuel Parker, in *The Historical Journal*, Vol. 42, No. 1 (Mar., 1999), pp. 85—108.

217. George E. G. Catlin, Thomas Hobbes and Contemporary Political Theory, in *Political Science Quarterly*, Vol. 82, No. 1 (Mar., 1967), pp. 1—13.

218. Steve Beackon; Andrew Reeve, The Benefits of Reasonable Conduct: The Leviathan Theory of Obligation, in *Political Theory*, Vol. 4, No. 4 (Nov., 1976), pp. 423—438.

219. Blair Campbell, Prescription and Description in Political Thought: The Case for Hobbes, in *The American Political Science Review*, Vol. 65, No. 2 (Jun., 1971), pp. 376—388.

220. Michael Ridge, Hobbesian Public Reason, in *Ethics*, Vol. 108, No. 3 (Apr., 1998), pp. 538—568.

221. Howard Warrender, Obligations and Rights in Hobbes, in *Philosophy*, Vol. 37, No. 142 (Oct., 1962), pp. 352—357.

222. Ronald Beiner, Machiavelli, Hobbes, and Rousseau on Civil Religion, in *The Review of Politics*, Vol. 55, No. 4 (Autumn, 1993), pp. 617—638.

223. Gershon Weiler, Hobbes and Performatives, in *Philosophy*, Vol. 45, No. 173 (Jul., 1970), pp. 210—220.

224. Donald W. Hanson, Science, Prudence, and Folly in Hobbes's Political Theory, in *Political Theory*, Vol. 21, No. 4 (Nov., 1993), pp. 643—664.

225. G. Croom Robertson, The Quarterly Review on Hobbes, in *Mind*, Vol. 12, No. 47 (Jul., 1887), pp. 480—484.

226. Leon Roth, A Contemporary Characterisation of Hobbes, in *Mind*, *New Series*, Vol. 37, No. 148 (Oct., 1928), p. 534.

227. G. P. Henderson, Philosophical Surveys, II: A Survey of Work Dealing with 17th and 18th Century British Empiricism, 1945—1950, in *The Philosophical Quarterly*, Vol. 1, No. 3 (Apr., 1951), pp. 254—268.

228. Some Newly Discovered Letters of Hobbes, in *Mind*, Vol. 15, No. 59 (Jul., 1890), pp. 440—448.

229. Jean Hampton, Hobbes and Ethical Naturalism, in *Philosophical Perspectives*, Vol. 6, Ethics (1992), pp. 333—353.

230. Patricia Springborg, Hobbes's Biblical Beasts: Leviathan and Behemoth, in *Political Theory*, Vol. 23, No. 2 (May, 1995), pp. 353—375.

231. Ronald Christenson, The Political Theory of Persecution: Augustine and Hobbes, in *Midwest Journal of Political Science*, Vol. 12, No. 3 (Aug., 1968), pp. 419—438.

232. J. E. G. de MontmorencyThomas Hobbes, in *Journal of the Society of Comparative Legislation*, New Ser., Vol. 8, No. 1 (1907), pp. 51—70.

233. William Sacksteder, Hobbes: Geometrical Objects, in *Philosophy of Science*, Vol. 48, No. 4 (Dec., 1981), pp. 573—590.

234. Christopher Pye, The Sovereign, the Theater, and the Kingdome of Darknesse: Hobbes and the Spectacle of Power, in *Representations*, No. 8 (Autumn, 1984), pp. 84—106.

235. Albert G. A. Balz, The Indefensibility of Dictatorship—And the Doctrine of Hobbes, in *The Journal of Philosophy*, Vol. 36, No. 6 (Mar., 1939), pp. 141—155.

236. T. M. Gang, Hobbes and the Metaphysical Conceit—A Reply, in *Journal of the History of Ideas*, Vol. 17, No. 3 (Jun., 1956), pp. 418—421.

237. Donald W. Hanson, Reconsidering Hobbes's Conventionalism, in *The Review of Politics*, Vol. 53, No. 4 (Autumn, 1991), pp. 627—651.

238. J. A. Thomas Some Contemporary Critics of Thomas Hobbes, in *Economica*, No. 26

(Jun., 1929), pp. 185—191.

239. Louis I. Bredvold, Dryden, Hobbes, and the Royal Society, in *Modern Philology*, Vol. 25, No. 4 (May, 1928), pp. 417—438.

240. James M. Glass, Hobbes and Narcissism: Pathology in the State of Nature, in *Political Theory*, Vol. 8, No. 3 (Aug., 1980), pp. 335—363.

241. Edmund Waller; Paul H. Hardacre, A Letter from Edmund Waller to Thomas Hobbes, in *The Huntington Library Quarterly*, Vol. 11, No. 4 (Aug., 1948), pp. 431—433.

242. Phyllis Doyle, The Contemporary Background of Hobbes' "State of Nature", in *Economica*, No. 21 (Dec., 1927), pp. 336—355.

243. Fred R. Dallmayr, Hobbes and Existentialism: Some Affinities, in *The Journal of Politics*, Vol. 31, No. 3 (Aug., 1969), pp. 615—640.

244. Claude Ake, Social Contract Theory and the Problem of Politicization: The Case of Hobbes, in *The Western Political Quarterly*, Vol. 23, No. 3 (Sep., 1970), pp. 463—470.

245. R. I. Aaron, A Possible Early Draft of Hobbes' De Corpore, in *Mind, New Series*, Vol. 54, No. 216 (Oct., 1945), pp. 342—356.

246. Ishtiyaque Haji, Hampton on Hobbes on State-of-Nature Cooperation, in *Philosophy and Phenomenological Research*, Vol. 51, No. 3 (Sep., 1991), pp. 589—601.

247. Michael Levin, A Hobbesian Minimal State, in *Philosophy and Public Affairs*, Vol. 11, No. 4 (Autumn, 1982), pp. 338—353.

248. Jeffrey Barnouw, The Separation of Reason and Faith in Bacon and Hobbes, and Leibniz's Theodicy, in *Journal of the History of Ideas*, Vol. 42, No. 4 (Oct., 1981), pp. 607—628.

走进诺齐克的哲学世界
——纪念诺齐克诞辰70周年

张翠梅*

罗伯特·诺齐克(Robert Nozick,1938—2002)是公认的20世纪最杰出的哲学家和思想家之一。他生于纽约的布鲁克林区,曾就读于哥伦比亚大学、牛津大学和普林斯顿大学,并于1981—1984年执掌哈佛大学哲学系。人们了解诺齐克始于其在《无政府、国家与乌托邦》一书中阐述的权利理论(the entitlement theory),但却不止于此。其更博大的理想在于对哲学真相的探究上,这集中体现在他后续出版的《哲学的解释》、《省思的生活》和《理性的本质》等几本书里。在其中,他对实践理性、知识、自由意志、个人认同以及生命的含义等哲学概念都作了全新的阐释,并试图提出一种新的知识论体系和哲学方法论。诺齐克有着无比思辨的智慧和诚恳,以及敢于挑战权威的勇气。他凭借着锲而不舍的钻研精神和无比旺盛的求知和探索欲诠释了自己的人生哲学,并给后世留下了深刻的思想启迪。

一、什么是财产权利的道德基础

人为什么需要拥有财产权利?这不像人对生命、健康或者自由那样可以想当然地从自然法中袭得,所以,来自各方的对诺齐克的权利理论的批判很多都集中于此,即认为诺齐克所主张的具有道德正当性的财产权利缺乏存在

---

* 张翠梅,哈尔滨工程大学人文社会科学学院法学系副教授,吉林大学理论法学研究中心博士。

的基础。也许诺齐克所言的"可能与人拥有过有意义生活的能力有关"[1]的论述有些缥缈而不易把握,但是,财产权利的拥有对于个人计划(project)的实现是如此的重要,以至于的确可以为我们尊重财产权利提供一个较为有力的理由。其提出源于诺齐克所言的对人的尊重的原则,"尊重一个人,至少包括尊重他拥有目标,野心和计划的事实"[2]。我们不必要去赞成或者欣赏任何人的计划的特定细节,但是"在个人持续努力中充当核心角色,为个人生活提供结构稳定性之重要程度的"[3]个人计划却的确需要得到重视。另外,财产的观念至少与诺齐克在《省思的生活》中提到的个人自治与自由是一致的。"我们对于个人自治和自由的关注,其自身在某种程度上是一个富有表现意义的关注。我们相信这些是有价值的,不仅仅是因为它们能使某个人选择履行某些特定的行为或者能够使某个人得到好处,还因为它们能够使人从事有针对性的详尽的自我表达和自我象征的活动,这些活动使人的个性得到进一步的完善和发展。"[4]可见,财产对于保持个人的独立、尊严和社会中的多样性是必要而且重要的。

虽然诺齐克在《无政府、国家与乌托邦》一书中为财产权利的享有作了最为充分的辩护,但是他也明显认识到这一自由意志论立场的不足,"部分因为它没有完全结合仁慈的考虑和共同的合作活动,它为更紧密的结构留下空间"[5]。我们当然同意结合仁慈的考虑于更完善的权利理论的结构之中。事实上,"权利理论包括对于人类相互作用的公平合理规则的考虑"[6]。这样看待权利的方式不会明显地属于孤立主义者(isolationist),甚至更不是个人主义(individualistic)的。[7] 因为自由意志论者的乌托邦虽然主张对个人权利的完全尊敬和关心,但却并不是社会关系的某个特权模式,所以,在各种方式可以共存的社会里,"包容(toleration)"还必须充当角色。Loren E. Lomasky 相信诺齐克指向的是基于尊重的包容,并且认为一个自由意志论者的社会只有具有一定程度的包容才能符合乌托邦的条件,这也是最弱意义的国家抑或更多功能的国家,谁能维持更好前景的依据。[8]

但是,对"包容"的强调就易使诺齐克的权利理论具有结果主义(consequentialism)的论调。Philip Pettit 提出两个问题质疑诺齐克,即为什么国家应该把禁止侵犯他人权利的

---

[1] [美]罗伯特·诺齐克:《无政府、国家与乌托邦》,何怀宏等译,中国社会科学出版社1991年版,第60页。
[2] John T. Sanders, Projects and Property, in David Schmidtz (ed.), *Robert Nozick*, Cambridge: Cambridge University Press, 2002, p. 43.
[3] Ibid., p. 44.
[4] Robert Nozick, *The Examined Life: Philosophical Meditations*, New York: Simon & Schuster, 1989, p. 287.
[5] Ibid., pp. 286—287.
[6] John T. Sanders, supra note [2], p. 37.
[7] See Ibid., p. 38.
[8] See Loren E. Lomasky, *Nozick's Libertarian Utopia*, in David Schmidtz (ed.), supra note [2], pp. 72—73.

边际约束而不是某个目标作为特定的原则？为什么国家应该特别关注把禁止侵犯他人权利的原则而不是其他原则作为行为的边际约束？[9] 对这两个问题的回答都将使诺齐克作出有利于结果主义的回答：边际约束不再代表非结果主义者们想象的绝对命令却转为结果主义者或者目的论者一贯支持的假想命令。诺齐克甚至为了论证他认为的与公共体系不同的私人财产权利的正当性而重温了结果性的考虑，他指出私有制"通过把生产资料放在那些能很有效率地（能产生利润地）使用它们的人手中而增加了社会产品"[10]。这也使人们不禁怀疑其权利理论是否彻底摆脱了他所反对的结果主义倾向。

二、理性、知识怀疑论与自由意志

诺齐克说理性（rationality）是人类物种自我想象的重要成分，这个讨论看起来与早期从人性角度从事哲学方法的探求保持了一致。理性理论是其后期著作的核心，并在一定程度上与其早期的正义理论相符。在《理性的本质》一书中，诺齐克对理性这一更宽泛的概念提出了一个系统的陈述，包括目标的探求、象征的表现与原则性的行为等。我们会很自然地想象"理性是一个目标指向（goal-directed）的过程"，所以，"根据基本的工具概念，理性是由有效果的和有效率的目标、目的（ends）和欲求（desires）的实现而组成"[11]。诺齐克更进一步地认为，"一种偏好或者欲求只有在（从理性上讲具有连贯性并且）它是通过一个理性地产生连贯的偏好和欲求的**过程**而达致的情况下才是理性的"[12]。这是诺齐克结合内部主义（internalism）与可靠主义（reliabilism）正当性的整体策略而提出的一个主张。[13] 此外，行为和价值连接的本质是什么呢？有了象征的意义，行为就被看做象征意义上意味着的功效（utility）。"我们生活的丰富多彩大部分是由象征意义及它们的表达，还有我们的文化赋予事物的以及我们给予自身的象征意义所构成。"[14]不但如此，帮助我们实现目标，检测我们的具体判断，并且帮助我们"克服诱惑、阻碍、分心和注意力转移"[15]以至于我们能够更好地追求我们的长期目标和兴趣的原则也很重要。诺齐克试图根据象征理性解释原则理性，并将其作为一个人依据道德而行为的部分原因。

诺齐克的另外两大不朽的贡献则是他的知识怀疑论和自由意志论。在现代主流的

---

[9] See Philip Pettit, *Non-Consequentialism and Political Philosophy*, in David Schmidtz (ed.), supra note [2], pp. 88, 93.

[10] [美]罗伯特·诺齐克：同上注[1]所引书，第182页。

[11] Robert Nozick, *The Nature of Rationality*, Princeton, N.J.: Princeton University Press, 1993, p. 64.

[12] Ibid., p. 148.

[13] Gerald F. Gaus, *Goals, Symbols, Principles: Nozick on Practical Rationality*, in David Schmidtz (ed.), supra note [2], p. 107.

[14] Robert Nozick, supra note [11], p. 30.

[15] Ibid., p. 14.

英美认识论中有两个问题。一个是分析的或说明的问题:准确地阐述知识是什么,当我们说某人知道什么时,我们意指什么。另一个是哲学怀疑主义,无论怎样我们都什么也不知道的命题。到现在为止,人们普遍认为知识是经过证明的真的信念,这是知识的"标准分析"。但是目前的认识论却无法发展一个表明怀疑主义的确错误而其自身的确正当的理论。诺齐克从"纯粹的可靠主义(pure reliabilism)"[16]的分析路径出发,认为知识并不必然或者普遍地需要证明,它在根本上不需要被正当化(nonjustificational)。对于知识而言,必要的不是追寻真相(track the truth)的任何特定方式,而是追寻真相的过程本身。这样,就产生了一个很有价值的问题:知识是否必然地与正当性相关。诺齐克将自己的哲学任务设定为是对知识可能的潜在的解释而不是证明。他认为一个哲学的解释回答了一个"如何可能的"问题。应该说,怀疑主义的讨论反映了知识观念的深层理论。我们重视怀疑的观点,因为它看起来是自然的或直觉的,虽然最终它可能是错误的。但是,我们也要看到怀疑主义可能忽略了一点,即知识可能是其所认为的某种纯粹的事实观念,但同时又是一种评价的或者规范性的概念。所以,问题不是我们如何可靠,而是我们应该如何可靠。这样,对怀疑论的更深层次的探求就需要我们对传统认识论的核心思想作出更为具体的调查。

此外,自由意志(free will)是什么?我们可能拥有它吗?为什么我们应该拥有它?诺齐克相信缺少自由意志将削减人的尊严。[17] 在决定论(determinism)的世界里是没有自由意志的,因为每一个选择、决定和行为都被足够的先前条件确定,而主体对于如何行为不是自由的。[18] 但是如果决定论是错误的,那么行为的发生就是一种随机的、不可解释的大概的可能性。自由意志论者认为决定论中原因的确定与自由状态是矛盾的,他们想建构一种显示选择、决定或者行为的发生是非确定的、自由随机的并且只是大概可能的自由模式。诺齐克对此的回答是复杂的,不完全符合任何一类,但更像自由意志论者。他提出人的行为的三个不同模式,其中,"给予砝码的自我涵盖的决定(self-subsuming decisions to bestow weights)"[19]属于自由意志论者的模式。我们经常面对需要权衡的具有冲突因素的选择,我们考虑"先前给定的具体的砝码"。在这个意义上说,决定是"自我涵盖的",赞成一定"自我观念"的决定。但是在确定的世界里则不然。诺齐克认为我们在确定的世界里没有"富有创造力的价值(originative value)"[20],而"一个拥有创造力价值的人,或者说其行为有着创造力价值的人,能够与众不同"[21]。所以,确定世界里的主体

---

[16] Michael Williams, *Nozick on Knowledge and Skepticism*, in David Schmidtz (ed.), supra note [2], p. 135.

[17] See Robert Nozick, *Philosophical Explanations*, Cambridge, Mass.: Belknap Press, 1981, p. 291.

[18] See Ibid., p. 156.

[19] Ibid., p. 157.

[20] Ibid., p. 313.

[21] Ibid., p. 312.

没有奠定特殊的人的尊严的基础。我们可以在确定性的世界里结合最佳模式和均衡模式,使我们的行为"在均衡中达致最佳"[22]。但是为什么不能在确定性的世界里同时结合自由意志论者的模式而形成相容的模式呢?这种确定世界里三者结合的模式能够没有诺齐克所谓的创造性的价值而捕捉到对人的尊严足够的基础吗?这又回到了诺齐克所言的创造性价值的重要性上,但是也回到了对自由意志论模式中对随意的担忧上。Michael E. Bratman 认为诺齐克最后仍然是一个自由意志与原因的决定论的不可调和者。

三、哲学方法论:非强制哲学

诺齐克使人产生敬意,在很大程度上,是因为其在哲学交战中的表现,而不是其谨慎的再建构。困扰他的是,目前做好哲学的唯一路径似乎是在根本上以歪曲的方式进行,以获取他人的赞赏。事实上,一个哲学家清楚地知道自己思想的弱点。[23] 哲学训练腐蚀着争辩者,本来与某人争执应该是试图让他说出什么,但是"一个哲学的争论是使某人相信某事的尝试,不论他是否想相信"[24],学校的训练限制了我们避免后期思想被早期思想扭曲和修剪的能力。"我们潜在地服从于周围人的未必正当的影响,哲学观点不只是强制,而是自我强制。不只是他人用力地推动我们,我们也推动着自己。"[25]我们的学生不再是他们自己。诺齐克试图超越这种方式,致力于"对非强制、沉思的,对话的,也是分析的哲学的诉求"[26]这一不同的哲学路径。"我的思想不是为了你的同意,只是把它们放置于你自己的思考旁边一会。"[27]这不只是争辩的策略,而是一种真正的方法论上的转换。所以,回应诺齐克的最好方式只是认真思考它,判断它是否值得我们自己思考时将其考虑其中。他将自己的哲学工作当作一个正在进行的成熟的过程,而不是寻求那种我们通常认为的分析哲学中成功的纯粹证明的封闭论证。他认为,成功地抓住问题,较少为一个立场辩解,比给出一个"完美的"观点使读者只能同意而没有其他选择要更显成熟。

诺齐克的新视角在于认为哲学的任务不是为自己的论辩寻找证据,而是寻求对问题的解释和理解。他把传统分析哲学方法论中努力使读者接受其结论的意图称为一种"半强迫"的哲学目标(semi-coercive philosophical goals),而在一些评论者看来,他的这种努力具有一种哲学多元主义的立场,不同的观点可以分立和并存,而不使整个哲学大厦的根基动摇。

---

[22] Ibid., p. 352.
[23] 参见〔美〕罗伯特·诺齐克:同上注〔1〕所引书,前言,第 5 页。
[24] David Schmidtz, *Introduction*, in David Schmidtz (ed.), supra note〔2〕, p. 3.
[25] Ibid., p. 5.
[26] Ibid., p. 1.
[27] Robert Nozick, supra note〔4〕, p. 15.

有人推断,诺齐克在一定程度上只是想解释生活对于他看起来像什么。纵观诺齐克的著作,其目标更像要产生一个省思的生活。这样做的意图不是为说服他人,而是因为诺齐克相信使他者更真实是使自己变得更真实的最好方法。他崇拜苏格拉底,因为苏格拉底敢于承认他所不知道的事情和始终如一的拥抱哲学的坚定意愿:他是用他的人来进行教育的哲学家。这个传统中还包括尼采,甚至还有后来的维特根斯坦。他们的目的是呈现一个肖像,而不是一个理论。[28] 所以,我们不必一定要坚持人与角色(persona)的分离,而要认识到一个人在生活中以持续的方式拥有构成生活的点点滴滴,这首先凝集而成的就是他的自我。在此基础上,我们应该使哲学回归生活:因为哲学的重要不在于它是理论而在于它丰富了生活,它就是一种生活方式。

结论:生活的意义

诺齐克的一生在知识论、形而上学、道德哲学、政治哲学和人生哲学等方面都颇有建树。他的一生都在以纯真而又真诚的态度实践着自己的哲学。萦绕于耳的是苏格拉底的一个问题:一个人应该如何生活?或者说,怎样的生活才是有意义的?诺齐克以一个故事来表明存在主义者(existentialist)和禅宗(Zen)对此的不同态度。"前者认为生活的意义是瞬间的输入,我们寻找意义。禅宗认为意义不是被寻找的。无论它是否来到我们身边,我们都接受它。"[29]这说明存在主义者认为意义是我们给予生活的;圣人却通过学习不需要意义而得到平静。禅宗认为对意义有无的担心本身使生活的意义少于它可能有的,应该让那瞬间意味着它将意味的,而我们只需在不忘记中体会存在的愉快、意义和平静。生活是宇宙中的一个偶然,不是为了一个目的而来,只是在这里,而且这就是全部。诺齐克说,"一个有意义的生活在某种程度上是永恒的;它为世界划出一个永远的不同——它留下印迹"[30]。所以,"我们无须质疑。日子对其自身而言就已足够,而生活就是这样的"[31]。

---

[28] See Ibid., p.12.
[29] Robert Nozick, supra note [17], p.571.
[30] Ibid., p.582.
[31] Richard Taylor said, cited from David Schmidtz, *The Meanings of Life*, in David Schmidtz (ed.), supra note [2], p.214.

附：研究诺齐克的参考文献

一、著作

（一）中文部分

诺齐克译著

1. 〔美〕罗伯特·诺齐克：《无政府、国家与乌托邦》，何怀宏等译，中国社会科学出版社 1991 年版。

2. 〔美〕罗伯特·诺齐克：《苏格拉底的困惑》，郭建玲、程郁华译，新星出版社 2006 年版。

3. 〔美〕罗伯特·诺齐克：《经过省察的人生：哲学沉思录》，严忠志、欧阳亚丽译，商务印书馆 2007 年版。

研究专著

1. 〔英〕乔纳森·沃尔夫：《诺齐克》，王天成、张颖译，黑龙江人民出版社 1999 年版。

2. 罗克全：《最小国家的极大值：诺齐克国家观研究》，社会科学文献出版社 2005 年版。

3. 文长春：《逻辑在先的个人权利——诺齐克的政治哲学》，中央编译出版社 2006 年版。

4. 葛四友：《正义与运气》，中国社会科学出版社 2007 年版。

（二）英文部分

诺齐克本人著作

1. Robert Nozick, *Anarchy, State, and Utopia*, New York: Basic Books, 1974.

2. Robert Nozick, *Philosophical Explanations*, Cambridge, Mass.: The Belknap Press of Harvard University Press, 1981.

3. Robert Nozick, *The Examined Life: Philosophical Meditations*, New York: Simon & Schuster, 1989.

4. Robert Nozick, *The Normative Theory of Individual Choice*, London: Garland, 1990.

5. Robert Nozick, *The Nature of Rationality*, Princeton, N. J.: Princeton University Press, 1993.

6. Robert Nozick, *Socratic Puzzles*, Cambridge, Mass.: Harvard University Press, 1997.

7. Robert Nozick, *Invariances: The Structure of the Objective World*, Cambridge, Mass., London: The Belknap press of Harvard University Press, 2001.

研究专著

1. Jeffrey Paul, *Reading Nozick*, Totowa, New Jersey: Rowman & Littlefield, 1981.

2. Steven Luper-Foy, *The Possibility of Knowledge*, Totowa, New Jersey: Rowman & Littlefield, 1987.

3. J. Angelo Corlett, *Equality and Liberty: Analyzing Rawls and Nozick*, Hampshire: Macmillan, 1991.

4. G. A. Cohen, *Self-ownership Freedom and Equality*, Cambridge: Cambridge University Press, 1995.

5. Simon A. Hailwood, *Exploring Nozick*, Aldershot, Brookfield: Avebury, 1996.

6. Wolff Jonathan, *Robert Nozick: Property, Justice and the Minimal State*, Polity Press, 1996.

7. A. R. Lacey, *Robert Nozick*, New Jersey: Princeton University Press, 2001.

8. John A. Simmons, *Justification and Legitimacy: Essays on Rights and Obligations*, Cambridge: Cambridge University Press, 2001.

9. David Schmidtz (ed.), *Robert Nozick*, Cambridge: Cambridge University Press, 2002.

二、论文

（一）中文部分

诺齐克论文译文

1. 〔美〕罗伯特·诺齐克：《为什么知识分子反对资本主义》，邓正来译，载《中国社会科学评论》第一卷，法律出版社2004年版。

2. 〔美〕罗伯特·诺齐克：《〈理性的性质〉导言》，邓正来、陈昉译，载《西方法律哲学家研究年刊》2006年总第一卷，北京大学出版社2006年版。

研究论文

1. 宋月红：《试析罗尔斯和诺齐克关于差别原则的不同认识》，载《政治学研究》1999年第3期。

2. 梁承碧：《诺齐克资格理论述评》，载《漳州师范学院学报》2001年第1期。

3. 张铭、苗爱芳：《诺齐克保守自由主义国家观评析》，载《福建论坛》2001年第4期。

4. 罗克全：《"善良的"还是"无害的"——诺齐克政治哲学中的道德约束》，载《长春市委党校学报》2001年第6期。

5. 肖松涛、高跃辉：《诺齐克国家理论述评》，载《湖南省政法管理干部学院学报》2002年第2期。

6. 顾肃：《持有权与程序正义的当代阐述者——评诺齐克的自由至上主义权利理论》，载《学海》2002年第3期。

7. 刘擎：《诺齐克的思想之旅》，载《明报月刊》2002年第3期。

8. 周保松：《苏格拉底式的一生——纪念诺齐克》，载《二十一世纪》2002年第4期。

9. 金吾伦：《在哈佛听诺齐克讲课》，载《哲学动态》2002年第9期。

10. 武晓峰：《诺齐克的分配公正思想及其对我国的启示》，载《经济问题》2003年第

2 期。

11. 罗克全、孙秀云：《"无约束"的分配正义——诺齐克分配理论研究》，载《行政与法》2003 年第 8 期。

12. 杜翠梅、赵兰香：《解读诺齐克的"元乌托邦"设想》，载《中国矿业大学学报（社会科学版）》2005 年第 2 期。

13. 王贵贤、田毅松：《诺齐克个人权利观探析》，载《理论学习》2005 年第 3 期。

14. 刘思萱：《论经济法的分配正义观——从罗尔斯和诺齐克之争谈起》，载《上海商学院学报》2005 年第 3 期。

15. 张小迎：《诺齐克的个人权利思想探究——读诺齐克的〈无政府、国家与乌托邦〉札记》，载《哈尔滨学院学报》2005 年第 4 期。

16. 龚群：《诺齐克与罗尔斯比较：一种个人权利论》，载《教学与研究》2005 年第 4 期。

17. 杜翠梅：《最小国家的政治合法性探求》，载《华南农业大学学报》2005 年第 4 期。

18. 杜翠梅：《最小国家的政治合法性探求》，载《华南农业大学学报（社会科学版）》2005 年第 4 期。

19. 葛四友：《权利还是资格——评诺齐克的国家理论》，载《中国社会科学评论》2005 年第 4 卷。

20. 孙英：《自由公正论驳议》，载《思想战线》2005 年第 5 期。

21. 文长春：《逻辑在先的个人权利——诺齐克政治哲学思想述评》，载《学习与探索》2005 年第 6 期。

22. 周文华：《正义："给每个人以其所应得"》，载《哲学动态》2005 年第 11 期。

23. 洪小兵：《诺齐克的"自然状态"理论浅析》，载《哈尔滨学院学报》2005 年第 12 期。

24. 刑慧：《略论诺齐克自由至上主义国家观——〈无政府、国家与乌托邦〉解读》，载《东南大学学报（哲学社会科学版）》2005 年第 12 期。

25. 马晓燕：《刍议女性主义对诺齐克权利正义论的批判》，载《中州学刊》2006 年第 1 期。

26. 崔延强：《分配正义的两种不同诠释——罗尔斯和诺齐克之辩解》，载《吉首大学学报（社会科学版）》2006 年第 1 期。

27. 罗克全：《自然权利与社会规则——诺齐克的自然状态理论研究》，载《内蒙古民族大学学报（社会科学版）》2006 年第 1 期。

28. 屠兴勇：《分配正义的两种不同诠释——罗尔斯与诺齐克之对话》，载《长江论坛》2006 年第 2 期。

29. 杜翠梅：《诺齐克最小国家观的理论价值》，载《山东农业大学学报（社会科学版）》2006 年第 2 期。

30. 文长春：《罗尔斯、诺齐克与德沃金权利正义论比较》，载《学术交流》2006年第3期。

31. 欧阳景根：《分配正义、权利正义与权力的正当性——从司法审查的视角看罗尔斯与诺齐克的正义之争》，载《文史哲》2006年第3期。

32. 方钦：《可能世界中的选择：纽康姆难题》，载《社会科学战线》2006年第3期。

33. 王维先：《个人优先还是社群优先？——评自由主义与社群主义之争》，载《东方论坛》2006年第3期。

34. 倪鸿涛：《走出福利法治国的困境》，载《法律科学（西北政法学院学报）》2006年第4期。

35. 欧阳英：《关于正义的不同认识》，载《哲学动态》2006年第5期。

36. 王立：《诺奇克的平等观》，载《学习与探索》2006年第5期。

37. 栾亚丽：《管窥分配正义的两种当代模式——罗尔斯的公平正义论与诺齐克的权利正义论》，载《理论界》2006年第8期。

38. 高聚文：《自由至上主义：诺齐克政治哲学思想梗概》，载《社会科学论坛（学术研究卷）》2006年第9期。

39. 陈志：《诺齐克的正义观与借鉴》，载《中共桂林市委党校学报》2007年第1期。

40. 杨帆：《权利与平等的张力对中国分配体制改革的启示》，载《社会科学辑刊》2007年第2期。

41. 罗克全：《"消极自由"的个人联合体——论诺齐克的异质性"乌托邦"》，载《北京科技大学学报（社会科学版）》2007年第2期。

42. 陈普：《浅析洛克与诺克齐关于私人财产所有权的论证》，载《贵州工业大学学报（社会科学版）》2007年第2期。

43. 梁文韬：《再思自然权利自由主义之基础》，载《浙江学刊》2007年第3期。

44. 文长春：《分配正义及其局限》，载《马克思主义与现实》2007年第3期。

45. 孙平：《重申个人权利的至上性——诺齐克政治哲学述评》，载《学术交流》2007年第4期。

46. 张翠梅、邱子建：《对"财产权利之道德正当性"的论证——从洛克与诺齐克的权利理论谈起》，载《黑龙江省政法管理干部学院学报》2007年第4期。

47. 陈志：《罗尔斯与诺齐克的正义观比较研究》，载《南京理工大学学报（社会科学版）》2007年第4期。

48. 王宝林：《自由主义语境下西方政治合法性理论述评》，载《中国石油大学学报（社会科学版）》2007年第4期。

49. 王宝林：《现代自由主义语境下西方政治合法性理论透析》，载《学术界》2007年第5期。

50. 王立：《优先性：自由与平等》，载《社会科学辑刊》2007年第5期。

51. 高艳琼、栾华峰:《罗尔斯、诺齐克、沃尔泽分配正义思想之比较——一个政治哲学的分析视角》,载《法制与经济》2007 年第 6 期。

52. 顾肃:《当代西方政治哲学中的社会公正理论》,载《河北学刊》2007 年第 6 期。

53. 沙晶晶:《自由权利与市场制度——解读诺齐克自由至上主义》,载《湖北成人教育学院学报》2007 年第 6 期。

54. 李先敏:《诺齐克的边际道德观述评——兼谈自由主义的个人自由的局限》,载《甘肃理论学刊》2007 年第 6 期。

55. 冯建军:《三种不同的教育公正观——罗尔斯、诺齐克、德沃金教育公正思想的比较》,载《比较教育研究》2007 年第 10 期。

56. 刘金昌、魏丹:《从"最弱意义的国家"看我国政府职能转变》,载《党政干部论坛》2007 年第 10 期。

57. 朱德元:《对诺齐克国家理论的批判分析》,载《湖北社会科学》2007 年第 12 期。

58. 付利里:《综述诺齐克的权利理论》,载《胜利油田职工大学学报》2008 年第 1 期。

59. 王宇环:《权利与国家证成——诺齐克的证成国家路径》,载《长春市委党校学报》2008 年第 1 期。

60. 王莉:《超越权利限制》,载《哲学研究》2008 年第 2 期。

61. 曲光华:《罗尔斯与诺齐克的正义之辨及其对解决我国社会公正问题的启示》,载《北方论丛》2008 年第 4 期。

62. 李先敏:《诺齐克的自然状态与罗尔斯的原初状态思想辩解》,载《内江师范学院学报》2008 年第 5 期。

63. 谢俊:《论诺齐克权利视角下的国家理论》,载《理论月刊》2008 年第 5 期。

64. 〔美〕爱泼斯坦:《诺齐克与〈无政府、国家与乌托邦〉》,邓正来译,"正来学堂",http://dzl.legaltheory.com.cn/info.asp? id = 4703,2005-1-15。

65. 〔美〕克鲁克:《诺齐克的、我的和你的未竟事业》,邓正来译,http://dzlai.fyfz.cn/blog/dzlai/index.aspx? blogid = 90868,2006-7-19。

(二) 英文部分

诺齐克本人论文

1. Robert Nozick, Moral Complications and Moral Structure, in *Natural Law Forum*, Vol. 13, (1968).

2. Robert Nozick, Invisible-hand Explanations, in *The American Economic Review*, Vol. 84, No. 2, (May 1994).

研究论文

1. H. L. A. Hart, Are There Any Natural Rights? in *The Philosophical Review*, Vol. 64, No. 2, (April, 1955).

2. Eric Mack, Distributionism Versus Justice, in *Ethics*, Vol. 86, No. 2, (January,

1976).

3. Peter Singer, Why Nozick is Not So Easy to Refute, in *The Western Political Quarterly*, Vol. 29, No. 2, (January, 1976).

4. Robert Coburn, Relativism and the Basis of Morality, in *The Philosophical Review*, Vol. 85, No. 1, (January, 1976).

5. David B. Lyons, Rights against Humanity, in *The Philosophical Review*, Vol. 85, No. 2, (April, 1976).

6. David Lawrence, Comments on Nozick's Entitlement Theory, in *The Journal of Philosophy*, Vol. 73, No. 21, (December, 1976).

7. B. J. Diggs, Liberty without Fraternity, in *Ethics*, Vol. 87, No. 2, (January, 1977).

8. David L. Norton, Individualism and Productive Justice, in *Ethics*, Vol. 87, No. 2, (January, 1977).

9. Hillel Steiner, Justice and Entitlement, in *Ethics*, Vol. 87, No. 2, (January, 1977).

10. John Exdell, Distributive Justice: Nozick on Property Rights, in *Ethics*, Vol. 87, No. 2, (January, 1977).

11. Michael Davis, Necessity and Nozick's Theory of Entitlement, in *Political Theory*, Vol. 5, No. 2, (May, 1977).

12. Stephen L. Darwall, Two Kinds of Respect, in *Ethics*, Vol. 88, No. 1, (October, 1977).

13. Hillel Steiner, Nozick on Appropriation, in *Mind*, New Series, Vol. 87, No. 345, (January, 1978).

14. Michael Bernick, A Note on Promoting Self-Esteem, in *Political Theory*, Vol. 6, No. 1, (February, 1978).

15. Arthur Flemming, Using a Man as a Means, in *Ethics*, Vol. 88, No. 4, (July, 1978).

16. Norman E. Bowie, Welfare and Freedom, in *Ethics*, Vol. 89, No. 3, (April, 1979).

17. John R. Danley, Robert Nozick and the Libertarian Paradox, in *Mind*, New Series, Vol. 88, No. 351, (July, 1979).

18. David M. Lederkramer, Quest on the Entitlement Theory, in *Analysis*, Vol. 39, No. 4, (October, 1979).

19. Hillel Steiner, Nozick on Hart on the Right to Enforce, in *Analysis*, Vol. 41, No. 1, (January, 1981).

20. David Lewis, Individuation by Acquaintance and by Stipulation, in *The Philosophical Review*, Vol. 92, No. 1, (January, 1983).

21. Crispin Wright, Keeping Track of Nozick, in *Analysis*, Vol. 43, No. 3, (June, 1983).

22. Tyler Burge, Individualism and Psychology, in *The Philosophical Review*, Vol. 95, No. 1, (January, 1986).

23. Roy A. Sorensen, Nozick, Justice, and the Sorites, in *Analysis*, Vol. 46, No. 2, (March, 1986).

24. John Stick, Turing Rawls into Nozick and Back Again, in *Northwestern University Law Review*, *in* Vol. 81, No. 363, (Spring, 1987).

25. Anthony Brueckner, Unfair to Nozick, in *Analysis*, Vol. 51, No. 1, (January, 1991).

26. Gillian Brock, Is Redistribution to Help the Needy Unjust? in *Analysis*, Vol. 55, No. 1, (January, 1995).

27. Elizabeth Anderson, What is the Point of Equality? in *Ethics*, Vol. 109, (January, 1999).

28. Christopher W. Morris, Natural Rights and Political Legitimacy, in *Social Philosophy & Policy*, Oxford: Vol. 22, Iss. 1, (Winter, 2005).

29. Eric Mack, Prerogatives, Restrictions, and Rights, in *Social Philosophy & Policy*, Vol. 22, Iss. 1, (Winter, 2005).

30. John A. Simmons, Consent Theory for Libertarians, in *Social Philosophy & Policy*, Oxford: Vol. 22, Iss. 1, (Winter, 2005).

31. John Hasnas, Toward a Theory of Empirical Natural Rights, in *Social Philosophy & Policy*, Oxford: Vol. 22, Iss. 1, (Winter, 2005).

32. Jeremy Waldron, Nozick and Locke: Filling the Space of Rights, in *Social Philosophy and Policy*, Oxford: Vol. 22, Iss. 1, (Winter, 2005).

33. Loren E. Lomasky, Libertarianism at Twin Harvard, in *Social Philosophy & Policy*, Oxford: Vol. 22, (Winter, 2005).

34. Richard J. Arneson, The Shape of Lockean Rights: Fairness, Pareto, Moderation, and Consent, in *Social Philosophy & Policy*, Oxford: Vol. 22, Iss. 1, (Winter, 2005).

35. Nicholas Smith, Why do we speak of Equality? in *Otago Law Review*, Vol. 11, (2005).

一本译著的声望研究
——博登海默百年诞辰纪念

赵大千*

    2008年是一个"时刻"——中国法学发展三十周年——在这个"时刻",中国法学人习惯集中精力回顾新时期中国法学发展的历程,总结法学研究中的理论热点,分析中国法学的现状与问题。其中,比较有代表性的乃是这样两种分析路径:一是,文献综述的方式——通过梳理法学诸多学科或者法学理论热点问题的文献,分析中国法学发展的成就和不足;二是,量化研究的方式——通过法学学术引证研究,分析法学知识类型转变、法学研究地域分布、次学科状况、法学学术翻译等问题。虽然,两种路径切入角度不同,但它们共同关注宏观层面,追求对中国法学的总体把握。

    关注微观层面,通过具体的个案分析透视中国法学的研究状况,据我所知,还没有专门性的研究。这点缺失正是本文的努力所在。一本中文译著《法理学——法律哲学与法律方法》近二十年来在中国法学界获得的巨大声望,给我的研究提供了适当的讨论对象。因此,本文专注于对这本中文译著《法理学——法律哲学与法律方法》的评价性研究。即运用社会科学和法学的工具,对这本中文译著的声望进行一次独立的、专门批评性的(而非崇拜的)研究,以期能提供一些原因来解释它的声望。在认同近代中国法学研究的开端以及后来的几次大的推动都主要来自法学引入和移植的前提下,这项

---

* 赵大千,吉林大学理论法学研究中心2008级博士研究生,主要从事法社会学和霍姆斯法律哲学研究。

评价单个译著声望的个案研究就变得系统而具有意义。巧合的是,今年是《法理学——法律哲学与法律方法》一书的作者埃德加·博登海默诞辰一百周年。在我看来,一篇严肃的学术译著评价性研究是对博氏百年诞辰最好的纪念。因为,对中国法学而言,与1908年诞生的,作为综合法学派代表人物的博登海默相比,1987年随着《法理学——法律哲学与法律方法》一书的翻译而被中国法学人认识的博登海默更具有意义。

立基于所关注的核心问题,本文的论述框架将作如下安排:第一部分是《法理学——法律哲学与法律方法》一书的版本研究和引证率研究。作为评价性研究的前提基础,我认为,这些量化的研究同该书在中国法学界获得的巨大声望是一致的。同时,也探讨了中国法学界对博登海默综合法学思想本身的研究和评价。有意思的问题是,这些研究和评价同博登海默这本著作的辉煌声望形成了鲜明落差。第二部分首先具体论证了这本译著的引证率与本身学术价值之间的差距。这一问题使我转向对声望研究的一般性考察。在区分作品的"声望"、"关注度"、"学术价值"的基础上讨论什么是声望。它能被衡量吗?引证率能够衡量声望背后的基础是什么?声望和本身学术价值之间的差距能够通过经验加以分析吗?这些问题表明《法理学——法律哲学与法律方法》一书高引证率得以获得的事实来源于一系列因素的混合。基于这样的背景,本文第三部分对《法理学——法律哲学与法律方法》一书本身的思想内容与写作风格进行一次独立的评估。借助于经济分析的理论框架,试图将这本译著放置于中国法学"学术市场"之中加以考察,也试图解释这本译著声望得以形成的那些因素。

一、问题的提出:声望的量化研究

《法理学——法律哲学与法律方法》一书是博登海默的代表著作,1962年由哈佛大学出版社出版,1974年修订再版。本书的核心内容来源于作者1940年出版的《法理学》一书。经三十几载不断吸收法理学领域发表的重要著作和论文,数次删改完善,《法理学——法律哲学与法律方法》终成一本独具特色的法理学著作。

《法理学——法律哲学与法律方法》最早的中文译本由邓正来和姬敬武合译,于1987年由华夏出版社出版。1999年邓正来将这一版本重新审定改译,由中国政法大学出版社出版。为了纠正这一版本少量印刷、翻译错误,邓正来又于2004年出版了修订本。在此期间,《法理学——法律哲学与法律方法》一书的中文译本还有1990年台湾地区东吴大学的范健德等人合作翻译的中译本和1992年上海人民出版社出版的张智仁的中译本。可见,在诸多中文译本中,邓正来的译本前后跨越近二十年,审定修正多次,就学术翻译本身而言具有较高的质量,受到中国法学界的肯定。

因此,我将在下文中以邓正来的中文译本(以下简称邓译本)为对象,从发行量和引证率两个方面对这本译著的声望进行量化研究。

首先,我们可以通过发行量来测量《法理学——法律哲学与法律方法》邓译本在中国的辉煌声望。1987年华夏出版社版的《法理学——法律哲学与法律方法》中译本是以"二十世纪文库"法学著作中的一部的形式出版的,这是新中国成立以后第一次以丛书的形式翻译西方法学名著,也有学者认为这是改革开放以后翻译的第一本法理学著作[1],足见该书的翻译在当时中国法学界的分量。当时,该种译本的印数是2.5万册。1999年邓正来重译该书,由中国政法大学出版社出版,第一次印数是3000册,2000年第二次印数是6000册。2004年修订的中译本第一次印数是3000册,总共发行3.7万册。这么大的发行量在学术著作中是极为罕见的。

与发行量相对应的是,这本译著在法律学习者和法律教材推荐者中间很有威望。正如博登海默所期望的"出版本书的目的之一是为了教学"、"给那些对作为一种社会政策工具的法律的一般问题感兴趣的法律与政治学学生或研究者提供帮助"[2]。《法理学——法律哲学与法律方法》翻译出版以来,在高等院校法学专业的学生中间产生广泛的影响。许多院校将本书列为法理学专业研究生入学考试必读书目、研究生精读书目、本科生推荐书目。可以说,自20世纪90年代始,许多法理学专业的学生都是在《法理学——法律哲学与法律方法》一书的带领下踏入法学殿堂的。从这批学生中成长起来的法学学者大都受到过该书的影响。在对当今中国学者的法理学著作的抽样调查中,我发现除少数学者外,大部分学者著作的参考书目中都有这本中文译著。这些学者同时用各种形式推荐这本译著,该书被先后收入1992年《中外社会科学名著千种评要》法学卷,1999年《西方法学名著提要》,2000年《外国法学名著精粹》等[3]。

其次,从"引证率"这一目前学界惯用的分析学术作品声望的辅助手段来看,也可以说明这本译著在中国的巨大声望。根据中文社会科学引文索引(CSSCI)所作的统计表明[4],《法理学——法律哲学与法律方法》邓译本在"文化大革命"后翻译的纯法学书籍中该书排名第一。苏力在《也许正在发生——转型中国的法学》一书中的相关讨论也可以证明这一点。在引证率是衡量学术作品声望的"有效"工具这一前提假设的基础上,也可以从一个侧面论证《法理学——法律哲学与法律方法》邓译本在中国法学界极具声望。

为了进一步证明引证率衡量声望的有效性,我同时利用了"中国期刊网"。这是由中国学术期刊杂志社开办的,目前国内最大型的学术期刊数据库,共收录1994年以后国内3500种期刊的全文。需要指出的是,由于期刊进库要收费,有些重要甚至核心期刊都没有入库。但是就本文问题的提出而言,这一缺陷并没有实质性的影响。考察的结果是,

---

[1] 参见邱昭继:《一本书的译介及其与法理学传统之建构》,http://www.legaltheory.com.cn/info.asp?id=7910,2008年5月10日访问。

[2] [美]E.博登海默:《法理学——法律哲学与法律方法》,邓正来译,中国政法大学出版社2004年版,"作者致中文版前言"。

[3] 参见邱昭继:同上注[1]所引书。

[4] 中文社会科学引文索引(CSSCI)的情况简介,参见苏力:《也许正在发生——转型中国的法学》,法律出版社2004年版,第44—46页;凌斌:《中国驻留法学引证的统计分析——以CSSCI位数据基础的一个探索性研究》,载《中国社会科学》2004年第3期。

自1994年到2008年间,中国期刊网上对博登海默综合法学思想的专门性研究论文只有10篇。[5] 与此相对应的是国内西方法律思想史教材(著作)中,除少数作者(如张文显《二十世纪法哲学思潮研究》)外,大多数教材(著作)并未介绍博登海默及其所代表的综合法学派,即使有介绍的也都评价不高。

这是一个有意思的现象——《法理学——法律哲学与法律方法》邓译本的引证率与博登海默思想研究之间存在巨大差距。这一差距促使我们对如下两个问题进行进一步的追问:第一,如果研究匮乏的原因是博登海默思想本身并没有太高的学术价值,那么低价值的学术作品拥有高引证率这一现象足以使我们对"引证率可以有效地测量学术作品的声望"这一引证研究的前提假设产生怀疑。进而反思引证率能够有效衡量学术作品声望的制度性基础何在? 中国法学界是否具有这种制度性基础。第二,如果中国法学界不具备引证研究的制度基础,那么,我们必须对《法理学——法律哲学与法律方法》邓译本在中国法学的辉煌声望得以形成的其他因素进行解释。对于前者,需要对声望进行一般性的研究;对于后者,则要对作品本身进行独立的评价,以测度声望的来源。这两个问题构成下文讨论的中心。

二、声望的一般性研究

什么是学术作品的声望? 在最普遍意义上,声望是学术作品价值的总和。[6] 就中国法学而言——学术作品价值的总和与学术作品的关注度——两个方面共同构成了学术作品的声望。在制度性基础具备的前提下,学术作品的价值与关注度相对一致,即使存在一定的偏差,大体而言引证率高的学术作品具有相应的学术价值和关注度。从中国法学/学术的特殊性分析,一个学术作品在中国的声望需要从关注度和学术价值两个方面来讨论,尤其要注意其间的差别。本文将在后面详细论证这一点。

《法理学——法律哲学与法律方法》邓译本巨大的发行量和极高的引证率可以证明其在中国法学界近二十年来获得的广泛关注度。但是,这些量化数据能否同时证明这本译著具有同等的学术价值? 或者说这本译著在中国的学术价值如何评价? 需要在中国的情境下,对引证率与学术价值之间的关系进行重新探讨。

在法学领域,自苏力通过对CSSCI数据的处理和分析,运用引证评价的方法初步研

---

[5] 值得注意的是在20世纪80年代中后期,相对于其他西方法学流派,出现了一个研究博登海默及其综合法学思想的小高潮。但这些研究文章都是介绍性的,对本文问题的提出没有实质性影响。当时介绍综合法学的论文有吕世伦等:《综合法学述评》,载《学习与探索》1983年第5期;吕世伦:《综合法学评价》,载《法学杂志》1984年第2期;舒国滢:《当代西方法学的综合趋向》,载《法学研究》1987年第5期;张文显:《统一法学的产生及其发展趋向》,载《外国法学研究》1987年第4期。

[6] 参见[美]理查德·A.波斯纳:《卡多佐:声望的研究》,张海峰译,http://www.gongfa.com/0402.htm,2008年5月3日访问。

究中国法学发展的若干问题以来,关于法学引证率的研究日渐得到重视。但这些研究共同的特点是关注由引证率的经验数据得出的分析结果,缺少对"引证率有效评价学术作品价值"这一前提假设本身的论证。在中国法学界,正是这点缺失遮蔽了引证率与学术作品价值之间的"鸿沟",从而遮蔽了引证率研究在中国法学研究中可能的限度。由于技术原因,我无法获得博登海默及其《法理学——法律哲学与法律方法》在美国法学界的引证率。因此,本文拟借助对德沃金和波斯纳两位学者及其著作的量化分析来具体讨论:在中国法学界,引证率能否有效衡量学术作品的价值。

表 1.1

作者	著作/中译本出版时间	期间	中文社会科学期刊他引数	引证率排名
博登海默	《法理学——法律哲学与法律方法》(1987年)	1998—2002	223	2
波斯纳	《法律的经济分析》(1997年)	1998—2002	162	5
德沃金	《认真对待权利》(1998年)	1998—2002	6	引证数太少没有记入排名

表 1.2

作者	著作/出版年限	期间	美国社会科学期刊他引数	引证率排名
波斯纳	《法律的经济分析》(1981年)	1978—2004	542	5
德沃金	《认真对待权利》(1978年)	1978—2004	489	9

表 1.3

人物	期间	(中国期刊网)人物思想研究论文数
博登海默	1994—2008	10
波斯纳	1994—2008	75
德沃金	1994—2008	93

为使表1.1能尽可能准确地提供引证数据,我在分析中文社会科学引文索引(CSSCI)所提供的经验数据的基础上借鉴了苏力在《也许正在发生——转型中国的法学》一书中的研究成果。[7] 表1.2来源于耶鲁大学法学院图书馆副馆长Fred R. Shapiro教授在《芝加哥大学法学研究》杂志上发表的"1978年以来引证率最高的法学著作"(不包括1978年之前出版的,也不包括教材)一文。[8] 表1.3借助中国期刊网提供的经验数据,

---

[7] 参见苏力:同上注[4]所引书,第66页。

[8] 参见耶鲁大学法学院图书馆副馆长Fred R. Shapiro教授在《芝加哥大学法学研究》杂志上发表的"引证率最高的前五十名法学著作"[The Fifty Most Cited Legal Books(1978—1999)]。转引自冯玉军编:《美国法学最高引证率经典论文选》,法律出版社2008年版,第385—387页。

反映了1994—2008年间中国法学界对博登海默、波斯纳、德沃金思想的研究状况（为了数据的准确和讨论的集中，这里只针对专门探讨三个人物法学思想的论文，不包括探讨与之相关的综合法学派、经济分析法学派、新自然法学派的论文，在检索的基础上形成分析数据）。根据引证率研究，表1.2证明波斯纳和德沃金在美国法学界具有很高的学术声望。二者的学术作品不仅广受学界关注，而且学术价值也获得肯定。表1.3反映波斯纳和德沃金的法学思想在中国法学界被广泛讨论的事实，进一步证明波斯纳和德沃金法学思想的学术价值。重要的问题是，反映学术思想价值的表1.3和反映引证率的表1.1所提供的经验数据之间无法契合。对博登海默和德沃金来说，差异尤其鲜明。量化的数据分析证明："在中国法学界，引证率可以证明学术作品具有广泛的关注度，但不能有效测量学术作品的价值。"对中国法学研究来说，有意义的追问是，引证率得以有效测量学术作品价值的前提基础是什么？

"引证研究"的理论与方法技术体系形成于20世纪60年代中期。它由社会学家倡导，日益广泛地被应用于文献研究领域或学科研究领域，其中最为突出地表现在非科学领域的声望研究、学术交流机制评价、学术理论前沿问题分析等方面。[9]

在西方学术界，"引证研究"凭借其自身优点获得研究者的重视：第一，引证研究为那些非常难于进行学术评价的现象，诸如声望、影响等，提供了一种量化的分析方法；第二，引证研究可以在很大程度上避免人为干扰，从而使之能够在一种"公众选择"情况下保持客观性。[10] 可见，"引证研究"能够在一定程度上为学术作品的价值评价提供一种客观标准。这一结论的合理性建立在这样的假设之上：每一位研究者都高兴别人引用他的成果；每一位研究者都自愿地引用他认为是对他有帮助的成果。引证率没有学术外的评价因素。它是学术界同仁自发评价的结果，某种程度上具有客观公正性。[11] 即必须建立学术评价机制，同时排除学术外的干扰因素。因此，"引证研究"能够客观度量学术作品价值的条件是：第一，具有真正意义上的学术共同体为学术交流、学术评价、学术文献流的运动提供平台，即使学术引证具有可能性。第二，在学术共同体中，建立共同的学术规范和有序的学术环境，进行严格的学术规范训练，以保证学术引证具有科学性。第三，具有专门的学术信息收集和处理技术，使引证研究可量化。综上，"引证率有效测量学术作品的学术价值"必须建立在成熟的学术机制和完善的学术制度的基础上。如果没有制度保证，引用没有规则，未引或误引没有遭受学术共同体批评的可能性，随机引证就会大量

---

[9] 参见陈菊英：《文献引证关系研究简要评述》，载《图书馆理论与实践》2003年第1期；[美]理查德·A.波斯纳：《法律理论的前沿》，武欣、凌斌译，中国政法大学出版社2003年版，第444页。

[10] 参见苏力：同上注[4]所引书，第39—40页；凌斌：同上注[4]所引书；[美]理查德·A.波斯纳：同上注[9]所引书，第444页。

[11] 参见冯玉军：《美国当代法律学术发展概观（代译序）》，载冯玉军编：同上注[8]所引书，第1页。

出现。如果引证是随机的,"引证研究"就没有意义,事实上也不会有"引证研究"。[12]

中国学术界从20世纪90年代中后期开始,才真正关注学术规范化问题。在此之前,中国学术以"失范"现象为基础背景,大体表现在这样几个方面:第一,无论在形式上,还是在实质上,缺少学术引证惯例,"威权主义"泛滥——用政治著作、政治文件、口号宣扬代替学术引证,用引证代替论证;第二,缺乏尊重他人成果的学术意识,以及由此导致的不断出现的抄袭剽窃现象;第三,缺乏健全的学术评价标准和机制;第四,缺乏知识增量和学术传统意识,难以与国际学术界进行严肃的学术交流;第五,低水平知识的大量重复与学术消费趋向日益泛滥。[13] 基于对中国人文社会科学缺失学术规范的忧虑和建构中国社会科学传统,形成学术共同体的努力,邓正来在中国学术界发起了一场建立学术规范化的运动。自《中国书评》1994年集中发表近二十篇学术规范化论文始,十余年间,中国学术刊物陆续发表的讨论学术规范化的论文近百篇,标志着中国学界从整体上在关注学术规范化问题。

在我看来,中国学术界十多年的学术规范化运动的成果是在形式上建立了一系列学术规则,具体表现为:第一,绝大多数学术期刊和出版物具有相对规范的注释体例和参考文献规则;第二,在学术论文的选择和评价上,绝大多数学术刊物采纳"匿名评审制度";第三,揭露和批评学术抄袭剽窃现象;第四,中文社会科学引文索引(CSSCI)、中国期刊网等数据库建立。显而易见,中国学术界经过十多年的发展只是具备了取得量化数据,进行学术引证研究的可能性,还远未达到学术引证研究的相对科学性。正如邓正来自己的评价:"那十年的学术规范化讨论只是中国学术规范化运动的第一阶段。学术规范化目的不仅在于建立各种形式的学术规则,而且还更强调学术内容的实质性规则,比如说如何建构学术评价机制、如何建构学术研究范式以及如何营造中国社会科学的知识增长传统,等等。……现在是将中国学术规范化运动推向第二阶段的时候了。"[14] 因此,在西方,引证研究已经成为获得较高学术声誉的可靠的预测器(如自然科学中的诺贝尔奖)。在中国,用引证研究考察学术作品的声望的效用则需要加以限制,需要在量化数据的基础上将学术作品置于中国学术背景下进行独立的评价。此外值得注意的是,引证研究的前提假设是一种理想的学术状态,即使具有成熟的学术机制和完善的学术制度,引证率代表声望,尤其是代表学术价值也是不完美的。我将在下文对此展开进一步的分析。

一个暂时的结论是:对《法理学——法律哲学与法律方法》邓译本的量化分析——版本研究和引证研究在客观测度这本译著本身的学术价值方面存在限度,但至少可以宏观描绘这本译著在中国法学界所受到的广泛关注。可以确认,《法理学——法律哲学与法

---

[12] 参见〔美〕理查德·A.波斯纳:同上注〔9〕所引书,第444页。

[13] 参见《当下的核心是建构中国学术自主性——著名学者邓正来先生访谈录》(http://www.xi-ci.net/b506202/d33532763.htm,2008年5月3日访问)以及《中国书评》1994年各期上关于中国社会科学研究的学术规范的讨论。

[14] 同上。

律方法》邓译本在中国法学界广泛传播,从翻译质量到作品内容都得到学界接受,具有很高的威望。因此,寻找这本译著声望的原因就变得迫切而重要。在中国法学界不具备引证研究制度基础的背景下,需要对《法理学——法律哲学与法律方法》邓译本进行一次独立的评价,提供一些经验事实来解释它辉煌声望的来源。

三、声望的经验分析

没有成熟的或被学界广为接受的声望理论,从单个学术作品的评价性研究来说,也没有可以借鉴的样本或具体的要求,这既构成了本文研究的理论困难,也给我自主选择论述框架和分析工具提供了广阔的空间。可以说,本文的评价性研究是一个富有个人色彩的文本。[15]

"就中国法学而言——学术作品价值的总和与学术作品的关注度——两个方面共同构成了学术作品的声望。"这一定义隐含着声望的本质特征:学术作品的声望是他人授予的,虽然相关,但绝非是学术作品本身创造的或拥有的。[16] 这一本质特征决定声望研究关注的焦点要从学术作品本身的价值扩展到"他者"的学术活动(这里的"他者"包括个人学术活动和学术制度),即引证者的引证活动和引证原因对这项研究的效果具有重要影响。

基于声望的本质特征,本文采用经济分析的理论框架,从制度的角度切入,对《法理学——法律哲学与法律方法》邓译本在中国法学界的声望进行经验分析。具体而言,在宏观上,将这本译著设想为一种在以需求和供给为特征的市场中的产品。分析在"学术市场"中"声望"的来源,特别是那些可以获得额外声望的因素。值得注意的是,通过上文的分析,中国法学界处于"学术市场"形成过程之中,尚不具备完善的"学术市场"机制。虽然用"学术市场"的一般性规律分析学术作品在中国法学界的声望具有可能性,但必须结合1987年至今中国法学发展和社会变迁这一复杂背景才能获得有效性。在微观上,着眼考察《法理学——法律哲学与法律方法》邓译本的思想内容、写作风格、翻译质量,意图将这本译著的自身特色与本文的宏观框架相结合进行经验分析。

正如本文开篇所指出的,自1978年以来,中国法学在推进自身理论建设的同时也不断地对中国法学发展做整体性的分析与反思。一个学术产品的声望是中国法学发展的产物,是中国社会转型和变迁的产物。对1987年《法理学——法律哲学与法律方法》邓译本出版以来中国法学的发展和变迁进行分析是解释这本译著声望的基础。

---

[15] 本文论述框架的形成借鉴了〔美〕理查德·A.波斯纳著,张海峰译《卡多佐:声望的研究》一文和〔美〕理查德·A.波斯纳著,徐昕译《公共知识分子——衰落之研究》一书,同时参考了社会学中的项目评估研究和分析框架的建构。

[16] 参见〔美〕理查德·A.波斯纳:同上注[6]所引书。

根据我的阅读,虽然不同论者对中国法学发展的阶段以及各阶段的主要成就存在争议,但是就中国法学发展的整体状况而言,存在基本的共识:中国法学在批判"阶级斗争范式"的过程中,恢复法学的独立地位,在政治意识形态上论证了法学的正当性,进而开始法学本身的发展和自身话语与问题的建构。[17] 从1987年《法理学——法律哲学与法律方法》邓译本出版这一时间点来看,当时的中国法学主要有两个任务,一是为法学在当代中国社会的发展争夺空间,即政治的正当性;一是开始中国法学自身的理论建设。

如上的理论判断是运用经济分析框架解释《法理学——法律哲学与法律方法》邓译本在中国取得辉煌声望的前提基础,也是下文进一步分析当时中国学术市场的供求状况的前提基础。

20世纪80年代后期,随着中国社会的改革和变迁,中国学术市场的"需求"急剧增加,值得注意的是,这种"需求"某种程度上具有特殊性:一方面,需要为中国法学争夺发展空间提供"话语"支持;另一方面,需要为中国法学自身理论建设提供知识支援。当时,中国学术市场的"供给"状况则是由于法学研究的长期停顿导致可利用的理论资源极为稀缺。"本世纪上半叶的法律著译资料,现在正面临着悄然毁失的危险。由于印刷技术低下,低质粗劣、馆藏条件落后,许多法学书籍破旧枯朽,不堪翻阅,有些甚至图文蚀褪无法辨读。加之种种人为的原因,那些汗牛充栋的法学资料长期尘封蛛网,很少有人记起,整个世纪的探索和成就竟被视若虚无。馆藏制度之限制又使借阅者困阻重重。人们常叹:《尚书》《周易》乃至秦汉野史随处可得,几十年前法学著译竟一书难求!此种文化'断裂'现象,实有碍于今日中国法律教育和研究事业之正常进行,亦有损于中国法律现代化事业之发达。"[18] 因此,在当时中国学术市场的"供求"关系下,《法理学——法律哲学与法律方法》邓译本出版获得的广泛关注不难得到解释。

社会的改革和变迁是《法理学——法律哲学与法律方法》邓译本在中国辉煌声望得以形成一种重要的分析思路。就当时中国学术市场"需求"的特殊性而言,我强调这本译著本身的思想内容、写作风格是其声望得以形成的另一个重要因素。

从《法理学——法律哲学与法律方法》一书的思想内容来看,全书内容分为三个部分:第一部分是法律哲学的历史导读。博登海默在这一部分采取的写作策略是描述性的,除了结论一节外,几乎没有博登海默自己对各思想流派所作的批判性评价。第二部分法律的性质和作用是本书的核心。博登海默对法律的秩序成分和正义成分作了详尽而深刻的阐述,并在此基础上对法律与其他社会控制力量(如权力、行政、道德、习惯等)

---

[17] 本文对中国法学发展变迁的分析参见邓正来:《中国法学向何处去》,商务印书馆2006年版;苏力:同上注[4]所引书;李步云主编:《中国法学:过去、现在与未来》,南京大学出版社1988年版;郭道晖:《法的时代精神》,湖南人民出版社1997年版;李步云:《走向法治》,湖南人民出版社1998年版;张文显、于宁:《当代中国法哲学研究范式的转换:从阶级斗争范式到权利本位范式》,http://www.jus.cn/ShowArticle.asp?ArticleID=1502,2008年4月18日访问。

[18] 李龙、汪习根:《二十世纪中国法理学回眸》,载《法学评论》1999年第4期。

之间的关系进行了哲学上的分析,最终形成对法治利弊的评价。第三部分讨论了法律的渊源和技术。[19]

经济分析框架可以提供对《法理学——法律哲学与法律方法》邓译本在中国辉煌声望的宏观解释。将译著本身的思想内容和写作风格放置于经济分析框架中考察,则能够揭示《法理学——法律哲学与法律方法》邓译本与当时中国法学发展、政治文化具有高度的适应性,以在微观层面解释这本译著的声望。

借助上文的分析可知,当时中国学术市场的"消费者"更多的是寻求一种话语而非理论。这种话语具有强化消费者预设,乃至作为其斗争工具的作用。博登海默致本书的中文版前言中指出:《法理学——法律哲学与法律方法》关注那些超越特定社会结构和经济结构相对性的基本价值,即关注人类社会制度中那些共性的问题。这种以一般性法律问题为中心(如法治、秩序、正义、法律与权力……)的写作策略可以为当时中国法学提供"法律话语"支持。特别是在当时中国法学资源极为匮乏的情况下,为中国法学批判极"左"的政治话语提供有效的支持。政治需求对声望具有重要作用。从正反两方面来说,声望都是政治斗争的副产品。

在《法理学——法律哲学与法律方法》一书中,博登海默通过逐步推进的方法最终建立起综合法学派的理论思想。虽然,无论是第一部分对西方法律思想史的描述,还是第二部分在批判西方三大法学派思想缺陷的基础上对秩序、正义、法治等问题的解读都没有对原有西方法律理论的震撼性改变。但是这部著作展示了一种简洁清晰的写作风格。博登海默突出的学术能力不在于新颖的智力创造,而在于高超的概括、总结、综合技艺。在研读《法理学——法律哲学与法律方法》一书的过程中不难发现,博登海默对繁复的西方法律思想史的澄清和梳理,使其所描述的法律思想内容更加整齐,所论述的逻辑体系趋于合理,更容易被当时中国法学学术市场的消费者理解和接受。

在成熟的学术市场中,具有未完成特点的学术作品,即学术作品的思想内容具有模糊性、多样性,会增加额外的声望。具体而言,在学术界认同的前提下,这类作品为各方争论提供所需的"名言"、争论的焦点和研究的机会,从而扩大了追随者。典型的例子是霍姆斯著名的演讲《法律的道路》,在法律类论文的引证率中高居榜首。[20] 在中国,学术制度刚刚恢复,学术市场逐步建立的情形下,情况刚好相反。当时,中国法学界不具有研究和争论一般法学理论问题的能力,甚至没有一般法学理论问题的意识。在当时中国法学界,"消费者"需要问题的简单化,而不是复杂化。因此,文本的综合力比分析力更具有吸引力。另外值得注意的是,《法理学——法律哲学与法律方法》邓译本优秀的翻译水平也给本书的声望注入了持久的活力。

综上,《法理学——法律哲学与法律方法》思想内容的一般性和写作风格的简洁性为

---

[19] 〔美〕E.博登海默:同上注[2]所引书,"作者致中文版前言"。
[20] 参见〔美〕理查德·A.波斯纳:同上注[6]所引书。

本书增加了额外的声望。至此,本文从"学术市场"供求关系的角度揭示了社会因素、政治因素、写作因素对当时特定时空条件下这本译著声望形成的重要作用。在下文中,我将从"学术产品"特性的角度对本译著声望的持久性进行解释。

《法理学——法律哲学与法律方法》邓译本在特定时空条件下声望的获得似乎具有幸运的成分,似乎是偶然的、不断变化的。那么,这本译著随后长达二十多年,甚至更长的持久的声望就不能说完全是一系列特别事件的产物。因为,"时间检验"能够淘汰声望中的随机因素,使我们获得对声望更一般的经验认识。[21]

"学术产品"是一种"信用品",而不是"检验品"。"检验品"是消费前就可以大致察知其质量的产品;"信用品"则无法事先确定其质量,只有在消费中才能了解。[22] 基于"信用品"的特点,《法理学——法律哲学与法律方法》邓译本在特定时空条件下获得的辉煌声望可以保证其持久的影响力。

首先,"学术产品"本身特点的影响。"学术产品"的"信用品"性质使人们无法预先监督学术产品的质量。根据经济学原理,人们往往会通过学术产品以往的声望作为确认依据。先前消费者愉快的经历累积起来,可能会出现在其他消费者的意识之中,促进他们关注有关学术产品。[23] 值得注意的是,消费中介——高校教师、核心期刊、学术出版社——在其中起到重要的推动作用。先前的声望在正反两方面都可以增加额外的声望。从正面来看,这本译著在法律学习者和法律教材推荐者中间的威望为其声望持久的影响力注入活力。从反方面来看,随着引证分析变得更为常见,引证行为会成为一种策略——通过将这些知名作品同引证者自己的作品联系在一起,提高引证者自己作品的可信性,即所谓"名望引证"的误区。这些动机增加了这本译著的额外声望。[24]

其次,便利主义的影响。信息成本会随着一部作品被引次数的增多而下降。一部作品越是经常被引,就会变得越为人们熟悉,相比那些不常被引因而不大为人所知的作品,也就减少了回忆和查找的成本。引用更有名气的作品无论对于引者还是受众而言,成本都更低。同时,引证人们熟知的作品会传递更多的信息。值得注意的是,因为便利而使声望提高,而并非因为内容具有创造性或者是重要的。[25]

最后,"学术产品"的替代品(即同类作品)。学术市场的"供给"的扩张不一定会为新的竞争对手创造机会。"学术作品"一旦建立了声望,相比于同等甚至稍好一点的作品,会使人们更渴望、更仔细地阅读,从而获得更好的理解和判断,具有更广泛的沟通平

---

[21] 同上。
[22] 参见〔美〕理查德·A. 波斯纳:《公共知识分子——衰落之研究》,徐昕译,中国政法大学出版社2002年版,第5页。
[23] 同上书,第58页。
[24] 参见〔美〕理查德·A. 波斯纳:同上注〔9〕所引书,第446—447页。
[25] 同上书,第450页。

台。学术市场缺少关注同等或稍差一点儿的替代品的动力机制。[26]

如上三个因素在正反两方面都可以增加额外的声望。从而论证《法理学——法律哲学与法律方法》邓译本在中国法学界近二十年来的持久声望。尤其不能忽视的是,反面因素与中国学术界"失范"情境相结合对这本译著的声望具有推动作用。

结　语

《法理学——法律哲学与法律方法》邓译本自1987年翻译出版以来二十多年在中国法学界长盛不衰,这个现象本身就是中国法学史上的一个重要课题,值得严肃地探讨与反思。科学、系统地研究这本译著的声望对中国法学的意义在于:一个学术产品的声望是中国社会变迁的产物,这一声望的合理解读或反思性评价都能揭示出中国法学学术研究制度的问题。

与西方学术界相比较,中国没有成熟的学术运作规则和实质性的学术评价规范体系,尤其没有良好的责任承担机制和有效的监督中介。因此,西方学术界衡量学术声望所使用的分析工具——"引证研究"在中国的运用就具有限度。在中国学术界,引证率衡量学术价值存在很大偏差。《法理学——法律哲学与法律方法》邓译本在中国法学界的辉煌声望产生于一系列特殊的历史事实并在一定程度上顺应了声望的影响规律。这需要更一般的经验性研究加以说明。

本文从声望的本质特征出发,借用经济分析框架,将这本译著的思想内容和写作风格放置于中国法学发展与变迁的历史背景中进行独立的评价,以解释这本译著声望的来源:

中国法学的"学术市场"是一个形式上的学术规范初步形成,实质性的学术评价尚未建立的特殊市场。在这一背景下,学术作品声望的获得不完全依赖第一流的学术水平,而是一系列社会、政治、经济变化的产物。从学术作品声望的形成来看,《法理学——法律哲学与法律方法》邓译本与当时社会改革和变迁的适应性,与政治诉求的契合度为其声望的获得营造了必要的空间。从学术作品声望的持续性来看,声望发展的规律——一个学术作品一旦建立了声望就会获得更高的声望,在一个学术市场不完备,威权引证、名望引证情形严重的社会更是如此——为这本著作声望的持久影响提供了保证。

一本译著的声望研究暨博登海默百年诞辰纪念既是一个暂时的总结,更期待一个更好的开始。恰当的纪念应该有承前启后的意义,有温故知新的价值。人们对以往历史的兴趣要与当前生活的兴趣呼吸相通、连为一体。

---

[26] 参见〔美〕理查德·A. 波斯纳:同上注〔22〕所引书,第52页。

Yearbook of Western Legal Philosophers Study

西方法律哲学家
研究年刊

[373—404]

学术简评

纠缠不清的德沃金与哈特
——简评《德沃金与法律实证主义》[1]

丁　轶*

在德沃金的前期著作中,他对以哈特为代表的法律实证主义给予了严肃的批评,这一点尤其表现在对待法律与道德是否分离的问题上。一般认为,德沃金的主张是与法律实证主义的思想格格不入的。然而,在史蒂文·J.伯顿(Steven J Burton)看来,相比于《认真对待权利》中的批判方式,德沃金在《法律帝国》一书里有关分离命题的观点有所改变。但伯顿认为,德沃金在该书中所表现出来的方法没能像在先前著作中的那样对法律实证主义作出有力的批判,结果,从一种分析的角度来看,德沃金在其理论中反倒预设了法律实证主义。

一、作为解释的法理学

在《法律帝国》中,德沃金最基本的一个主张便是法律是一个解释性的概念。这种主张与被他称为法律语义学的理论截然对立。后者(以奥斯丁和哈特为代表人物)认为"法律"一词在法律人中间有着被广泛分享着的含义。这种含义中就包含着我们所使用着的"法律"的规则。同时,在实证主义者看来,这些规则又与一些诸如法规的颁布、案件的判决之类的历史事实相联系。

---

[1]　Steven J. Burton, Ronald Dworkin and Legal Positivism, in *Iowa Law Review*, October, 1987.
*　丁轶,吉林大学理论法学研究中心 2007 级法理学硕士研究生。

这样,在实证主义者的理论中,有关法律的分歧就是一些关于历史事实的争论。德沃金则否认这些有关法律分歧是"经验性"的分歧的看法,相反他认为真正的法律分歧是理论性的,法官们和律师们的争论也就变成了事关何为法律根基的分歧。

在伯顿看来,德沃金的上述观点表明了其批判的目标在于一般法理学,即超越任何偶然的、适合于任一文化的实践,并以抽象概念来理解法律及其体系的哲学上的努力。德沃金把法律实证主义者的观点看成是提供了某种解释性的理论,这些理论本身却处于我们所在文化中、司法审判实践的毫无争议的基础之上。与此相反,伯顿则把德沃金的努力归结为意在把法律实证主义者理论中的法律争论问题转换为与我们特定文化相适应的法律实践问题。德沃金的这种看法固然有其优点,但伯顿却进一步指出:实际上,德沃金的理论基础与现代法律实证主义者并未处在同一个层面上,这只能导致德沃金对后者的批判以失败告终。

对于德沃金而言,说"法律"是一个解释性概念就意味着处于某个文化之内的法律哲学家、法官、律师或者老百姓应该把法律看成是一个具有可争辩性质的概念。支持上述观点就需要一个解释者作出两个基本的而又熟悉的主张:首先,最优的法律观要诉诸道德,并且能充分地适应被解释的特定实践。其次,这种解释上的转向既需要法学理论家又需要法律实践的行动者们去按照并进一步推进那个以最好的方式展现出相关实践的理论。

伯顿认为,在一些基本的方法上,德沃金的哲学与法律实证主义相比存在着差异。但是一旦把它们付诸实践,上述两种方法之间并不会必然产生矛盾。因为一个德沃金式的理论家(Dworkinian theorist)会固定在某种实践上,一个解释理论本身也会从一个更广泛的哲学观点出发而被分析。从这个观点来看,一个德沃金式的解释理论将预设一个非常不同的一般法理学理论,而无论作者原来的打算是什么。

借《法律帝国》的书名,伯顿批评德沃金解释性法律概念的提出是一个帝国主义式的举动。德沃金既拒绝了一般法理学又拒绝了惯习主义,这样他就试图把他的对手们纳入到他自己的"帝国"中。然而,在伯顿看来,德沃金的解释性转向使得其理论与我们原来所预想的、与现代法律实证主义的争论变得不沾边了。这种争论完全处在一般法理学的分析传统内,而并不是发生在分析传统与一种可选择的解释性进路之间。

二、邪恶法律制度的问题

在《法律帝国》里,德沃金提出了解释的三阶段理论。伯顿认为,这个理论阐明了德沃金思想中的一个关键特征,即他的反思的平衡的视角。它们指导着德沃金的法律理论以及他对于英美法律传统内审判实践的阐述,并把他目前理论的各部分结合起来。德沃金原以为刻画出一个前解释阶段能使他避免哈特有关德沃金的法律义务理论与法律实证主义者的主张无法区分的断言,然而,伯顿认为,德沃金的这一步却适得其反,反倒使得他目前在一个重要问题上的立场更与法律实证主义纠缠不清了。

这个重要的问题就是如何对待邪恶法律制度的问题。当恶法当道时,一个法官会怎样裁判呢?德沃金一开始认为,通过他的权利论可以把法律和道德之间形成概念上的联系,并宣称法律权利是道德权利的一种。因此,即使处在上述环境下,法官们也有一种初确义务(prima facie duty)[2]要被遵循,他们作出的裁判要符合道德原则,即使这个原则并不与该制度的历史相一致也是如此。德沃金的立场在《法律帝国》里则发生了明显的转变。在对待邪恶法律制度的态度上,德沃金并没有像非实证主义者那样典型地声称如此邪恶的法律称不上为法律,相反,他却认为如此被谴责的法律实践,在任何可接受的政治道德的意义上,是根本无法产生一个具有证成力的解释。这种制度中产生的法律权利和义务也并不是道德权利和义务。邪恶的法律被德沃金称为"前解释阶段"意义上的法律。说纳粹的法律不被称为法律只能限定在"解释阶段"上。

然而,伯顿指出,德沃金的上述论述并没有否认该制度中法律的客观存在,实际上,他是以实证主义者那样的方式把法律和道德分离开了。德沃金在解释的前解释阶段和解释阶段的分析性区分以及在法律的前解释阶段和解释阶段的类似的语义学区分,似乎在功能上与实证主义者的法律与道德区分别无二致了。

三、法律实证主义与法律实践

伯顿认为,对于德沃金邪恶法律制度方面论述的批判还并不足以得出其哲学中预设了法律实证主义的结论。还有一些更重要的问题需要进一步讨论。

德沃金认为前解释阶段的任务在于为相关法律实践的暂时内容提供规则和标准。如果我们继续问认定这种法律实践的标准是什么时,德沃金的回答则更令人怀疑,他认为除非在一个社群中人们对于什么是法律实践有着一些基本的共识,否则法律人对于前解释阶段得到的资料就不会作出最优的解释。这样,伯顿眼中的德沃金式的法律实践,就和实证主义者的法律命题一样,在社会共识的意义上囊括了规则和标准而没有诉诸道德评价。进一步地,人们对于德沃金式的法律实践能形成什么共识呢?在伯顿看来,无非就是我们拥有一些能作出权威决定的立法机关、法院和行政机构,而且每一个参与上述实践的法律人都能分享着这些共识。如此一来,这些法律机构就成为了构成德沃金式法律实践的规则和标准的渊源了,但这又与实证主义者的渊源命题没有区别了。因此,就像后来者总是站在前人肩膀上一样,德沃金的理论也是建立在哈特已有的基础上的。假如没有哈特的《法律的概念》为德沃金前解释阶段理论作铺垫,德沃金很难在解释性阶段上作出如此有创造力的贡献。

---

[2] 对于 prima facie duty 的翻译,感兴趣的读者可参见毛兴贵选编:《政治义务:证成与反驳》,江苏人民出版社 2007 年版,第 13 页。

德沃金还对哈特的自由裁量理论进行了批判,但这种批判是否成功呢?德沃金坚持认为在疑难案件中法官们有义务遵循某种法律标准,并声称存在一个正确的答案。他主张即使在前解释阶段某种解释也是必需的,这将有助于确定前解释阶段的资料。伯顿认为,德沃金没能向我们详细阐述这种界定前解释阶段资料的解释如何能进行下去,而不至于变成自由裁量。难道为了确定这种资料,还需要对前解释阶段之前的资料加以解释吗?这样的话就会导致无限上溯以至于这个问题会重复出现。如果不是这样的话,那么我们只能认为界定前解释阶段资料的解释并不具备德沃金理论中的三个解释阶段。或许这仅仅是一种知识上的考虑,而这种考虑根本无法影响到前解释阶段的法律。

伯顿进一步指出,在德沃金的法律哲学中一直隐含着一种两难境地。作为一名法律哲学家,他最著名的主张便是"法律是一个解释的概念"。但是,只有在这种解释性的转向既以最好的方式展示出这种法律实践、区分开了法律和道德,又为法律实证主义提供了一个不同的却更好的一般性法律理论时,德沃金的上述主张才最具价值。一方面,德沃金必须放弃这样一个具体的主张,即如果对某种实践的认定是一个道德评价的问题,那么他的解释就是一种针对实践的解释;这就是为什么德沃金会声称为了让解释性的态度富有成效,在前解释阶段就需要很大程度上的共识。另一方面,德沃金又必须放弃他那令人熟悉的对于法律实证主义的反驳,如果对于这种实践的认定是一种社会事实的话;然而,德沃金的理论在依赖着社会共识的同时却还没有放弃对法律实证主义的指责。

在伯顿看来,德沃金的错误在于将法律实证主义的理论同他解释阶段的理论放在一个层面上考虑了。实际上,解释阶段理论并不处于法律实证主义的论域内,因为它需要展示出如何能把一个道德上可证成的法律实践进行下去。它们也并不处于一个层面上,因为法律实证主义是一种一般性的法理学理论,而作为解释的法律则是对存在于英美法律传统内所实践的法律的说明。所以,伯顿认为,德沃金所宣称的"法律实践"就是实证主义者理论中的"法律"。尽管存在着表面上的普遍差异,德沃金理论中预设着法律实证主义却是很明显的。结果就是,他对于英美法律实践的解释性说明无法成为法律实证主义的反例。

德沃金批评法律语义学理论通过否认"法律"具有使用上的灵活性从而束缚了我们的语言。伯顿对此持不同意见,他明显是站在法律实证主义的立场之上的,他认为法律语言灵活性的美德应该通过清晰性的美德来达到,即使在法律实践中也是如此。自从边沁以来的法律实证主义,就一直致力于将法律"去神秘化",德沃金却努力把法律"神秘化"。当法庭认可一个针对同性恋者的指控时,德沃金会认为这样一种主张仅仅是前解释阶段或者解释阶段上的法律。但是,被指控者对于理解其义务的兴趣并没有被这样一个抽象的区分所推进。我们倒不妨说上述主张蕴含了法律,但其道德性质却是另一回事。对于关心自己利益的每一个人来说,实证主义的语言似乎更容易被理解。当法庭说到"法律"之时,法官无须去理解德沃金的理论。实证主义者的语言也似乎更具人性化。法律与道德的分离具有更大的重要性,尤其在运行中的法律变得不再保护个人尊严时。

最后,伯顿总结道,德沃金所使用的"法律"一词实际上是把实证主义者所称的法律和政治道德结合在一起了。然而,法律实证主义并没有排除审判实践中的道德论证。实证主义者的裁量权学说甚至鼓励法官在诸多案件中运用道德判断。德沃金与法律实证主义者确实在诸如修辞学和法理学的基本方法上存在着广泛的差异,还有一些有关司法审判理论上的差异,一个重要的差异就是法官们是否有一种法律的义务去运用包含在现有法律中的道德原则。然而,这种实际上的差异被简单夸大了。哲学上的差异不再有充足的理由去帮助德沃金反对法律实证主义。

四、结　语

伯顿的论证甚为繁杂,然而,不可否认的是,德沃金的前解释阶段理论成了伯顿最主要的批判目标。但伯顿的批评有力吗?至少在笔者看来不见得。

连伯顿自己都承认德沃金的法律理论只是针对特定的英美法律传统,那就意味着德沃金的目标并不在于一般法理学。前解释阶段对于法律实践的界定本身就有着强烈的文化性、地方性和历史性的色彩,况且对于这种实践的界定在德沃金看来只是"暂时性"的,因此,它并不符合哈特的承认规则,因为后者的产生是建立在纯粹描述的基础上的,按照哈特的说法,他的理论只是一种"描述的社会学实践"。可哈特理论的问题就在于它无法完全说明英美法律文化内的某些具体现象。德沃金在《法律帝国》中就指出:"我们都是在特定的时期内才进入到解释性实践的历史中的,以此而论,前解释阶段必要的共识是特定的和地方性的。"因此,这种意义上的共识远非是哈特的承认规则所能容纳的,二者并不等同,恰恰在这点上,伯顿明显是有些想当然了。

进一步来看,伯顿的评论实则显示出了哈特与德沃金在方法论上的重大差异。在几年前发表的《哈特的后记与政治哲学的性质》[3]一文中,德沃金把哈特的理论称为"阿基米德"式的法理学(Archimedean jurisprudence)。在这种理论模式下,法律人是中立的,并不参与到法律实践中。而德沃金却旗帜鲜明地反对该种方法,他认为一种法律理论就应该是立基于道德、伦理判断基础上的实质性、规范性和参与性的学说。毫无疑问,德翁自己的理论是他上述主张最好的注解。前解释阶段对于法律实践的界定标准是共识,这种共识的产生并不一定要参照哈特的承认规则。特定时代、特定地域乃至特定文化传统内的人们对于法律实践的共识都有其特殊性,我们无法通过承认规则来予以完全识别出

---

[3] Ronald Dworkin, Hart's Postscript and the Character of Political Philosophy, in *Oxford Journal of Legal Studies*, Vol. 24, No. 1, 2004, pp. 1—37.

来。这就说明,法律人只有参与到具体的法律运作中才会对前解释阶段中的"法律实践"形成某种共识,单单依靠外在的中立观察、描述并不能解决现实生活中具体的法理学问题。伯顿在本文中的立场,恰恰表明了他也是一位"阿基米德主义者"。

"祛魅"的限度和"纠偏"的可能性
——简评约瑟夫·加斯菲尔德《权力、正义和社会学犬儒主义》*

杨清望**

一个杜撰的故事在20世纪20年代的法学院走廊里流传,哈佛大学法学院为了给法律研究引进一点超越法律智慧的研究,聘请了著名的经济学家沃尔顿·汉密尔顿(Walton Hamilton),用社会科学的智慧来平衡法律的理性思维。几年后,却又听到人们抱怨汉密尔顿比法律学家更像法律学家。这种学科之间的征服现象相当普遍,从某门学科转入另一门学科研究的人可能会比原来学科领域的专家更为教条。同样,传统社会学对法律的研究就是要为法律祛魅,也就是为法律脱去神圣的外衣而显露出法律的本质,但这有一个基本的界标,那就是承认法律是一个实体性的存在。作为一个法律学家,弗里德曼引入社会学的研究方法来为法律祛魅,这种祛魅的结果是将法律完全视为权力的附庸。他不仅把正义诸价值等法律的各种"合法性"外衣扔进汪洋大海之中,甚至对法律自身也一样弃如敝屣。

一、弗里德曼为法律祛魅的过程

启蒙运动以来,人们渴望通过寻求和扩大理性的方式来确立、实现和扩

---

* Joseph R. Gusfield, Power, Justice and Sociological Cynicism, in *Stanford Law Review* (Jan. 1977), Vol. 29, pp. 371—381.

** 杨清望,中南大学法学院教师,主要从事法律制度的合法性和中国法律哲学的研究。

大自由,这也构成了西方现代性叙事的一个基点。形式合理性诉求对制度建设的规制成为一种必然的趋势和选择,进而现代性的扩展却带来韦伯所言的深刻的悖论性结果:人们陷入理性和制度的牢笼之中。因而,为理性、制度祛魅成为当代社会学的一个重要课题。在一定的意义上,弗里德曼的《法律制度——从社会科学角度观察》[1]一书也是这种时代课题的反映和体现。具言之,弗里德曼的理论指向就是揭示法律制度客观和平等的面纱之下权力[2]的逻辑和深层的利益动因。

弗里德曼首先从对法律制度的界定出发来展开他的研究。弗里德曼认为,没有统一的法律制度的定义,"定义来自下定义者的目的或职能"。弗里德曼认为,法律制度由三个部分组成:输入,即以某种方式挤进来制定"法律"的社会和法律权力;输出,即法律本身,包括法院的裁决和判决、法律机构和规则等;输出的影响,即法律对外部世界的影响。进而弗里德曼认为,法律的社会研究就是要研究法律的输入即法律从哪里来和法律的输出对外部世界的影响即法律要达到的目的。这直接源于他认为法学研究往往把这两个极其重要的方面有意无意地忽略甚至无视掉了。这种无视又直接导致对外部权力在法律的形成、运行和变迁过程中的决定性作用的无视。在弗里德曼看来,这种忽略和无视所犯的错误是根本性的。弗里德曼认为,人们对法律制度作出反应在本质上是一种相互影响的行为,即试图去按照自己的利益要求,进而"把自己的态度、情感、动机和倾向变成集团行动",向特定的个人、机构或团体等施加压力,从而改变法律。所以不存在一个塞尔兹尼克意义上的普适性规则体系[3],存在的只是一个不断讨价还价的权力市场以及权力之间基于利益关系结成的权力网络。权力市场中的支配方和权利网络中的强势"位序"方对法律的形成和变迁起到一种直接的决定作用,它是引导和指挥法律规则变迁和发挥作用的"看不见的手"。

由此可见,弗里德曼对法律制度的祛魅实质上是要消除法律规范主义的神话,亦即那种不建立在经验科学基础上、倡导某种抽象价值观的研究范型。在他看来,不但法律规范不是客观的,而且也没有一种客观的价值观可以指导法律制度。例如所谓的正义只不过是强者的意志。我们只有揭示出法律变迁和运行下利益的决定性和权力的支配性的逻辑,才可能提供一种真正有神益的法律观。显然,弗里德曼不但要祛除附在法律上的确定性、价值等种种神话,甚至要将法律本身都祛除。

---

[1] [美]劳伦斯·M.弗里德曼:《法律制度——从社会科学角度观察》,李琼英、林欣译,中国政法大学出版社2004年版。

[2] 李琼英和林欣将 power 翻译成社会势力,在某种意义和程度上可能是受到知识社会学理论的影响。但是无论怎样,笔者个人认为,弗里德曼本文所使用的 power 旨在表达一种支配性和控制性的优势关系,在这层意义上,将 power 翻译成"权力"似乎比"势力"更能表达作者的本意。

[3] 显然,这是以弗里德曼等为代表的威斯康辛学派与以塞尔兹尼克等为代表的伯克利学派在"科学主义"和"规范主义"分歧和论战的一个反映。具体评论可参见季卫东:《从边缘到中心:二十世纪美国的"法与社会"研究运动》,载 http://www.studa.net/faxuelilun/080822/16142521.html,2008 年 8 月 16 日访问。

二、加斯菲尔德对弗里德曼为法律祛魅的纠偏

弗里德曼的立场和理论是坦白的[4]，加斯菲尔德主要从弗里德曼理论的知识论基础和权力决定论的前设出发，分析其理论主张的实质和困难，从而实现自己对弗里德曼理论的纠偏。

首先，加斯菲尔德认为"权力只是理解法律制度的必要而不是充分的条件"，忽视正义和法律作为理念和社会事件的规范性标准，这种社会学必将导致犬儒主义。而且无论这种论述多么精致，它在经验上就是不正确的和有盲区的。因为"无论承担什么样的功能和产生什么样的结果，法律规则和秩序都是社会秩序维系的独立的和独一无二的方式"。显然，没有谁能在现实性上否认现代社会中法律作为社会秩序维系工具的巨大作用和显见的重要地位。那么支撑弗里德曼作出这种理论结论的根本依据何在呢？加斯菲尔德指出，这是源于弗里德曼的法律社会学的基础是"一种狭隘的知识社会学，即一种对产生无法理解和解释的冲突、斗争和道德上恶行的虚构的现实不理不睬的现实主义"。固然这种现实主义能使我们洞见到各种利益、态度、情感等因素在权力之网上的博弈及不断形成和变化的位序优势在法律形成和变迁中的重大作用，使我们认识到"法律的理想与充斥权力和偏见的现实世界之间的巨大鸿沟"，但是加斯菲尔德深刻指出，弗里德曼的法律研究的知识社会学路径存在两个重大的困难：第一，它"不能从公共话语中分离出私人话语"。弗里德曼意义上的权力的行使、权力之网等是作为一种"公共话语"的形态出现的，然而，这些"公共"性话语如何可能从私人利益中分离出来本身就是一个大的问题。换句话说，加斯菲尔德的问题在一定意义上就是现代经济学思考的一个重大问题：即如何可能实现个人偏好的加总。甚至阿罗（Kenneth J. Arrow）不可能定理认为在社会有多种备选方案和民主制的条件下根本就不能实现个人偏好的加总。所以，弗里德曼理论的符合逻辑的结果便很可能要么是用某种公共话语殖民甚至取代私人话语，要么是建立某种虚假的公共话语。第二，这种路径不能解释一个经验现实，即统治者自证合法性（self-legitimation）的需要。任何掌权的统治阶级或群体不但希望在现实生活中确保自己的统治地位，而且都试图在意识形态领域里为自己的统治和权力赋予正当性的依据。其中最基本的依据就是正义的要求。无论正义的内涵和形态在不同群体中的认识如何不同，也无论正义的如何实现以及实现具有什么样的限度，统治者总会去为符合自己利益的法律制度披上抽象的正义的外衣，所以，正义，"不仅是强者的意志，也是强者的理念"。显然，弗里德曼的知识社会学研究路径在一定的意义上只认识到强者对社会的控制力，并将正义从法律制度的合法性依据中剥离出去，从而使法律的面目以充满专断和偏见的

---

[4] 甚至有人认为弗里德曼没有什么真正的理论，参见 William E. Nelson, Book Reviewed, *Contemporary Sociology*, Vol. 6, No. 3(May, 1977), p.309。

权力和利益要求等赤裸裸的形式展现出来。显然,这只是一种背离了基本经验常识的社会状态的假定。

其次,弗里德曼理论的根本困难在于它是在一种统一的意义上使用强权者的概念的。但是弗里德曼却没有或者无法回答究竟谁是强权者的问题。加斯菲尔德精辟地指出:"弗里德曼《法律制度》一书的败笔在于它没有为美国社会中的权力分配提供任何看法……权力的定位(location)和行使(administration)问题被当作一个前见的结论处理掉了。这种前见的结论认为有一个统治阶级将美国社会控制成了一个模板。"[5]加斯菲尔德指出,这种观点在三个重要方面歪曲了法律过程的性质:第一,它假定权力是一场"零和游戏"。如果权力对一方有利,那么它一定对另一方有害。这种观点没有认识到法律原则在多元利益中表达一种共识。也就是说,权力和正义有时也能表达一种"公共利益"。第二,法律不存在于单面(one-sided)权力之中,也不存在于真空包装的法庭里。我认为,加斯菲尔德是要指出,权力本身不是一个可以同质化的概念,各种各样的权力都在参与制度的型塑和建构;同时,权力并不一定当然前设性地规定人们的行为模式,法庭和法官甚至还不断参与到权力的行使过程中来,尤其是在政治僵局的情形下承担一定程度的立法者的角色。所以可以说,在这种意义上,法律是多种权力和多元利益的反映。第三,法律通过"权力结构"得到解释的假定忽视了职业共同体和利益群体的权力。事实上,法律犹如一个舞台,各种竞争性力量在一定的约束下进行运作——有时是强者,有时是弱者。

总之,加斯菲尔德认为,弗里德曼立基于这种狭隘的知识社会学所进行的研究在削弱了法律自治性基础的同时,又错误地忽略了法律制度的微观方面,而这点忽略对于本文的争点来说又尤为重要。弗里德曼的理论看到了制度下面的权力争夺和利益驱动的深层原因,但是弗里德曼的理论困难的一个重要原因也在于他把两个方面扩大化甚至绝对化,这直接导致加斯菲尔德所言的犬儒主义;同时这也造成他看不到在微观的层面上也即在现实生活里,尽管人们的法律行为可能指向不同的目的,但是它们都可以一定的价值共识为基础,例如正义、公平、忠诚、利他主义。加斯菲尔德指出:"正义、公平和其他熠熠生辉的大量理念,尽管在老生常谈中失去光泽,但是也并不如此容易为自利的控制者所熄灭和开启。"[6]显然,加斯菲尔德对弗里德曼的纠偏就在于他主张法律社会学必须对正义等价值理念和权力等现实力量保持同等的关注。从这层意义上或许可以说,加斯菲尔德主张的是一种总体性的法律社会学。

---

[5] Joseph R. Gusfield, Power, Justice and Sociological Cynicism, *Stanford Law Review* (Jan. 1977), Vol. 29, p.377.

[6] Ibid., p.381.

三、结　　语

　　从加斯菲尔德与弗里德曼的争论来看,焦点似乎在于法律是否是自治的以及在何种意义上可以是自治的。但是仔细分析他们的论述我们可以看出,二者都共享一个基本的主张,即法律不是自治的,法律的内容和正当性基础是由外部力量来赋予的。在一定程度上,它们的本质都是在为法律祛魅。二者之间的差别只在于究竟是哪些力量参与到法律制度的型塑和变迁过程中来。具言之,特定的价值诸如正义、公平等在何种意义上对法律是可欲的？在弗里德曼看来,赤裸裸的权力形式及其利益实质是法律制度变迁的根本甚至唯一真实的原因。而在加斯菲尔德看来,正义等诸价值与利益、权力等多元因素一同参与到法律制度的型塑过程中来。从这层意义上看,加斯菲尔德不过是在弗里德曼的菜肴里加了一点味精而已,从而并没有实现对弗里德曼的根本超越。这同时体现在加斯菲尔德对弗里德曼的批判也是在弗里德曼的框架内来进行的,这集中表现为他们都认同法律制度构成的三分观。那么到底法律制度三分的标准和前设是什么？进而法律制度的三分是法律祛魅的前提还是为了法律祛魅的目的而收获了法律制度的三分观？其中的逻辑关系是怎样的？法律制度的三分是事实的描述还是理论的设定？这与法律人类学又有着什么样的关系？在我们看来,对这些问题的回答具有尤为重要的前提性意义。因为法律制度是最重要的一种社会制度形式,所以法律制度的三分也就是一个对社会制度形式进行剖析的过程;而为法律祛魅在根本上就是探究特定社会结构下社会制度形式的恰当模式。从这层意义上讲,这本质上就是一个社会结构与社会制度形式的相互关系问题,即二者是相互型塑还是决定与被决定的关系问题。这是二者争论所展现出来的问题,也是一个需要我们不断思考的问题。

作为基点的案件事实
——简评 A. H. 坎贝尔对弗兰克《初审法院》一书的评论*

于晓艺**

  关于弗兰克法律现实主义思想的一贯性问题,学者们观点各异。弗兰克在耶鲁法学院的同事汉密尔顿(Walton Hale Hamilton)完全否定弗兰克有任何持之以恒的立场,认为他的思想并没有固定的陈述,他的著作的先后联系仅仅是作者人格上的连续性。对此,也有不少学者持反对意见。例如斯通(Julius Stone)就认为《法与现代心智》一书中大多数基本主张在《初审法院》中依旧完整无损,并且它应当被看做是其思想传统的顶点;而保罗虽然赞同斯通的观点,但却认为弗兰克关于传统法学所主张的法律公理的总结更能体现其思想的一贯性。

  大多数学者都认为,弗兰克的法学思想可以大致划分为早期和晚期两个阶段。弗兰克思想的一位重要研究者沃尔考默就认为,在弗兰克手中,法律现实主义是一把双刃剑。在他的早期著作中,这是他用来攻击法律规则确定性信仰的武器,但是后来成为他对任何司法冲突中事实客观性特征信仰的破坏。在国内法学界,沈宗灵认为:弗兰克开始倾向于该派的"规则怀疑论"支派,即对法律规则能指引法官判决的传统观点表示怀疑;以后明确转向"事实怀疑论"支派,即对初审法院能准确地确定事实表示怀疑。而在笔者看来,《法与现代心智》与《初审法院》两部著作则分别是这两个阶段主要思想的凝

---

  * A. H. Campbell, Courts on Trial, in *The Modern Law Review*, Vol.13 (1950), pp.445—454.
 ** 于晓艺,中国海洋大学法政学院教师,主要从事法理学、西方法哲学的研究。

聚。坎贝尔(A. H. Campbell)对《初审法院》进行评述时也是从这两部著作的对比开始的。

在坎贝尔看来,《法与现代心智》一书直接指向了法律传统观念,即认为法律是一套由固定且确定规则构成的规则体系,通过逻辑运算可以从中推导出适用于任何给定事实的法律。当今社会瞬息万变,很少人持有这种观点。人们或多或少都成为规则怀疑论者,承认至少有时一个案件不能清晰地被归入某一预先订立的规则,且承认法院可能不得不决定是否扩充某一规则来涵盖一个新的案件或在两个可能的规则中决定选择哪一个来适用,而且还承认在这些情形中,法院不可能依靠纯粹法律逻辑来形成判决。对此,弗兰克在《初审法院》中进行了更深刻的揭示。他认为,关于法律规则产生法律权利的讨论是无意义的;法律权利是不被知晓的,直至在某一具体案件中被法院判决所确证;判决(实际上)是不可预测的事物。对于上述论辩,坎贝尔认为不是走得太远,就是远得不够。因为,即使我们依循弗兰克的思维线索,也可能出现种种情况使得法院判决所确保的权利在确定过程中出现障碍或无法得以实现。

然而,为什么法律规则不能产生法律权利呢?坎贝尔赞成弗兰克的观点,认为对于大多数法律人而言,法律是一门艺术而非科学,并且在艺术实践中,他们并不致力于纯粹演绎逻辑的使用,而是致力于很多因素参与可能性的计算;法律规则显而易见的确定性通常是虚假的;查明特定案件实际当事人之间究竟发生了什么却是重要的。但是,这并不是关于法律的全部真理。法律规则并不是作为影响案件判决的唯一因素而独立存在的。也正是缘于此,律师才需要对案件结果进行预测。因而,正当卢埃林等规则怀疑论者开始在规则背后寻找真实的基础时,弗兰克却将大多数案件限定为有争议的案件,认为对于案件事实的确定对判决的形成尤显重要,因为"事实"仅仅是法官认为是的东西,判决会随着法官对事实的理解而变动。这样就实现了从规则怀疑论向事实怀疑论的转变。弗兰克从规则怀疑转向事实怀疑的根据,就在于他认为无论规则如何简明清晰,也无论规则背后的支撑多么一致,其适用的基础都是案件事实,事实的不确定性才是导致法律不确定性的核心要素,并且实际地左右法律规则的适用。

在《初审法院》一书中,弗兰克的事实怀疑论思想基本上是贯彻始终的。在这一阶段,弗兰克不再将注意力集中于探讨法律条文的含义以及选择适用的问题,而把法律不确定性的根源确定在事实调查过程之中。他认为,法律条文的确非常重要,但是往往被有缺陷的事实调查所歪曲。也就是说,任何一条法律条文的援引都要依靠事实,而案件事实却是法官推测出来的。作为一名事实怀疑论者,弗兰克的核心思想就在于对初审法院确定的事实表示怀疑。坎贝尔认为,这种怀疑可以从两个方面加以关注:一个与证人有关,一个与初审法官和陪审团有关。因为,证人即使是诚实的也可能是有偏见的或者是错误的;初审法官和陪审团本身是庭审过程的证人,并且他们可能对在他们面前作证的人的可行性进行评估时是有疏忽的、有偏见的或是错误的。

而这里面凸显出来的便是,初审法院事实调查的主观性问题——证人对过去事件的回忆、陪审团或法官对各类证据的选择都存在着很多难以捉摸的、难以理解的主观性,它们不仅不可避免,甚至无法摆脱。就此,坎贝尔提出,弗兰克有众多理由将法庭的事实调查与历史法学家对过去事件的猜测性重构相比拟。初审法官就像一个试图"重构"过去的历史学家,不断地推进对事实的把握,但是却始终不能知晓案件的绝对真实。事实调查的最根本的困难在于试图发掘过去的事实来建构真理。法律人也应该像历史学家一样勇于承认通过司法过程调查的案件事实的主观性和猜测性。也正是这种主观性的揭示使得弗兰克虽然关注实体正义但却不断警示下述内容:努力公正行事的人们应该清晰知晓他们正在做什么并且应该做一些初步准备来清除他们的自我错觉和偏见。因此,弗兰克建议,不仅应对公民进行训练以适应陪审工作,而且应该为未来的公诉人和初审法官进行特殊教育;法官的长袍应该被抛弃并且在其他方面法院的程序也应该不那么正式;对于上诉程序而言,应拍摄每一场初审审判的有声电影。坎贝尔认为,弗兰克的这些以及其他改革建议的目的都在于加强法官的力量,鼓励初审法官的"个殊化",并且使得这些个殊化的权力不是秘密地而是公开地行使。事实上,《初审法院》一书可以说是弗兰克关于初审阶段整个司法过程(courthouse government)的详尽阐释。凯恩在导言中就明确告诫读者,仅将《初审法院》看做法院改革的计划,就忽视了本书的主要价值。

如果说上述的主观性因素更多的是在事实裁定者不意识的情形下对他们产生影响,以战斗理论(fight theory)为基础的对抗制的事实裁定模式则不仅不利于发现案件的事实,而且为发现事实设置了人为的障碍。弗兰克认为,事实是一种智性阐释的事件,犹如画家为某人勾勒的肖像。行为的不同动机和目的会导致对事实的不同理解。由于各方当事人及其律师的目标是获得有利于自己的判决,那么,各方将竭尽所能地使法院注意建立在有利于己方的证据之上的案件事实。一方面,的确可以使法官注意到一些可能忽视的事实,甚至是一些法律规则的细节;但是,另一方面,却可能为了胜诉而妨碍关键证据的发现,或者以一种歪曲的方式来呈现关键证据。因此,在这种模式下,案件的真实事实反而更难以获得。

毫无疑问,弗兰克事实怀疑论的立论基础就是他主张的案件事实的确定对判决结果的决定性作用。弗兰克认为,当法院将法律规则——制定法或其他——适用于案件事实,法院必须不仅解释规则而且解释证据,因为当法院以一种制定法不适用的方式错误地调查案件事实时,法院使得制定法无效。那么,调查事实的自由裁量权就可以成为阻止立法过程运行的权力。初审法院的事实调查控制着初审判决甚至是上诉审的判决,并且事实的认定在诉讼开始之前几乎不可猜测,因此事实调查就成为整个司法审判的重中之重。然而这一主张是否是弗兰克的标志性论断,大卫·里昂提出异议认为,形式主义者并不认为法律裁决是独立于案件事实的,没有人会否认事实的定性在裁决过程中的决定性作用,形式主义司法理论只是没有涉及这个问题,而是把事实的定性作为其理论的不言自明的前提。

的确,事实问题一直都是司法上由来已久和最难解决的问题之一,但是,这却不能解释事实问题为什么成为弗兰克的理论关注点,更无法解释为什么在他那里,案件事实的确定对判决结果的形成会起决定性作用。在笔者看来,首先,主观性案件事实的提出对于弗兰克的法律理论而言具有更为关键的意义:一方面,它意味着整个事实调查过程并不能采取任何模式化的方式来进行,法官对于案件事实的裁定不可避免地是一个主观选择的过程。如果认可这一点,那么就不能试图通过单纯的程序改革来完善司法过程,更重要的是突破了客观性与司法公正的紧密相关性。另一方面,它弥合了主观心灵世界与外部社会实在之间的鸿沟。这也就是弗兰克为什么一直强调法律现实主义的现实主义是不同于哲学意义上的实在论的原因。按照实在论的逻辑,案件事实应该是一种完全、绝对不依赖于人而独立存在的客观实在,那么弗兰克的法律现实主义思想就必然陷入菲尔德曼所称的"认识论危机"。虽然这种实在论主张在很大程度上已经成为我们不假思考就默认的背景性预设,但是并不意味它必然是真理性的。弗兰克主观性案件事实的主张实质上是在法学领域对哲学最基础性问题进行理论探讨的初步尝试。

其次,弗兰克相信具体案件能对当事人生活产生实际的影响,抽象的正义原则却过于遥远。在他那里,正义就是指以具体形态存在的正义,抽象层面的正义是虚构的,甚至是与人们的生活无甚关系的,因而在一定意义上,也是无需关注的。他认为,任何一个法官在作出判决时的基本出发点是为当前案件提出一个具有正义性的解决方案,正是通过个别具有时代精神的法官的判决,法律才得以发展。既然试图通过抽象的法律规则使法律成为封闭的、静止的和一致的系统既不可欲也不可能,那么针对任何具体情况所作出的司法判决,首先对于每一个案件而言就应该是正义的。在诉讼争议的解决过程中,所有法律必然适用于案件事实。纷争的公正解决,要求法官能够而且确实付出不懈的努力去接近特定的案件事实。然而,确定案件事实中的各种因素都可能导致对正义的否认,使公平和正义处于一种尴尬的境地。也就是说,弗兰克试图通过对正义的具体化来实现正义的真实化。具体到对审判过程的分析,弗兰克实质上是在强调,单纯地关注一般规则并不能确保正义的实现,而应该关注每一个具体纠纷的个殊性的案件事实。

在文章的结尾处,坎贝尔总结道,弗兰克所给予我们的是一部值得思考、讨论、争辩和回应的著作,而不是一部被忽视的著作。或许,面对弗兰克的著作,我们更应该去思考为什么怀疑论会成为弗兰克学术生涯的主题?他为什么会对法律产生如此极端的不确定性的主张?弗兰克的思想为什么会发生转向,而这一转向对于其法律思想的整体建构又有何影响?弗兰克的法律现实主义思想与整个法律现实主义运动的分歧何在?最为关键的是,弗兰克法律思想可能具有何种理论意义,尤其是对于我们认识和思考某些问题所可能开放出何种不同的视角?从更为一般的意义上而言,可能我们更要去思考,是否真的像坎贝尔所言那样,在弗兰克的两部著作面世之前,一些日常生活中耳熟能详的问题却不曾进入法学家的视野?

认真对待全球化:迈向一般法理学
——简评卡利尔对特维宁《全球化与法律理论》一书的评论*

周国兴**

在《全球化与法律理论》一书中,威廉·特维宁(William Twining)认为为了应对全球化这一进程对西方传统法理学/法律理论提出的各种挑战与质疑,需要复兴自边沁、奥斯丁以来的西方法学传统中的一般法理学以作为制度化的法律学科的理论部分,并且认为一般法理学在当下的核心问题应当是"跨越法律传统与法律文化对法律现象进行概念地、规范地、经验地以及法律地一般化在多大程度上是可能的和可欲的?在何种程度上法律现象是具有具体的语境和文化的?"[1]因而全球化时代的一般法理学的核心任务在于构建一种能够跨越不同的法律传统和法律文化对生活现实中的法律现象进行一般化概括的概念框架。卡利尔(Doron M. Kalir)同意全球化时代的确需要一种新的一般法理学,但是却对特维宁没有描绘这种全球化时代的一般法理学的图景感到不满。本文试图对卡利尔的这篇评论性文章所作的努力进行考察和评析。

在卡利尔看来,特维宁不过是小王子遇见的另一个点灯者而已,他只是

---

* Doron M. Kalir, Taking Globalization Seriously: Towards General Jurisprudence, in *Columbia Journal of Transnational Law*, Vol.39(2001), pp.785—821.

** 周国兴,吉林大学理论法学研究中心2008级博士研究生。

〔1〕 William Twining, General Jurisprudence, http://www.ucl.ac.uk/laws/academics/profiles/twining/,2008年9月3日访问。

反复强调全球化时代需要一种复兴了的一般法理学,却并没有构建出这种一般法理学的框架与具体内容,没有描绘出这种一般法理学的图景,与小王子在第五颗行星上遇见的那位点灯者一般,只是知道命令"是夜晚点灯而白天灭灯",却不知道命令源于何处,也不追问随着情势的变迁命令可否改变,甚至不知道命令的具体内容,而只是在不断重复着点灯与灭灯的动作,卡利尔称特维宁反复地强调全球化时代需要一种复兴了的一般法理学,但是却不将对这种一般法理学的实质内容进行描述与阐释的行为称为"点灯者的悲剧"。[2]

一、对特维宁一般法理学主张的重构

卡利尔是通过对《全球化与法律理论》一书中的全球化、法律理论以及一般法理学这几个关键词的清理来重构特维宁复兴一般法理学的理论主张的:

首先是关于全球化的定义。特维宁认为全球化是意指这样一种进程,即"趋向于创造和巩固一种统一的世界经济、一种单一的生态系统和一种复合的、即使没有渗透到全球的每一个部分却也覆盖了全球的通讯网络的一些过程"[3]。全球化并不意味着同一化,"全球并不排除地方,两者以非常复杂、有时甚至是相互抵触的方式互动"。全球法理学和地方法理学之间、一般法理学和特别法理学之间的张力是全球化趋势不可避免的产物。卡利尔非常赞同特维宁关于全球化的简明定义,但是他认为特维宁的这个定义并没有看到隐藏于全球化背后的全球经济、世界生态系统与全球通讯网络等各种推动因素本身可以作为构建全球化时代一般法理学的重要原则和基础,而是把全球化时代的一般法理学的基础排他性地诉诸历史上关于一般法理学这一术语的各种分析。在他看来,将过去的经典论者们关于一般法理学的各种讨论与分析作为全球化时代的一般法理学的排他性的、唯一的基础是不充分的,因为传统上关于一般法理学的各种分析与讨论的理论旨趣仅仅在于一般法理学的"一般性"这个面向,而无法回应当前这个全球化时代。

其次,关于法律理论/法理学的本质及其在制度化的法律学科中承担的功能与作用。在特维宁那里,法律理论与法理学是同义词,是制度化的法律学科的理论部分。在他看来,一种制度化了的学科的任务在于增进和传播与这一学科相关的知识以及对这一学科的论题的批判性的理解。法律理论/法理学作为制度化了的法律学科的理论部分,其功能在于增进法律知识以及对法律的批判性理解,即批判性地研究与评判构成法律话语之

---

[2] 关于小王子与点灯者的故事,请参见〔法〕圣埃克苏佩里:《小王子》,马振骋译,人民文学出版社2002年版。在我看来,"点灯者的悲剧"在卡利尔那里有两层含义:一是指西方传统法理学关注的焦点在于主权国家时代的法律秩序,从而无法应对全球化进程提出的挑战与质疑,犹如下达点灯命令的人不根据星球转动的速度变化而改变命令一般;二是指特维宁犹如那个点灯的人不停地重复点灯的动作一样,只是反复声称要复兴一般法理学,却没有对一般法理学进行实质性的构建。See Doron M. Kalir, Taking Globalization Seriously: Towards General Jurisprudence, in *Columbia Journal of Transnational Law*, Vol. 39 (2001), pp. 785—791.

[3] William Twining, *Globalization and Legal Theory*, Northwestern University Press, 2001, p. 4.

基础的各种假设。具体而言,法律理论/法理学承担着这样几项功能:综合或者绘图的功能,即为世界上的所有法律提供一幅总体图景;概念或分析的功能,即建构和阐释各种一般性的概念,包括研究阐发一种关于法律话语的跨文化的概念框架的可能性与可欲性;简化的功能,即建构可以反复使用的各种一般性概念、原则、类型学与假设。此外,法律理论/法理学还承担着为法律的运行提供指导、促进法律技术(指解决实际法律问题的各种概念、程序、手段与制度等的设立等)发展等作用。

最后,立基于对法律理论/法理学的性质与功能的认识,特维宁对一般法理学与特别法理学的性质与功能作了区分。一般法理学的焦点在于研究多个法律辖区中的法律现象,为各个不同的法律辖区描绘总体的法律图景、建构共用的概念框架等;而特别法理学的关注点则在于研究一个单一的法律体系或该法律体系下的一般性问题。[4] 但是"一般法理学"是一个相对而言的术语,它并不等同于普适法理学或者全球法理学。相对于特别法理学而言,它研究的各种问题并不局限于一个唯一的法律体系,而是存在于许多(即使不是所有的)法律体系之中。与普适法理学相比较,一般法理学强调法理学/法律理论的一般性,强调非西方传统社会也有一般法理学的理论诉求;而不是如普适法理学那般强调法理学/法律理论的普遍性,即把某种法理学/法律理论向其他社会推广。而与全球法理学相比,一般法理学又有"更宽泛、更多的智识上的野心",它从整个世界的角度甚至是高于整个世界的角度看待法律,研究两个或者更多的法律秩序、法律传统或者法律文化之间的所有中间层面上的问题,而不是如全球法理学那般将研究的焦点仅仅放在民族国家的法律上。因而一般法理学包括对各种不同层面上的法律现象的描述与分析,具体而言,一般法理学的研究对象包括全球法、国际法、区域法、跨国法、共同体间的法、领土国家的法律、亚国家的法律和非国家的法律等。简言之,一般法理学涵盖了各种不仅适用于一个特定法律体系,而且可以同时在多个法律体系中适用的理论,但是这些理论并不必然适用于所有的法律体系。它甚至可能实际上是关于同一个法律辖区范围内的两种或者两种以上法律制度的地方性描述与解释。这样的一般法理学需要重视比较法学所提供的各种资源与材料。

根据对特维宁一般法理学理论主张中的上述三个关键词的清理,卡利尔认为特维宁《全球化与法律理论》一书的核心主张在于"在当前这个全球化时代,迫切地需要复兴一般法理学",这种复兴的一般法理学一方面打破了各种目光褊狭的、封闭自足的"黑箱理论"(black box theories),另一方面充分考虑了各种中间层面上的问题,排斥了各种全球化理论提出来的各种简单化的假设和狭隘的化约主义视角。这种一般法理学:其一,对关于普适性、文化或法律相对主义、全球元语言的范围、对法律现象的经验性的一般化等这些有争议的问题,并不持有任何必然的立场;其二,其核心问题应当是"跨越法律传统

---

[4] William Twining, Tilburg Lectures on General Jurisprudence, http://www.ucl.ac.uk/laws/jurisprudence/doc/, Part I(A),2008年9月3日访问。

与法律文化对法律现象进行概念地、规范地、经验地以及法律地一般化在多大程度上是可能的和可欲的";其三,需要阐发一种充分的概念框架和超越特殊法律文化的元语言(meta-language),这种概念框架既需要"诸如规则、义务、权利和制裁等基本法律概念",也包括对这些概念的"历史的、人类学的、社会学的、政治法理学的"解释。除了概念解释的方面以外,一般法理学还将包括"关涉形式与结构、推理与理性以及许多与理性哲学共享的主题"。然而,在卡利尔看来,特维宁所意指的一般法理学的使命是什么?它的基本准则、基本框架与区别于其他法律理论的特征是什么?它与当前的其他各种理论思潮之间的关系是怎么样的?这些都是特维宁没有解答的问题。有鉴于此,他在赞同特维宁所主张的全球化时代需要一种一般法理学的基础之上,对全球化时代的一般法理学作出了他自己的初步构想。

二、全球化时代一般法理学的初步构想

卡利尔对全球化时代的一般法理学的构想是建立在对特维宁所使用的一般法理学的理论来源与材料的批判之上的。如上所述,他认为特维宁仅仅是把英美传统上经典法学家(边沁、奥斯丁、霍姆斯、凯尔森、卢埃林、罗尔斯、哈特、德沃金)对于一般法理学的分析与阐释作为构建全球化时代的一般法理学的排他性的、唯一的基础是不充分的,因为:

一方面,尽管边沁声称自己为一个"世界公民",但是边沁在18世纪晚期所看见甚或是所设想的那个"世界"与当今我们正在经历的这个世界有何种联系呢?是一样的吗?为什么我们的全球法理学要受那些墓穴中的人们的宰制,可是他们却不可能了解(即使他们可能确实是预料到了)全球化的第一要义?我们确实应当站在前人的肩膀之上,但是我们构建全球化法理学所依赖的理论资源不仅仅应当与"一般性"相呼应,而且还应当与"全球化"相呼应。而特维宁所依赖的那些经典的法学家关于一般法理学的阐释并不同时具备这两个要件。

另一方面,特维宁所引证的经典法学家的理论是否是一种一般法理学是有争议的,以哈特和德沃金的理论为例。卡利尔认为目前对哈特、德沃金的理论与一般法理学之间的关系存在三种评论:第一,哈特自己的评价,认为自己的《法律的概念》是一般法理学,而德沃金的《法律帝国》是特别法理学。第二,特维宁的评价,认为哈特与德沃金的理论都是一般法理学。第三,一些其他评论家如波斯纳、萨莫斯等认为哈特与德沃金的理论都是特别法理学。在卡利尔看来,尽管乍一看这三种解释是相互冲突的,但仔细观察就会发现,这三种解释不过是同一个权威(cathedral)支撑下的不同观点而已。法律分为两种,一种是作为语境现象(contextual phenomenon)的法律,另一种是作为抽象的、非语境现象(acontextual phenomenon)的法律。坚持法律的这种区分的人会坚持法律理论的一般方面,而否认这种区分的人(认为不存在独立的法律的概念的人)则会强调法律理论的特殊方面。因而,若不相信有独立的法律概念存在,则会转向理论的特别的、具体的面向;

只有相信独立的法律概念的存在,才会追求理论的一般性面向。如果一个人质疑"语境中的法"(contextual law)与"非语境中的法"(acontextual law)之间的区分,则其理论要么被认为是一般的,要么被认为是特别的。[5] 如此看来,特维宁在坚持"什么是法律"这一问题随语境而变化的同时又坚持一般法理学,这就存在一种内在的矛盾,其一般法理学的"一般性"面向无法体现。

据此,卡利尔提出了他本人关于全球化时代的一般法理学的初步构想:在他看来,特维宁关于全球化的定义反映出了全球化在当前的两个核心要素,即世界经济市场和技术革新,尤其是互联网络的出现,此外他还加上了民主化潮流这一要素。任何全球化时代的新的理论都必须回应全球化这个因素,全球化时代的一般法理学这种新的理论也不例外,而美国的法律与经济运动既分析了人们在世界经济市场中的各种行为,而且定义、分析和阐释了市场本身;女权主义反对男性统治范式中出现的新的合作模式可能影响新的规制互联网和其他各种技术的方案;表现了少数人的声音的种族批判理论是对民主的一种批判与监督,防止民主政策因为采纳了竞争、功利最大化和效率等价值原则而伤害少数个体和群体的利益,因此,这些理论形态的跨国版本就是全球化时代的一般法理学这种新理论的可能基础。综合起来看,卡利尔眼中的全球化时代的一般法理学至少包括如下要点:

第一,全球化的主要内涵及其驱动力包括世界经济市场、技术革新(尤其是互联网)和民主化趋势;

第二,全球化时代的一般法理学应当反映并回应这些因素;

第三,某些现代美国运动(主要是法与经济运动、女权主义、种族批判研究)实际上回应了这些因素;

第四,这些理论形态的跨国的版本应当是全球化时代的一般法理学的可能的基础。

三、结　　语

卡利尔的这篇评论文章经由清理特维宁《全球化与法律理论》中的三个关键词(即全球化、法律理论与一般法理学)而重构了特维宁的理论主张在于"在当前这个全球化时代,迫切地需要复兴一般法理学",从而一方面肯定了特维宁对全球化时代的一般法理学这一事业的建构作出的贡献:连接了全球化和法律理论这两个广泛的题域,并且为一般法理学的概念提供了不可或缺的历史的、分析的背景;同时开启了关于在新世纪,主流的法理学的性质是什么的激烈争论;另一方面,指出特维宁并没有对全球化时代的一般法理学的基本框架与实质内容进行实质的构建与阐释,没有描绘出这种一般法理学的总体图景,而只是如小王子在第五颗行星上遇见的那个点灯的人一样,不停地重复着说服读

---

[5] Doron M. Kalir, supra note [2], pp.811—812.

者在全球化时代我们需要一种复兴了的一般法理学,因而特维宁在《全球化与法律理论》一书中的努力不过是"点灯者的悲剧"而已。同时,卡利尔还批评了特维宁仅仅将英美传统上的经典法学家关于一般法理学的阐释作为构建全球化时代的一般法理学的基础是不充分的,应该充分考虑到全球化本身的动力因素对构建这种新理论的基础作用,并以美国的法律与经济、女权主义、种族批判研究等理论作为基础,认为这些理论的跨国的版本应该成为全球化时代的一般法理学的可能的基础。在我看来,就特维宁的确没有给出一般法理学的实质内容而言,"点灯者的悲剧"这一比喻无疑是有一定道理的,但是卡利尔没有看到特维宁追问"跨越法律传统与法律文化对法律现象进行概念地、规范地、经验地以及法律地一般化在多大程度上是可能的和可欲的?在何种程度上法律现象具有具体的语境和文化的?"这一一般法理学核心问题的更为重要的意义所在,即要求用一般法理学这个方法论意义上的法学理想图景作为判准,去评判西方法学传统中声称进行一般法理学研究的论者们的理论主张,在如下这个意义上,对一般法理学的传统有所推进,即并不是假定理论的普适性,而是追问一般法理学的可欲性,也即试图给出一般法理学的正当性证明,尽管这对特维宁来说也不过是一个未竟的事业。而看不到特维宁的这一贡献,导致了卡利尔构想出来的全球化时代的一般法理学就只能是美国的,而不是全球的,因为他恰恰是假定了法律与经济、女权主义、种族批判研究等理论的一般性与普适性。

常规证成论与权威证成的可能性
——简评 Himma《合法权威与常规证成论》*

朱 振**

"权威"是西方政治哲学与法律哲学一直在讨论的一个问题,拉兹在实践哲学的范围内推进了对权威的研究。他于 1985 年发表的《权威与证成(Authority and Justification)》一文提出了关于合法权威(legitimate authority)的一种证成,即常规证成论(Normal Justification Thesis)。这个理论的提出激发了持续的讨论,Himma 的这篇论文就是近来比较有代表性的一篇。本篇简评主要讨论三个方面的问题:一是简要地勾画出拉兹关于权威证成的三个基本主张;二是比较详细地概述 Himma 对常规证成论的批评;最后是本文针对 Himma 的观点所作的一个简短评论。

一、合法权威与拉兹的常规证成论

拉兹所讨论的权威是合法的实践权威,权威的实践性意味着权威命令是内容独立的排他性理由,它排斥行动者个人的审慎判断,因此权威命令必须为自己的排他性提供辩护,这就涉及权威合法性的证成。正如 Himma 指出

---

* Kenneth Einar Himma, Just "Cause You're Smarter than Me Doesn't Give You a Right to Tell Me What to Do: Legitimate Authority and the Normal Justification Thesis, in *Oxford Journal of Legal Studies*, Vol. 27, No. 1 (2007), pp. 121—150.

** 朱振,吉林大学理论法学研究中心讲师,主要从事当代西方法哲学研究。本文系国家社科基金青年项目"法律的权威性:基于实践哲学的研究"(项目批准号为 08CFX003)阶段性成果。

的,拉兹关于权威的分析始于如下这样一个观念,即权威在概念上的功能是"在人们与适用于他们的理由之间起协调作用"。[1] 于是,要起到这种作用,一方面权威命令要反映正当理由的权衡;另一方面,权威命令要取代行动者个人的判断。前者是依赖论,后者是优先论。依赖论涉及能够被用于确立一个权威之合法性的论证类型,即拉兹著名的常规证成论。拉兹分别界定如下[2]:

> 依赖论(the dependence thesis):在其他诸多因素之中,所有的权威命令应当基于如下理由之上,这些理由适用于那些命令的服从者并且要涉及命令涵盖的所有情形。我把这些理由称为依赖性理由。
>
> 优先论(the pre-emption thesis):一个权威要求履行一个行动这一事实是履行它的一个理由,当评定去做什么的时候,这一理由不是要被添加到所有其他相关理由之中,而是应当取代它们中的一些理由。
>
> 常规证成论(the normal justification thesis):确定一个人应当被承认对另一个人拥有权威的常规的和主要的方式是要表明,如果所断言的服从者(the alleged subjects)把所断言的权威命令(the alleged authoritative directives)接受为有权威性约束力并尽力遵循它们,那么相比于他尽力遵循直接适用于他的那些理由,也许是在更好地遵循适用于他的理由(除了所断言的权威命令)。

需要注意的是,这一证成方式并不是证成权威合法性的唯一方式,而是一种常规的或正常的方式,从依赖论与常规证成论的结合出发,拉兹推导了一种关于权威的服务观念以此论证优先论。而且拉兹特别注明,优先论只是关于合法权威的,它也与对事实权威之性质的解释相关,因为每一个事实权威要么被主张、要么被承认为合法权威。

二、评价常规证成论:Himma 对常规证成论的批评

(一)作为实践理性原则的常规证成论

Himma 把常规证成论区分为两种原则,即作为实践理性原则的常规证成论与作为道德合法性原则的常规证成论,他首先考察了前者。在拉兹的理论中,权威的证成与接受权威有关,常规证成论就提供了证成接受权威的条件,即权威命令如果满足常规证成论的条件,接受权威就可以得到辩护。Himma 认为,存在两种类型的行动理由:一是审慎的理由(prudential reasons),即行动者自己所考虑的理由,旨在促进行动者自己的利益(the agent's own interests);二是道德的理由,这种理由的存在与效力和行动者个人的判断不一

---

[1] Raz, Authority, Law, and Morality, in Raz, *Ethics in the Public Domain*: *Essays in the Morality of Law and Politics*, Oxford: Clarendon Press, 1994, p.214.

[2] Ibid.

定有关系。常规证成论作为一种实践理性原则,它对于接受权威来说或者提供了一种审慎的理由,或者提供了一种道德的理由。Himma 认为,这二者都是似是而非的,他分别从这两个方面进行了批判。

Himma 首先考察了常规证成论作为权威的审慎证成(prudential justification)。如果常规证成论被构想成一种接受权威的审慎证成,那么这就意味着:只要一个人接受权威命令能比他自己的判断更可能促进其自我利益,那么接受一个优先权威就得到了审慎证成。但接受权威排除了自律的应用(the exercise of autonomy),正如 Thomas May 所指出的:"根据由权威去判断所应当做的事情而行动似乎规避了一个人自己的价值判断,并因此规避了自律。通过规避服从者(the subject)的价值判断,服从者似乎被阻止根据他自己关于应当做什么的决定而行动。服从者似乎被排除了决定其行为。"[3]根据优先论,权威命令具有优先性,它要排除行动者个人的判断,即权威命令关于理由的权衡优于行动者自己的权衡。这样,行动者自己的判断权就被取消了,而这一点对于一个人的自律来说是本质性的。因此,权威与自律原则存在矛盾。在 Himma 的理解中,审慎原则的核心应是自律原则,于是他建构了审慎证成的一个一般原则[4]:

> 自律的审慎原则(PPA)(Prudential Principle of Autonomy):如果 A 能够通过给予那些命令以足够的重视而获得遵守 B 的命令所得的益处而不失其自律,那么 A 给予它们以足够的重视而非把它们视为优先于 A 的判断就得到了审慎的证成。

根据这一界定,如果 PPA 是审慎理性的一般原则(a general principle of prudential rationality),那么它就限制了常规证成论的范围。作为实践权威的命令类似于作为理论权威的建议,可以起到重要作用,但不必然优先于行动者自己的判断。

其次,Himma 讨论了作为接受权威之一种道德证成的常规证成论。他又把道德证成区分为两个方面:常规证成论所描述的条件使得接受优先性权威(preemptive authority)或者是道德上可强制的(morally obligatory),或者是道德上容许的(morally permissible)。前者意味着服从者接受权威作为优先性理由的一个来源是一种道德义务(moral obligation),而后者只是意味着这样做是道德上容许的。[5]

Himma 认为,接受权威无法成为道德义务,因为道德义务只能适用于行为而不能适用于信念。是否接受权威是一个人自愿的事情,而不是一个道德的事情。信念(态度)与行动是有严格区分的,可责备的与应受惩罚的只能适用于行为而不能适用于纯属精神状

---

[3] Thomas May, *Autonomy, Authority and Moral Responsibility*, Dordrecht: Kluwer Academic Publishers, 1998, p.130.

[4] Kenneth Einar Himma, Just "Cause You're Smarter than Me Doesn't Give You a Right to Tell Me What to Do: Legitimate Authority and the Normal Justification Thesis, *Oxford Journal of Legal Studies*, Vol. 27, No. 1 (2007), p.126.

[5] Ibid., p.128.

态。信念与行动的区分(以及与之相关的理论权威与实践权威的区分)也是拉兹理论的基本主张,正如 Himma 所指出的,拉兹也会同意"常规证成论并不蕴涵把合法的权威命令(legitimate authoritative directives)视为优先的这样一种道德义务"。[6] 拉兹反对哈特的这样一种看法:法律所提供的优先性理由(peremptory reasons)排除或阻断了法律服从者(the law-subject)自己的任何独立的慎思或推理[7]。反对的理由正如拉兹本人指出的:"从拥有权威的人的立场来看,重要的不是服从者想什么,而是他怎么做。如果我的行动遵守法律,我就做法律对我所要求的所有事情。"[8]因此,权威命令的优先性并不指向行动者的主观精神状态,接受权威是一个与道德义务无关的问题。综上可以看出,在"道德义务"的观点上,Himma 赞同拉兹的看法,他只是为了理论分析的精确性才作出这个区分的。

除此之外,人们也许把常规证成论构想为一种道德证成的容许原则(a permissive principle of moral justification),这来自拉兹关于尊重法律的见解,即把权威命令接受为行动的优先理由也许是尊重法律的一部分。Himma 同样批评这种看法,他认为,把常规证成论看成是容许原则蕴涵着接受权威很可能是错误的,这就预设了接受权威可能对服从者有害。而且 Himma 进一步认为,即使接受优先权威的道德证成是必需的,出于审慎证成的同样理由,常规证成论也不能在道德上证成。

(二) 作为道德合法性原则的常规证成论

Himma 在作为接受权威之道德证成的常规证成论与作为道德合法性之说明(an account of moral legitimacy)的常规证成论之间作出了一个重要的区分,这一区分本身也构成了 Himma 批驳常规证成论的两大组成部分。权威可以分为事实权威与合法权威,二者的区别在于有无"统治权"("right of rule")。关于常规证成论的两种区分表明:第一,道德上证成接受权威并不蕴涵着权威有统治权;第二,在合法性条件满足的情形中,即使接受权威为优先性理由是非理性的,一个合法的权威也有统治权。这再一次说明在 Himma 的理解中,实践证成与道德证成是两个不同的在概念上有区别的问题,因此他接下来需要论证的就是,常规证成论是否能成功地作为一种关于道德合法性的说明。他分别检讨了作为道德合法性之充分条件与必要条件的常规证成论,而在此之前他又集中讨论了拉兹意义上的权威命令与服从的道德义务之间的概念性关联,并以此检讨常规证成论。

拉兹不但更多地把常规证成论作为关于合法权威的一种说明,而且他的基本关注点在于国家权威的合法性问题。国家的权威命令(以及一般意义上的实践权威)总是意图具有优先性,但在缺乏服从它的一般性道德义务时这种强制性在道德上是不能被允许

---

[6] Ibid., p.130.
[7] See Hart, *Essay on Bentham*, Oxford: Clarendon Press, 1982, p.253.
[8] Raz, *The Morality of Freedom*, Oxford: Clarendon Press, 1986, p.39.

的,即行动者有服从权威的道德义务是权威强制服从者的一个必要条件。但是义务并不一定与惩罚(punishment)相连,这个义务还必须具有一个性质,即内容独立的义务(content-independent obligation)。总之,义务的道德可责难性与义务的内容独立性相关,即权威命令本身就能产生服从的道德义务,而无需诉诸命令的内容,亦即义务与内容无关而只与命令本身有关。因此,权威强制命令只可基于如下条件证成:(1)服从者有服从权威命令的内容独立的道德义务;(2)那一义务被归于权威。[9]

Himma 把拉兹的理论重新建构为这样一个条件判断句:当且仅当服从者遵守 A 的命令比他自己的判断更可能在遵守正当理由的要求,A 的命令就产生了内容独立的服从的道德义务。这样一来,能够区分合法权威与事实权威的常规证成论意图为道德合法性提供充分且必要的条件。Himma 首先批驳了常规证成论作为充分条件,他提出了两个主要的反对理由:一是满足常规证成论并不蕴含着产生内容独立的服从的道德义务(content-independent moral obligation to obey);二是常规证成论与关于合法权威之范围的必要的程序限制或实质限制不相一致。

在 Himma 看来,服从的道德义务不能由命令本身产生,支撑一个权威命令之合法性的不是这个命令本身,而是背后的道德,是道德而非命令最终决定了义务的效力。由此可见,道德上的义务是内容依赖的(content-dependent),命令作为事实不能产生道德义务,它仅仅反映了道德原则的内容,A 发布命令这个事实没有为这个内容增添什么东西。综上可知,内容独立的道德义务是不存在的。

接下来再考察常规证成论作为合法性的充分条件是否合适。如果常规证成论作为合法性的充分条件,那这就意味着由常规证成论就可独自必然地衍推出合法性,这样对合法权威就不再存在其他方面的限制,这里所谓的"限制"就是指满足合法性必然所需要的其他条件,否则常规证成论就构不成充分条件。Himma 认为,这个结论是成问题的。一方面,对于道德合法性存在必要的程序限制。这主要是指作出决定的过程要有行动者的参与,而且这个参与过程也要在一定的程序中进行。在当代的政治与法律体制中,缺乏相应的程序机制就很难具有道德合法性。另一方面,还存在对道德合法性的实质性限制。这又包括两个方面,首先是权威命令之范围的限制。如果常规证成论作为合法性的充分条件,权威对服从者的范围就是没有限制的,这就有可能涉及公民个人生活的所有方面[10],而保护公民个人确获保障的私域对道德合法性也是必要的。其次是权威强制其命令之方式的限制。正如 Himma 所指出的:"一个权威怎么强制其命令逻辑上并不涉及其命令是否比其服从者的判断更可能反映正当理由的要求。"[11]由此可见,只要常规

---

[9] Himma, supra note [4], p.138.

[10] 拉兹确实持有这样一个观点,See Raz, Government by Consent, in John W. Chapman and J. Roland Pennock (eds), *Authority Revisited*, New York: New York University Press, 1987, p.85。

[11] Himma, supra note [4], p.145.

证成论(即更可能地反映正当理由的要求)是合法性的充分条件,那么强制方式与常规证成论就没有必然关联。于是常规证成论自身就不蕴涵着关于方式的限制,这有可能以不正当的方式强制执行权威命令。

在完成对作为充分条件的常规证成论的批判之后,Himma 接着讨论了必要条件的情况。Himma 通过重新解释同意理论并进而推导出关于合法性之充分条件的一个完整说明来指出常规证成论并不是道德合法性的必要条件。权利人的自愿同意有时能够改变道德义务关系,但并不总是如此,比如单方允诺只有在对方接受的情况下才能产生义务。依此类推,服从权威的同意也并不足以产生服从的道德义务,因为同意可以撤销。而根据契约论,同意是相互的,一个群体中的成员的同意是相互依赖的;这种相互依赖对于创造义务来说是必要的,正如 Himma 所指出的,这意味着对权威的单方接受的聚合自身并不足以创造义务。总之,相互独立的接受的聚合不足以创造义务;相互依赖的接受才创造义务。相互依赖的接受使得各方的行为具有了可预期性,因此他们相互之间也就有了一个共同承诺,这个承诺创造了服从的道德义务。在此基础上,Himma 提出了一个完整的条件表述:"如果(1)各方有能力对权威作出有效同意,(2)各方同意权威以及某种强制机制(enforcement mechanism),(3)同意以公平方式获得,(4)每一方在依赖其他人时都放弃了某种有价值的东西(something of value),(5)权威命令只基于正当理由所要求的因素,以及(6)权威根据正当理由真诚地决定应当做什么,那么似乎合理的看法是,权威命令产生道德义务并因此可以允许由国家来强制服从者。"[12] 同时需要注意的是,Himma 所提出的权威合法性的充分条件在逻辑上并不意味着对于评估正当理由来说权威比服从者做得更好,有时也许服从者按照自己的判断比权威要做得更好。尽管这样,条件(1)—(6)足以充分确保权威的合法性能够适用于所有权威的服从者,而不管权威命令是否能比服从者做得更好。由此可见,根据条件(1)—(6),常规证成论就不是证成权威的一个必要条件。

三、对 Himma 的评论

Himma 的论证依赖于许多概念上的区分,因此其论证的有效性也就取决于这些区分对拉兹的理论来说是否适用。从这一点出发,本文下面的评论要表达三个方面的结论:第一,把常规证成论归纳为一种实践理性原则是不合适的;第二,拉兹无意于使常规证成论成为权威合法性的必要条件;第三,Himma 的某些进路蕴涵着批判常规证成论的有益探索。

第一,拉兹明确地把常规证成论界定为一个规范的道德命题,常规证成论与依赖论的结合构成了他证成权威命令之优先性的基础。总体上看,拉兹在概念分析与规范证成

---

[12] Ibid., p.149.

的双重意义上讨论权威。前者涉及对实践理由及其相关用语的概念分析,解决拥有实践理由意味着什么这个问题,即他把(实践)权威界定为一种内容独立的排他性理由。但这显然是不够的,因为实践理由是指引人的行为的,人对规则及理由的接受是一种反思性接受,即行动理由本身必须具有某种可接受性,这就涉及实践理由的合法性证成问题,即理由要有正当性。于是就后者而言,拉兹用常规证成论与依赖论的结合(即权威的服务性观念)证成优先论。由此我认为,常规证成论与服从者是否接受权威并不直接相关,它只是要证成实践权威的排他性或优先性,因为这样的排他性或优先性本身就要排除行动者个人的判断。因此也可以说,Himma 把常规证成论用在了一个拉兹并不意图适用的领域。

　　第二,拉兹意在用常规证成论提供关于权威之合法性证成的一种常规的方式,权威命令是否总是比行动者做得更好对常规证成论来说是不重要的,因此 Himma 关于必要条件的批驳值得重新检讨。是否做得更好涉及依赖性理由(正当理由),从拉兹关于依赖性理由的论述中可以总结出三个理由支持上述结论:(1)"依赖论并不主张权威总是因依赖性理由而行动,而只是意味着权威应当这样做。"[13]作为证成权威合法性的一环,依赖论表达的是"应当",即我们根据权威的理想化运作状况来解释权威的合法性;事实权威并不一定符合这个标准,而我们正是根据这一理想标准来评估事实权威。(2)"依赖论并不意味着,仅当权威性决定正确反映了其所依赖的理由才具有约束力。相反,除非权威性决定即使错误也有约束力,拥有权威是无意义的。"[14]这就使依赖论与优先论接合起来了,权威在性质上具有优先性,即使是错的也有约束力,对错问题并不影响权威的效力,这也是权威作为一种事实性存在必须具有的效力,如果权威不优先于或取代个体的判断,这一效力就发挥不出来,权威也就不存在了。(3)"依赖论也不主张权威应当总是为了其服从者而行动。"[15]即依赖性理由并不一定就能增进权威服从者的利益,也许还有着其他更为重要的利益。拉兹曾举例来说明这个问题,比如一位军队的指挥官给士兵下达的命令就不一定是为了增进其个体的利益,而是有着其他独立价值的考虑。

　　第三,从拉兹的论述来看,他似乎把常规证成论作为证成权威合法性的充分条件。他明确提出:"根据常规证成论,如果权威比其服从者更可能正确地按照正当理由而行动,那么权威就被证成了。"[16]就常规证成论作为一个充分条件来讲,它确实是不充分的。因为常规证成论的论证思路是一种目的论的功能论证,排斥了行动者的参与过程,在根本上是与民主相违背的。因此,不但 Himma 对作为充分条件的常规证成论的批评是成立的,而且他关于实践理性原则的论述也隐含了检讨常规证成论的一个有益启示。因

---

[13] Raz, supra note [8], p.47.
[14] Ibid.
[15] Ibid., p.48.
[16] Ibid., p.61.

为 Himma 关于实践理性原则的论述是在重新讨论行动者实践推理的真实过程，而拉兹的常规证成论本身是以实践权威（内容独立的排他性理由）为前提的。因此，Himma 的论述暗含了回到问题原点的讨论方式，无论是关于权威的概念分析还是规范分析都必须重新考察行动者真实的实践推理（实践慎思）过程，即重新反思实践权威在概念上是否必然是一种内容独立的排他性理由以及服务性观念是否足以证成权威的优先性。

Yearbook of Western Legal Philosophers Study

西方法律哲学家
研究年刊

[405—490]

旧 文 重 刊

除魔的世界与禁欲者的守护神：韦伯社会理论中的"英国法"问题[*]

李 猛[**]

"In my youth", said his father, "I took to the law, And argued each case with my wife; And the muscular strength, which it gave to my jaw, Has lasted the rest of my life"

——Lewis Carroll, *Alice's Adventures in Wonderland*

一、理性化的命运与人的自由：韦伯的问题与困境

（一）韦伯的问题域

第二次世界大战以后，德国学界逐渐恢复了对马克斯·韦伯思想的兴趣。随着对韦伯思想的研究渐趋深入，美国社会学界生产的韦伯形象受到了越来越广泛和严厉的批评。在美国社会学界占据主流地位的"韦伯的思想肖像"，通过将韦伯"实证社会学化"、"去历史化"和"单面化"，将韦伯充满张力的复杂著述简化、改造为与主流社会学理论相容的教条学说，并利用这种教条化的韦伯形象（一种以规范秩序为核心问题的社会学理论）来为主流社会学界的诸多实践意识形态提供依据，无论是韦伯的宗教社会学和支配社会学，还是他的"科学学说"（Wissenschftslehre）都经历了类似的命运。

不过，同样受到挑战的还有某种在欧洲知识界一度占据重要地位的韦伯解释。

---

[*] 本文的初稿，曾先后请舒炜、郑戈、赵晓力、强世功、林国基、黄春高和林国荣看过，他们都提出了非常宝贵的意见。我在美国的朋友蔡泳和谢桂华费心帮我找到了一些重要的文献，在此谨致谢意。并特别感谢强世功、赵晓力和郑戈在法学方面对我的指导，没有他们的帮助和鼓励，我不可能完成这项研究。当然，文章中的一切问题仍由作者本人负责。

[**] 李猛，美国芝加哥大学社会思想委员会在读博士。

这种解释的突出代表就是卢卡奇(Georg Lukács)及此后的法兰克福学派。如果说,美国社会学界生产的"韦伯的思想肖像"是一个乐观主义社会理论的"偶像",那么,卢卡奇这位与韦伯在海德堡交往密切的"朋友和学生"就创造了一个悲观主义社会理论的"偶像",只不过这个"偶像",没有在理性化的进行曲伴奏下的现代化"喜剧"中出场,而是在理性毁灭的悲剧中扮演主角罢了。但从马尔库塞(Herbert Marcuse)对韦伯毫不留情的批评中,我们可以发现,韦伯的这两个形象之间实际上相去不远[1]。如果套用韦伯本人的说法,帕森斯和本迪克斯(Reinhard Bendix)对韦伯的解释与马尔库塞的理解,分歧只在于他们各自的价值评判立场不同,但他们对韦伯著作却采用了类似的解释原则,甚至作为这种读解基础的"世界图景",都是同一个话语空间的产物[2]。只不过一方将韦伯的理性化看做是现代化,而另一方则将这种所谓"现代化"的"理性化"看做是工具理性肆无忌惮的扩张,其实质是异化或者说是一种十足的疯狂[3]。"在理性的效率之中有计划地消灭成百万的人,有计划地毁灭人类劳动这个进一步繁荣的源泉。"[4]

在1975年,针对这些主流解释,德国学者腾布鲁克提出了一个尖锐的挑战:韦伯的核心问题倒底是什么?腾布鲁克指出,现有的韦伯形象存在严重的问题,而要重新理解韦伯,就要弄清楚韦伯的核心问题是什么,抛弃将韦伯的著述神圣化(或者说是教科书化)的做法,从著作发展史出发,注意韦伯著述中各种不同文本在形态上的差别,将韦伯笔下成熟的、确定的观点与那些尚在摸索过程中,属于"未完成"性质的著述区分开。从这个角度出发,腾布鲁克指出,理解韦伯思想的关键并非韦伯去世后由韦伯夫人与温克尔曼等人编纂的《经济与社会》,而是韦伯本人生前亲手编订出版的《宗教社会学文集》,尤其是韦伯在临终前为这一文集撰写或修订的几篇提纲挈领的文章:《文集》"前言"(Vorbemerkung)[5]、

---

[1] 这一点也体现在20世纪70年代中期美国社会学界对韦伯的所谓"去帕森斯化"。从今天的角度看,无论是所谓"正统共识"中的韦伯形象,还是激进左派眼中的韦伯,争论双方的观点大概都缺乏对韦伯关心的问题的真正感受。Jere Cohen et al., De-Parsonalizing Weber: A Critique of Parsons' Interpretation of Weber's Sociology; Talcott Parsons, Comment on Cohen et al; Cohen et al, Reply to Parsons, reprinted in Peter Hamilton (ed.), *Max Weber: Critical Assessments II*, London: Routledge, 1991, Vol.2: 111—140.

[2] 施路赫特也指出,帕森斯与马尔库塞对现代社会的分析具有类似的历史视角。参见Guenther Roth and Wolfgang Schluchter, *Max Weber's Vision of History*, Berkeley: University of California Press, 1979, 12, n.4.

[3] 今天回头来看,比较而言,倒是所谓"正统主流"的解释更多地考虑了韦伯对现代性的复杂理解,尤其是后来饱受非议的帕森斯。卢卡奇等人对韦伯思想的解读背后的理念,笔者在《论抽象社会》一文中有所讨论,参见《社会学研究》1999年第1期,第1—27页。

[4] [美]马尔库塞:《马克斯·韦伯著作中的工业化与资本主义》,收入《现代文明与人的困境》,李小兵等译,上海三联书店1989年版,第101页。

[5] 值得注意的是,由于帕森斯在翻译《新教伦理与资本主义精神》时将这篇"前言"一并译出,置于正文前,在英语和汉语的学界,许多人都误将此文当作《新教伦理与资本主义精神》的"导论",这是一个并非无关紧要的错误。正如Benjamin Nelson所言,这篇写于1920年的著作是整个韦伯著作的"关键线索"。参见[德]韦伯:《世界宗教论文集》"前言"(原为"导论"),收入《新教伦理与资本主义精神》,于晓等译,生活·读书·新知三联书店1987年版,第1—19页。

"世界宗教的经济伦理"[6]的"导论"(Einleitung)以及著名的"中间反思"(Zwischenbetrachtung)[7]。这些文章是我们理解韦伯的中心问题的"钥匙"。[8]

尽管对于腾布鲁克的具体观点,尚存争议[9],但腾布鲁克的方法无疑具有重要的价值。他对韦伯本人作品的"除魔"工作提醒我们:一方面,如果想探讨韦伯所分析的各种实质问题,首先要从韦伯的整体思路着眼,从构建韦伯的问题域入手;而另一方面,我们又必须清醒地认识到,韦伯本人对他关注的这些问题的回答,并未构成一个结构完整、无懈可击的著述体系,相反,韦伯的著述是由不同创作时期,出于不同目的撰写的文本构成的一个充满张力与冲突的"战场",这些在韦伯思想发展过程的不同阶段所形成的文本,既必须放在韦伯乃至整个德国知识界的各种问题域中来理解,又要考虑到文本本身的"实验性",毕竟韦伯有许多论述只是尝试性的探索,而非最终答案。当然,上述这两个方面并不矛盾,尽管韦伯文本解释过程中的"解释学循环"问题要比通常情况复杂得多,但如果我们能够同时考虑腾布鲁克提醒我们注意的这两个方面,我们也就有可能掌握了一条解释韦伯社会理论的重要方法原则,使我们去运用韦伯的思想,通过发展他的问题与思路,从而在一个与韦伯共同探索的高度来重建韦伯的文本,而不是将这些文本当作可以不加思考地"寻章摘句"的神圣语录。毕竟,真正追随韦伯的人并不是要去创建韦伯学派,而是要和韦伯一起提问。[10]

运用著作发展史的方法,腾布鲁克重构了韦伯的理性化命题。在腾布鲁克看来,韦伯"毕生的论题"就是"何为理性"的

---

[6] 与"新教伦理与资本主义精神"、"新教教派与资本主义精神"两项早先的研究一同构成《文集》的主体,是韦伯继《新教伦理与资本主义精神》以后宗教社会学研究的重要计划,包括已经完成的有关中国宗教(儒教与道教)、印度宗教(印度教与佛教)的研究,未最后完成的古代犹太教分析,以及甚至没有来得及成篇的对伊斯兰教和早期基督教等宗教的研究。参见 Wolfgang Schluchter, *Rationalism, Religion and Domination*, Berkeley: University of California Press, 1989, Chap. XII。

[7] 均写于 1915 年,在 1920 年又经过韦伯的修订。这两篇文章收入中文版的《儒教与道教》(王容芬译,商务印书馆 1995 年版),其中,《世界宗教的经济伦理》的"导论",第 3—40 页;"中间反思"(王容芬译为"过渡研究"),第 302—337 页。

[8] Friedrich Tenbruck, The Problem of Thematic Unity in the Works of Max Weber, in Keith Tribe (ed.), *Reading Weber*, London: Routledge, 1989, pp. 42—84。

[9] 除了下文直接论及的一些争论外,一个争议的焦点是韦伯的著述是否只具有一个核心问题。可能像雅斯贝尔斯所言,韦伯的著作就是一些"分散的片断",而"片断化"(fragmentation)正鲜明体现了韦伯思想与生活的风格。认定一位学者毕生的研究只是围绕一个中心问题,这本身并非理所当然的假设。尽管本文的分析仍主要是从一个问题域出发,考虑韦伯的思想,但我们并不因此认为这一问题域是贯穿韦伯全部著述的唯一问题域。而且即使在本文考察的这一问题域中,韦伯有关新教伦理的分析与韦伯有关现代法理权威的论述,尽管涉及同样的主题,但却已经从不同的角度触及了这一主题。实际情况显然要比腾布鲁克最初认为的情形复杂得多。参见[德]雅思培(雅斯贝尔斯):《论韦伯》,鲁燕萍译,台湾桂冠图书 1992 年版,第 9 页。

[10] 这也许是韦伯思想的真正"精神",参见 Dirk Käsler, *Max Weber: an Introduction to His Life and Work*, Chicago: The University of Chicago Press, 1988, Chap. 7。

问题。[11] 为了解决这一问题,韦伯着手研究了西方社会的理性化过程。在韦伯的笔下,这一历史过程的核心就是"除魔"。[12] 因此,要理解理性化的历史阶段和各个环节,就必须考察除魔的历史。

腾布鲁克的文章在方法论上的出发点博得了广泛的赞赏,但他的具体结论却受到了许多非议。学者们指出,仅仅将韦伯的核心问题归为除魔的论题,未免过于单薄,似乎无力支撑整个韦伯著作的复杂性,毕竟"除魔"这一说法在腾布鲁克自己认定的几篇韦伯关键文本中,也只出现了两三次而已,很难称得上是韦伯的核心概念。[13] 而且,"除魔"的概念本身果真能够帮助我们理解韦伯的整个著述吗? 一些学者也深表怀疑。施路赫特就对腾布鲁克的命题提出了严厉的批评。在他看来,腾布鲁克有关《经济与社会》的"解构工作"尽管在方法论上意义重大,但却不免矫枉过正。过于强调《宗教社会学论文集》的重要意义,却忽略了《经济与社会》[14] 的重要性。[15] 尽管《经济与社会》不再像以往那样被看做是韦伯的社会学遗嘱,但其中包含的丰富论述无疑是理解韦伯思想的重要组成部分,而且其中的大量文本(特别是第一卷)属于韦伯在 1915 年后的成熟期作品,对于理解韦伯思想具有不可忽视的价值。

不过在有些学者眼中,更为严重的问题是,腾布鲁克的观点表面上是要批评美国式的韦伯形象,实际上却是在捍卫这种已经濒临危机的观念。而要真正理解韦伯的思想,就必须彻底抛弃这种从"现代化"角度思考理性化的思路,真正回到韦伯自己的问题域中。[16]

在亨尼斯看来,韦伯的理论与今日所谓的社会科学,特别是所谓"社会学"关注的问题风马牛不相及。[17] 要理解韦伯关心的根本问题是什么,就要将韦伯的论述重新放回当时德国思想界,乃至一个更广阔的思想传统中,不受今天狭隘的专业化

---

[11] Tenbruck, supra note [8], p.75.

[12] Entzauberung 的译法至今仍有一些争论,从字面上来看,应译为"de-magicification"(施路赫特就认为这样更准确)。在英语学界,尽管"除魔"(disenchantment,中文也有人译为"除魅")是较为普遍的译法,但也有学者指出(如 Hennis),应译为"去神秘化"(demystification),不过从中文的角度看,"去神秘化"并不太准确,似乎仍以"除魔"一词较为理想。

[13] "导论"中一次,"中间反思"中两次,尽管韦伯在成熟阶段(1915 年)之前,就已经使用过这一概念。参见 Schluchter, supra note [6], pp. 577—578, n. 35。

[14] 被编入《经济与社会》中的许多文稿属于韦伯为拟议中的《经济、诸社会秩序与及其权力》一书撰写的部分文字。新版韦伯全集将原版《经济与社会》的这些文本按这一书名重新编辑。三联书店的中文版《韦伯选集》也采取了这一做法,只不过译作《经济、诸社会领域及权力》,甘阳编,李强译,生活·读书·新知三联书店 1998 年版。有关该书著述史方面的情况,参见 Ibid., Chap. XIII。以下出于引文的方便,我们仍然援用《经济与社会》的名字。

[15] Ibid., Chap. XII—XIII.

[16] Wilheim Hennis, *Max Weber: Essays in Reconstruction*, London: Allen & Unwin, 1988。当然部分受德国学者的影响,当代美国的年轻学者也力图扬弃以帕森斯和本迪克斯一手树立的韦伯形象,这显然比"韦伯的去帕森斯化"要有意义得多。特别参见 Lawrence Scaff, *Fleeing the Iron Cage: Culture, Politics, and Modernity in the Thought of Max Weber*, Berkeley: University of California Press, 1989。

[17] Hennis, Ibid., p.64.

学科体系的束缚。在这样的视角下，韦伯一方面被视为整个德国哲学人类学传统的一个现代传人，直接继承了德国哲学人类学和性格学对人（特别是人格与个性）的关注；另一方面韦伯又与马基雅维里以降，以卢梭与托克维尔为代表的经典政治哲学传统血脉相连，关注的焦点是现代政治与人的自由之间的关系。韦伯的核心问题就在这两个思想传统的交汇处，即"现代命运下人的发展"的问题。根据洛维特的经典论述，也就是在一个"专家没有精神，纵欲者没有心灵"的"除魔的世界"中，如何拯救人最后的尊严，而人的尊严就是人的自由，没有自由，也就谈不上什么尊严。[18] 亨尼斯强调，只有从这样的问题域出发，才能理解韦伯的理性化命题："韦伯的主题并非一般意义上的理性化过程，而是实践的生活行为的理性化过程"，韦伯关注的"只有那些与'所有实践伦理的形式'和'生活方式的理性化'有关的'理性化过程'"。[19] 这一思路是理解韦伯的经典著作《新教伦理与资本主义精神》的关键。韦伯在这本书中关心的问题并非新教如何通过造就资本主义的"精神"，促进了资本主义的发展，因为早在1902年，桑巴特（Werner Sombart）就已经在他出版的《现代资本主义》一书中分析过这个问题，而韦伯明确告诉读者，他关心的问题与桑巴特不同。[20] 韦伯关心的问题是新教如何塑造了一种伦理意义上的生活风格（ethical Lebensstil），而正是这种生活风格标志着资本主义在人的"灵魂"中的胜利。

亨尼斯的解读无疑非常具有启发意义，但仍然存在严重的问题。将韦伯放在更为广泛的思想背景中并没有错，但因此忽视了韦伯一代学者重建社会思想的努力，仅仅将他的观点看做是数百年的经典问题的延续，不免矫枉过正了。韦伯本人一再讥讽对科学问题采取一种半吊子的业余作风或文人习气[21]，而亨尼斯的做

---

[18] Karl Loewith, *Max Weber and Karl Marx*, London: George Allen and Unwin, 1982, pp. 19—22.

[19] Hennis, supra note [16], pp. 45, 38.

[20] 韦伯在承认桑巴特对自己思想的影响的同时，明确区分了自己的思路与桑巴特的思路，这一区分散见《新教伦理与资本主义精神》一书的各处，例如第55页，第157—161页，注[12]，注[14]。这一点特别体现在韦伯一直强调的对理性资本主义与其他形式的资本主义（如贱民资本主义或盗贼资本主义）的明确区分上，例如 Max Weber, *Political Writings*, Cambridge: Cambridge University Press, 1994, pp. 89—90。

[21] 例如〔德〕韦伯：《新教伦理与资本主义精神》，同上注[5]所引书，第17—18页。而正是因为韦伯能将"个性"、"生活方式"与"人"的问题放在具体的国民经济学、历史学或社会学的研究中，才使他的这些观念与当时盛行的个性的偶像崇拜或所谓"伦理文化"区分开来。韦伯对文人习气的批判，矛头针对的实际上是无视现实的浪漫主义。在韦伯看来，这种"文人的肥皂泡"，有意培养了一种无视现实的习惯，缺乏韦伯一再强调的"现实感和客观性"（Sachlichkeit）。而且打着所谓"生命"或"体验"的旗号，不仅不能坚守个性，相反却是在瓦解个性。有关韦伯对文人习气的批评，参见〔德〕韦伯：《以学术为业》，载《学术与政治》，冯克利译，生活·读书·新知三联书店1998年版，第25—27页；Weber, ibid., p. 107。韦伯对所谓"伦理文化"的严厉批评态度，例如 Max Weber, Anticritical Last Word on The Spirit of Capitalism, *American Journal of Sociology*, Vol. 83, No. 5 (1978), 1125；尤其参见 Scaff, supra note [16], 22ff。

法却恰恰是在将韦伯的论述"业余化"。[22] 而且,隐藏在亨尼斯具体观点背后的理念似乎更令人怀疑,将韦伯视为一个对现代性充满怀疑,对古老的农业社会式的自由抱有强烈怀旧情绪的浪漫主义者,尽管在文本上并非毫无依据,但却很难与韦伯的总体形象相符。[23] 最后,亨尼斯与腾布鲁克一样,也未能均衡地考虑韦伯的整个文本,往往忽视了《经济与社会》,以及《宗教社会学论文集》中有关中国和印度宗教的研究。大概因为这些成熟的研究往往不符合亨尼斯的"反社会学"(anti-sociology)取向,反而被弃置一旁。

也许理解韦伯的问题,就需要做韦伯的同伴,而不是死人或僵尸。需要和韦伯一起,甚至要走得更远,站得更高。在腾布鲁克的基本思路、洛维特-亨尼斯的解释传统与施路赫特的文本重建基础上,考察韦伯留给现代社会的,无论在思想和实践中都始终难以逃避的问题:理性化与自由。

(二)新教伦理命题:社会理性化与伦理理性化

韦伯晚年开始注意到,并不仅仅存在一种形态的理性化,在中国等非西方地区同样存在理性化的形式。但是,韦伯始终反对进化—历史观念中的相对主义。[24]

---

[22] 这一点在亨尼斯的"解释"方法中表现得特别明显,亨尼斯一再强调韦伯的中心问题是"人的发展",但由于确实很少能直接在韦伯的文本中找到充分的例证,亨尼斯不得不反复辩解说韦伯并未明确地阐述自己关注的根本问题,但既然韦伯关心的问题是"人的发展"这样一个经典问题(无论是在政治思想史中,还是在德国知识界里),那么,他为什么偏要躲躲闪闪,不肯明言呢? 而且亨尼斯也没有告诉我们,仅仅是在阐述传统问题的韦伯,为什么偏要费尽心机构建一套解释社会学的范畴框架,反复思考相关的"科学学说"问题,而在亨尼斯看来,这些思考本身在韦伯的思想中并没有什么核心地位,只不过是以"隐晦"的方式展现了韦伯对"人的发展"的关注。此外,亨尼斯片面强调韦伯早期作品的重要性,认为韦伯从法学转向国民经济学具有重要意义,而相反却对1908年前后韦伯转向社会学不置一词甚至嗤之以鼻,这些都暴露了亨尼斯思路的缺陷。这样看来,施路赫特讥讽亨尼斯的这种方法是"侦探式的思路",并非偏见之辞。参见 Schluchter, supra note [6], p.413. 正如韦伯本人尖锐指出的,在科学领域中"采用'人'的概念显然不是一种对经验问题的解答。相反,它是一种神秘化的做法",Max Weber, *Critique of Stammler*, New York: The Free Press, 1977, p.168.

[23] 这当然与亨尼斯对韦伯早期作品的片面强调有关。不过,限于本文的目的和篇幅,这里不可能处理这样复杂的问题,但下文的论述已足以表明作者在这方面的态度。在我看来,韦伯对于现代社会理论的重要性正在于他是一个"社会"(Geschellschaft)的社会学家,而非"共同体"(Gemeinschaft)的社会学家。参见 R. Holton and B. Turner, *Max Weber on Economy and Society*, London: Routledge, 1989, p.39. 韦伯的这一立场突出地表现在他在政治著述中对各种"粗疏的浪漫派"坚持不懈的批判,特别是他对某些人倡导复兴传统的"等级国家",以建立所谓经济—政治方面的"团结原则"的驳斥。参见 Weber, supra note [20], 100ff. 不过,特纳本人仍然认为韦伯是具有怀旧情绪的悲观社会学家,特别体现在他的"命运"概念上,是19世纪怀旧社会学的代表。对此,笔者的看法完全相反,下文对此有所论及。不过,对这一问题更全面的考察,也许需要我们尝试阐述一种真正的"命运社会学"。特纳的观点参见 Bryan Turner, The Rationalization of the Body: Reflections on Modernity and Discipline, in Sam Whimster and Scott Lash (ed.), *Max Weber, Rationality and Modernity*, London: Allen & Unwin, 1987, pp.236—238.

[24] "可能价值冲突的代言人的意图经常遇到的最严重的误解就是宣称这种立场是'相对主义'", Max Weber, *The Methodology of the Social Sciences*, Glencoe, Ill.: The Free Press, 1949, p.17.

在韦伯眼中,"近代西方形态"的理性化仍然具有"独特性"[25],而这种"独特性"就体现在理性化是"一系列具有普遍意义和普遍有效性的发展",用韦伯的话说,就是具有"普遍历史意义的问题"。[26] 正如腾布鲁克一再指出的,作为"普遍历史意义的"理性化,并非纯属偶然的历史事件,而具有内在的逻辑。[27] 在我看来,理性化的普遍历史意义,正体现在理性化是"发展的"。换句话说,西方理性化的独特性,之所以具有普遍历史的意义,在于理性化是能动的理性化。

有关韦伯思想中的"发展"(development)或"进化"(evolution)的问题聚讼纷纭,这里不可能详细讨论这一极为复杂的问题。我们只能简明地指出:必须区分"发展"与"进化",韦伯笔下经常出现的"发展"一词并没有任何历史规律的意涵,它的意涵往往是(1)历史运动的逻辑,这往往是多重因素造成的局势效果;(2)更为重要的是,它具有"普遍历史"的意涵:即西方理性化由于内在的张力,从而具有了进一步持续"发展"的动力机制。事实上,"发展"的这两个意涵是联系在一起的。正是因为理性化本身是开放的,多元的,所以才是能动的,从而具有普遍历史意义,即能够通过吸纳越来越多的异质性力量,通过抗衡与冲突来发展。[28]

那么独特的西方理性化的动力究竟来自何处呢?在韦伯早期有关新教伦理问题的分析中,就是作为历史命运的理性化与作为人的自由的"理性化"之间的复杂张力关系。亨尼斯认为,韦伯思想中的一个核心问题是生活秩序与个性之间的张力,但也许更重要的问题是社会秩序与个性或伦理理性化之间的紧张关系。

韦伯在为《宗教社会学文集》文集撰写的前言中指出,西方理性化的独特性体现在诸如系统严密的史学、政治思想和法律体系,"理性的和谐的音乐"、"理性的、系统的、专门化的科学职业"、理性的国家和"理性的资本主义组织方式"。这些都属于韦伯所谓的"诸社会秩序"(die gesellschaftlichen Ordnungen)。[29] 而这些社会

---

[25] 〔德〕韦伯:《宗教社会学论文集》"前言",第15页。
[26] 同上书,第4页,译文有改动(参考德文版,下同)。
[27] Tenbruck, supra note [8], p.56.
[28] 我们这里的论述包含了来自争论双方的想法。笔者认为,无论腾布鲁克对韦伯的进化论甚至目的论色彩(类似韦伯所批评过的"流溢论")的解读,还是蒙森的历史主义色彩的阐述,都与韦伯的整个努力方向相悖。参见 Ibid., p.64; Wolfang Mommsen, *The Political and Social Theory of Max Weber*, Cambridge: Polity Press, 1989, chap.10; Schluchter, supra note [6], p.37ff; John Love, Developmentalism in Max Weber's Sociology of Religion: a Critique of Tenbruck, *Arch. europ. sociol.*, 34 (1993), pp.339—363。
[29] 尽管亨尼斯强调的"生活秩序"(Lebensordungen)在韦伯的文章中似乎更常见,但韦伯却选择"社会秩序"作为拟议中的著作的书名(《经济、诸社会秩序及其权力》)并非毫无来由。一方面,自滕尼斯以来,"社会"这一概念在德国社会学中就具有重要的意涵(尽管许多时候带有否定的意涵);另一方面,正如下文将要指出的,韦伯在晚期著作中,尤其随着支配社会学研究的开展与宗教社会学研究的深入,更明确地考虑在社会秩序与个性—生活行为之间的内在紧张关系,而非二者之间的吻合,因此我们采用了社会秩序这一用法。有些英文研究著作或翻译,就径直将"生活秩序"一词译为"社会秩序",这样尽管不妥,但却多少表明这两个概念之间存在某种内在的一致性。

秩序的理性化，其突出表现就是各种系统化的程序技术的发展，如亚里士多德政治学中的概念系统和逻辑方法，西方音乐中以记谱系统为手段的和声，西方绘画中的空间透视法，作为理性国家前提的科层制，以及作为理性资本主义企业核心的以复式簿记制度为基础的货币形式的资本核算等。[30] 但自从《新教伦理与资本主义精神》以来，韦伯的核心问题就并不仅仅是这种不同社会领域中不同形态的程序技术的"自主"发展逻辑，也不是不同的社会秩序之间的因果关系是如何影响了程序技术的发展[31]，而是程序技术的发展与人的实践行为的伦理理性化，以及与人的个性形塑之间的关系。在《宗教社会学论文集》的前言中，韦伯明确地表明了他关注的这一焦点："虽然经济理性主义的发展部分地依赖理性的技术和理性的法律，但与此同时，采取某些类型的实践理性的生活行为却要取决于人的能力和性情倾向。"[32]

因此，在《新教伦理与资本主义精神》中，人的生活方式或实践行为的伦理理性化就成为分析的焦点。因为，正是这种伦理理性化的出现，即人们的生活行为的纪律化(disciplinieserung)和条理化(methodisierung)[33]，构成了理性资本主义在发生学意义上的关键环节，将"新教伦理"与所谓"资本主义精神"联系在一起。而随着韦伯将"新教伦理命题"进一步推广到整个西方的理性化进程，这一分析思路，就具有了普遍历史的意涵。也就是说，西方社会秩序的理性化正是因为这种理性化根植于人的生活行为的伦理理性化，它才具有了独特性。这种独特性就体现在，社会秩序理性化的动力来自于伴随伦理理性化过程的冲突与张力。在为"世界宗教的经济伦理"撰写的导论中，韦伯清晰地表述了这一伦理理性化中蕴含的张力。在这篇充满对现代社会理性化深刻洞察的文章中，韦伯指出，在近代西方的历史中，推动生活秩序彻底理性化的力量，恰恰是救赎宗教中有关彼岸的"伦理预言的观念力量"(die ideellen Macht ethischer Prophetien)。[34] 救赎宗教的预言从礼仪转向伦理是与理性的世界图景的发展紧密地联系在一起。伴随着这种"世界的除魔"，在先知和救世主的宗教与世俗世界及其秩序之间，形成了持久的紧张关系。[35] 在这种紧张关系下，与宗教与救

---

[30] 韦伯在"中间反思"中对经济、政治、审美、性爱和知识诸社会领域中的理性秩序问题进行了相当深刻的探讨，参见〔德〕韦伯："中间反思"，同上注〔7〕所引书，第307—330页。

[31] 这并不意味着韦伯没有研究这两个问题。《经济与社会》中较早撰写的部分主要探讨的就是这些问题（原因正如我们下面揭示的，是因为韦伯在有关领域中没有找到社会理性化与伦理理性化之间的"亲合力"）。《世界经济通史》这一授课记录（以及《儒教与道教》）中，韦伯也在许多方面触及了这一问题。但整个《宗教社会学论文集》（以及《经济与社会》中较晚撰写的部分，尤其今天作为第一卷出版的部分）则是以第三个问题为核心的，而且，在笔者看来，这也正是韦伯对现代社会理论最重要和最持久的贡献。

[32] 〔德〕韦伯：同上注〔25〕所引书，第15页，译文有改动。

[33] Hennis, supra note〔16〕, p.39.

[34] 〔德〕韦伯：《世界宗教的经济伦理》"导论"，同上注〔7〕所引书，第15页。

[35] 〔德〕韦伯："中间反思"，同上注〔7〕所引书，第306—307页。

世道路改变了,从冥想地"逃避世界"转向积极苦行地"改变世界"。这样,"大师式"的宗教信仰(Virtuosen Religiosität),就通过形塑信徒的惯习(Habitus),使其日常生活实现了伦理的理性化。这种"英雄主义"或"大师式"的宗教信仰(新教诸教派)的宗教资格,"……正是在日常行动中考验出来的。不过不是一般意义上的日常,而是为神服务的、有条理的、理性化的日常行动。将日常行动以理性的方式上升为天职,成了救赎的保证。在西方,宗教大师们的教派成了生活行为有条理的理性化的酶,而不像亚洲那些冥想的或纵欲的或麻木的神魂颠倒的人们的团体那样,充当渴望脱离人世间活动的无意义状态的活塞"。[36] 因此,作为社会秩序理性化的关键,伦理理性化的原动力,正是来自对日常生活中的实践行为加以理性化,这种理性化,就是要根据救赎宗教的"使命预言",将每个人的日常行动转变为具有特定惯习(即条理化和纪律化)的生活风格。因此,韦伯指出,这一伦理理性化的特征就在于,"从心理学的角度来看,眼前的、此岸的,对于那些寻求救赎的人来说恰恰是最基本的,这是他们的惯习"。[37]

在《新教伦理与资本主义精神》的分析中,以塑造人的惯习为核心的伦理理性化,对于现代西方社会秩序的理性化,具有重要意义,它通过"天职"的观念,使日常生活中的现世义务成为塑造个性的关键,从而为社会秩序的程序技术提供了重要的推动力。洛维特指出,推动韦伯思想发展的原动力就是"在当代世界中人的命运"。而这种人的命运,就集中体现在资本主义作为"我们现代生活中最决定命运的力量"上。[38] 但在韦伯的笔下,这种命运绝不是人的自由的反面[39],与后来西方马克思主义中盛行的异化命题相反,在韦伯的"新教伦理命题"中,理性化的命运与现代人的自由相反相成,而二者关联的环节就是一种体现在新教徒的"天职"中的个性形塑的技术。

人们往往容易忽略韦伯在《新教伦理与资本主义精神》结尾处对歌德的个性观念的讨论。[40] 韦伯指出,歌德在其巅峰时期创作的《威廉·麦斯特的漫游时代》和《浮士德》的第二部中告诉我们,现代的个性不再是古典主义理想中那种追求完美的个性。不过,它也不是浪漫主义式的总体个性。现代人的个性,不是脱离日常生活,到艺术或某种神秘体验中去寻找个

---

〔36〕 〔德〕韦伯:《世界宗教的经济伦理》"导论",同上注〔7〕所引书,第30—31页,译文有改动。
〔37〕 〔德〕韦伯:同上注〔25〕所引书,第16页,译文有改动。值得指出的是,无论英文还是中文的翻译,都忽略了韦伯使用的"惯习"概念。
〔38〕 同上书,"前言",第7页。
〔39〕 Loewith, supra note〔18〕, p.63, n.45.
〔40〕 在我看来,理解韦伯的一个关键,就是要恰当地处理韦伯著述中的这些段落。既不能像美国主流社会学界常做的那样,将它们看做无关紧要的,非科学的"价值"感慨,也不能像亨尼斯那样,无视韦伯对"具体现实的科学"的倡导,像侦探一样从韦伯卷帙浩繁的著述中搜寻这样的段落(所以他们最偏爱的韦伯文本不是韦伯的社会分析,而是韦伯的通信和韦伯夫人的传记),把韦伯视为一个"文人",两种做法都割裂了这些段落与韦伯的社会理论之间有机又充满张力的关联。

性形塑的空间,而是在日常生活中探索一个人的个性。[41]"天职"就是这种个性的鲜明表现。因此,在韦伯的眼中,现代人的个性并非力图到专门化的工作之外,去寻求那种看不见的总体,而是放弃了"普遍个性"(universal personality)的渴望[42],面对一个"破碎的世界"(world in fragments)和破碎的灵魂(fragmentation of soul),现代人个性的"总体"就体现在他的工作中,在他的工作中寄托了自由的可能性。这样,韦伯的社会理论就摆脱了现代社会理论中常见的怀旧或乌托邦式的主题[43],通过专门化的个性塑造与伦理理性化,将自由问题与理性化的问题结合在一起。这里,腾布鲁克强调的"世界的除魔"这一命题的重要意义就展现出来了。正是"除魔的世界"要求人们实现一种"英雄主义的伦理"。这种伦理对每个人所提出的根本要求,只有当这个人在其生存非同寻常的"杰出"状态中,才有可能实现。[44]但正如韦伯在分析"世界宗教的经济伦理"时所指出的,面对这种"杰出"状态以及超验秩序与日常现实之间的紧张,不是逃避这种紧张或者借助符号手段来协调二者的紧张,而是利用这种紧张,作为人的伦理理性化的动力,像新教徒当年的选择一样,从人的天职入手,完成这一天职的"日常要求"[45]。用韦伯的话说,在现代社会中,人要获得个性与自由,其实很简单,只要"每个人都找到操持他的生命之弦的守护神(daemon)"。[46]

(三)理性化与自由的悖论:从支配社会学透视韦伯的困境

韦伯有关"新教伦理"的命题,实际上是在社会理性化与自由的伦理理性化之间找到了一个重要衔接点,即纪律。纪律一方面构成了社会理性化的技术基础,另一方面,它又成为个人对自身生活进行全面的组织与安排的技术,形塑个性的技术,最终也是新教徒获得自由的技术。因此,纪律既是"除魔的世界"中的历史命

---

[41] 这也许正是浪漫派尖锐批评歌德的《威廉·麦斯特》的原因。诺瓦利斯就看出,"在这部作品中,浪漫的东西,还有自然的诗意和神奇的东西全都湮灭了。它写的只是普通人的各种事情,而自然和神秘全都给遗忘了"。参见〔德〕卢卡契(卢卡奇):《德国文学中的进步与反动》,载《卢卡契文学论文选》第一卷,人民文学出版社1986年版,第56页。

[42] Loewith, supra note [18], 59ff;类似的观点参见 Harvey Goldman, *Max Weber and Thomas Mann: Calling and the Shaping of the Self*, Berkeley: University of California Press, 1988.

[43] Liebersohn 强调韦伯与滕尼斯相比,体现了德国社会学想象力中两种不同的思路(命运或乌托邦),参见 Harry Liebersohn, *Fate and Utopia in German Sociology: 1870—1923*, Cambridge: Cambridge, 1988。Scaff 也认为韦伯力图摆脱乌托邦的观念,Scaff, supra note [16], p. 30.

[44] 韦伯致 Georg Kaiser 的一封信,转引自 Mommsen, supra note [28], p. 135.

[45] 〔德〕歌德:《然而什么是你的义务?日常的要求》,载《威廉·麦斯特的漫游时代》,董问樵译,上海人民出版社1995年版,第251页;〔德〕韦伯:《以学术为业》,同上注[21]所引书,第49页。韦伯在《新教伦理与资本主义精神》中也同样引用了这句话,第196页,注[64]。歌德这句格言中的"日常",又有"当下"(present)之义,因此,带有浓厚的古代哲学味道。而在韦伯笔下,这种异教色彩的个性观念摇身一变,成为现代新教徒的伦理写照,其中涉及了复杂的观念史与社会史方面的意涵,对于理解现代性的社会理论来说,具有非常重要的意义,不过这已经超出本文的范围了。

[46] 〔德〕韦伯:《以学术为业》,同上注[21]所引书,第49页,译文有改动。

运,又是"禁欲者"的守护神手中操持的个人的命运。

不过,理性化的难题就在于如何能够始终维持,甚至发展"除魔的世界"的历史命运与"禁欲者"个人命运之间的张力。是否理性化不可逆转的进程意味着,巨大的历史命运终究会吞噬每个人的个人命运?这种危险在理论上的反映,就是将"除魔的世界"的历史命运看做系统的工具理性扩张,将个人的纪律实践等同为人的自我异化。这些理论上的严重问题,也许不过是现实困境的征兆。事实上,正是因为无法维持世界的除魔,才会导致对"怨恨或一种伪神义论的要求"[47],听命于各种虚幻观念或神话的摆布;而同时,也正是因为缺乏现代的禁欲式的自我技术,我们才最终远离了新教徒的紧张与纪律,而沦为一种功利主义逻辑下的"没有精神的专家"。

由此看来,韦伯的社会理论,既不同于那些将社会秩序的理性化等同于与人的自由无关的程序技术的功利主义或实证主义,也与强调异化与商品拜物教的西方马克思主义传统相去甚远,事实上,这种研究传统同样将社会秩序的理性化看做是对个人自由间接的威胁甚至直接的剥夺,而背后人的观念是一种全面的,总体化的完美个性[48],以及由这样的人自愿构成的共识的共同体。

不过,伴随韦伯自己研究的深入,上述有关理性化与自由的论述却面临着严峻的困境。早在撰写《新教伦理与资本主义精神》时,韦伯就已经清醒地意识到,人世禁欲主义的新教教派与资本主义之间的"亲合力"(Wahlverwandschaft)并不会永久存在。因为"大获全胜的资本主义,依赖于机器的基础,已不再需要这种精神的支持了"。[49] 作为理性社会秩序核心的程序技术,既无需伦理理性化的推动力,也不再"试图寻找什么理由为之辩护"。因此,现实中的资本主义,对于现代人来说,已经从清教徒肩上轻飘飘的斗篷,变成了一只铁的牢笼。在几年后,韦伯又进一步指出,无论美国资本主义企业中所有权与经营权的分离,还是德国所谓的"福利供给",甚至俄国的工厂制度,处处都体现出一种倾向:"迈向新的奴役的铁笼。"[50]脱离了伦理理性化的"支持"和"充实"的社会理性化,是否最终会演变为一种非人的异己力量?"就仿佛是身处一列不断加速的列车,不知道扳道工是否正确地设置好了下一个转向。"[51]

---

[47] 〔德〕韦伯:《以政治为业》,同上注〔21〕所引书,第113页,译文有改动。类似的论述,参见《以学术为业》,第41页。

[48] 一种"全面发展的个人",马克思讨论在共产主义问题时经常提到类似的说法。例如《马克思恩格斯全集》卷46(上),人民出版社1979年版,第108—109页。

[49] 〔德〕韦伯:《新教伦理与资本主义精神》,同上注〔5〕所引书,第142页。

[50] Max Weber, supra note [20], p.68.正如一些学者已经指出的,"铁笼"的译法并不准确,未能传达韦伯笔下 Gehäuse 兼具"保护"与"禁闭"的意涵,也许"(铁)屋"会更好一些。韦伯在论述农奴制、科层制和福利国家问题时,都曾使用这一比喻。不过,考虑到中文学界已广泛使用这一用法,在没有找到更贴切的译法前,权且保留这一译法。

[51] 1889年,韦伯致鲍姆加登的信。转引自 Scaff, supra note [16], p.14。

如果考虑到韦伯的比较历史分析实际上是一种"现在史"(the history of the present),即通过历史研究来理解我们何以成为我们现在的这个样子[52],那么韦伯对现在的诊断就并非无关紧要的政治感慨了。正如蒙森一再强调的,现实的政治关注是韦伯的另一副面孔,对他的学术研究始终具有强大的影响。[53] 身处在德国古典自由主义文化衰微的时代,韦伯一方面对此深感痛惜,但另一方面他也一再要求政治家和学者正视现实,面对所谓"科层制的时代",必须重新探讨自由的可能性[54] 因为他清醒认识到,"科层制与安排生活的现代、理性方式的其他历史载体的区别就在于,科层制更加难以逃脱"[55]。

韦伯对政治现实的这种关注,在1915年前后,伴随着他思想的进一步"突破",将理性化与自由之间的紧张关系,更尖锐地带入了社会理论问题域的核心。

尽管蒙森和施路赫特存在诸多分歧,但两个人都承认在1914年至1915年左右,韦伯的社会理论发生了非常重要的变化。[56]一方面,韦伯社会分析的研究策略(即通常所谓"方法论")有所调整,而另一方面,伴随宗教社会学研究的深入,理论的方法论观念有所变化,韦伯整个社会理论的视野也出现了重大的变化。韦伯不仅关注通过伦理理性化,宗教的世界图景如何影响了社会秩序的理性化(资本主义的发展);而且还进一步考虑各种其他物质条件和社会结构因素对理性资本主义兴起的(正面和负面)影响;进而,这些领域自身的理性化进程,也成为韦伯关注的对象。[57] 在韦伯面对的这些新问题中,支配社会学的问题以系统的方式出现在韦伯的社会理论之中。可以说,在1915年以后,韦伯就同时从宗教社会学和支配社会学两个角度思考理性化的问题。

但随着韦伯通过支配社会学的研究将他一直关注的政治问题纳入社会理论的问题域中,新教教派的伦理理性化与资本主义的社会秩序理性化之间的基本思路却面临了与韦伯对发达资本主义的"悲观预言"的诊断类似的困境。可以说,韦伯思考支配社会学的问题与他以往思考宗教社会学的思路并没有根本的差异。他关心的核心问题仍是理性化与自由之间的关系问题。也就是,"在不同的条件下,特别是高度科层化的资本主义社会的

---

[52] Loewith, supra note [18], p.29; Max Weber, supra note [24], p.135.

[53] Mommsen, supra note [28], 3ff.

[54] 参见 David Beetham, Max Weber and the Liberal Political Tradition, in Asher Horowitz and Terry Maley (ed.), The Barbarism of Reason: Max Weber and the Twilight of Enlightenment, Toronto: University of Toronto Press, 1994, pp.99—112,不过作者将韦伯与Hobhause为代表的新自由主义相比,实际上并没有完全看到韦伯的自由主义思想的重要特征。韦伯的现实主义态度并没有使他相信自由主义的"社会化"是解决自由主义困境的出路。

[55] Weber, supra note [20], p.156.

[56] 施路赫特称之为韦伯的"第二次突破",迈向了理性化的社会学与类型学,Schluchter, supra note [6], 44ff;蒙森认为韦伯思想突破的关键是克里斯玛概念的变化和纯粹类型方法的发展,Mommsen, supra note [28], 121ff.

[57] 这一点突出体现在《儒教与道教》的分析格局上,以及同期撰写的"中间反思"一文。

条件下,自由如何是可能的"[58]。但对于韦伯的支配社会学分析来说,与《新教伦理与资本主义精神》中的分析中仍有两点关键的不同。首先,韦伯对支配问题的探讨主要不是从发生学的角度出发的[59],而是特别关注了对科层制的程序技术特点的分析,政治理性化与其他社会秩序的理性化之间的关系(特别是经济领域的理性化),程序技术在韦伯以往的分析中往往是作为背景来处理的,而现在作为社会秩序理性化的核心的各种程序技术,成为韦伯直接关注的焦点。

其次,更为重要的是,随着韦伯着手分析不同的社会秩序中的理性化过程,韦伯思想中的"诸神之争"的主题开始占有越来越重要的位置。在1915年以后,韦伯多次提到穆勒(John Stuart Mill)晚年的观点,即在经验世界中,人们只可能拥有多神论的经验。韦伯就此指出,"事实上,任何生活在现世(基督教意义上的世界)的人都只能感到自己是在面对不同的价值之间的斗争,其中的每一种价值,单独看,似乎都在他身上强加一种义务。他必须选择他想要哪一种神,想为哪一种神服务,或者何时想为其中一个神服务,而何时又为另一个神服务。但在任何时候,他都会发现自己置身于一场发生在此世中的诸神之争。而首先,他总会发现,他已远离了基督教的上帝,或至少是山上宝训中宣扬的那个上帝"[60]。因为,在韦伯看来,实际上,"诸神之争"是"除魔的世界"中的题中之意,而对于生活在这样的世界中的现代人来说,又是价值自由的前提和结果。

但仔细分析,我们就会发现,韦伯的"诸神之争"和价值自由与新教伦理命题中在"理性化"和"自由"之间建立的反题结构之间,存在着潜在的冲突。[61] 韦伯的"诸神之争",意味着在现代政治秩序中,理性化意味着要搁置与超验的"神"的联系。因为,韦伯敏锐地意识到,在现实政治中,任何从绝对的伦理价值出发的政策,都无视"后果伦理"(ethics of conse-

---

[58] Mommsen, supra note [28], p.10. 洛维特和蒙森都引用过韦伯的一句重要的话,"面对日益盛行的科层化趋势,如何依旧有可能维持某种人的活动自由"。参见 Loewith, supra note [18], p.54; Mommsen, supra note [28], p.35。

[59] 在韦伯之后,德国的历史学界对这一问题进行了研究,如 Otto Hintze, Gehard Oestreich 和 Shilling 等,尤其是 Schilling 对所谓"第二次宗教改革"的研究,强调了加尔文教(及路德宗和天主教)与早期现代国家的兴起之间的关系,特别是纪律化方面的重要作用。不过在 Schilling 看来,这与经典的韦伯命题是有分歧的。而正如下文逐渐揭示的,这些历史研究的社会理论意涵,对于我们这里有关"英国法"的讨论来说具有非常重要意义。参见 Herz Schilling, The Second Reformation, in *Religion, Political Culture, and Early Modern Society*, Leiden: E. J. Brill, 1992, pp.271—272。

[60] Weber, supra note [20], pp.78—79;类似的说法参见 Weber, supra note [24], p.17;《以学术为业》,同上注[21]所引书,第39页。

[61] 这一点以戏剧性的方式出现在韦伯1920年最后修订的《新教伦理与资本主义精神》中。在第二章的结尾,韦伯在原有的"我们可以从根本不同的基本观点并在完全不同的方向上使生活理性化"一段话之后加上了一段话,以作强调:"所有致力于'理性化'的研究都应该以这一平实的句子为出发点",然而,下面紧接着的论述就是,"理性主义是一个历史的概念,它包含着由反题构成的一个世界"。[德]韦伯:《新教伦理与资本主义精神》,同上注[5]所引书,第57页,译文有改动。

quentialism），沦为一种泛道德主义[62]，在第一次世界大战期间撰写的一封公开信中，韦伯就尖锐地批评了从福音观念出发的和平主义思潮。在韦伯看来，这些"乌托邦"观念，与当年他在弗莱堡大学经济学教授的就职演讲中就开始倡导的"现实主义"取向完全相悖。在韦伯看来，无论是"乌托邦"的社会主义，还是"乌托邦"的自由主义，都难免沉湎于一些陈旧或者空洞的观念，无视我们面对的历史命运，我们生存的现实与条件。[63] 这也正是韦伯晚年关注"信念伦理"与"责任伦理"关系的一个原因。[64]

但对于理解现代社会的理性化问题来说，绝对不容忽视的一点是，韦伯对现代政治的这一看法却丧失了"新教伦理论题"中超验的彼岸世界与日常生活的此岸世界之间的紧张关系。因此，韦伯对支配社会学的分析也就丧失了在宗教社会学分析中借助这一紧张关系建立的伦理理性化的推动力。而正如我们已经看到的，在宗教社会学的分析中，伦理理性化不仅构成了社会秩序理性化在发生学意义上的"亲合力"，而且更为重要的是，正是伦理理性化与社会秩序理性化之间的这种复杂关系，为人的自由提供了可能空间与现实技术。在政治支配的领域中，个人不再能够诉诸一种超验的、彼岸色彩的"神"，来抗衡现世科层化中的例行化力量，因为，韦伯在分析支配社会学的例行化时，在探讨科层制与法律制度中的惯习的形塑时，没法再像"新教伦理命题"中那样，将个性和自由通过生活风格的伦理理性化，与政治秩序的程序技术方面的理性化联系起来，而是"在政治理性中彻底消灭一切伦理的东西"。[65]

这一点特别体现在现代社会的政党—议会政治中。在政党经营的条件下，政治科层化这种社会理性化的伦理理性化动力丧失了。在高度组织化的政党中，职业人士并非像新教企业家一样，"为政治而生"（live for politics），而是"靠政治谋生"（live from politics）。[66] 这正吻合韦伯当年在《新教伦理与资本主义精神》中所做的区别，"清教徒想在一项天职中工作；而我们工作则是出于被迫"。[67] 因此，在宗教社会学研究中发现的社会理性化与伦理理性化之间的关联——天职——在现代社会的政治根本就没有位置，理性与自由之间的二律背反的关联实际上也就丧失了。面对这一困境，韦伯的一个重要尝试，就是提出了克里斯玛的观念，试图从中找到对抗徒具例行化，丧失自由色彩的理性化的出路。

在1915年前，韦伯理论中的克里斯玛概念主要指一种传统类型的权威，带有浓

---

[62] Weber, supra note [20], p.42.
[63] 参见 Scaff, supra note [16], 29ff, 讨论韦伯从法学转向国民经济学的重要意义。
[64] 参见施路赫特对这一问题的分析：Wolfgang Schluchter, Conviction and Responsibility, in *Paradox of Modernity: Culture and Conduct in the Theory of Max Weber*, Stanford: Stanford University Press, 1996, pp.48—101。
[65] [德]韦伯：《中间反思》，同上注[7]所引书，第312页。
[66] [德]韦伯：《以学术为业》，同上注[21]所引书，第63页以下。
[67] [德]韦伯：《新教伦理与资本主义精神》，同上注[5]所引书，第142页，译文略有改动。

厚"巫术"色彩的权威形式。不过,1914—1915年前后,韦伯理论中的"克里斯玛"概念发生了很大的变化,成为以一种彼岸形式的个人理想价值为取向的创造性行动的源泉。[68] 围绕政治支配与权威的建立,社会秩序理性化与伦理理性化(个性与自由)的关系这一问题,就进一步具体化为例行化与克里斯玛之间永不终止的斗争。因此,宗教社会学中,通过纪律实现的理性化与自由之间的张力关系,变成了政治社会学中"纪律与个人克里斯玛之间各种各样的冲突"[69],这一主题不仅贯穿了韦伯的政治著作,也隐含在庞杂的《经济与社会》的字里行间[70],蒙森精当地概括为,"韦伯政治思想中的二律背反结构(antinomical structure)"[71]。

克里斯玛,作为历史命运中的"革命性力量",之所以能够为政治秩序带入了动态力量,正是因为它具有伦理理性化方面的意涵。腾布鲁克认为,韦伯的克里斯玛学说深受德国学者迈尔的影响。迈尔指出,"所有主要的和革命性的运动……都来自为宗教观念所占据的那些个人的个性……在这些形象中,他们不可能再听命于外在的权威……因此,它*的出现就总是革命性的,并导致变革……在任何时候,它都是通过与对手的艰苦斗争来确立自身的……"[72]信念与斗争,使这些人的行动打上了他们的个性的烙印,并正是借助他们的这一个性,为历史带入了革命性的力量,对抗作为例行化的习惯或传统。

从这一角度看,韦伯在宗教社会学中分析的新教教派的"英雄伦理"和"使命预言",实际上同样具有支配社会学的意涵。不过,在支配社会学中,像在宗教社会学中一样,这一伦理力量同样难以持久。韦伯清醒地意识到,克里斯玛的革命性力量,最终也无法摆脱例行化的命运。而一旦克里斯玛例行化,政治支配问题就面临了艰巨的困境,这与脱离了与禁欲新教关联的资本主义的状况颇为类似。[73] 在两个领域中,都面临着"专家没有精神,纵欲者没有心灵"的危险未来。但从韦伯的支配社会学来看,正是克里斯玛与例行化之间的这种二律背反的结构,构成了发展的内在动力。从而使韦伯的支配社会学中的理性化,摆脱了《新教伦理与资本主义精神》中发生学的限制范围,具有了普遍

---

[68] 例如,在《经济与社会》中,韦伯称罗伯斯庇尔为"对理性的克里斯玛式的崇拜"(charismatic glorification of "Reason"),Weber, *Economy and Society*, edited by Guenther Roth and Claus Wittich, Berkeley: University of California Press, 1978, p.1209。参见 Mommsen, supra note [28], p.141,对这一变化的讨论。蒙森恰当地指出,这一概念逐渐从特定的历史性的"理想型"发展为一种纯粹的"理想型",参见 Mommsen, supra note [28], pp.121—132。不过,蒙森有关韦伯"方法论"变化的其他论断,就显得不那么有说服力。他似乎赋予了韦伯本不具有的"相对主义"和"历史主义"的倾向。

[69] Weber, ibid., p.1150.

[70] Wolfgang Mommsen, *The Age of Bureaucracy*, Oxford: Blackwell, 1974, 111ff.

[71] Mommsen, supra note [28], 24ff.

* 指独特的信念。

[72] Friedrich H. Tenbruck, Max Weber and Eduard Meyer, in Wolfgang Mommsen and Jurgen Osterhammel (ed.), *Max Weber and His Contemporaries*, London: Unwin Hyman, 1987, p.252.

[73] 从现代福利国家的发展来看,这两个问题是联系在一起的。

历史的意涵。这样看来,韦伯"政治思想中的二律背反结构",比起《新教伦理与资本主义精神》中发现的理性主义的反题结构,就有了非常重要的进展。不过,这样的进展付出了巨大的代价,这就是克里斯玛与自由之间的紧张。在政治秩序的理性化问题中,社会理性化的程序技术,不再与个人的伦理理性化发生关联,借助后者的"亲合力",推动理性化的发展,遏制理性化的空洞化的趋势。相反,人们必须在僵硬的例行化与领袖色彩的克里斯玛中进行选择。面对来自这两个极端的挤压,韦伯究竟可以在哪里找到"自由的活动空间"呢?在韦伯笔下,现代社会政治秩序中的克里斯玛主要有两种表现,一种是革命性的力量,另一种是新的非教条性的"大众动员式的领袖民主"(plebiscitarian leader democracy)。[74] 但正如我们已经指出的,韦伯认为,革命性政治背后的"信念伦理"观念隐含着某种不可忽视的危险,因此,韦伯非常关注这种"领袖民主"的可能性。在大众动员的领袖身上,韦伯看到了挣脱例行化的"铁笼"的可能性。因此,在晚年的韦伯眼中,理性化与自由的命运,有一个重要的方面,就是科层制的机器与有领袖的民主之间的复杂关系。正如韦伯在"以政治为业"的讲演中所指出的,德国"只能在这两者之间做以选择:或者是借助科层'机器'的领袖民主制,或者是无领袖的民主制,即没有天职感的职业政治家的支配,这些职业政治家恰恰缺乏真正造就一个领袖的内在的克里斯玛的素质"。[75] 不过,身为自由派的韦伯,同样预感到了领袖民主的潜在危险,而且在俾斯麦留给德国的政治遗产中敏锐地发现了这一危险的现实反映。[76]

就俾斯麦本人而言,无疑是韦伯心目中的克里斯玛的典型形象。这位"铁血宰相"不仅领导了以普鲁士为主导的德国统一进程,而且一手塑造了德意志民族的政治传统。但韦伯却对这种由克里斯玛色彩的伟人进行的统治带来的历史效果深表怀疑。韦伯指出,这种"恺撒制",由一个天才来进行统治,给德国政治带来了巨大的不幸。"对一个政治家的个性的毫无节制的景仰,竟然使一个骄傲的民族如此毫无保留地牺牲了它自己的客观信念。"[77] 这位伟大政治家的传奇,实际上建立在习惯听命他的决定的国民的基础上,从而使洪堡和康德的民族,丧失了自己的政治意志。

"恺撒制"之所以导致了这样的问题,就在于俾斯麦拒绝接受甚至容忍在他之外存在任何独立的权力,这意味着,在这样的体制,除了领袖自己以外,不允许存在任何根据自身责任来行动的人。[78] 实际上,这正是韦伯一直痛惜的德国市民阶

---

[74] Mommsen, supra note [28], p.143.

[75] [德]韦伯:《以政治为业》,同上注[21]所引书,第98页,译文有改动。

[76] 参见 Peter Baehr, Max Weber as a Critic of Bismarck, *Arch europ. Sociol.* 29(1988):149—164。

[77] Weber, supra note [20], "Bismarck's Legacy" ("Parliament and Government in Germany under a New Political Order"), p.135.

[78] Ibid., p.140.

级个性的衰弱的一个重要原因。这些曾一度为自由而抗争的市民阶级,在俾斯麦的伟大个性和政治权谋面前五体投地,不再进行独立的政治思考,争取自身的权利。也许,这才真正导致了"资本主义精神"的衰微。而在韦伯看来,德国政治的不成熟正在于缺乏担纲政治领导权的阶级,这是整个德国为俾斯麦个人的个性付出的代价。结果是德国政治摇摆于市民阶层的冷漠、政治市侩和工人阶级的"怨恨"[79]。而俾斯麦的这种克里斯玛的统治,正是结合了大众动员的所谓"民主",以"普遍公民权"为幌子,实质却意在借助习惯于被动服从的大众,通过"普选"[80]来获得保守势力的支持[81]。

因此,从韦伯对"恺撒制"的讨论[82],我们可以发现,当宗教大师的英雄伦理,变为政治领域中具有克里斯玛的领袖,那么原来"培养那些我们认为足以构成我们人性中最伟大和高贵的性格"[83]的伦理理性化力量,却很可能只会导致牺牲每个人(或至少市民阶层)对自己个性的形塑,来成就一个人(领袖)的个性崇拜。自由的动力,却蜕变成了自由的敌人。

因此,在领袖民主中,不仅找不到自由的活动空间,似乎理性化的动力,也会流失在领袖"半是恺撒制,半是家长制"的政治统治形式中。在这种形式下的民族,完全不知道任何真正的政治教育,也完全不具有任何政治意志,实际上,没有任何政治传统,只知道以被动的宿命态度听从恺撒式的权威而已,它的公民根本就没有什么性格可言。[84] 而当一个民族甘于像羊群一样被统治,就不可能有自由。[85]

那么还有其他选择吗?正是这里我们触及了韦伯政治思想中饱受争议的部分,就是韦伯的所谓"民族主义",甚至"帝国主义"的思想倾向。蒙森和亨尼斯将这些倾向看做是韦伯为自由留下空间的最后尝试。用蒙森的话说,就是"有必要在社会生活的所有层次上都保持最大限度的动态力量,或借助各种手段来促进这种力量"[86]。洛维特简明地将之概括为,"通过斗争获得自由"。也就是说,面对例行化、纪律化和条理化无所不在的程序力量,用一种充满激情的否定性力量,来冲破特定的牢笼,这就是"自由的活动空间"

---

[79] 〔德〕韦伯:《民族国家与经济政策》,甘阳编,甘阳等译,生活·读书·新知三联书店1997年版,第98页以下;以及 Weber, supra note〔20〕, p. 135。

[80] 在1884年11月8日致鲍姆加登的信中,青年韦伯就指出,"俾斯麦的恺撒制的险恶特征就是普选"。转引自〔德〕雅思培(雅斯贝尔斯):同上注〔9〕所引书,第28页,译文略有改动。韦伯认为,这种所谓的"普选"实际上是"所有人的平等权利(就这个词的真正意涵而言)的谋杀者"。转引自 Marianne Weber, *Max Weber: A Biography* (New Brunswick: Transaction Books, 1988), 117—118。

[81] Weber, supra note〔20〕, pp. 80—81, 220ff;并参见 Peter Baehr, supra note〔76〕的讨论。

[82] 当然韦伯也认为,恺撒制这种因素在大众动员的国家(mass state)和议会民主中是必不可少的一部分,参见 Weber, supra note〔20〕, 174。

[83] 〔德〕韦伯:同上注〔79〕所引书,第90—91页,译文有改动。

[84] Weber, supra note〔20〕, pp. 144, 145.

[85] Ibid., p. 69.

[86] Mommsen, supra note〔28〕, p. 29.

的意涵。[87]

但无论是亨尼斯和蒙森的尼采式解读，还是洛维特的另一种"总体性"，似乎仍然不能解决韦伯的困境，因为以民族国家为载体的"实力政治"（Machtpolitik）[88]与"恺撒制"面临的问题实质上没什么两样，因为在这种所谓通过斗争获得的自由中，并没有为每一个"自助"的人的性格留下任何理论位置，某种政治上的"辉煌"并不能掩盖背后的空虚，和俾斯麦当年的情况一样，这仍然在某种意义上讲是一种虚荣政治，而不是荣誉政治；是伪神义论，而算不上真正的信念伦理。因为整个支配社会学中问题的症结就在于在政治领域中无法找到与宗教社会学中的"社会秩序理性化和个性塑造"的反题结构相应的张力。无论是所谓的"革命"，克里斯玛，还是以民族或国家面目出现的政治斗争，都无法真正成为例行化的对抗力量，而不如说是和后者构成了共谋的关系，谋夺自由的残存空间。因此，从政治社会学的角度来看，在理性化（科层化、纪律化、条理化与理智化）的条件下，韦伯的自由方案就面对了两种可能的紧迫危险，一种危险是，如果诉诸克里斯玛式的领袖，那么最终的结果并非普通公民的自由，也谈不上他们的责任与性格，而不过是个别领袖专擅的"自由"，而这种"自由"，与其说是自由，不如说是"恣意"。另一种危险是在政治中强调尼采式的斗争的意义，而这样做的结果则助长了民族主义甚至国家主义的倾向，最终"集体的斗争"与其说是保留了个人自由的动力，不如说是以集体的名义压制了个人自由的空间，最终以"敌人"或"战争"为借口彻底剥夺了自由的可能性。韦伯去世后德国的历史也许正是面对现实的政治处境追求"自由"的这两种危险的写照。所以，韦伯的困境实质上在于在韦伯对支配社会学的分析中，无法在现代社会中找到一套继续维持新教徒的生存张力的伦理理性化的精神张力，结果使理性化的历史命运，不再是个人命运的另一面，而变成了个人自由与命运的历史对立面。在宗教社会学的比较历史分析中，"除魔的世界"与个人的自由的相反相成。但在他的政治社会学研究中，在"除魔的世界"中似乎没有任何个人自由的可能性，而要创造个人自由的空间，似乎就需要将世界重新着魔，这个"诸神之争"的世界中反而没有禁欲者的守护神的任何位置，禁欲者的"守护神"不得不要附身在各种各样的"伪神"之上。蒙森曾经称韦伯是一个"身陷绝望的自由派"（liberal in despair）[89]，不过在他的笔下，"绝望"不过体现了韦伯的悲观主义观念罢了。蒙森没有看到，绝望正是韦伯作为一个自由主义者和一位现代性的社会学家的根本立场。在社会学家曾经写下的一段最完美的文字中，韦伯告诉我们，正是"越来越具有毁灭力量的无意义性"，带来了世界的除魔，使我们超出了平淡的自然主义和有机循环，而且恰恰是这种"世界绝对的不完美"，最终使禁欲者在实践中尝试最

---

[87] Loewith, supra note [18], 55—56.
[88] ［德］韦伯：同上注[79]所引书，第91页以下。
[89] Mommsen, supra note [70], chap. 5.

彻底的伦理理性化。[90] 唯有绝望，才能正视我们面临的历史命运，担负它，将它变成个人的命运。一句话，唯有绝望，才开始知道如何挣扎。因此，我们需要探问，面对经典自由主义的危机，韦伯的社会理论中除了提出了尖锐的问题之外，是否还包含了潜在的"出路"。是否有可能从韦伯社会理论的基本思想出发，探寻一种自由的可能性，在政治领域中，既无需将自由看做一种天赋的权利，占有的财产，或者自然的秩序，而是一种不断努力的自由行为，通过斗争赢得的自由空间，一种自由的生活风格，而同时又不会流于德国历史揭示的两种现实危险？

"但是，随着时光的流逝，我们'必须做我们的工作，趁着白日'。现在，必须为那些属于大众，那些完全依靠自身力量的个人们，赢得'不可让渡'的自由与个性的空间。必须在现在，也就是在下几代的时间内，趁经济'革命'和思想'革命'，深受鄙视的'生产的无政府状态'和同样受到鄙视的'主体观念'(subjectivism)尚处巅峰的时候。因为正是它们，并只有它们，才使个人能够获得自由与个性的空间。一旦世界在经济上'充分'发展，在理智上'得以满足'，对于普通人来说，也许永远不再可能赢得这些空间了。至少面对不可洞察的人类未来的迷雾，我们单薄的双眼能够看到的，就是这样的结果。"[91]

也许，真正能够塑造伟大政治传统的，既非运用辉煌的政治口号来进行大众动员的伟人，亦非民粹主义者心目中的那些被动员的"沉默的大多数"[92]，而是"那些完全依靠自身力量"，真正能够在政治中找到"自由与个性的空间"的孤独的人，以及在他们身上展现出来的"超越日常的惯习"(ein ausseralltaglicher Habitus)[93]，而这也正是我们为什么要探讨"英国法"问题的原因。

二、"英国法问题"：法治国的实质理性与形式理性

（一）韦伯眼中的英国法

帕森斯认为，"韦伯的实质社会学部分的核心，既非他对经济、政治问题的处理，亦非他的宗教社会学，而是他的法律社会学"[94]。但显然有许多学者并不同意帕森斯的论述。在本迪克斯笔下，政治社会学在韦伯的实质社会学中的地位更重要，法律社会学的研究属于政治社会学的一部分。[95] 撰写专著研究韦伯的法律社会学思想的克隆曼也指出，"在绝大多数时候，韦伯对法律问题的讨论从属于他关注的其他问题，例如，他对政治权威和

---

[90]〔德〕韦伯："中间反思"，同上注[7]所引书，第321—335页，译文错讹较多，需留意。

[91] Weber, supra note [20], 71.

[92] 对恺撒制与民粹主义观念的民众动员的讨论，参见韦伯对"普遍公民权"问题的讨论，见Weber, supra note [20], 80ff, 220ff。

[93]〔德〕韦伯：《世界宗教的经济伦理》"导论"，同上注[7]所引书，第18页，中文误译为"气度非凡的仪表"。

[94] Talcott Parsons, Sociological Theory and Modern Society, New York: Free Press, 1967, 92.

[95] 参见 Reinhard Bendix, Max Weber: an Intellectual Portrait, Berkeley: University of California Press, 1977, 第三部分的论述安排。

经济行动的性质的分析"[96]。

不过仔细来看,双方的分歧并不像表面看上去那样大。正如我们在前面所指出的,韦伯从1910年到1914年左右的思想发展的一个重要方面就是支配社会学在韦伯整个社会理论中开始占据越来越重要的地位。而法律社会学的论述恰恰是整个支配社会学的一部分,而且是核心的部分。从韦伯的理想类型的角度来看,法理权威在韦伯的支配社会学的概念体系中占有枢纽地位。《经济与社会》中阐述的整个概念体系也可以看做是以支配社会学,或者更具体地说是以法理权威及其制度化的核心问题组织起来的。例如,有关现代国家和现代政治组织活动的论述,就是从法律角度来加以定义的。[97]特别是《经济与社会》较晚写作的第一部分,这一点尤其突出。从这一角度来看,一方面,我们必须在分析韦伯的法律社会学时,将它放在整个支配社会学理论中来理解,这一点恰恰为许多分析韦伯法律社会学的学者所忽视;而另一方面,我们也同样要认识到,韦伯法律社会学在支配社会学中占有的特殊地位,使韦伯的法律社会学具有不可忽视的重要意义,可以说韦伯的法律社会学分析是理解韦伯的支配社会学的关键环节。[98]从某种意义上讲,正是因为上述两个方面的原因,才使韦伯法律社会学中的所谓"英国法"问题,在整个韦伯社会理论中成为一个"要害"。韦伯处理"英国法"问题时所面临的困境,突出地体现了韦伯整个思想的关键问题:在"诸神之争"的除魔世界中,个人自由与社会秩序理性化之间的紧张关系。

早在直接讨论法律社会学之前,韦伯的一些论述就涉及所谓的"英国法问题",或法律社会学界更常说的"英国问题"(England problem)。在《新教伦理与资本主义精神》中,为了证明理性主义的发展在不同的生活领域中并不是并行的,韦伯就以法律理性化与经济理性化之间的关系为例指出:

> 譬如,假如我们将私法的理性化看成是对法律内容的逻辑简化和重新安排,那么这种理性化在古代后期的罗马法中就已经达到了迄今已知的最高程度。但是这种私法的理性化在一些经济理性化达到相当高程度的国家中却仍然十分落后。在英国,这种情况尤其明显,在那里,罗马法的复兴为各种法律公会的强大力量所挫败;与此相反,在南欧的天主教地区,罗马法的复兴一直保持着支配地位。[99]

---

[96] Anthony Kronman, *Max Weber*, Stanford: Stanford University Press, 1983, p.1.

[97] Weber, supra note [68], 652ff.

[98] 之所以强调这一点,是因为以往对韦伯法律社会学的探讨,主要关注的问题集中在法律理性化与经济理性化(或具体来说,资本主义的兴起)之间的关系上,并进而认为韦伯的法律社会学思想主要涉及的问题是与私法相关的问题,如契约自由。这样做似乎直接忽视了韦伯法律社会学与支配社会学之间的紧密关联,不过近来的情况有所改变,参见 Stephen Feldman, An interpretation of Max Weber's Theory of Law, in *Law and Social Inquiry*, Vol. 16, No. 2, (1991): 105—148; Toby E. Huff, On Weber, Law, and Universalism, *Comparative Civilizations Review*, 1989, 21, fall, 47—79。

[99] 〔德〕韦伯:《新教伦理与资本主义精神》,同上注[5]所引书,第56页,译文有改动。

而在《经济与社会》中的"法律社会学"部分,韦伯屡次谈及了英国法在理性化程度上不仅难以与查士丁尼时代的晚期罗马法相比,而且难以与欧陆通过罗马法的继受逐渐发展起来的大陆法系相比。但问题在于,英国法较低的理性化程度似乎并未妨碍,甚至在某种意义上还有助于英国资本主义的发展。

不过,尽管总的基调如此,但仔细分析,我们就会发现,韦伯有关英国法的理性化程度问题的具体论述,包含了相当复杂,甚至多少有些模棱两可的论述。当然,韦伯首先也承认,在某些方面,英国的普通法也具有相当高程度的理性化。这一方面体现在程序方面,英国法具有相当高的理性程度,尤其是许多法律技术,如令状。[100] 韦伯指出,英国法早在中世纪就在技术上高度发展。[101] 因此韦伯认为英国的普通法具有严格的形式主义特征。另一方面,英国法在保障契约自由方面,例如与经济活动有关的合同法方面,韦伯认为具有可以与罗马法、印度法相提并论的理性化程度,有助于保护贸易,在某些方面,甚至只有古代罗马共和国可以与之相比。[102]

但是,在韦伯眼中,英国法更多是在许多地方表现出"非理性"的特征。这主要体现在两个方面。一方面,英国法尽管具有严格的形式主义,但却缺乏以晚期罗马法为代表的逻辑意义上的形式理性。英国的判例法,既没有在法律推理过程中严格遵守三段论式的演绎理性,也没能(或不愿)实现"将所有可以设想到的事实情境都在逻辑上纳入无缺陷的规则系统中"的系统化目标,因此,英国法并没有实现"逻辑升华"意义上的理性化,只不过仍采用一种罗列式的关联方法,一种法律的"决疑术"(legal casuistry)[103],而且这种基于类推的判例原则,根本也不可能产生法律的理性系统,也就不可能产生法律的理性化。[104] 而另一方面,英国法中采用的许多技术(如陪审团),很容易导致在判决过程中不是由普适性的规范(general norms)来统一决定,而是受到特定案例中的各种具体因素(如以伦理、情感或政治为基础的价值评判)的影响,而这正是韦伯眼中"实质非理性"的法律的主要特征。[105]

所以,英国法在形式和实质两个方面,都具有强烈的非理性色彩。首先,在韦伯看来,法律的形式主义有两种迥异的形式,一种是"拘泥于事实的外在特征……或是履行某种具有固定意涵的象征行为",这是一种最严格类型的法律形式主义。而另一种则是"运用意义的逻辑分析方法揭示出事实中所有与法律有关的特征,并因此能够以一种高度抽象的规则

---

[100] Weber, supra note [68], p.651.
[101] Ibid., 681.
[102] Ibid., 649ff, 691ff.
[103] Ibid., 654ff. 正如我们下面将要看到的,韦伯以比拟口吻提到的"决疑术"正是英国普通法的一个重要法律推理技术。
[104] Ibid., 784ff.
[105] Ibid., 656,以及第809页以下论"形式理性化"与"实质理性化"。

的形式阐述和应有确定的法律概念"。在韦伯看来，正是后者的这种"逻辑理性"标志外在因素不再在法律过程中发挥重要作用。而相反，英国法却依旧保留了大量的具体形式主义对事实的外在特征（而非明确的一般特征）的强调，所以，英国的普通法只是一种"外在"的、严格的形式主义，但却并未形成真正的"逻辑的形式理性"，而后者，在韦伯眼中，才是法律在形式理性化方面的真正标准。[106] 所以，英国普通法尽管具有相对比较发达的"形式"技术，但这些技术却没有被"逻辑理性"整合为一套完整的规则体系，因此，发达的"形式"技术不仅没有使英国法具有较高的形式理性，相反，这种外在的形式主义，倒是英国法较低形式理性的体现。

从历史的角度看，韦伯还进一步指出，英国普通法的这种严格的形式主义，表明英国普通法残留了大量的巫术因素，从而才带有浓厚的仪式主义的色彩。[107] 例如，英国运用陪审团进行判决，有相当强的克里斯玛色彩[108]，与古代法中的神谕（oracle）相对应，尽管判决中的判例本身相对来说是理性的，但在韦伯看来，判例法的诸多法律技术却因为缺乏"系统化"的逻辑升华过程，因此是非理性的，是巫术色彩的原始法律的现代遗留物。而之所以英国法残存了大量巫术色彩的技术，主要是因为英国法中保留了大量中世纪法律的痕迹。而在韦伯眼中，西方中世纪法律的思想有许多方面是"落后"的。[109]

其次，需要特别强调指出的是，英国普通法较低的理性化程度，不仅体现在形式理性化方面，同样也体现在实质理性化方面。[110] 因为，普通法中运用的各种法律技术，固然没有被任何法律的"逻辑形式理性"整合起来，也同样没有被任何伦理命令、功利标准或者政治准则整合为一套无缺陷的体系。因此，英国普通法中充斥着"卡迪司法"（Khadi-justice）的痕迹。[111] 由此可见，普通法在"实质理性"

---

〔106〕 例如围绕令状制度形成的各种形式的法律拟制（legal fiction）技术，参见 Ibid., 656ff。

〔107〕 Ibid., p. 762.

〔108〕 当然，这里"克里斯玛"的意涵，主要是我们提到的"传统"或"巫术"意义上的"克里斯玛"，与后来韦伯逐渐发展的"克里斯玛"概念的意涵不同。

〔109〕 Weber, supra note〔68〕, p. 689；不过，对于这一问题，韦伯的立场也相当含糊，他同样指出，作为现代资本主义法律制度主要特征的一些技术，并非起源于罗马法，而是来自中世纪：Weber, supra note〔20〕, p. 149. n. a。

〔110〕 因此，至少从韦伯的分析出发，英国普通法，不仅不是实证主义意义上的形式化的法律，也同样并非是在原则上具有较高理性的实质法，这一点与 Fletcher 颇有影响的论点正好相反，尽管 Fletcher 是采用多少有些不同的术语来论述的。参见 George P. Fletcher, Two Modes of Legal Thought, in *The Yale Law Journal*, 90: 970—1003。

〔111〕 "卡迪司法"是指判决案件时依据的不是理性的"判决规则"，而是对个别案件的具体价值评判，取决于法官的公正感，或者其他非理性的审判手段。在韦伯看来，陪审团、太平绅士参与地方司法管理，乃至英国法对罗马法继受的抗拒，都是英国法中"卡迪司法"痕迹的体现。参见 Weber, supra note〔68〕, 976ff, pp. 891—892; supra note〔20〕, p. 148。值得注意的是，英译者在 p. 806 n. 40 中对"卡迪司法"所作的界定并不准确。即使从实质理性法的角度看，"卡迪司法"也是理性化程度较低的法律管理形式。

上也很"落后"。[112]

但是悖谬的是,尽管英国法无论在形式方面,还是在实质方面,都未能实现较高程度的理性化,然而,一方面,英国法似乎并没有阻碍英国资本主义的发展[113];而另一方面,从政治的角度看,普通法国家的民主政治较为稳定,而且在发展中国家中,具有稳定民主政治的国家有许多是那些采纳普通法系的国家。[114] 正是这两个方面,构成了韦伯的社会理论,乃至整个法律社会学中所谓的"英国问题"。

不过,在试图探讨这一问题之前,我们需要一个必要的迂回,来进一步澄清韦伯笔下法律的形式理性与实质理性到底意味着什么,从而更深入地探究韦伯社会理论中所谓"英国法问题"的实质。

(二) 形式理性与实质理性

在韦伯的社会学概念体系中,所谓目标理性[115]与价值理性一直被视为是最重要的对立范畴,这对范畴也对后来整个社会理论的发展,产生了相当重要的影响。而相比来说,形式理性与实质理性这对范畴的影响就要小得多。许多讨论韦伯"理性"概念的学者往往对此避而不谈[116];即使谈及这对范畴,也经常将形式理性等同于目标理性,将实质理性等同于价值理性。[117] 但如果要理解韦伯复杂的"理性"

---

[112] 研究英国法律史的比利时学者 Caenegem 认为,在韦伯的理论中,普通法具有两副面孔(double face),对中上阶层采用形式理性的法律,而对日常生活中下层的小型案件,则采取"卡迪司法"的形式。这一观点似乎没有看到,在韦伯的理论中,英国法的形式理性,并非大陆法系的形式理性,而仅仅是外在的形式主义,而这种理性化程度较低的形式主义,与英国法在"实质"意义上的非理性(即卡迪司法)是有内在关联的,两者都与英国法律思维方式受到普通人的强烈影响有关,与大陆法系的"教授法"形成了鲜明的对立,参见 Weber, supra note [68], pp. 890—892; R. C. Van Caenegem, Max Weber: Historian and Sociologist, in *Legal History: A European Perspective*, London: Hambledon, 1991, p. 212。

[113] 正如 Trubek 所指出的,在这个问题上,韦伯同样也语焉不详,有诸多相互矛盾的说法。但总的来说,韦伯的观点仍是强调英国法尽管不是逻辑形式理性的法律,但却是可以计算的。这一论断在较晚写竣的《儒教与道教》在比较中国与英国的法律结构的段落中特别明显,参见〔德〕韦伯:《儒教与道教》,同上注〔7〕所引书,第 156—157 页;David Trubek, Max Weber on Law and the Rise of Capitalism, in *Wisconsin Law Review*, 1972, pp. 721—753。

[114] 两位学者进行的比较政治研究指出,在发展中世界的民主国家中,52% 的国家要么采纳普通法的传统,要么受到这一传统的影响。而具有比较持久民主经验的国家往往是前英国的殖民地。见 Huff, supra note [98], p. 70。

[115] Zweckrationalität 在英语文献中一直被交错译为"工具理性"(instrumental rationality)或"合目的的理性"(purposive rationality)。从含义看,前者显然有严重的问题,而后者则更准确,但中文的表达则不免累赘,本文尝试译为"目标理性",而且从中文的一般用法来看,"目标"也比"目的"更好地表达了韦伯这一概念与"价值理性"相对的意涵。

[116] 例如 Ann Swindler, The Concept of Rationality in the Work of Max Weber, in *Sociological Inquiry*, Vol. 43, No. 1(1973): 35—42。

[117] 例如 Arnold Eisen, The Meanings and Confusions of Weberian "Rationality", in *British Journal of Sociology*, Vol. 29, No. 1(1978), 57—70。

概念[118],就必须充分重视形式理性与实质理性之分的意义。不过要理解形式理性与实质理性这对范畴,首先要理解它们与目标理性/价值理性这两对范畴在韦伯的问题域中的不同位置。

在韦伯的著作中,直至1913年才出现"目标理性"这一用法,而"价值理性"概念出现得更晚,几乎是在1920年才为韦伯所正式采用。[119] 不过,学者们将这对几乎在韦伯临终前才成形的范畴视为韦伯社会理论的核心概念,这并没有错,因为从回溯的角度看,这对反题概念可以说一直是韦伯社会理论的核心环节。但关键在于,这对范畴究竟是针对什么问题出现的呢?缪勒敏锐地指出,不能将韦伯的这对概念等同于滕尼斯的"共同体"与"社会"这对范畴,因为在韦伯的理性类型学中,"情感"和"传统"理性属于韦伯所谓的"共同体性"(Vergemeinschaftung)的社会行动,而目标理性和价值理性则同属"社会性"(Vergesellschftung)的社会行动。[120] 与"情感"理性和"传统"理性不同,目标理性与价值理性都是分化社会中的理性行动,它们都涉及社会行动者对实践行动进行有意识的、审慎的"组织"过程,也就是说,这两种理性类型都与分化社会条件下的伦理理性化[121]有密切的关系。[122] 从这个角度看,目标理性和价值理性确实是韦伯的理性类型学的核心,因为在《经济与社会》中,正是借助这两个概念,韦伯从

---

[118] Eisen认为构成"理性"概念的意项包括6种,而Brubaker则认为韦伯笔下的"理性"至少可以发现有16种意涵,Kronman则仅在韦伯的法律社会学部分就找到了"理性"的4种意涵,分别见Ibid., pp.58—61; Rogers Brubaker, *The Limits of Rationality*, London: Routledge, 1984, p.2; Kronman, supra note [96], pp.73—75。而韦伯本人清楚地认识到"理性"概念的这一特点。在回应布伦塔诺对《新教伦理与资本主义精神》的批评时,他就特别强调了理性的复杂性,指出"如果说本篇文章还有一点真知灼见,但愿这点真知灼见能用来说明看似简单的'理性'这一概念的复杂性"。《新教伦理与资本主义精神》,第156—157页注[9]。但有必要强调的是,韦伯始终仍认为,可以而且有必要使用"理性"这一个概念来表述这些复杂性。这一点同样在《新教伦理与资本主义精神》中有所论及。韦伯指出,"理性主义是一个历史概念,是一个由各种反题组成的一个完整的世界"(第57页,译文有改动)。正如我们在第一部分已经强调的那样,理解韦伯的"理性"概念(以及韦伯的整个社会理论),就必须认识到,韦伯一方面考虑到了"理性"概念是复杂多元的,并打上了具有偶然性和独特性的历史进程的烙印,但另一方面"理性"恰恰是通过将这种理念与历史两个方面的复杂性结合为一个富有张力与冲突的"理想类型",揭示了其中"普遍历史"的意义与有效性,这正是西方"理性"的特殊分析价值,也就是韦伯为什么说,对宗教的比较历史分析的尝试,"最终和首先都必须和愿意有朝一日同时成为对理性主义本身的类型学和社会学的一种贡献"("中间反思",第303页)。这一点是理解韦伯思想的活力和创见的关键线索,而许多学者却有意无意地无视了这一点。

[119] Gret Mueller, The Notion of Rationality in the Work of Max Weber, *Arch. europ. sociol*, Vol.20 (1979),149.

[120] 有关这两种社会关系的论述,参见 Weber, supra note [68], 40ff。在英文版中,分别将这两个概念译为"communal"和"associative"。这里的中文译法只是为了保留原文中与滕尼斯概念的关联,不过韦伯明确指出他的用法与滕尼斯有所不同。Ibid., p.41。

[121] 需要指出的是,从某种意义上讲,韦伯心目中的伦理理性化,本身恰恰是在分化社会中才有可能。这与许多从浪漫主义和保守主义出发理解伦理问题的学者,在社会观念上有巨大的差异,不过本文不可能讨论这一复杂的问题,也许要留待另一篇有关"陌生人"问题的文章来讨论了。

[122] Mueller, supra note [119], 150ff.

系统化的概念体系出发，重新思考了他自《新教伦理与资本主义精神》以来一直关心的西方理性化的问题。这两个概念的重要性就在于它们之间的关联与张力直接涉及了韦伯始终关注的伦理理性化与社会秩序的理性化之间的关系问题。从这对范畴出发，我们可以说，《新教伦理与资本主义精神》的问题就是，借助新教徒的伦理理性化过程中，新教伦理的"价值理性"与作为理性资本主义特征的"客观的经营活动"的"目标理性"的理性化之间建立了"亲合力"，前者为后者提供了推动力，也正是在这个意义上，新教徒的伦理理性化，既是"价值理性"的，也是"目标理性"的；而在《经济与社会》和晚期的政治作品中，无论是对支配社会学的分析，还是对经济生产的技术效率与实质正义或社会目标之间的关系，韦伯关注的核心问题却是这对范畴的另一个侧面，即在价值多元的格局中，价值理性与目标理性之间的冲突，不同价值理性之间的冲突，以及目标理性在这种价值理性冲突中所扮演的角色。正是在这里，韦伯有关法律社会学的论述的意义凸现了出来：是否有可能找到一种理性形式，既超然于政治领域中价值理性的"诸神之争"，也同样超然于国家科层制与私人企业的科层制两种目标理性之间的冲突？[123] 无疑，韦伯有关形式理性与实质理性的对立范畴就和这一努力有关。

在韦伯的法律社会学中，所谓的形式理性与实质理性的对立既非是事实与价值的对立[124]，也与《经济与社会》第一部分中讨论经济行动中的形式理性与实质理性[125]不同，更准确地说，是逻辑系统化与价值系统化的对立。而在这两种系统化对立的背后，隐藏了法律形式化与伦理理性化之间复杂的历史关联与理论纠葛。

韦伯主要从神圣法（sacred law）理性化的角度来考察法律的实质理性化问题。[126] 韦伯指出，神圣法理性化的条件，首先就是相应宗教的伦理原则要摆脱巫术性质或仪式主义性质的形式主义。[127] 在这方面，基督教的教会法较之其他文化中的神圣法，占据相对特殊的位置，因为它在许多方面都要远为理性，特别是在形

---

[123] 值得注意的是，许多学者往往仅注意到价值理性之间的冲突，以及价值理性与目标理性之间的冲突。前者是韦伯针对现代社会的文化与政治的重要诊断，在当代受到了相关领域学者越来越多的关注，而后者在经济领域中有关效率与分配正义及"社会主义"的争论中一再被提及。但不同目标理性之间的冲突则受到了广泛的忽视，在"论抽象社会"中，我从一个不同的角度论及了这一问题。事实上，这一问题在韦伯的政治论文中是一个常见的主题，特别是科层制与其他理性地调控生活行为的方式（如私人资本主义）之间始终存在的紧张关系，例如 Weber, supra note [20], pp. 90, 156ff。

[124] 这是将这对范畴与目标理性/价值理性对立混淆起来的一个表现，例如 Brubaker, supra note [118], p. 36。

[125] Weber, supra note [68], pp. 85—86。经济社会学中与法律社会学中的形式理性/实质理性区分之间的关联在韦伯有关法律对契约自由的保障和限制的讨论中，有比较清楚的论述，参见 Ibid., pp. 668—681。

[126] 当然还涉及了所谓"世袭司法制度"（the patriarchal system of justice），参见 Kronman, supra note [96], 77ff。

[127] Weber, supra note [68], p. 816.

式方面十分发达。[128] 除了斯多葛学派的"自然法"学说、罗马法的法律技术和教会理性的科层等级制之外,在教会法的理性化过程中,韦伯没有直接提到的基督教自身的理性图景也扮演了非常重要的角色。[129] 伯尔曼在《法律与革命》中论述的"教皇革命",尽管不免有些偏颇和夸大,但仍然有力地证明了:在精神界与世俗界之间更强有力的张力关系下推动伦理理性化的努力,在这一背景下理性的教会法对抗各种地方习惯法的斗争,"产生了西方的法律传统"[130]。宗教改革之后,神圣法对于推动世俗法的理性化,发挥了更为明显的作用。尽管早期路德宗对人创造作为永久法的人法的权力这一点抱有怀疑态度[131],但在所谓"第二次宗教改革运动"中,伴随着加尔文教派等新教教派的信条化(confessionalization)[132],新教教派日益强调按照更加理性的世界秩序图景来重塑国家与社会的关系,"他们想要的不是自由和宽容,而是独立与支配"。在这一观念下,对法律的理性化首当其冲。这一点,突出体现在新教教派,特别是加尔文宗和清教诸派的反抗理论中,这对后世宪法理论与"高级法"思想产生了深刻的影响。[133] 因此,法律的实质理性化,在很大程度上与韦伯在《新教伦理与资本主义精神》中论述的命题有很大的相似性,即除魔的世界秩序图景,是如何通过伦理理性化的动力学,来建构一套发达的形式技术。[134]

不过,韦伯更关心的是形式理性本身的发展。受德国的罗马法编纂学派(Pandectist)的法理学及此后的概念法学(Begriffsjurisprudenz)的影响,韦伯强调法律是一种由系统性的规则支配的无缺陷的体

---

[128] Ibid., p.828.
[129] 韦伯没有明确提到这一点,大概是因为他在此处主要关注的是神圣法与世俗法(尤其是私法)之间的关系。Ibid., pp.828—831.
[130] 〔美〕伯尔曼:《法律与革命》,贺卫方等译,中国大百科全书出版社1993年版,第一部第二章。
[131] 同上书,第34页。
[132] Shilling, supra note [59].
[133] Brian Tierney, *Religion*, *Law and the Growth of Constitutional Thought: 1150—1650*, London: Cambridge, 1982, pp.107—108.
[134] 伯尔曼一再强调,在"教会革命"推动下形成的教会法是第一个西方近代法律体系,实现了教会法内部的系统化,并将理性应用于各种习惯法,废除大量不合理的习惯,将合理的习惯纳入法律体系中,同时还创用了大量至今仍在使用的法律概念、法律推理等诸多技术。〔德〕伯尔曼:同上注[130]所引书,第629—634页。这与韦伯对教会法发达的形式技术程度的论述是一致的。尽管伯尔曼自己批评了韦伯的观点,但他的批评似乎主要是建立在对韦伯著作常见的误解之上的,正确的箭并没有射到正确的靶子上。例如,他就将韦伯笔下两套不同的理性范畴划分混淆起来,同上书,第653—654页。Treiber曾撰写长篇论文,证明在韦伯的宗教社会学与法律社会学之间存在"亲合力",但可惜只是满足于分析结构上的对照,而没有更深入从核心问题的角度来着眼。参见Hubert Treiber, "Elective Affinities" between Weber's Sociology of Religion and Sociology of Law, in *Theory and Society*, Vol.14 (1985), 809—861.

系，并将这一点视为真正的形式理性的标准。[135] 从这种概念法学的视角来看，法律"正像自动贩卖机，从上面投入事实，在其中适用预先决定的所谓法律规定，然后从下面自动出来结论"[136]。这一形式理性的"技术装置"之所以能够发挥作用，前提是法律能够与伦理等实质理性分离，构成"自我指涉"(self-reference)的法律秩序。换句话说，法律的形式理性化，与韦伯在支配社会学中采取的一般立场是一致的，就是不得不割断伦理理性化与社会秩序理性化之间的直接关联，从而保证价值自由。

不过，在韦伯笔下，法律的形式理性化与实质理性化之间的关系，从历史发展的角度看，要比这种纯粹类型的构建复杂得多。因为，如果考虑自然法对实定法的影响，我们可以发现实质理性化是形式理性化发展的一个重要的前提，而且即使实定法实现了相当高程度的形式理性化后，实质理性化仍然是一个挥之不去的背影。在韦伯看来，作为形式理性法核心的抽象的法理制度结构，正是在自然法的基础上发展形成的。因此从社会学的角度看，自然法不仅是实定法的规范标准，更重要的是，自然法构成了实定法在发生学意义上的动力。"在形式上，自然法学说强化了迈向<u>逻辑上抽象的法律</u>的趋势，特别增强了法律思维方式中逻辑的力量。"[137] 与许多非理性的公理相比，只有自然法公理中的法律理性主义，可以创造形式性质的规则。[138] 因此，作为"价值理性合法性的最纯粹类型"[139]的自然法，也就成了具有最高形式理性的实定法的前提。[140] 韦伯的这一观点，对于理解他的整个社会理论的重要意义，我们不久就会看到。

因此，从某种意义上讲，在韦伯的法律社会学中，法律的形式理性化与实质理性化之分，实质上是解决价值理性与目标理性在现代社会相互冲突的一种方式。韦伯希望通过法律的形式理性化（这种形式理性化吸收了作为最高程度的价值理性的代表，自然法的规范标准），借助目标理性来为价值理性留出自由的空间。不过，在实定法的时代，形式理性法律与各种实质理性之间的冲突，仍然再现了我们在前面所探讨的韦伯整个社会理论的一个困境，即一旦脱离了发生学的问题，涉及理性化的持续发展时，社会秩序理性化与自由的伦理理性化就分裂为两个互不相干的领域，而一个自由主义者不得不面对"非此即彼"的艰难选择。而就法律社会学而言，这一艰难的选择与德国"法治国"学说中的两种不同倾向密切相关。

[135] 荷兰法学家罗斯认为，韦伯的法律实证主义明显地以概念法学为基础。有关德国法学思想的发展，特别是概念法学对韦伯的影响，参见林端：《德国历史法学派：兼论其与法律信实论、法律史和法律社会学的关系》，载《台大法律论丛》第22卷第2期，特别是第29页。
[136] 〔日〕加藤一郎：《民法的解释与利益的衡量》，梁慧星译，收入梁慧星主编：《民商法论丛》第2卷，法律出版社1999年版，第75页。
[137] Weber, supra note [68], 873.
[138] Ibid., p. 867.
[139] Ibid., p. 37.
[140] 有关韦伯法律分析中的实证主义与自然法理论之间的关系，参见 J. M. Finnis, On Positivism and "Legal Rational Rationality", in *Oxford Journal of Legal Studies*, Vol. 5, No. 1 (1985), 74—90。

(三)"法治国"的二难抉择

克隆曼敏锐地指出,韦伯的法律社会学的核心是从法是如何被管理(administration)的这一问题入手的,正是这一问题将韦伯的思路与法学的思路区分开来。[141] 但究竟韦伯法律社会学分析的核心概念,如理性,形式理性化与实质理性化,与法律的管理问题是如何联系起来的,却很少有学者论及。

当然,有些学者已经注意到,韦伯的这些思想与德国的"法治国"(Rechtsstatt)的观念有关,不过仍然语焉不详,缺乏实质性的分析。[142] 借助下文的分析,我们可以看出,韦伯有关形式理性化与实质理性化的二元对立,与"法治国"学说发展的历史有着非常紧密的关系。而且正是从这一点,我们可以发现,韦伯对法律理性化的分析是他的支配社会学理论的关键环节。[143]

"法治国"这个词的使用最早可以追溯至19世纪初。[144] 从一开始,这一概念就具有非常明显的调和性。一方面出于扩充军备、增强国家实力的考虑,另一方面受到自拿破仑战争以来西欧启蒙思想的影响,普鲁士等德意志地区试图摆脱治安国(Polizeisstaat)的传统。[145] 而"法治国"作为取代治安国的国家治理模式,则试图在强调新的自由的同时,保留原有的权威,特别是国家结构方面的传统主义特征。尽管随着市民阶层力量的上升和自由主义观念的日益广泛的影响,在18世纪30年代以后,"法治国"越来越成为自由派的思想武器,但它与英美经典自由主义的许多观念有很大距离。在绝大多数使用这一概念的学者那里,不论是保守派,还是自由派,都并不是将其视为对国家权力的限制,更不用说是一种新型的国家形式,而是"一种看待旧的国家的新方式"。借助这种观念,传统的政治权威的正当性,有意识地建立在"个体公民的自由"和"人民的自由"基础上。自由派希望通过这种方式,排除绝对主义国家中的恣意因素,因此,在他们看来,"法治国"就是"理性国"(state of reason)。[146]

这种"法治国"的理性色彩实际上是逐渐将以往二元对立的绝对国家与自然法学说糅合成一个整体,将国家的绝对目

---

[141] Kronman, supra note [96], p.30.

[142] 例如 Roger Cotterell, Legality and Political Legitimacy in the Sociology of Max Weber, in David Sugarman (ed.), *Legality, Ideology and the State*, London: Academic Press, 1983, p.88.

[143] 二者之间的这一联系在韦伯晚年有关世界经济通史的讲课记录中体现得十分清楚,参见〔德〕维贝尔(韦伯):《世界经济通史》,姚曾廙译,上海译文出版社1980年版,第287—291页。

[144] Leonard Krieger, *The German Idea of Freedom*, Chicago: The University of Chicago Press, 1957, p.253.

[145] 参见 Neumann, *The Rule of Law*, Leamington Spa: Berg, 1986, 200ff,对德国宪政史的论述。

[146] Krieger, supra note [144], pp.253—255.

标看做是执行自然法。[147] 从这一角度看,以往以自然法为基础的自由主义与以治安国为工具的绝对主义之间的斗争,结果以绝对主义吸收了自然法,扬弃"治安国",接受"法治国"而告终。现在,国家不再仅仅是自由的敌人,相反,却被视为是自由的庇护者和引路人。因为,在一个后进国家中,单靠孤立的个人,不仅不能对抗保守势力,来实现自由,还可能导致无政府状态,只有国家出面,通过实定法的规则来履行自然法的原则,才有可能保障个人的自由。[148] 正如一位观念史学者指出的,"自然法丧失了作为独立的社会规范来源的地位。实定法被重新界定为永恒伦理原则的分支或盟友。理想化的国家成为一种道德代理人,一种教育制度,因此,不受外在约束限制的自由转为伦理上自我引导的个人的内在自由"[149]。所以,德国"法治国"形式的"法治",其特点就在于法律的性质与国家具有不可解脱的关系。[150] 或者更准确地说,强制的理性化,暴力由国家这一政治单位来垄断地运用,权力结构的非人身化,这些都是通过"法治国"来实现的。[151] 而从社会结构的角度看,这种所谓"行政管理内部的宪政安排"(intraadministrative

---

[147] Ibid., p. 257. 从表面上看,这种观念颇具康德色彩。而且"法治国"的许多观念也似乎与德国经典自由主义者的观念有共通之处,强调国家基于一般法律来进行支配,并且不甘于此,希望在否定的功能之外,国家还是一个文化国家,肩负教养的职责。但即使如此,二者仍然有许多关键性的差异。在康德和洪堡时代,国家与个人伦理(及市民社会)之间的对立—制约关系,自黑格尔的"伦理国家"之后,经过浪漫主义的洗礼,就逐渐为一种总体化的相互依赖和相互渗透的关系所取代了。参见 Gerald Izenberg, *Impossible Individuality: Romanticism, Revolution and the Origin of Modern Selfhood, 1787—1802*, Princeton: Princeton University Press, 1992, pp. 5—6 讨论了从洪堡到浪漫主义的"国家—个人"关系的观念的变化。

[148] 这一观念证明,"法治国"归根结底属于霍布斯时代的产物,有关实定法实现自然法的论述,参见〔英〕霍布斯:《利维坦》,黎思复、黎廷弼译,商务印书馆1995年版,第207—208页。哈贝马斯甚至批评韦伯没有更充分地考虑二者之间的关联,参见 Jürgen Habermas, *The Theory of Communicative Action*, Vol. 1, London: Polity, 1986, 260ff。

[149] F. K. Ringer, *The Decline of the German Mandarins: The German Academic Community, 1890—1933*, Cambridge, Mass.: Harvard University Press, 1969, p. 114,转引自 Cotterell, supra note [142], p. 89 n. 4。在这一过程中,德国浪漫派的思想无疑发挥了非常重要的作用,它通过"绝对总体"生产"特殊化个体"的观念,对"法治国"中国家与个人自由之间的关系,产生了非常重要的影响。参见 Ernst Troeltsch, "The Ideas of Natural Law and Humanity in World Politics", in Otto Gierke, *Natural Law and the Theory of Society: 1500—1800*, Cambridge: Cambridge University Press, 1934, "Appendices", pp. 201—222; Izenberg, supra note [147]。有关自然法与法治国观念的内在联系,参见 Otto Gierke, ibid., pp. 137—138。

[150] Otto Kirchheimer, The Rechtsstaat as Magic Wall, in Kurt H. Wolff and Barrington Moore. (ed.), *The Critical Spirit: Essays in Honor of Herbert Marcuse*, Boston: Beacon Press, 1967, p. 288. 德国法学思想中国家的重要性,在对韦伯影响很大的耶林的一句话中体现得非常明显,"无疑现代法哲学与早先的自然法相比的巨大进步,就在于他承认和强烈地强调法律依赖于国家",转引自 Charles Haines, *The Revival of Natural Law Concepts*, Cambridge, Mass.: Harvard University Press, 1930, p. 247。

[151] Weber, supra note [68], p. 600.

constitutionalism）[152]，体现了德国市民阶层"政治化"能力的薄弱，也导致了后来韦伯论及的市民阶层习惯服从，对民主总是充满恐惧的怯懦和"无力状态"。[153]

在这样的思想史—社会史的背景下，尽管"法治国"的学说自从 19 世纪中叶开始日益形式化，但这种带有强烈自由派色彩的形式主义学说并没有使国家彻底摆脱治安国时代的管理任务，而不过是通过形式化的法律来重新组织国家的管理任务。正如形式化取向的"法治国"理论的代表人物斯达尔（Friedrich Julius Stahl）所言：

> 国家要成为法治国，这一口号实际上表达了现代发展趋势。有必要借助法律手段来准确地界定，并牢固地确保国家公民自由的领域的同时，界定和确保国家作用的方向和界限；因此，国家只能直接实现那些属于法律范围内的事物。这就是法治国的观念，这种观念并不是说国家只能施行没有任何管理目标的法律秩序，甚至也不是仅仅保障个人的权利。它首先指的不是国家的目标和内容，而只是国家作用的方法和性质。[154]

因此，"法治国"的目标就不仅仅是法，而是"通过客观法的形式，并且在这种形式中，尽可能地实现全民的德行与人性，并因而使他们获得幸福"。因为，"一个没有实定（positive）的道德追求的国家就像一次婚姻，一个家庭，徒具法律形式，但却没有爱情"。[155]

正如法兰克福学派的边缘人物，德国法学家纽曼指出的，所谓"法治国"的根本原则就是管理的法理性。它既指国家的日常管理要受到法律的约束，同时也意味着国家的任何干预都可以还原为法律，并借助法律来完成。[156] 而国家的科层体制，也通过这种治理的法理化，获得了合法性，这就是所谓"通过法理性获得合法性"（legitimacy through legality）。[157] 通过法理性，科层体制将立法与行政管理的功能集于一身，得以逐渐瓦解传统等级国家中的法团力量，将所谓法团意义上的"德国式自由"转变为法治国下受监护的自由；而在全国范围内，就是作为国家科层

---

[152] Reinhart Koselleck 语，参见 Jonathan Sperber, State and Civil Society in Prussia: Thoughts on a New Edtion of Reinhard Kossellck's Preussen Zwishcen Reform und Revolution, in *Journal of Modern History*, Vol. 57, No. 2 (1985), 279 的讨论。

[153] Weber, supra note [20], pp. 80—81. 许多近来的韦伯研究著作都讨论了韦伯对"市民个性的衰微"这一问题的关注，例如 Goldman, supra note [42], p. 15。

[154] 转引自 Neumann, supra note [145], p. 180。

[155] 自由派法学教授 Karl Theodor Welcker 语，转引自 Krieger, supra note [144], pp. 255, 256。

[156] Neumann, supra note [145], p. 182。

[157] 在魏玛德国，对这一问题的反省，成为左派与右派知识分子的一个争论的焦点，参见 David Dyzenhaus, *Legality and Legitimacy: Carl Schmitt, Hans Kelsen, and Herman Heller in Weimar*, London: Clarendon, 1997. 哈贝马斯则认为，韦伯的实证主义法律观，使他完全将合法性与法理性等同起来。但有必要指出的是，哈贝马斯的批评似乎没有注意实证主义的观念与程序的观念之间并不能简单地画上等号，显然在他 20 世纪 90 年代的著作中，这一观点已经有所改变。Habermas, supra note [148], Vol. 1, pp. 264—267.

体制对立面的议会的作用日趋下降。导致韦伯的政治作品中经常讨论的议会的"无权"状态。[158]

不过,"法治国"这种新的治理模式,作为将绝对主义时代的二元对立(治安国的管理任务与自然法的理性)糅合在一起的尝试,却将原有的绝对主义国家机器与自然法批评家之间的外在对立转化为一种内在的"政治二元论"(political dualism)。[159] 在外在的"政治二元论"中对立的双方,一方是完全控制日常生活的方方面面,但却不遵循普适的法律理性的治安国[160],而另一方则是没有国家权力支撑,也未介入司法实践,只具教育意义的,超然的理性法律观念。[161] 而内在的"政治二元论"的新格局则是在同一理性支配下的二元对立。也就是说,一方面,"法治国"试图运用同一种理性将法律的"管理"与国家的治理联系起来,即一种普适法律(the general law)的原则,它强调国家借助形式理性的法律来组织它的一切活动,同时也保障公民的自由与安全,而且在很大程度上,公民的自由正是通过国家的这种法律理性支配下的管理活动保障的。但另一方面,国家治理的法律理性又与"国家的目标和内容"相分离。法律理性(普适的、形式的)的治理与国家目标的二元论,逐渐成为19世纪后半期德国政治和法律在实践与理论方面斗争的焦点。而韦伯有关法律的形式理性化与实质理性化的区分正与"法治国"这种的政治二元论有关。"法治国"的"政治二元论"的实质是国家的形式实定法的法理性与背后的自然法的正义和合法性之间的紧张。尽管从"法治国"的逻辑来看,正是在韦伯关注的"形式性"的自然法原则的基础上,法律的形式理性才能够与国家支配的形式理性结合起来,构成了法理权威。这一结合既赋予法律以执行力量,而又赋予国家的支配以合法性,法理性与合法性在国家的形式实定法上获得了结合。但一旦国家试图运用法理权威来实现政治、伦理、功利等方面的实质目标,那么实定法中的自然法原则(rightness of the law),就不再仅仅是形式性,而变成了实质性的,而实

---

[158] Otto Kirchheimer, Legality and Legitimacy, in William E. Scheuerman (ed.), *The Rule of Law Under Siege: Selected Essays of Franz Neumann and Otto Kirchheimer*, Berkeley: University of California Press, 1996, pp. 44—63; Weber, supra note [20], 165ff.

[159] Krieger 和 Neumann 都提及这一点。不过,Krieger 只是简单地提及了这一问题,而尽管纽曼将之视为英德法治原则差异的关键,但在笔者看来,他的论述存在严重的问题,所以下面的论述并没有遵循他们的思路。试对比 Krieger, supra note [144], 256; Neumann, The Change in the Function of Law in Modern Society, in Herbert Marcuse (ed.), *The Democratic and the Authoritarian State: Essays in Political and Legal Theory*, New York: The Free Press, 1957, 43ff. 从下文第四部分有关英国"普通法心智"的论述,我们可以发现,这种转化具有内在的基础,即绝对主义国家与自然法哲学家在理性逻辑上的同构,柯施莱克对此有非常精辟的分析。参见 Reinhart Koselleck, *Critique and Crisis: Enlightenment and the Pathogenesis of Modern Society*, Leamington Spa: Berg, 1985。

[160] [德]拉德布鲁赫:《法学导论》,米健、朱林译,中国大百科全书出版社1997年版,第37页以下。

[161] [德]茨威格特和克茨:《比较法总论》,潘汉典等译,贵州人民出版社1992年版,第254—255页。

质自然法的价值理性，就与形式实定法的目标理性之间构成了尖锐的冲突，这一冲突正是"法治国"观念中政治二元论的内在根源。不过在19世纪早期，"法治国"的倡导者的主要主张仍是强调实定法及其法理权威的形式性，将法理权威与运用法理权威实现的实质目标严格地区分开来。但自19世纪中叶开始，就有许多学者试图通过形式法律的实质化来克服法治国的这种政治二元论，将"国家的目标与内容"与法律理性更紧密地结合起来，在这些学者中，既有激进倾向的学者，也有保守倾向的学者。保守派的学者试图采用某种"有机国家"的方式将国家的绝对主义色彩的权力与个体公民不可侵犯的权利结合在一起。[162] 因为，个人自身的权力不足以保障他们的权利，必须运用国家的"总体权力"（total power）。[163] 这样，法治国的学说就将整合而不仅仅是保障个人的自由，作为一个运作政策，纳入到整个国家的管理之中。人身权利与公民权利都成为强大的、独立的政治权威的最终产品。在这种背景下，"自由即秩序，自由即权力"。[164] 而相对来说，激进派的学者则力图将政治正义与社会福利纳入法治国的法律制度中。尽管双方在许多具体问题上针锋相对，但在基本思路上却没有什么差别，都希望将"法治国"的形式法律理性实质化，要求国家履行更多的文化与福利方面的功能。[165] 所谓"自由法学派"，强调"一般原则"和自由裁量权以取代形式理性化的倾向，所谓"社会法"以及"社会法治国"（Sozialrechtsstaat）的观念都是在这种背景下产生的，并从20世纪初开始在德国政治中扮演了越来越重要的角色。[166]

作为一位现实主义的自由派学者，韦伯对这种"当代法律发展的反形式主义倾向"抱有根深蒂固的怀疑态度。[167] 他敏锐地察觉到"法治国"实质化倾向中蕴含的"总体性"（totality）危险，是对个人价值自由的潜在威胁。这一点，在他对斯塔姆勒的批评中，就可以看到。[168] 将法律的"应然"与"实然"混淆的结果，不仅是在方法论方面犯了康德早已抨击过的错误，更在道德与政治上背离了康德与洪堡的立场。[169] 韦伯预感到，当"法治国"通过实质化，转变为所谓"社会法治国"[170]，就可能和社会主义企业一样，蕴含了铁笼的危险。因此，韦伯在许多场合表达了他对将国家实质化的思想与社会的趋势的担忧，并一再强调国家不具有任何内在的价值，

---

[162] Krieger, supra note [144], p. 258.
[163] Robert Von Mohl 语，参见 Neumann, supra note [145], pp. 181—182。
[164] 对韦伯早期思想形成产生相当大影响的 Rudolf Von Gneist 语，转引自 Krieger, supra note [144], p. 358。
[165] Neumann, supra note [145], p. 181。
[166] Weber, supra note [68], pp. 882—895；参见 Neumann, supra note [159]。
[167] Weber, supra note [68], 882ff.
[168] Max Weber, supra note [22], 124ff；及 supra note [68], pp. 326—327。
[169] Kirchheimer, supra note [150], p. 290.
[170] Ibid., p. 294.

国家只不过"是实现完全不同的其他各种价值的一个纯粹技术性的辅助手段,国家只能从这些其他价值那里来获得自己的尊严,因而也只有当国家坚守自己的这一行动使命的时候,它才能保住这一尊严"[171]。

但作为一个在德国法学传统中成长起来的社会理论家,"法治国"的观念深刻地体现在韦伯的法律支配概念中。[172] 面对法律实质化中暗含的个人完全受制于国家治理的危险,韦伯唯一可以利用的理论抉择就是法律的形式理性化。但正如我们在前面论述韦伯的政治社会学已经指出的,法律的形式理性化,不过和整个科层体制的例行化一样,同样也可能会吞噬了任何个人自由的空间,将所谓的个人自由完全笼罩在国家巨细靡遗的法律世界中,从这个意义上讲,法律的形式理性化,不过是用一种逻辑上的形式理性体系重构了治安国"万能管理"的梦想:"要一劳永逸、面面俱到地规定其臣民的所有生活关系。"[173] 因为只有在这种完备的形式理性体系规定的范围内,个人才有自由和权利可言。面对这样的形式理性化的法律,在韦伯的宗教社会学研究中举足轻重的自由的伦理理性化毫无位置,因为归根结底,这种法律仍是一种监护型的法律,个人的伦理不过是国家的伦理的一个映射罢了。这种将一切行为规则都整合为一个没有缺陷的体系的法律,"无论是使这些臣民们远离错误,还是给他们指明一条正确的轨道,它都立即去教训其臣民,即使是违其所愿,就像它应安排自己的家务一样"[174]。"它的雄心是想要预见所有可能的偶然情况,并将人类行为的范围规定到无微不至的家庭生活琐事。"[175] 因此,尽管国家不是在实质的意义上无所不能,但却仍然在形式规则的意义上无所不能。实际上并没有多少差别,仍不过是"一种实质伦理化的非人格化"。[176] 最终我们再次陷入了韦伯在政治社会学中面临的困境,只不过法律社会学以更加尖锐的形式反映了这一困境的症状:没有自由的理性化,最终将我们带入了新的奴役的铁笼。魏玛德国的历史,正验证了这一点,面对纳粹的兴起,无论是形式理性的倡导者,还是"自由法"和自由裁量权的鼓吹者,都无力抗拒。[177]

---

[171] Weber, supra note [24], p.47; supra note [20], pp.77—78,334.

[172] "法治国"的整个观念,在19世纪末就逐渐成为法学中的重要观念,影响了一代德国法学家,包括韦伯的许多老师和同时代的重要学者,参见 Haines, supra note [150], 246ff. 有关韦伯的法学教育对他社会理论的影响,参见 Stephen Turner and Regis Factor, *Max Weber: The Lawyer as Social Thinker*, London: Routledge, 1994;郑戈:《迈向一种法律的社会理论:马克斯·韦伯法律思想研究》,北京大学法律学系1998年博士论文,第23—35页。

[173] 1794年的《普鲁士国家普通邦法》。转引自茨威格特和克茨:同上注[161]所引书,第256页。

[174] 1766年的巴登王室法令。转引自〔德〕拉德布鲁赫:同上注[160]所引书,第37页。

[175] 〔美〕格伦顿、戈登和奥萨魁:《比较法律传统》,米健等译,中国政法大学出版社1993年版,第18页。

[176] 〔德〕韦伯:"中间反思",同上注[7]所引书,第312页,译文有改动。

[177] 参见 Otto Kirchheimer, State Structure and Law in the Third Reich, in Scheuerman (ed.), *The Rule of Law Under Siege*, 142ff。

在魏玛德国的一些法学家的笔下,纳粹德国这一"庞然怪兽"(Behemoth)的出现与"法治国"观念的内在缺陷有关。而英国的法治(the rule of law)与德国的"法治国",从字面上看有些类似,实际上却大相径庭。[178] 那么,从法治的角度看,在韦伯眼中,无论实质理性意义上,还是形式理性意义上的"法律理性在本质上低于欧陆,在类型上也不同于欧陆"[179]的普通法,对于理性化与自由的二难困境,是否意味着另一种可能呢?

三、"普通法心智"的内在视角[180]:作为技艺理性的司法理性

(一)普通法、自然法与实定法

如果放在政治思想史和法学史中看,韦伯法律社会学里对英国普通法"理性"的较低评价,也许并没有什么特殊之处,甚至比起普通法在英国国内遭受的一些批评来说,还要温和得多。

在边沁的眼中,当时英国的法律,充满了各种缺陷、神话、虚构与误解:制定法含糊不清,类似奇谈怪论;法庭程序复杂、昂贵;取证方式完全人为决定,纯属非理性。边沁所震惊的还不仅仅是这些问题,更让这位社会福利的数学家震惊的是,英国律师心安理得地宣称这些弊病陋习是自然的、不可避免的,借助这种迷信观念来拒绝改革。[181]

而在边沁之前,霍布斯在他虚构的"哲学家"与"普通法学者"之间的对话中就指出,普通法所宣称的所谓"法律理性"(legal reason)是一种含混不清的东西。因为并不存在特殊的法律理性,在世上的生灵中,只存在一种人类理性,而普通法却拒绝承认这一点。这就是主权者的自然理性。[182]

和韦伯的论述一样,霍布斯与边沁的批评并非普通人对法律职业的敌视的一种"哲学升华"。[183] 这些"对话"和批评的实质,是两种不同的治理方式(及法律在其中的意义)之间的冲突。

在边沁对普通法大加鞭挞的背后,是他的伟大梦想:建立一种完善、全面的法

---

[178] Franz Neumann, The Concept of Political Freedom, in Scheuerman (ed.), *The Rule of Law Under Siege*, p.202.

[179] Weber, supra note [68], p.890. 括号中的文字为引者加。

[180] 法的社会学往往倾向于排斥采用"内在视角"(事实上,绝大多数的作为"分支社会学",如经济社会学、政治社会学都如此),这样往往难以把握分化的社会领域中独特的理性。对于普通法来说,更重要的是,这种内在视角正是普通法的司法理性的重要特点,参见 Andrew Lewis, Legal Positivism: Some Lessons from Legal History, in Stephen Guest (ed.), *Positivism Today*, Aldershot: Dartmouth, 1996, pp.65—76。

[181] H. L. A. Hart, *Essays on Bentham*, Oxford: Clarendon Press, 1982, p.26.

[182] Thomas Hobbes, A Dialogue between a Philosopher and a Student of the Common Laws of England, in *The English Works of Thomas Hobbes*, London: John Bohn, 1966, Vol.Ⅵ: 3—8.

[183] 从观念史的角度看,边沁的思想,通过耶林,直接影响了韦伯的法律观念,参见 Turner and Factor, supra note [172], p.11。

律体系，一种"万全法"（pannomion）。[184]借用哈特的说法，就是将洞幽入微的青蝇之眼与总览全局的苍鹰之眼结合起来，力图让普遍、完善的法律之眼洞察社会生活的每个角落。[185] 这样的努力，在边沁看来，即使不是要彻底铲除普通法，至少要澄清英国法中"普遍性的不准确与紊乱之处"。[186] 而边沁对英国法的澄清工作的核心，就是将普通法"去神秘化"（demystification），揭露那些宛如"窃贼黑话"的律师行话和装神弄鬼的古怪装束背后的虚妄与迷信，而在这一切努力的核心就是将法律变成表达更加清楚，更加易懂的"常识"。尽管边沁并不接受霍布斯思想中的自然法观念，在他眼中，自然法与普通法的许多逻辑虚构一样，不过是神话而已。但是，至少有一点边沁和霍布斯是一致的，他们都认识到，普通法律师津津乐道的神秘"理性"，实际上却是拒绝承认以国王为代表的权威理性。[187] 在霍布斯看来，没有立法权的人，就不能创制法律。因此，像普通法学者那样，认为除了国王之外的所有法官加在一起，构成了所谓"完善的理性"（summa ratio），纯属虚构。[188] 而在边沁看来，普通法律师宣称的"自然理性"并不自然，真正的"自然"是常识性的规则，一个普通人的头脑就能够理解。[189] 表面上看，这种对"常识"的尊重继承了整个英国"普通法心智"（common law mind）的传统，但实际上是为通过立法权力来重构法律秩序铺平了道路。在边沁看来，在法官与律师这些专业人士支配下的法律秩序中，充满了恣意的非理性因素。必须借助彻底的法律改革，才能建设真正理性的法律秩序。

理性，又是理性！无论信奉普通法的律师或法官，还是秉持自然法的哲学家，推行效用原则的社会改革派，理性都是他们津津乐道的概念，但在双方共同使用的这个词背后，却包含了迥然不同的法律与理性的观念。

从霍布斯到边沁，希望建立的是一种"理性法律"（law of reason）。他们希望能够从有关人类与社会的本性出发找到建立社会秩序的一般原理，根据这种理性的原理建立一套完美无缺的法律制度，从这一普适性的制度出发规定每个社会成员

---

[184] David Sugarman, Legal Theory, the Common Law Mind and the Making of the Textbook Tradition, in William Twinning（ed.）, *Legal Theory and Common Law*, Oxford: Basil Blackwell, 1986, p.39.

[185] Hart, supra note [181], p.4.

[186] 这是边沁对布莱克斯通的《英国法释义》的说法，大概同样可以看做他对整个普通法的看法。〔英〕边沁：《政府片论》，沈叔平等译，商务印书馆1996年版，第93页。

[187] 值得注意的是，这里我们忽略了霍布斯思想中自然法学说与法律实证主义之间的潜在张力。从霍布斯身上，我们可以发现，英国的法律实证主义学说同样经历了德国"法治国"观念的某些转化，通过吸收自然法中的一些关键性的理念，为实定法提供了潜在的支撑。而其中关键性的过渡环节就是霍布斯的理论。霍布斯的"理性"概念，更是成为未来社会工程的理性计算依据的基本尺度。参见 Nobert Bobbio, *Thomas Hobbes and the Natural Law Tradition*, Chicago: University of Chicago Press, 1993, pp.44—46。

[188] Hobbes, supra note [182], p.5.

[189] Hart, supra note [181], chap.1. 值得注意的是，自柯克之后，普通法的主流观念传统很少称普通法的"理性"为"自然理性"，更多称之为"技艺理性"（人为理性）。

行事的规则和拥有的权利。相反,在普通法的律师和法官看来,他们寻找的是一种法律理性(legal reason),这是一种弱意义上的理性,一种类似"常识"的推理能力。能够给出可接受的理由,"合情合理"的理性。[190] 前者是一种立法的理性,而后者却是一种司法的理性。[191] 边沁的"万全法"是一种建立在总体性逻辑上的立法理性观念的样板,和他的"圆形监狱"(panopticon)异曲同工。[192] 而普通法的司法思路的法律理性,是一种"根植性的治理实践"[193],一种混合式的社会秩序安排方式(mixed forms of social order)。[194] 两种理性之间的差别,正如克洛斯在评论边沁与布莱克斯通之间的争论时作出的精辟断言,边沁绝对是一个为一种观念所左右的人,而布莱克斯通却并不知道为一种哲学观念所左右是什么样子。而这一概括,

---

[190] 正如法律史学者密尔松指出,普通法中的这种"理性"观念保留了最初来自法语的意涵。S. F. C. Milsom, The Past and the Future of Judge-made Law, in *Studies in the History of the Common Law*, London: the Hambledon Press, 1985, p. 216. 此外,普通法实践者的"理性"观念,还带有程序上的意涵,参见 Norman Doe, *Fundamental Authority in Late Medieval English Law*, Cambridge: Cambridge University Press, 1990, pp. 108—113,讨论普通法"理性"的语言学背景。从历史的角度看,在柯克大力倡导普通法理性的时代,"理性"的这一用法具有非常具体的政治意涵,是当时政治—法律—宗教纷争的一个焦点。有关这一时代的"理性"与"合理性"(reasonableness)的讨论,参见 Christopher Hill, *Change and Continuity in 17th Century England*, New Haven: Yale University Press, 1991, pp. 103—123. 在当代法学界中,也有一些对法律实证主义和自然法观念都不太满意的欧洲学者倡导这样的观念,特别是 Perelman 倡导的所谓"新修辞学",这一理论与我们下面论述的普通法的司法理性之间具有密切的亲缘关系。参见 Chaim Perelman, The Rational and the Reasonable, in *The New Rhetoric and the Humanistic*, Dordrecht: D. Reidel Publishing Press, 117ff. 有关"理性"概念的历史说明,参见本文第四部分的论述。

[191] 参见 Nobert Bobbio, Reason in Law, in *Ratio Juris*, (1988) vol. 1, No. 2: 97—108. 不过在某个重要的方面与 Bobbio 的观点有所不同,我与韦伯的看法倒更近似,自然法与实定法都同样属于立法理性。这一点就突出体现在霍布斯的立场中。Bobbio 本人强调了霍布斯思想中自然法因素与实定法因素之间的二律背反。事实上,这种二律背反并不仅限于霍布斯一个人,在17—18世纪具有自然法倾向的学者中颇为常见,自然法的立法理性不是作为对抗绝对主义君主恣意意志的武器,倒成了后者立法的某种"导师"或"顾问"的形象(例如德国的 Thomasius),这正是我们上面讨论过的实定法吸收自然法过程的一部分。因此,所谓"霍布斯"的时代,并非自然法的"霍布斯"的时代,这个时代的调门实际上却是借助自然法中的"理性法律"观念建构起来的实定法的立法理性,并希望最终能够以此建设一种绝对主义的国家。这一"利维坦"的时代,大概在许多方式上,远不是霍布斯当初能够设想到的。参见 David Saunders, *Anti-Lawyers: Religion and the Critics of Law and State*, London: Routledge, 1997, chap. 4; Bobbio, supra note [187], pp. 149—171;关于 Thomasius,参见 Peter Stein, *Legal Evolution: The Story of an Idea*, Cambridge: Cambridge University Press, 1980, pp. 51—52. 相反,正如本文所论述的,倒是普通法的"法律理性"是"司法理性"(Bobbio 称之为 judging reason)的代表,而不属于"理性法律"的传统。这一点也与 Bobbio 对柯克的论述有所不同,参见下文有关普通法与自然法关系的讨论。

[192] Postema 在他出色的著作中,将边沁看做是一个普通法的修正主义者,似乎忽视了边沁倡导的法律观念的"哲学激进主义"色彩,其中的自然理性尽管带有普通法强调的"常识"色彩,但从法律治理的角度来看,却貌合神离。Gerald Postema, *Bentham and the Common Law Tradition*, Oxford: Clareden Press, 1986, Chap. 6.

[193] W. T. Murphy, The Oldest Social Sciences? The Epistemic Properties of the Common Law Tradition, in *The Modern Law Review* 54:2(1991), 182—215.

[194] Lon Fuller, *The Principles of Social Order*, Durham: Duke University Press, 1981, 121ff.

也同样适用于整个实定法或"法治国"的治理逻辑与普通法的治理逻辑之间的巨大差异。[195]

因此,英国法之所以在韦伯的法律社会学乃至整个社会理论中找不到一个恰当的位置,不过是整个普通法问题的一个尖锐反映。无论是自然法学说,还是法律实证主义,尽管彼此相互攻讦,但却构成了主流的法学和社会理论的基本问题域。但无论对于法理学,还是社会理论,都确实像一位评论家所言,"普通法依旧不同寻常地令人感到困惑"[196]。而这种困惑的原因就在于普通法与在政治哲学和社会理论中占主流的"立法理性"的法律治理观念不相符合。

奥斯汀曾说,"从英国法的研究转向罗马法的研究,你就好像从一个混沌和黑暗的王国中逃脱出来,进入了一个比较起来,充满秩序和光明的国度"[197]。而如果我们想要理解普通法这种以"司法理性"为核心的法律治理观念,我们就需要从"法治国"或边沁的"万全法"这个"充满秩序和光明的国度"回到"混沌和黑暗的国度",探究其中自然法哲学家和法律实证主义者们"不具有,也不打算研究"的各种技艺。[198]

(二)普通法是一种完善的理性

在霍布斯眼中,柯克不过是法律和政治上的老顽固、守旧派。而在普通法的史学家看来,柯克是使英国法现代化最重要的人物。[199] "对于所谓英国式自由的正统学说,没有一个辉格党人比柯克表达得更有力,比他拥有更深厚的学养。"[200] 可以说,是柯克一手将英国普通法从中世纪带入了现代,从而奠定了普通法的理性传统。[201] 在柯克有关普通法的论述中,他以独特的方式奠定了普通法的法律理性的基调,确立了现代普通法学说的传统。在一段广为引用的论述中,柯克断言:

> ……理性是法律的生命,普通法本身不是别的,就是理性。应该把这种理性理解为通过漫长的研究、考察和经验而实现的一种在技艺上对理性的完善(an artificial perfection of

---

[195] 克洛斯指出,布莱克斯通的这种"不知道","是任何想要成为普通法的伟大诠释者所不可或缺的。因此,布莱克斯通是这样的人,而边沁不是"。Rupert Cross, Blackstone v. s. Bentham, in *The Law Quarterly Review* (1976) 92:527.

[196] Frederick Schauer, Is the Common law law?, in *California Law Review*, (1989) 77:455.

[197] 转引自 Sugarman, supra note [184], p.34。

[198] Hobbes, supra note [182], p.7。

[199] W. S. Holdsworth, *Sources and Literature of English Law*, Oxford: Clarendon Press, 1925, p.145.

[200] 杰弗逊语,见 James Stoner, *Common Law and Liberal Theory*, Lawrence: The University Press of Kansas, 1992, p.13。

[201] 这样说,有两个方面的意涵:既指柯克通过将普通法"现代化",也指柯克将中世纪中法律至高无上的观念带入了现代法律思想中。参见 John Undenwood Lewis, Sir Edward Coke(1552—1633): His Theory of "Artificial Reason" as a Context for Modern Basic Legal Theory, in *Law Quarterly Review* 84(1968), 333。

reason),而并非每个人都具有的自然理性,因为没有人生来是有技艺的(nemo nascitur artifex)。这种法律理性是最高的理性(summa ratio)。而且因此,即使散布在这么多头脑中的所有理性都结合在一人头脑中,他也仍然不能产生英国法这样的法律,因为它是经历了许多时代的兴替,为无数伟大的博学之士一再去芜取精,完善而成,并借助漫长的经验,这种法律才成长为这一领域中治理的完善状态,这正验证了一句古老的法则:没有人,出于他自己私人的理性,能够比法律更有智慧,因为法律是完善的理性。[202]

这段话集中体现了柯克有关普通法的法律理性的论述中包容的许多丰富意涵。首先,在柯克看来,普通法本身就等于是理性。对普通法这一法律理性传统的特点,当代普通法学者辛普森做了简明的概括:"在普通法制度中,说一些问题的特定解决方式是遵循法律,与说它是理性的、公正的或正义的解决方式,事实上,这两种说法之间没有明确的区别。"[203] 这一观念并非无用的同义反复,而是具有非常重要的意涵。它意味着在普通法之外,无论在实质意涵上,还是在形式意涵上,都并不存在另外的"高级法",或别的理性,来作为普通法法律理性的规范基础或价值依据。[204] 不太恰当地套用继承柯克思想的英国大法官和法学家哈勒(Sir Matthew Hale)的话说,"普通法就是英国的自然法"[205]。

从这一思想出发,我们可以说,普通法的法律理性的特点就在于理性是内在于法律的,它与没有内在理性的立法理性构成了对立的两极。后者属于没有内在理性的意志过程,只与理性具有外在关系。[206]

其次,在柯克笔下,普通法是完善的。"法律是完善的理性"并不是说法律本身没有任何缺陷,而意味着普通法对社会生

---

[202] Sir Edward Coke, Institutes of the Laws of England, I,97b,转引自 Stoner, supra note [200], p. 23。

[203] A. W. Simpson, The Common Law and Legal Theory, in A. W. Simpson (ed.), *Oxford Essays in Jurisprudence*, Second Series, Oxford: Clarenden, 1973, p. 79.

[204] Lewis, supra note [201], p. 338.

[205] 转引自 Alan Cromartie, *Sir Matthew Hale*, Cambridge: Cambridge, 1995, p. 32。从某种意义上讲,哈勒的观点并非比喻。英国的普通法在许多方面与自然法的早期意涵有近似之处,参见 D'entieve:《自然法》。而富勒有关"程序性自然法"的提法,正是继承光大了普通法的这一司法理性传统。参见 Lon Fuller, *The Morality of Law*, New Haven: Yale University Press, 1964。

[206] 从普通法的这种法律理性的思路出发,现代分析法学中有关一阶规则(primary rules)与二阶规则(secondary rules)的区分完全是没有必要的,这一区分本身就是立法理性的产物。并再次证明了普通法与基于法律实证主义的现代分析法学存在难以跨越的"鸿沟"。对哈特这一著名区分的批评,参见 M.J. Detmold, Law as Practical Reason, in *Cambridge Law Journal*, 44(3), Nov. 1989, 442ff;富勒也从不同的角度出发进行了类似的批评,参见 Lon Fuller, supra note [205], 141ff。哈特本人对这一区分的论述,参见〔英〕哈特:《法律的概念》,张文显等译,中国大百科全书出版社1996年版,第五章。该书将这两个概念译为"第一性规则"和"第二性规则"。

活中的任何困境都可以作出回应。[207] 而且,普通法对这些问题的回应,是"一贯"的。"一贯性"(consistency)是普通法作为完善的理性的核心意涵。哈勒指出,每一种道德行动都因境况的差别而不同,因此,"世界上没有任何两次道德行动在各方面都一模一样",这样就带来法律和治理方面诸多的不稳定性,而法律的"一贯性"正是为了克服这一危险。因此,普通法作为完善理性的学说,暗含了某种特定的法律发展的模式。[208] 法律是理性历久经年的产物,而不是立法者一时的恣意之举。这正是杰出的观念史学者波科克概括的"普通法心智"(common law minds)的最重要的特点:普通法是"超出记忆"(immemorial)的法律。[209]

针对这一问题,哈勒曾经举过一个非常著名的例子,普通法宛若阿尔戈英雄的船舰,尽管经历了漫长的旅程,最初造船的所有材料几乎都已经更换过了,但却仍然是原来的船。[210] 普通法的法官、律师和学者都一再强调,普通法的理性是历代贤人智者几百年经验的结晶。正是基于这一缘由,他们才和哈勒一样,"宁愿采纳这种完好地支配了四五百年的英国法,而不是听凭我个人的某种新的理论(尽管比起王国的法律,我对自己理论的合情合理之处,要更加熟悉),来推进王国的幸福与太平"。[211]

哈勒的这一论述大概正是许多普通法的批评家经常攻击的靶子。在这些批评家(无论是自然法哲学家,还是实证主义者)眼中,普通法的"保守性"渗透在整个英国政治思想中,阻碍更加理性化的改革。但实际上,柯克和哈勒这些普通法法官对一贯性的强调蕴含了非常重要的普通法理性,这突出地体现他们区别"不便"(inconvenient)与"伤害"(mischief)的学说中。所谓"不便"实际上就是"不一贯"(inconsistency)[212],是对整个法律理性的一个威胁。在柯克看来,"任何不便之物皆非法律。而作为完善理性的法律不能忍受任何不便的东西"。而相比之下,个别案例所带来的"伤害",其影响就小得多。因此,"法律宁肯承受不幸,而不能忍受对许多人造成的不便"[213]。因为正是这一点将法律与恣意区别开来。所以哈

---

[207] Cromartie, supra note [205], pp. 20—21. 饶有趣味的是,Cromartie 将柯克的这种思想与德沃金在《法律帝国》中阐述的思想相比。从我们下面的论述可以看到,这一共通之处远不止 Cromartie 所强调的方面。不过,我认为,柯克大概很难接受德沃金那么强的"实质"立场,认为这种法律的完善理性是由"原则"支配的。参见〔英〕德沃金:《法律帝国》,李常青译,中国大百科全书出版社 1996 年版,特别是第 9 章。

[208] Gray 在探讨哈勒的普通法学说时,讨论了三种不同的法律变迁模式,参见 Charles Gray, "Editor's Introduction" in Sir Matthew Hale, *The History of the Common Law of England*, Chicago: The University of Chicago Press, 1971, p. xxvi。

[209] J. A. Pocock, *The Ancient Constitution and the Feudal Law: A Study in English Historical Thought in the 17th Century*, Cambridge: Cambridge University Press, 1987, chap. 2.

[210] Hale, supra note [208], p. 40.

[211] Sir Matthew Hale, Sir Matthew Hale's Criticism on Hobbes's Dialogue of the Common Laws, in Sir William Holdsworth, *A History of English Law*, London: Methuen, 1956—1972, Vol. V, p. 504.

[212] Lewis, supra note [201], p. 337.

[213] 转引自 Stoner, supra note [200], p. 25。

勒才说,"一种恣意带来的不便是不可容忍的,而因此,某种多少导致一些伤害的法律要比恣意好"[214]。事实上,这正是全部先例原则的司法理性基础。即使猛烈攻击普通法的"反对改革的狭隘情感"的边沁,也接受普通法的这一理性,反对法官任意违背先例。[215]

最后,普通法的这种"完善理性"不是通过封闭的逻辑形式体系建立的,而是通过开放的法律技术完成的,这就是柯克所谓的"技艺理性"(artificial reason)。这种理性能力是与"智慧、审慎或技艺"联系在一起的。[216] 这是一种"逐渐的,推理性的"(gradual, discursive),是一种"推理过程"(ratiocianation),而非"唯理化"过程(rationalisation)。[217] 其核心是法庭论辩时控辩双方在相互争执时为自己的论述提供依据的修辞学意义上的理性,而非逻辑学意义上的理性。[218] 这也是我们称普通法的理性为一种司法理性的一个重要原因。因为,普通法的"完善理性"就是借助各种在司法实践中广泛采用的技艺来建立、维持、再生产法律的"一贯性"。而普通法就是这些技艺理性在时间上的积累与完善。

普通法的这种"技艺理性"与自然法学说和实证主义倡导的"自然理性"相去甚远。当1608年,詹姆斯一世试图自己断案时,柯克援引先例拒绝了国王的这一要求。詹姆斯一世的回答是,既然法律是基于理性的,那么他和法官一样具有这一理性。柯克断然拒绝了这种似是而非的说法。在这段著名的论述中,柯克指出,"确实上帝赋予陛下天纵神明,自然的伟大禀赋;但是陛下并没有研习过他所治下的英国的法律,而与陛下的臣民的生活、继承、动产或财产有关的案件的判决(decided),不是依据自然理性,而是依据技艺理性和法律的判决(judgement)。法律是一门艺术,要求长期的研究与经验,之后一个人

---

[214] Hale, supra note [211], p. 504.

[215] 不过,边沁的理由是这样做的好处低于代价,因为个别案例的效用与整个规则系统稳定性的效用是无法相提并论的,这也成了边沁反对运用司法手段改善法律的一个重要理由。参见 Postema, supra note [192], chap. 6.

[216] Hale, supra note [211], p. 501.

[217] R. Stone 语,参见 Postema, supra note [192], p. 31. Hale 有类似的说法,见 supra note [211], p. 501。

[218] Peter Goodrich, Antirrhesis: Polemecal Structure of Common Law Thought, in Austin Sarat and Thomas Kearns (ed.), *The Rhetoric of Law*, Ann Arbor: The University of Michigan Press, 1994, pp. 57—102.

才能了解它……"[219]

因此,普通法的技艺理性就是一种"通过运用与练习才能习惯的……推理能力(reasonable faculty)"[220]。而正是这种与普通法在法律职业和法律教育等方面的特点密切相关的技艺理性,构成了普通法的司法理性的核心。

(三)普通法的司法理性:例行案件与疑难案件

普通法的法律理性是一种司法理性,也就是说,普通法的法律理性是一种以法庭为核心的理性,这正是技艺理性的实质意涵。而在这种技艺理性中,例行案件的审判与疑难案件的审判担负了不同的角色,共同构成了普通法的程序技术。

对于普通法的司法理性来说,例行案件(routine cases)[221]与疑难案件(hard cases)的区分[222]具有非常重要的意义。因为,在试图建立一种"万全法"的立法者眼中,所有的案件都应该并能够成为例行案件。而实定法的逻辑也就是将全部法律体系中的案件都等同于例行案件,而所谓"疑难案件"不过是法律规则体系中缺陷的产物,是实定法理性的一个伤疤。在理想的"实定法"中,是没有位置的。而在普通法中,不仅承认疑难案件存在,而且对于普通法的发展来说,疑难案件审判中的法律推理过程具有非常重要的意义。当然,强调疑难案件在普通法中的重要性,并不意味着例行案件不重要。[223] 二者在普通法的技艺理性中发挥了不同的作用。

通常认为,在例行案件中,可适用的法律规则是十分清楚的。对应任何操作性的事实p,都可以找到相应的法律条款"如果p,那么q"来涵盖这种情况,所以法

---

[219] 在这段引文之后就是在宪政史上著名的段落,柯克引用布莱克顿(Bracton)的说法,"国王不在任何人之下,但在上帝与法律之下"(sub Deo et sub Lege)。Coke, 12 Report 63,转引自 Stoner, supra note [200], p.30。但值得强调的是,普通法的这种宪政色彩,其基础是以"技艺理性"为核心的实践技术,以及以法律职业的封闭性和自主性为前提的制度保障,与法团观念背景的"混合政体"(mixed government)或民粹主义背景的"一致政体"(government by consent)的立法理性观念,在观念史和制度史的源流上,都有所不同(尽管与封建法律的法团观念有相当深的联系)。从某种意义上讲,在英国,直至清教革命,依靠"司法一致"的司法理性观念对绝对主义君主制进行的制约,仍然是主要的"宪政"保障,这正是所谓"古代宪章传统"(ancient constitution tradition)的重要意涵。参见 Pocock, supra note [209];有关"司法一致"(judicial consent)与"民众一致"(popular consent)的对比讨论,参见 Doe, supra note [190], 22ff;有关"一致政体"与"古代宪章传统"作为两种主要的反绝对主义力量,参见 J. P. Sommerville, *Politics and Ideology in England. 1603—1640*, London: Longman, 1986, chap.2—3。

[220] Hale, supra note [211], p.501.

[221] 与疑难案件相对的,有各种不同的说法,easy cases(德沃金)、plain cases(哈特)或 clear case(麦考密克)等,但这里之所以采用"例行案件"的说法,并不仅仅是为了与韦伯的社会理论相关联,而更多是因为"例行案件"的提法更好地反映了这类案件判决过程的性质。

[222] Aulis Aarnio, *The Rational as Reasonable: A Treatise on Legal Justification*, Dordrecht: D. Reidel Publishing Company, 1987, p.1.

[223] 也许正如 Aarnio 所言,对于法学理论来说,例行案件的意义并不太大(对此,我也多少有些怀疑)。不过至少,对于法律管理或法律理性的社会学分析来说,例行案件和疑难案件同样重要。Ibid., p.1.

庭就应该执行相应的法律后果，q。[224] 但是，这样的分析方法实质上又把普通法还原为制定法，将司法理性还原为立法理性。[225] 而现实中，判例法对例行案件的法律推理技术，要比许多皈依立法理性的学者想象的微妙得多。

在例行案件中，法官的工作实际上既涉及处理复杂性的问题，也涉及所谓"特殊化"的过程。无论前者，还是后者，它的逻辑都不是三段论式的，而是决疑术（casuistic）式的，或者说是修辞术式的。

任何法官面对的案件都是具体案件，这意味着案件所处理的事件，都是由复杂的和特殊的事实构成的。面对复杂的事实，法官需要区分重要和不重要的事实，在这一点上，与韦伯的说法相反，大陆法和普通法没有什么差别。[226] 区别之处在于，如果说大陆法中的法官寻找的是使适用类型化的法律规则成为可能的操作性事实（上述所谓"p"）的话，那么在普通法的法庭中，焦点则是使该案件与先例之间的类推成为可能的所谓"类推关键"（analogy key）。[227] 借助操作性事实，法官能够将一个案件的事件归类，从而援用实定法中三段论式的演绎推理。换句话说，正是一个案件中的操作性事实，将具体案件与在一定的适用范围内具有绝对性的规范联系起来，使"若—即"（if/then）的条件程式能够发挥作用，后者是所有实定法的法律规范的基本程式。[228] 但在普通法中，先例与具体案件之间的关系，并非类与个别项的关系。先例并非一个普遍性的范畴，而是一个范例（example）。而范例与规范不同[229]，它与具体案件的逻辑地位是相同的，都是针对特定的事实。也就是说，作为范例的先例，即使在适用范围内，也不是绝对性的，而只具有一般性。[230] 因此，"类推关键"也并不是要将一个具体案件还原为一个一般性的模板，而是在两个具体案例之间建立类推联系。当然，在进行类推时，我们对两个具体案例的了解是不同的，我们对先例更"了解"，否则就无法，也没有必要进行类推了。[231] 而这种"了解"，并不是说先例中蕴含着"规

---

[224] 所以，麦考密克才称之为"清楚的案件"（clear cases），与"不清楚的案件"相对。Neil MacCormick, The Artificial Reason and Judgement of Law, in *Rechtstheorie*, Beiheft 2, pp. 112—113. 尽管麦考密克的文章采用了柯克的著名说法为题，但似乎在一些关键的地方与经典的普通法学说中的司法理性有相当的距离，具有浓厚的"实定化"色彩。

[225] Detmold 称之为"准立法"（sub-legislation）的方式，supra note [206], p. 458。

[226] 当然，由于运用有限数目的"初始令状"（original writs）开启诉讼程序，普通法确实需要考虑一些"外在"的事实，而非"逻辑分类"意义上的事实，不过，这在很大程度上与普通法程序历史发展的特殊过程有关。另外，陪审团的情况也类似，参见下文第四部分的讨论。不过，从法律推理的角度看，韦伯在普通法和大陆的"形式理性法"之间建立的区别，似乎并不恰当。

[227] Aarnio, supra note [222], pp. 103—105.

[228] Niklas Luhmann, *A Sociological Theory of Law*, London: Routledge and Kegan Paul, 1985, 174ff.

[229] M. J. Detmold, *The Unity of Law and Morality: A Refutation of Legal Positivism*, London: Routledge and Kegan Paul, 1984, p. 175.

[230] 绝对性与一般性的区别，参见 Detmold 对先例的讨论，同上引文。

[231] Ray D. Perelman, Analogy and Metaphor in Science, Poetry, and Philosophy, in supra note [190].

范",而是因为先例中的判决理由提供了将"实质事实"(material facts)[232]与各种法律原则联系起来的范例。"没有发现原则的地方,也没有办法使用类推。"[233] 而先例中的"判决理由"实际上并非一种规范陈述,而是将"实质性事实"与"法律原则"联系起来的实践理性方式。类推的过程,实际上就是这种实践理性方式的延伸。普通法的这种实践理性,形成了面对每个具体案件中的特殊事实的程序技术,培养了对特殊性的尊重。无论是法官,还是律师,养成了专注案件中的特殊事实的"普通法心智"。正如 20 世纪初,哈尔斯伯里勋爵(Lord Halsbury)在其判决中所指出的,"每一个判决都应该理解为是针对业已认可或假定如此的特殊事实,因为在判决中发现的表述,其一般性并不在于要澄清整个法律,而在于能够支配会与这些表述连在一起的一些案例的特殊事实,并且这些表述也从特殊事实中获得了一般性的资格"[234]。

因此,在例行案件的司法管理中,严格遵守先例的原则就是要运用类推的修辞术,而非逻辑三段论,兼顾待决案件实质事实的特殊性与一般性(通过与先例中的实质事实进行类推),在保障法律的"一贯性"和稳定性,保证同等案件同等对待的同时,使案件事实的特殊性受到应有的重视。[235] 实际上,这是一种通过特殊化建构普遍主义的方式,或者更准确地说,是通过吸纳特殊性因素,将它们作为迈向普遍主义的动力。而这种方式在普通法(通过先例原则体现出来)中的重要性,就在于它反映了司法理性的特点。韦伯有关普通法的实质非理性与形式非理性都与此有关,但这正是普通法"理性"乃至"理性化"(法律发展)的特点。

从司法管理的角度来看,如果说例行案件是适用法律的话,那么疑难案件则是"发现法律",或者采用经典普通法理论的说法,是"宣示(declare)法律"。

在普通法中,疑难案件的根本特点在于,在案件中,双方能够将案件的特殊事实与不同的"法律原则"联系起来。之所以造成这种局面,要么是因为双方在构成案件的事件中发现了不同的"类推关键",从而将案件与不同的先例系列建立起类推关系;要么是因为尽管双方对案件中的

---

[232] 参见 Arthur L. Goodhart, *Essays in Jurisprudence and the Common Law*, Cambridge: University of Cambridge Press, 1931, chap.1。

[233] Jack Beatson, Has the Common Law a Future? in *Cambridge Law Journal* (1997) 56(2), 312.

[234] 转引自 Rupert Cross and J. W. Harris, *Precedent in English Law*, Oxford: Clarenden Press, 1991, p.43。

[235] 正如我们下面讨论所逐渐揭示的,案件涉及的"特殊性"一面,正是法律行动者借助稳定的法律程序,在价值自由的前提下实践权利的独特方式。普通法法律推理中对"特殊性"的重视,与浪漫主义背景下的保守主义观念对"特定个体中蕴含的精神总体"的强调相去甚远,后面这种观念对德国"法治国"观念的实质化产生了非常重要的影响,也是诸如"活法"、"自由法"观念的重要背景,参见 Troeltsch, supra note [149], pp.210—211。尽管(通过维特根斯坦的哲学)间接受到德意志神秘主义观念的影响,Detmold 的论述仍然比较深刻地探讨普通法理性这一特点的重要法理学意涵,并特别揭示了其中的司法理性的意涵(不过,他本人没有使用这样的说法),Detmold, supra note [229];特别是"Law as practical reason"中对"特殊性虚空"(particularity void)的讨论。

"类推关键"没有分歧,但对先例中的"判决理由"的看法却大相径庭,也就是说,双方对先例中的"实质性事实"没有分歧,但却对先例将这种"实质性事实"与何种法律原则联系在一起,以及联系起来的方式,无法取得一致。[236] 而造成这种"疑难"状况的原因,既可能由于"先例"过多或者不足,也可能是因为以往的先例难以理解,范围不清,甚至由于时代久远等原因而失灵。[237] 不过总之,疑难案件就意味着法庭难以像例行案件一样,借助类推,找到一种简便易行的处理案件特殊事实的方式。

因此,疑难案件的判决过程就是先例得到明确或再生产的过程。而这种"再生产"先例过程的核心就是重新构建事实与"法律原则"之间的关联方式,从而修正或完善法律原则。而疑难案件中再生产先例的过程,既是普通法发展的重要方式,也突出地体现了普通法司法理性的主要特点。一般来说,在疑难案件中,双方都能够提出有说服力和正当依据的论述,并能够在案件中找到相关的实质性事实,来支持本方的法律主张(claims)。在这些论述的背后,往往涉及了相互抵触的不同价值,无论这些价值是道德的、宗教的,还是经济与政治的。而在这些不同的价值中,包含了社会成员各种不同的权利。对于这些相互冲突的价值,无论在法律之外,还是法律之内,我们都找不到一种"元"价值,从而在这些价值之间建立等级制的关系,来决定它们之间的相互冲突。从这个角度来看,疑难案件实际上正是"除魔的世界"的困境在法律中的体现,即在"诸神之争"中,没有一种"了结"现代社会中多元价值冲突的超越性的一元途径。[238] 疑难案件是现代社会"价值自由"的一个突出反映。而且,还进一步体现了这种"诸神之争"中相互斗争的特点,一种所谓"敌对的文化"(adversarial culture),而在普通法中,也蕴含了一种借助司法理性的修辞来展现这种对抗性的方式。[239]

不过,在普通法的疑难案件的抗辩和判决中,无论律师还是法官,实际上都很少直接诉诸这些相互冲突的价值,他们论述与争辩的核心却是各种法律原则。这些原则不能等同于这些价值,而是涉及这

---

[236] 当然,还有一种可能是,双方(或至少一方认为),案件中的重要事实,与任何先例都没有建立起类推关系。但是,一般来说,即使出现这种情况,也可以在先例与案件之间建立"弱"的类推,即以"劝导性"的方式使用先例。因此,可以忽略这种情况,将它看做上述两种情况的特例或变体。而在实证主义的"自由裁量权"的学说中,却把这种情况看做是"疑难案件"的主要形式。这实际上违背了普通法通常的情况。

[237] Summers 概括了这几种可能的情形。Robert Summers, Two Types of Substantive Reasons: the Core of a Theory of Common Law Justification, in *Cornell Law Review* (1978) 63. 5: 733ff.

[238] 而在实定法的体系中,疑难案件的产生,意味着法律的缺陷,要么是"若"不清楚,难以认定事实;要么是"若—即"的条件程式不完备,无法找到适用法律,需要立法机构来制定或修订法律。而如果像在普通法中理解的那样,控辩双方都提出了有理由的"若—即",在实定法的立法理性看来,是不可理解的。因为即使现实中出现了这种情况,也只不过证明法律缺乏更高阶的"若—即"的条件程式来解决疑难。从这一点我们可以清楚地看到,正如上文已经指出的,韦伯"偏爱"的形式理性法事实上与"诸神之争"下的"价值自由"之间有内在的紧张关系。

[239] Goodrich, supra note [218], p. 59.

些价值的实现方式、手段或技术。[240] 例如在广为讨论的"里格斯诉帕尔默"案（Riggs v. Palmer）[241] 中，厄尔法官与格雷法官实际上就诉诸了不同的法律原则，判里格斯胜诉的厄尔法官认为，"任何人不得因为其过错获得利益"，因此，毒杀祖父以获得遗产的帕尔默无权得到遗产；而正如德沃金所指出的，判帕尔默胜诉的格雷法官尽管没有明言，但也诉诸了一定的原则，尽管是不同的原则，如一个人有权合法获得遗产。当然在法官对这些原则的论述背后，涉及了许多更基本的价值，如对立遗嘱人的自由意志的尊重，如传统的正义观念等。而这些价值，归根结底，是人的一些基本权利。因此，面对疑难案件背后无法妥协的价值，法官的任务并非是要认同其中某项价值，从而认可某种权利，或者否认某种权利。[242] 在疑难案件中，法官的工作实际上是要确立：当两种（或多种）不同的价值发生冲突时，人们进行自由选择，并采纳不同实践技术来解决冲突的可能范围。实际上，在任何具体偶变的互动场景中，当不同的背景权利面对面地发生冲突时，法官的任何判决都并没有直接触及这些权利，而只是禁止在类似的情境中采纳某些权利的实践技术，或者

---

[240] 德沃金本人在《认真对待权利》中的论述，以及此后许多评论者（无论是赞成者、批评者，还是发展德沃金思想的学者），都似乎没有找到区别法律原则与法律外的各种价值（这些学者主要关注的是道德价值）的办法。正如我们下面所指出的：首先，法律内部并不包含各种价值；其次，法律本身确实包含与这些价值有关联的"法律原则"，这些"法律原则"就实现这些价值的技术空间作出了相关的"规定"。法律原则，实质上是将法律"规定"与法律之外的各种价值联系起来的程序技术的"内核"。从这个角度来看，根本就不存在什么坏的"法律原则"，或者法官不认同的法律原则，因为正如德沃金认识到的（但并没有恰当地予以解释），法官可以采用某些法律原则将法律规则与他不认同的非法律价值联系起来。这样的世界，显然并非 Alexander 和 Kress 所谓"所有世界中最糟的世界"（worst of all worlds），因为它既没有破坏"原则"潜在的道德意涵，也没有损害法律的规则意涵（或更准确说，程序意涵）。同样，这种程序色彩和技术意涵的法律原则观，也没有危及 Detmold 所谓"原则"（在我看来，他指的是"价值"）对认同（commitment）的要求。关于这个问题的论述，分别参见〔英〕德沃金：《认真对待权利》，信春鹰、吴玉章译，中国大百科全书出版社 1998 年版，第 168 页以下；Larry Alexander and Ken Kress, Against Legal Principles, in Andrei Marmor（ed.）, Law and Interpretation, Oxford：Clarendon, 1995, pp.279—327；Detmold, supra note〔229〕, chap.4。在我看来，Alexander 和 Kress 的批评，主要是因为德沃金的法律原则概念的"实质化"色彩过重，"倡导了一种也许是有史以来最具实质取向的法律理论"。而从本文的角度看，这种过度的"实质取向"恰恰损害了"实质"价值本身的"价值自由"特点，这一问题在其权利理论与法律解释理论的缺陷中都有所体现。有关德沃金思想的实质性，参见 P.S. Atiyah and R.S. Summers, Form and Substance in Anglo-American Law, Oxford：Clarendon, 1987, p.263。关于"价值"背后的"自由"色彩，正如我们已经隐约指出的，在韦伯的理论中占据了非常重要的地位，参见 Stephen Turner and Regis Factor, Max Weber and the Dispute over Reason and Value, London：Routledge and Kegan Paul, 1984, pp.35—38。

[241] 参见〔英〕德沃金：同上注〔207〕所引书，第 14—19 页。用必要指出的是，该案涉及的遗嘱法是一种制定法，不过这并不影响实质性的论述。我们可以假定，在所谓"普通法国度"的法律制度中，制定法的适用过程也广泛采用了普通法的"方法论"（法律推理技术），或者说一般的法律理性原则。参见 P.S. Atiyah, Common law and Statute, in The Modern Law Review（1985）, Vol.48, No.1, 3。

[242] 这种说法实际上是一种带有立法理性色彩的实证主义的权利观。而德沃金的一些论述（尽管并非全部）确实容易引发这样的意涵。尤其他关于存在一个"正确答案"的论述。参见 D. MacCormick, Dworkin as Pre-Bentamite, in The Philosophical Review,（1978）LXXXVII, No.4：585—607。

容许采纳某些实践技术,或者对一些方式采取置之不理、不闻不问的态度。简言之,普通法中的法律判决的实质,是对实践权利的技术的管理,而不是对权利本身的管理。就"里格斯诉帕尔默"案而言,案件的最终判决并没有否认格雷法官所诉诸的价值:一个人获得遗产的自由权利,以及对立遗嘱人的意志的尊重。但这一案件明显禁止一个人采用谋杀这样的方法来实践他的权利;同样,尽管确实像格雷法官所言,很可能即使祖父知道帕尔默会毒杀自己,他仍会将遗产留给帕尔默,但这一判例明显也限制了立遗嘱人实现自己立遗嘱的自主权利的某些方式。因此,法官的判决并非道德判断,而是对面对价值冲突时的实践技术所做的程序性判断。拉斯柯尔尼柯夫斯基并非因为想成为一个尼采式的"超人"而被判刑入狱,而是因为他成为超人的实践方式。

而从普通法的技艺理性来看,尽管法官的判决,涉及了相互冲突的不同价值的实践行为,但却并非自由裁量权的产物,也不意味着恣意因素的增加。普通法的法官通过对疑难案件的判决,使法律对实践权利的技术的管理具有"一贯性"。这也正是对疑难案件作出判决时,法官考虑先例的重要原因,尽管在这种情况下,先例中的判决理由往往只具有建议性或劝导性,而不具有拘束性的力量。因此,将普通法法庭中的法官的工作与面对狄更斯小说的文本解释学者的工作做类比是危险的,因为法官要比所有的解释学者,甚至圣经解释学家,更关心"解释"过程中的程序色彩。[243]

在这里,"权衡"(weight,或"权重")这一概念的重要性就体现了出来。正如韦伯所一再指出的,价值是不可权衡的,因为价值是绝对的,排他的。但当面对一个疑难案件时,价值与案件的特殊事实之间却并没有直接的联系。因为,案件的特殊事实涉及的不是价值本身,而只是当事人具体实践这些价值的方式,因此,双方争执的焦点也是在这些实践价值的方式上。而双方援引的原则实质上是法律在管理实践技术时的"一贯"做法。这种做法,与实定法中的条件程式样态的法律规则不同,它并没有明确的规定,要么是,要么不是(either/or,或所谓"all or nothing"),而是涉及不同的权重。面对一个案件,没有任何一种原则能够宣称己方具有绝对的权重。[244] 也就是说,对处于价值冲突中的当事人来说,作为疑难案件焦点的实践技术,总会在以往的判例中找到一些技术依据。而疑难案件的判决,则进一

---

〔243〕 这里的一个常见问题是,将法官的行为与诉讼当事人的行为混淆起来了。Detmold 对原则、权衡与特殊化的分析就存在这样的问题,尽管他的论述在别的方面非常具有启发性。参见 Detmold, supra note〔229〕,特别是第 4 章。

〔244〕 如果原则具有绝对的权重,原则就转变为规则了。参见 Ibid., p.83。从这个角度看,考虑到任何具体案件的复杂性和特殊性,所有案件都涉及不可妥协的冲突原则,但在例行案件中,往往一种原则具有压倒性的权重。因此,从司法理性的描述社会学观点出发,我们也可以把例行案件看做是疑难案件的一种极端情况。不过,从司法管理的角度来看,理性案件的判决往往转变为法律规则的运用,在许多情况下,甚至是实定法的"若—即"的条件程式。在现在这个所谓的"制定法的时代"中,就更是如此了。

步明确了法律对这样的技术的"一贯"管理倾向,这种倾向正是法律的"理性"所在。因此,疑难案件往往可能成批出现,这一般体现了现有法律在实践技术的管理方面面临一些问题,而疑难案件的判决和先例的建立,则意味着法律对相关的实践技术确立了比较明确的管理方式。[245]

疑难案件,从一个侧面反映了普通法的法律理性的程序性特点,即普通法采用何种方式在技艺理性与法律之外的各种相互冲突的价值之间建立联系。如果说,韦伯敏锐地洞察了现代社会中各种价值之间"存在不可调和的殊死斗争……没有相对化或者妥协的可能"[246],那么他面对这种"诸神之争"的解决方案,却忽略了尽管价值之间不可妥协,但相互冲突的价值的各种实践方式确实可以"权衡"和"斟酌"。而从观念史的角度看,这也反映了普通法理性背后隐藏着亚里士多德面对价值冲突时的实践智慧。[247]

同时,如果说德沃金的权利命题具有任何意义的话,那么疑难案件对于背景权利来说,确实意味着一种制度化的过程。因为背景权利(价值)本身是模糊的,不确定的,甚至可以说是"空"的,人们可以采用无限多样的方式来践行这种权利,充实这种权利。而法律的重要任务正在于对人们实践权利的方式进行管理。权利并非法律规定的,甚至权利的实践方式也不是来自法律,但法律的发展却等于实践背景权利的技术的发展,这既意味着法律中提供了许多实践含糊的背景权利的方式(法律规则的构成性一面),也意味着排除了许多实践这些权利的方式,因为在这些实践方式中,可能危及同样重要的其他一些背景权利(法律规则的制约性一面)。例如,言论自由无疑是一项重要的背景权利,但这项权利本身并没有告诉我们哪些技术可以帮助我们实践权利,哪些方式是可行的,对其他同样重要的价值或权利造成的损害是社会可以容忍的;而哪些实践言论自由的方式,严重妨碍了其他价值的实践,从而是社会不可容忍的。而当美国法庭的判例确定,除非出于恶意,新闻中的错误报道不属于诽谤,那么这一判例同时意味着某些非常具体的实践言论自由的方式,获得法律认可的空间。说到底,所有的价值都是危险的,因为所有的价值都是绝对的和排它的,所以实践这种价值总是可能(或许是必然)导致对其他一些价值的损害,但并非价值的所有实践方式,都是不可容忍的,只有某种价值的实践方式,严重损害了其他价值,才是不可容忍的。价值的潜在危险,由道德哲学或社会分析来揭示,而实践价值的方式是否可以容忍,却是经由普通人的实践来探索和尝试,并由法律来管理。因此,无论法律实证主义,还是法律的各种道德化论述,事实上都犯了同样的错误,他们都将价值或权利与其实践技术混淆起来。人的基本权利仅仅是一种可能,各种相互冲

---

[245] 参见〔英〕阿蒂亚:《法律与近代社会》,范悦等译,辽宁教育出版社1998年版,第214页。
[246] Weber, supra note [24], pp.17—18.
[247] 参见 Martha Nussbaum, *The Fragility of Goodness*: *Luck and Ethics in Greek Tragedy and Philosophy*, Cambridge: Cambridge University Press, 1986, part 3.

突的价值同样也只是一种可能,它们都是人们行动的潜在背景,而真正得以制度化的从不是含糊但却趋于绝对的这些彼此相互冲突的权利,而是实践权利的技术。因此,制度化形成的既非实证主义眼中的法律"权利",也不是通过法律来认可的基本权利,更不是道德主义者心目中的自然法则或正义,而不如说是践行这些权利的技术。在这个意义上,制度化意味着技术化。在各种"实体法"中,充满了对这些实现权利的技术的可能空间的规定。而对法律发展的比较研究表明,发达的法律与不发达的法律之间的差别,正在于这些与权利的具体实践方式有关的原则,而不在于基本权利方面含糊的"一般条款"。[248]

不过,普通法实现权利技术化的方式[249],既不像"法治国"那样采取主动干预的方法,也不是像20世纪以来的社会福利国家中的"集体主义"立法措施,而是一种"被动"的方式。普通法是等待公民的自由行动,然后才认可或否定这一行动所采取的实践技术。[250] 不过,惟其被动,方才主动。从这个意义上讲,普通法,不是一种庇护型的法律,而是一种自助型的法律。但在这样一种自助型的法律中,法官本身面对了更大的"理性化"压力。他需要通过先例的再生产机制(上诉法院面对的疑难案件),通过原则的再生产,维持这种法律的"一贯性"。[251] 一方面,保证社会中人们在"自由"互动时的技术相容性;另一方面,更为重要的是,法律不是禁闭型的——限定活动的边界,而是永远留有或者引发更广阔的技术开发空间,等待人们的"努力"。因此,普通法的判决,要通过各种程序性逻辑(如严格遵循先例的原则),来维持普通法的"一贯性",确保个人在创造各种实践技术时,可以参考以往法律的先例,借助或发展其中的技术。只有这样,才使各种法律之外的所谓非正式"创造秩序"的安排得以进行,使每个人都成为自己生活的"法官"。[252] 因此,韦伯在普通法中发现的严格的程序性特点,并非"外在的仪式主义",而正是普通法作为司法理性的突出特征。

(四)司法理性与程序技术

埃文认为,韦伯在分析法律理性时,实际上谈到了两种不同意涵的法律理性。一种是法理意义上的逻辑理性,另一种则是形式正义和正当程序。而在韦伯有关资本主义兴起的论述中,更重要的不是逻辑上的形式理性,而是对司法的形式理性

---

[248] 季卫东:《程序比较论》,载《比较法研究》(1993)第7卷第1期,第26—39页。
[249] 这正是普通法理性的特点。关于普通法是基于原则的这一"深层结构",参见A. W. B. Simpson, *Legal Theory and Legal History*, London: The Hambledon, 1987, 282ff.
[250] 〔英〕阿蒂亚:同上注〔245〕所引书,第136页。
[251] 大陆法系的国家往往对由法官承担这一角色持怀疑态度。无论就观念史,还是社会史而言,这种怀疑,都与立法理性与共和理论的发展有着密切的关系,不过这已经超出本文的范围,只能留待将来讨论。
[252] 从某种意义上讲,这是历史悠久的"自助"(self-help)原则的"司法化",这与本文第四部分讨论的普通法的历史形成有关。从普通法的法律理性看,直接管理的实践权利的技术,远远少于那些没有直接管理的技术。但普通法先例中体现的精神仍然能够渗透到后者那些没有直接管理的部分。

的管理。[253] 埃文的论述揭示出我们一直强调的两种迥然不同的法律理性在韦伯的著作中也仍然存在。不过正如我们已经指出的,在韦伯的分析中,法律理性的象征是以晚期罗马法为样板的法学家的法,它渗透在整个大陆法的"精神"中,特别强调将所有法律"纳入公理和法规的有机的理论系统之中",采用系统化原则支配下的演绎推理机制。[254] 而埃文发现的另一种法律理性,实际上在整个法律社会学和社会理论中都居于边缘地位。这种法律理性的代表就是普通法。而韦伯社会理论中的"英国法问题",实际上是因为在韦伯的法律社会学中,受到德国"法治国"理念和概念法学的影响,普通法这种以司法理性占主导地位的法律理性,在理论中才找不到恰当的位置。而在立法理性支配下的视角看来,普通法成了难以理解的"怪胎",无论从实质理性角度,还是从形式理性角度,都乏善可陈。

但正是这种"理性程度较低"的普通法理性,却可能提供了一条解决韦伯的理性化与自由的困境的思路,给我们留下了在除魔的世界中争取自由的可能性。不过,要理解这种普通法的理性,就需要从审判视角的法律理论出发,将法律过程本身看做是法律的核心。[255]

普通法这种强调审判过程的法律理性,与以立法理性为核心的德国"法治国"相比,实际上是一种完全不同的法治观念[256],它的核心特征是程序性与自助性。可以说,普通法的法治是一种以程序为中心的"被动"取向的法律管理。当然,韦伯本人就已经注意到普通法的程序化,但正如我们指出的,韦伯认为普通法对程序的强调是一种外在的形式主义,一种带有浓厚仪式色彩、传统色彩的形式主义。从普通法程序的历史渊源来看,韦伯的论述有一定的道理,普通法对程序的强调来自封建法。例如,被视为英国自由观念基础的《大宪章》,其有关"正当程序"的核心条款几乎原封不动地抄自封建法律。[257] 不过,这并不意味着普通法的程序特点,是一种无实质内容的形式主义。事实上,普通法的这种程序化,既与韦伯所说的逻辑理性的形式化不同,也并非韦伯所认为的那种外在的形式主义。

德国学者托伊布讷指出,现代法律的

---

[253] Sally Ewing, Formal Justice and the Spirit of Capitalism: Max Weber's Sociology of Law, in *Law and Society Review* (1987) Vol. 21, No. 3: 251—276. 确实可以在《经济与社会》中找到一些支持埃文观点的论述,例如,Weber, supra note [68], p. 813. 但同样也能找到不少相反的论述,例如 977 等处。在这方面,显然像 Trubek 所言,韦伯的观点是比较模糊的,参见 Trubek, supra note [113]。

[254] 〔葡〕叶士朋:《欧洲法学史导论》,吕平义、苏健译,中国政法大学出版社 1998 年版,第 136 页。

[255] Stephen Perry, Judicial Obligation, Precedent and the Common Law, in *Oxford Journal of Legal Studies*, (1987) Vol. 7, No. 2, 2.

[256] 这里强调的英国法治的特点,与纽曼的论述有很大距离。有些大陆学者也注意到这一点,指出英国的"法治"与司法程序有更密切的关系,参见 R. C. Van Caenegem, The "Rechtsstaat" in Historical Perspective, in *Legal History*, p. 185。

[257] 有关普通法与中世纪法律,特别是封建法之间的关系,法律史学者论述甚丰,例如 Murphy, supra note [193]强调,普通法诞生于中世纪的程序,在 17 世纪奠定了其传统的核心。

进化经历了形式化、实质化与程序化这三个阶段。如果我们放弃这种一元进化论的观念,我们就会发现,普通法法律发展的特点,正是程序法先于实体法,在普通法早期,就体现了对程序超出寻常的关注。[258] 这种对程序的关注,并非如韦伯所言,出于仪式主义或巫术的考虑,而更多是为了尽可能地消除司法判决过程中的恣意因素。[259] 而且正如下面我们会看到的,从普通法的形成角度来看,这种对程序的强调,意味着普通法能够吸收当时在英国盛行的各种不同形式的法律,利用这些来源丰富普通法。因此,普通法在法律程序(以及法律职业)方面的封闭性,正确保了普通法在司法管理方面的开放性。普通法的这一特点也验证了托伊布讷的论述,程序化的法律,最具封闭性,也因此最具开放性。[260]

普通法通过封闭程序实现的开放性,就体现在普通法具有能够容纳不同的法律渊源,管理不同的实践技术的"反身性"的法律要素。[261] 正是普通法中带有"反身"色彩的法律程序,使普通法的法律理性能够适应现代社会复杂的价值多元格局。这一点在柯克爵士当年的判决中就有突出的体现。

无论就实质理性看,还是从形式理性的角度来看,柯克爵士在卡尔文案(Calvin's case)与邦海姆案(Bonham's case)中的判决都是自相矛盾的。从司法审查或宪政的角度看,在邦海姆案中,柯克爵士强调了法律高于君主,而在卡尔文案中,则似乎完全相反;从判决的潜在依据来看,在邦海姆案中,柯克爵士提出了著名的技艺理性的原则,而在卡尔文案中,则援引了自然法学说。[262] 但这样的看法完全忽视了柯克爵士在两案中的对普通法理性的建设性意涵。如果我们从法律管理的角度来看,就会发现在卡尔文案中所援引的自然法,其意涵与诸多大陆学者的态度仍然有重大的区别。在柯克眼中,自然法构成了英国法的一个渊源,但仅仅是英国法诸多渊源的一个,"自然法是英国法的一部分",但却并非英国法的基础,而且更为重要的是,自然法并没有构成英国法的理性,相反,英国法是依据自身的技艺理性来对待自然法的。这就是哈勒所谓"有限的自然法"(limited law of nature)。[263] 因此,无论邦海姆案,还是卡尔文案,尽管柯克爵士的论述援引

---

[258] 哈勒指出,普通法充斥着程序方面的各种形式或仪式。Hale, supra note [208], p.17,并参见本文第四部分的相关论述。

[259] "从法律发展的出发点来看,仪式主义的功能在于实现抽象,在于法律形式的详细规定和角色中立化。这种法律形式逐渐独立于情境,可以从一个情境转移到另一个情境,并且作为形式,可以脱离冲突",Luhmann, supra note [228], p.125。

[260] Gunther Teubner, Substantive and Reflexive Elements in Modern Law, in *Law & Society Review*, Vol.17, No.2 (1983), 246ff.

[261] 程序化与形式化的区别,就在于其中涉及的"反身"意涵,参见 Ibid., pp.250—251,以及全文各处。

[262] 事实上,我们可以说,柯克判决理由的核心,既没有明确倡导司法审查的学说,也并非一种当代意义上的宪政主义者。参见 Stoner, supra note [200], p.29。

[263] 这与自然法哲学家所谓的"不可变的自然法"相对,Cromartie, supra note [205], p.31。

了不同的价值,但却依据了同样的理性。[264] 在柯克的学说中,既没有试图清除自然法的学说[265],同样也没有依据自然法的学说为他的判决理由寻求更基本的依据,而是一种能够通过程序技术来使自然法的价值发挥作用的技艺理性。

事实上,正是这种技艺理性构成了英国法程序技术的关键环节。从韦伯社会理论的角度来看,技艺理性似乎既非实质理性,亦非形式理性。它的要害是如何发展一套复杂的技术来将多元实质理性中各种相互冲突的主张与稳定性、可预见性和持续性的形式理性要求协调起来。正是这种技艺理性,使普通法法律活动既没有演变成自然法学说意义上的实质理性法,也并非实证主义者心目中的那种形式理性法,而是能够以特定理性方式回应实质理性的技艺理性法,正是这一点,将普通法的"理性化"与吸收自然法理性的实定法的"理性化"道路区分开。

因此,理解普通法的程序技术,既不能将其"形式化"(当然,同样也要警惕过分实质化的危险),更不可将其"工具化"。在普通法的程序技术中,蕴含了将法律的内在管理与外面的价值在区分的前提下借助程序关联起来的方式。而普通法的这种关联方式的一个重要特点,就是与德国分析实定法"程序化"的学者的论述不同,并非只讲"系统",同时也非常重视普通法律行动者的作用。这是一种强调个人的自主努力的"程序技术",强调借助法律的程序技术来推动生活中的实践技术,借助后者来"发现"法律。

如果说,德国的"法治国"实际上是由国家来担任个人自由的保护者和庇护者,因此,这种法治是一种主动干预型的法治,那么英国以普通法为核心的法治,直到18世纪,则始终主要是一种低调的、自助型的、被动取向的治理。正如我们上文在论述审判"疑难案件"的技艺理性所揭示的,这种法律管理,主要是借助个人的司法行动来完成的。用富勒的话说,这种法律管理是一种将公民看做自决行动者的法治形式。在这种法治中,"人是,或可能成为,一个负责任的行动者,能够理解、遵循规则,并为其行为负责任"[266]。这样一种"强调个人艰辛与努力"[267]的法律制度,能够运用个人的自主行动来创造自由的空间,而同时又能够运用法律的程序技术,来维持法律的稳定性与中立性。

正是在这个意义上可以说,普通法是一种"根植性的治理实践"。普通法的经典理论认为,法官并没有创制法律,而只

---

[264] 在以往的一些分析中,学者要么撇开这种理性来寻求某种"高级法"的痕迹,关注英国法中的各种不同的价值,用一种受到立法理性强烈影响的思路来看待普通法的司法理性;要么无视这种理性在心智和制度上的重要作用,直接分析英国法背后的意识形态效果。套用哈特的说法,我们倒可以说这种对普通法的解释,要么是把普通法看做是一种"高贵的梦想"(noble dream),要么是戳穿这种"高贵的谎言"(noble lie),将普通法看做是一场"恶梦"(nightmare)。实际上,与其说柯克的论述反映了普通法中的"高级法"因素,倒不如用富勒的话说,是某种"低级法",参见 Lon Fuller, supra note [205], p. 96;并参见 99ff 对柯克学说的程序意涵的讨论。

[265] 与 Neumann 的观点不同,参见 Neumann, supra note [145], p.183。

[266] Fuller, supra note [205], p.166.

[267] [英]阿蒂亚:同上注[245]所引书,第144页。

不过是在宣示法律。奥斯汀认为,这种说法不过是一种孩子气式的虚构,当代的普通法的法学家也很少接受这样的理论,把它看做是一种迷信。[268]但实际上,这一学说却精确地反映了普通法的法律管理的特点,普通法本身并不预先规定人们的行为模式,相反,普通法是以被动的方式对普通人的实践技术来进行管理。普通法的这一特点也体现在普通法的"回溯性立法"的问题上。

边沁尖锐地批评说,普通法的法官在适用法律之前,没有人知道这种法律是什么,即使律师也不知道。这就像你对待自己的狗一样,当你想训练它的时候,你就等它做了一件事以后,再因此打它。而普通法法官的做法和这种做法没什么两样。[269]这一批评尽管尖刻,但却在某种意义上揭示了普通法理性的重要特点:诉讼当事人和法官、律师一起,以某种方式参与了法律本身的建构。事实上,正如我们已经指出的,普通法的任何一次判决,都并没有"立"法,因为这次判决并未凭空生产了新的原则,而只是在这一判决与以往的一系列先例之间建立了新的联系,从而在不同的原则之间进行了新的权衡。从普通法的法律理性来看,疑难案件并没有危及"完善的法律理性",相反,通过它,普通法得以适应不断变化的现代社会,并在法律调整的过程中再生产出法律的"一贯性"。但是普通法的特点在于这种法律的调整,肇始于诉讼当事人利用法律程序来解决彼此之间的纠纷,其实质正是对业已发生过的权利实践方式的认定。[270]可以说,正是诉讼当事人的权利实践,构成了法律对于相关权利的实践方式进行规定的前提。事实上,这有可能意味着在这一案件中总有一方的当事人可能受到了某种伤害,他有可能为他的权利实践行为付出代价。不过在我看来,比起普通法制度,"万全法"中巨细靡遗的行为规定,或者"一般条款"中含糊、空洞的权利规定,倒更容易将社会行动者变成巴甫洛夫的狗,一旦没有了"若—即"的条件反射的铃声,就无所适从。实定法大概比普通法,更像是"狗的法律",因为只有狗才不需要自由的活动空间,更不愿意为所谓"自由"付出代价。所以,正如布莱克斯通所指出的,所谓"英国式的自由"的实质就在于普通法是经人民之手引入的。"我们之所以自由,是因为治理我们的法律是我们自己的……我们的自由不是因为我们拥有它,支配它,有权使其为我所用,而是我们感觉完全与之融汇在一起,它成为我们内在生活的一部分,我们完全参与了它。"[271]

当然,正如我们一再指出的,普通法的这种法律发展模式,实质上是利用普通法的技艺理性来吸纳普通人对法律之外的各种价值所进行的实践尝试。普通法

---

[268] 参见 Simpson 的讨论,尽管他将普通法等同于习惯法,也同样流于简单化,Simpson, supra note [203], 84ff。

[269] 转引自 Cross and Harris, supra note [234], pp. 32—33。

[270] 从普通法的法律发展史来看,这一点与英国早期的多元法律制度、封建法律背景以及具体的令状制度的发展有关。

[271] 转引自 Postema, supra note [192], pp. 71—74。

中的各种法律原则并非立法者凭空制定出来的,亦非法官的自由意志的产物,而是一方面能与各种法律之外的价值保持开放的关联,另一方面又传承和丰富"超出记忆"的普通法的技艺理性传统,这些传统以一种强调个人自助的方式,建立了如何实现法律之外的价值的实践技术的特定谱系。

在现代社会,"疑难案件"的日益增加,验证了韦伯的基本观点,现代社会是一个诸神之争的除魔世界。日益抽象化,但同时也异质化的观念体系之间构成了尖锐的冲突。这种规范的"过度生产"[272],就对法律的封闭性与开放性、稳定性与弹性、自主性与容纳性提出了挑战。对于这个问题,法律实证主义力图通过广泛的集体性立法行动来完成,而普通法则倾向于利用个人的司法行动(诉讼)来完成的。因此,疑难案件的实质,就普通人而言,是个人借助司法手段,来创立实践权利的技术,开辟"自由活动的空间"。而就法官而言,则是通过对这些不同的权利技术的程序化干预,权衡法律原则,来协调这些技术之间的内在理性。

可以说,普通法采用自身的办法(例行案件与疑难案件)实现了卢曼所谓面对社会复杂性的规范封闭与认知开放的二难问题。[273] 普通法的做法也许并不像表面看上去那样更不合理性,或许像富勒所言,更理性。因为"普通法有一个好处,就

在于它不可避免地反映了人类复杂多样的经验,它忠实地体现了生活本身的复杂性和令人困惑的地方,而不是将这些隐藏在一种法典脆弱的几何结构中"[274]。而对于我们的讨论至关重要的地方在于,普通法将推动这种法律理性化的力量,留给了能够担负自主行动本身面临的危险的公民。在普通法下生活,就意味着要像韦伯笔下的清教徒一样,有勇气和智慧认识到,"上帝只救助那些自助的人"[275]。

四、"普通法心智"的外在视角:司法理性的治理

(一) 司法理性的治理:普通法的形成

我们说,德国的法治国是一种以立法理性为基础的治理,而英国围绕普通法的技艺理性进行的"法治"则主要是一种司法理性形态的治理,这种治理的突出特点是借助程序技术推动并容纳普通人发展实践权利的方式。那么英国何以能够发展形成这样一种司法理性的法治,而没有像绝大多数大陆国家那样,借助"强"国家的科层体制的推动,通过罗马法的继受,建立了一种结合了"立法者"的法律与"教授"法律的法理权威呢?

从普通法的形成过程来看,这种司法理性的发展,与英国独特的治理实践的历

---

[272] Luhmann, supra note [228], p. 48.

[273] Luhmann, The Self-Reproduction of Law and Its Limits, in *Essays on Self-reference*, New York: Columbia University Press, 1990, 229ff.

[274] Lon Fuller, *Anatomy of the Law*, Westport: Greenwood Press, 1968, p. 106.

[275] 〔德〕韦伯:《新教伦理与资本主义精神》,同上注[5]所引书,第88页。

史密切相关。从11世纪开始,在英国,当早期现代国家试图发展中央权威时,中央力量相当薄弱,而它面临的治理问题却十分复杂。[276] 王室权力、议会、教会、地方行政、封建势力与社区自治等各种力量之间,存在复杂的相互制衡关系。而普通法作为国家治理的工具,最初正是为了解决早期现代国家面临的治理问题,尤其是治理的超人身化(depersonalization)和跨地方化(translocalization)问题。不过,颇具悖谬色彩的是,为了解决王室治理问题,发展中央权威,普通法逐渐趋于专门化、职业化和自主化,并形成了自身独特的司法理性,而伴随这种借助法律的治理的理性化,最初作为王室治理工具的普通法,却慢慢发展为具有"宪政"色彩的法治的核心环节。而独特的司法理性,也成为社会成员,尤其是士绅与市民培养权利实践技术的主要手段。

英国司法理性的治理,在11世纪随着"诺曼征服",与英国早期国家政权的建设联系在一起。这种治理的主要制度框架,主要是在12世纪晚期金雀花王朝国王亨利二世进行的著名改革中确定下来的。尽管与现代民族国家兴起以后的治理相比,这一时期英格兰的治理,仍非常有限,但英国法的这一形成阶段,对于后来司法理性治理的发展影响颇大,并对整个英国的政治制度与政治文化都产生了非常持久的影响。

从欧洲的视角来看,亨利二世在位期间(1154—1189),法兰西与德意志两个欧洲大国,也同样试图加强王室的权力,并同样诉诸法律来强化这种中央化的权力。但从长期的角度来看,只有英国亨利二世的法律改革留下了持久"一贯"的影响,无论借助罗马法复兴来推动法律制度建设的神圣罗马帝国的红胡子腓特烈(Frederick Barbarossa, 1152—1189),还是法王菲利浦二世(Philip Augustus, 1180—1223),他们推行王室控制之下的法律权威的努力,大都只在王室直接控制的领地内取得了有限的成功。而且从法律统一的角度看,在欧洲大陆上,具有普遍意义的罗马法与具有浓厚习惯法色彩的所谓"外省法"、"日耳曼法",以及各种各样的法团类型的法律和特权一直长期并存。[277] 法国直至旧制度末期,仍未充分完成法律的统一。[278] 可以说,整个欧洲,除了英国以外,所有的政治单位,都只有地方习惯法和全欧意义上的"普通法",而没有遍及单

---

[276] Van Caenegem 认为,普通法特殊性来自其形成阶段独特的历史时机,即普通法的形成时期较大陆法律的"现代化"要稍早,而这时罗马法的复兴运动刚刚开始,尚不能提供成熟的"教授"法模式以供利用。因此,英国不得不利用自身的力量来塑造一种"普通法"。从某种意义上讲,这一论述是我们这里描述的英国面对的治理问题与治理技术之间的"差距"的一个方面。参见 Caenegem, *The Birth of the English Common Law*, Cambridge: Cambridge University Press, 1988, chap. 4;与本文的看法不同,Caenegem 认为这一特殊性,不能从社会学的角度加以解释,而本文认为,这恰恰是一个社会学问题。参见 Caenegem, "Max Weber: Historian and Sociologist", pp. 212—214。

[277] 〔葡〕叶士朋:同上注〔254〕所引书,第83—90页。

[278] R.C. Van Caenegem, *The Birth of the English Common Law*, 23ff。德、法都是在18—19世纪,通过罗马法的继受过程,借助所谓教授法,编纂了民族法意义上的法典。这与韦伯的论述是一致的: Weber, supra note〔68〕, 865ff。

一的国家领土意义上的"普通法",作为民族法的普通法。[279] 从治理的角度看,直至18世纪末,德法两国都未能找到超人身化和跨地方化的法律治理方式,而英国的情况则非常特殊,部分由于领土范围狭小与岛国的封闭性,部分由于"诺曼征服"之前就已经存在的统一治理的基础,英国的王室能够在比较有利的条件下,逐渐在整个英格兰领土范围内建立统一的法律治理,这也正是"普通法"一词最初的意涵,即超越复杂多样的地方习俗与习惯法的英格兰王国"共同的法律"(ius commune)。[280] 因此,从法律治理的角度看,普通法并非习惯法,而是吸纳各种地方性的习惯法、均衡不同的习惯法的产物。在"金雀花改革"(Angevin Reform)之前,尤其是"诺曼征服"之前,司法治理主要是地方性,尤其是社区性的和封建性的,较少由中央权威来统一进行;断续的,治理针对的并非日常事务,而是各种突发事件。在这一时期,大量案件都是由领主的封建法庭和更基层的社区的庄园法院来处理的,这些法院都是不定期的,主要采用各种习惯法性质的规则和程序。[281] 事实上,即使在法律制度的创设方面具有重要意义的亨利一世,在位期间,其治理的主要方式,与法德等国的"人身化"的治理方式也没什么两样,尽管国王可能是具有强大权威的"强人",但治理却很少例行化,缺乏稳定的基础,需要依赖国王的"具体在场",来保证这种生杀予夺的大权。治理的统一性和一贯性,受到国王有形身体的局限。而且一旦国王的身体死亡,而没有一种看不见的"身体",国王的另一个"不朽身体"来保证治理的连续性与稳定性。[282] 所以,当亨利一世这位政治强人去世后,整个英格兰和欧陆后来几百年的情况一样,围绕"继承"问题展开的争执和战争迅速使整个国家陷入无序之中,在许多地方都可以看到王室权威瓦解的迹象,而日益增长的土地所有权方面的纠纷也不得不经常诉诸武力来解决。

与后来18、19世纪逐渐发展起来的许多民族国家及其借助"法典化"在领土范围内推行统一的"普通法"相比,12、13世纪在王国领土范围内推行司法理性治理的"金雀花王朝"的力量要有限得多,而恰恰是这一点,对英国的"法治"模式产生了非常深远的影响。[283] 从亨利一世到亨利二世时期,金雀花王朝设立了许多王室法院,既有设立在西敏寺(Westminister)的高等法院[如理财法庭(Exchequer),高等民事法院(Common Bench)],同时更为重要的是,设立了巡回法院(General Eyre),在

---

[279] Caenegem, supra note [276], p. 88.

[280] 有关英国法律发展的"特殊性"(正是这种历史特殊性缔造了韦伯眼中英国法的"理论"特殊性),参见 John Hudson, *The Formation of the English Common Law*, London: Longman, 1996, 233ff。

[281] S. F. C. Milsom, *Historical Foundations of the Common Law*, London: Butterworths, 1981, pp. 11—23.

[282] 有关国王的两个身体的论述,参见 E. Kantorowicz, *The King's Two Bodies: A Study in Mediaeval Political Theology*, Princeton: Princeton University Press, 1957。

[283] 以下有关"金雀花改革"的论述,主要参考了 Hudson 的研究,参见 Hudson, supra note [280], chap. 5。

整个王国领土内进行定期的巡视;以后又通过委派高等法院的法官组成民事巡回法庭(assize),审判有关土地占有方面的案件,进一步促进了法律的统一与稳定。从治理的角度看,这些王室法院意味着定期的、连续的、相对稳定和统一的它司法治理的出现。[284] 用当时一位来自欧陆的观察家的说法,英国皇家法院的特点就在于能够"在任何时候,任何地方,始终一贯地,统一地"适用法律。[285] 而且,王室法院要求保存判决过程和最终判决的书面记录,也为后来法律报告的编纂,以及整个先例原则的发展奠定了基础。

从普通法治理的发展来看,在征服者威廉以来的司法改革过程中,王室法院并没有立即取消旧有的地方法院、庄园法院和教会法院。在相当长的一段时期里,王室法院一直与这些法院相互竞争,相应地,普通法也始终与各种不同法律相互竞争。[286] 直至 1628 年,柯克还列举了英国当时存在的 16 种法律,而普通法只是其中的一种。[287] 而正是通过各种法律之间的并存和竞争,普通法逐渐吸纳了地方习惯法、教会法、罗马法与自然法等各种法律中的学说、技术,从而形成了普通法强调理性均衡(balance of reasons),强调多种法律渊源的技艺理性。从这个意义上讲,普通法发展过程的"理性化"本身就是一种"司法理性"意义上的理性化,即作为程序技术核心的技艺理性的发展,而不是像后来欧陆国家通过罗马法的继受进行的法典编纂化运动一样,是一种立法理性逻辑下的发展。[288] 这一点是普通法发展的一个不可忽视的特点,正像著名法律史学者密尔松指出的,"在普通法发展过程中,没有计划,这一点甚至比通常法律史学家有

---

[284] 巡回法庭对地方行政事务进行的"司法"审查活动,突出表现了普通法作为一种治理工具的特点,尤其是在普通法的早期形成阶段,行政与司法活动的结合。参见 Murphy, supra note [193], p. 199; J. H. Baker, *An Introduction to English Legal History*, London: Butterworths, 1990, p. 19。

[285] Baker, ibid., p. 15.

[286] Caenegem, *The Birth of the English Common Law*, supra note [276], p. 33. 事实上,从封建治理的逻辑来看,国王并没有能力,也无意取消其他法院的司法管辖权。而且从治理与宪政的斗争来看,随着推行"普通法"的王室法院逐渐演变为国立法院(national court),并具有越来越强的自主性,国王反而可能会借助教会法庭等力量来与之抗衡(例如大法官法院与星室法院)。这种在复杂的司法管辖权划分的情况下形成的多元法律格局,具有突出的中世纪法团秩序的特点,是英国法受中世纪诸多制度持久影响的又一例证,这一点直到清教革命,甚至 18 世纪才有了较大的变化。参见 Burgess, *Absolute Monarchy and The Stuart Constitution*, chap. 5。

[287] C. W. Brooks, The Common Lawyers in England: c.1558—1642, in Wilfred Prest (ed.), *Lawyers in Early Modern Europe and America*, London: Croom Helm, 1981, p.42.

[288] 当然,在这方面,英国法与大陆法的差异,除了英国法早期发展的历史特点外,也与英国法偏重"私法"的倾向有关。早期王室法院处理的法律案件主要是围绕土地占有权方面的大量纠纷,因此,整个普通法的法律理性受到了私法的法律技术与理性的强烈影响。从比较的角度来看,英格兰这种围绕私法问题进行的司法治理的方式,使英格兰的"法治"与欧陆强调公法体系的"法治"有很大差别。也许正是出于这一点,英国法的史学家才强调"土地法"作为所谓英国自由的基础的重要性。有关普通法作为一种"私法"为核心的治理,参见 Stephen Perry, Judicial Obligation, Precedent and the Common Law, in *Oxford Journal of Legal Studies*, 1987, Vol. 7, No. 2: 218; 马克尧:《英国封建社会研究》,北京大学出版社 1992 年版,第 124 页,及第 8 章。

时认为的还要突出。相反，没有计划正是进步的一个条件"[289]。不过，在与其他法院进行的竞争过程中，"普通法"的法院，由于程序稳定，能够保证执行，得以吸引更多的案件[290]，不断提高王室法院的地位，还促使许多其他法院也采用"普通法"，从而逐步促进了普通法的发展。而相对来说，普通法的这一扩散过程，同时也是普通法吸收其他法律的过程。经过亨利二世和其后的爱德华一世的改革，英国法的发展以一种英国特有的方式，逐渐与国家治理的发展结合在一起。而适用所谓"普通法"的王室法庭，逐渐取代了以往主要借助习惯法判决的地方法庭，这不能仅仅理解为集权的治理取代了地方性的自治，而是具有更为复杂的意涵。一方面，普通法的发展使治理超越了国王可见的身体，通过治理的超人身化实现了治理的例行化。以往，"国王在哪里，法律就在哪里"[291]。而无论是设立在西敏寺的固定法院，还是涉足英格兰全境的巡回法庭，其最初的目的都是使整个王国的统一治理能够超越国王的具体身体的限制[292]。这些措施，使法院作为司法制度，逐渐摆脱了作为行政制度的御前会议的支配，得以形成稳定普遍的"普通法"。这也是王室法院能够吸引越来越多的案件的原因。而另一方面，"普通法"意味着通过法律的治理逐渐取代了地方社区解决纠纷的方式，成为主要的治理方式。这样治理就主要是"国王的太平"（King's peace），而不再是"自由人的太平"（mund）或"郡守的太平"（sheriff's peace），更不是欧陆"上帝之下的太平"（the peace of God）[293]。因此，通过普通法，英格兰，实现了治理的"跨地方化"和国家化，在某种意义上，也完成了治理的普遍化，从而逐渐向所谓现代治理方式迈进。

或许，"金雀花改革"对于普通法理性的形成来说，其重要意义就在于，与后来欧陆民族国家主要通过行政长官的设立进行治理相比，这种王室法院的治理，是一种所谓连续性的，低调的治理，一种博兰尼所谓"有节制的干预政策"[294]。而且直至18世纪，由于在英国由政府机关进行的行政治理始终是非常薄弱的，治理任务一直交给法庭。这与德意志的情况有很大区别，在德意志，一方面是中央力量始终很薄弱的"德国式的自由"，在德国同时存在各种自治力量，尤其是各种自治城市，而另一方面却是这些自治区域内采用"治安国"这样巨细靡遗的治理方式[295]。

---

[289] S. F. C. Milsom, Reason in the Development of the Common law, supra note [190], p. 150.

[290] Caenegem, *The Birth of the English Common Law*, supra note [276], pp. 17—19; Paul Brand, *The Origins of the English Legal Profession*, Oxford: Blackwell, 1992, p. 23.

[291] Caenegem, *The Birth of the English Common Law*, supra note [276], p. 34.

[292] Baker, supra note [284], 21ff.

[293] 马克尧：同上注[288]所引书，第12页；Caenegem, *The Birth of the English Common Law*, supra note [276], p. 11; Milsom, supra note [289], 154ff。

[294] Sugarman, Law, Economy and the State in England, 1750—1914: Some Major Issues, p. 216.

[295] 韦伯也隐约地提到了这一差别对两种法律制度的影响，参见 Treiber, supra note [134], pp. 835—838。

英格兰这种"弱国家"借助司法手段完成治理任务,对于普通法的"内在视角"的技艺理性的发展,有持久的影响。而从治理的角度来看,通过"普通法"进行的中央权威的治理,也并没有取消地方自治。中央权威的行政治理,地方的自我治理与"普通法"法院系统的自主治理,三者之间的复杂关系,正是所谓"英国式自由"的主要特征。因此,与其说奠定普通法"法治"基础的"金雀花改革",是基于集权化或(立法)理性原则,不如说是基于例行化、科层化和专门化。[296]

韦伯为了证明普通法的理性程度较低,曾经举了两个例子,一个是令状,另一个是陪审团。然而,正是在普通法中占据中心地位的这两项程序技术中,鲜明地体现了普通法是如何通过例行化来实现治理方式的超人身化和跨地方化。

令状是中世纪英国法律教育的首选课程。[297] 它最初来源于盎格鲁-撒克逊诸王的行政令状。在亨利二世统治时期,得以司法化。由于在普通法的早期发展阶段,王室法院仍是一种例外的司法形式,主要是提供司法补救的手段,或者用来迅速恢复法律和秩序。随着令状的日益司法化,令状也摆脱了以往与国王的人身化权威联系在一起的随意性特点,避免了发布令状时国王流于偏听偏信的专制问题。因此,令状的司法化可以看做是对旧的补救措施,对私人抱怨的王室干预进行了司法化。[298] 司法化的令状,往往与法律诉讼的具体程序紧密地联系在一起,突出体现了普通法的司法理性特点:程序制度先于实体法。[299] 同时,这种令状的发展,使各种案件越来越与中央司法权威发生关联(购买令状),而同时随着案件越来越向适用普通法的王室法院倾斜,原有的社区司法与封建性的领主法庭及其所适用的地方习惯法或封建法律,或被吸收到普通法中,或逐渐萎缩。[300] 此后,直至16世纪末17世纪初,普通法的主要著作,无论"格兰威尔"(Glanvill),还是"布莱克顿",探讨的都是令状及与其有关的程序问题。在1534年时,一位普通法法官断言,"令状是整个法律依赖的基础"。[301]

如果说,中世纪普通法的学生上的第一门课是令状,那么第二门课就是抗辩。从18世纪末开始编纂的年鉴(Year Books),主要内容就是有关法庭抗辩的内容。而普通法的法庭抗辩是与陪审团联系在一起的。因为陪审团是由普通人组成的,他们不是上帝,"上帝不需要人来告诉他适用何种规则,或请求来显示其理性",但普通人组成的陪审团却需要。正是通过面对陪审团进行的讨论,从而促进了普通法的逐渐理性化。[302] 普通法对案件特殊事实的关注,也来源于面对陪审团

---

[296] Hudson, supra note [280], p. 142.
[297] 参见 Baker, supra note [284], chap. 4; Caenegem, supra note [276], chap. 2。
[298] Caenegem, supra note [276], pp. 39, 41.
[299] Baker, supra note [284], p. 63.
[300] Milsom, supra note [289], p. 60.
[301] Baker, supra note [284], p. 67.
[302] Baker, supra note [284], 84ff.

进行的抗辩过程。[303] 与令状一样，陪审团最初并非要提供司法方面的正当程序，更谈不上是什么"自由的堡垒"，而只是中央权威利用社区司法的形式，来获取有关案件事实的取证方式，是一种"国王的太平"的保障手段。[304] 因此，陪审团的早期形式与今天相去甚远，理想的陪审员，并不是不认识诉讼当事人的陌生人，而恰恰是他的社区邻居，法庭借助他们的个人事实，来进行审判。经历了长达五、六个世纪的发展，陪审团才从依赖个人知识的社区目击证人，发展成为仅对正式呈交法庭的证据中的事实加以判决的现代意义的"陪审团"。[305] 作为普通法的正当程序的核心，"陪审团"的发展历史，展现了一个同时结合自下而上与自上而下力量的普通法形成过程。在普通法的发展中，就不仅能够听到国王的声音，同样也能听到所谓"民众的声音"（vos populi）。因此，作为英国的民族法，普通法能够利用地方习惯法，建设整个国家的习惯法。当普通法法官强调"英格兰的普通法……不过是王国的共同习惯"时，他也同时在强调这种习惯的好处就在于他是来自所谓"民众"，而非国王制定的。[306] 这也是普通法法官和律师为普通法作为一种"非书面法"（leges non scripta）骄傲的原因。[307]

从全欧的角度来看，在 13、14 世纪，欧陆与英国一样，也在力图发展一套以法律的"正当程序"（due process）为核心的"普通法"（ius commune）学说，这种所谓"普通法"一方面，试图运用法律来约束君主的权利，具有宪政的立法理性取向，另一方面又强调借助程序来对诉讼者权利的保护，体现司法理性的特点。[308] 不过，我们已经指出，只有英国通过民族法实现了这一点，而欧陆却要到 18 世纪以后，借助罗马法的继受来完成这一过程。但是这时，"普通法"的司法理性与宪政意涵已经为绝对主义倾向的民族国家的国家理性和立法理性的结合所压倒。欧洲各民族国家借助国家力量自上而下地推行罗马法，也更多是查士丁尼时代的罗马法，正如韦伯所论述的，这种罗马法与科层权威紧密结合，并日益为法学家的法和立法机构的实定法左右，成为立法理性取向的法律，强调逻辑的形式理性，具有浓厚的庇护色彩，而逐渐丧失了宪政意义的取向。而英国的普通法，尽管利用了罗马法和中世纪法律的各种法律技术与自然法的某些观念和技术，但却在法官的"宣示论"之

---

[303] Milsom, Law and Fact in Legal Development, in *Studies in the History of the Common Law*, 171ff.

[304] Baker, supra note [284], 86ff.

[305] John M. Mitnick, From Neighbor-Witness to Judge of Proofs: the Transformation of the English Civil Jurors, in *American Journal of Legal History*, Vol. 32, No. 3 (1981), 201—235.

[306] Sir John Davies 语，转引自 Sommerville, supra note [219], pp. 89—90。

[307] 当然另一个重要的意涵是普通法是程序中心的法律，参见 Hale, supra note [276], 16ff。

[308] 参见 *The Prince and the Law, 1200—1600: Sovereignty and Rights in the Western Legal Tradition*, Berkeley: The University of California Press, 1993。不过，作者并未考虑立法理性与司法理性两种不同的倾向之间的张力的关系，而这一"有意的"忽视使他运用了当代普通法的司法理性来理解欧陆诸多带有突出立法理性倾向的学说，如博丹（Jean Bodin）。而这一区别，对于我们理解普通法的程序技术的社会理论意涵，具有非常重要的意义。

下，成为司法理性取向的法律，强调在经验和传统中逐渐形塑的技艺理性。许多研究普通法的学者发现，这一过程却与罗马法早期的发展具有惊人的类似。[309] 正如韦伯早已指出的，导致普通法与大陆法这一重大差别的关键因素就是英国与欧陆在法律职业与法律教育方面的差异。

（二）法律的自主性与治理的超人身化：法律职业的兴起

历史学家早已指出，律师在形塑整个欧洲现代文化的过程中发挥了重要的作用。[310] 而这一点对英国来说，尤为适用。正如一位观念史学者所言，普通法的律师，比任何其他职业对英国政治生活的影响都更为巨大。[311]

正如我们前面指出的，普通法治理的发展，是通过超越治理的人身化和地方化实现的。这种发展为法律本身的自主化提供了条件。王室法院制度、令状制度和陪审团制度，在这一过程中都发挥了非常重要的作用。不过，在这方面，最重要的发展仍是法律职业的兴起。

最初，主持王室法庭的法官，和后来欧陆的情况一样，也主要来自"公务员"。但从12世纪中期到14世纪末的一个半世纪的时间里，伴随着王室法院的发展，<u>法律诉讼程序的技术化</u>与复杂化[312]，使普通法法庭日益由专门的法律专家，而不再是政治官僚来充当法官。而法律代表（representation）制度的发展，则促进了律师的发展；而且随着法律程序的复杂化，在13世纪末形成了法官从高级律师中遴选的惯例。这样，法律的集中化（centralization）就与法律的专门化和专业化结合在一起[313]，共同推动了独立自主的法律专家群体的形成，这一群体逐渐在英国社会中占据越来越高的地位。

当然，英国普通法的律师所发挥的作用，尤其是他们发挥作用的方式，与英国法的司法理性形式的治理之间有着密切的关系。英国法律的复杂性和特殊性，也体现在英国的律师职业的构成上。直至16世纪，普通法律师，和绝大多数现代职业的早期先驱一样，仍然在很大程度上并没有完全"制度化"。一方面，长期以来，普通法律师一直面临来自教会教士和民法律师的竞争。另一方面，在普通法法律职业内部，既有与地方事务有密切联系的半职业人士，也有与王室法院（特别是各种上述法院）联系在一起的具有较高声望和巨大诉讼收益的高级律师的地位群体，整个律师界划分为复杂的层级关系。其核心是一批制度化的律师，构成了法律职

---

[309] Milsom, supra note [190], p.207；叶士朋指出，所谓"罗马法"与民法的"德国式的系统化"的法律文化有很大差异，前者是强调"公正乃是一个具体案例的适当解决"，认为法律是一种实践知识；其内容以诉讼法为中心。这些"罗马法"的法律文化特征，与我们这里概括的普通法的司法理性，毫无二致。参见〔葡〕叶士朋：同上注[254]所引书，第68—70页。

[310] William Bouwsma, Lawyers and Early Modern Culture, in *American Historical Review* (1973) 78: pp. 303—327.

[311] 例如 Sommerville, supra note [219], p.86。

[312] 例如，王室法院诉讼必不可少的令状，从12世纪末到14世纪初，数目就翻了3番以上。

[313] Caenegem, supra note [276], 19ff.

业相当稳定的核心,而外围则由许多边缘性的法律从业人士构成。[314]

从法律的发展来看,高级律师的作用当然不可忽视,正是他们的判例,收入了各种法律报告中,成为先例,从而构成了普通法法律原则的核心。而且由于相对集中、封闭与密切的社会关系网络,这些高级律师,尽管人数不多[315],但作为普通法职业的核心,对政治生活发挥了非常重要的作用。由于普通法法院的法官,也主要是从这些高级律师中产生,而不像大陆法系国家中从行政官员中招募,这些都保证了普通法无论在内在理性,还是外在的职业角度方面都能维护法律的"封闭性"。

不过,英国法律职业中的边缘人士,各种地方法律从业人士,半职业性的法律专家,在普通法形塑英国社会的过程中,同样发挥了重要的作用。因为,尽管英格兰以王室法院为核心的"法治"早在12世纪就开始得以发展,但直至17世纪清教革命时代,英国的法治仍然是一种低调的"根植性治理"。与法国相比,英国的大量地方性律师,并不是在中央权威的直接命令下行事。法律对英国的渗透,恰恰是通过这些在职业等级制中处于较低地位的律师,通过提供法律咨询,起草合同等日常法律事务,将普通法的理性与整个英国政治的日常生活结合起来,将少数几十位高级律师与法官的工作,加以扩展,从而形成一种与大陆法相区别的独立的法律制度。

从治理的角度看,这种法律职业最初是在延伸国王的人身化权威的过程逐渐发展的。不过,因为法官和律师并不具有国王的人身权威,他们需要借助法律的权威来维持自身的权威,维持法律的稳定性,在这一过程中,法官和律师慢慢形成了自身的技艺理性。而这种技艺理性,正是法律职业自主性的内在基础。正是这里,我们触及了所谓"普通法心智"中最具争议的部分。正如我们前面已经提到的,波科克指出,普通法律师和英国人,都强调普通法是"超出记忆的",好像它从古至今都一直统治着英国人民,律师则运用这种观念来对抗强调制定法和国王敕令的绝对主义倾向,这突出体现了伪历史的"普通法心智"的特点,这一观念构成了英国保守主义思想的基础。[316] 在某种意义上,如我们已经指出的,普通法"没有作者"[317],这正是普通法作为司法理性,与信奉实定法的立法理性之间的差别。因此,在普通法法官和律师的眼中,"法律是超出记忆的,而没有立法者"[318]。不过,从治理的角度看,无论是对"诺曼征服"意义的否定,还是将普通法的历史追溯到罗马统治之前英格兰古王的努力,都并非单纯是神话或意识形态的编造,而不如说就

---

[314] Wilfrid Prest, Lawyer, in Wilfrid Prest (ed.), *The Profession in Early Modern England*, London: Croom Helm, 1982, p.69.

[315] Prest编的两本书中都包含了对英国律师界规模的估计,参见 Lawyers in Early Modern Europe and America; The Profession in Early Modern England。

[316] J. A. Pocock, supra note [209], chap.2.

[317] Simpson, supra note [203].

[318] Pocock, supra note [209], p.41.

是普通法的技艺理性在治理"过去"上的体现，一种治理历史的技术。因为所谓的"普通法心智"中，历史不是作为历史证据使用的，也就是说，不是历史学家笔下的历史，而是一种"法庭历史"（forensic history）。运用这种"法庭历史"，普通法律师能够抗衡国王的所谓"自然理性"和赤裸裸的权力，同时建立了法律自身的中立性，使法庭内外的人们都能相信，法院作出判决的方法是中立的，因为普通法的"起源"超越了人们可以发现的任何政治斗争的范围，因此，普通法"超出记忆"，超越时间的"历史"或者说"神话"恰恰是捍卫普通法的"完善理性"的"第一原理"。[319] 通过这种所谓历史感的非历史用法[320]，实现了对历史的治理，使普通法能够超越政治权威的"有限时间"，建立中立和超越色彩的法律。正如清教革命期间，一位普通法法官所言，"政府沉浮兴替，而普通法则永存"[321]，从而使普通法能够在政治变革中，保持稳定性和开放性，并利用时间累计的各种诉讼案件，实现普通法的发展。[322]

从前面我们谈及的柯克与詹姆斯一世的对话中，我们就可以看到普通法的这种"法庭历史"，正是普通法法律职业的基础，使法官和律师从最初延伸和拓展国王的人身化权威的工具，摇身一变，成为约束国王恣意权力的宪政机制。普通法的"法庭历史"成了所谓"自由的法理学"。[323] 这大概正是英国在现代国家治理历史中的重要意义。

（三）普通法理性作为政治的"普通话"：法律教育与"英国自由"

对于普通英国人来说，在很长一段时间内，律师职业都具有相当高的社会声望，并对英国社会生活产生了广泛的影响。这固然是因为法律职业往往能够使一个人有机会获得高级官职，但更为普遍的是，法律教育成为一种非常重要的政治生活的基础教育。不仅用来保障私人权利，而且成为英国政治思想的公共语言。

普通法的法律教育与大陆法的法律教育之间的差异，对于两种法律制度之间的分歧来说，具有不可忽视的作用。这一事实，早已为法律史学家和法律社会学家所熟知。韦伯特别强调了英国法律公会的教育方式对于培养强调技艺的普通法理性的重要性。而相比来说，欧陆则主要借助大学的正规法学教育，来培养法律职业人士，这种正规法学教育，受罗马法传统的深刻影响，特别关注法律在逻辑分析意义上的形式理性。不过，法律教育不仅对两种不同的法律理性（强调逻辑性的立法理性与强调技艺的司法理性）产生了重要影响，而且对英国与欧陆在政治文化方

---

[319] John Reid, The Jurisprudence of Liberty, in Ellis Sandoz (ed.), *The Roots of Liberty*, Missouri: University of Missouri Press, 1993, pp. 147—231.

[320] Gray, supra note [208], p. xx.

[321] Ibid., p. xiv.

[322] Sommerville, supra note [219], p. 90.

[323] Reid, supra note [319], p. 227. 在其中，Reid 提及，"律师不是政治理论家，但政治理论也不是法律，至少不是普通法"。

面的差异也产生了不可低估的影响。后者，尽管受到较少的注意，但对我们的研究来说，却具有更为重要的意义。早期都铎时代的教育理想，就是除了要学习宫廷礼仪、军事训练以外，士绅与市民阶级的子弟同样要接触人文与法律。[324] 在14、15世纪逐渐形成的律师公会（inns of court）中，这些子弟不仅接受法律教育，而且通过共同生活，培养未来政治活动的礼仪与社会关系。据法律史学者估计，大概英格兰三分之一的士绅都曾经参加过律师公会的学习，而且在伦敦的四大律师公会中，绝大多数的学生并不打算日后专门从事法律职业。他们主要希望在这里除了获得一些法律方面的知识之外，还获得礼仪等方面的知识，从而适应未来的政治生活。因此，这些律师公会的教育，对于英国社会的政治生活，以及文化和思想方面来说，至少在18世纪前，其影响可能并不亚于牛津与剑桥，甚至可能更大，所以被称为英国的"第三所大学"。[325] 也许正是从这种法律教育的角度来看，我们才能说，普通法的发展形塑了英国社会的性格。[326]

托克维尔当年曾经指出，法国大革命的思想根源要追溯到法国的"文学政治"，因为法国的文人与英国不同，从来未曾置身日常政治中，这反而使他们形成了运用脱离"统治当代社会的复杂的传统习惯"，从抽象和普遍的原则出发，来探索政治体制基础的"文学政治"。[327] 正是在这里，我们触及了英国政治思想与制度的关键环节，以及普通法在其中的重要作用。

正如法律职业在英国与欧陆同等重要，但却以不同形式发挥了作用一样，法律教育在欧陆也同样重要。社会的一般知识阶层也同样受到正规法律教育的广泛影响。不过，欧陆的法律教育主要是大学以罗马法为核心的教育，而英国普通法的法律教育则不同，这种教育主要是一种实践技艺的教育。如果说在整个欧洲（也包括英国的大学：牛津和剑桥），大学的法学教育是培养立法者的科学的话，那么英国的律师公会，则是传授作为司法理性核心的技艺理性。在律师公会中，很少学习正规的法学课程，而更多的精力放在研究令状、法律分析与争辩等复杂的程序技术上。正如我们前面分析普通法的技艺理性时所指出的，这些复杂技术，正是围绕具体实践权利的方式和法律原则来不断演练的。因此，英国的法律教育，不是大学中抽象权利的逻辑学，而是一种具体权利实践的修辞学。所以，对于诸多在律师公会中求学的青年人来说，他们正是通过普通法的法律教育，逐渐掌握了实践权利的技术，使普通法的理性成为整个英国政治生活的"普通话"。对于英国人来说，政治不过是法律的一个分支，法律是谈论政

---

[324] Brooks, supra note [287], p. 54.

[325] Sommerville, supra note [219], pp. 86—87.

[326] J. H. Baker, The English Legal Profession: 1450—1550, in Prest (ed.), Lawyers in Early Modern Europe and America, pp. 34—35.

[327] 有关"文学政治"这一"托克维尔命题"的论述，参见〔美〕托克维尔：《旧制度与大革命》，冯棠译，商务印书馆1992年版，第174—183页。以及笔者在"抽象社会"中对"意识形态政治"的讨论。

治的主要方式。正如17世纪的一位出版商所言,"通览法律,是一个绅士最大的光彩"。[328] 正是这种英国式的"法治",[329] 培养了托克维尔眼中英国政治生活的特点,对日常政治的复杂性和细节的参与和重视,而不是像立法者一样,迷恋抽象性的话语。在边沁对布莱克斯通尖刻批评的字里行间都可以看到两种"心智"之间的深刻差异。[330]

在16世纪获得巨大发展的普通法,临近世纪末的时候,面对英国正在兴起的变革观念开始受到了日益严厉的挑战。托克维尔后来描述大革命前法国的情况大概也同样适用于这时的英国:"现实社会的结构还是传统的、混乱的、非正规的结构,法律仍然是五花八门,互相矛盾,等级森严,社会地位一成不变,负担不平等。"[331] 在批评者的眼中,这种混乱的法律,就是一个"耳目闭塞的暴君"。[332]

面临改革的普通法有两种不同的选择。[333] 培根起草了25条法律公理,希望运用"理性的一般命令来贯穿各种不同的法律事务",赋予法律以一贯性,从而能够"治愈法律中的不确定性,它是当前我国法律面对的最主要的挑战"。[334] 柯克同样认为普通法需要系统化,不过他采用的形式不是培根的法律公理体系,而是通过在法律年鉴中添加新的案例,编纂更完善,案例更"现代"的法律报告来为普通法的进一步发展提供一个理性化的基础。在柯克看来,一个普通法的律师,只有通过长期浸淫在这样的案例报告中,才能掌握普通法的技艺理性,而希图借助一般公理来进行的法律理性化,并无助于增加法律的一贯性。哈勒的一段论述精确地阐发了柯克的观念:

> 英格兰的普通法(Common-Laws)比其他法律都更具特殊性,而且尽管比起其他法律,它数量繁多,缺乏条理,需要花费更常的时间来研习,但是这些都有巨大的好处作为回报,即英格兰的法律能够防止法官的恣意,这样使法律更具有确定性,对于那些提交给它判决的事务来说,也更适用。一般性的法律(General Laws)确实非常全面,易于掌握,容易消化成为有条理的方法;但当这种法律面对特定的法律适用过程时,它们却没有什么用,给偏见、私利和各种各样错误适用法律的考虑留下了过大的余

---

[328] 转引自Hill, supra note [190], p.152。

[329] 参见Cromartie的简明讨论,Alan Cromartie, The Rule Of Law, in John Morrill (ed.), *Revolution and Restoration: England in the 1650s*, London: Collins and Brown, 1992, pp.55—69。

[330] 布莱克斯通的《英国法释义》之所以产生了广泛的影响,正是因为它针对的是普通人,而相应来说,边沁的理论却是一种名副其实的"立法者的科学"。[英]边沁:《政府片论》,沈叔平等译,商务印书馆1995年版;并参见Milsom, supra note [190]。

[331] [美]托克维尔:同上注[327]所引书,第181页。

[332] Christopher Hill, *Intellectual Origin of the English Revolution*, Revisted, Oxford: Clarendon, 1997, p.204。

[333] 以下的历史事实,参见Ibid., 205ff。

[334] 值得注意的是,即使培根的方案,也不是像后来的边沁一样,希望通过"公理化"实现"法典化",建构一种像大陆法系的"教授法"一样的"书本法律"(text-law),他的这些公理,更多是为法律教育服务。参见Simpson, supra note [249], pp.285—286。

地;这种法律与道德学家的共享观念没什么两样,即使当彼此争辩的各方都对这些共享观念完全达成一致,但是面临有争议的特殊事例时,从这些共享的观念中,每个人都可以推导出与他们自己的各种欲望和目标相应的结论,而这些结论彼此却极度矛盾。因此,英国治理的智慧和幸福一直就不在于一般性的东西,而在于运用与所有特殊情境相吻合的特殊的法律,来防止恣意与不确定性。[335]

(四)清教、圣公会与普通法:如何治理良知?

从全欧洲的角度来看,普通法在 16 世纪末面对的挑战,不过是宗教改革以后整个社会秩序面对的"17 世纪的总危机"的一个预兆。[336] 在这个试图同时追求所谓"总体性"、"绝对性"与个人信仰自由的时代中,普通法面对了来自清教、天主教与圣公会种种不同的秩序观念之间的尖锐冲突的挑战,在迫害、偏见与中立、宽容之间左右摇摆。而发生在清教与圣公会之间的激烈争执,远远超出了单纯的宗教问题,而涉及了伦理理性化与社会秩序理性化之间的复杂纠葛,直接关系到了我们这里讨论的韦伯社会理论与"英国法"的核心问题,也提供了一个我们最后返回韦伯思想的绝佳路径。

自 16 世纪中期,亨利八世与罗马教廷交恶,王权与教会之间的斗争为新教学说在英格兰的传播提供了机会,从而使宗教改革运动能够逐渐在英国赢得了官方的支持,借助国王与议会的立法活动推行开来。到伊丽莎白女王统治后期,新教已经取得了所谓"压倒性的胜利",成为英国的"国教"。[337] 不过,伊丽莎白时代建立的"宗教和解",实际上是一种妥协的产物,是兼采新教的学说与天主教的教职制度的一个中间路线。正如一位学者指出的,"伊丽莎白时代的英格兰是独特的,就在于它努力在单独一个国家的疆界内创造空间,来容纳保守……和激进。"[338] 比起大陆宗教改革后立场更为"鲜明"(precise)的教会和罗马教会,英国的国教显得态度含糊暧昧,学说与实践自相冲突。不过,正是这种奉行中间路线(Via Media)的宗教"和解",使教徒自行处理的问题(adiaphora, indifferent things)有远为宽泛的空间。[339]

不过从 16 世纪末到查理一世即位之后,和平化的"宗教—政治—法律"局面同

---

[335] Matthew Hale, "Preface" in Henry Rolle, Un Abridgement des Plusiers Cases et Resolutions del Common Ley(London: 1688),转引自 Glenn Burgess, *Absolute Monarchy and The Stuart Constitution*, New Haven: Yale University Press, 1996, p.137。

[336] 有关欧洲"17 世纪总危机",参见"论抽象社会"中的讨论,第 7 页以下。

[337] Patrick Collinson, *The Elizabethan Puritan Movement*, London: Methuen, 1967;有关英国宗教改革运动,修正史学"写"出了更为复杂的历史图景,参见 Tyacke 的综述: Nicholas Tyacke, "Introduction" to *England's Long Revolution 1500—1800*, London: OCL Press, 1998, pp.1—32。

[338] Peter White, The Via Media in the Early Stuart Church, in Margot Todd (ed.), *Reformation to Revolution: Politics and Religion in Early Modern England*, London: Routledge, 1995, p.80.

[339] Ibid., pp.79—94.

时面临了来自鲜明立场的"清教"激进分子与罗马天主教廷两种极端路线的潜在威胁和现实压力。圣公会的宗教学说和实践与这些极端路线之间的激烈冲突,直接触及了终极价值、现世政治与法律治理之间的冲突,而争执的焦点就是宗教与国家,良知与法律之间的复杂关系。受加尔文学说影响的英国清教徒认为,现有的政治与法律秩序不仅混乱不堪,而且与基督教徒的自由相冲突,是一种没有内在秩序的强制秩序,而他们倡导建立的新秩序,则是一种与个人良知和意志密不可分的秩序。[340] 因此,在清教徒中的激进分子看来,真正的教会要完全听从"上帝之言",这意味着要建立一套基于"选民"的自愿服从的共识秩序。而这种"衷心"的、出于个人意志的服从,是建立一种新的共同体的基础。用清教思想家的话说,教会应该成为"良知的受托人"(the depository of the conscience)[341]。因此,上帝的新秩序与传统圣公会或伊丽莎白女王的国家秩序不同,这种新的秩序依赖的不再是外在的强制,而是每个人发自内心的服从。这种围绕良知建立的秩序,其前提就是"我们必须成为我们自己的法律;我们必须在没有外在制约的条件下,出于自身意志这样做,自由地产生对上帝意志的服从"。"每个人都足以成为自己的治理者,而所有人都服从上帝。"[342] 共识是这一秩序的主题,《圣经》中的"上帝之言"是他们的法律,而其核心环节则是全面治理一个人的良知。

早在加尔文那里,伴随宗教改革产生的这种新的"良知的治理"就有两种不同的发展倾向:政教分离的个体化与政教合一的信条化。[343] 而当清教徒与圣公会进行论争时,"良知治理"的这两种背道而驰的倾向都体现出来了。一方面,新教强调基督教自由与自愿秩序的学说,可能会推动政教分离,使国家与教会构成两种不同的秩序领域,国家继续施行它的强制秩序,而教会则完全摆脱任何具有强制色彩的世俗政治秩序的问题,只关心信徒的内心秩序。但另一方面,在清教的批评家眼中,英国面临着日内瓦化(genevating)的危险,因为清教徒渴望建立的不是一种多元取向的自由社会,而是一种上帝主宰的社会。在这个社会中,自由并不属于此世的罪人,而属于全能的上帝。[344] 新的秩序的基础并非原子式的孤独个体,而是一种有机的共同体。人的内在完善(inner integrity)与选民自愿组成的共识共同体密切联系在一起。而只有成为这一新的共同体的成员,才有可能获得救赎。因此,当新教的"良知治理"从个体化的层面逐渐社会化,当每个清教徒所听从的内心审判的法律,成为共识共同体的法律,清教

---

[340] Daniel Little, *Religion, Order, and Law: A Study in Pre-Revolutionary England*, Oxford: Basil Blackwell, 1970, chap. 4.

[341] Walter Travers 语,参见 Ibid., p. 114。

[342] William Perkins 语, Ibid., pp. 115, 117。

[343] Ibid., chap. 3.

[344] J. C. Davis, Religion and the Struggle for Freedom in the English Revolution, in *The Historical Journal*, 35, 2(1992), 507—530.

徒共同体的政治化就产生了一种新的危险：一种总体化的良知治理。在这样的新秩序图景中，国家服从上帝的新秩序，施用严刑峻法，以便"将尽可能多的良知转变过来"。[345] 因此，清教徒眼中的"基督徒自由"最重要的因素，倒是纪律，而新教教会的目的就在于推行这种纪律。[346]

近来许多"修正主义"的历史学家认为，在早期现代，清教徒倡导的这种自由观念，与现代的世俗化的自由观念有很大差别，它的核心意涵并非自主，倒更多是为了听命上帝的意志，通过摆脱较低的世俗权威，来满足个人对更高权威的义务。[347] 不过，正如韦伯当年对清教徒的讨论一样，这种对上帝意志的服从，如果摆脱了潜在的"信条化"的危险，倒同样有可能培育一种尊重个人良知，宽容异端的自由观念。而且恰恰是这种对良知的个体化观念，为所谓现代自由主义提供了必不可少的前提。用一位试图矫正"修正主义"偏颇观点的历史学家的话说，"最热诚的清教徒，通过他们原始的热忱，得出了某种非常突出的自由派的结论"[348]。

与清教在教义上针锋相对的天主教，自玛丽执政之后，就一直是英国政府的"眼中钉"。而天主教为了在英国传教，则借助中世纪晚期以来的道德决疑术的技术发展了一套迥异的良知观念，这套观念特别与所谓"内心保留"(mental reservation)的学说连在一起。这一学说认为，当天主教徒，特别是传教士面对英国政府当局提出的各种宗教信仰问题时，可以利用"说半句，留半句"(mixed speech)的方式，以含糊的措辞，隐瞒事实真相，掩饰自己的身份。从而将"内心的声音"与"口舌的声音"区分开来，前者面对上帝，而后者则用来应付世俗权威。[349] 在天主教的决疑术训练中，个人的良知，变成了一种详尽斟酌的技艺，但它与个人的公共事务形成了鲜明的分离。在人的外在的公共面目与其内心深处的良知之间，有着不可逾越的鸿沟。世俗的法律，比起内心的良知，同样处于劣等的地位。而对于圣公会来说，它力图在清教的极端主义与天主教正统似乎逃避道德规范和法律规则的决疑术之间找到一个可能性，既避免良知的内在化、私人化，同时也避免良知的制度化和外在化。[350] 因为，从圣公会的学说来看，清教学说，特别是带有"信条色彩"的清教学说，忘记了"精神的王国"是超验的，因此绝对不能制度化。所以，希望借助共同体自愿达成的共识，将每个人内心

---

[345] Little, supra note [340], p.101.

[346] 近来修正史学家开展的许多地方史研究，证明了这一点的重要性。例如 W. J. Sheils, Erecting the Discipline in Provincial England, in James Kirk (ed.), *Humanism and Reform: The Church in Europe, England and Scotland 1400—1643*, Oxford: Blackwell, 1991, pp.331—345。

[347] Davis, supra note [344].

[348] John Coffey, Puritanism and Liberal Revisited, in *The Historical Journal*, 41, 4(1998), 985.

[349] 参见 Zagorin 非常精彩的研究：Perez Zagorin, *Ways of Lying: Dissimulation, Persecution, and Conformity in Early Modern Europe*, Cambridge, Mass.: Harvard University Press, 1990, chap.9.

[350] Ned Lukacher, *Daemonic Figures: Shakespear and the Question of Conscience*, Ithaca: Cornell University Press, 1994, p.13. 不过，Lukacher 在此处没有充分考虑在英国的天主教"良知"学说的复杂性。

审判的法律,变成社会的法律,就根本不能成立。坎特伯雷大主教威特基夫特指出,"法律的理性,就是因为在这样的共同体中所有人都达成一致是几乎是不可能的,而且对于绝大多数人来说,一种自然的倾向是彼此意见分歧,不能统一意见,如果每个人都能接受这样的共识,就根本不必有法律或秩序"[351]。英国重要的政治思想家,圣公会主教胡克(Richard Hooker)也认为,良知完全属于个人的事务,因为它与超验的世界有关,而与现世的政治生活无关。[352] 诉诸圣经来代替世俗法律,"不过是在应该听从公共法律的时候,却听命私人理性的法律"[353]。因为,在圣公会的观念中,教会涉及两种治理,一种是可见的治理,它是外在的,一种是不可见的治理,它是精神的。人执行的只是可见的治理,由外在的纪律、教会中的各种礼仪构成,只有上帝才有权能治理人的良知。[354]

因此,圣公会与清教之间争论的关键就在于,救赎究竟是一项个人的、彼岸的问题,还是一种集体的、现世的事务?而答案的核心就是如何治理良知。良知与法律的关系,以一种特殊的方式触及了整个现代社会面临的价值多元与程序正义的问题。

"良知"是晚期中世纪哲学的一个重要观念,特别是在对普通法的发展有很大影响的阿奎那的思想中占据了相当重要的位置。在中世纪的哲学家那里,良知被看做是一种通过自由选择,与特定行为的判断有关的行为,因此是可能犯错的,这与不可能犯错的,与自然法直接联系在一起的"良心"(synderesis)区别开来。[355] 在这方面,圣公会的学说与普通法的理论传统之间存在复杂的关联。

早在15世纪,"良知"的观念就构成了英国法的一些理论家的重要概念。圣日耳曼(St. German)在著名的普通法与神圣法的学者之间的对话中就指出,"良知就是一种将一般性的规则转化为在特定情境下可以遵循的专门的行为规则,是……一种应用知识的方式"。因此,在许多时候,普通法需要运用良知来形塑其结论。[356] 因此,在普通法的法律学说中,良知并非某种主观的道德或不道德(right/wrong)。像圣日耳曼屡次指出的,良知必须以法律为基础。[357]

值得注意的是,这种良知观念与16、

---

[351] Little, supra note [340], p. 143.

[352] Ibid., p. 153.

[353] Alexander D'Entreves, *The Medieval Contribution to Political Thought*, New York: The Humanities Press, 1959, p. 111.

[354] Saunders, supra note [191], chap. 2。这一观念显然与我们前面提到的中世纪的法团治理模式有关,参见 Kantorowicz, supra note [282]。

[355] 在本文中,不可能深入讨论经院哲学中 conscientia 与 synderesis 两个概念之间的微妙区分,尽管这一区别对于我们这里探讨的"良知的治理"的问题有非常重要的意义。参见 Timothy Potts, *Conscience in Medieval Philosophy*, Cambridge: Cambridge University Press, 1980, 12ff, 45ff.

[356] Doe, supra note [190], chap. 6 讨论普通法传统中的"良知"观念。

[357] R. J. Schoeck, Strategies of Rhetoric in St. German's Doctor and Students, in Richard Eales and David Sullivan (ed.), *The Political Context of Law*, London: Hambledon, 1987, p. 82.

17世纪盛行的决疑术中的"良知治理"有着微妙的一致性。尽管它不承认良知是潜伏在内心深处的观念,但两种良知观念,都特别强调良知是一种"或然性的知识",[358]良知并非"良心",并没有确定性的保障,因而需要通过对各种复杂的良知案例(cases of conscience)的反复斟酌,才能掌握相关的技术。[359] 因此,从某种意义上讲,普通法的司法理性,正是运用并发展了与决疑术中对良知案例的斟酌有关的技术。[360] 不过,普通法尽管使用了与决疑术类似的技术,但它却并不是一种天主教决疑术形态的"良知的治理",它针对的焦点,是人的行为举止。所以,当年柯克法官在审判天主教耶稣会的烈士索思韦尔(Robert Southwell)时,当后者诉诸天主教的"内心保留"的学说来为自己辩护时,柯克断然反对,"如果接受这样的学说,它就会取代所有的正义,因为我们是人,而非神,只能根据〔人的〕外在行动与言辞来作出判决,而非根据他们隐蔽的内在意图"。[361]

而普通法的这种类型的良知治理,在圣公会的一些学者笔下,同样有所呼应。在被誉为"我们国家,也许是所有国家最优秀的决疑术专家"桑德森(Robert Sanderson)的笔下,良知被界定为"一种实践智慧方面的能力或习惯,能够使人的心志借助一种推理过程,将它所拥有的光应用到特殊的道德行为上"。桑德森的定义之所以值得注意,就在于,首先它强调了良知是一种习惯;其次,良知作为"知识的连接"(con-science),就是将(有关律法的)普遍性知识与(有关实际发生的事实的)特殊性知识联系在一起。因此,在桑德森看来,良知是围绕一套实践知识形成的习惯,而不是一套一般性规则。最后,与天主教的良知决疑术不同,也和激进的清教徒的良知共同体不同,桑德森要求区分三种行动领域,即听凭命令的(commanded)、非法的(unlawful)和无关善恶自行决定的(indifferent)[362],基督徒的自由只与第三

---

[358] 美国著名社会学家纳尔逊在20世纪70年代早期就注意到"良知"制度的变化,对于西方文明史与比较文明研究的重要意义。在一篇不太为人注意的文章中,纳尔逊指出,决疑术这种"或然性的知识"对早期现代心智有非常重要的影响,只是在宗教改革与科学革命之后,对确定性的追求才改变了这一点,他还将这一洞见与韦伯的"新教伦理命题"联系在一起讨论。参见 Benjamin Nelson, Conscience and the Making of Early Modern Culture: the Protestant Ethics beyond Max Weber, in *Sociological Review* (1969) Vol. 36: 4—21。

[359] 参见 Thomas 对近来相当盛行的"决疑术"研究的总结性的论述,Keith Thomas, Cases of Conscience in 17th Century, in John Morrill et al (ed.), *Public Duty and Private Conscience in 17th Century England*, London: Clarendon, 1994, pp.29—56。不过从韦伯的视角来看,"或然性"与"确定性"之区分,实为天主教,甚至路德宗与严格的加尔文宗及清教徒在生活风格方面最根本的差异。面对伦理,前者采用计算加总与多少平衡的做法,而后者却采用了要么是,要么不是的毫无弹性的态度。参见 Weber, supra note [21], p.1115。

[360] 可以说,普通法是现代社会中真正保留"决疑术"色彩的唯一重要制度。非常遗憾,我们不能在这里进一步讨论这一问题,参见 Costas Douzinas, *Justice Miscarried: Ethics and Aesthetics in Law*, Harvester: Wheatsheaf, 1994, chap. 3。

[361] 转引自 Zagorin, supra note [349], p.191。

[362] "indifferent"作为16、17世纪良知与法律观念中的重要概念,有非常复杂的含义。

种行动领域有关,因此,任何与世俗法律相抵触的非法行为,都不是自由,"上帝没有给我们任何非法之事的自由"[363]。

事实上,正是这种良知治理的观念,构成了普通法治理的内在核心,特别是普通法有关"合理"(reason)的观念。在普通法中,所谓"合理",用柯克爵士的话说,就意味着合乎"衡平与好的良知"(equity and good conscience)[364]。这一观念直至今天仍是普通法法律推理技术的核心,在普通法的法官看来,法律就是要"防止以违背良知的方式得益",这也是普通法强调"常识"的基本意涵[365]。

因此,普通法的治理,针对的焦点是个人的外在行为,尤其是那些有可能冒犯良知的行为,而它将更为根本的"良心"问题留给了上帝和个人自己。也就是说,普通法的司法理性,并非教化式的"皈依"手段,但却更关注于实践习惯的形塑,这与我们在前面发现的普通法内在视角的基本逻辑是一致的[366]。普通法中的衡平女神,尽管同样又聋又哑,听不见个人内心的声音,但却能看到每个人的行为举止[367]。所以,在普通法的法庭上触及的"良知",即使在衡平法院中,也并非清教徒意义上的良知,而仅仅是一种"市民的或政治的"良知。正如一位普通法的法官所说的,"法庭的良知是职业性的(professional),而非信条性的(confessional)"[368]。而且普通法法官与律师对衡平法院的前身,大法官法庭(the Court of Chancery)之所以充满怀疑,就是因为这一法庭自称是"良知的法庭",妄图直接触及每个人的良心,但在普通法律师眼中,最终不过变成了恣意的法庭。

普通法的习惯倾向的"良知治理",是普通法的"法治"与德国法治国的一个重要分歧之处。从法治国的谱系来看,法治国中国家的角色深受德国由王公贵族推动的第二次宗教改革运动中"信条化"倾向的影响。德国历史学家谢林指出,在16世纪末17世纪初,正是这种信条化,通过在宗教与政治、国家与教会之间建立更紧密的联系,从而促进了早期现代国家的建设与运用纪律进行控制的主体化技术之间的紧密结合,导致在欧洲实现了国家与社会前所未有的一体化。"信条化"与"治安国"结合在一起,使国家既充当日常生活无微不至的守护神,又担负起每个人良知的牧领者(pastor),从而推动了绝对主义国家的兴起。法治国试图摆脱国家作为日常生活与

---

[363] 上述有关桑德森良知思想的论述,参见 Kevin T. Kelly, *Conscience: Dictator or Guide?* London: Geoffrey Chapman, 1967, Chap. 2。

[364] 转引自 Lewis, supra note [201], p. 337。

[365] Ibid., 340ff. 这一思想就是我们前面所探讨的普通法权衡各种权利实践技术时的主要考虑依据(例如里格斯诉帕尔默案)。

[366] 这里对普通法"习惯治理"的论述,参考了 Tully 对洛克的精彩研究。如果说洛克式的"司法治理"确实与宗教改革诸教派的"良知治理"不同,那恰恰是因为其中渗透了普通法的司法理性。只不过,洛克的这种"习惯治理"添加了边沁式的福利算术和18世纪以后的性格形塑的问题,这方面的复杂问题只能留给以后处理。参见 James Tully, Governing Conduct, in Edmund Leites (ed.), *Conscience and Casuistry in Early Modern Europe*, Cambridge: Cambridge University Press, 1988, pp. 12—71。

[367] 对比〔德〕康德:《法的形而上学原理:权利的科学》,沈叔平译,商务印书馆1997年版,第45页。

[368] 转引自 Saunders, supra note [191], p. 27。

个人良知的警察形象,但国家自上而下推动自由的形象,仍然在很大程度上继承了信条化国家的万能色彩。[369] 在这样的国家中,正如一位探讨黑格尔的"伦理国家"学说的德国学者所指出的,"由于国家——作为展开来的国家——从自己那方面来说,代表着自己的客观内容,在其安排和是(被假定为伦理—理性的)法律中是成为现实的理性,因此,不存在与它相对立的偏离良知的权利"[370]。个人的良知(实际上是"良心")最终与国家的伦理合为一体,国家成为个人良心的看护者。

在16世纪末17世纪初,英国的普通法面临同样的危机,但普通法回应这一危机的方式,却没有采取运用深入个人良知的"总体化—个体化"的方式来建立秩序,而是因循了封建法团秩序中的一些程序化、自主化的框架与心态,以被动和自助的方式来治理个人良知与日常生活,其理性化充分借助了自下而上的社会力量。而从治理的逻辑与个人的伦理理性化的关系看,正是圣公会与普通法采取的这种有限的、外在的良知治理,才使无论哪一种教派的信徒,都可以依其自身信仰来追求自己的绝对化的、毫不妥协的价值(尽管历史事实并不像我们描述的这么"美好")。而德英之间的区别也许暗示了理性化所遵循的不同的道路。

当18世纪这个"立法者的世纪"最终取代了17世纪这个"良知的世纪"[371],普通法的理性,和决疑术一样面临了衰败的危险。在这个霍布斯的时代,一种新的"确定性政治"逐渐兴起,来管理这个"诸神之争"的世界。[372] 面对政治治理、政治文化乃至大众心态上的绝对主义,即使在英国,普通法也不免像决疑术一样备受猜疑,面对实定化日益强大的压力。其司法理性的逻辑,受到立法理性和议会主权的限制和遮蔽,逐渐在英国政治生活的公共话语中销声匿迹,只是以扭曲的方式保留在诸如柏克这样的保守主义的著作中。也许正如这位自诩拥有"普通法心智"的继承权(但实际上也许不过是一个"私生子")的辉格党的善辩之士所言,这些批评者"将经验鄙夷为文盲的智慧,至于其他东西,则他们已经在地下埋好了地雷,它将在轰然一声的爆炸中粉碎一切古老的规范、一切先例、宪章和议会的法案"[373]。强调权利的实践技术的技艺理性,最终沦为"意识形态政治"的纷争格局中一种反话语的话语,倒颇有些"理性的狡黠"的味道。也许,培根的"自信"是有道理的。谁又知道,在柯克迷宫般的案例报告与培根清晰透明的"法律公理"之间,未来会把它的赌注押在哪一方呢?

---

[369] Hans Shilling, Confessionalization in the Empire: Religions and Societal Change in Germany Between 1555—1620, in *Religion, Political Culture, and Early Modern Society*, pp. 205—245,特别是245 对比德国与英荷的情况。

[370] E. W. Bockenforde,转引自H. Kleger/A. Muller:《多数共识即公民宗教? 论自由—保守主义国家理论中的政治宗教哲学》,载《道风:汉语神学学刊》第7期(1997),第53—54页。

[371] Thomas, supra note [359], p.30.

[372] Stephen Toulmin, *Cosmopolis: The Hidden agenda of Modernity*, New York: Free Press, 1990.

[373] 〔法〕柏克:《法国革命论》,何兆武等译,商务印书馆1998年版,第76页。

五、回到韦伯：伦理理性化与理性化的法律关联社会

（一）重提问题

在本文的第一部分，我们就已经指出，在韦伯有关社会理性化与伦理理性化的复杂分析中，个性与培养个性的天职，是二者之间关联与紧张的核心环节。不过韦伯认为，现代人所追求的已经不再是一种完美的个性。这正是韦伯与当时德国盛行的浪漫主义的"伦理文化"与"个性崇拜"之间的巨大分野。在韦伯眼中，洪堡的时代已经过去了，现代人的个性，是要在日常生活的天职中去寻找。

不过，尽管韦伯认为人的个性不再梦想完美，但却仍然要努力趋于"绝对化"和"总体化"。清教徒毫无宽佑余地的一丝不苟的伦理，仍是韦伯心目中的"榜样"伦理。[374] 因为，在韦伯眼中，个性意味着人的尊严，它是我们的最终价值。说一个人具有"个性"，就意味着这个人要依照某种价值对他的整个生活进行全面的组织。[375] 换句话说，只有伦理理性化才能使一个人获得"个性"，在韦伯看来，这也是自由的意涵所在。而对于现代性的社会理论来说，韦伯的这一论述的重要意义就在于，他不仅揭示了在发生学的意义上，这种自由的伦理理性化，最终推动了社会理性化的发展；而且在理性化的持续发展中，只有自由的伦理理性化，才最终能够担负除魔世界中社会秩序的理性化。

可是一旦我们将韦伯在资本主义兴起过程中发现的"新教伦理命题"带入政治与法律的支配社会学领域，我们就会发现，社会理性化与自由或伦理理性化之间的内在张力关系丧失了，问题变成了如何在科层制的例行化这一社会理性化力量无所不在、无所不能的挤压下，维持一点微弱的自由空间，使我们能够探索我们的个性，捍卫我们的尊严。正如我们所指出的，韦伯社会理论的"英国法"问题的实质正体现了韦伯理论的这一基本困境。

不过，如果把新教伦理命题看做是一个法律社会学或者说支配社会学的问题[376]，我们就会发现这一困境在现代社会历史发展中的一些深刻根源。从这个角度看，韦伯在《新教伦理与资本主义精神》中发现的，实际上就是新教的"良知治

---

[374] Weber, supra note [21], p.1124.

[375] Weber, supra note [24], p.55.

[376] 韦伯在《新教伦理与资本主义精神》中有意回避了"纪律"的问题和相应的清教伦理在政治上的意涵："我们特意不以历史较长的新教教会这样的客观社会制度作为我们的出发点，也没有将出发点放在其伦理道德影响上，更没有放在极其重要的教会纪律上"，参见［德］韦伯：《新教伦理与资本主义精神》，同上注［5］所引书，第 118 页，译文略有改动。Little 指出了这一点，但似乎没有充分意识到这一问题的重要性，Little, supra note [340], p.26. 韦伯在 1910 年与 Rachfahl 围绕《新教伦理与资本主义精神》展开的激烈争论中，他简单地提及了这一点，指出"教派"对于美国民主具有非常重要的意义。在一战后，面对德国重建的问题，他甚至赋予了这种自愿、排他的美国"教派"模式以更为重要的意涵。从某种意义上讲，韦伯这里倡导的是一种特殊形态的自主的共同体，既不同于"信条化的国家"，也不同于孤立的个人。对这方面问题的理解，仍有待更深入的探讨。参见 Weber, supra note [21], p.1118; Roth and Schluchter, supra note [2], 116。

理"中的个体化倾向,即政教分离的倾向。从这个角度看,新教徒的经济活动,是一种自主乃至孤独的救赎事业。经济活动并不是国家治理的直接对象,而倒像是在普通法中的"自行处理的行动领域"一样,更多留给个人之间的契约来保证。而韦伯对美国新教教派的研究[377],实际上是发现了教派在这方面的重要意义,一种自助式的"法律秩序",建立信任与"秩序"的自主方式。[378] 这种"践行的预定派"(experimental predestinarians)尽管试图对生活进行全面的伦理理性化,但在他们的经济生活中的"自主秩序",却在政治上具有潜在的危险。几乎同样这些清教徒,在政治上,却梦想从加尔文宗的"预定论"出发,建立一个真正具有可见的虔诚(godliness)的可见教会,希望运用一套带有侵犯色彩的精神纪律,来在虔诚者与不虔诚者之间建立截然的划分。[379] 因此,入世禁欲主义,在政治上,并不像经济上那样,可以与现有的政治权力结构相妥协,而是往往发生尖锐的冲突。[380]

但一旦个体化的"良知治理"政治化,也就是说将韦伯的新教伦理命题延伸到政治领域,其危险就是世界的再次着魔,意味着整个社会秩序的"总体化"。这时,某个"共同体"往往开始具有总体化的面目,充当"良知的受托人",运用例行化的治理手段(尤其是法律),通过管理人们生活,来实现社会正义,引导人们趋于自由,甚至希望塑造"新人"(new man)。个体化与总体化的结合,使教会、国家,或者民族,不仅成了社会福利的管理人,还是个人自由与个性完善的监护人。因此,作为资本主义精神的新教伦理,与作为信条化国家中的法律精神和科层精神的新教伦理,貌合神离,针锋相对。

韦伯并非没有意识到这种危险,恰恰基于这一点,他强调了法理权威的形式理性化,并对各种"实质化"的努力深表怀疑。不过,当韦伯笔下的"法律的形式理性化"变成了法学家或立法者手中的逻辑理性运算时,它与普通人生活的伦理理性化之间的关系,变得难以理解。这种对无缺陷的法律规则体系的追求,就像边沁的"万全法"一样,仍然摆脱不了庇护型"国家—法律"的问题域。面对这种"万全法"的"自动售卖机",普通人注定只是一个法律的消费者,对法律的神秘与强大满怀敬意,只能徘徊在法律的门口,不得而入。正如我们已经指出的,这正是德国"法治国"的内在痼疾。面对社会理性化与伦理理性化之间的这一僵局,韦伯的选择只剩下社会夷平状态下没有个性和自由的"政治—法律"机器(工具化和例行化的政治)

---

[377] Max Weber, The Protestant Sects and the Spirit of Capitalism, in H. H. Gerth and C. Wright Mills (ed.), *From Max Weber*, London: Routledge, 1991, pp. 302—322.

[378] 普通法在契约(合同)与"侵权行为"(tort)方面的历史发展,法律史学者论述甚多,例如Milsom, supra note [190], 154ff; Baker, supra note [284], pp. 27, 73—75, chap. 19。

[379] 有关"践行的预定派"与"教义的预定派"(credal predestinarians)的区分,参见 Peter Lake, Calvinism and the English Church 1570—1635, in Todd (ed.), *Reformation to Revolution*, pp. 183—185。

[380] Weber, supra note [68], p. 593;以及"中间反思",第311页以下。不过韦伯并未像后来德国的历史学家那样深入研究这些入世禁欲主义的现世政治影响。

与听任领袖的克里斯玛引导的领袖民主和大众动员的民主（危机化或浪漫化的政治）。无论最终我们选择什么，作为普通人的我们都只能心甘情愿地交出我们的自由活动空间，如果我们曾经有的话。对于普通社会成员来说，自由成了明日黄花，只能在乌托邦的幻想中去憧憬，或者到"黄金时代"的怀旧中去缅怀，而理性化的现实却变成了深不可测的命运，无法逆转。

（二）能动的理性化

韦伯在临终前曾经指出，不同领域可以按照"完全不同的终极图景和目标取向来加以理性化"[381]。这段话尽管引起了研究者的充分注意[382]，但不同的理性化究竟具有何种意义，它们之间是否存在某种深刻的关联，不仅韦伯没有解决这一问题，研究者同样也没有给出答案。

事实上，理性化的多元性和彼此的张力不仅是理性化的重要特点，还是理性化"发展"的根本动力机制。而这种理性化的"分殊"实际上正是通过依循不同"理性"逻辑的理性化之间的抗衡，形成一种张力关系，推动了整个理性化的发展过程。而西方理性主义的特殊性并不在于某一种具体或特殊的理性化，而在于存在这种具有张力的，复杂理性化的发展机制。也就是说，是一种"能动的理性化"。正是这种不同形态的理性化，能够借助或吸纳各种不同发展逻辑的理性化之间的抗衡，建构了具有普遍历史意义的"理性化"发展机制，使西方理性主义的历史逐渐变成了全球化的世界历史。[383]

从表面上看，韦伯社会理论中的"英国法问题"似乎是英国（或进一步说，"普通法国家"）在经济、政治与法律领域之间在理性化程度上的不协调问题。为什么在英国，具有较低理性化程度的法律并没有阻碍，甚至反而促进了经济理性化的发展（尤其体现在资本主义的发展上）和政治理性化的推进（尤其体现在稳定的民主制度中）。许多学者急于在英国的法律中寻找与经济和政治的理性化相吻合的部分，证明其实它们之间的逻辑是一致的，并无矛盾之处。这些做法，恰恰是南辕北辙，对理性化真正的动力机制却视而不见，将韦伯的"亲合力"理论降低为一种

---

[381] 〔德〕韦伯：《宗教社会学文集》"前言"，第15页，译文有改动。

[382] 许多学者仅将这段话看做是韦伯晚年"价值多元论"的反映，这样固然不能说错，但未免稍嫌简单化。事实上，有关韦伯的"多元理性化"观念与他的"普遍历史"概念和"西方理性主义的特殊性"的理论之间的冲突，学者们（以施路赫特为一方，蒙森为另一方）尽管争论不休却至今也未能给出满意的答案。而实际上，这个问题，恰恰是理解韦伯理性化理论的关键环节。所以，我们对普通法理性化的分析，并非要从多元主义或相对主义的立场出发，来批评韦伯陷入了大陆法系的"欧陆中心观"（这样的批评，往往充斥了韦伯当年嗤之以鼻的"怨恨"情绪），而是尝试在普通法的理性和理性化中，发现更具张力和复杂性，从而也是更具能动性的力量，正是因为这一原因，普通法才具有普遍历史的意涵。Huff 受 Benjamin Nelson 的影响，也注意到这一点，Haff, supra note [98]。

[383] 这就是为什么韦伯在运用比较宗教社会学分析对具有各种不同的终极通经和目标取向的理性化进行研究后，仍强调最终还是要建立一种理性主义本身的类型学和社会学。〔德〕韦伯：《中间反思》，同上注[7]所引书，第303页；并参见本文第二部分有关韦伯"理性"思想的论述。

"意识形态"理论[384]或"工具理性扩张"的理论。

实际上，倒是韦伯本人在这个问题上的含糊和犹豫，给我们更有价值的线索。在英国，法律的理性化确实没有与经济理性化和政府的科层理性化遵循完全相同的理性化模式。[385] 如果说在德国历史中，"治安国"试图运用统一的"治理术"来塑造经济、政治与法律，"法治国"则试图将政治与法律的理性化置于"立法—行政理性"的一元逻辑上。那么，尽管英国的普通法的形成与延伸国王的行动治理手段联系在一起，但从13世纪到16世纪，伴随着中央权威的"超人身化"和"跨地方化"，普通法日益具有自身的自主性，在16世纪末的所谓"普通法的理性化"过程中，普通法与立法者的自然理性彻底分道扬镳。在16世纪最后十年中，普通法大概比后来边沁的时刻更接近迈向统一理性的可能，如果普通法采用了培根的改革方案，也许普通法就不会是今天这个样子，但最终仍是技艺理性压倒了自然理性，为普通法的司法理性奠定了理论基础。正如，哈勒评论霍布斯对柯克的批评时所言，"一个人在医学领域中娴熟的理性，不见得适合政治，而另一个人在数学中驾轻就熟的理性也不见得适合医学"。在哈勒眼中，霍布斯笔下普遍的数学家的理性，比起柯克所说的法律的"完善理性"，倒更像是一种虚构。因为"普遍适用的知识，只不过是一些表面的东西，很少能够深入任何事物的内部"。[386] 无论从内在视角，还是从外在视角看，普通法发展史中通过吸纳特殊性因素，建立普遍主义的动力机制，都是普通法理性非常重要的组成部分。这也正是普通法的治理，作为一种根植性的，自下而上的治理的特点。而这种理性化，其突出特点就是能动的理性化，而且它的动力机制，是多元的，但又是稳定的（"一贯的"）。也许从某种意义上讲，围绕普通法的治理形式，才以最复杂的方式体现了理性化所具有的普遍历史的意涵：即能够吸纳各种复杂、甚至相互冲突

---

[384] 这里有必要一提的正是纽曼对英国"法治"的论述，它突出地体现了传统观点的问题。尽管纽曼清楚地意识到，英国资本主义的亚当·斯密系统，其"自然秩序"学说的理性深受自然法的影响。但从纽曼多少有些教条的马克思主义思路来看，完全不考虑英格兰的普通法理性与亚当·斯密的自然法社会理论之间的分歧与张力。这个事实，尽管非常普通，但却经常受到忽视。所谓"自由主义"经济秩序的观念阐述，最初恰恰来自苏格兰，属于所谓"立法者的科学"的一部分，正如苏格兰是一个深受自然法与教会法影响的"国度"（不属于普通法国家，与英格兰的法律有着很大的不同）一样，这一"自由主义"的经济秩序同样有浓厚的自然法与神圣法的背景。"经济自由主义"，"法律自由主义"与"政治自由主义"并非同一种"自由主义"。倒不如说，正是它们之间在相容下的张力，而非总体性的汇合，构成了一般意义上的"自由主义"的重要条件。

[385] 韦伯指出，现代早期的资本主义并没有产生于科层理性最发达的国度，而只是在今天〔这一段落写于1918年——引者按〕，科层制与资本主义才紧密地结合在一起。Weber, supra note〔20〕, 149n. a。

[386] Hale, supra note〔211〕, p. 501.

的理性力量来推动理性化的发展。[387]

普通法的司法理性,议会后来逐渐形成的立法理性,与以国王为首的科层理性,最终构成了整个英国政治理性化的内在张力。而普通法在复杂的力量格局中的形成历史,使普通法成为运用程序技术容纳多元理性的法律制度,而没有像"法治国"或边沁的"万全法"一样,成为立法数学家手中的尺度。普通法这个"混沌和黑暗的国度",实际上正反映了普通法中蕴含的理性化与价值、自由之间的复杂关系,一种本质上的可争议性。如果说,不可决定性(indeterminacy)是现代社会法律的真正核心的话[388],普通法对社会多元价值的复杂性、特殊性和相互冲突的尊重及其处理这些问题的技艺理性,正是普通法成为所谓英国式自由的基础和保障的原因。诚如帕斯卡所言,"正义会面临争论,强权却易于识别而又没有争论"。[389]

因此,英国的历史恰恰证明能动的理性化来自彼此之间存在张力的理性化机制。而且正如我们在"论抽象社会"中已经看到的那样,不同理性之间的颉颃,反而构成了两种系统理性之间的"亲合力"的来源,从而推动整个理性化的发展进程。

(三)伦理理性化与作为斗争的自由

仅靠不同的社会理性化之间的颉颃,并不足以推动理性化的发展。探讨"英国法"问题的诸多学者忽视的另一个问题就是作为韦伯社会理论核心的伦理理性化的问题。而恰恰是这种伦理理性化,构成不同系统的社会理性化充满张力的"亲合力"的关联环节。如果说新教伦理提供了伦理理性化的超验动力,那么在"普通法心智"支配下的程序理性的法律制度则作为一个前提和渠道,使这种理性化能够通过程序化的"相互斗争","自助"色彩的规则创造、选择与制度化,实现了"价值多

---

[387] 因此,德国"法治国"的困境已经昭示了诸多所谓"后发外生型"的"现代化"国家的内在痼疾,即也许容易自上而下地建立某种貌似"现代"的制度,推行某种最"现代"的观念形态,但却难以深入地建立真正多元、能动的理性化机制。而且这些国家推动所谓"现代"制度建设的一元化权威,往往对"无序"或"失范"抱有根深蒂固的恐惧,对普通人自身的努力与尝试满怀狐疑。因此,正如德国历史展现的一样,官僚科层体制往往在不到两代人的时间内,就会从所谓的"自由"或"现代"的守卫者与推动者,转变为理性化的障碍或者赘疣。在这方面,前面论及的韦伯针对"恺撒制"的批评具有非常重要的意涵。

[388] 德沃金认为,这种"不可决定性"并非缺省状态,需要正面的理由(positive reason)支撑,而不仅仅靠否定,否则就与"不确定性"(uncertainty)混为一谈了。不过,现代社会的法律面对的"不可决定性"要远比德沃金的分析复杂。法律,尤其司法理性,既面对德沃金式的"不可决定性",还需要面对他所谓的"不确定性"(托伊布讷式的"不可决定性"和"不可预见性"),后者给立法活动和司法解释带来越来越大的压力,而同时司法理性还要求法官能够跨越所谓的"特殊性虚空"。这三者,正是现代社会的"偶变"法律的内在张力,它对法律的程序化与法律行动者的伦理理性化提出的要求,比德沃金、托伊布讷和卢曼所设想的更为艰巨。不过,也许德沃金许诺的一个更大规模的研究计划会比他的短文更好地解决这一问题(当然,笔者多少有些怀疑)。分别参见 Ronald Dworkin, Indeterminacy and Law, in Guest (ed.), *Positivism Today*, 1—9; Gunther Teubner, And God Laughed...: Indeterminacy, Self-reference and Paradox in Law, in Christian Joerges and David Trubek (ed.), *Critical Legal Thought: An American-German Debate*, Baden Baden: Nomos Verlagsgesellschaft, 1989, pp. 399—434; Detmold, supra note [206]。

[389] [法]帕斯卡尔:《思想录》,何兆武译,商务印书馆 1995 年版,第 140 页,译文略有改动。

元"背景下的个性塑造与社会理性化的二律背反结构。

不过,在一个"除魔的世界"中,这种伦理理性化不是一元性的,而注定是彼此相互冲突的。因此,通过伦理理性化实现的社会理性化之间的张力关系,要比"新教伦理命题"复杂得多。问题的关键就在于在伦理理性化的"诸神之争"中,政治与法律的社会理性化如何为这种冲突提供秩序的保障,提供足够的空间,同时,在秩序的建构过程中,不仅没有抹杀或取消这种伦理理性化的冲突,而且利用这种伦理理性化的冲突为社会理性化的发展提供动力。

我们对普通法进行的内在视角分析,正是要揭示普通法司法理性在这方面的社会理论价值。因为,普通法司法理性的特点就是通过程序技术来容纳普通人的伦理理性化冲突所提出的权利实践技术的问题。而且,普通法还借助这种普通人的伦理理性化冲突("疑难案件"),实现了自身(作为社会秩序)的理性化。

不过,面对普通法的这种司法理性的社会理性化,法律行动者的伦理理性化,具有与新教伦理中的一元的伦理理性化相当不同的复杂面貌。普通法的这种司法理性,之所以能够面对社会成员的伦理理性化冲突作出"回应",正是因为普通法法律职业自身的伦理理性化,在普通法的程序技术中植入了真正的"天职"要素。而诉讼当事人之所以能够在"诸神之争"的社会中,从自己绝对化的价值立场出发,探索实践自己权利的技术,形塑自身的人格,其前提正在于法官能够借助自身的伦理理性化方式,以一种天职的"有纪律的激情"[390]来维持法律的"一贯性",通过法律的程序技术来构建践行自由的技术的空间。因此,法官、律师这些职业人士与诉讼当事人不同形式的伦理理性化,从两个方向为普通法的程序技术提供了内在的动力,使普通法的程序技术,没有沦为工具化或形式化。换句话说,社会成员实践权利的技术是以法律的程序技术为前提,同时又充实和丰富了后者;而社会成员借助这种技术实现的伦理理性化,之所以能够形塑一种绝对化的人格(当然,不一定必然如此),能够发展一种具有超验取向的价值理性的伦理理性化,正在于法律的另一面是法律职业人士围绕法律"天职"进行目标理性的伦理理性化,"一种禁欲主义教导的职业伦理"[391]。这一点对于理解现代社会的社会理性化与伦理理性化的关系来说,具有非常重要的意义。浪漫主义和实证主义都未能理解,在价值理性和目标理性两种不同取向的伦理理性化之间存在着复杂的相互依赖和制约的关系,而这种关系正是"除魔的世界"中理性化与自由的二律背反结构的关键环节。政治的非人格化,社会的抽象化,恰恰需要一种特殊、也许是最强有力的人格来支撑。这就是普遍主义与伦理理性化之间的"亲合力",韦伯当年面对的

---

[390] 韦伯针对"科学"(wissenschaft)这一"天职"的论述,以及他有关"价值自由",科学中的"客观性"等问题的分析,可以在许多方面帮助我们理解法律职业人士的伦理理性化和个性型塑与普通社会成员伦理理性化和个性型塑之间的复杂关系。

[391] Weber, supra note [69], p.601.

各种亢奋的情绪主义、一元性的至善伦理或神秘主义(无论是政治的,还是非政治的,甚至反政治的),都与政治极权主义和法西斯主义一样,都未能理解在价值多神论、政治普遍主义和政治—法律的职业人士的禁欲主义天职伦理之间的复杂关系。现代人的个性,正是在破碎与完美之间摇摆,在分裂与整合之间挣扎,同时面对深度自我与表面自我的双重考验,将理性化与自由的二律背反从轰鸣的机器延伸到"机器中的幽灵"。在这里,哈勒成了一个鲜明的象征形象。作为一个清教徒,哈勒的生平几乎就是英国早期现代史的一个缩影:法律、政治、宗教与科学。[392] 但面对政府的动荡,革命与复辟,宗教的教派之争,这位韦伯笔下新教伦理的代表——巴克斯特(Richard Baxter)的好友,却始终试图同时捍卫他的宗教生活与他的法律职业。

一方面,哈勒从没有试图让他的法律活动听命于他的宗教信仰。正如我们上面引述过的那些段落所表明的,他的各种法律论述,直接秉承了柯克以降的普通法主流的思想传统。作为一个律师、法官和法学家,哈勒明确申明,"在执行司法活动时,我小心谨慎地将我自己的激情放在一边,不论它们如何令我激动,我都不向他们让步"。[393]

但哈勒的职业生涯并非真的毫无"激情",相反,正是借助这种纪律与自制,他才将"在实质与自然方面都属于民事的行为,转变为真正在形式上是宗教的行为"。[394] 一个真正的基督徒,就是要在他受到感召的天职中做好他的工作。"基督徒的能量,应该先消退,再涌回"。[395] 上帝的全能,正体现在能够用类似法律的方式来调控一个人的行动,选择"理性"的方式来确保人的救赎。不过哈勒的理性,却并非空洞的普遍知识,而是能够洞察特殊性的"技艺理性"。上帝与激情,就在这种"特殊性"中。正是律师和法官的"有纪律的激情",使普通法能够容纳普通人相互冲突的伦理理性化,并利用这种伦理理性化的冲突,推动普通法这种社会秩序的理性化的发展。如果说法律职业人士真像富勒所言,是社会秩序的建筑师[396],那么普通法律师一定是一个表面上最无能,但实际上却最谦逊的设计师,他的手中并没有画好的图纸,他的天职就是让那些勾画"图纸"的普通人的激情,有能够活动的空间,让彼此冲突的自由的伦理,能够在他的职业活动下享用、创造并再生产这个空间。因此,正是法律职业的责任伦理,才使得普通社会成员彼此冲突的信念伦理可以共享一个无需实质性共识的社会空间,不至于在霍布斯的自然状态和利维坦两个极端之间来回跃迁[397],从而使这些

---

[392] Cromartie, supra note [205].
[393] 转引自 Saunders, supra note [191], p. 59。
[394] Cromartie, supra note [205], p. 235.
[395] Charles Gray, supra note [208], p. xvi.
[396] Fuller, supra note [194].
[397] 德国"法治国"的历史告诉我们,没有这种社会秩序理性化与伦理理性化,信念与责任之间的二律背反结构,利维坦也许在不经意之间就变成了 Behemoth 这样的庞然怪兽。

多元价值的伦理理性化与个性形塑真正成为可能。从这个意义上讲，普通法的理性，是伦理意义上的，而非道德意义上的；是自助意涵的，而非庇护意涵的。

这样讲，也许不免让人产生精英主义的印象。这正是普通法经常面对的一个批评。从法律管理的角度看，基层法院管理的一般是例行案件，而只有上诉法院才会处理疑难案件（先例原则也体现了这一点）。而将一个案件"变成"疑难案件，需要大量的精力、时间乃至相应的法律知识，而这些条件，在社会上当然不是均匀分配的，也许只有少数人才能直接运用这种自助性的法律，来创造自由的空间。从这个意义上讲，普通法容纳的"普通人"的伦理理性化冲突，似乎只是那些士绅与市民阶级的，带有浓厚的精英主义色彩。[398]但由此就简单地认为，普通法较之立法理性支配下的大陆法，更具精英性，也许并不公允。普通法并不是将个人命运交给某个具有主权意志和数学家式的理性的立法者来决定，更不用说一种无名的卡夫卡式的法律机器了，而是一座可容纳个人努力与斗争的司法竞技场，从这个意义上讲，普通法更"民众化"。[399]

从韦伯的思想来看，"为自己而斗争"并不是一种社会普遍性的能力，倒是一种韦伯所赞赏的"市民阶级的品德"，是市民阶级特有的"精神气质"，是自由的伦理理性化动力。耶林曾指出，"法的目标是和平，而实现和平的手段是斗争。……世界上的一切法都是斗争得来的"。[400] 不过在法治国"无缺陷"的万全法中，似乎并没有给这样的斗争留下多少空间。[401] 而如果像在清教徒的"良知治理"的共同体中一样，试图运用"上帝之道"作为一种平等

---

[398] 从普通法的历史来看，把案件提交给设置在伦敦的王室法院来处置，无论从时间还是收费来说，本身都是一个成本高昂的选择，更不用说在实践中广泛存在的各种"腐败"现象（这一情况直到17世纪初期柯克推动的司法改革才有所改善），所以往往只有士绅和城市中的市民"新贵"能够负担这样的成本。不过如果就此认为，普通法封闭化的法律职业，事务律师与出庭律师之间的区分，复杂、甚至烦琐的法律技术，导致了司法诉讼费用的增加，从而使法律为少数有钱人服务，这固然不错，但却难免偏颇。在大陆法系中，例如德国，比起地方习惯法解决纠纷的办法，罗马法也一样被看做是代价高昂的"精英"法律。这也是德国学术界和政治界"罗马派"与"日耳曼派"争执的一个焦点。从这个意义上来看，也许这里涉及的只不过是普遍主义的"特殊化"建构过程这一问题。在法律自主性、普遍性与精英主义式的参与性建构之间的复杂关系，比起社会理论和政治哲学通常的观点要复杂得多。当然这个问题需要联系现代社会所谓"公民权"（citizenship）的发展来进一步加以探讨，这只能留待将来了。

[399] 当然，这样的"普通法"能否真正实现大众化，则并非一个简单的问题。从司法管理的社会学角度来看，例行案件的审理往往与基层法院面对的数量巨大的案件与时间、人力等方面的边界约束之间的冲突有关，这种冲突带来的巨大压力，在普通法中形成了许多重要的程序规则（如上诉法院不再接受新的事实），这些都与先例原则一样，使普通法始终面对"一贯性"、稳定性与实质正义，整个法律制度的正义与个别案例的正义之间的紧张，不过这种紧张，是否能够通过"立法理性"的措施来加以缓解，尚难下定论。

[400] 〔德〕耶林：《为权利而斗争》，胡宝海译，载梁慧星主编：《民商法论丛》第二卷，法律出版社1999年版，第12页。有关耶林的这一思想与韦伯的价值理论的关系，参见 Turner and Factor, supra note [172], 55ff。

[401] 赵晓力在他那篇简单但却颇有启发性的文章中探讨了民法传统中"通过法的治理"与自我技术之间的关联，参见赵晓力：《民法传统经典文本中"人"的观念》，载《北大法律评论》(1998)第1卷第1辑，法律出版社1998年版，第130—142页。

化的力量，同样也不能将这种伦理理性化变成每个人的能力。相反，却可能取代个人自由的可能性。毕竟，只有上帝才是"夷平者"，但我们中的任何人都并非上帝。在韦伯看来，个性作为我们最高的价值，正是在与生活展现的困境进行斗争的过程中发展起来的。[402] 正如韦伯所言，我们所希望和承诺的，无论在思想还是行动中，都既非愚人的乐园，也不是轻松富足的安乐之境。[403] 人的尊严提出的要求是，值得生活的生活不仅仅是社会团结条件下的生活，而更是一种与生活本身的斗争，在接近耗竭的边缘上，塑造自己的个性。所以，法律的守护神最终仍然只能是每个人自己的守护神。"就法律而言，成熟的人就是每一个特殊的公民，他将法律看做是自己根深蒂固的特定目的……对于这样的人，法律才是最充分意义上的普通法"。[404] 也只有这样的公民，才有真正的法治和真正的国家。

六、"尾随者"的国度：自由的条件与自由的技术

从普通法国家的当代发展来看，普通法本身也日益实定法化。面对18世纪以来现代社会复杂性的日益增长，存在大量压力，要求国家进行更多的治理来维持所谓"自然秩序"或"自由秩序"，而这样的治理也日益以立法的形式出现，并交由正式或非正式的司法机构来处理，治理理性、立法理性与司法理性之间相互渗透。所谓"系统理性的引诱"不仅仅是理论问题，还是一个现实问题，面对复杂的社会，个人为自由而斗争是否仍然有意义，是否个人的自由命运最终要完全交给国家，法律的这种实质化倾向，以及政治正义，是否最终象韦伯所预言的那样，将我们带入一种新型铁笼，即使其中不是奴役的命运，也不乏冷漠与厌倦，充满了个人的无力，欠缺勇气、创造性与个人负责的精神。因此，对现代社会的自由提出的问题，不仅仅是一个自由的条件的问题，还是一个自由的技术的问题：人们能否承担一个自由的社会对每个人自身提出的挑战？不同理性之间在颉颃与制衡中形成的"亲和力"，与民主、主权联系在一起的立法理性，这些确实都构成了现代社会不可或缺

---

[402] Weber, supra note [24], p.55.
[403] 韦伯写于1909年的一段文字，Roth 和 Schluchter 作为他们著作的题记。参见 Roth and Schluchter, supra note [2], 扉页。
[404] Detmold, supra note [206], p.470.

的自由的条件。[405] 不过,学者们往往忽视了,能够担当这种自由社会的复杂性的自由人,需要具有自由的技术,能够面对冷漠与厌倦的挑战,做一个孤独的陌生人,一个自救的人。韦伯关注的个性形塑与伦理理性化,只有放在这一背景下,才体现了它不可或缺的意义。

自由的技术对于我们的国度具有更为重要的价值。韦伯当年曾经非常关注"尾随者"(epigone)的问题。对于处于"尾随者"的一代人来说,他们可以不费任何代价,享用并非斗争获得的自由。而丧失了争取自由的过程,"尾随者"的一代也不再具有足够的尊严和真正的个性,最终也不再可能有自由可言。[406] 也许正是从这一点出发,我们可以发现韦伯预言的真正意涵:当自由的制度条件,脱离了个性与自由的技术,变成单纯的工具和形式的时候,这种理性化就从"轻飘飘的斗篷变成了沉重的铁笼"。

发展中国家往往迷信凡伯伦(Thorstein Veblen)所谓"落后的优势"。在这些国家中,制度的引进,程序技术的形式化挪用,往往是通过国家权威进行自上而下的制度移植。由于这种制度移植的力量,往往是一元性的权威,而且绝大多数情况下是家长制和"恺撒制"色彩浓厚的"伪法理型"权威,所以不仅不能建立多元的社会秩序,往往还妨碍这种秩序的发展。更为危险的是,这些社会理性化的制度化移植,完全脱离了任何推动伦理理性化的努力[407],没有任何实践权利的技术,作为这种理性化的行动支撑,最终导致理性化与自由的分离,理性化成为一个"仪式化"的"空壳"。我们只能像无所适从的学生一样,听见梅菲斯特在我们的耳边,半带怜悯半带嘲讽地说道,"法律和权利可以遗传,就像永久的疾病一样;它们从一代拖向另一代,从一个地方慢慢移到另一个地方。理性变成了荒谬,善行变成了灾殃;你作为尾随者,真是不幸!"在一个"尾随者的国度"中,幸福论驱动下的富强话语使那些思想或行动中形形色色的"立法者"忘记了,对于普通人来说,一旦那些社

---

[405] 我们在"论抽象社会"中,着重探讨了"能动的理性化"问题。不过,对于现代社会来说,特别对于上一节提及的"平等化"的问题来说,立法理性的发展,同样具有非常重要的意义,与民主和法治结合起来的立法理性,试图解决"腐败"(corruption)这样的共和理论的经典难题,以及宗教战争带来的"内乱"和"迫害"的问题。不过,这些问题只能留另一篇文章来处理了。之所以指出这一点,是不希望读者认为这篇文章是一篇攻击"立法理性"的檄文。只不过在现代社会中,立法理性正试图通过与科层理性的结合,成为"唯我独尊"的一元理性,在这种理性下形成的庇护型的法理权威,往往在缺乏自主秩序基础的发展中国家,试图自上而下地建立各种所谓"现代"或"理性"的制度,像德国当年的"法治国"一样,难以摆脱实质化与形式化的二元困局,使理性化与自由成为难以兼顾的二难抉择。而这一倾向的危险性,在社会理论方面,却没有引起充分的警惕,也缺乏足够的应对策略。毕竟,在现代社会理论中,立法理性一直发挥了压倒性的影响,而普通法式的司法理性,却受到广泛的忽视,因此,有必要将普通法的理性重新带入现代社会理论的"想象力"中。立法理性的危险,在经验方面,非常清楚地体现在拉美的"法律与发展"规划的失败事例中,参见 Huff, supra note [98]。

[406] 例如 Weber, supra note [20], p.69。

[407] 曾在西方发挥伦理理性化作用的力量,并不能直接在另一个国度发挥作用,这一点已经在诸如德国伦理文化协会的历史上看得很清楚,英美的这种道德协会,在德国不仅无济于事,而且徒增一些空洞乃至危险的浪漫主义式的乌托邦信念。

会理性化的纪律,没有任何伦理的意涵,更不用说与自由的关联,它就只不过是死板的条文、印在书页上的规章或者像机器一样空空转动的轰鸣,普通人的选择就是要么成为机器中的螺丝钉,要么躲在机器背后,唱一些怀旧的哀歌。理性化仅仅是例行化和事务化,而没有任何自由的意涵。即使有自由,也只是少数制度设计者的"自由"。当然,在这样的国度中,自上而下的"创造"并未摆脱所有的观念和情绪,成为单纯的就事论事,恰恰相反,诚如韦伯所指出的,正是由于脱离了个人担当责任的伦理理性化,它才往往会在反动与革命的浪漫主义的极端之间摇摆。[408] 思想的迟钝与情绪的亢奋,使每个人都相信他们的光荣与梦想最终在彼岸;而披着堂皇外衣的众人的神,就是他们的守护神。

在古希腊,"守护神"是一个人灵魂的看护者,游荡在人与神的世界之间。这位看护者,体现了一个人灵魂中那种贴身的陌生性(familiar strangeness),一种有待发展的陌生性。这种隐秘的内在声音,总是暗含了一种来自外面的感召,一种超越的方向,或许是一种含糊的低语:在此身中学习做一个陌生的人。如果这就是我们要寻找的自由,那么这种自由将不可能是一种稳定的、令人确知、可以把握、甚至占有的东西,也许需要我们耗竭一生的力量,找到并坚守我们每个人自己的命运,然后在冰冷的火焰中,燃成灰烬。

而在一个复杂的理性化社会中,正像美国大法官布雷南(Brennan)所说的,"自由是一件脆弱的东西,一件非常脆弱的东西"。它既需要那些看起来琐碎冷漠的程序"技术"来保障。[409] 但这些程序技术,同样也需要每个人艰苦的努力,而且也只能依靠这些努力,才能建立、维持和发展。离开了蕴含在每个人的伦理理性化中的自由技术,法律即使像机器一样,也并不一定靠得住。[410] 毕竟,"一部没有生命力的机器,只是僵死的精神"。[411] 在我们寄身的国度中,这一点至关重要,它意味着没有参与的人,也将没有自由,因为握着每个人生命之弦的守护神,既不是政治仪式中的口号或者标志,也不是机器中的幽灵,而就出没在每个人自己通向"天国"的路上。"这事情必定成就在一个人身上。你们不可集体行动。你们必须分开。你们必须一个人一个地干。这样才有希望"。在1906年讨论俄国的处境时,韦伯曾经指出,俄国和美国,作为两个地域辽阔,但又与世界历史缺乏关联的国家,也许是从头开始彻底建设"自由"文化的最后机会。不考虑所谓的"国民性",也不考虑民族利益方面的冲突,甚至不考虑参与者的"党派"和"阶级",俄国争取自由的斗争,在韦伯眼中,具有普遍历史的意

---

[408] Weber, supra note [20], pp. 55—56.

[409] Nat Hentoff, Search and Seizure: Fragile Liberty, in Joshua Rosenkranz and Bernard Schwartz (ed.), *Reason and Passion: Justice Brennan's Enduring Influence*, New York: Norton & Company, 1997.

[410] 对比韦伯:《世界经济通史》,第291页;类似的说法,参见 Weber, supra note [20], p. 148。

[411] Weber, supra note [20], p. 158。

义。[412] 今天,另一个"大陆性"的国家,也许面临了同样的历史命运,或者像韦伯常说的,"在历史面前的责任",一种具有普遍主义价值的世界历史努力。事隔八十年后,韦伯的"使命预言"最终会面对什么样的结果,我们无法预知。也许自由与个性的空间,能从韦伯的文章,延伸到眼前的这页纸上,并经过无数看不见的道路,通向许多无名者艰苦的日常努力,这些正是当年令韦伯深受触动的东西。尽管我们在今天所能守护的希望,和韦伯当年一样,并不比绝望更多。

---

[412] Weber, supra note [20], pp. 71—72.

Yearbook of Western Legal Philosophers Study

西方法律哲学家
研究年刊

[491—530]

研 究 文 献

西方法律哲学家研究文献(2007年)

4W 小组编辑

边沁(Bentham, J.)

一、著作

1. Frederick Rosen (ed.), *Jeremy Bentham*, Ashgate, 2007.

2. Anne Brunon-Ernst, Le Panoptique des Pauvres, Bentham et l'assistance en Angleterre, PSN, 2007.

二、论文

(一) 英文部分

1. Oren Ben-Dor, The Institutionalization of Public Opinion: Bentham's Proposed Constitutional Role for Jury and Judges, in *Legal Studies*, 27, 2007.

2. José Brunner, Modern Times: Law, Temporality and Happiness in Hobbes, Locke and Bentham, in *Theoretical Inquiries in Law*, 8, 2007.

(二) 中文部分

研究论文

1. 朱镜人、汤燕:《边沁功利主义教育思想述评》,载《河北师范大学学报(教育科学版)》2007年第1期。

2. 钟继军:《边沁国际法思想探论》,载《求索》2007年第1期。

3. 易海辉:《论边沁犯罪补偿理论对刑事附带民事诉讼制度的借鉴》,载《上海公安高等专科学校学报》2007年第1期。

4. 王磊:《论边沁的女权思想》,载《妇女研究论丛》2007年第2期。

5. 张俊义:《论边沁功利原则之下的权利理论》,载《社会科学论坛(学术研究卷)》2007年第2卷。

6. 王其奇:《边沁的功利主义学说与社会主义价值观和荣辱观教育》,载《怀化学院学报》2007年第2期。

7. 刘峰:《从快乐理论到幸福学说——密尔对边沁功利主义的修正》,载《宜宾学院学报》2007年第1期。

8. 王艳琴、李荣坤:《边沁的功利主义伦理观的快乐计算》,载《邢台职业技术学院学报》2007年第2期。

9. 安奉钧、杨翠华:《边沁主义社会公平标准的制约因素分析及其政策意义》,载《产业与科技论坛》2007年第10期。

10. 丁亚婷、吴义龙:《边沁功利主义刑法观》,载《郑州航空工业管理学院学报(社会科学版)》2007年第6期。

11. 高鹏程:《权利与权力的关系——从斯宾诺莎、边沁到霍菲尔德》,载《北方论丛》2007年第6期。

12. 谢军、孙春晨:《边沁功利主义死刑观的伦理审视》,载《广西民族大学学报(哲学社会科学版)》2007年第6期。

13. 张国滨:《边沁的功利主义刑法思想》,载《商情·科学教育家》2007年第12期。

14. 梁景山:《边沁的功利主义刑罚观》,吉林大学2007年硕士学位论文。

15. 徐清秀:《边沁功利主义立法观探究》,湖南大学2007年硕士论文。

16. 孙大亮:《边沁功利主义立法原则研

究》，西南政法大学 2007 年硕士论文。

17. 秦敏：《边沁与奥斯丁：功利主义的两种面相》，西南政法大学 2007 年硕士论文。

布莱克斯通（Blackstone, M.）

论文

Diane Uchimiya, A Blackstone's Ratio for Asylum: Fighting Fraud While Preserving Procedural Due Process for Asylum Seekers, in *Penn State International Law Review*, Fall, 2007.

富勒（Fuller, L. L.）

一、著作

邹立君：《良好秩序观的建构：朗·富勒法律理论的研究》，法律出版社 2007 年版。

二、论文

1. 孙笑侠、麻鸣：《法律与道德：分离后的结合——重温哈特与富勒的论战对我国法治的启示》，载《浙江大学学报（人文社会科学版）》2007 年第 1 期。

2. 张征珍、邹顺康：《富勒论法律的道德性》，载《道德与文明》2007 年第 6 期。

3. 马慧：《通往完美世界的法律——读〈法律的道德性〉》，载《南京广播电视大学学报》2007 年第 3 期。

4. 林海：《法律的正义性价值——从富勒的两则虚拟案例谈起》，载《学海》2007 年第 5 期。

5. 朱云国、江剑峰：《探寻法律的内在道德——兼论富勒〈法律的道德性〉》，载《大庆师范学院学报》2007 年第 4 期。

6. 占茂华：《自然法观念的变迁》，华东政法学院 2005 年博士学位论文。

波斯纳（Posner, R. A.）

论文

（一）英文部分

本人论文

1. Richard A. Posner, In Memoriam: Bernard D. Meltzer (1914—2007), in *University of Chicago Law Review*, Spring, 2007, Vol. 74, p. 435.

2. Jillisa Brittan, Richard A. Posner, 2007 Survey of Books Related to the Law: Classic Revisited: Penal Theory in Paradise Lost, in *Michigan Law Review*, April, 2007, Vol. 105, p. 1049.

3. Richard A. Posner, Symposium: Surveillance: Privacy, Surveillance, and Law, in *University of Chicago Law Review*, Winter, 2008, Vol. 75, p. 245.

4. Christopher Avery, Christine Jolls, Richard A. Posner, Alvin E. Roth, in *University of Chicago Law Review*, Spring, 2007, Vol. 74, p. 447.

5. Richard A. Posner, Tribute: Tribute to Ronald Dworkin, in *New York University Annual Survey of American Law*, 2007, Vol. 63, p. 9.

研究论文

1. Mary Anne Case, Commemorating Twenty-five Years of Judge Richard A. Posner: Essay: All the World's the Men's Room, in *University of Chicago Law Review*, 2007, Vol. 74, p. 1655.

2. David Cole, Book Review: The Poverty of Posner's Pragmatism: Balancing Away Liberty After 9/11: not a Suicide Pact: The Constitution in a Time of National Emergency, in *Stanford Law Review*, April, 2007, Vol. 59, p. 1735.

3. M. Todd Henderson, Commemorating Twenty-five Years of Judge Richard A. Posner: Essay: Deconstructing Duff and Phelps, in *University of Chicago Law Review*, 2007, Vol. 74, p. 1739.

4. Adam B. Cox, Commemorating Twenty-five Years of Judge Richard A. Posner: Essay: in *University of Chicago Law Review*, 2007, Vol. 74, p. 1671.

5. Richard A. Epstein, Commemorating Twenty-five Years of Judge Richard A. Posner: Essay: Coniston Corp v Village of Hoffman Hills: How to Make Procedural Due Process Disappear in *University of Chicago Law Review*, 2007, Vol. 74, p. 1689.

6. Saul Levmore, Commemorating Twenty-five Years of Judge Richard A. Posner: Essay: Judging Deception, in *University of Chicago Law Review*, 2007, Vol. 74, p. 1779.

7. Jacob E. Gersen, Commemorating Twenty-five Years of Judge Richard A. Posner: Essay: Legislative Rules Revisited, in *University of Chicago Law Review*, 2007, Vol. 74, p. 1705.

8. Martha Nussbaum, Commemorating Twenty-five Years of Judge Richard A. Posner: Essay: Carr, Before and After: Power and Sex in Carr v. Allison Gas Turbine Division, General Motors Corp, in *University of Chicago Law Review*, 2007, Vol. 74, p. 1831.

9. Lior Jacob Strahilevitz, Commemorating Twenty-five Years of Judge Richard A. Posner: Essay: "Don't Try This at Home": Posner as Political Economist, in *University of Chicago Law Review*, 2007, Vol. 74, p. 1873.

10. William M. Landes, Commemorating Twenty-five Years of Judge Richard A. Posner: Essay: Posner on Beanie Babies, in *University of Chicago Law Review*, 2007, Vol. 74, p. 1761.

11. Thomas J. Miles, Commemorating Twenty-five Years of Judge Richard A. Posner: Essay: Posner on Economic Loss in Tort: EVRA Corp v Swiss Bank, in *University of Chicago Law Review*, 2007, Vol. 74, p. 1813.

12. Bernard E. Harcourt, Commemorating Twenty-five Years of Judge Richard A. Posner: Essay: Judge Richard Posner on Civil Liberties: Pragmatic Authoritarian Libertarian, in *University of Chicago Law Review*, 2007, Vol. 74, p. 1723.

13. Richard H. McAdams, Commemorating Twenty-five Years of Judge Richard A. Posner: Essay: Reforming Entrapment Doctrine in United States v Hollingsworth, in *University of Chicago Law Review*, 2007, Vol. 74, p. 1795.

14. Geoffrey R. Stone, Commemorating Twenty-five Years of Judge Richard A. Posner: Essay: Sex, Violence, and the First Amendment, in *University of Chicago Law Review*, 2007, Vol. 74, p. 1857.

15. Alan O. Sykes, Commemorating Twenty-five Years of Judge Richard A. Posner: Essay: Strict Liability versus Negligence in Indiana Harbor, in *University of Chicago Law Review*, 2007, Vol. 74, p. 1911.

16. Cass R. Sunstein, Commemorating Twenty-five Years of Judge Richard A. Posner: Essay: Cost-Benefit Analysis without Analyzing Costs or Benefits: Reasonable Accommodation, Balancing, and Stigmatic Harms, in *University of Chicago Law Review*, 2007, Vol. 74, p. 1895.

17. David A. Strauss, Commemorating Twenty-five Years of Judge Richard A. Posner: Essay: The Anti-Formalist, in *University of Chicago Law Review*, 2007, Vol. 74, p. 1885.

18. Randal C. Picker, Commemorating Twenty-five Years of Judge Richard A. Posner: Essay: Pulling a Rabbi Out of His Hat: The Bankruptcy Magic of Dick Posner, in *University of Chicago Law Review*, 2007, Vol. 74, p. 1845.

19. Douglas G. Baird, Commemorating Twenty-five Years of Judge Richard A. Posner: Essay: The Young Astronomers, in *University of Chicago Law Review*, 2007, Vol. 74, p. 1641.

20. Robert F. Blomquist, Concurrence, Posner-style: Ten Ways to Look at the Concurring Opinions of Judge Richard A. Posner, in *Albany Law Review*, 2008, Vol. 71, p. 37.

(二) 中文部分

1. 张芝梅:《消除法律中的道德迷思——波斯纳的反思》, 载《法学杂志》2007年第2期。

2. 朱俣璇:《波斯纳法律经济分析的实用主义态度》, 载《法制与社会》2007年第1期。

3. 尹德洪:《波斯纳对产权理论和法律制度的研究》,载《兰州商学院学报》2007年第2期。

4. 朱全景:《对波斯纳与科斯法经济学范式的解析》,载《国家检察官学院学报》2007年第2期。

5. 时显群:《波斯纳对法律的经济分析》,载《贵州社会科学》2007年第1期。

6. 刘霞:《效率:正义的一种新注解——波斯纳的正义观》,载《华商》2007年第2期。

7. 徐晶晶、张远航:《探索文学文本中的法律资源——读波斯纳〈法律与文学〉》,载《法制与社会》2007年第5期。

8. 李兰图:《波斯纳与法律经济分析及再思考》,载《三峡大学学报(人文社会科学版)》2007年第S1期。

9. 简资修:《法律定性与经济分析——评兰德斯与波斯纳的〈侵权法的经济结构〉》,载《法制与社会发展》2007年第4期。

10. 高杰:《波斯纳法经济学思想对中国乡土司法实践的价值》,载《科教文汇(中旬刊)》2007年第10期。

11. 徐爱国:《评析波斯纳的〈刑法经济学理论〉》,载《政法论坛》2007年第5期。

12. 高袤:《波斯纳效率观之法理学探析》,载《南方论刊》2007年第12期。

13. 宋光明、张天羽啸:《浅议波斯纳法律经济学的谬误》,载《新疆社科论坛》2007年第6期。

14. 黎勇:《波斯纳的反垄断观研究》,西南大学2007年硕士学位论文。

卡多佐(Cardozo, B. N.)

论文

(一) 英文部分

1. Kristen David Adams, The American Law Institute: Justice Cardozo's Ministry of Justice? In *Southern Illinois University Law Journal*, Fall, 2007, Vol. 32, p. 173.

2. Howard J. Vogel, The "Ordered Liberty" of Substantive Due Process and the Future of Constitutional Law as a Rhetorical art: Variations on a Theme from Justice Cardozo in the United States Supreme Court, in *Albany Law Review*, 2007, Vol. 70, p. 1473.

(二) 中文部分

1. 唐永春:《卡多佐司法哲学解读》,载《北方法学》2007年第1期。

2. 侯学勇:《卡多佐的实用主义真理观——读〈司法过程的性质〉》,载《河北法学》2007年第12期。

3. 王虹霞:《卡多佐的社会功利观——解读〈司法过程的性质〉》,载《河北法学》2007年第12期。

4. 王虹霞:《本杰明·内森·卡多佐选集》序言(译作),载《西方法律哲学家研究年刊》2007年总第2卷,北京大学出版社2007年版。

(三) 学位论文

1. 王虹霞:《选择中的社会功利——卡多佐社会学法学思想研究》,吉林大学2007年硕士论文。

2. 吴乐华:《卡多佐的司法哲学思想探微》,南京师范大学2007年硕士论文。

哈耶克(Hayek, F. A.)

一、著作

1. 〔美〕布鲁斯·考德威:《哈耶克评传》,冯克利译,商务印书馆2007年版。

2. 〔英〕弗里德里希·冯·哈耶克:《货币的非国家化》,姚中秋译,新星出版社2007年版。

3. 梁峰:《知识与自由:哈耶克政治哲学研究》,知识产权出版社2007年版。

4. 王力:《当代中国语境中的马克思与哈耶克》,中国社会科学出版社2007年版。

二、论文

(一) 英文部分

1. Peter McNamara, Hamowy's Political Soci-

ology of Freedom Spontaneous and not so Spontaneous Orders: A review essay of Ronald Hamowy, The Political Sociology of Freedom: Adam Ferguson and F. A. Hayek. In *Research in the History of Economic Thought and Methodology*, Volume 25, Part 1, 2007, Pages 81—88.

2. Caldwell Bruce, Life Writings: On-the-Job Training with F. A. Hayek, in *History of Political Economy*, 2007 Supplement, Vol. 39, pp. 342—354, 13p.

3. Greenwood Dan, Planning and Know-how: The Relationship between Knowledge and Calculation in Hayek's Case for Markets, in *Review of Political Economy*, July, 2007, Vol. 19 Issue 3, pp. 419—434.

4. Will C. Heath, Hayek Revisited: Planning, Diversity, and the Vox Populi, in *Independent Review*, Summer, 2007, Vol. 12 Issue 1, pp. 47—70.

5. Griffiths Simon, "Comrade Hayek" or the revival of liberalism? Andrew Gamble's engagement with the work of Friedrich Hayek, in *Journal of Political Ideologies*, June, 2007, Vol. 12 Issue 2, pp. 189—210.

6. Kimball Roger, Hayek & the intellectuals, in *New Criterion*, May, 2007, Vol. 25 Issue 9, pp. 4—9.

7. David L. Prychitko, Virgil Henry Storr, Communicative action and the radical constitution: the Habermasian challenge to Hayek, Mises and their descendents, in *Cambridge Journal of Economics*, Mar., 2007, Vol. 31 Issue 2, pp. 255—274, 20p; DOI: 10.1093/cje/bel017; (AN 24559562).

8. Gregor Zwirn, Methodological Individualism or Methodological Atomism: The Case of Friedrich Hayek, in *History of Political Economy*, Spring, 2007, Vol. 39 Issue 1, pp. 47—80, 34p.

9. Lauren K. Hall, Smith, Hayek, Darwin, and the Private Sphere, in *Conference Papers*—Midwestern Political Science Association, 2007 Annual Meeting, pp. 1—42.

10. Colin Koopman, Dewey's Democracy and Hayek's Liberalism, in *Conference Papers*—Midwestern Political Science Association, 2007 Annual Meeting, pp. 1—31.

11. S. Pressman, The Cambridge companion to Hayek, in *Choice: Current Reviews for Academic Libraries*, June, 2007, Vol. 44 Issue 10, pp. 1800—1800.

（二）中文部分

1. 李安平:《法治国家的正当性及其职能——哈耶克的古典自由主义国家观》,载《廊坊师范学院学报》2007年第1期。

2. 沈尚武:《罗尔斯和哈耶克的个人主义之初步比较分析》,载《重庆社会科学》2007年第2期。

3. 钟超:《辨析哈耶克的进化理性主义》,载《前沿》2007年第2期。

4. 王力:《哈耶克自由观的逻辑谱系》,载《社会科学研究》2007年第1期。

5. 卫建国:《哈耶克市场服务特点理论探析》,载《山西师大学报(社会科学版)》2007年第1期。

6. 杨豹:《哈耶克论"社会正义"》,载《新疆大学学报(哲学人文社会科学版)》2007年第1期。

7. 杨希霞:《以哈耶克的观点看法国的骚乱》,载《法制与社会》2007年第2期。

8. 聂长建:《私法、公法、法治、自由——哈耶克法律思想评介》,载《中北大学学报(社会科学版)》2007年第1期。

9. 古小明:《哈耶克经济伦理维度下的自由理念探析》,载《井冈山学院学报》2007年第1期。

10. 闻晓祥:《评析哈耶克对现代性的批判》,载《社会科学辑刊》2007年第1期。

11. 李霄鹏:《罗尔斯、哈耶克、德沃金的理论比较——以分配的正义理论为视角》,载《黑龙江省政法管理干部学院学报》2007年第2期。

12. 张爱军、禹哲：《个人自由的理性之维——哈耶克自由思想研究》，载《求索》2007年第2期。

13. 秦志敏、张继昕：《哈耶克法律价值论初探》，载《政治与法律》2007年第2期。

14. 蔡涛：《浅析哈耶克对经济制度的理解》，载《江苏商论》2007年第4期。

15. 冉文伟：《哈耶克、罗尔斯正义观差异比较及对和谐社会的启示》，载《学术论坛》2007年第3期。

16. 韩月香：《解构极权主义——哈耶克对极权主义的批判》，载《甘肃社会科学》2007年第3期。

17. 杨欢、边曦：《哈耶克的经济哲学思想与现在的中国市场经济》，载《中国集体经济（下半月）》2007年第4期。

18. 叶知秋：《我们的无知如此重要——再读〈哈耶克文选〉》，载《南方人物周刊》2007年第15期。

19. 周红阳：《哈耶克的两条路——阅读〈规则·秩序·无知〉》，载《法制与社会发展》2007年第2期。

20. 郑小霞：《哈耶克对计划体制的价值批判》，载《社会科学论坛（学术研究卷）》2007年第4期。

21. 张翠梅：《哈耶克之文化进化理论下的"规则"》，载《学术交流》2007年第5期。

22. 罗秋立：《自由合法性理念的破灭——审视哈耶克〈自由秩序原理〉的自由观》，载《广西大学学报（哲学社会科学版）》2007年第3期。

23. 刘雅丽、刘艳丽：《浅谈哈耶克对"个人理性"的认识》，载《河北工程大学学报（社会科学版）》2007年第2期。

24. 薛庆根：《博兰尼默示知识理论与哈耶克方法论个人主义》，载《生产力研究》2007年第10期。

25. 张爱军、禹哲：《科技理性与自由——哈耶克分析进路研究》，载《自然辩证法研究》2007年第6期。

26. 刘小平：《哈耶克：自由的两条理路和两种法律观的混淆——对〈自由秩序原理〉一书的文本分析》，载《河北法学》2007年第8期。

27. 吴会丽、刘世波：《在中国情势中审视哈耶克理论——给哈耶克崇拜者的一副镇静剂》，载《中共南昌市委党校学报》2007年第3期。

28. 陈文军：《哈耶克"自发秩序"新探》，载《齐鲁学刊》2007年第4期。

29. 杨来运：《哈耶克的计划观研究》，载《重庆三峡学院学报》2007年第4期。

30. 马春元：《哈耶克的自由观》，载《希望月报（上半月）》2007年第7期。

31. 余保华：《哈耶克教育观及其对我国教育的启示》，载《高等教育研究》2007年第7期。

32. 张丽君：《哈耶克与20世纪的社会主义》，载《河南师范大学学报（哲学社会科学版）》2007年第4期。

33. 朱虹：《评析哈耶克"法治下的自由"》，载《湖北行政学院学报》2007年第S1期。

34. 刘洋：《凯恩斯与哈耶克两种观点比较及启示》，载《合作经济与科技》2007年第20期。

35. 刘世波、吴会丽：《贫富差距理论与社会主义和谐社会的建设——兼论哈耶克的思想理论》，载《辽宁警专学报》2007年第5期。

36. 陈湘文：《自觉自由是人类自由的前景——哈耶克自由观之批判》，载《中共南京市委党校南京市行政学院学报》2007年第4期。

37. 梁峰：《自由主义的内在危机与哈耶克》，载《北京科技大学学报（社会科学版）》2007年第3期。

38. 岳崎：《哈耶克的中国热潮》，载《上海国资》2007年第9期。

39. 钟超：《论哈耶克的新自由主义经济学思想》，载《长江大学学报（社会科学版）》2007年第3期。

40. 郭建忠、谭沧海：《哈耶克思想方法的后现代意蕴》，载《前沿》2007年第9期。

41. 王秋梅、高文武:《哈耶克自发市场秩序批判》,载《学术界》2007年第5期。

42. 刘世波、吴会丽:《哈耶克贫富差距理论的异视角探析》,载《长春工业大学学报(社会科学版)》2007年第3期。

43. 张翠然:《追随哈耶克寻求自由之真谛——解读哈耶克的〈自由秩序原理〉》,载《研究生法学》2007年第5期。

44. 高歌、张红凤:《哈耶克与凯恩斯的论战带给我们什么》,载《山东经济》2007年第6期。

45. 宋光明、张天羽啸:《中国传统文化的哈耶克视角》,载《新疆大学学报(哲学人文社会科学版)》2007年第6期。

46. 李小科、杨鸿江:《哈耶克对"理性"和"理性主义"的"正名"》,载《江苏行政学院学报》2007年第6期。

47. 杨晓猛:《哈耶克、布坎南和欧肯的建构理性与市场经济秩序思想述评》,载《哈尔滨市委党校学报》2007年第6期。

48. 聂长建、李国强:《哈耶克"法律先于立法"命题的三重意蕴》,载《中南大学学报(社会科学版)》2007年第6期。

49. 邵春永:《试析哈耶克的责任思想》,载《资料通讯》2007年第9期。

50. 吕瑛:《论中国法治秩序的建构——读哈耶克〈自由宪章〉有感》,载《法制与社会》2007年第11期。

51. 王生升:《自由市场经济的乌托邦——哈耶克经济自由主义理论批判》,载《高校理论战线》2007年第11期。

52. 古小明、邓小群:《哈耶克经济伦理思想探微》,载《井冈山学院学报》2007年第11期。

53. 张毅:《试论哈耶克对民主宪政的批判》,载《科技信息(科学教研)》2007年第32期。

54. 吴日明:《个体活动的自主性与社会历史发展过程的自然性——马克思与哈耶克社会历史观的比较》,载《牡丹江大学学报》2007年第11期。

55. 危玉妹:《警惕"分配公平"的陷阱——析哈耶克法律公平观》,载《中共福建省委党校学报》2007年第12期。

56. 赵亮、朱宪辰:《哈耶克方法论个人主义的基本内涵及其认知经验基础探究》,载《贵州社会科学》2007年第12期。

57. 雷智宏、孙景建、马莉:《正义的实现——浅谈庞德和哈耶克法学的正义观》,载《天府新论》2007年第S2期。

58. 石友琴:《论哈耶克法治理念及对中国法治建设的启示》,载《东南大学学报(哲学社会科学版)》2007年第S2期。

59. 江渝:《哈耶克所论个体及其自由》,载《科技经济市场》2007年第11期。

60. 夏纪森:《正义与德性——哈耶克与休谟的正义理论比较研究》,吉林大学2007年博士学位论文。

61. 张庆:《哈耶克自由经济、社会理论研究》,厦门大2007年博士学位论文。

62. 张海港:《哈耶克的个人主义理论研究》,苏州大学2007年硕士学位论文。

63. 刘世波:《哈耶克贫富差距理论辨析》,首都师范大学2007年硕士学位论文。

64. 丁宇彤:《评哈耶克自由宪政思想》,华南师范大学2007年硕士学位论文。

65. 禹哲:《个人自由的理性之维》,辽宁师范大学2007年硕士学位论文。

66. 姜伟:《哈耶克〈自由秩序原理〉中制度变迁思想述评》,山东大学2007年硕士学位论文。

67. 徐潇:《哈耶克与罗尔斯:从自由到平等》,吉林大学2007年硕士学位论文。

68. 鲁丹:《哈耶克法律观研究》,西南大学2007年硕士学位论文。

哈特(Hart, H. L. A.)

论文

(一) 英文部分

1. Robin Bradley Kar, Review Essay: "Pluc-

king the Mask of Mystery from Its Face": Jurisprudence and H. L. A. Hart, in *Georgetown Law Journal*, 95, 2007.

2. John Finnis, On Hart's Ways: Law As Reason and As Fact, in *The American Journal of Jurisprudenc*, 52, 2007.

3. Robin Bradley Kar, Hart's Response to Exclusive Legal Positivism, in *Georgetown Law Journal*, 95, 2007.

4. Hanoch Sheinman, The Priority of Courts in the General Theory of Law, in *The American Journal of Jurisprudence*, 52, 2007.

（二）中文部分

1.〔英〕大卫·舒格曼：《哈特访谈：H. L. A. 哈特与大卫·舒格曼的交流》，沈映涵译，载《西方法律哲学家研究年刊》2007年第2卷。

2. 郝方昉：《恺撒的归恺撒、上帝的归上帝——读哈特〈法律、自由与道德〉》，载《中国图书评论》2007年第1期。

3. 寇顺萍：《法律解释的正当性——解读哈特的法律空缺结构》，载《市场周刊（理论研究）》2007年第1期。

4. 孙笑侠、麻鸣：《法律与道德：分离后的结合——重温哈特与富勒的论战对我国法治的启示》，载《浙江大学学报（人文社会科学版）》2007年第1期。

5. 支振锋：《百年哈特——哈特法律思想及研究的主要文献》，载《法律文献信息与研究》2007年第2期。

6. 苗炎：《哈特社会规则理论的限度》，载《法制与社会发展》2007年第2期。

7. 王蕾：《"原则的引入"与"法律与道德分离"命题——以法学方法论为视角》，载《学习与探索》2007年第2期。

8. 陈景辉：《什么是"内在观点"？》，载《法制与社会发展》2007年第5期。

9. 朱振：《哈特/德沃金之争与法律实证主义的分裂——基于"分离命题"的考察》，载《法制与社会发展》2007年第5期。

10. 甘德怀：《从命令到规则：哈特对奥斯丁的批判——读哈特〈法律的概念〉》，载《法制与社会发展》2007年第5期。

11. 徐清飞：《〈法律的概念〉的功利主义检讨——以法律与道德的分离为中心》，载《法制与社会发展》2007年第5期。

12. 沈映涵：《解读描述社会学——哈特法律理论中描述性方法研究的前提性分析》，载《法制与社会发展》2007年第5期。

13. 孔凡太：《以语言来认识法律现象的边界——从哈特〈法律的概念〉谈起》，载《科教文汇（中旬刊）》2007年第10期。

14. 谢冬慧：《从〈惩罚与责任〉看哈特的刑罚思想》，载《广西政法管理干部学院学报》2007年第10期。

15. 谌洪果：《天人交战的审判：哈特与富勒之争的再解读》，载《法律方法与法律思维》第四辑。

16. 沈映涵：《在理论与现实之间穿行——纪念哈特诞辰100周年》，载《西方法律哲学家研究年刊》2007年第2卷。

17. 苗炎：《哈特法律规范性理论研究》，载《西方法律哲学家研究年刊》2007年第2卷。

18. 俞静贤：《法律与行动理由——试论哈特法理学的进路》，载《西方法律哲学家研究年刊》2007年第2卷。

19. 谌洪果：《常识视野中的法律因果观——读哈特与奥诺尔的〈法律中的因果关系〉》，载《西方法律哲学家研究年刊》2007年第2卷。

20. 杨荣山：《哈特的"规则"理论》，湘潭大学2007年硕士论文。

21. 何永红：《法律"规则"的"内在"世界——哈特的问题意识及方法》，西南政法大学2007年硕士论文。

22. 赵宪章：《哈特与富勒的论战评述》，山东大学2007年硕士论文。

23. 潘华志：《遵守法律的理由？——对分析

实证法学观点之辨析》,中共中央党校 2007 年硕士论文。

24. 苗炎:《哈特法律规范性理论研究——以法律实证主义传统为背景的分析》,吉林大学 2007 年博士论文。

爱波斯坦(Epstein, Richard A.)

论文

(一) 本人论文

1. Richard A. Epstein, From the Bag: David Josiah Brewer Addresses Yale Law School, in *The Green Bag an Entertaining Journal of Law*, Summer, 2007.

2. Richard A. Epstein, Commemorating Twenty-five Years of Judge Richard A. Posner: Essay: Coniston Corp v. Village of Hoffman Hills: How to Make Procedural Due Process Disappear, in *University of Chicago Law Review*, 74, 2007.

3. Richard A. Epstein, Panel Discussion: Federalism: Executive Power in Wartime: from the Federalist Society's 2006 National Lawyers' Convention, in *The Georgetown Journal of Law & Public Policy*, Summer, 2007.

4. Richard A. Epstein, How to Create—or Destroy—Wealth in Real Property, in *Alabama Law Review*, 2007.

5. Richard A. Epstein, Symposium: A Festschrift in Honor of Dale A. Whitman: How to Solve (or Avoid) the Exactions Problem, in *Missouri Law Review*, Fall, 2007.

6. Richard A. Epstein, Symposium: Censorship and Institutional Review Board: Defanging IRBs: Replacing Coercion with Information, in *Northwestern University Law Review*, Special Issue, 2007.

7. Richard A. Epstein, Breaking up the Big Box: Trade Regulation and Wal-mart: Article: On Wal-Mart: Doing Good by Doing Nothing, in *Connecticut Law Review*, May, 2007.

8. Richard A. Epstein, Kratovil Conference Article: from Penn Central to Lingle: the Long Backwards Road, in *The John Marshall Law Review*, Winter, 2007.

(二) 研究论文

1. Michael Allan Wolf, 2007 Survey of Books Related to the Law: Legal History: Looking Backward: Richard Epstein Ponders the "Progressive" Peril, in *Michigan Law Review*, April, 2007.

2. John E. Calfee, Book Review: Overdose: How Excessive Government Regulation Stifles Pharmaceutical Innovation, in *DePaul Journal of Health Care Law*, Summer, 2007.

3. Merrill Goozner, Book Review: Overdose: How Excessive Government Regulation Stifles Pharmaceutical Innovation, in *DePaul Journal of Health Care Law*, Summer, 2007.

4. William M. Wiecek, Book Review: Richard A. Epstein, How Progressives Rewrote the Constitution, in *Law and History Review*, Fall, 2007.

拉兹(Raz, Joseph)

论文

(一) 英文部分

本人论文

1. Joseph Raz, Reasons: Practical and Epistemic, http://josephnraz.googlepages.comReasons-EpistemicandPractical-dis.pdf.

2. Joseph Raz, Reasons: Explanatory and Normative, http://papers.ssrn.com/sol3/papers.cfm? abstract_id = 999869.

3. Joseph Raz, The Argument from Justice, http://papers.ssrn.com/sol3/papers.cfm? abstract _id = 999873.

4. Joseph Raz, Theory and Concepts, http://josephnraz.googlepages.com/TheoryandConcepts-fi-

nalversion. pdf.

5. Joseph Raz, Human Rights without Foundations, http://papers. ssrn. com/sol3/papers. cfm? abstract_id = 999874.

6. Joseph Raz, The Argument from Justice, or How not to Reply to Legal Positivism, in G. Pavlakos (ed.), *Law, Rights & Discourse: The Legal Philosophy of Robert Alexy*, Hart Publishing, 2007. 17—35.

研究论文

1. Robert Alexy, On Two Juxtapositions: Concept and Nature, Law and Philosophy: Some Comments on Joseph Raz's "Can There Be a Theory of Law?", in *Ratio Juris*, Vol. 20, No. 2, June, 2007, pp. 162—169.

2. Brian H. Bix, Joseph Raz and Conceptual Analysis, in *APA Newsletter on Philosophy and Law*, Volume 06, Number 2, Spring, 2007, pp. 1—7.

3. Jules L. Coleman, Law and Political Morality, in *APA Newsletter on Philosophy and Law*, Volume 6, Number 2, Spring, 2007, pp. 7—14.

4. Timothy Endicott, Interpretation, Jurisdiction, and the Authority of Law, in *APA Newsletter on Philosophy and Law*, Volume 6, Number 2, Spring, 2007, pp. 14—19.

5. Kenneth Einar Himma, Revisiting Raz: Inclusive Positivism and the Concept of Authority, in *APA Newsletter on Philosophy and Law*, Volume 6, Number 2, Spring, 2007, pp. 20—27.

6. Liam Murphy, Razian Concepts, in *APA Newsletter on Philosophy and Law*, Volume 6, Number 2, Spring, 2007, pp. 27—31.

7. Stephen Perry, Two Problems of Political Authority, in *APA Newsletter on Philosophy and Law*, Volume 6, Number 2, Spring, 2007, pp. 31—37.

8. Patterson, Raz on authority: On the Nature of Law and exclusive Legal Positivism, http://nicos. stavropoulos. googlepages. com/Patterson _ UCLRazpaper. pdf.

9. Adam Tucker, Beyond the Normal Justification Thesis: Jurisprudence in the Service Conception of Authority, http://www. trinitinture. com/documents/tucker. pdf.

10. Lars Vinx, Authority, Arbitration and the claims of the Law, http://cadmus. eui. eu/dspace/bitstream/1814/7423/1/MWP-2007-15. pdf, 2008-4-15.

11. Noam Gur, Legal Directives in the Realm of Practical Reason: A Challenge to the Pre-Emption Thesis, http://www. trinitinture. com/documents/gur. pdf. 2008-4-15.

12. Kenneth Einar Himma, Just' Cause You're Smarter than Me Doesn't Give You a Right to Tell Me What to Do: Legitimate Authority and the Normal Justification Thesis, in *Oxford Journal of Legal Studies*, Vol. 27, No. 1 (2007), pp. 121—150.

13. Mark Bennett, "'The Rule of Law' Means Literally What it Says: The Rule of the Law": Fuller and Raz on Formal Legality and the Concept of Law, in *Australian journal of legal philosophy*, Volume 32, 2007.

(二) 中文部分

本人论文译文

1. 〔英〕约瑟夫·拉兹:《实践理性与规范》导言, http://www. fatianxia. com/weekly/list. asp? id = 31821。

2. 〔英〕约瑟夫·拉兹:《服从法律的义务》, 毛兴贵译,载毛兴贵编:《政治义务:证成与反驳》,江苏人民出版社2007年版。

3. 〔英〕约瑟夫·拉兹:《服从的义务:修正与传统》,毛兴贵译,载毛兴贵编:《政治义务:证成与反驳》,江苏人民出版社2007年版。

4. 〔英〕约瑟夫·拉兹:《平等诸原则》,载葛四友编:《运气均等主义》,江苏人民出版社2007年版。

研究论文

1. 姚大志:《论拉兹的至善主义及其得失》,载《求是学刊》2007年第2期。

2. 强乃社:《价值的社会实践依赖性及其意义——拉兹近来的价值论研究》,载《华中科技大学学报(社会科学版)》2007年第2期。

3. 姚大志、赵雄峰:《新功利主义——拉兹对自由主义的证明》,载《社会科学研究》2007年第3期。

4. 姚大志、鲍盛华:《第三种自由主义?——拉兹权利理论批判》,载《思想战线》2007年第4期。

5. 大汉:《对拉兹〈法律原则与法律的界限〉的一个初步分析》,http://www.fatianxia.com/weekly/list.asp?id=33430。

6. 朱振:《实践理由、权威与来源命题》,吉林大学2007年博士论文。

7. 朱峰:《拉兹权威命题研究》,山东大学2007年博士论文。

8. 宋世春:《拉兹法律体系结构理论解读》,西南政法大学2007年硕士论文。

黄宗智(Huang, P. C. C.)

一、著作

〔美〕黄宗智:《经验与理论:中国社会、经济与法律的实践历史研究》,中国人民大学出版社2007年版。

二、论文

本人论文

1. 〔美〕黄宗智:《中国民事判决的过去和现在》,载许章润主编:《清华法学:"中国司法传统与现代性研究"专辑》(第十辑),清华大学出版社2007年版。

2. 〔美〕黄宗智:《中国法庭调解的过去和现在》,载许章润主编:《清华法学:"中国司法传统与现代性研究"专辑》(第十辑),清华大学出版社2007年版。

3. 〔美〕黄宗智:《中国法律的现代性?》,载许章润主编:《清华法学:"中国司法传统与现代性研究"专辑》(第十辑),清华大学出版社2007年版。

4. 〔美〕黄宗智:《连接经验与理论:建立中国的现代学术》,载《开放时代》2007年第4期。

5. 〔美〕黄宗智、彭玉生:《三大历史性变迁的交汇与中国小规模农业的前景》,载《中国社会科学》2007年第4期。

6. 〔美〕黄宗智:《中国小农经济的过去和现在——舒尔茨理论的对错》,http://sard.ruc.edu.cn/huang/read.php?40。

7. 〔美〕黄宗智:《集权的简约治理——中国以准官员和纠纷解决为主的半正式基层行政》,载〔美〕黄宗智主编:《中国乡村研究》(第五辑),福建教育出版社2007年版。

研究论文

1. 叶立周:《规范认识危机与社会科学研究的方法论倾向——读〈中国经济史中的悖论现象与当前的规范认识危机〉》,载邓正来主编:《知识与法律——"小南湖读书小组"文选》(第二辑),中国政法大学出版社2007年版。

2. 苗炎:《〈中国经济史中的悖论现象与当前的规范认识危机〉一文的方法论意义——兼评〈规范认识危机与社会科学研究的方法论倾向〉》,载邓正来主编:《知识与法律——"小南湖读书小组"文选》(第二辑),中国政法大学出版社2007年版。

3. 任瑞兴:《悖论的批判与批判的悖论——读〈中国经济史中的悖论现象与当前的规范认识危机〉》,载邓正来主编:《知识与法律——"小南湖读书小组"文选》(第二辑),中国政法大学出版社2007年版。

4. 于晓艺:《危机与出路——读〈中国经济史中的悖论现象与当前的规范认识危机〉》,载邓正来主编:《知识与法律——"小南湖读书小组"文选》(第二辑),中国政法大学出版社2007年版。

5. 王勇:《规范认识危机与中国研究的范式问题思考——读〈中国经济史中的悖论现象与当前的规范认识危机〉》,载邓正来主编:《知识与法律——"小南湖读书小组"文选》(第二辑),中国政法大学出版社2007年版。

6. 晁育虎:《关于规范认识及其危机的逻辑分析——读〈中国经济史中的悖论现象与当前的规范认识危机〉》,载邓正来主编:《知识与法律——"小南湖读书小组"文选》(第二辑),中国政法大学出版社2007年版。

7. 邓勇:《理论研究中对"规范认识"的突破——读〈中国经济史中的悖论现象与当前的规范认识危机〉》,载邓正来主编:《知识与法律——"小南湖读书小组"文选》(第二辑),中国政法大学出版社2007年版。

8. 刘小平:《历史研究中的经验与理论——读〈中国经济史中的悖论现象与当前的规范认识危机〉》,载邓正来主编:《知识与法律——"小南湖读书小组"文选》(第二辑),中国政法大学出版社2007年版。

9. 金晓丹:《规范认识与悖论现象——读〈中国经济史中的悖论现象与当前的规范认识危机〉》,载邓正来主编:《知识与法律——"小南湖读书小组"文选》(第二辑),中国政法大学出版社2007年版。

10. 张翠梅、朱伟松:《"悖论"的正当与"规范认识"的谬误——读黄宗智〈中国经济史中的悖论现象与当前的规范认识危机〉》,载《经济研究导刊》2007年第8期。

11. 彭波:《论国家政权、集体化生产方式与农业过密化生产关系——试析黄宗智〈长江三角洲小农家庭与乡村发展〉》,载《北京大学研究生学志》2007年第2期。

12. 陈勇勤:《黄宗智中国小农"三幅面孔"统一体说的误区》,载《安徽史学》2007年第1期。

13. 陈勇勤:《超边际分析与中国小农经济》,载《南阳师范学院学报(社会科学版)》2007年第1期。

14. 李卫东:《论"新法制史"之"旧"》,载《新疆财经学院学报》2007年第1期。

15. 陈辉:《"过密化"背景下华北小农的行动逻辑》,载《古今农业》2007年第1期。

16. 王晶晶:《多纬度下的小农经济理论——读〈华北的小农经济与社会变迁〉》,载《财经界》2007年第6期。

17. 叶立周:《规范认识危机与社会科学研究的方法论倾向——读黄宗智:〈中国经济史中的悖论现象与当前的规范认识危机〉》,载《河北经贸大学学报(综合版)》2007年第2期。

18. 刘岩:《历史实践视角下的中国法律现代性问题——黄宗智法律思想研究》,吉林大学2007年硕士论文。

科尔曼(Coleman, Jules L.)

论文

(一)英文部分

Jules L. Coleman, Beyond the Separability Thesis: Moral Semantics and the Methodology of Jurisprudence, in *Oxford Journal of Legal Studies*, Vol. 27, No. 4 (2007).

(二)中文部分

朱振:《哈特/德沃金之争与法律实证主义的分裂》,载《法制与社会发展》2007年第5期。

特维宁(Twining, W.)

论文

(一)英文部分

本人论文

1. William Twining, Argumentation, Stories and Generalizations: A Comment, in 6 *Law, Probability & Risk* 169 (2007).

2. William Twining, Globalisation and Comparative Law, in Esin Orucu & David Nelken (eds.), *Comparative Law: A Handbook* 69

（2007）.

3. William Twining, General Jurisprudence, 15 *U. Miami Int'l & Comp. L. Rev.* 1 （2007）.

4. William Twining, Taking Facts Seriously-Again, in Paul Roberts & Mike Redmayne （eds.）, *Innovations in Evidence and Proof：Integrating Theory Research and Teaching* 65 （2007）.

5. William Twining, Human Rights：Southern Voices （MacDonald Lecture, University of Alberta）, 11 *Rev. Const. Stud.* 203 （2006）, reprinted in *Law, Justice and Global Development （LGD）* （2007）, http://www2. warwick. ac. uk/fac/soc/law/elj/lgd/2007_1.

6. William Twining, Upendra Baxi-A Tribute, in *Law, Justice and Global Development （LGD）* （2007）, http://www2. warwick. ac. uk/fac/soc/law/elj/lgd/2007_1.

7. William Twining, Two Kinds of Post-Modernism：Santos, Calvino, and Haack, in Cornelis de Waal（ed.）, *Susan Haack：A Lady of Distinctions-A Philosopher Replies to Her Critics* 229 （2007）.

8. William Twining, La Difusion del Derecho：Una perspectiva Global, in Alfonso de Julios-Campuzano（ed.）, *Ciudadania y Derecho en el Era de la Globalizacion* （2007）.

9. William Twining, Law, Justice and Rights：Some Implications of a Global Perspective, http://www. ucl. ac. uk/laws/academics/profiles/twining/Law_Justice%20_Rights. pdf.

10. William Twining, Surface Law, http://www. ucl. ac. uk/laws/global_law/staff. shtml?twining.

研究论文

Susan Haack, Law, Literature, and Bosh：Response to William Twining, in Cornelis de Waal（ed.）, *Susan Haack：A Lady of Distinctions-A Philosopher Replies to Her Critics* 259 （Prometheus Books 2007）.

（二）中文部分

周国兴:《一般法理学如何可能——特维宁的一般法理学思想研究》,吉林大学 2007 年硕士论文。

吉登斯（Anthony Giddens）

一、著作

（一）英文著作

1. Anthony Giddens, *Europe in the Global Age*, Cambridge, UK; Malden, MA：Polity, 2007.

2. Anthony Giddens, *Over to You, Mr. Brown：How Labour Can Win Again*, Cambridge, UK; Malden, MA：Polity, 2007.

（二）中文著作

本人著作

1. 〔英〕安东尼·吉登斯:《资本主义与现代社会理论——对马克思、涂尔干和韦伯著作的分析》,郭忠华、潘华凌译,上海译文出版社 2007 年版。

2. 〔英〕安东尼·吉登斯:《批判的社会学导论》,郭忠华译,上海译文出版社 2007 年版。

研究专著

田启波:《吉登斯现代社会变迁思想研究》,人民出版社 2007 年版。

二、论文

（一）英文部分

本人论文

1. Anthony Giddens, Doubting Diversity's Value, in *Foreign Policy*, Washington：Nov/Dec 2007, Iss. 163.

2. Anthony Giddens, Sarkozy Has Half of What France Needs, in *New Perspectives Quarterly*, Volume 24, Issue 3, Page 40—43, June, 2007.

研究论文

1. Jules Townshend, Living with Capitalism：From Hobson to Giddens, in *British Journal of Politics & International Relations*, Volume 9, Issue 4,

2007.

2. Will Atkinson, Anthony Giddens as Adversary of Class Analysis, *Sociology*, in *The Journal of the British Sociological Association*, Cambridge: June, 2007, Vol. 41, Iss. 3; pg. 533.

3. Merryn Ekberg, The Parameters of the Risk Society, A Review and Exploration, in *Current Sociology*. London: May, 2007, Vol. 55, Iss. 3.

4. George Ritzer, Structuration Theory, in *Contemporary Sociology*, Washington: Jan., 2007, Vol. 36, Iss. 1.

5. Pual Cammack, Competitiveness, Social Justice, and the Third Way, in *The Politics of Global Competitiveness*, No. 6, April, 2007.

6. Chris Armstrong, Life-Styles, Life-Chances and Radical Politics: Giddems on the "New Eqalitarianism", in *Egalitarian Theory and Practice*, Vol. 9, No. 3.

（二）中文部分

1. 安然：《在断裂与连续之间——评吉登斯的现代性思想》，载《华南师范大学学报》2007年第1期。

2. 鲍磊：《现代性反思中的风险——评吉登斯的社会风险理论》，载《社会科学评论》2007年第2期。

3. 李红专：《晚期现代性批判理论：吉登斯对马克思的解读与批判》，载《教学与研究》2007年第3期。

4. 杨国庆、宋丽艳：《吉登斯的现代性制度之维》，载《兰州学刊》2007年第4期。

5. 刘魁：《论后现代科技文明对人类深层信仰的影响——兼评贝克与吉登斯等人的风险社会理论》，载《南京理工大学学报》2007年第4期。

6. 邓翠华、曹荣湘：《吉登斯新平等主义理论述评》，载《马克思主义与现实》2007年第4期。

7. 冯德宇：《吉登斯的现代性思想》，载《边疆经济与文化》2007年第5期。

8. 乔丽英：《吉登斯结构化理论研究——对结构化理论中"行动者"概念的深度审视》，载《天府新论》2007年第5期。

9. 陈秀峰、金小红：《吉登斯全球化分析视角述评》，载《学术界》2007年第5期。

10. 王金宝：《吉登斯全球化理论的深度解读及其批判》，载《南京社会科学》2007年第6期。

11. 田国秀：《风险社会环境对当代个体生存的双重影响——吉登斯、贝克风险社会理论解读》，载《哲学研究》2007年第6期。

12. 谭江华：《吉登斯的"政治"理论与中国现代化进路》，载《南开学报》2007年第6期。

13. 金小红：《权力分析的特点与文化分析的缺失——对吉登斯结构化理论的一点思考》，载《南京社会科学》2007年第7期。

14. 乔丽英、赵兰香：《吉登斯结构化理论研究——对结构化理论中"结构"概念的深度审视》，载《前沿》2007年第11期。

15. 张雪凤、阚吉玲、姜海波：《吉登斯"第三条道路"之新型民主国家观》，载《辽宁行政学院学报》2007年第12期。

16. 金小红：《安东尼·吉登斯的结构化理论与"第三条道路"》，载《郑州大学学报》2007年第1期。

17. 安然：《现代性的困惑与突围——评吉登斯、贝克的自反性现代化理论》，载《内蒙古师范大学学报》2007年第1期。

18. 张军、储庆：《微观与宏观社会学理论融合的经典路向——以吉登斯与柯林斯为例》，载《安徽农业大学学报》2007年第3期。

19. 李红专、李明、刘学文：《唯物史观视阈下的吉登斯社会类型理论》，载《云南师范大学学报》2007年第5期。

20 崔德华：《吉登斯的风险社会理论及对和谐社会构建的启示》，载《中国石油大学学报》2007年第6期。

21. 崔爱林、薛滩：《吉登斯的现代性理论对成人教育发展的启示》，载《河北大学成人教育学院学报》2007年第6期。

22. 郭忠华：《吉登斯对于民族国家的新思考》，载《开放时代》2007年第6期。

23. 肖瑛：《民族主义的三种导向——从吉登斯民族主义的论述出发》，载《开放时代》2007年第6期。

24. 乔丽英：《社会学方法的新规则——安东尼·吉登斯对解释社会学的三次超越》，载《山东理工大学学报》2007年第7期。

25. 乔丽英：《现代性研究的独特视角：一种制度性的分析——对安东尼·吉登斯现代性思想的深层解读》，载《山西师大学报》2007年第7期。

26. 张文喜、于艳秋、曹隽：《马尔库塞与吉登斯第三条道路思想比较研究》，载《齐齐哈尔大学学报》2007年第9期。

27. 乔丽英：《吉登斯结构化理论中"行动"概念的深度审视》，载《江西师范大学学报》2007年第10期。

28. 李苏娟：《吉登斯自我认同理论对我国成人教育的启示》，载《湖北大学成人教育学院学报》2007年第12期。

29. 金小红：《吉登斯的结构化理论与建构主义思潮》，载《江汉论坛》2007年第12期。

30. 于素芳：《吉登斯的积极社会福利思想》，载《淮北煤炭师范学院学报》2007年第12期。

31. 刘江：《吉登斯现代性理论及其当代启示——解读〈现代性的后果〉》，首都师范大学2007年论文。

32. 王成芳：《吉登斯现代性视野下的自我认同》，首都师范大学2007年论文。

韦伯(Weber, M.)

一、著作

（一）英文专著

1. Hans Henrik Bruun, *Science, Values and Politics in Max Weber's Methodology*, Aldershot, England; Burlington, VT: Ashgate, 2007.

2. Mohamed Cherkaoui, *Good Intentions: Max Weber and the Paradox of Unintended Consequences*, Oxford, UK: The Bardwell Press, 2007.

（二）中文专著

本人译著

1. 〔德〕马克斯·韦伯：《韦伯作品集Ⅺ——古犹太教》，康乐、简惠美译，广西师范大学出版社2007年版。

2. 〔德〕马克斯·韦伯：《韦伯作品集Ⅻ——新教伦理与资本主义精神》，康乐、简惠美译，广西师范大学出版社2007年版。

3. 〔德〕马克斯·韦伯：《新教伦理与资本主义精神》，龙婧译，群言出版社2007年版。

4. 〔德〕马克斯·韦伯：《入世修行——马克斯·韦伯脱魔世界理性集》，王容芬、陈维纲译，天津人民出版社2007年版。

研究专著

1. 〔英〕安东尼·吉登斯：《资本主义与现代社会理论：对马克思、涂尔干和韦伯著作的分析》，郭忠华、潘华凌译，上海译文出版社2007年版。

2. 〔瑞典〕斯威德伯格：《马克斯·韦伯与经济社会学思想》，何蓉译，商务印书馆2007年版。

3. 〔美〕莱因哈特·本迪克斯：《马克斯·韦伯思想肖像》，刘北成等译，上海人民出版社2007年版。

4. 郭大水著：《社会学的三种经典研究模式概论：涂尔干、韦伯、托马斯的社会学方法论》，天津人民出版社2007年版。

二、论文

（一）英文部分

1. Barry Hindness, The Battle of the Ancient Economy, Book Reviews: Ancient Athens and Modern Ideology: Value, Theoryand Evidence in Historical Sciences: Max Weber, Karl Polanyi and Moses

Finley, in *Economy and Society*, Vol. 36, 2007.

2. Harvey Goldman, Book Reviews (Max Weber: an Intellectual Biography, in *Journal of Interdisciplinary History*, Vol. 38, 2007.

3. Hans Derks, Book Reviews: Max Weber und die Wirtschaft der Antike, in *European Legacy*, Vol. 12, 2007.

4. Richard Swedberg, Max Weber's Interpretive Economic Sociology, in *American Behavioral Scientist*, Vol. 50, 2007.

5. Ken Smith, Operationalizing Max Weber's Probability Concept of Class Situation: the Concept of Social Class, in *British Journal of Sociology*, Vol. 58, 2007.

6. Christopher Adair-Toteff, Max Weber and Ernst Toller: Realists or Idealists? in *History of the Human Sciences*, Vol. 20, 2007.

7. Michael Banton, Max Weber on "Ethnic Communities": a Critique, in *Nations and Nationalism*, Vol. 13, 2007.

8. A. M. Shah, M. N. Srinivas, Max Weber, and Functionalism, in *Sociological Bulletin*, Vol. 56, 2007.

9. Uta Gerhardt, Much More Than a Mere Translation-Talcott Parson's Translation into English of Max Weber's Die protestantische Ethik und der Geist des Kapitalismus: an Essay in Intellectual History, in *Canadian Journal of Sociology*, Vol. 32, 2007.

10. Patrick Baert, Contextualizing Max Weber, Book Reviews: The Protestant Ethic Turns 100: Essays on the Centenary of the Weber Thesis; Max Weber et les relations ethniques: Du refus du biologisme racial à l'état multinational, in *International Sociology*, Vol. 22, 2007.

11. Hinnerk Bruhns, Book Reviews: Max Weber et les relations ethniques: Du refus du biologisme racial à l'état multinational, in *Annales*, Vol. 62, 2007.

12. Kavin Hebert, Book Reviews: La légitimité de l'état et du droit autour de Max Weber, in *Canadian Journal of Law and Society*, Vol. 22, 2007.

13. Joaquin Trujillo, Accomplishing Meaning in a Stratified World: An Existential-Phenomenological Reading of Max Weber's "Class, Status, Party", in *Human Studies*, Vol. 30, 2007.

14. Arild Waeraas, The Re-enchantment of Social Institutions: Max Weber and Public Relations, in *Public Relations Review*, Vol. 33, 2007.

15. Philip S. Gorski, Book Reviews: Ancient Athens and Modern Ideology. Value, Theory, and Evidence in Historical Sciences: Max Weber, Karl Polanyi and Moses Finley, in *Contemporary Sociology: A Journal of Reviews*, Vol. 36, 2007.

16. S. N. Eisenstad, Book Reviews: Ancient Athens and Modern Ideology. Value, Theory, and Evidence in Historical Sciences: Max Weber, Karl Polanyi and Moses Finley, in *Contemporary Sociology: A Journal of Reviews*, Vol. 36, 2007.

17. Robert N. Bellah, Book Reviews: Ancient Athens and Modern Ideology. Value, Theory, and Evidence in Historical Sciences: Max Weber, Karl Polanyi and Moses Finley, in *Contemporary Sociology: A Journal of Reviews*, Vol. 36, 2007.

18. Mohammad H. Tamdgidi, Book Reviews: Romance and Reason: Ontological and Social Sources of Alienation in the Writings of Max Weber, in *Contemporary Sociology: A Journal of Reviews*, Vol. 36, 2007.

19. Keith Tribe, Talcott Parsons as translator of Max Weber's basic sociological categories, in *History of European Ideas*, Vol. 33, 2007.

20. Keith Tribe, Book Reviews: Max Weber: Die Leidenschaft des Denkens, in *Journal of Modern History*, Vol. 79, 2007.

21. Larry J Alderink, Book Reviews: The Postmodern Significance of Max Weber's Legacy: Disenchanting Disenchantment, in *Dialog*, Vol. 46, 2007.

22. Guenther Roth, The Political Context of Max Weber's Contribution on the German Economy in the Encyclopedia Americana (Der politische Kontext von Max Webers Beitrag über die deutsche Wirtschaft in der Encyclopedia Americana), in *Zeitschrift für Soziologie*, Vol. 36, 2007.

23. Thomas Schwinn, Book Reviews: Max Webers tragische Soziologie: Aspekte und Perspektiven (Max Weber's Tragic Sociology: Aspects and Perspectives), in *Soziologische Revue*, Vol. 30, 2007.

24. Jean-François Savard, Book Reviews: La légitimité de l'état et du droit autour de Max Weber, in *Canadian Journal of Political Science*, Vol. 40, 2007.

25. Cécile Vigour, Book Reviews: La sociologie historique comparative de Max Weber, in *Revue française de sociologie*, Vol. 48, 2007.

26. Regis Dericquebourg, Max Weber and the Specifics of Charisma (Max Weber et les charismes specifiques), in *Archives de sciences sociales des religions*, Vol. 52, 2007.

27. A. V. Vorontsov, I. A. Gromov, Max Weber's Theory of Capitalism and its Methodological Potential (Teoriia kapitalizma Maksa Vebera i ee metodologicheskoe znache), in *Sotsiologicheskie issledovaniia (Sotsis)*, Vol. 33, 2007.

28. P. E. Gergilov, Problema individualizatsii v. sotsiologii M. Vebera i N. Eliasa: sravnitel'ny anali (Problem of Individualization in Max Weber's and Norbert Elias's Sociology: Comparative Analysis), in *Sotsiologicheskiy Zhurnal*, No. 3, 2007.

29. Marek Louzek, Max Weber-an Economist (Max Weber ekonom), in *Politická ekonomie*, Vol. 1, 2007.

30. Jiří Musil, An Opportunity Somewhat Wasted-Marek Louzek on Max Weber (Ponekud promarnená prílezitost-Marek Louzek o Maxi Weberovi), in *Sociologicky casopis*, Vol. 43, 2007.

31. Miloslav Petrusek, On the Reception of Max Weber's Work in Central and Eastern Europe (K recepci díla Maxe Webera ve strední a vychodní Evropé. Na okraj monografie Marek Louzek: Max Weber. Zivot a dílo), in *Sociologicky casopis*, Vol. 43, 2007.

32. Sara R. Farris, The Human Individual and Social Change: The Anti-Authority Nature of Modernity in Max Weber (L'"individuo" del mutamento sociale: La natura anti-autoritaria della modernita in Max Weber), in *Sociologia e Ricerca Sociale*, Vol. 28, 2007.

33. Alejandro Blanco, The Early Reception of Max Weber in Argentine Sociology (1930—1950), in *Perfiles Latinoamericanos*, No. 30, 2007.

（二）中文部分

1. 范碧亭:《韦伯的权力概念及对中国社会的启示》,载《民办高等教育研究》2007年第1期。

2. 文森婷:《论韦伯官僚制在中国的生存和发展》,载《财经界(中旬刊)》2007年第12期。

3. 朱志松:《韦伯官僚制的合理性基础与官僚病相关性分析》,载《河南工业大学学报(社会科学版)》2007年第4期。

4. 张倩妹:《解析马克思·韦伯的社会心态思想》,载《中华女子学院山东分院学报》2007年第4期。

5. 刘琳:《试析韦伯的社会分层思想》,载《学习月刊》2007年第20期。

6. 刘伟红:《浅谈韦伯的方法论及其理想类型》,载《湘潮(下半月)(理论)》2007年第11期。

7. 林毅夫:《李约瑟之谜、韦伯疑问和中国的奇迹——自宋以来的长期经济发展》,载《北京大学学报(哲学社会科学版)》2007年第4期。

8. 林毅夫:《李约瑟之谜、韦伯疑问和中国的衰落》,载《书摘》2007年第12期。

9. 时统君:《社会主义市场经济的伦理观研究——由韦伯的〈新教伦理与资本主义精神〉谈起》,载《产业与科技论坛》2007年第12期。

10. 王立标:《法律、理性化与自由——韦伯论西方法律的理性化》,载《研究生法学》2007年第4期。

11. 王星:《道德科学的不同面向——从韦伯看涂尔干》,载《重庆社会科学》2007年第12期。

12. 阎克文:《韦伯眼中的古典资本主义和现代资本主义》,载《博览群书》2007年第11期。

13. 顾志龙:《尼采和韦伯思想的比较研究》,载《南通大学学报(社会科学版)》2007年第6期。

14. 李昳聪:《新教伦理与资本主义的发展——从马克斯·韦伯看大国崛起》,载《嘉应学院学报》2007年第5期。

15. 马秀梅:《马克斯·韦伯的宗教文化互动问题解读》,载《青海师专学报》2007年第6期。

16. 阳芳:《韦伯命题的合理性与中国企业伦理的建构》,载《伦理学研究》2007年第5期。

17. 张帅:《马克斯·韦伯社会科学方法论的"理想类型"方法》,载《山西煤炭管理干部学院学报》2007年第3期。

18. 苏国勋:《马克斯·韦伯:基于中国语境的再研究》,载《社会》2007年第5期。

19. 陈绪新:《韦伯悖论与新教伦理的后现代走向研究》,载《科学技术与辩证法》2007年第5期。

20. 朱君洲:《马克思·韦伯法学思想探析》,载《技术经济与管理研究》2007年第4期。

21. 周毅之:《从韦伯关于官僚制的苦恼议及治理理论——以非人格秩序神话背后的真实故事为观察点》,载《江海学刊》2007年第5期。

22. 周石峰:《资本主义之源:奢侈抑或禁欲——桑巴特与韦伯》,载《兵团教育学院学报》2007年第4期。

23. 魏娜:《学术自由与价值中立——马克斯·韦伯对德国大学体制的反思》,载《云南行政学院学报》2007年第4期。

24. 周四喜:《理想与现实之间——韦伯理性官僚制在中国的遭遇与发展》,载《山东行政学院山东省经济管理干部学院学报》2007年第4期。

25. 张国平:《对韦伯官僚制行政效率悖论的一种解读——兼评新公共管理运动》,载《理论探索》2007年第5期。

26. 张文华:《马克斯·韦伯关于卡理斯玛型统治的理论——一项韦伯政治社会学理论的文本解读》,载《理论界》2007年第9期。

27. 尹忠海:《马克斯·韦伯文明史研究方法中的问题意识与逻辑链》,载《贵州社会科学》2007年第8期。

28. 陈付娟:《浅谈马克斯·韦伯对中国宗教特征的分析》,载《法制与社会》2007年第8期。

29. 张凯:《实证社会学与理解社会学——迪尔凯姆与韦伯社会学方法论之比较》,载《法制与社会》2007年第7期。

30. 周福:《马克斯·韦伯的政治教育思想初探》,载《社会科学论坛(学术研究卷)》2007年第8期。

31. 朱文斌:《迪尔凯姆与韦伯的宗教社会学思想比较——原始宗教本质探源与资本主义精神寻根》,载《社会科学论坛(学术研究卷)》2007年第7期。

32. 查更欣:《浅议马克斯·韦伯权力合法化思想》,载《经济与社会发展》2007年第7期。

33. 王亚强:《论韦伯官僚制在后工业社会演变的伦理趋向》,载《甘肃理论学刊》2007年第4期。

34. 欧阳明:《追寻得救之道——评马克思·韦伯的〈学术与政治〉》,载《法制与经济》2007年第7期。

35. 任越：《马科斯·韦伯的官僚体制下的文档管理理论分析》，载《档案学通讯》2007 年第 4 期。

36. 雷卫平：《社会行动的文化构成——试析马克斯·韦伯的文化分析思想》，载《西北成人教育学报》2007 年第 4 期。

37. 白中林：《韦伯社会理论中的"中国法"问题》，载《政法论坛》2007 年第 3 期。

38. 李小勇：《公共部门的变革：从韦伯主义到管理主义》，载《现代企业教育》2007 年第 12 期。

39. 郑戈：《多元社会中的法律与宗教——以韦伯社会理论为分析视角》，载《太平洋学报》2007 年第 5 期。

40. 赵娟：《世界管理大师连载之（3）组织理论之父：马克斯·韦伯》，载《施工企业管理》2007 年第 8 期。

41. 蒋传光：《马克斯·韦伯法社会学方法论探源》，载《辽宁大学学报（哲学社会科学版）》2007 年第 4 期。

42. 张苏串：《论新教伦理意识形态人力资本的经济功能——"韦伯命题"的启示》，载《经济问题》2007 年第 6 期。

43. 张弛：《浅析韦伯学说中的"正当性"》，载《江淮论坛》2007 年第 3 期。

44. 李培培：《马克斯·韦伯与〈社会科学方法论〉》，载《东南传播》2007 年第 6 期。

45. 王小锡：《论经济与道德之关系的思维模式——对马克思、韦伯和斯密之三种立场的思维路径解释》，载《道德与文明》2007 年第 3 期。

46. 牛庆燕：《和谐社会经济运作的道德信念启示——基于马克斯·韦伯的"新教伦理精神"》，载《中国石油大学学报（社会科学版）》2007 年第 3 期。

47. 王善英：《人学视阈中的韦伯思想解读》，载《山东师范大学学报（人文社会科学版）》2007 年第 3 期。

48. 张暮辉：《梁漱溟与马克思·韦伯文化观之比较》，载《历史教学（高校版）》2007 年第 5 期。

49. 孙现印：《刍议韦伯的理性官僚制模型》，载《科教文汇（中旬刊）》2007 年第 2 期。

50. 周树华：《异化与理性化：工业社会的两重维度——马克思异化理论在韦伯语境的阐释与充实》，载《东北大学学报（社会科学版）》2007 年第 3 期。

51. 何生根：《韦伯的学术自由思想及其当代反思》，载《教育学报》2007 年第 2 期。

52. 王小章：《中古城市与近代公民权的起源：韦伯城市社会学的遗产》，载《社会学研究》2007 年第 3 期。

53. 童潇：《韦伯解释资本主义发生的社会学视界》，载《攀登》2007 年第 2 期。

54. 张斌：《论爱默生和马克斯·韦伯的儒学研究》，载《内蒙古社会科学（汉文版）》2007 年第 2 期。

55. 方德生：《阿多诺对马克斯·韦伯音乐社会学的翻转》，载《南京社会科学》2007 年第 4 期。

56. 周福：《资本主义兴起：托尼与韦伯的不同境遇透视》，载《理论观察》2007 年第 1 期。

57. 李南海：《赋予行动以意义：韦伯与舒茨行动理论的比较研究》，载《经济与社会发展》2007 年第 3 期。

58. 易红郡：《自治·自由·责任：马克斯·韦伯的大学观》，载《高等教育研究》2007 年第 4 期。

59. 王善英：《论马克斯·韦伯的印度教伦理观》，载《贵州社会科学》2007 年第 4 期。

60. 金星：《对韦伯法律观的解读——以"事实与价值分野"为视角》，载《辽宁公安司法管理干部学院学报》2007 年第 2 期。

61. 郭为桂：《现代性与大众民主的逻辑——马克斯·韦伯的政治社会学分析》，载《东南学术》2007 年第 3 期。

62. 孙锦明：《认识今天的学校管理：韦伯科

层理论视角》，载《现代教育科学（中学校长）》2007年第2期。

63. 金星：《对韦伯法律观的批判与反批判——以实质理性为视角》，载《沈阳师范大学学报（社会科学版）》2007年第2期。

64. 王彬：《法律理性化的悖论——韦伯法律社会学意义上的考察》，载《山西师大学报（社会科学版）》2007年第2期。

65. 李强：《马克斯·韦伯法律社会学中的方法论问题》，载《法制与社会发展》2007年第1期。

66. 高超群：《韦伯的忧虑》，载《南风窗》2007年第5期。

67. 李爱国：《浅议社会主义市场经济伦理原则的确立——读马克斯·韦伯的〈新教伦理与资本主义精神〉有感》，载《吉林财税高等专科学校学报》2007年第1期。

68. 韦森：《近代西方世界兴起原因的再思考（上）——从斯密、黑格尔、马克思、桑巴特、韦伯、熊彼特到诺思、肯尼迪和华勒斯坦》，载《河北学刊》2007年第1期。

69. 韦森：《近代西方世界兴起原因的再思考（下）——从斯密、黑格尔、马克思、桑巴特、韦伯、熊彼特到诺思、肯尼迪和华勒斯坦》，载《河北学刊》2007年第2期。

70. 王善英：《韦伯论人与社会的关系》，载《新疆社会科学》2007年第1期。

71. 马晓燕：《韦伯与庞德的法律发展观比较研究》，载《市场周刊（理论研究）》2007年第2期。

72. 马伟宁：《试述马克斯·韦伯的宗教社会学思想——以宗教伦理对经济行为的影响为例》，载《重庆三峡学院学报》2007年第1期。

73. 张震：《对马克斯·韦伯命题的质疑——兼论儒家伦理是否阻碍了家族企业的发展》，载《重庆三峡学院学报》2007年第1期。

74. 刘洁婷：《对马克斯·韦伯官僚制的反思与改革》，载《红河学院学报》2007年第1期。

75. 刘志国：《东亚崛起对"韦伯命题"的质疑与现代性儒学的建构》，载《理论学刊》2007年第2期。

76. 刘京军：《韦伯的资本主义精神与中国现代职业精神的塑造》，载《科技情报开发与经济》2007年第4期。

77. 沈红云：《法律与社会——论韦伯形式合理性法律思想》，载《经济与社会发展》2007年第2期。

78. 张炎兴：《"准先发内源型"发展模式——韦伯命题下的浙江发展经验研究》，载《浙江社会科学》2007年第1期。

79. 陈涯倩：《召唤与职业：驳韦伯对基督教职业观的理解——从克尔恺郭尔的基督教思想出发》，载《现代哲学》2007年第1期。

80. 聂晴：《马克斯·韦伯管理制度理论评析》，载《理论界》2007年第2期。

81. 孟庆刚：《马克斯·韦伯的宗教经济伦理思想及其现代意义》，载《哈尔滨学院学报》2007年第3期。

82. 宇汝松：《理性的成就与缺憾——韦伯社会发展观评析》，载《广西社会科学》2007年第1期。

83. 方宇鹏：《评韦伯宗教思想与马克思宗教思想的对立》，北京交通大学2007年硕士学位论文。

84. 李昳聪：《论韦伯命题的理性化过程》，西南大学2007年硕士学位论文。

85. 杨成波：《韦伯社会行动理论及对中国人经济社会行动的当代启示》，东北师范大学2007年硕士学位论文。

86. 尹广文：《韦伯社会学中的理性化思想研究》，西北师范大学2007年硕士学位论文。

87. 孟凡密：《马克斯·韦伯思想的智慧之光——探析工具理性时代核心价值体系的构建》，浙江大学2007年硕士学位论文。

88. 韦勇：《马克斯·韦伯经济伦理思想研究》，云南大学2007年硕士学位论文。

哈贝马斯（Habermas, J.）

一、著作

（一）本人著作

德文著作

1. Jürgen Habermas, *Zur historischen Gestalt Gershom Scholems: Beiträge*, München: Lehrstuhl für Jüdische Geschichte und Kultur an der Ludwig-Maximilians-Universität München, 2007.

2. Bernhard Peters, Hartmut Wessler and Jürgen Habermas, *Der Sinn von Öffentlichkeit*, Frankfurt am Main: Suhrkamp, 2007.

英文著作

1. Joseph Cardinal Ratzinger, Jurgen Habermas, Florian Schuller, Brian McNeil, *Dialectics of Secularism: On Reason and Religion*, Ignatius Pr, 2007.

2. Jürgen Habermas, *The Structural Transformation of the Public Sphere an Inquiry into a Category of Bourgeois Society*, Princeton, N. J.: Recording for the Blind & Dyslexic, 2007.

（二）研究著作

德文著作

1. Alessandro Pinzani, *Jürgen Habermas*, München: Beck, 2007.

2. Rudolf Langthaler, Herta Nagl-Docekal, *Glauben und Wissen: ein Symposium mit Jürgen Habermas*, Wien: Oldenbourg; Berlin: Akademie Verlag, 2007.

3. Peter Niesen, *Anarchie der kommunikativen Freiheit Jürgen Habermas und die Theorie der internationalen Politik*, Frankfurt, M. Suhrkamp, 2007.

4. Daniel C Henrich, *Zwischen Bewusstseinsphilosophie und Naturalismus: zu den metaphysischen Implikationen der Diskursethik von Jürgen Habermas*, Bielefeld: Transcript, 2007.

5. Tobias Lieber, *Diskursive Vernunft und formelle Gleichheit: zu Demokratie, Gewaltenteilung und Rechtsanwendung in der Rechtstheorie von Jürgen Habermas*, Tübingen: Mohr Siebeck, 2007.

6. Gerhard Stamer, *Jürgen Habermas, oder, "Umbrisches Gespräch über das Elend der Verfahrensrationalität"*, Berlin: Lit, 2007.

7. Andreas Niederberger, *Kontingenz und Vernunft: Grundlagen einer Theorie kommunikativen Handelns im Anschluss an Habermas und Merleau-Ponty*, Freiburg: Alber, 2007.

8. Isabell Stamm, *Zwischen Neurobiologie und Sozialethik: zum soziologischen Gehalt von Gefühlen in den Werken von Jürgen Habermas und Antonio Damasio*, Oldenburg BIS-Verl. der Carl-von-Ossietzky-Univ., 2007.

英文著作

1. Kenneth G. MacKendrick, *Discourse, Desire, and Fantasy in Jürgen Habermas' Critical Theory*, New York: Routledge, 2007.

2. John P. McCormick, *Weber, Habermas, and Transformations of the European State: Constitutional, Social, and Supranational Democracy*, New York, NY: Cambridge University Press, 2007.

3. Alex Benchimol, Willy Maley, *Spheres of Influence: Intellectual and Cultural Publics from Shakespeare to Habermas*, Bern; New York: Peter Lang, 2007.

4. Eduardo Mendieta, *Habermas: a Guide for the Perplexed*, London: Continuum, 2007.

5. Emanuela Fornari, *Modernity out of Joint: Democracy and Asian Values in Jürgen Habermas and Amartya K. Sen*, Aurora, CO: Davies Group, 2007.

6. Lasse Thomassen, *Deconstructing Habermas*, London: Routledge, 2007.

7. Cass R Sunstein, *Deliberating Groups Versus Prediction Markets (or Hayek's challenge to Habermas)*, [Chicago, Ill.]: The Law School, the Uni-

versity of Chicago, 2007.

8. Fred Leland Rush, *The Cambridge Companion to Critical Theory*, New York: Cambridge University Press, 2007.

法文著作

Vincent Ohindo Lompema, *De l'intercomprehension: enjeux de la validite des conditions formelles de communication chez Jürgen Habermas*, Frankfurt am Main, Berlin Bern Bruxelles, New York, Oxford Wien Lang, 2007.

中文著作

1. 童世骏:《批判与实践:论哈贝马斯的批判理论》,生活·读书·新知三联书店 2007 年版。

2. 刘建成:《第三种模式:哈贝马斯的话语政治理论研究》,中国社会科学出版社 2007 年版。

3. 季乃礼:《哈贝马斯政治思想研究》,天津人民出版社 2007 年版。

4. 李淑梅、马俊峰:《哈贝马斯以兴趣为导向的认识论》,中国社会科学出版社 2007 年版。

5. 郑晓松:《技术与合理化:哈贝马斯技术哲学研究》,山齐鲁书社 2007 年版。

6. 杨艳霞:《刑法解释的理论与方法——以哈贝马斯的沟通行动理论为视角》,法律出版社 2007 年版。

7. 张向东:《理性生活方式的重建:哈贝马斯政治哲学研究》,中国社会科学出版社 2007 年版。

二、论文

(一)外文部分

本人论文

德文

1. Jürgen Habermas, Analysen und Alternativen-Die offentliche Stimme der Religion-Sakularer Staat und Glaubenspluralismus, in *Blätter für deutsche und internationale Politik* 52, No. 12, (2007): 1441 (6 pgs.).

2. Jürgen Habermas, Feuilleton-Philosophie-Eine Antwort auf die Thesen von Flores d'Arcais, in *Die Zeit* 62, No. 49, (2007): 68 (1 pg.).

3. Jürgen Habermas, Joseph Ratzinger, Ulrich Arnswald, in *Zeitschrift für Geschichtswissenschaft* 55, No. 9, (2007): 764 (1 pg.).

4. Jürgen Habermas, Kommentare und Berichte-Europa: Vision und Votum, *Blätter für deutsche und internationale Politik* 52, No. 5, (2007): 517 (3 pgs.).

英文

1. Jürgen Habermas, A Political Constitution for the Pluralist Word Society?, in *Journal of Chinese Philosophy*, Sep 2007, Vol. 34, Issue 3, pp. 331—343.

2. Jürgen Habermas, The Language Game of Responsible Agency and the Problem of Free Will: How Can Epistemic Dualism Be Reconciled with Ontological Monism?, in *Philosophical Explorations*, Mar 2007, Vol. 10, Issue 1, pp. 13—50.

3. Jürgen Habermas, Reply to Schroeder, Clarke, Searle, and Quante, in *Philosophical Explorations*, Mar 2007, Vol. 10, Issue 1, pp. 85—93.

研究论文

德文

1. Paolo Flores Arcais, D'feuilleton-Philosophie-Die neue Liebe zur Religion-elf Thesen zu Jurgen Habermas, in *Die Zeit* 62, No. 48, (2007): 53 (1pg.).

2. Peter Luning, Glaube, Vernunft und Willen. Anmerkungen zum Disput zwischen Papst Benedikt und Jurgen Habermas, in *Theologische Revue* 103, No. 5, (2007): 361 (12pgs.).

3. Matthias Lutz-Bachmann, Beitrage-Demokratie, offentliche Vernunft und Religion. Uberlegungen zur Rolle der Religion in der politischen Demokratie im Anschluss an John Rawls und Jurgen

Habermas, in *Philosophisches Jahrbuch* 114, No. 1, (2007): 3 (19 pgs).

4. Bert Olivier, The question of an appropriate philosophical response to "global terrorism": Derrida and Habermas, in *Freiburger Zeitschrift für Philosophie und Theologie* 54, No. 1, (2007): 146 (22 pgs).

5. Daniel C Henrich, Jurgen Habermas: Philosoph ohne metaphysische Ruckendeckung?, in *Deutsche Zeitschrift für Philosophie* 55, No. 3, (2007): 389 (15 pgs).

6. K Geldof, Gereecenseerde Werken-Bibilgraphische Notities-Habermas, J., Der gespaltene Westen, in *Tijdschrift voor filosofie* 69, No. 1, (2007): 181 (1 pg).

7. Norbert Puszkar, Goethes Volksbegriff und Habermas' Begriff der "Lebenswelt": Die Kultur der norditalienischen Stadte in der Italienischen Reise, in *German studies review* 30, No. 1, (2007): 75 (22 pgs).

8. Hans-Jochen Vogel, Kultur-Laudatio auf Jurgen Habermas, in *Die Neue Gesellschaft*, Frankfurter Hefte, 54, No. 1, (2007): 87 (3 pgs).

9. Erik Koenen, Cornelia Mèores: Das kommunizierende Ich? Zum Kommunikationsbegriff in der Theologie mit Bezug auf die theologische Habermas-Rezeption, in *Publizistik* 52, No. 1 (2007): pp. 138—139.

英文

1. R. Meisenbach, Habermas's Discourse Ethics and Principle of Universalization as a Moral Framework for Organizational Communication, in *Human Resources Abstracts* 42, No. 3 (2007).

2. Austin Harrington, Habermas and the "Post-Secular Society", in *European Journal of Social Theory* 10, No. 4 (2007): pp. 543—560.

3. Daniel Munro, Norms, Motives and Radical Democracy: Habermas and the Problem of Motivation, in *Journal of Political Philosophy* 15, No. 4 (2007): pp. 447—472.

4. Robert Porter, Habermas in Pleasantville: Cinema as Political Critique, in *Contemporary Political Theory* 6, No. 4 (2007): pp. 405—418.

5. Michael Huspek, Symposium: Habermas and Deliberative Democracy: Introductory Remarks, in *Communication Theory* 17, No. 4 (2007): pp. 329—332.

6. Phil Enns, Haberermas, Reason, and the Problem of Religion: the Role of Religion in the Public Sphere, in *The Heythrop Journal* 48, No. 6 (2007): pp. 878—894.

7. Jonathan Bowman, Challenging Habermas' response to the European Union democratic deficit, in *Philosophy & Social Criticism* 33, No. 6 (2007): pp. 736—755.

8. Gemma Edwards, Habermas, Activism, and Acquiescence: Reactions to "Colonization" in UK Trade Unions, in *Social Movement Studies* 6, No. 2 (2007): pp. 111—130.

9. Eric Laurier; Chris Philo, "A Parcel of Muddling Muckworms": Revisiting Habermas and the English Coffee-houses, in *Social & Cultural Geography* 8, No. 2 (2007): pp. 259—281.

10. Ali Paya; Mohammad Amin Ghaneirad, Habermas and Iranian Intellectuals, in *Iranian Studies* 40, No. 3 (2007): pp. 305—334.

11. Simone Chambers, How Religion Speaks to the Agnostic: Habermas on the Persistent Value of Religion, in *Constellations* 14, No. 2 (2007): pp. 210—223.

12. Risto Heiskala, Economy and Society: from Parsons through Habermas to Semiotic Institutionalism, in *Social Science Information* 46, No. 2 (2007): pp. 243—272.

13. John Searle, Neuroscience, Intentionality and Free Will: Reply to Habermas, in *Philosophical*

Explorations 10, No. 1 (2007): pp. 69—76.

14. Michael Quante, Habermas on Compatibilism and Ontological Monism: Some Problems, in *Philosophical Explorations* 10, No. 1 (2007): pp. 59—68.

15. Ruth Deakin Crick and Clarence Joldersma, Habermas, Lifelong Learning and Citizenship Education, in *Studies in Philosophy and Education* 26, No. 2 (2007): pp. 77—95.

16. Darin Weinberg, Habermas, Rights, and the Learning Disabled Citizen, in *Social Theory& Health* 5, No. 1 (2007): pp. 70—87.

17. John Cameron, Hemant Ojha, A Deliberative Ethic for Development: A Nepalese Journey from Bourdieu through Kant to Dewey and Habermas, in *International Journal of Social Economics* 34, No. 2 (2007): pp. 66—87.

18. Michael Fenrick, Habermas, Legal Legitimacy, and Creative Cost Awards in Recent Canadian Jurisprudence, in *Dalhousie Law Journal* 30, No. 1, (2007): 165 (42 pages).

19. Todd Hedrick, Constitutionalization and Democratization: Habermas on Postnational Governance, in *Social Theory and Practice* 33, No. 3, (2007): 387.

20. Roland Burkart, On Jurgen Habermas and Public Relations, in *Public Relations Review* 33, No. 3, (2007): 249 (6 pages).

21. Melissa Yates, Rawls and Habermas on Religion in the Public Sphere, in *Philosophy & Social Criticism* 33, No. 7 (2007): pp. 880—891.

22. Michael Huspek, Habermas and Oppositional Public Spheres: A Stereoscopic Analysis of Black and White Press Practices, in *Political Studies* 55, No. 4 (2007): pp. 821—843.

23. Day Wong, Foucault Contra Habermas: Knowledge and Power, in *Philosophy today* 51, No. 1, (2007): 3 (14 pages).

24. Thomas Biebricher, Habermas and Foucault: Deliberative Democracy and Strategic State Analysis, in *Contemporary Political Theory*, Avenel: May, 2007, Vol. 6, Iss. 2; p. 218 (28 pages).

25. Gloria Davis, Habermas in China: Theory as Catalyst, in *The China journal = Chung-kuo yen chiu*, No. 57, (2007): 61 (28 pages).

26. M. Blanchard, Recognition and the Case of Indigenous Reparations: A Habermasian Critique of Habermas, in *ARSP*, Beihefte. No. 107, (2007): pp. 37—49.

27. L. Moss, Contra Habermas and Towards a Critical Theory of Human Nature and the Question of Genetic Enhancement, in *New formations*, No. 60, (2007): pp. 139—149.

28. Akilah N. Folami, From Habermas to "Get Rich or Die Tryin": Hip Hop, the Telecommunications Act of 1996, and the Black Public Sphere, in *Michigan Journal of Race & Law*, v. 12 No. 2 (Spring 2007) pp. 235—304.

29. James Arnt Aune, "Only Connect": Between Morality and Ethics in Habermas' Communication Theory, in *Communication Theory* 17, No. 4 (2007): pp. 340—347.

30. Fritz Sager, Habermass' Models of Decisionism, Technocracy and Pragmatism in Times of Governance: the Relationship of Public Administration, Politics and Science in the Alcohol Prevention Policies of the Swiss Member States, in *Public Administration* 85, No. 2 (2007): pp. 429—447.

31. Nicholas Garnham, Habermas and the Public Sphere, in *Global Media and Communication*, Aug., 2007; 3: pp. 201—214.

32. Amy R. Allen, Systematically Distorted Subjectivity?: Habermas and the Critique of Power, in *Philosophy Social Criticism*, Jul., 2007; 33: pp. 641—650.

33. David Hayes and Stan Houston, "Life-

world", "System" and Family Group Conferences: Habermas's Contribution to Discourse in Child Protection, in *Br. J. Soc. Work*, Sep., 2007; 37: pp. 987—1006.

34. Lasse Thomassen, Within the Limits of Deliberative Reason Alone: Habermas, Civil Disobedience and Constitutional Democracy, in *European Journal of Political Theory*, Apr., 2007; 6: pp. 200—218.

35. James Swindal, Can a Discursive Pragmatism Guarantee Objectivity?: Habermas and Brandom on the Correctness of Norms, in *Philosophy Social Criticism*, Jan., 2007; 33: pp. 113—126.

36. Modak-Truran, Secularization, Legal Indeterminacy, and Habermas's Discourse Theory of Law, in *Florida State University Law Review* 35, 1 (Fall, 2007): pp. 73—118.

37. Therese Scarpelli, Recent Titles in Philosophy (Bibliography), in *The Review of Metaphysics* 60, 4 (June, 2007): 8 p. 99(15).

38. Gennady Shkliarevsky, The Paradox of Observing, Autopoiesis, and the Future of Social Sciences, in *Systems Research and Behavioral Science* 24, 3 (May-June, 2007): p. 323(10).

39. Kevin Olson, Paradoxes of Constitutional Democracy, in *American Journal of Political Science* 51, 2 (April 2007): p. 330(14).

40. Erik Bakker, Integrity and Cynicism: Possibilities and Constraints of Moral Communication, in *Journal of Agricultural & Environmental Ethics* 20, 1 (Feb., 2007): p. 119(18).

41. Richard Ganis, Derrida and Habermas: Asymmetry and Accord, *Richard. Radical Philosophy Review*, 2007, Vol. 10, Issue 2, pp. 197—203.

42. Stephen Farrelly, Constructing Public Reason: From Hobbes to Habermas and Back Again, in *Conference Papers—Northeastern Political Science Association*, 2007, p. 1.

43. Milton N. Campos, Ecology of Meanings: A Critical Constructivist Communication Model, in *Communication Theory* 17, 4 (Nov., 2007): p. 386 (25).

44. Nurit Guttman, Bringing the Mountain to the Public: Dilemmas and Contradictions in the Procedures of Public Deliberation Initiatives That Aim to Get "Ordinary Citizens" to Deliberate Policy Issues, in *Communication Theory* 17, (Nov., 2007): p. 411(28).

45. Raymond J. Pingree, How Messages Affect Their Senders: A More General Model of Message Effects and Implications for Deliberation, in *Communication Theory* 17, 4 (Nov., 2007): p. 439 (23).

46. Rachel A. Smith, Language of the Lost: An Explication of Stigma Communication, Rachel A. Smith, in *Communication Theory* 17, 4 (Nov., 2007): p. 462(24).

47. Keri K. Stephens, The Successive Use of Information and Communication Technologies at Work, in, *Communication Theory* 17, 4 (Nov., 2007): p. 486(22).

48. Michael Huspek, Normative Potentials of Rhetorical Action Within Deliberative Democracies, in *Communication Theory* 17, 4 (Nov., 2007): p. 356(11).

49. James Bohman, Political Communication and the Epistemic Value of Diversity: Deliberation and Legitimation in Media Societies, in *Communication Theory* 17, 4 (Nov., 2007): p. 348(8).

50. Gerard A. Hauser, Vernacular Discourse and the Epistemic Dimension of Public Opinion, in *Communication Theory* 17, 4 (Nov., 2007): p. 333 (7).

51. David L. Prychitko and Virgil Henry Storr, Communicative action and the radical constitution: the Habermasian challenge to Hayek, Mises

and their descendents, in *Cambridge Journal of Economics*, Oxford: Mar., 2007. Vol. 31, Iss. 2; p. 255 (20 pages).

52. Michel Rosenfeld, Habermas's Call for Cosmopolitan Constitutional Patriotism in an Age of Global Terror: A Pluralist Appraisal, in *Constellations*, Oxford: June, 2007, Vol. 14, Iss. 2; p. 159.

53. Clarissa Rile Hayward, in Democracy's Identity Problem: Is "Constitutional Patriotism" the Answer?, in *Constellations*, Oxford: June, 2007. Vol. 14, Iss. 2.

54. Andreas Georg Scherer and Guido Palazzo, Toward a political conception of corporate responsibility: business and society seen from a habermasian perspective, in, *Academy of Management Review* 32,4 (Oct., 2007): p.1096(25).

55. Lawrence Wilde, Europe and the "re-regulation of world society": A critique of Habermas, in *Capital & Class*, London: Autumn, 2007, p. 47 (21 pages).

56. Stella Gaon, From communication to Mediation, in *The Review of Politics*, Notre Dame: Summer, 2007, Vol. 69, Iss. 3; pg. 480, 6 pgs.

57. Cristina Lafont, Religion in the Public Sphere: Remarks on Habermas's Conception of Public Deliberation in Postsecular Societies, in *Constellations*, Oxford: June, 2007, Vol. 14, Iss. 2; p. 239.

58. Jens Harrits, Book Review: After Habermas: New Perspectives on the Public Sphere, in *Acta Sociologica* 50, No. 1 (2007): pp. 85—86.

59. Frederick Dufour, Guillaume Book Review: Jurgen Habermas, Time of Transitions, in *Millennium* 36, No. 2, (2007): 177 (1 pages).

60. Chen Xunwu, Book Review: Inclusion of the Other: Studies in Political Theory (Studies in Contemporary German Social Thought)-By Jürgen Habermas, in *Journal of Chinese Philosophy* 34, No. 3 (2007): pp. 447—450.

61. Maureen Junker-Kenny, Book Review: Mission Impossible: Why it Makes No Sense for Theologians to Engage with Habermas, in *Expository Times*, Jan., 2007; 118: 205.

62. John Sullivan, Book Review: Habermas and Theology, in *The Heythrop Journal* 48, No. 6 (2007): pp. 1011—1013.

63. William J Meyer, Book Review: Habermas and Theology, in *The Journal of Religion* 87, No. 4, (2007): 636 (1 pages).

64. Rachel Muers, Book Review: Habermas and Theology, in *Studies in Christian Ethics*, Aug., 2007; 20: pp. 286—289.

65. Paul Lakeland, Book Review: Habermas and Theology, in *Theological Studies*, Washington: Sep., 2007, Vol. 68, Iss. 3; p. 722 (2 pages).

66. Philip G. Ziegler, Book Review: Habermas and Theology, in *European Journal of Theology*, 2007, Vol. 16, Issue 1, pp. 70—74, 5p.

67. Brett T. Wilmot, Book Review: Habermas and Theology, in *Journal of the American Academy of Religion* 75, No. 4 (2007): pp. 1043—1046.

68. Jennifer Spencer, Habermas and Theology, The Moral Vision of Iris Murdoch, *Studies in Christian Ethics*, 2007, Vol. 20, Issue 2, pp. 316—317, 2p.

69. Don Mitchell, Book Review: Jurgen Habermas: Democracy and the Public Sphere, in *Urban Studies* 44, 8 (July, 2007): p. 1625(3).

70. Malmqvist E, Back to the future: Habermas's The Future of Human Nature, in *The Hastings Center Report*, Hastings-on-Hudson: Mar/Apr., 2007, Vol. 37, Iss. 2; p. 4.

71. Prusak BG, Back to the future: Habermas's The Future of Human Nature, in *The Hastings Center Report*, Hastings-on-Hudson: Mar/

Apr., 2007, Vol. 37, Iss. 2; p. 4.

72. Bernard G. Prusak, Erik Malmqvist and Elizabeth Fenton, Back to the Future: Habermas's the Future of Human Nature. (Critical Essay) (Letter to the Editor), in *The Hastings Center Report* 37, 2 (March-April, 2007): p. 4(3).

73. Chad Flanders, Book Review: The Divided West, in *The Yale Journal of International Law* 32, 1 (Winter, 2007): pp. 275—277.

74. Thomas Hove, Book Review: The Divided West, in *International Journal of Urban and Regional Research* 31, No. 3 (2007): pp. 690—691.

75. L. Thomassen, Book Review: The Divided West, in *Theoria*, No. 113, (2007): pp. 122—126.

76. Anthony J. Carroll, Book Review: The Divided West, in *The Heythrop Journal* 48, No. 6 (2007): pp. 1014—1016.

77. Anthony J. Carroll, Book Review: Weber, Habermas, and the Transformations of the European State: Constitutional, Social, and Supranational Democracy, in *The Heythrop Journal* 48, No. 6 (2007): pp. 1013—1014.

法文

1. David Fonseca, L'"effet Habermas" dans la doctrine constitutionnelle contemporaine, in *Revue du droit public et de la science politique en France et à l'étranger*, 123, No. 6, (2007): 1569 (48 pgs.).

2. Olivier Cayla, L'angelisme d'une theorie pure (du droit) chez Habermas, in *Revue du droit public et de la science politique en France et à l'étranger*, 123, No. 6, (2007): 1541 (28 pgs.).

3. Valentin Petev, Quelques reflexions sur la philosophie du droit de Jurgen Habermas, in *Revue du droit public et de la science politique en France et à l'étranger*, 123, No. 6, (2007): 1534 (7 pgs.).

4. Bodo Pieroth, L'apport de Jurgen Habermas au droit constitutionnel, in Revue du droit public et de la science politique en France et à l'étranger, 123, No. 6, (2007): 1487 (19 pgs.).

5. Dominique Rousseau, Entretien avec Jurgen Habermas, in *Revue du droit public et de la science politique en France et à l'étranger*, 123, No. 6, (2007): 1481 (6 pgs.).

（二）中文部分

1. 陈卓:《"生活世界"与现实生活——从现实生活中阻碍交往的诸多因素反思哈贝马斯的交往行为理论》,载《江海纵横》2007年第3期。

2. 潘西华:《协商民主与意识形态的合法性——从哈贝马斯的"商谈论"谈起》,载《中国政协理论研究》2007年第3期。

3. 程德文:商谈原则与权利的逻辑起源——解读哈贝马斯的法律合法性理论》,载《法制现代化研究》2007年第11卷。

4. 臧彦:《反思欧盟制宪实践——哈贝马斯式的视角》,载《法制与社会发展》2007年第6期。

5. 刘吉:《哈贝马斯的公共领域理论与网络传播》,载《华北科技学院学报》2007年第4期。

6. 李琦:《哈贝马斯交往理论视阈下人的发展问题研究》,载《中共郑州市委党校学报》2007年第6期。

7. 王贤昀:《哈贝马斯对晚期资本主义合法性危机性的解决路径及其启示》,载《江西社会科学》2007年第12期。

8. 杨芳:《论哈贝马斯"交往理性"的当代价值》,载《贵州社会科学》2007年第12期。

9. 袁泽民:《哈贝马斯协商民主思想的理论分析》,载《沈阳农业大学学报》(社会科学版)2007年第6期。

10. 倪明胜:《超越自由主义与社群主义——论哈贝马斯与墨菲对政治哲学自由观的重构》,载《西南交通大学学报(社会科学版)》2007年第6期。

11. 罗骞:《哈贝马斯的现代性理论及其对马克思的反思》,载《社会科学论坛(学术评论卷)》

2007年第11期。

12. 喻中:《商谈理论视野中的法治国原则——哈贝马斯〈在事实与规范之间〉解读》,载《山东警察学院学报》2007年第5期。

13. 崔永杰:《"科学技术即意识形态"——从霍克海默到马尔库塞再到哈贝马斯》,载《山东师范大学学报(人文社会科学版)》2007年第6期。

14. 邹海贵:《市民社会伦理精神与和谐伦理精神的构建——基于黑格尔、马克思和哈贝马斯市民社会伦理思想的启示》,载《南华大学学报(社会科学版)》2007年第6期。

15. 陈义平:《论哈贝马斯的公民政治哲学》,载《中共南京市委党校南京市行政学院学报》2007年第6期。

16. 马珂:《哈贝马斯集体认同理论的发展及其对中国的意义》,载《学术探索》2007年第5期。

17. 阳海音:《论哈贝马斯的交往行为合理化理论》,载《晋阳学刊》2007年第6期。

18. 胡斌:《论哈贝马斯交往行为理论的高校德育价值》,载《高校教育管理》2007年第6期。

19. 李佃来:《哈贝马斯与批判理论》,载《天津行政学院学报》2007年第4期。

20. 孙咏:《试述罗尔斯、哈贝马斯和马克思的正义观——探讨建设社会主义和谐社会价值的核心机制》,载《南京社会科学》2007年第10期。

21. 沈莉:《从哈贝马斯的公共领域思想看传媒在公众参与中的作用》,载《辽宁行政学院学报》2007年第12期。

22. 雷春:《论哈贝马斯关于科学技术作为意识形态的统治功能》,载《湖南科技学院学报》2007年第11期。

23. 汤沛丰:《哈贝马斯"生活世界"与"系统"理论解读》,载《法制与社会》2007年第10期。

24. 翟志勇:《哈贝马斯论域中的法律与道德》,载《比较法研究》2007年第5期。

25. 张微:《哈贝马斯:公共关系、商业广告与公共领域的变迁》,载《武汉大学学报(人文科学版)》2007年第5期。

26. 赵祥禄:《论哈贝马斯与罗尔斯对公共理性的争论》,载《山西师大学报(社会科学版)》2007年第5期。

27. 阳海音:《论哈贝马斯意识形态批判理论的价值和限度》,载《社会主义研究》2007年第5期。

28. 李琦:《自我问题研究的主体间性转向——论哈贝马斯对米德自我理论的承继与发展》,载《求索》2007年第9期。

29. 付洪泉:《现代性研究的方法论选择——从哈贝马斯的现代性理论出发》,载《求是学刊》2007年第5期。

30. 宋正伟:《网络媒介的公共领域——由哈贝马斯的"公共领域"谈起》,载《南京邮电大学学报(社会科学版)》2007年第3期。

31. 阳海音:《哈贝马斯科学技术观述评》,载《科学技术与辩证法》2007年第5期。

32. 肖小芳:《法律的规范有效性之源——解读罗尔斯与哈贝马斯道德哲学在法哲学中的延伸》,载《湖南师范大学社会科学学报》2007年第5期。

33. 董娜:《哈贝马斯"交往行动理论"对高校德育工作的启示》,载《职业圈》2007年第11期。

34. 王晓升:《用交往权力制衡社会权力——重评哈贝马斯的商议民主理论》,载《中山大学学报(社会科学版)》2007年第4期。

35. 陈玉霞:《论哈贝马斯对马尔库塞"新技术与新自然"观的批判》,载《自然辩证法研究》2007年第9期。

36. 张庆熊:《哈贝马斯和拉辛格论理性与宗教对话的可能性和必要性》,载《云南大学学报(社会科学版)》2007年第4期。

37. 赵国栋：《系统与生活世界中的结构性——浅解哈贝马斯理论》，载《新学术》2007年第4期。

38. 高玉平：《道德证明：康德与哈贝马斯》，载《学习与探索》2007年第4期。

39. 黄娟娟：《哈贝马斯的交往行为理论对幼儿园体育教育改革的启示》，载《家庭与家教》（现代幼教）2007年第9期。

40. 徐震：《哈贝马斯对亚洲价值观的批判》，载《苏州科技学院学报（社会科学版）》2007年第3期。

41. 关英菊：《对话与商谈如何可能？——以哈贝马斯商谈伦理透视多元社会之伦理建构方式》，载《深圳大学学报（人文社会科学版）》2007年第5期。

42. 阳海音：《论哈贝马斯的科学技术观》，阳海音，载《兰州学刊》2007年第8期。

43. 胡雪萍：《从意识哲学范式转向交往范式的努力——谈哈贝马斯式的现代性设计》，载《兰州学刊》2007年第8期。

44. 王晓升：《法律和道德的差别与联系——对哈贝马斯商谈论中道德概念的批判》，载《岭南学刊》2007年第4期。

45. 徐震：《哈贝马斯主体间性理论评析》，载《世纪桥》2007年第7期。

46. 刘振宇：《哈贝马斯晚期资本主义经济危机理论的启示》，载《哈尔滨学院学报》2007年第8期。

47. 阳海音：《论哈贝马斯的交往行为合理化理论》，载《哈尔滨学院学报》2007年第8期。

48. 罗志发：《论哈贝马斯交往理论的和谐社会意蕴》，载《国外理论动态》2007年第8期。

49. 周琳：《哈贝马斯的交往行动理论及其对国际关系的影响》，载《滨州学院学报》2007年第4期。

50. 李晓晴：《哈贝马斯交往行为理论述评》，载《边疆经济与文化》2007年第8期。

51. 王晓升：《重新理解权利——哈贝马斯对自由主义、共和主义和程序主义的权利概念分析》，载《学术研究》2007年第6期。

52. 焦明甲：《试论哈贝马斯社会交往行动理论的得与失》，载《社会科学辑刊》2007年第4期。

53. 邱少明：《科技观：邓小平和哈贝马斯的比较》，载《凯里学院学报》2007年第4期。

54. 张廷国：《在先验与经验之间——论哈贝马斯普遍语用学的经验与先验问题》，载《广西社会科学》2007年第8期。

55. 魏光启：《哈贝马斯全球公民社会构想探析》，载《阜阳师范学院学报（社会科学版）》2007年第4期。

56. 杜霁雪：《哈贝马斯视野中的协商民主与正义》，载《长春市委党校学报》2007年第3期。

57. 王晓升：《人权：义务论和目的论解释的冲突——评哈贝马斯对权利的义务论解释》，载《天津社会科学》2007年第3期。

58. 刘金萍：《交往理性：哈贝马斯的理性重建》，载《内蒙古民族大学学报（社会科学版）》2007年第3期。

59. 居丽萍：《哈贝马斯"交往行为理论"对翻译研究的启示》，载《牡丹江教育学院学报》2007年第4期。

60. 李晓晴：《论哈贝马斯的交往行为理论与人际和谐》，载《佳木斯大学社会科学学报》2007年第3期。

61. 唐玉：《公民权：公权与私权的互动——析哈贝马斯的公民权思想》，载《湖州师范学院学报》2007年第4期。

62. 陈雄辉：《交往的乌托邦：哈贝马斯人类解放思想评析》，载《华南师范大学学报（社会科学版）》2007年第3期。

63. 张春艳：《马尔库塞和哈贝马斯科学技术批判思想比较》，载《哈尔滨学院学报》2007年第5期。

64. 龚晓珺：《论哈贝马斯的"生活世界"殖民化批判理论》，载《广西大学学报（哲学社会科学版)》2007年第3期。

65. 杨松峰：《哈贝马斯的商谈伦理学及其对道德教育的启示》，载《中国德育》2007年第1期。

66. 王晓升：《哈贝马斯的程序主义的规范性民主模式》，载《中共浙江省委党校学报》2007年第3期。

67. 祖国霞：《对尤尔根·哈贝马斯的普遍主义国际政治思想的解读》，载《学术论坛》2007年第4期。

68. 王晓升：《政治权力与交往权力——哈贝马斯对于民主国家中的权力结构的思考》，载《苏州大学学报（哲学社会科学版）》2007年第3期。

69. 王凤才：《从语言理论到承认理论——霍耐特对哈贝马斯交往理论的反思与重构》，载《山东大学学报（哲学社会科学版）》2007年第3期。

70. 刘兵：《哈贝马斯论公共领域政治功能的实现》，载《山东大学学报（哲学社会科学版）》2007年第3期。

71. 傅永军：《哈贝马斯的现代性视野》，载《山东大学学报（哲学社会科学版）》2007年第3期。

72. 马金杰：《重建与替代——对哈贝马斯"重建"和"历史唯物主义"的澄明》，载《理论与现代化》2007年第3期。

73. 李志伟：《马克思"交往"理论与哈贝马斯"交往"观之辨析》，载《洛阳工业高等专科学校学报》2007年第3期。

74. 李淑梅：《以兴趣为导向的认识论——对哈贝马斯认识论特点的探讨》，载《南开学报（哲学社会科学版）》2007年第1期。

75. 杜国强：《哈贝马斯的公共性概念探幽》，载《黑龙江省政法管理干部学院学报》2007年第3期。

76. 张娟：《超越规范主义和经验主义——哈贝马斯的"重建性"合法性思想探析》，载《江西社会科学》2007年第5期。

77. 张向东：《现代民主范式的重建——哈贝马斯的民主思想分析》，载《甘肃行政学院学报》2007年第2期。

78. 何潇：《试论哈贝马斯的交往行动理论》，载《安徽文学（下半月）》2007年第4期。

79. 华艳红：《自由与理性——哈贝马斯传媒思想述评》，载《浙江社会科学》2007年第2期。

80. 李龙：《论协商民主——从哈贝马斯的"商谈论"说起》，载《中国法学》2007年第1期。

81. 陈爱华：《哈贝马斯科技伦理观述评——哈贝马斯〈作为"意识形态"的技术与科学〉解读》，载《伦理学研究》2007年第3期。

82. 刘义飞：《浅析哈贝马斯的公共领域理论》，载《宜宾学院学报》2007年第1期。

83. 耿新奇：《浅议哈贝马斯普遍语用学的转向》，载《山西高等学校社会科学学报》2007年第4期。

84. 耿永华：《哈贝马斯的交往行为理论对体育与健康教学改革的启示》，载《上海教育科研》2007年第4期。

85. 朱勇：《哈贝马斯现代法的合理性理论述评》，载《企业家天地（理论版）》2007年第4期。

86. 黄志芳：《解读哈贝马斯的"交往行为"概念》，载《齐齐哈尔大学学报（哲学社会科学版）》2007年第3期。

87. 潘西华：《从"文化霸权"到"商谈伦理"——葛兰西与哈贝马斯意识形态批判思想比较》，载《兰州学刊》2007年第4期。

88. 阳海音：《论哈贝马斯意识形态批判理论的思想渊源》，载《世纪桥》2007年第5期。

89. 龚晓珺：《哈贝马斯的"生活世界"殖民化批判理论探析》，载《哈尔滨学院学报》2007年第4期。

90. 李淑梅：《语言、劳动和相互作用的辩证法——评析哈贝马斯对黑格尔早期精神哲学的研究》，载《学术研究》2007年第3期。

91. 铁省林：《哈贝马斯对马克思认识论思想

的重构》，载《齐鲁学刊》2007 年第 2 期。

92. 洪波：《哈贝马斯交往行为理论的解释学基础》，载《马克思主义与现实》2007 年第 1 期。

93. 贺翠香：《批判与解构——哈贝马斯与德里达重构马克思主义之方法论比较》，载《中共济南市委党校学报》2007 年第 1 期。

94. 董云芳：《哈贝马斯沟通行动理论对实证主义的批判》，载《安徽农业大学学报（社会科学版）》2007 年第 1 期。

95. 郭奇：《把媒体打造成公共话语平台——解读哈贝马斯〈公共领域的结构转型〉的传播学》，载《协商论坛》2007 年第 1 期。

96. 付建明：《论哈贝马斯市民社会论域中的公共领域》，载《四川行政学院学报》2007 年第 1 期。

97. 李嘉美：《论哈贝马斯后形而上学的实质》，载《社会科学辑刊》2007 年第 1 期。

98. 张国富：《哈贝马斯交往理性下的生活世界概念》，载《齐齐哈尔大学学报（哲学社会科学版）》2007 年第 2 期。

99. 吉献忠：《交往理性：哈贝马斯现代性拯救的逻辑出口》，载《宁夏党校学报》2007 年第 2 期。

100. 忻鸿：《哈贝马斯与马克思交往理论之比较》，载《理论界》2007 年第 3 期。

101. 张俭民：《哈贝马斯交往行动理论对重构师生交往关系的启示》，载《现代教育科学》2007 年第 1 期。

102. 倪伟波：《论哈贝马斯的科学技术生产力观》，载《江淮论坛》2007 年第 1 期。

103. 洪波：《哈贝马斯商谈伦理学的基本理路》，载《浙江学刊》2007 年第 1 期。

104. 强乃社：《从哈贝马斯的权力理论看行政权力合法性的话语基础》，载《唯实》2007 年第 2 期。

105. 杨东东：《公共性观念的价值——哈贝马斯公共性思想的功能分析》，载《山东社会科学》2007 年第 1 期。

106. 傅永军：《哈贝马斯"公共领域"思想三论》，载《山东社会科学》2007 年第 1 期。

107. 杨立雄：《生活世界殖民化、话语商谈与福利国家的未来——兼论哈贝马斯与马歇尔、罗尔斯的区别》，载《人文杂志》2007 年第 1 期。

108. 冯家亮：《卢梭和哈贝马斯的人民主权思想之差异》，载《兰州学刊》2007 年第 1 期。

109. 阳海音：《论哈贝马斯和马克思意识形态批判理论的分歧》，载《兰州学刊》2007 年第 1 期。

110. 阳海音：《论哈贝马斯与马克思意识形态批判理论的主要分歧》，载《理论探讨》2007 年第 1 期。

111. 曹卫东：《哈贝马斯的纸片》，载《读书》2007 年第 2 期。

112. 徐玮：《论哈贝马斯普遍语用学对翻译学建构的意义》，载《文教资料》2007 年第 1 期。

（三）学位论文

德文

1. Oliver Puke, *Zur Kritik philosophischer Unbedingtheitsansprüche, Jürgen Habermas' Transformation der kritischen Gesellschaftstheorie und die Herausforderung des amerikanischen Pragmatismus*, 出版：Münster New York, NY München Berlin：Waxmann 2007, 学位论文：Zugl.：Flensburg, Univ., Diss., 2007.

2. Theodora Papadopoulou, *Deliberative Demokratie und Diskurs eine Debatte zwischen Habermas und Rawls*, 出版：2007, 学位论文：Univ., Diss., 2005—Tübingen.

3. Huang Zhongzheng, *Das Verhältnis von moralischem Diskurs und rechtlichem Diskurs bei Jürgen Habermas*, 出版：Berlin：Duncker & Humblot, 2007, 学位论文：Thesis (doctoral)-Universität, Heidelberg, 2006.

英文

1. Craig Edward Smith, *After Sovereignty,*

Chimeras of Emancipation: Foucault, Habermas and Althusser's Encounter with Psychoanalytic Theory, 出版:2007,学位论文:Thesis (Ph. D.)—University of Melbourne, Dept. of Political Science, 2007.

2. Karl Leif Anvik, *Human-computer Pragmatics: from Habermas's Theory to User Centric Design*, 出版:2007,学位论文:Thesis (M. A.)—University of Alberta, 2007.

3. Thomas Britten Hove, *Media power: Habermas's Late Public Sphere Theory*, 出版:2007, 学位论文:Thesis (Ph. D.)—University of Wisconsin—Madison, 2007.

中文

1. 王玉平:《全球化视野下的哈贝马斯交往行为理论研究》,安徽大学 2007 年硕士学位论文。

2. 唐红兵:《交往理性视阈中的审美精神——哈贝马斯美学思想研究》,湖南师范大学 2007 年硕士学位论文。

3. 龚晓珺:《论哈贝马斯程序主义伦理思想》,广西师范大学 2007 年硕士学位论文。

4. 胡芬芬:《试析哈贝马斯科技意识形态论》,河南大学 2007 年硕士学位论文。

5. 翟荣策:《民主的商谈理论对——哈贝马斯政治思想的一种理解》,吉林大学 2007 年硕士学位论文。

6. 王卓宇:《哈贝马斯商议民主论述评》,兰州大学 2007 年硕士学位论文。

7. 李涛:《哈贝马斯合法性危机理论研究》,兰州大学 2007 年硕士学位论文。

8. 王立权:《哈贝马斯国际人权观述评》,兰州大学 2007 年硕士学位论文。

9. 杨志云:《交往理性的诗性锋芒——哈贝马斯文艺美学思想研究》,南京师范大学 2007 年硕士学位论文。

10. 邹益民:《哈贝马斯法律合法性理论中的普遍主义成分》,吉林大学 2007 年硕士学位论文。

11. 倪伟波:《论哈贝马斯的科学技术生产力观》,合肥工业大学 2007 年硕士学位论文。

12. 薛鹏:《例外状态是自由主义法治国的"阿基琉斯"吗?——哈贝马斯对施米特主权决断论的回应》,浙江大学 2007 年硕士学位论文。

13. 刘鹏:《现代性与后现代性的对话——哈贝马斯与利奥塔之争述评》,山东大学 2007 年硕士学位论文。

14. 郝志刚:《试论哈贝马斯的程序主义法律范式》,山东大学 2007 年硕士学位论文。

15. 杨睿:《论哈贝马斯民主理论的文化合理性》,首都师范大学 2007 年硕士学位论文。

16. 王明文:《哈贝马斯程序主义法律范式述评》,吉林大学 2007 年硕士学位论文。

德沃金(Dworkin, R.)

论文

(一) 英文部分

1. Thom Brooks, Between Natural Law and Legal Positivism: Dworkin and Hegel on Legal Theory, in *Georgia State University Law Review*, 513, 2007.

2. Alexander Brown, The Egalitarian Plateau? Challenging the Importance of Ronald Dworkin's Abstract Egalitarian Rights, in *Res Publica*, 255, 2007.

3. Matthew Kramer, Book Review: Justice in Robes, By Ronald Dworkin, Harvard University Press, 2006, in *Crim Law and Philos*, 337, 2007.

4. Danny Priel, Book Review: Is Democracy Possible Here?: Principles for a New Political Debate. By Ronald Dworkin. + Princeton, NJ: Princeton University Press, 2006. in *Texas Law Review*, 141, 2007.

(二) 中文部分

1. 〔美〕布莱恩·莱特:《帝国的终结:德沃金及21世纪法理学——在拉特格斯大学法哲学院成立庆典上的演讲》,载《比较法研究》2007年第1期。

2. 姚佶:《浅析德沃金的"唯一正解"理论》,载《法制与社会》2007年第1期。

3. 张银丽:《浅谈德沃金的司法自由裁量权理论——从原则模式的角度》,载《法制与社会》2007年第2期。

4. 李霄鹏:《罗尔斯、哈耶克、德沃金的理论比较——以分配的正义理论为视角》,载《黑龙江省政法管理干部学院学报》2007年第2期。

5. 叶继林:《解读德沃金自由主义权利观》,载《中国市场》2007年第18期。

6. 王书成:《宪法解释之前命题与方法——以德沃金为中心》,载《浙江学刊》2007年第3期。

7. 傅鹤鸣:《德沃金法伦理思想研究述评》,载《深圳大学学报(人文社会科学版)》2007年第3期。

8. 傅鹤鸣:《解析德沃金自由主义式的平等观》,载《国外理论动态》2007年第7期。

9. 鲍盛华:《试论德沃金资源平等主义中的价值平等》,载《佳木斯大学社会科学学报》2007年第4期。

10. 王立:《德沃金视野中的自由与平等》,载《法制与社会发展》2007年第4期。

11. 郑玉敏:《民主的合宪性——德沃金的宪政思想研究》,载《河北法学》2007年第10期。

12. 刘美玲:《关于德沃金平等思想的解读》,载《山西大学学报(哲学社会科学版)》2007年第5期。

13. 高景柱:《民主平等观的困境及超越——罗尔斯与德沃金之争》,载《南京社会科学》2007年第11期。

14. 彭美:《认真对待整体性的法律——德沃金解释论法律观评析》,载《内蒙古社会科学(汉文版)》2007年第5期。

15. 朱振:《哈特/德沃金之争与法律实证主义的分裂——基于"分离命题"的考察》,载《法制与社会发展》2007年第5期。

16. 王彬:《论法律解释的融贯性——评德沃金的法律真理观》,载《法制与社会发展》2007年第5期。

17. 冯建军:《三种不同的教育公正观——罗尔斯、诺齐克、德沃金教育公正思想的比较》,载《比较教育研究》2007年第10期。

18. 杨海:《马克思恩格斯与德沃金权利平等观比较之研究》,载《广西大学学报(哲学社会科学版)》2007年第3期。

19. 郑玉敏:《德沃金的民主观》,载《东莞理工学院学报》2007年第6期。

凯尔森(Kelsen, H.)

论文

(一) 英文部分

Alexander Somek, Kelsen Lives, in *The European Journal of Law*, 18, 2007.

(二) 中文部分

1. 刘叶深:《评凯尔森的法律效力理论》,载《厦门大学法律评论》2007年总第13辑。

2. 张庆:《凯尔森论"基础规范"》,载《南方论刊》2007年第12期。

3. 张恒山:《良知义务与理性"应当"之别——评自然法学义务与凯尔森实证法学的"义务"的分野》,载《法学家》2007年第1期。

4. 楚红梅:《论凯尔森法律规范理论》,山东大学2007年硕士学位论文。

5. 苏娣根:《论凯尔森基础规范理论的内在逻辑》,湖南大学2007年硕士学位论文。

6. 〔美〕斯坦利·L.鲍尔森:《纯粹法理论的新康德主义之维——凯尔森在法理学中的地位》,张书友译,载邓正来主编:《西方法律哲学家研究年刊》,北京大学出版社2007年版。

康德(Kant, I.)

一、著作

(一) 英文著作

1. Matthew C. Altman, *A Companion to Kant's*

Critique of Pure Reason, Westview Press, 2007.

2. Rachel Zuckert, *Kant on Beauty and Biology: An Interpretation of the "Critique of Judgment"*, Cambridge University Press, 2007.

3. R. M. Dancy (Ed.), *Kant and Critique: New Essays in Honor of W. H. Werkmeister*, Springer, 2007.

4. Michelle Grier, *Kant's Doctrine of Transcendental Illusion*, Cambridge University Press, 2007.

5. James Luchte, *Kant's Critique of Pure Reason: A Reader's Guide*, Continuum International Publishing Group, 2007.

6. Brian Jacobs (Ed.), *Essays on Kant's Anthropology*, Cambridge University Press, 2007.

7. Ido Geiger, *The Founding Act of Modern Ethical Life: Hegel's Critique of Kant's Moral and Political Philosophy*, Stanford University Press, 2007.

8. Jens Timmermann, *Kant's Groundwork of the Metaphysics of Morals: A Commentary*, Cambridge University Press, 2007.

9. Philippe Huneman (ed.), *Understanding Purpose: Kant and the Philosophy of Biology*, University of Rochester Press, 2007.

10. Brigitte Sassen, *Kant's Early Critics: The Empiricist Critique of the Theoretical Philosophy*, Cambridge University Press, 2007.

11. Paul Guyer, *Kant's "Groundwork for the Metaphysics of Morals": A Reader's Guide*, Continuum International Publishing Group, 2007.

12. T. K. Seung, *Kant: A Guide for the Perplexed*, Continuum International Publishing Group, 2007.

13. Fiona Hughes, *Kant's Aesthetic Epistemology: Form and World*, Edinburgh University Press, 2007.

14. Peter Byrne, *Kant on God*, Ashgate Publish Corporation, 2007.

15. A. T. Winterbourne, *The Ideal and the Real: Kant's Theory of Space, Time and Mathematical Construction*, arima publishing, 2007.

16. Udo Kern (Ed.), *Was ist und was sein soll: Natur und Freiheit bei Immanuel Kant*, Walter de Gruyter, 2007.

17. Tom Rockmore, *Kant and Idealism*, Yale University Press, 2007.

18. Peter Fenves, *Late Kant*, Taylor & Francis, 2007.

19. Norman Kemp Smith, *Immanuel Kant's Critique of Pure Reason*, Blunt Press, 2007.

20. R. M. Wenley, *Kant and His Philosophical Revolution*, Burman Press, 2007.

21. F. E. England, *Kant's Conception of God*, Bushnell Press, 2007.

22. H. J. Paton, *Kant's Metaphysic of Experience-Vol II*, Carpenter Press, 2007.

23. H. J. Paton, *Kant's Metaphysic of Experience-Vol I*, Carpenter Press, 2007.

24. Jane Kneller, *Kant and the Power of Imagination*, Cambridge University Press, 2007.

（二）中文著作

1. 卢春红：《情感与时间 康德共同感问题研究》，上海三联书店2007年版。

2. 潘卫红：《康德的先验想象力研究》，中国社会科学出版社2007年版。

3. 韩水法：《康德物自身学说研究》，商务印书馆2007年版。

4. 李梅：《权利与正义——康德政治哲学研究》，社会科学文献出版社2007年版。

5. 〔德〕奥特弗里德·赫费：《康德：生平、著作与影响》，郑伊倩译，人民出版社2007年版。

二、论文

1. 俞吾金：《康德两种因果性概念探析》，载《中国社会科学》2007年第6期。

2. 王增福：《论康德的先验幻相理论》，载《理论学刊》2007年第11期。

3. 杨泽波:《牟宗三何以认定康德的物自身不是一个事实的概念?》,载《哲学研究》2007 年第 11 期。

4. 戴兆国:《论康德道德哲学的两种义务体系》,载《社会科学战线》2007 年第 6 期。

5. 张政文:《交往行为理论视阈中的康德审美理论》,载《哲学动态》2007 年第 10 期。

6. 高懿德:《"对象"何以"依照知识"?——康德"哥白尼式"哲学革命的意义之重估》,载《山东社会科学》2007 年第 11 期。

7. 周建刚:《论牟宗三对康德哲学"物自身"概念的创造性诠释》,载《江西社会科学》2007 年第 10 期。

8. 崔平:《康德伦理学的方法论缺陷》,载《哲学研究》2007 年第 9 期。

9. 王贵勤:《康德国际法哲学思想考评》,载《法学论坛》2007 年第 3 期。

10. 李建华:《论康德的道德自由观》,载《哲学研究》2007 年第 7 期。

11. 邓安庆:《康德道德神学的启蒙意义》,载《哲学研究》2007 年第 7 期。

12. 宫睿:《论"崇高"在康德哲学中的位置和作用》,载《哲学动态》2007 年第 5 期。

13. 张荣:《"决断"还是"任意"(抑或其他)?——从中世纪的 liberum arbitrium 看康德 Willkür 概念的汉译》,载《江苏社会科学》2007 年第 3 期。

庞德(Pound, R.)

论文

1. 姬小康:《历史解释:一种进入理解的方式——读罗斯科·庞德〈法律史解释〉》,载《长治学院学报》2007 年第 1 期。

2. 马晓燕:《韦伯与庞德的法律发展观比较研究》,载《市场周刊(理论研究)》2007 年第 2 期。

3. 雷智宏、孙景建、马莉:《正义的实现——浅谈庞德和哈耶克法学的正义观》,载《天府新论》2007 年第 2 期。

4. 刘娟:《论庞德的法社会控制理论》,载《苏州工职院》2007 年第 4 期。

5. 谢冬慧:《应然与实然:法律的神圣使命——解读庞德〈法律的任务〉》,载《法学论坛》2007 年第 6 期。

6. 孙国东:《社会学法理学的(可能)代价与限度——从社会整合看庞德〈法理学〉(第 1 卷)》,载《河北法学》2007 年第 9 期。

7. 姬小康:《法律史解释:一种理解法律哲学历史发展的方式——读罗斯科·庞德〈法律史解释〉》,载《河北法学》2007 年第 9 期。

8. 蔡红芹:《〈法律史解释〉一书评》,载《法制与社会》2007 年第 10 期。

9. 杨博炜:《社会控制的法律之维》,载《法制与社会》2007 年第 11 期。

10. 廖旺荣:《农村弱势群体保护的法律对策——以庞德的利益论为视点》,载《经济研究导刊》2007 年第 12 期。

11. 陶昆:《罗斯科·庞德与南京国民政府的司法改革》,安徽大学 2007 年硕士学位论文。

12. 邱晓磊:《论庞德的衡平观》,苏州大学 2007 年硕士学位论文。

13. 蒋解放:《庞德的法律的社会控制》,西南政法大学 2007 年硕士学位论文。

14. 陆燕:《庞德的法学思想在近代中国》,重庆大学 2007 年硕士学位论文。

福柯(Foucault, M.)

一、著作

〔英〕莱姆克等著:《福柯与马克思》,陈元等译,华东师范大学出版社 2007 年版。

二、论文

1. 欧阳英:《建立在"话语"理论基础上的思想变革——福柯政治哲学探析》,载《晋阳学刊》2007 年第 1 期。

2. 吕振合、吴彤:《福柯的微观权力观——一种科学知识的政治学分析》,载《中央民族大学学报(哲学社会科学版)》2007年第2期。

3. 吕振合:《论福柯权力的技术支撑系统》,载《内蒙古大学学报(人文社会科学版)》2007年第3期。

4. 雅尼克·若琳、李成季、邓刚:《米歇·福柯对权力的分析》,载《同济大学学报(社会科学版)》2007年第3期。

5. 周和军:《空间与权力——福柯空间观解析》,载《江西社会科学》2007年第4期。

6. 杨淑珍:《福柯的启蒙概念》,载《学习与探索》2007年第4期。

7. 韩平:《寻找疯癫"言说"的可能性:从考古学到系谱学的转换——读福柯〈疯癫与文明〉》,载《河北法学》2007年第5期。

8. 莫伟民:《福柯国家辖治理论评析》,载《文史哲》2007年第5期。

9. 庄琴芳:《福柯后现代话语观与中国话语建构》,载《外语学刊》2007年第5期。

10. 雅克·比岱、吴猛:《福柯和自由主义:理性,革命和反抗》,载《求是学刊》2007年第6期。

11. 高宣扬:《论福柯对国家理性的批判》,载《求是学刊》2007年第6期。

12. 孙晶:《福柯的后现代权力观探析》,载《理论界》2007年第7期。

13. 黄世权:《生命权力:福柯与阿甘本(上)》,载《国外理论动态》2007年第7期。

14. 靳琦:《生命权力:福柯与阿甘本(下)》,载《国外理论动态》2007年第8期。

15. 陶秀璈:《主体论文化话语的终结——关于福柯现代认识型概念的考察》,载《哲学研究》2007年第8期。

16. 吕振合、王德胜:《知识与权力:从福柯的观点看学科场域中的权力运作》,载《自然辩证法研究》2007年第9期。

17. 盖岩:《自我关怀,一种自我锻造的生活艺术——浅析福柯生存美学中的几个要素》,载《社会科学论坛(学术研究卷)》2007年第10期。

罗尔斯(Rawls, J.)

一、著作

1. 林火旺:《正义与公民》,吉林出版集团有限责任公司2008年版。

2. 姚大志:《何谓正义:当代西方政治哲学研究》,人民出版社2007年版。

二、论文

(一)英文部分

1. Frazer, Michael L, John Rawls, in *Political Theory*, Dec., 2007, Vol. 35, Issue 6.

2. Yates, Melissa, Rawls and Habermas on religion in the public sphere, in *Philosophy & Social Criticism*, Nov., 2007, Vol. 33, Issue 7.

3. Elkins David, Responding to Rawls: Toward a Consistent and Supportable Theory of Distributive Justice, in *BYU Journal of Public Law*, 2007.

4. Gregory Eric, Before the Original Position: The Neo-Orthodox Theology of the Young John Rawls, in *Journal of Religious Ethics*, June, 2007, Vol. 35, Issue 2.

5. Foster Gary, Rawls and Ricoeur on Reconciling the Right and the Good: An Overlapping Consensus or an Ethical Aim? in *Philosophy Today*, Summer, 2007, Vol. 51, Issue 2.

6. Goldfinger Johnny, Rawls and Rousseau's Political Projects: Two Sides of the Same Coin, in *Conference Papers—Midwestern Political Science Association*, 2007 Annual Meeting.

7. Noland Jake, The Faculty of Reason in Marx and Rawls, in *Conference Papers—Midwestern Political Science Association*, 2007 Annual Meeting.

8. Nicholas NT Tampio, Rawls and the Kantian Ethos, in *Polity*, Jan., 2007, Vol. 39, Issue 1.

9. Khalil M Habib, Illiberal Justice: John Rawls vs. the American Political Tradition, in *The Review of Metaphysics*: Mar., 2008. Vol. 61, Iss. 3.

10. Caroline Walsh, Rawls and Walzer on Non-Domestic Justice, in *Contemporary Political Theory*, Nov., 2007, Vol.6, Iss.4.

11. E J Harpham, John Rawls: his life and theory of justuice, in *Choice*, Oct., 2007, Vol.45, Iss.2.

12. E J Harpham, John Rawls: His Life and Theory of Justuice, in *Choice*, Oct., 2007, Vol.45, Iss.2.

（二）中文部分

1. 盛美军:《罗尔斯正义理论的法文化意蕴》,黑龙江大学2007年博士论文。

2. 王峰:《契约式谋划:关于罗尔斯万民法的分析》,吉林大学2007年博士论文。

3. 雷清海:《罗尔斯的社会正义理论研究》,西北师范大学2007年博士论文。

4. 梅强:《论罗尔斯契约理论》,山东大学2007年博士论文。

5. 徐潇:《哈耶克与罗尔斯:从自由到平等》,吉林大学2007年博士论文。

6. 姚得峰:《平等的正义——罗尔斯正义理论新探》,吉林大学2007年博士论文。

7. 张鑫:《罗尔斯新契约论之探微》,东北师范大学2007年博士论文。

8. 彭中礼:《论社群主义对罗尔斯正义观的挑战与批判》,湖南师范大学2007年博士论文。

9. 刘立华:《罗尔斯社会正义理论研究》,西南大学2007年博士论文。

10. 崔娅玲:《批判与回应:关于罗尔斯正义理论的大论战探析》,湖南师范大学2007年博士论文。

11. 朱武雄:《罗尔斯国家正义思想研究》,福建师范大学2007年博士论文。

诺齐克(Nozick, R.)

一、著作

1. 〔美〕罗伯特·诺齐克:《经过省察的人生:哲学沉思录》,严忠志、欧阳亚丽译,商务印书馆2007年版。

2. 葛四友:《正义与运气》,中国社会科学出版社2007年版。

二、论文

1. 陈志:《诺齐克的正义观与借鉴》,载《中共桂林市委党校学报》2007年第1期。

2. 杨帆:《权利与平等的张力对中国分配体制改革的启示》,载《社会科学辑刊》2007年第2期。

3. 罗克全:《"消极自由"的个人联合体——论诺齐克的异质性"乌托邦"》,载《北京科技大学学报(社会科学版)》2007年第2期。

4. 陈普:《浅析洛克与诺克齐关于私人财产所有权的论证》,载《贵州工业大学学报(社会科学版)》2007年第2期。

5. 梁文韬:《再思自然权利自由主义之基础》,载《浙江学刊》2007年第3期。

6. 文长春:《分配正义及其局限》,载《马克思主义与现实》2007年第3期。

7. 孙平:《重申个人权利的至上性——诺齐克政治哲学述评》,载《学术交流》2007年第4期。

8. 张翠梅、邱子建:《对"财产权利之道德正当性"的论证——从洛克与诺齐克的权利理论谈起》,载《黑龙江省政法管理干部学院学报》2007年第4期。

9. 陈志:《罗尔斯与诺齐克的正义观比较研究》,载《南京理工大学学报(社会科学版)》2007年第4期。

10. 王宝林:《自由主义语境下西方政治合法性理论述评》,载《中国石油大学学报(社会科学版)》2007年第4期。

11. 王宝林:《现代自由主义语境下西方政治合法性理论透析》,载《学术界》2007年第5期。

12. 王立:《优先性:自由与平等》,载《社会科学辑刊》2007年第5期。

13. 高艳琼、栾华峰:《罗尔斯、诺齐克、沃尔泽分配正义思想之比较——一个政治哲学的分析视角》,载《法制与经济》2007年第6期。

14. 顾肃:《当代西方政治哲学中的社会公正理论》,载《河北学刊》2007年第6期。

15. 沙晶晶:《自由权利与市场制度——解读诺齐克自由至上主义》,载《湖北成人教育学院学报》2007年第6期。

16. 李先敏:《诺齐克的边际道德观述评——兼谈自由主义的个人自由的局限》,载《甘肃理论学刊》2007年第6期。

17. 冯建军:《三种不同的教育公正观——罗尔斯、诺齐克、德沃金教育公正思想的比较》,载《比较教育研究》2007年第10期。

18. 刘金昌、魏丹:《从"最弱意义的国家"看我国政府职能转变》,载《党政干部论坛》2007年第10期。

19. 朱德元:《对诺齐克国家理论的批判分析》,载《湖北社会科学》2007年第12期。

20. 付利里:《综述诺齐克的权利理论》,载《胜利油田职工大学学报》2008年第1期。

21. 王宇环:《权利与国家证成——诺齐克的证成国家路径》,载《长春市委党校学报》2008年第1期。

22. 王莉:《超越权利限制》,载《哲学研究》2008年第2期。

23. 曲光华:《罗尔斯与诺齐克的正义之辨及其对解决我国社会公正问题的启示》,载《北方论丛》2008年第4期。

24. 李先敏:《诺齐克的自然状态与罗尔斯的原初状态思想辩解》,载《内江师范学院学报》2008年第5期。

25. 谢俊:《论诺齐克权利视角下的国家理论》,载《理论月刊》2008年第5期。

《西方法律哲学家研究年刊》稿约

《西方法律哲学家研究年刊》是西方法哲学家研究专刊,每年出版一辑,为海内外知识分子提供从中国出发引介、探讨和批判西方法哲学经典作家的平台。在各位学人的支持和帮助下,于2006年开始正式出版。

《西方法律哲学家研究年刊》的宗旨是:关注中国、研究西方。

《西方法律哲学家研究年刊》暂定设置如下栏目:1. 研究专论;2. 书评与评论;3. 大师纪念;4. 名著序跋;5. 学术简评;6. 旧文重刊;7. 研究文献等。

《西方法律哲学家研究年刊》试图成为立基于中国意识而对西方法哲学大师的思想进行批判性研究的最高水平学术刊物,以期可能为中国自己法哲学的创建做前提性或奠基性准备。这也一定是关注中国命运的知识人的热切期望。为此,我们诚挚邀请学术界同仁和广大的读书人与我们一道共同为《西方法哲学家研究年刊》的健康发展作出我们各自的知识贡献。

《西方法律哲学家研究年刊》诚挚地向各位朋友约稿:

第一,举凡引介、探讨和批判西方法哲学经典作家之理论的论文、译文、评介、短论或序跋,一律欢迎。

第二,稿件请以电子邮件形式直接发至 jlu2000@126.com,邓正来收;请注明《西方法律哲学家研究年刊》文章;切勿一稿两投。

第三,注释采用页面底端脚注,编号格式为"1,2,3,……",每文连续编号。

西文注释体例从西方学术规范,中文引注按照顺序标明:

作者(外籍作者在作者名前用中括号加注国别)、著作/论文名称(著作、论文皆标注书名号)、译者(译作注明此项)、出版社/刊物名称、出版时间、页码。中文引注示例如下:

示例1—专著

邓正来:《规则·秩序·无知:关于哈耶克自由主义的研究》,生活·读书·新知三联书店2004年版,第371页。

示例 2——编著

张文显主编:《法理学》,北京大学出版社、高等教育出版社 1999 年版,第 50 页。

示例 3——译著

〔英〕弗里德利希·冯·哈耶克:《自由秩序原理》(上),邓正来译,生活·读书·新知三联书店 1997 年版,第 221 页。

示例 4——期刊类论文

张文显:《WTO 与中国法律发展》,载《法制与社会发展》2002 年第 2 期,第 7 页。

示例 5——报纸类论文

郑成良:《美国的法治经验及其启示》,载《人民法院报》2001 年 9 月 9 日,第 4 版。

示例 6——文集类论文

朱景文:《法律全球化:法理基础和社会内容》,载张文显、李步云主编:《法理学论丛》第 2 卷,法律出版社 2000 年版,第 7 页。

注释中重复引用文献、资料时,(1) 若为注释中次第紧连援用同一文献、资料的,可使用"同上"、"Ibid."。(2) 若两个注释编号次第紧连,但引征的同一文献不在同一页码的,则使用"同上书,第×页"、"Ibid., p.n",(3) 若重复援用同一文献、资料等的注释编号中间有其他注释的,应先写明作者名,在作者名后注明"同上注〔N〕所引书/文,第×页"、"supra note〔n〕"(如,中文重复援用:〔美〕罗伯特·诺齐克:同上注〔3〕所引书,第 16 页。西文再次援用:John T. Sanders, supra note〔2〕, p.37.)。(4) 若前注中有多项引征不同文献、资料的,则应写明作者或者文献、资料标题后,加"同上书"或"同上书,第×页"(在引征同一文献、资料等的不同页码时),以示区分。

第四,来稿一经采用即付稿酬,每千字人民币 50 元。

第五,来稿请附评论、译介之作品的书名、作者名、出版社、出版年代等信息。

第六,来稿请附作者个人简介和联系地址,以便寄赠样书和稿费。

《西方法律哲学家研究年刊》(2007年总第2卷)

目 录

邓正来　回归经典　个别阅读
　　　　——《西方法律哲学家研究年刊》总序　　　　　　　1

主题人物：哈特

沈映涵　在理论与现实之间穿行
　　　　——纪念哈特诞辰100周年　　　　　　　　　　　3
〔英〕大卫·舒格曼　哈特访谈：H. L. A.哈特与大卫·舒格曼的交流/沈映涵译　13
苗　炎　哈特法律规范性理论研究　　　　　　　　　　　39
俞静贤　法律与行动理由
　　　　——试论哈特法理学的进路　　　　　　　　　　62
谌洪果　常识视野中的法律因果观
　　　　——读哈特与奥诺尔的《法律中的因果关系》　　75

研究专论

(一) 国外论文

〔英〕约瑟夫·拉兹　权威、法律与道德
　　　　——兼评德沃金与科尔曼的法律理论/朱振译　　93
〔德〕罗伯特·阿列克西　我的法哲学：理性的制度化/张龑译　117

〔美〕乔治·霍兰·萨拜因　柏拉图:《政治家》和《法律篇》/邓正来译　　135

〔美〕斯坦利·L.鲍尔森　纯粹法理论的新康德主义之维
　　　　　　　　　　　——凯尔森在法理学中的地位/张书友译　　152

〔美〕科林·莫菲　朗·富勒与法治中的道德之维/王家国译　　174

〔英〕威廉·特维宁　想象边沁:一个纪念/周国兴　李燕涛译　　189

(二) 国内论文

刘小平　哈耶克的国家观:从形式上的法治国家到实质上的宪政架构　　215

甘德怀　奥斯丁的主权学说
　　　　——兼与边沁的主权理论比较　　231

郭　飞　奥斯丁法律理论中的霍布斯　　242

陈　昉　诺齐克的"资格理论"与政治意志主义　　255

书评与评论

周红阳　《法律、立法与自由》中的时间　　277

柯　岚　从德性政治学到实效政治学
　　　　——《君主论》与近代政治理论的转型　　295

徐清飞　人权共识与全球多元稳定
　　　　——评《万民法》　　305

黄　涛　论施特劳斯的卢梭解读
　　　　——以《自然权利与历史》第六章为例　　316

吴　彦　从"理性主义"自然法到"意志论"的自然权利
　　　　——读列奥·施特劳斯《霍布斯的政治哲学:基础与起源》　　331

大师专访

当代法哲学的使命与关怀
　　——访当代法哲学家约瑟夫·拉兹　　343

大师纪念

李　丹　历史、理性与经验的共鸣
　　　　——纪念卡特诞辰180周年　　351

侯瑞雪　自由法运动的困境
　　　　——纪念坎特罗维茨诞辰130周年　　364

罗冠男　一个敢于问路的人
　　　　——纪念朱丽叶斯·斯通诞辰100周年　　373

王小钢	理论作为一种激情：卢曼的社会系统理论和自创生法律理论	
	——纪念卢曼诞辰80周年	381

学术简评

于晓艺	"神话"还是"现实"	
	——简评卢埃林等《法与现代心智：一个讨论会》	399
杨国庆	如何理解"建构模式"	
	——简评麦考密克《前边沁主义者德沃金》	405
杨晓畅	以社会史方法分析法理学发展的尝试	
	——简评怀特《从社会学法理学到法律现实主义》	410
赵大千	霍姆斯的两张面孔	
	——简评卢埃林《霍姆斯》	417
张 涛	波斯纳眼中的霍姆斯	
	——兼评波斯纳《远离法律之道》	423
刘 鹏	法律规则缘何要简单	
	——简评沃特对爱泼斯坦《简单规则应对复杂世界》的评论	428
李 琛	"差别原则"的公正性	
	——简评乔普廷尼《对罗尔斯正义原则的评论》	434
李杰赓	议会立法与普通法	
	——简评李柏曼《布莱克斯通的立法科学》	439

序言跋文

〔美〕埃德温·W. 帕特森	《本杰明·内森·卡多佐选集》序言／王虹霞译	447
孙国东	自治性与合法性之间	
	——《法律的沟通之维》译者导言	452

旧文重刊

童世骏	主体间性范式下的规则论	
	——哈贝马斯论规则和规则意识	469

研究文献

西方法律哲学家研究文献(2006年)／4W 小组编辑	493

《西方法律哲学家研究年刊》稿约	522
《西方法律哲学家研究年刊》(2006年总第1卷)目录	524